2020年第2辑

（总第13辑）

法大研究生

Journal of Postgraduate.CUPL

李曙光 / 主编

中国政法大学出版社

2021 · 北京

图书在版编目（ＣＩＰ）数据

法大研究生.2020年.第2辑/李曙光主编.—北京：中国政法大学出版社，2021.4
ISBN 978-7-5620-9908-6

Ⅰ.①法…　Ⅱ.①李…　Ⅲ.①社会科学－文集　Ⅳ.①C53

中国版本图书馆CIP数据核字(2021)第068463号

出 版 者　　中国政法大学出版社
地　　址　　北京市海淀区西土城路 25 号
邮寄地址　　北京 100088 信箱 8034 分箱　邮编 100088
网　　址　　http://www.cuplpress.com (网络实名：中国政法大学出版社)
电　　话　　010-58908289(编辑部) 58908334(邮购部)
承　　印　　北京九州迅驰传媒文化有限公司
开　　本　　720mm×960mm　1/16
印　　张　　43
字　　数　　730 千字
版　　次　　2021 年 4 月第 1 版
印　　次　　2021 年 4 月第 1 次印刷
定　　价　　160.00 元

解放思想
质量第一
根除刻窮

鹏

公正为人类之共
同价值追求；

法治为当代之共
同生活方式。

陈光中

業精於勤
積學待用
張晉藩

法治是法大人的"中国梦"。

李曙光

宝剑锋从磨砺出，
梅花香自苦寒来！

博观而约取，
厚积而薄发！

启松季

主编寄语

"时光飞逝，日月如梭"，自 2014 年创刊至今，《法大研究生》即将走完第六个春秋。在过去的五年里，我们始终秉承"开放、交流、思考、进步"的办刊宗旨，兢兢业业，为青年学子和青年学者搭建起了施展才华的舞台，为学术星空贡献了一片属于我们的光辉：

第一，提供交流平台，培育学术新人。青年学子和学者具有敏锐的洞察力和充足的时间、旺盛的精力，是关注新变化、研究新情况、解决新问题的重要力量。自创刊以来，《法大研究生》以提供平台、培育新人为努力方向，每年出版两辑，此前已连续出版 12 辑。在这些刊发论文的作者中，绝大多数是青年学者和硕博研究生，这表明，《法大研究生》已确实成为青年学子和青年学者"指点江山，激扬文字"的学术阵地，这同时也表明，我们的办刊取得了显著效果。

第二，贡献学识智慧，繁荣学术发展。从党的十八届三中全会到十九届五中全会，社会的变革从未止步，快速发展的社会经济和纷繁复杂的社会生活不仅仅给社会带来了持续更新的动力，同时也给社会制度不断地提出新的挑战。众多新变化和新问题亟待研究和解决。长期以来，《法大研究生》很好地发扬了"关注重大问题，研究前沿理论"的优良传统，前后涌现出大量的高质量研究成果，在这些成果中，有对"一带一路"相关法律问题的有益探讨、有针对《民法典》编纂问题的交流、对《刑事诉讼法》修改的建议，以及国家知识产权战略的实施等问题。无疑，本刊呈现的这些由作者贡献的学识和智慧，对于繁荣学术、解决社会现实问题，均大有裨益。

当然，应当清醒地认识到，《法大研究生》过去的办刊成就既是学术界对我们的肯定和鼓舞，也是鞭策与激励。在此，首先要感谢向本刊惠赐稿件的每一位作者，正是各位青年作者探索真知的热情与激情汇集成了刊物发展的不竭动力；感谢学科高峰荟萃、高端人才聚集的中国政法大学及其研究生院为刊物发展提供的良好依托；感谢为刊物出版做出贡献的编辑出版团队和提供关注支持的学界同仁、读者群体。在上述多方的共同努力下，本辑内容将继续发扬"关注重大问题，研究前沿理论"的优良办刊传统，深入挖掘和探索人工智能、大数据、区块链领域的难点问题，助力智慧司法、区块链规制、人工智能发展、信息治理等方面制度困境的破解。同时，立足于我国正面临世界百年未有之大变局的现实国情，立足于突发的新冠疫情带来的巨大挑战，为加快构建以国内大循环为主体、国内国际双循环相互促进的新发展格局，本辑内容坚持以问题为导向的刊发标准，倡导和推介来自多学科视角的交叉研究成果，鼓励以国外实践和制度为素材的比较研究，勉励青年学子在理论结合现实问题的基础上进行兼具理论深度和实践价值的有益学术探讨。

"雄关漫道真如铁，而今迈步从头越。"所有的发展都是面向未来的。作为由中国政法大学主办，研究生院承办的哲学社会科学类系列出版物，《法大研究生》始终以高标准和严要求砥砺自身。在此，为进一步发挥《法大研究生》培育学术新人、推动学术进步的作用，希望青年学者和同学们一如既往，初心不改。

首先，继续以"敬畏科研，崇尚学术"的理念指导自身研究工作。真切的投入和锤炼都是源自内心的认同，科研是需要"静得下，坐得住"的工作，做好科研的开端一定是敬畏和崇尚。我们的青年学子，应抱有敬畏和崇尚之心，彻底摒弃"做论文就是文字的拼拼凑凑"这种思想，孜孜以求，研究真问题，提出新思路，保障学术质量，努力使自己的研究成果有助于推动学术进步。此外，编辑部的同学也要严守学术道德底线，在我们初审和外审双重匿名审稿制度和学术打假制度的保障下，严格遵守审稿流程，以学术水平和学术价值为衡量论文的标准，甄别出优秀的作品以供刊发，为推动学术发展贡献一己之力。

其次，继续以"扎实基础，开阔视野"的认知引领自身为学治学。"冰冻三尺，非一日之寒"，任何优秀的作品，都历经了不断地淬炼；任一名家学识的汇集，都经历了岁月的沉淀。在学术研究的道路上，一定要沉心静气、脚踏实地，广泛阅读文献资料以扎实学术基础，而不能心浮气躁、浅尝辄止，希望通过捷径走上学术的康庄大道；同时，广泛交流，通过各种方式开阔学术视野，既要汇通中西，又要贯通古今，而不是坐井观天、固守一隅，以狭隘的思维认识和研究问题。在此同时希望编辑部的同学们能够以更高的标准要求自己，以提高自身学术品鉴能力，甄别出更多的学术精品，助推学术的进步和问题的解决。

最后，继续以"关注热点，研究前沿"的方式贡献自身学识智慧。真问题是一切研究的逻辑起点。我们现今正处于全面深化改革的关键时期，经济社会在取得显著成就的同时也给我们提出了一系列的挑战。在科技领域，人工智能、大数据、云计算以及渐趋成熟的区块链技术等，科技的发展不仅需要前沿技术的支撑，还需要伦理和制度的保障，这些都亟待我们社会科学领域学者加以研究。在作为经济核心的金融领域，金融科技的发展，致使监管失灵不断，已经倒逼监管机构不得不面临新问题，改革监管方式。在全国上下关注的国企改革领域，央企和地方国有企业混合所有制改革已经进入深水区，需要进一步的探索。党的十九大以来，社会主要矛盾发生深刻变化，人民日益增长的美好生活需要和不平衡不充分的发展之间矛盾的解决，需要我们全面且深入地研究，为社会问题的解决和国家的进步建言献策，提供智力支持。青年一代作为民族之希望、社会之栋梁，应摒弃固守象牙塔之思维，广泛接触社会，持续关注社会热点和现实问题，将理论与实践结合，深刻分析问题和解决问题，担负起青年学子应尽的社会责任。

习近平总书记 2017 年 5 月 3 日考察法大时指出："中国的未来属于青年，中华民族的未来也属于青年"。青年群体的培养不仅关涉到国家的发展活力和核心竞争力，更关涉到中华民族伟大复兴的前进动力。在此，希望青年学子把握正确的政治方向，以真知为方向，坚持不懈，奋发有为，为学术的发展和繁荣奉献自己的一份力量；希望编辑部的同学们，不忘初心，继续秉承"开放、交流、思考、进步"的办刊宗旨，倾力锻炼和强化青年学子的思维能力与创新精神、责任意识与担当精神，站在前人的肩膀上，让《法大研究生》在学术的时空里绽放出更加璀璨的光辉。

李曙光

中国政法大学研究生院院长

中国政法大学钱端升讲座教授

2020 年 12 月

目 录

专题：非常时期的法治因应

法律评注专栏

部门法哲学

私法与经济

刑法与诉讼法研究

理论法学研究

政治与社会

紧急状态下国家克减权的运行与公民权利保护

——以我国在新冠肺炎疫情中的有力防控为视角

汪　阳[*]

　　摘　要：面对突如其来的新冠肺炎疫情，我国率先在这场全球抗疫"大考"中交出了一份出色的成绩单。与此同时，新形势下我国应对紧急状态的相关法律制度也面临全新的挑战。未来，立法、修法工作需适应后疫情时代的具体问题，更多地关注于公民权利保护与国家克减权运行之间平衡的实现，着力避免应急防控中第三方的不当介入。克减条款的生效须以紧急状态的现实发生为先决条件，应尽可能地限制克减权的适用空间以期实现私益损害的最小化。紧急状态并不具备规律性，故较难通过穷尽式列举对其予以界定，《欧洲人权公约》第15条为界定紧急状态、约束政府克减行为提供了新思路。动态限权清单的建立或可敦促立法导向由目的主导型向公民权利主导型转变，助推我国紧急状态法制体系的结构升级。成本收益分析法有效地弥补了比例原则在评估目的效果与手段副作用时呈现出的界限模糊、忽视治理成本等缺陷，有助于优化紧急状态下政府的治理效果，为

---

　　*　汪阳，中国政法大学国际法学院2019级博士研究生（100088）。为

公民权利提供更为周延的保护。

关键词：紧急状态　克减权　比例原则　成本收益分析法　动态限权清单

引　言

新冠肺炎疫情的发生使得许多国家被迫进入紧急状态。截至2020年1月25日，我国20多个省、市、自治区启动重大突发公共卫生事件一级响应。各国不同类型的防控措施的出台引发了如何平衡公民权利保障与政府权力运行、新自由主义与国家干预主义对比等一系列讨论。在紧急状态下，各国政府均面临着严峻的挑战：如何在有效应对紧急状态下的种种问题、恢复国家秩序的同时，实现对个人基本权利的尊重。[1] 在紧急状态下，即使公民权利的减损是为各人权公约所允许的，但国家适用克减条款时仍应克尽谨慎义务。然而，准确界定紧急状态并非易事，我国现行应对紧急状态的法制体系结构可适应新形势下的具体变化进行优化升级。当个人利益与集体利益发生冲突时，比例原则的法治功能能否有效实现公民权利与自由的最大化？在实践中如何找准目的效果与手段副作用之间的平衡点？未来，我国紧急状态法律制度的发展当以何为导向，又应如何进一步优化应急防控系统使其更为机动灵活？

一、紧急状态下国家克减权的行使

1966年《公民权利及政治权利国际公约》（International Covenant on Civil and Political Rights，ICCPR）第4条第1项规定"在社会紧急状态威胁到国家的生命并经正式宣布时，本公约缔约国得采取措施克减其在本公约下所承担的义务，但克减的程度以紧急情势所严格需求者为限……"该规定明确了紧急状态中的国家克减权，并提出了"社会紧急状态威胁到国家的生命"与"经正式宣布"两项要求。ICCPR的缔约国欲行使克减权须以国家进入紧急状态为前提，且实际危害性应达到"威胁到国家的生命"的程度，形式上须经由正式宣布后方可适用克减条款。现实中已发生过的紧急状态不仅复杂多变，同一紧急状态在不同时期、地点也呈现出不同的特征，欲对其予以准确界定并非易事。但作为国家克减权行使的前提，对紧急状态进行合理定义有利于将克减行使范围和程度约束于必要限度之内。

---

　　[1]　El Zeidy Mohamed M.，"ECHR and States of Emergency：Article 15-A Domestic Power of Derogation from Human Rights Obligations"，11 *Michigan State University - Detroit College of Law's Journal of International Law*，2002，p. 262.

（一）紧急状态概念之界定

紧急状态的类型和程度具有不可预测性，其发生的时间、地点通常也并不具备规律性，故难以预见国家遭遇紧急状况时将采取怎样的措施予以应对。从本质上看，其概念界定是存在"弹性空间"的。各国对于紧急状态的规定常见于其宪法或其他国内法中，我国于 2004 年通过的《中华人民共和国宪法修正案》第 26 条中首次对"紧急状态"进行了明文规定，却仅明确了紧急状态的决定权归属，并未进一步阐述其内涵。自此，"紧急状态"取代了此前一直使用的"戒严"一词。但这并不意味着戒严制度的消失，戒严制度长久以来始终作为我国应对紧急状态时的"应有之义"存在着。1996 年《中华人民共和国戒严法》（以下简称《戒严法》）出台，根据该法第 2 条的规定："在发生严重危及国家的统一、安全或者社会公共安全的动乱、暴乱或者严重骚乱，不采取非常措施不足以维护社会秩序、保护人民的生命和财产安全的紧急状态时，国家可以决定实行戒严。"可见，适用戒严制度的紧急状态具有较强的政治性。

此外，自 2007 年颁布以来，《中华人民共和国突发事件应对法》（以下简称《突发事件应对法》）一直被视为我国应对紧急状态的重要依据，该法第 3 条将突发事件定义为"突然发生，造成或者可能造成严重社会危害，需要采取应急处置措施予以应对的自然灾害、事故灾难、公共卫生事件和社会安全事件"。无疑，突发事件与紧急状态均具有明显的社会危害性，会对国家安全产生不利影响，且须采取相应的应急处置措施。根据文义解释法，紧急状态下危害结果与可能导致危害后果发生的事由在一定时期内应当处于持续的状态。而突发事件则强调事件发生的突然性，这就意味着事件本身及其危害结果可能是已然发生的，也有可能是今后一段时间内将处于持续状态的。因此，突发事件并不必然引发紧急状态的启动。同时，《突发事件应对法》第 3 条也根据社会危害程度、影响范围等将前述四类突发事件进行了级别划分，结合 ICCPR 第 4 条中对于"紧急状态威胁到国家的生命"的要求来看，紧急状态须具备严重危害性。据此，紧急状态与突发事件的概念外延并非是完全重合的，这也造成了其作为国家应对紧急状态时的主要依据，无法周延地兼顾矛盾的普遍性与特殊性。考虑到《突发事件应对法》在紧急状态立法体系中的重要地位，在未来的修法活动中应对其在实践中的具体问题予以重视。

紧急状态的发生导致克减条款被纳入国际社会关于国家裁量权的法律编

篆之中[1]，作为政府克减权行使的先决条件，对紧急状态的概念进行清晰地界定是极为重要的。紧急状态的发生并不具有规律性或周期性——可能在任何一个国家或地区发生，也可能在任一时间段内发生。以本次对全球都造成严重影响的新冠肺炎疫情为例，疫情在不同地域、不同时间所显示的特征或性质是存在差异的。因此，"僵硬"地分类列举具体的紧急状态类型对其进行定义是行不通的。国际法协会（International Law Association，ILA）曾指出，规定某些特定类型的事件为"紧急状态"的做法是不可取的。[2] 结合各国际公约与各国国内法的相关规定来看，"二元结构"或"多元结构"下"紧急状态"的范围较为狭窄，[3] 难以在实践中进行直接匹配适用。未来，我国在界定紧急状态时，不妨从其紧迫性与对公共安全的危害性入手进行概括，规定实践中须根据每个案件的具体情况并判断其是否属于紧急状态。

（二）国家克减权行使的必要限制

紧急状态的发生会促使国家当局使用紧急权力，[4] 一旦这种权力运行不当将使公民的基本权利与自由遭受侵害。亚历山大·汉密尔顿（Alexander Hamilton）曾指出，危及国家安全的情况是无限的，因此将宪法的桎梏强加于其所承诺照拂的权力显然是不明智的。[5] 国际社会关于"紧急状态"的立法模式主要可分为两类：目的主导型与权利主导型。[6] 关于"紧急状态"的制度构建主要采取了基于目标的方式，也就是目的主导型。《中华人民共和国宪

---

〔1〕　See David Harris ET AL, *The Law of The European Convention on Human Rights*, Oxford University Press, 2018, Article 15: Derogation in time of war or other public emergency threatening the life of the nation.

〔2〕　See Oren Gross, "Once More unto the Breach: The Systemic Failureof Applying the European Conventionon Human Rights to EntrenchedEmergencies", 23 *Yale J. Int'll.* 439 n. 7 (1998) (citing THE FEDERALISTNO. 23, at 153 (Alexander Hamilton) (Clinton Rossiter ed., 1961).

〔3〕　葡萄牙在其宪法中对"紧急状态"与"围困状态"的区分就属于"二元结构"，将公共紧急状况分为了两种类别。"多元结构"是指将紧急状况区分为了多种类型，如波兰规定了三种，匈牙利则对五种危险状态进行了规定。参见王禛军：《论紧急状态启动的宪法规制》，载《河北法学》2014 年第 10 期，第 50 页。

〔4〕　See Mohamed M. El Zeidy, ECHR and States of Emergency: Article 15–A Domestic Power of Derogation from Human Rights Obligations, Michigan State University–Detroit College of Law's Journal of International Law, 2002, Vol. 11, p. 264.

〔5〕　See Oren Gross, "Once More unto the Breach: The Systemic Failureof Applying the European Conventionon Human Rights to Entrenched Emergencies", 23 *Yale J. Int'll.*, 439 n. 8 (1998) [citing THE FEDERALISTNO. 23, at 153 (Alexander Hamilton) (Clinton Rossiter ed., 1961)].

〔6〕　See Ronald Dworkin, *Taking Rights Seriously*, Bloomsbury, 2013, pp. 205–214.

法》（以下简称《宪法》）、《突发事件应对法》、《戒严法》均围绕紧急状态发生时的国家公权行使展开，须更加重视公民权利保障在立法中的价值导向作用。作为 ICCPR 的签署国，我国可以参考该公约第 4 条第 1 项对于"克减的程度以紧急情势所严格需求者为限"的要求，并禁止克减第 4 条第 2 项中所列生命权、反酷刑义务、禁止奴隶制度、人身安全及自由、法律上的人格权、定罪量刑、良心与宗教信仰自由等八项权利。[1] 采取目的主导型方式的各国在针对紧急状态立法时更多是以发挥政府效能为重点。我国《突发事件应对法》第 1 条及第 11 条提出了"保护人民生命财产安全""……有多种措施可供选择的，应当选择有利于最大程度地保护公民、法人和其他组织权益的措施"的要求。此类有关公民权利的原则性规范表明了紧急状态下的公权运行也应当以尽可能地保护公民权利为基本价值追求。《中华人民共和国传染病防治法》（以下简称《传染病防治法》）、《破坏性地震应急条例》等针对具体的紧急状态予以了特别规定并围绕政府职能发挥与公权运转展开。未来，欲实现实践中权利与权力平衡，相关立法活动还需着眼于紧急状态下权利限制的程度与范围。

关于紧急状态下公民权利因公权行使遭受限制甚至侵害的部分，《突发事件应对法》中仅有第 12 条针对"财产被征用或者征用后毁损、灭失的"情形作出了规定，显然并不足以对普通公民权利提供周延的保护。ICCPR 确认的克减权一方面是国家在紧急状态下所应履行的公约义务的克减，此时"克减权"中的"权"指代的是国家在一定限度内免责的权利；另一方面，为应对紧急状态、维护国家安全与社会稳定，政府对内采取的应急措施使公民权利受到限制，这里的克减权应当理解为政府基于自由裁量权（margin of appreciation）为克服紧急状况、恢复国家秩序对内防控、管理的权力。[2] 本文探讨的国家克减权主要是后者，即与私权相对立的、对公民权利造成限制的权力。

为避免政府的紧急权力遭到滥用，国家克减权的行使范围和程度均须被约束于合理的限度之内，克减权的行使应当始终以维护更广泛的公民权利为价值导向。ICCPR 以列举的方式明确了即使在紧急状态中也不能够被限制的

---

〔1〕 《公民权利及政治权利国际公约》第 4 条第 2 项规定："不得根据本规定而克减第 6 条、第 7 条、第 8 条（第 1 项和第 2 项）、第 11 条、第 15 条、第 16 条和第 18 条。"

〔2〕 See David Harris ET AL, *The Law of The European Convention on Human Rights*, Oxford University Press, 2018, Article 15: Derogation in time of war or other public emergency threatening the life of the nation.

公民权利。这是国际社会中较为常见的一种以清单形式来明确必须予以保护、不得被限制的公民权利的立法模式，即"护权清单"。[1] 清单模式的列举为行政机关具体实施应急措施提供了参考，但是比较此类公约或部分国家国内法中的相关规定不难看出，各权利清单之间是存在出入的。例如，《美洲人权公约》（American Convention on Human Rights，以下简称 ACHR）第 27 条第 2 款就列举了 11 项在国家获得进入紧急状态的许可后也不得遭受限制的权利，同时还要求不得暂停实施为保护这些权利所必需的司法保障。[2] 《欧洲人权公约》（European Convention on Human Rights，以下简称 ECHR）同样对于克减条款进行了规定。ECHR 第 15 条明确了国家行使克减权应先满足的三项条件：①须存在威胁国家生命的战争或其他紧急状态；②克减行为应被严格限制于应对紧急状态所需的限度之内；③各国在行使克减权时不得违背其基于国际法承担的其他义务。同时，ECHR 第 15 条第 2 款也采取了列举的方式规定[3]，除合法战争造成的伤亡以外，生命权、禁止酷刑、任何人不得被奴役、罪刑法定等四项内容不在国家可克减的义务之列。换言之，ECHR 缔约国公民的这四项权利即使在紧急状态下也不得因政府公权运行而减损。

ICCPR、ACHR 与 ECHR 对于不可克减的公民权利的列举各不相同，静态的权利清单很难适应紧急状态的具体情况对不可克减的公民权利进行准确的穷尽式列举。ECHR 对于克减权行使的先决条件的规定或可为各国所借鉴，应当更具灵活性，考虑到紧急状态本身的不稳定性，清单范围可以适应情况发展而相应收缩或扩大。同时，为了避免"朝令夕改"现象的发生，法律应当对清单范围调整的主体、程序等作出严格规定。[4]

---

〔1〕　参见张帆：《论紧急状态下限权原则的建构思路与价值基础——以我国〈突发事件应对法〉为分析对象》，载《政治与法律》2020 年第 1 期，第 122~123 页。

〔2〕　《美洲人权公约》第 27 条第 2 款：上述规定不许可暂时停止实施下列条款：第 3 条（法人人格权）、第 4 条（生命权）、第 5 条（人道待遇权）、第 6 条（不受奴役）、第 9 条（不受事后法律的限制）、第 12 条（良心和宗教的自由）、第 17 条（家庭的权利）、第 18 条（姓名权）、第 19 条（儿童权利）、第 20 条（国籍权）和第 23 条（参与政府的权利）或保护这些权利所必需的司法保障。

〔3〕　ECHR Artical 15 Derogation in time of emergency：2. No derogation from Article 2, except in respect of deaths resulting from lawful acts of war, or from Articles 3, 4 (paragraph 1) and 7 shall be made under this provision.

〔4〕　可参考布鲁斯·阿克曼（Bruce Ackerman）关于"紧急状态宪法"的相关理论，See Bruce Ackerman, "The Emergency Constitution", 113 *Yale Law Jonmal*, 2004, p. 1029.

二、比例原则下公民权利的克减与保护

（一）公民权利的克减空间

"人权的主体主要是个体，即马克思所说的有感觉的、有个性的、直接存在的人，从事实际活动的人，可以通过经验观察到的、发展过程中的人。"[1]随着时代的发展，集体也可以作为人权的主体。而公民权利的主体是公民，国家原则上不仅有权排斥非公民，而且还必须实行移民管制，以确保公民的利益高于非公民的利益。[2] 可见，公民权利的取得是以公民身份为前提的。人权的主体则没有这种身份上的限制，只要求个体是客观存在的。二者的权利主体属于一种包含与被包含的关系。从客体来看，"人权的客体不但是道德权利，还应包括公民权利、政治权利及社会、经济、文化等更为广泛的权利"[3]。由此不难看出，公民权利是为人权保护所涵盖的权利，人权涉及的范围要更为广泛。

从时间上来看，在法律出现前就已经存在人权了，而公民权利则需要法律予以规定。公民权利是人权的部分客体受社会、经济、科学、文化等因素的影响而演化出来的产物。从权利来源来看，人权并非国家、法律、斗争所赋予的，人权的本质在于对人的尊严与价值的认可。笔者认为权利来源的区别表明权利与权利之间是存在效力位阶的。公民权利与其他人权之间有效力等级上的不同，公民权利内部的具体权利之间也存在着这种差异。因此，即使 ICCPR 允许了紧急状态中政府权力运行对公民权利造成的克减，但并非一切公民权利均能够被克减。而权利的效力等级越高，也就意味着其为公权侵害的可能越小，[4] 这也是狭义比例原则发挥衡量作用时应当予以考虑的。"唯有当人类劳动的收获超过了他们自身的需要时，政治状态才能够存在。"[5] 即使紧急状态下公民权利的克减空间也应当被最大程度地压缩，政府权力行使绝不能超过必要限度。且这种克减不应以公民的自身最低需求为界限，而应以实现公民权利与自由的最大化为目标，政府在积极应对紧急状态的同时应当考虑将对公民造成的损害最小化。

---

〔1〕　张文显：《论人权的主体与主体的人权》，载《中国法学》1991 年第 5 期，第 26 页。

〔2〕　See Stefan Salomon，"Citizenship and Unauthorised Migration：A Dialectical Relationship"，*The Modern Law Review* 83，2020.

〔3〕　参见徐显明主编：《人权研究》（第 3 卷），山东人民出版社 2003 年版，第 160 页。

〔4〕　参见城忠模：《行政法之一般法律原则（一）》，三民书局 1994 年版，第 126 页。

〔5〕　[法] 卢梭：《社会契约论》（第 3 版），何兆武译，商务印书馆 2003 年版，第 100 页。

（二）比例原则的法治功能

在新冠肺炎疫情期间，各国政府相继宣布进入紧急状态，所采取的封城、公共场所须配戴口罩、公布确诊病例轨迹等措施一定程度上对公民权利形成了限制，有观点将之视作新自由主义发展中的阻碍。但在更关注个人福利的新自由主义政策中也包含着一个重要的强制性因素——"惩罚那些不按规则比赛的人"[1]。这其中的"规则"也意味着其倡导的并非是完全脱离政府干预的状态，只不过关注重点从集体转变到了个人利益。紧急状态下公民权利的克减并不等同于对某些个体的放弃，而是在不同的利益之间做出了价值选择，这就需要比例原则发挥作用——这里提到的比例原则指的是广义的比例原则。

1. 比例原则的法律定位——宪法性原则

广义的比例原则强调手段与目的的协调一致，包括适当性原则、必要性原则及狭义的比例原则三层内涵，即通常所说的三阶理论。[2] 在紧急状态下，政府干预与公民权利保护的背后是公益与私益的平衡，涉及的是国家与公民之间的关系。这组关系的运行状态不可避免地影响着社会稳定及人权保护的效果，而人权身处于宪法所维护的价值体系之中。因此，比例原则的法律定位决定了其是否有资格调节紧急状态下权利与权力的关系。

在 1958 年德国药剂师执照案中，联邦宪法法院对比例原则的引用让其地位从行政法原则上升到宪法性原则。但是，不少学者否定这种地位上升的观点，认为即使比例原则为宪法法院所援引，但是其并未为宪法规范所规定且此前多被应用于司法领域中，将其视为宪法性原则将对立法权造成侵害。[3] 笔者认为，应当对比例原则的宪法性原则地位予以肯定，理由如下：

首先，比例原则虽然未被明文规定于宪法条文之中，但是其调整对象均为宪法所保护。比例原则期望达到手段与目的的协调，从而使各价值间的关系达到最优状态。例如"药剂师执照案"中对于依法治国与公民基本权利的平衡，体现了法治原则是任何一个现代文明国家的宪法基本原则，"法治"同时也意味着国家权力的运行，公民权利保护当然也是各国宪法中不可或缺的

---

[1] See Jens Beckert, "The exhausted futures of neoliberalism: from promissory legitimacy to social anomy", *Journal of Cultural Economy*, 2019.

[2] 参见徐显明主编：《人权研究》（第 3 卷），山东人民出版社 2003 年版，第 321~322 页。

[3] 参见陈新民：《德国公法学基础理论》（下册），山东人民出版社 2001 年版，第 387 页。

一部分，二者均为比例原则运用时的重要价值导向。因此，比例原则是符合宪法精神，并能够从宪法规范中引申出来的。

其次，从适用范围来看，广义的比例原则不仅能够在行政法领域发挥作用。刑法中的正当防卫，民法中的侵权损害赔偿责任承担都能证明比例原则的适用范围是十分广泛的，所以它的法律定位不应仅仅局限于某一特定的部门法。

最后，比例原则的运用并不会对立法活动产生不利影响，以立法权受侵害为借口否定其宪法性原则的地位是不恰当的。比例原则确实经常被适用于司法领域，但并没有证据表明这与立法权遭受侵害之间存在着必然的因果关系。以合宪性审查为例，审查机关当然有权对立法活动进行审查。此时，审查是为了保障立法活动的顺利进行，预防立法权被滥用，因此应对比例原则的宪法性予以承认。

2. "三阶理论"在紧急状态中的作用

既然肯定了比例原则的宪法性，那么通过其来实现对宪法中某一关系的调节显然是可行的。"三阶理论"不仅可以平衡紧急状态下的公权运行与公民权利保护，还能够对政府行为进行有效评价。

比例原则的适当性原则为"采取的措施（手段）有助于或能够达成目的，且措施（手段）正确"[1]。根据前文对于紧急状态的讨论，这就要求政府采取的限制措施是能够或有助于维护国家统一、安全及社会公共安全的，以此来保证手段与目的之间的关联性。而且，适当性须同时包括手段适当与目的适当，也就是说以合法手段达到非法目的，或者通过非法手段实现合法目的都是不可以的。这一方面对国家克减行为提出了更严格的限制，另一方面也表明了紧急状态的启动是以正确的价值导向为前提的，即使利维坦式的国家也需要考虑人民的福祉。[2]

必要性原则要求在能够使用多种手段达到同一目的时，所选取手段侵的害性一定是众多措施中最小的，以避免不必要的损失。"两害相权取其轻"，紧急状态中政府干预对公民正当权利的不利影响应当被控制到最低。以这次新冠肺炎疫情为例，公共安全与个人权利之间孰轻孰重并不难判断，且只有遏制住疫情才能更好地维护私益。由此，在无其他替代方案的情况下，国家

---

〔1〕 徐显明主编：《人权研究》（第3卷），山东人民出版社2003年版，第322页。

〔2〕 See Thomas Hobbes, *Leviathan*, London: Andrew Crooke, pp. 190-196.

为防止病毒大范围扩散，公布确诊病例隔离前的活动轨迹与部分信息的举措是无可非议的，是依靠客观情况和实际经验做出的正确判断。

在紧急状态下，公益与私益的选择尤其重要。在肯定权利的效力位阶存在的前提下，各国应对措施中的护权或限权清单事实上就属于对于权利位阶或者说权利重要性的考量。狭义的比例原则对于目的与手段之间的关系提出了成比例的要求，换言之就是对"目的所产生效果（作用）和手段引发的副作用是否明显超出比例之外"[1] 的判断。权利的位阶越高，公权能够对其形成的损害就应当越低。以人权为最高价值追求的狭义比例原则在防治公权滥用中发挥的作用不容小觑。前文中讨论过各项法律对于紧急状态下不得被限制的权利的规定就体现了这一点。新冠肺炎疫情的发生对公民的人身安全造成了严重威胁，在此种情形下要求确诊病例如实汇报自己的移动轨迹、自觉接受隔离确实对于公民的隐私权、身体自由权等形成了一定程度的限制。判断政府行为是否过当，就应当考虑这种限制手段的副作用与对公共安全的维护效果是否处于合理的比例之中。

（三）比例原则的局限性

1. 狭义的比例原则的界限难以把握

狭义的比例原则要求的目的效果与手段副作用之间的合理界限在实践中是不易判断的。究竟该以何为界限，学界现存两种观点：一种是以德国学者 Grabiz 为代表，其主张以期待可能性为界限；另一种则是主张以具体情况为界限，要求根据自然规律、社会经验等进行综合考虑。反对以期待可能性为界限的学者认为期待可能性与狭义比例原则所考虑的权益范围是不同的，期待可能性更多的是对于私益的考量，而狭义的比例原则则要求兼顾公益与私益两方面内容。在紧急状态下，即便个体对于私益的期待有所降低，随着事件的发展，这种期待也无法呈现出稳定性，因此以期待可能性作为目的与手段之间效果衡量的界限并不能够使狭义的比例原则所要求的一定比例更为明确。

目的效果只有在手段实施后才能明确显现出来，重大疫情的紧迫性要求在危害结果发生时，甚至是发生前就予以科学应对，从而预防疫情带来的不利后果或将疫情造成的损害降至最低。因此，无论是以期待可能性还是以具体情况为界限，都无法完整地预测目的效果，这是比例原则的局限性之一。

---

〔1〕 姜昕：《比例原则释义学结构构建及反思》，载《法律科学》2008 年第 5 期，第 54 页。

2. 比例原则对于治理成本的忽视

比例原则强调必要限度内的法益选择，因此只要紧急状态中的政府权力没有被滥用，公民的人权得到了保障且基本权利未遭受过度限制，那么比例原则的法治功能就得以实现。但是，从法经济学的角度来看，却忽略了资源配置的最优效果。比例原则实现帕累托最优的前提是政府权力运行的成本为零，这即便是在正常的社会生活中都难以实现。为抗击新冠肺炎疫情，截至 2 月 3 日我国中央财政拨款已达 665.3 亿元，其中政府防控行为产生的费用于此可见一斑。此种情况下，即使比例原则兼顾了公权运行与私权保护之间的平衡，但还是无法确定国家整体上是否达到了效率最优的状态。

三、紧急状态下公民权利保护所面临的困境

（一）公权运行超出必要限度与第三方介入——以患者隐私权为例

公权运行"越界"与第三方的不当介入均会造成紧急状态下公民权利的减损，前者是政府直接行使克减权引起的，后者则是由于第三方的过错导致公民权利遭受过度侵害。新冠肺炎疫情期间，出于对公共安全的考虑，确诊病例应提供必要的个人信息，官方基于防控需要可以将信息中的活动轨迹等向社会发布。这样的信息披露不致造成了患者的私人生活安宁受损的问题，手段和目的的效果并未超出一定比例，因此可以说是在合理限度之内。而患者的医疗信息则不同，医疗信息属于性信息[1]，与个人尊严的联系十分密切，因此医疗信息的泄露极有可能对隐私权造成不当侵害。为了帮助新冠肺炎疫情防控工作，患者的病例可能被提供给相关机构予以分析研究，其治疗情况被纳入疫情数据监测系统并向社会公开，相应来说，确诊病例对与自己相关的医疗信息的自主决定权就会遭到减损。如果这种克减能够帮助政府加快疾病治愈工作的进程，根据权利内容来判断，遭遇限制的应为个体对隐私性信息的自主决定权。而隐私权又是以防止个人隐私信息被不正当公开为权利内涵的，那么此时被克减的应为个人信息权，而非隐私权。[2]

值得注意的是，由于隐私性信息的敏感性较高，处理不当很有可能转化为对于私人生活的安宁与私密性的侵害。新型冠状病毒的传染力较高、传播

---

〔1〕 参见李永军：《〈论民法总则〉中个人隐私与信息的"二元制"保护及请求权基础》，载《浙江工商大学学报》2017 年第 3 期，第 15 页。

〔2〕 参见王利明：《论个人信息权的法律保护——以个人信息权与隐私权的界分为中心》，载《现代法学》2013 年第 4 期，第 66~67 页。

速度快，目前核酸检测"假阴性"的现象又时有发生。面对疫情，民众意识到自觉防护隔离重要性的同时对于疫情的恐惧也持续升温。因此，对于不幸感染的患者隐私权的保护就显得格外重要。此种情形下如不妥善管理患者的个人信息，极有可能将其置于饱受歧视的尴尬处境，例如疫情中由于人工智能技术障碍造成的信息泄漏、疫情防控报道中对于患者信息的不谨慎处理。以上列举的两个例子中，都须考虑有无第三方介入的情形。假若并无第三方介入的因素，患者隐私请求权所对应的义务主体应当为克减权的行使者，按照狭义的比例原则公民权利遭受过当侵害的缘由是公权运行超出了必要限度。

然而，如果这里存在第三方介入，以某媒体对治愈率进行报道时播放了未经处理的患者影像资料为例，该媒体的行为是造成负面作用加剧的主因。这时，患者的隐私权受损应当如何处理？由于信息获取路径的正当性，权利人很难通过刑法路径实现权利救济。从民法角度来看，患者须承担隐私权遭受侵害的举证责任，来证明媒体存在过错。这种情形中，损害结果多以精神损害为主，即便引入"惩罚性赔偿机制"，撇开维权成本不谈，惩罚性赔偿的金额也极难确定。倘若患者行使物上请求权，由于高速发展的互联网时代媒体传播特点，欲实现实质意义上的排除妨害是不容易的。因此，进一步优化紧急状态下公民权利的救济路径有利于对公民权利进行更为周延的保护。

（二）《突发事件应对法》的局限性日益显露

首先，以《突发事件应对法》为核心的我国应对紧急状态的相关立法，需进一步明确限权范围、权利救济途径等内容，对公民权利保护予以更多的关注。在探讨比例原则的"三阶理论"时，无论是适当性、必要性还是狭义的比例原则都对手段与目的之间的联系给予了充分关注。政府一旦克减行为越界使公民权利遭受不必要的减损，公民将如何寻求司法保护也是紧急状态立法体系构建中应予以重点关注的问题。[1] 紧急状态中的公权力行使和权利保护活动并非独立进行的，无论是既存的、基于政府效能建立的公权运行规定，还是对于紧急状态下不可克减权利进行一次性列举的"清单式"规定，都在一定程度上忽视了应急措施与公民权利之间互为因果的关系。

其次，紧急状态下的立法体系结构设计不够周延，对于部分关键性问题

---

〔1〕 See Mohamed M. El Zeidy , ECHR and States of Emergency: Article 15-A Domestic Power of Derogation from Human Rights Obligations, Michigan State University-Detroit College of Law's Journal of International Law, 2002, Vol. 11, p. 264.

的规定过于模糊。当前《突发事件应对法》在本次疫情中暴露出灵活性不足等缺陷，传统的科层制在应对紧急状态时的效率是有限的。该法囊括了自然灾害、事故灾难、公共卫生事件和社会安全事件这四类突发事件，但是并没有针对不同突发事件进行具体问题具体分析。由于四类突发事件本身的差异较大，制定统一的静态应急方案意义不大。而根据《传染病防治法》第 3 条规定："新型传染病暴发、流行情况和危害程度决定是否将其纳入传染病范畴里"[1]，也体现出我国用以应对紧急状态的部分法律制度存在一定的僵化。不够灵活的应急机制可能会造成危机发生时政府应对存在滞后的情况，紧急状态的启动、结束与延期的程序和条件等也均须法律予以明确。[2]

最后，紧急状态的立法体系呈现出一种松散的状态，各相关部门之间缺乏明确的职能划分。制度结构设计的缺陷将直接反映在各部门职能发挥的过程中，合理分工、有效衔接才能使各部门协同运作形成一个完整的工作系统。现行的《突发事件应对法》统率力不足，《破坏性地震应急条例》等专门性规定也无法补足应对紧急状态的相关法律规定的空白与模糊。法律制度的不完整将导致在实践中很难使国家克减行为被约束于必要限度之内，此种情形下公民权利保护是难以落到实处的。

（三）比例原则的缺陷对公民权利保护的影响

由于比例原则的局限性，其在实践中对于公益与私益的平衡效果并不是稳定的。或许公权运行造成的公民权利减损尚处于合理限度之内，但是这只是将政府治理成本预设为零的结果。从我国的疫情防控工作来看，由于紧急状态本身的严重性，仅国家投入的经济成本就十分巨大。紧急状态持续的时间越长，政府的成本支出就越高。即使部分公民权利不必为应急措施所限制，也无法受到充分的保护。新冠肺炎疫情防控工作中，由于封城措施的实施，很多权利虽然未受政府职能发挥所限，但还是缺少实施的必要条件或者需要花费比往常更高的成本。据此，单纯依靠比例原则极有可能造成对于手段副作用与目的效果所处比例的错误认识，造成公民权利克减范围的事实扩大。

---

〔1〕 《传染病防治法》第 3 条规定：国务院卫生行政部门根据传染病暴发、流行情况和危害程度，可以决定增加、减少或者调整乙类、丙类传染病病种并予以公布。

〔2〕 参见王祯军：《论紧急状态启动的宪法规制》，载《河北法学》2014 年第 10 期，第 47 页。

四、紧急状态应对中公民权利保护的合理路径探析

（一）发挥成本收益分析法对于比例原则的补充作用

成本收益分析法强调量化考察"法律规则或政策举措可能导致的各类有利后果和不利后果（即成本或收益）"[1]。不仅需要比较不利后果与有利后果——成本与收益的大小问题，还要求将同等成本置入政府的其他选择中，比较同等成本在不同选择下的收益。不难发现，这种方式与比例原则"三阶理论"所考查的手段副作用和目的效果之间是存在内在联系的。不同之处在于成本收益分析法引入了统一的衡量尺度，[2] 同时其所要求的量化并非将所有成本、收益转化为某一固定的数值。成本不只包含政府权力运行中的财政支出，还存在如疫情防控中的人才损失、价值冲击等无法以数字衡量的损失，而收益更是包含着情感收益这样非理性的内容，想要将其直接换算为某一具体数值是不现实的。因此，成本收益分析法中的这种量化更多使用的是区间数值。例如，对于手段的某项副作用进行最大期望值与最小期望值的计算，然后将这个期望值区间纳入公益与私益的衡量。成本收益分析法能够使克减条款的适用范围更为清晰，为政府干预划定更为明确的界限。这在一定程度上弥补了比例原则在公权限制与私益保护上的不足，降低了其进行错误价值选择的风险，有利于实现公民权利减损的最小化。

（二）进一步优化紧急状态法制体系结构设计

党的十八届三中全会明确了"国家治理体系和治理能力的现代化"的重要性，而效率是衡量现代化的重要标准之一。紧急状态下政府克减权与公民权利之间的关系涉及公益与私益的平衡，应属宪法所调节的关系，宪法在紧急状态法制体系中当处于统摄地位。但紧急状态的界定并非易事，作为国家克减权行使的先决要件，相关立法活动应着眼于对政府克减权适用空间的限定。立法中从紧急状态的特性入手在高位阶的国内法中对其概括，而非期望通过穷尽式列举对其进行定义。模糊的规定对于公权运行和私权保护都是无益的，在满足了我国缔结或参与的国际条约的规定之外，紧急状态下克减条款的适用空间还须国内法予以明确。此外，作为我国紧急状态下应急措施的

---

〔1〕 戴昕、张永健：《比例原则还是成本收益分析法学方法的批判性重构》，载《中外法学》2018年第 6 期，第 1525 页。

〔2〕 See Mathew D. Adler and Eric A. Posner, *New Foundations of Cost - Benefit Analysis*, Cambridge: Harvard University Press, 2006.

重要依据——《突发事件应对法》，在本次疫情防控中显现出一些短板与不足。因此，推动《突发事件应对法》的修改工作是有十分有必要的。

第一，应当将对于公民权利保护的重视落实到具体的法律制度中，改变现行紧急状态立法的目的主导模式，该模式下相关法律的制定主要是围绕如何落实国家克减权展开的。在紧急状态下无论国家是否行使公权力，公民权利都势必遭受减损。公民权利做出的让步是为了助推政府干预效率的提升，促使社会尽快恢复到正常状态以保证公民权利得到更好的保护。实践中第三方的不当介入会干扰克减权运行与私权保护之间的平衡，因此立法中不仅应当在实体法中关注私权保护，还须从程序法的角度为公民维权提供具体的途径。修改后的《突发事件应对法》不仅应明确公民权利的司法救济路径，还须增加对于公权运行的监管，发挥政府自身在预防权力滥用中的作用。

第二，现行紧急状态立法体系亟待完善。其中，当前制度框架下对于突发事件进行了四类的划分，但是在具体应对措施上却没有根据各类突发事件的不同特性进行分别规定。这就造成了依靠现有法律很难在紧急状态的应对中抓住矛盾的特殊性，仅依靠《传染病防治法》《破坏性地震应急条例》等专门性规定对《突发事件应对法》的这块"短板"进行补足是不够的。紧急状态的不可预测性使得难以对其进行穷尽式列举，但这并不意味着不能从紧急状态的特性入手对其概念进行"弹性"界定。撇开现行紧急状态立法体系自身存在的缺陷不谈，穷尽式列举也会导致新情况发生时应急措施的滞后，使国家克减权运行空间的边界过于模糊。同时，"凡是在正常的宪法秩序下能够有效应对和消除的突发事件，就不应当启动紧急状态。"[1] 为保证政府的应急措施过当而造成公民权利不必要的减损，紧急状态的适用当十分谨慎，应通过宪法这样高位阶的法律予以规制，尽可能地降低公权被滥用的风险与概率。国家的克减权并非始终存续，紧急状态下政府克减行为须经严格的程序审批。因此，修法工作应当重视对于整体结构的调整，努力做到紧急状态下有法可依，并着力增强应急措施的效率性与灵活性，将政府干预对公民权利的减损尽可能地约束在必要限度之内。

第三，应当增强《突发事件应对法》的灵活性。本次疫情防控过程中传统科层制的局限性日显，而紧急状态的紧迫性又对防控工作的效率提出了更高的要求。《突发事件应对法》第6条规定："国家建立有效的社会动员机制，

---

〔1〕 王祯军：《论紧急状态启动的宪法规制》，载《河北法学》2014年第10期，第48页。

增强全民的公共安全和防范风险的意识，提高全社会的避险救助能力。"建立健全社会动员机制，充分调动社会自我调节中的积极性，也是应对紧急状态的相关立法活动须关注的重点。从本次疫情中各国的防控工作效果来看，国家治理与政府调控是抗"疫"的主力与核心，而社会自我调节、人民群众自发防疫的作用也不容小觑，我国抗"疫"的出色成绩也证明了这一点。同时，优化社会治理也是国家治理体系和治理能力现代化的题中应有之义，社会自我调节有助于弥补政府治理灵活性不足的问题。

（三）因地制宜建立动态限权清单

许多国家国内法与区域性人权公约均通过清单的方式对不可克减的公民权利作出了规定，且所列举的权利在种类、数量上存在差异。这一方面反映了各国价值选择的不同，另一方面也表明紧急状态在不同情况下呈现出的特征也并不相同，应具体问题具体分析。以一成不变的权利清单应对不同类型的紧急状态会造成公权运行的僵化，此时很难实现政府干预效率的最大化。但是，也不能否认权利清单的存在有利于将对国家克减权的必要限制落到实处，并明确此种紧急状态下应当优先保护的权利。因此，不妨采取一种更为灵活的限权列举模式。

首先，ICCPR 的缔约国制定权利清单时须以该公约第 4 条第 2 款为基础，凡第 2 款所列权利均不可遭遇减损。此外，与其制定不可克减的权利清单，不如列举能够减损的清单，将克减条款适用的范围进一步压缩。转变立法思路，将"权利保护"的有限性转变为"权利减损"的有限性，以保护更广泛的公民权利与自由为导向。其次，由于紧急状态本身具有不稳定性，所以在紧急状态的不同时期，政府干预的重点和价值追求也应当有所区别。例如在疫情峰值过后，应对防控级别做出相应调整，公民权利克减的幅度也应呈阶梯式下降。倘若，这种下调次次都须通过严格的程序确定，无疑会增加时间和效率上的成本，效果也会大打折扣。故可以尝试通过立法将对限权清单调整的决定权短暂地分给地方，当然应事先明确这种权力的"寿命"是极短的，且可调整范围是极小的，通常地方仅有权决定减少可减损的权利数量，如需增加还须经专门机构严格审批。此时，限权清单适应紧急状态的不同阶段所进行的调整就更加机动灵活，有利于减轻政府负担，为公民权利提供更为周延的保护。

结　语

新冠肺炎疫情在全世界范围内的持续蔓延，为全球带来了前所未有的挑战，许多国家先后宣布进入紧急状态。然而，紧急状态下各国采取的防控措施及其成效均呈现出较大的差异性，这也引发了国际社会关于新自由主义与国家干预主义优劣的又一场激烈讨论。不可否认的是，即使国家克减权的行使造成公民权利在紧急状态下不可避免地遭遇减损。可是，这种减损只是暂时的，政府干预的最终目的是恢复社会正常秩序、维护国家安全以更好地实现公民权利的保护。通过比例原则和成本收益分析法相结合的方式对政府干预的效果进行判断，能够对应急措施进行更为准确的评估。既存紧急状态法律制度的公民权利导向特征仍不够明显，动态限权清单的建立可以变"护权"有限为"限权"有限，将克减条款的适用空间进一步压缩并降低公权越界的概率，实现对公民权利更为广泛的保护。我国在这场疫情阻击战中的防控成效是有目共睹的，可仍需适应新形势下的新变化对现行法制体系结构设计进行优化升级，并对相关问题予以明确规定。未来应总结抗"疫"过程中的经验与教训，发挥宪法的统摄作用，进一步完善紧急状态下公民权利的救济路径，着力推动《突发事件应对法》修法工作的进行。以更具灵活性、充分调动社会自主治理积极性的法律制度作为国家治理的依据，这也是实现国家治理现代化的必由之路。

新冠肺炎疫情期间的媒介选择与有效政府沟通

——基于 2 月 5 日—5 月 19 日国务院联防联控机制新闻发布会实证分析

戴晓玲 *

　　摘　要：在发生重大突发公共事件的背景下，不同的媒介选择会对有效政府沟通的传播效果产生不同影响，尤其是对不同受众在信息及时性、信息准确性、信息透明度、信息回应度和公众参与度等五个维度上的不同信息需求影响更为显著。本文基于新冠肺炎疫情期间 2 月 5 日—5 月 19 日国务院联防联控机制下共召开的 128 场新闻发布会，分别检验新闻属性类传统媒体、新闻属性类新媒体、社交属性类媒体、商业门户网站等不同的媒介选择对有效政府沟通的影响及重要性排序，并在实证分析结论的基础上建议应满足受众多元信息需求、强化舆论引导，以及进一步完善以新闻发布为中心的有效政府沟通机制。

　　关键词：媒介选择　有效政府沟通　政府信任　回归分析

　　* 戴晓玲，中国政法大学光明新闻传播学院 2018 级博士研究生（100088）。

新冠肺炎疫情的暴发因其突发性、高传染性、致命性、未知性等特点，成为新中国成立以来我国遭遇的传播速度最快、感染范围最广、防控难度最大的公共卫生事件。在党中央、国务院有力有序的领导下，全国人民众志成城、齐心抗疫，不仅展现了中国力量、中国精神，更彰显了中华民族同舟共济、守望相助的家国情怀。在此次抗疫大考中，国务院成立了联防联控机制，并从 2020 年 2 月 5 日开始，每天召开与疫情相关的新闻发布会，从官方权威角度正视、回应、解读疫情期间民众和社会的信息需求，强化了政府与社会、政府与民众的有效沟通。基于此，本文尝试通过对受众获取国务院联防联控机制新闻发布会信息的媒介选择进行实证分析，探究媒介选择对新闻发布会的传播效果以及有效政府沟通的影响，进一步构建有效政府沟通，提升政府信任提供现实参考和决策依据。

一、疫情下政府新闻发布概况

关于国务院联防联控机制新闻发布会，在发布数量上，从 2020 年 2 月 5 日—5 月 19 日，国务院联防联控机制下共召开了 128 场新闻发布会。其中，2 月 5 日—2 月 29 日共举行了 37 场新闻发布会，3 月份共举行了 39 场新闻发布会，4 月份共举行了 32 场新闻发布会，5 月份共举行了 20 场新闻发布会。在参加部门和人员上，新闻发布会主要以国务院联防联控机制成员单位即国务院相关部委、医院以及部分行业代表人员等为主。在发布主题和议程上，新闻发布会前期主要以疫情防控、医疗物资保障、交通运输保障等主题和内容为主，随后重点聚焦于经济社会复工复产复销、稳岗就业等方面，同时围绕部分地方的抗疫故事、科普和健康知识等信息进行发布和讲述，体现人文关怀与民生关切。比如 3 月 9 日新闻发布会邀请快递小哥代表就快递复工、人员防护、物资配送等问题进行回答，4 月 29 日新闻发布会邀请北京医院援鄂医疗队讲述抗疫故事。

关于国务院联防联控机制新闻发布会与有效政府沟通，有学者提出，判断一个政府新闻发言人是否合格的根本标准是看他是否在相当大的程度上减少和消除了人们在公共事务认知上的信息不对称状况，即：使我们的人民群众对于公共事务的认知，由知之不多到知之较多；由认识不全面到认识较为全面；由较为肤浅的认识到较为深刻的认识。[1]

因疫情防控工作已成为常态，全国人民已做好长期抗疫的思想准备和工

〔1〕 喻国明：《与时俱进建设好政府新闻发布制度》，载《学习时报》2011 年 8 月 29 日，第 6 版。

作准备，且受众对疫情防控的最新动态、科普知识绝大部分都通过政府官方渠道获取，而国务院联防联控机制新闻发布会作为发布官方权威信息的"第一定义者"，在议题管理和发布主题上寻求了政府、媒介、受众三者信息需求的"最大公约数"，发挥了"情感疏导员"的作用，有效对接受众的信息需求和情感需求，成为实现有效政府沟通的至关重要的渠道。同时也要看到，不同的受众使用不同媒介所获取的传播效果是有差异的。所以，本文试图以受众不同的媒介选择，分析新闻发布会的信息到达率、具体传播效果、认知塑造等来进一步透视有效政府沟通的实质效果。

综上所述，重大公共突发事件下媒介选择与有效政府沟通的影响关系如何，构成了本文的研究起点和问题根源，也进一步细分了几个重要问题：不同的媒介选择（如新闻属性类传统媒体、新闻属性类新媒体、社交属性类媒体、商业门户网站）对有效政府沟通的影响效果，以及这些媒介的重要性排序。

二、国内外研究文献回顾

（一）关于媒介选择与接触

《认知盈余：自由时间的力量》的作者克莱·舍基（Clay Shirky）认为，媒介是社会的连接组织。与 20 世纪相比，当下的媒体环境和模式发生了巨大变化，人们对于信息的接收方式已从被动转为主动。[1] 关于受众的媒介选择和接触。从传统媒介时代到移动互联网时代，最大的变革是人们得以按照自己的需求与偏好来配置个人化的媒介菜单（media repertoire），根据自己的生活节奏来安排日常的媒介消费。[2] "媒介菜单"观点侧重描绘受众对媒介的使用节奏，强调丰富媒介载体和渠道。[3] "媒介家具"（media furniture）或者"媒介组合"（media ensembles）观点认为，多种媒介组合在一起，呈现出不同的功能和作用，受众可根据需要随时选取和使用。[4] 喻国明认为，一系

---

〔1〕 ［美］克莱·舍基：《认知盈余：自由时间的力量》，胡泳、哈利丝译，中国人民大学出版社 2012 年版，第 7 页。

〔2〕 喻国明、杨颖兮：《接触、时段、场景：中国人媒介使用全景素描——基于"2019 全国居民媒介使用与媒介观调查"的分析》，载《新闻记者》2020 年第 4 期，第 28 页。

〔3〕 Andreas Hepp & Uwe Hasebrink, "Human Interaction and Communicative Figurations: The Transformation of Mediatized Cultures and Societies", vol. 1, *Medialization of Communication* 249, 253 (2014).

〔4〕 Uwe Hasebrink & Hanna Domeyer, "Media Repertoires as Patterns of Behavior and as Meaningful Practices: A Multimethod Approach to Media Use in Converging Media Environments", vol. 9, no. 1, *Participations: Journal of Audience & Reception Studies* 757, 761 (2012).

列以"媒介菜单""媒介家具"为核心的探讨媒介使用的研究方法，大都具备以下特征：一是使用者中心视角；二是整体性；三是关系性。[1] 在媒介分类方面：柳庆勇认为，媒介分类主要包括"时空受限类媒介""时间自由类媒介""空间自由类媒介""时空自由类媒介"。[2] 沈菲等学者提出媒介分为"电视主导型""低媒介消耗型""电视-杂志型""电视-网络型""电视-广播型"。[3] 曲慧、喻国明等认为媒介系统可分为"大众快消""小众快消""大众慢消""小众慢消"。[4] 在媒介使用现状方面：詹姆斯·韦伯斯特提出了"媒体二重性理论"（duality of media），认为当下的媒介使用模式并没有单一集中到任何一个理论框架中，个人因素与媒介结构因素共同作用，从而影响数字媒体环境中公众注意力。[5] "新受众研究"（new audience research）更专注于研究受众通过媒介获取信息的过程，以及受众自身的日常生活、文化情境如何影响个体的媒介接受行为。[6] 喻国明、杨颖兮对当下我国居民媒介使用的主要特点进行了分析，认为手机是最重要的媒介，接触率与使用频率均位列第一；微信是渗透于各种场景、能够全方位满足人们几乎所有需求的"超级 App"；晚间是媒介消费的高峰时段，电视在晚间时段仍然保持着"第一媒介"的地位；信息类 App 的接触率在一天之中随时间推移而降低，娱乐类 App 的接触率随时间推移而增加。[7] 近年来的研究主题：一是围绕媒介使用对政府信任、政治效能的影响，侧重研究媒介选择、媒介接触、媒介依赖

---

〔1〕　曲慧、喻国明：《媒介菜单与消极自由——论个体媒介认知的三重框架》，载《探索与争鸣》2019 年第 7 期，第 99 页。

〔2〕　柳庆勇：《时空哲学视野下的媒介分类研究》，载《新闻界》2010 年第 6 期，第 16 页。

〔3〕　沈菲等：《新媒介环境下的中国受众分类：基于 2010 全国受众调查的实证研究》，载《新闻大学》2014 年第 3 期，第 104 页。

〔4〕　曲慧、喻国明：《媒介谱系的重构：价值维度与商业模式的四象限法则》，载《山东社会科学》2017 年第 8 期，第 121 页。

〔5〕　[美] 詹姆斯·韦伯斯特：《注意力市场：如何吸收数字时代的受众》，郭石磊译，中国人民大学出版社 2017 年版，第 77 页。

〔6〕　曹书乐、何威：《"新受众研究"的学术史坐标及受众理论的多维空间》，载《新闻与传播研究》2013 年第 10 期，第 26 页。

〔7〕　喻国明、杨颖兮：《接触、时段、场景：中国人媒介使用全景素描——基于"2019 全国居民媒介使用与媒介观调查"的分析》，载《新闻记者》2020 年第 4 期，第 28 页。

对政治态度、政府质量感知、公众参与度及政治社会文化认同等方面的影响，[1] 如有的学者认为，相较报纸等传统"冷媒介"，手机等"新媒体""自媒体"受偏好与信赖程度更高，影响更大；[2] "新媒体"接触引发的政府信任下降可能造成其他层面的风险后果；[3] 有的学者在研究媒介使用、媒介评价和青年政府信任时提出，影响青年群体政府信任的因素并非媒介本身，而是媒介所传播的信息内容以及对媒介的评价与认可，媒介内容会在潜移默化中影响青年价值观的形成，对媒介的认可会影响青年对政府的认知与判断。[4] 二是研究媒介接触与新闻信息获取、信息传播效果的影响，如从官方渠道、人际渠道、自媒体渠道三方面分析传播渠道公信力。[5]

（二）关于新闻发布会

新闻发布会是实现有效政府沟通的重要形式之一。新闻发布会的意义，周庆安、赵文才等认为，"现实危机驱动"与"问题导向"成为制度后续变迁与自我完善的主要触发机制。[6] 邓杭认为，2019 年 8 月中共中央印发的《中国共产党宣传工作条例》以刚性的制度明确将"协调开展新闻发布工作"作为党委宣传部的工作职责，体现了党和政府决策层对新闻发布的重视。[7] 孟建、裴增雨基于九省区市新闻发布的实证分析，佐证了抗击新冠肺炎期间

---

〔1〕 朱博文、许伟：《媒介使用、媒介评价与青年政府信任——基于 CSS2013 的数据分析》，载《江汉论坛》2019 年第 12 期，第 127 页。姚君喜：《媒介使用、媒介依赖对信任评价的影响——基于不同媒介的比较研究》，载《当代传播》2014 年第 2 期，第 23 页。李佳桧：《新媒体时代下媒介接触、社会信任与政府质量感知的中介效应分析——基于"网民社会意识调查"的实证分析》，载《北京邮电大学学报（社会科学版）》2017 年第 5 期，第 2 页。

〔2〕 张明新、刘伟：《互联网的政治性使用与我国公众的政治信任——一项经验性研究》，载《公共管理学报》2014 年第 1 期，第 91 页。

〔3〕 方师师、郭文丰：《转型社会中的政治信任与网络抗议——基于中国网络社会心态调查（2014）的因子分析》，载《新闻大学》2014 年第 6 期，第 82 页。

〔4〕 姚君喜：《媒介使用、媒介依赖对信任评价的影响——基于不同媒介的比较研究》，载《当代传播》2014 年第 2 期，第 23 页。

〔5〕 李敏智：《突发公共卫生事件风险感知与信息传播机制分析——以 2009 年甲型 H1N1 流感为例》，载《新闻知识》2012 年第 11 期，第 31 页。

〔6〕 周庆安、赵文才：《制度、模式及话语：当代政治传播与新闻发布前沿观察》，人民出版社2019 年版，第 46 页。

〔7〕 邓杭：《突发公共卫生事件的危机传播与新闻发布》，载《现代传播》2020 年第 4 期，第 67 页。

新闻发布制度建设在当下作为国家治理体系和治理能力现代化的特殊重要性。[1] 重大危机公共事件中如何提升新闻发布效果？孟建认为，所谓"新闻发布活动的传播效果"，正是新闻发布活动与大众媒介之间相对位置、相对权力和互动方式的呈现，而最终体现在接收信息的终端——受众身上。[2] 邢祥、胡学峰论证了新时代新闻发布工作应关注依法治国和依法发布、主管部门和相关部门的联动、线下发布和线上发布、既有规制的落实与再出台新规制、传统媒体"易管"和新媒体"难控"的关系，并对以上关系加以妥善处理，方能准确把握新闻发布的沟通和传播实质。[3] 周庆安在 2014 年就提出，新闻发布的内容可以分为事实和解释性信息两个方面，要实现新闻事实和解释性信息的良好统一，应在事实层面更加公开完善、解释层面更加准确及时、突发事件层面更加强调时效。[4] 马得勇、孙梦欣建议，应重视提升党和政府新媒体信息发布的透明性与回应性，改进沟通技巧等，利用新媒体提升党和政府的公信力。[5] 孟建、裴增雨认为，提升新闻发布效果，应尽快厘清相关法律、法规中关于信息公开与新闻发布等问题的"边界"，消弭法律、法规间的抵触甚至冲突；在进一步信息公开透明的前提下，要洞悉特殊时期的复杂社会心理；要将新闻发布和媒体沟通作为硬性要求列入执政能力建设；邀请专业领域权威专家参与新闻发布应该成为标配；加强新闻发布会的策划能力和主题凝练力，做到有的放矢。[6] 夏琼、覃进重点研究了新媒体环境下受众对政府新闻发布需求的变化，从而对扩大政府新闻发布的公众参与度提出了策略性分析，认为应向前端延伸，完善公众意见搜集和民主决策机制；向后端延伸，完善快捷沟通互动机制；做好中间环节，加大政府新闻发布宣传

〔1〕　孟建、裴增雨：《关于我国抗击新冠肺炎新闻发布的实证研究——基于九省区市新闻发布的实证分析和若干对策建议》，载《新闻大学》2020 年第 3 期，第 8 页。

〔2〕　孟建：《关于新闻发布活动传播效果的若干思考》，载《新闻传播》2006 年第 2 期，第 5 页。

〔3〕　邢祥、胡学峰：《新时代新闻发布工作值得关注的五大关系》，载《青年记者》2019 年第 25 期，第 57 页。

〔4〕　周庆安：《试论新闻发布中事实与解释性信息的冲突和统一》，载《新闻与写作》2014 年第 1 期，第 40 页。

〔5〕　马得勇、孙梦欣：《新媒体时代政府公信力的决定因素——透明性，回应性抑或公关技巧？》，载《公共管理学报》2014 年第 1 期，第 106 页。

〔6〕　孟建、裴增雨：《关于我国抗击新冠肺炎新闻发布的实证研究——基于九省区市新闻发布的实证分析和若干对策建议》，载《新闻大学》2020 年第 3 期，第 12 页。

力度。[1]

（三）关于有效政府沟通

"沟通就是由一个人或团体，即传送者（sender）利用各种可行的媒体（media），将信息（messages）传送给另一个人或团体，即接受者（receiver）的过程。"[2] 从传统媒体时代到信息时代再到智媒时代，重大突发事件并不是引发公众质疑、恐慌的真实原因，而是由于信息获取、传播、沟通的不平衡引发了恐慌。政府如何回应公共突发事件信息，从而实现政府与媒介、政府与公众的有效沟通，这是政府执政面临的考验和挑战，同时也是构建和塑造责任政府、服务型政府形象的机遇。从危机传播视角而言，艾伦·杰伊·查伦巴认为，危机沟通包括辨别内外部的沟通受众，发生危机时他们最需要获取各种信息。危机沟通需要构想、创建和传播信息给这些内外部受众，同时对他们的回答做出反馈。[3] 何子英、陈丽君、黎灿辉认为，妥善处理突发公共事件需要政府及时、迅速做出反应，避免事件的进一步扩大，其中的关键是良好和有效的政府沟通，沟通的目的在于相互理解和达成一致。政府沟通的效果不仅直接反映了政府行政能力的高低，也影响着公众对政府诚信的认可水平。[4] 从公共关系视角而言，有效政府沟通是"建立在没有权力强制、平等和自愿选择基础上的双向沟通、协调的柔性管理原则"，[5] 王晓成认为，有效政府沟通是以公开性、利益一致性、科学性、艺术化和全员公共关系为基本准则。[6] 有的观点认为，在公共关系视角下的有效政府沟通应由"清晰、相关、及时、一致、诚实、根本、全面、可得、关怀、反馈"十大原

---

〔1〕 夏琼、覃进：《搭建政府与公众之间的沟通桥梁——新媒体环境下扩大政府新闻发布的公众参与问题》，载《新闻界》2015 年第 19 期，第 55 页。

〔2〕 苏国平：《论公共危机管理中政府与媒体的沟通》，上海交通大学 2007 年硕士学位论文，第 23 页。

〔3〕 ［美］艾伦·杰伊·查伦巴：《组织沟通商务与管理的基石》，魏江等译，电子工业出版社 2004 年版，第 249 页。

〔4〕 何子英、陈丽君、黎灿辉：《突发公共事件背景下的有效政府沟通与政府公信力——一个新的分析框架》，载《浙江社会科学》2014 年第 4 期，第 42 页。

〔5〕 N. Atkin, Communication and politics: "Transparency, Dialogue and Ethical Decision‐Making", *Vital Speeches of the Day* 65, 1999.

〔6〕 王晓成：《公共关系原则与政府危机管理互动性探析》，载《学术月刊》2004 年第 5 期，第 37 页。

则构成,[1] 其中,及时沟通、公开透明、参与对话、回应反馈是核心思想。从行政管理视角而言,有的学者提出,政府传播属于行政传播,一般是指政府组织及其成员通过新闻媒体对外传递、交流和共享信息的行为,以及通过这些信息传播所达成的沟通交流和社会互动。[2] 政府传播既是公共行政的核心职能之一,也由此奠基了社会公共信息的核心场域,或者说事实上构建着特定社会的核心信息体系。[3] 因此,要实现有效的政府传播和沟通,应遵循及时、公开透明、掌握主动、以人为本、快报事实、慎报原因等基本原则和维度。[4] 从政治传播视角而言,政府通过一定的传播渠道将既定内容传播给特定受众后,会形成或改变受众的政治信任、政治态度。复旦大学博士于晶提出,政府传播效果的考察角度已经从"舆论控制"能力转移到了"议题管理"能力,前者的单向度权力施压逐步被公共讨论、意见交换所取代,认为有效的政府传播、沟通应做到信息公开的必要性和权威性、新闻报道的积极性和热衷性、信息需求的紧迫性、传播噪音"多音齐鸣"、传播效果先入为主。[5] 相较于不同媒体的传播效果,有学者认为,社交媒体的信任度更高,这是由于其缺少守门人的过滤与修改,不受利益集团影响、可谈论传统媒体不敢涉及的问题,信息更多面化。但也有研究显示,传统媒体的信任度更高,因为其信息要经受一定层次的事实确认和编辑审核,更有专业性与权威性,而社交媒体缺少专业性及保证信息准确性的社会压力。

三、研究方法与假设

(一) 数据来源

本研究以受众对接收国务院联防联控新闻发布会的媒介选择和使用为例研究相关变量及相互关系,从 2020 年 5 月 15 日—20 日采用问卷调查,以"滚雪球"的方式进行样本调查,先后收回 372 份问卷,最终获得有效问卷 361 份。

〔1〕　B. Bishop,"Theory and Practice Converge: a Proposed Set of Corporate Communication Principles", *Corporate Communications: An International Journal* 11,2006.

〔2〕　张志海:《试论突发事件与政府传播——大众传播的视角》,载《岭南学刊》2010 年第 2 期,第 50 页。

〔3〕　高波:《政府传播论》,中国传媒大学出版社 2008 年版,第 12 页。

〔4〕　张志海:《试论突发事件与政府传播——大众传播的视角》,载《岭南学刊》2010 年第 2 期,第 54 页。

〔5〕　于晶:《突发事件政府新闻发布的传播效果研究》,复旦大学 2010 年博士学位论文。

（二）相关变量的测量

控制变量：包括受众的性别、年龄、学历、收入。通过分析得知，性别变量中，男女占比都在 50% 左右，均值为 1.45，说明男女比例均衡；年龄变量中，25 岁以下和 26~35 岁年龄段占比都在 35% 左右，均值为 2.04，说明这两个年龄段的调查对象居多；学历变量中，本科和硕士及以上的占比都在 40% 左右，均值为 3.09，说明学历较高的人更多；月平均收入变量中，4000 元及以下和 4001 元~8000 元的占比都在 30% 左右，均值为 3.09，说明月平均收入在 4000 元左右的人居多。

自变量：基于文献回顾，受众对媒介选择主要考察了新闻属性类传统媒体、新闻属性类新媒体、社交属性类媒体、商业门户网站四类。通过对使用媒介的时间和频率进行描述统计，标准差分别为 1.414、1.144，说明此次调查问卷的调查对象对媒介的使用情况较分散，数据有代表性，没有针对某一特定群体。

因变量：根据文献回顾及媒介使用的现实情况，把有效政府沟通细分为信息及时性、信息准确性、信息透明度、信息回应度、公众参与度等五个因变量，从而探讨受众的不同信息需求。

（三）受众的媒介选择与政府有效沟通

在本研究中，由于采取了较为成熟的相关文献量表，需要对问卷信度和效度进行分析。对自变量媒介选择（新闻属性类传统媒体、新闻属性类新媒体、社交属性类媒体、商业门户网站）进行信度和效度分析，计算得知 Cronbach α 值为 0.854>0.8，说明量表具备合适的信度，满足测量要求；计算得知 KMO 的值为 0.798>0.5，问卷效度是合理的，所以适合进行因子分析，共提出了一个主成分，共解释变异量的 69.529%，因子分析达到了理想效果，该量表效度达到了要求。对因变量有效政府沟通（信息及时性、信息准确性、信息透明度、信息回应度及公众参与度）进行信度和效度分析，计算得知 Cron-bach α 值为 0.871>0.8，说明量表具备合适的信度，满足测量要求；计算得知 KMO 的值为 0.824>0.8，所以可以用因子分析，提取出了一个主成分，共解释变异量的 66.967%，因子分析达到了理想效果，该量表效度达到了要求。因此，本研究量表的设计达到了预先的设想，具备良好的信度与效度。

其中，通过对自变量进行分析，受众倾向于选择新闻属性类新媒体（占比 48.8%）来获取国务院联防联控机制新闻发布会信息，其中最不倾向于选择新闻属性类传统媒体（占比 11.4%）。对不同媒介传播新闻发布会信息的满意程度统计得知（见表1），受众对新闻属性类新媒体满意程度最高（均值为3.75），对商业门户网站满意程度最低（均值为3.43）。

表1　受众的媒介选择描述统计

	N	最小值	最大值	均　值	标准偏差
新闻属性类传统媒体	361	1	5	3.47	0.907
新闻属性类新媒体	361	1	5	3.75	0.859
社交属性类媒体	361	1	5	3.58	0.869
商业门户网站	361	1	5	3.43	0.889
有效个案数（成列）	361				

对因变量进行分析（见表2和表3），超过一半的受众认为信息准确性非常重要，受众对新闻发布会的总体评价描述统计的均值都在4以上，说明受众认为，在政府有效沟通中，信息及时性、准确性、透明度、回应度、公众参与度等五个部分都很重要。

表2　政府有效沟通中五个维度的重要度情况

	很不重要	不重要	一　般	重　要	非常重要
信息及时性	3%	3%	11%	35%	48%
信息准确性	2%	2%	9%	26%	61%
信息透明度	0%	2%	13%	31%	54%
信息回应度	1%	1%	14%	38%	46%
公众参与度	1%	3%	24%	38%	34%

表3　受众对新闻发布会的总体评价描述统计

	N	最小值	最大值	均　值	标准偏差
信息及时性	361	1	5	4.22	0.963

续表

	N	最小值	最大值	均　值	标准偏差
信息准确性	361	1	5	4.44	0.854
信息透明度	361	1	5	4.37	0.792
信息回应度	361	1	5	4.26	0.832
公众参与度	361	1	5	4.00	0.896
有效个案数（成列）	361				

第一，媒介选择对信息及时性的影响。根据平行线检验的结果可以得知，模型中显著性为 P = 0.072>0.05，使用有序多分类 Logistics 回归分祈，模型拟合信息表中，显著性 P = 0.000<00.05，表明模型具有统计意义，拟合效果很好。参数估计表显示：媒介选择的估算值均为负数，表示按照编号商业门户网站>社交属性类媒体>新闻属性类新媒体>新闻属性类传统媒体，编号越大，认为信息及时性的重要度越高，即四类媒体对信息及时性有正向影响。排序如表 4：

表 4　不同媒介选择对信息及时性的重要排序

媒介选择	重要性排序
商业门户网站	1
社交属性类媒体	2
新闻属性类新媒体	3
新闻属性类传统媒体	4

第二，媒介选择对信息准确性的影响。根据平行线检验的结果得知，模型中显著性为 P = 0.000<0.05，不能使用有序多分类 Logistics 回归分析。使用无序多分类 Logistics 回归时，默认将因变量和自变量的最后一个分类水平作为参照。运用 SPSS 软件进行无序多分类 Logistics 回归，模型拟合信息表中，显著性 P = 0.000<0.05，表明模型具有统计意义，拟合效果很好。参数估计表显示：选择新闻属性类传统媒体、新闻属性类新媒体的人认为信息准确性重

要的可能性分别是选择商业门户网站的 1.107 倍和 1.016 倍，选择社交属性类媒体的人认为信息准确性非常重要的可能性是选择商业门户网站的 0.835 倍。新闻属性类传统媒体和新闻属性类新媒体对信息准确性有正向影响，社交属性类媒体对信息准确性有负向影响。排序如表 5：

表 5　不同媒介选择对信息准确性的重要排序

媒介选择	重要性排序
新闻属性类传统媒体	1
新闻属性类新媒体	2
商业门户网站	3
社交属性类媒体	4

第三，媒介选择对信息透明度的影响。根据平行线检验的结果可以看出，模型中显著性为 P=0.034<0.05，不能使用有序多分类 Logistics 回归分析，便进行无序多分类 Logistics 回归。使用无序多分类 Logistics 回归时，默认将因变量和自变量的最后一个分类水平作为参照。模型拟合信息表中，显著性 P=0.000<0.05，表明模型具有统计意义，拟合效果很好。参数估计表显示：选择新闻属性类传统媒体的人认为信息透明度重要的可能性是选择商业门户网站的 1.414 倍；选择新闻属性类新媒体和社交属性类媒体的人认为信息透明度重要的可能性分别是选择商业门户网站的 0.986 倍和 0.420 倍。新闻属性类传统媒体对信息透明度有正向影响，新闻属性类新媒体和社交属性类媒体对信息透明度有负向影响。排序如表 6：

表 6　不同媒介选择对信息透明度的重要排序

媒介选择	重要性排序
新闻属性类传统媒体	1
商业门户网站	2
新闻属性类新媒体	3
社交属性类媒体	4

第四，媒介选择对信息回应度的影响。据平行线检验的结果可以看出，模型中显著性为 $P=0.000<0.05$，认为回归方程不平行，不能使用有序多分类 Logistics 回归分析。采用无序多分类 Logistics 回归分析，默认将因变量和自变量的最后一个分类水平作为参照。模型拟合信息表中，$P=0.000<0.05$，模型拟合效果很好。参数估计表显示：选择新闻属性类传统媒体的人认为信息回应度重要的可能性是选择商业门户网站的 1.996 倍；选择新闻属性类新媒体和社交属性类网站的人认为信息回应度非常重要的可能性分别是选择商业门户网站的 0.868 倍和 0.036 倍。新闻属性类传统媒体对信息回应度有正向影响，新闻属性类新媒体和社交属性类媒体对信息回应度有负向影响。排序如表 7：

表 7　不同媒介选择对信息回应度的重要排序

媒介选择	重要性排序
新闻属性类传统媒体	1
商业门户网站	2
新闻属性类新媒体	3
社交属性类媒体	4

第五，媒介选择对公众参与度的影响。据平行线检验的结果可以看出，模型中显著性为 $P=0.000<0.05$，不能使用有序多分类 Logistics 回归分析。使用无序多分类 Logistics 回归时，默认将因变量和自变量的最后一个分类水平作为参照。模型拟合信息表中，$P=0.045<0.05$，模型拟合效果很好。参数估计表显示：选择新闻属性类传统媒体、新闻属性类新媒体和社交属性类媒体的人认为受众参与度重要的可能性分别是选择商业门户网站的 1.557 倍、1.015 倍和 1.057 倍，它们对提升公众参与度都有正向影响，排序如表 8：

表8 不同媒介选择对公众参与度的重要排序

媒介选择	重要性排序
新闻属性类传统媒体	1
社交属性类媒体	2
新闻属性类新媒体	3
商业门户网站	4

四、结论与讨论

通过上述实证分析，可以验证重大公共卫生事件发生时，媒介选择对有效政府沟通的传播效果产生直接影响，主要有以下几点：

第一，新闻属性类传统媒体对有效政府沟通的影响仍占据主流。在传播效果方面，新闻属性类传统媒体对以新闻发布会为主的有效政府沟通的信息及时性、准确性、透明度、回应度及公众参与度五个方面皆有正向影响。在影响程度方面，新闻属性类传统媒体对信息准确性、透明度、回应度、公众参与度四个方面的重要性排序位居第一，其对信息及时性的重要性排序为四类媒体中的最后。这表明，重大突发事件具有突发性与不确定性，公众和社会信息不对称且情绪不安，受众需要主流权威及可靠性较高的媒体来缓解和消除这种不确定性、不对称性与不安性。因此，新闻属性类传统媒体拥有官方话语权，其权威性与专业性较强，而其他媒体多以非官方组织或者个人身份发布以感受为主的信息，信息来源较为复杂，信息内容呈现碎片化特点，较之新闻属性类传统媒体，其权威性、专业性和说服力均较弱。

第二，在有效政府沟通中，新闻属性类新媒体正向影响小于新闻属性类传统媒体。分析信息透明度和回应度时可以发现，新闻属性类新媒体对两者皆有负向影响，且在重要性排序上，除了信息及时性的其他四个方面，新闻属性类新媒体的重要性皆弱于新闻属性类传统媒体。这表明，虽同为新闻属性类媒体，但新闻属性类新媒体因其对重大突发事件报道宣传的定位和风格而对受众有一定影响。不过值得注意的是，虽然新闻属性类新媒体正向影响小于新闻属性类传统媒体，但是其在四类媒体中的作用仍较为显著。

第三，社交属性类媒体对有效政府沟通的负向影响大于正向影响。受众认为，社交属性类媒体虽然对信息及时性、公众参与度两个方面有正向影响，但是在信息准确性、透明度及回应度等三个方面仍有负向影响。这表明，社交属性类媒体因缺乏把关机制、内容审核不够严格等因素使得其在公共突发事件期间信息传播力量薄弱、沟通效果不甚理想，无法满足受众多元化信息需求。

第四，商业门户网站的信息传播功能和效果逐渐式微。因在回归分析时默认将因变量和自变量的最后一个分类水平为参照，所以商业门户网站对有效政府沟通的五个维度无法具体量化，但从重要性排序中可以看出，以 PC 端为载体的商业门户网站传播效果已不再有 Web1.0 和 2.0 时代的辉煌，其整体使用感、信任度都已下降。这表明，重大突发公共事件背景下商业门户网站的内容生产力和竞争力不如新闻属性类媒体（传统媒体和新媒体），在移动互联网终端、5G 时代背景下其使用便利性也逊于新闻属性类新媒体和社交属性类媒体。

针对上述结论，为完善突发事件中有效政府沟通的制度建设，不断提升政府信息发布、传播、到达效果，提出如下建议：

第一，满足多元信息需求。公共危机状态下，政府、媒介、公众是由"信息"连接在一起的动态系统。[1] 所以，在这一背景下，无论是政府组织的新闻发布会，还是官方媒介、社会媒介进行宣传报道，首先要充分发挥自身职能，做好信息公开、社会沟通、知识传播、风险预警、舆论引导的工作，然后再根据不同媒介的特点，适时调整信息供给内容。官方媒介话语权代表的权威性、专业性、透明度、科学性是其他媒介无法比拟的特质，但其也要充分利用和享受好如今互联网新技术新应用的发展红利，在继续做强做大做好新闻属性类传统媒体同时，应积极拓展网络平台、人工智能、算法推荐等新产品新形式新应用，打通线上线下主流媒体两个场域的声音，为受众提供信息获取便利，也为有效政府沟通提供高效便捷渠道。同理，社交类属性媒体、商业门户网站在信息获取便利上有天然优势，可充分发挥好其短、平、快的信息传播特质，利用话题发起、留言互动等方式进一步提高公众参与度，以满足受众不同的信息需求。

第二，强化正面主流舆论引导。必须认识到，媒介的发展正在影响甚至塑造着人们的态度和行为，大众媒介正在逐步充当有效政府沟通的中介人。

〔1〕 贾哲敏、孟天广：《信息为轴：新冠病毒疫情期间的媒介使用、信息需求及媒介信任度》，载《电子政务》2020 年第 5 期，第 14 页。

因此，做好及强化正面主流舆论引导，具有重要意义。一方面，新闻属性类媒体（传统媒体和新媒体）进行的官方话语传播尤其是在信息透明度、回应度及公众参与度方面应转变传播方式、拓展传播渠道，以提高覆盖面和影响力。另一方面，对于社交属性媒体、商业门户网站的传播信息要做好舆论引导，尤其是针对突发事件中负面、造谣信息等及时辟谣澄清，提高媒体公信力和受众信任度。

　　第三，完善以新闻发布为中心的有效政府沟通机制。正如前文所述，受众选择不同媒介获取新闻发布信息，对有效政府沟通具有不同的影响。因此，完善以新闻发布为中心的有效政府沟通机制，有助于进一步提高信息到达率、覆盖率和传播率，强化受众对政府的信任。首先，把握好首因效应。无论是新闻属性类媒体（传统媒体和新媒体），还是社交属性类媒体，或者是商业门户网站，都应明确首因效应，即"在社会认知过程中，对个体产生最深远影响的是通过第一印象最先输入的信息"，在重大突发事件的宣布、解读、研判等都要掌握第一时间进行发布和引导，占据有利的信息传播空间，向上向善引导公众认知。其次，树立消费者需求理念。消费者需求理念要求政府在提供有效沟通等公共服务时应结合时代发展、互联网技术的迭代更新以及受众需求，调整沟通的语言方式、内容呈现、传播渠道和评估反馈，根据疫情不同阶段的发展情况，适时选用"淡化型""重塑型""支持型"修辞模式，[1]如此才利于受众更好地理解和认同政府表达内容及意图，真正实现有效沟通。最后，慎用"二元对立"框架。"二元对立"框架指政府在新闻发布中有意或无意地把一部分公众放在与自己对立的位置上。在数字化时代，在媒介渠道多样以及受众的权利意识不断提高前提下，"二元对立"框架容易引起公众的反感和不满，导致有效政府沟通很难达到引导受众合理认知、安抚情绪的目的，因此，无论受众选择何种媒介来获取新闻发布信息，作为发布主体，政府在突发公共事件中都应谨慎使用"二元对立"框架。

---

〔1〕 张春艳：《数字化新媒体时代突发公共事件政府新闻发布的路径选择——以网络化治理为视角》，载《行政与法》2015 年第 3 期，第 14 页。

突发公共事件治理困境与出路

——基于"社会治理理论分析框架"的解释

陈亚蕾*

摘　要：伴随着疫情防控进入常态化，人民群众对良好社会治理的需求更加迫切。疫情发生初期（地方治理阶段），地方政府在应对过程中暴露出诸多不足，陷入突发公共事件治理困境。通过比照突发公共事件治理的特点与社会治理理论四个核心要素建立"社会治理理论分析框架"，分析发现困境产生的原因包括：常态化行政管理思维与疫情突发性之间的不适应，现有应急机制与疫情发展的不配套，治理能力与应急管控压力的不协调，社会组织参与和行政治理的不顺畅。新时期破解突发公共事件治理困境，需要我们强化风险责任意识，完善应急治理机制，提升应急管理能力，扩大社会组织参与。

关键词：突发公共事件　治理困境　分析框架　提升路径

引　言

2020 年新年前后，由"新型冠状病毒"（COVID-19）引发的肺炎疫情（以下简称"新冠肺炎疫情"）对

---

*　陈亚蕾，中国政法大学政治与公共管理学院 2018 级博士研究生（100088）。

我国经济社会生活产生了较大的影响，面对突如其来的疫情，我们勠力同心，顽强抗疫，取得了疫情防控工作的重大成果。当前及今后一段时间，我国疫情防控形势依然严峻，"外防输入、内防反弹"的压力持续存在，伴随着疫情防控进入常态化，人民群众对美好社会治理的需求更加迫切。回顾中国人民抗击疫情的艰辛历程，笔者作为公共管理学科的学术研究人员，有责任从专业视角对疫情防控中的地方治理问题进行学术反思，为突发公共事件治理研究的知识积累贡献一份力量。

"新冠肺炎疫情"发生初期（地方治理阶段），地方政府在疫情防控过程中暴露出风险意识、协调组织、工作执行、社会组织参与等方面尚存在一些不足，并陷入突发公共事件治理困境：一是地方政府在常态化条件下防范中对可能出现的突发公共卫生事件的风险意识相对不足；二是在疫情发生初期地方治理中，存在应急救援的协调组织工作不易开展的问题，影响到应急救援的整体进程和工作效率；三是在防控措施落实上存在执行不力的问题，造成了基层防控工作的重复低效；四是在疫情发生初期，社会组织等社会力量的作用发挥不足，没有很好的形成抗击疫情的合力。

本文以"新冠肺炎疫情"初期应对中（地方治理阶段）的治理困境为着眼点，将突发公共事件治理的特点与社会治理理论的核心要素进行比照，构建了包含"治理理念、治理机制、治理能力、治理主体"四个核心要素的"社会治理理论分析框架"，以探讨和反思突发公共事件治理难题及其破解之道。

一、社会治理理论分析框架及其适用性

（一）社会治理理论的基本含义

自"治理"概念产生以来，治理理论逐步发展完善成为一个内涵极为丰富的理念体系和制度架构，成为国际学术界最热门的前沿问题之一。英国公共行政学家罗伯特·罗茨从三个角度介绍了治理的定义：目标的视角，治理强调通过监督、指导、控制等手段来实现成本的最小化以及收益的最大化；价值的视角，治理追求的是法治与责任，是在信任与合作基础上的沟通协调；管理方法的视角，治理强调多元治理主体的合作互动，不仅运用政府的管理控制手段，也会引入市场的激励机制以及社会组织的管理方法。[1]

---

〔1〕 ［英］R. A. W. 罗茨：《新治理：没有政府的管理》，杨雪冬译，载《经济管理文摘》2005 年第 14 期，第 43~44 页。

社会治理理论是在治理理论与社会治理实践相结合的基础上产生的，主要用于对社会治理问题进行分析和解释，提出化解问题的方法或途径。

1. 学理层面

通过梳理我国学者对社会治理含义的界定，代表性的观点包含：

王春光认为，社会治理包含两层含义：一是治理社会，二是社会治理。前者指社会属于治理对象，而主体是政府（代表国家）、企业（代表市场），关键主体是政府。在第二层含义中，社会既是作为主体出现的，又可能是治理对象，即社会实现自我治理或管理，同时，社会也可以管理或治理其他对象，即政府和企业，也就是说，社会治理政府和企业。[1] 前者是行政主导的逻辑，后者是社会力量主导的逻辑，可见根据治理理念的不同，对社会治理的认识也会有所区别。治理理念提供了认识社会治理行为的价值导向，是社会治理理论的一个核心要素。

李胜认为，人民对美好生活的向往与发展不平衡不充分之间的矛盾依然存在，导致社会不信任、不和谐的情绪增加，亟须增强治理柔性和实行"靶向"施策，通过积极的心理干预塑造自尊自信、理性平和、积极向上的社会心态，以从源头上减少矛盾纠纷。[2] 可见，社会治理的柔性化治理方式为化解社会矛盾提供了一种选择路径。祁文博认为，从中国的行政生态来看，中央集权式的各层级政府的纵向权力运行呈现出"自上而下"的特征，社会组织发育不充分以及治理资源、规则匮乏等现象带来社会横向建构不足的问题。[3] 社会治理自下而上、良性互动的治理模式可以为解决行政治理难题提供方法和途径。治理方式、治理模式都是基于治理机制方面的认识，是实现社会治理目标的制度保障要素。

姜晓萍和董家鸣指出，努力提升党建引领下的政府治理能力、市场监管能力、社会协同能力、公共服务能力、交通治理能力、环境治理能力、风险

---

[1]　王春光：《中国地方社会治理实践的理论透视》，载《中共中央党校学报》2017年第5期，第109页。

[2]　李胜、何植民：《社会治理现代化的结构与路径：基于中国语境的一个分析框架》，载《行政论坛》2020年第3期，第31页。

[3]　祁文博：《网格化社会治理：理论逻辑、运行机制与风险规避》，载《北京社会科学》2020年第1期，第120页。

治理能力等，加快推进城市社会治理能力的现代化。[1] 李芳认为，不断提高社会治理能力的社会化、法治化、智能化、专业化水平。[2] 治理能力承载着实现社会治理目标的条件要素，是社会治理理论的重要组成部分。

郁建兴认为，社会治理在新常态下，治理主体从"政府单一主体控制"转变为"社会多元主体共治"。[3] 孙晓春指出，社会治理就是由多元的治理主体通过协商与互动的方式，对与其利益攸关的社会事务做出共同决定并采取一致行动，从而实现社会生活的正常运转，满足人们的基本需要的过程。[4] 社会治理倡导多元治理主体共同参与治理进程，鼓励社会组织、公民个人等通过协商、沟通的方式，开展对话与合作，形成合作共治的美好社会治理局面。

2. 国家战略层面

我国历来高度重视社会治理问题，从计划经济时代国家办社会，到新时期国家提出"加强和创新社会治理，打造共建共享共治的社会治理格局"，党领导下的社会治理工作经历了认识不断深化、实践不断发展的过程。社会治理是新时代国家"五位一体"总体战略布局的重要组成部分，是"四个全面"战略布局的必然要求。[5] 党的十九大报告明确指出："加强社会治理制度建设，……提高社会治理社会化、法治化、智能化、专业化水平。"党的十九届四中全会指出："必须加强和创新社会治理，完善党委领导、政府负责、民主协商、社会协同、公众参与、法治保障、科技支撑的社会治理体系。"其中，民主协商属于治理理念要素，法治保障属于治理机制要素，科技支撑属于治理能力要素，党委领导、政府负责、社会协同、公众参与属于治理主体要素。

通过对社会治理含义的学理梳理及社会治理在国家战略层面的解读，我们可以概括出中国特色社会治理理论主要包含"治理理念、治理机制、治理

〔1〕 姜晓萍、董家鸣:《城市社会治理的三维理论认知:底色、特色与亮色》,载《中国行政管理》2019 年第 5 期,第 62 页。
〔2〕 李芳:《以"两个创新"为驱动打造社会治理新格局》,载《红旗文稿》2018 年第 8 期,第 34 页。
〔3〕 郁建兴:《走向社会治理的新常态》,载《探索与争鸣》2015 年第 12 期,第 6 页。
〔4〕 孙晓春:《社会治理研究梳理及实践反思》,载《人民论坛》2015 年第 36 期,第 8 页。
〔5〕 林苍松、张向前:《中国特色社会组织发展道路探索》,载《重庆社会科学》2018 年第 5 期,第 76 页。

能力、治理主体"四个核心要素。

（二）社会治理理论的适用性分析

从社会治理理论视角研究突发公共事件治理问题具有重要理论价值，其理论逻辑与突发公共事件治理进程具有高度契合性。

1. 协同包容的治理理念

新时期下，人们更多追求生活的幸福感和安全感。面对突发公共卫生事件发生的不确定性日益增大、新发传染病不断出现的现实状况，如何解决民众的基本诉求，平衡不同社会群体的利益冲突和矛盾成为国家治理的难题。与强调自上而下的行政管理不同，社会治理在管理方式上采取人性化管理、柔性管理以及自主管理的方式。社会治理协同包容的治理理念有利于为各社会群体搭建表达利益诉求和参与社会治理的平台，对化解各类社会矛盾，保障群众的身体健康和生命财产安全，创造安全稳定的社会发展环境具有重要的推动作用。

2. 自下而上、良性互动的治理机制

突发公共事件发生后需要调动大量人力、物力资源以应对突发公共事件所造成的人员伤亡和财产损失，同时社会舆论的集中关注和已经造成的社会心理创伤也需要及时予以回应和抚慰，这些都是政府需要解决的现实问题。面临可能出现的行政治理失灵现象，社会力量的参与和介入就显得尤为必要。当前，我国社会力量快速发展，初步具备了承接政府职能转移的能力，同时政府公共服务职能向外转移的现实需要为社会力量发展提供了重要契机，两者互为前提、相辅相成、良性互动。[1] 社会组织非营利性、民间性、自愿性等内源性特征有力推动了从下往上社会治理模式的发展[2]，能有效解决"行政失灵"产生的社会影响。

3. 非常态向常态转变的治理能力建设

新时期下，突发公共事件治理实现了非常态下的应急治理向常态化防控治理的转变。社会治理是新时期政府社会管理职能的延伸和发展，同时为政府公共服务实践提供重要助力。建立健全突发公共事件应急机制，切实加强突发事件应急管理，这是政府履行社会管理、公共服务职能的重要内容，也

---

〔1〕 何剑锋：《社会组织承接政府职能转移的问题、原因及对策》，载《地方治理研究》2016 年第 2 期，第 12 页。

〔2〕 王名等：《社会组织与社会治理》，社会科学文献出版社 2014 年版，第 157 页。

是政府自身能力建设的基本要求。在突发公共事件爆发、矛盾突现的时期，迫切需要地方政府在管理好常态条件下经济社会事务的同时，更加注重履行好社会管理和公共服务职能，增强在非常态条件下妥善应对各类突发公共事件的能力。

4. 参与主体的多元性

社会治理强调社会本位和合作协商，主张社会治理主体多元化、治理要素和公众参与渠道多样化。[1] 在社会治理发展历程中，社会公共管理领域经历了社会管理、社会建设到社会治理的发展历程，从社会管理走向社会治理，也是由政府对社会单向度管控向政府与社会等多元治理主体合作治理的转变过程。新时期的社会治理更加彰显社会力量的治理主体地位，这对营造一个适合社会力量生长、参与危机治理进程的社会环境具有重要的推动作用。

可见，突发公共事件治理的主要特点与社会治理理论的四个核心要素具有高度的契合性，用社会治理理论分析突发公共事件治理问题是合适的。

（三）社会治理理论分析框架

根据社会治理理论四个核心要素建立"社会治理理论分析框架"（治理理念—治理机制—治理能力—治理主体），用以分析突发公共事件治理问题，并找到突发公共事件治理困境的解释依据。

1. 治理理念

理念通常指思想、思维或理论、观念。社会治理的治理理念主要是指社会治理的价值取向，主要包含三方面内容：基于行政主导的社会治理，基于社会力量主导的社会治理，多元社会治理主体合作参与的社会治理。在我国社会治理实践中，我们实现了由政府一元主导的行政治理向多元主体共治的转变，相应的在治理理念上更加强调协同包容的新型治理理念。

2. 治理机制

机制指各要素之间的结构关系和运行方式。社会治理的治理机制主要是指为确保实现社会治理目标而设置的制度保障因素，主要包含社会治理相关法律法规、社会治理协调机制、社会治理预案机制、社会治理信息传递机制等要素。各项治理机制共同发挥作用，确保社会治理体系的完整性，实现社会治理目标。

---

〔1〕 唐瑞芝、胡荣涛：《论主体多元化视角下推进社会治理精细化建设》，载《江西理工大学学报》2018年第2期，第25页。

3. 治理能力

能力是完成一项目标或者任务所体现出来的综合素质或具备的条件。社会治理的治理能力是指各社会治理主体具备的、能够匹配完成社会治理目标所需要的能力素质，其包含工作作风、执行能力、沟通能力、治理资源等要素，其中治理资源和执行能力是社会治理能力的核心要素。

4. 治理主体

主体从哲学上讲指的是对客体有认识和实践能力的人。公共物品、公共服务提供以及社会公共事务管理不是政府一家的责任，在社会多元治理主体并存的现状下，政府角色逐渐转变为治理体系中的主导和参与合作的重要一元。社会治理倡导政府、社会组织、公民、企业等多元治理主体共同融入社会治理进程，为实现社会治理目标和公共利益共同努力。社会组织等社会力量的发展水平及其参与治理的有效性直接影响到社会治理的实际效果，因此这里我们主要探讨社会组织参与社会治理的实际情况。

二、"社会治理理论分析框架"下突发公共事件治理困境的解释

突发公共事件是指突然发生的、毫无征兆和不可预料的、造成或者可能造成财产损失、重大人员伤亡、生态环境破坏、严重社会危害、危及公共安全等严重的社会后果的紧急事件。《国家突发公共事件总体应急预案》将突发公共事件分为四类，分别是自然灾害、事故灾难、公共卫生事件和社会安全事件。[1]"新冠肺炎疫情"即属于突发公共卫生事件，是典型的突发公共事件。"新冠肺炎疫情"治理中全国总动员、局部动员所引起的紧急状态已经构成了等级最为严重的突发公共事件，"新冠肺炎疫情"发生后，中国内地 31 个省（区市）全部启动了突发公共卫生事件一级响应机制。2020 年 2 月 23 日，习近平总书记在统筹推进新冠肺炎疫情防控和经济社会发展工作部署会议上指出："这次新冠肺炎疫情，是新中国成立以来在我国发生的传播速度最快、感染范围最广、防控难度最大的一次重大突发公共卫生事件。"

地方政府是日常生活中能对我们的物质和社会生活环境产生持续影响的一级政府[2]，其承担着社会治理的主体责任。疫情发生初期，地方政府在

---

〔1〕 揭筱纹、陈洁：《突发公共事件的生产能力损害及修复机制研究——以抗击新冠肺炎疫情为例的分析》，载《理论探讨》2020 年第 4 期，第 165~166 页。

〔2〕 参见［美］理查德·C. 博克斯：《公民治理：引领 21 世纪的美国社区》，孙柏瑛等译，中国人民大学出版社 2014 年版，第 27 页。

"新冠肺炎疫情"这一突发公共事件应对中暴露出诸多不足,陷入了突发公共事件的治理困境。基于"治理理念—治理机制—治理能力—治理主体"的"社会治理理论分析框架",本文从四个方面对疫情发生初期暴露的突发公共事件治理困境分别做出解释:一是从治理理念角度解释地方政府缺乏风险意识的原因;二是从治理机制角度解释协调组织困难及信息传播缓慢的原因;三是从治理能力角度解释抗击疫情中相关政策措施执行不力的原因;四是从治理主体角度解释社会组织作用发挥不足的原因。分析发现困境产生的原因包括:治理理念方面,常态化行政管理思维与疫情突发性之间的不适应;治理机制方面,现有应急机制与疫情发展的不配套;治理能力方面,治理能力建设与应急管控压力的不协调;治理主体方面,社会组织参与和行政治理的不顺畅。

(一) 治理理念分析

治理理念方面,主要原因是行政官员固化的常态化行政管理思维模式与疫情发生的突发性之间的不适应。根据马克斯·韦伯的官僚制理论,官僚体制具有模式僵化、程序繁杂、内容琐碎的体系特征,故而在官僚体制内行政官员习惯于常态化的行政管理工作流程,在思维层面形成了固化的行政管理思维模式。这种官僚体系下的固化思维模式在面对突发情况时往往表现出准备不足的"不适应性":风险意识不强,对可能出现的风险预估不足,在思想上对重大事故和突发事件发生的可能性重视不够。因此当突发公共事件发生时,行政官员往往重视程度不足,在应对和处理上步入"起因很小—基层反应迟钝—事态升级爆发—基层无法控制—震惊高层"的恶性循环[1],导致"小事拖大、大事拖炸",最后不得不由高层出面予以解决。

在行政话语占据主导地位的情况下,行政官员的思维逻辑和应急反应能力往往会对突发事件的发展态势产生较大影响。以本次新冠肺炎疫情为例,疫情发生初期,部分地方官员宣称疫情处于可控状态,表示应对疫情的物资储备充足,对疫情应对持乐观态度。这反映出地方官员应对突发状况的风险意识不强,在思想上存在麻痹大意和缺乏警觉的倾向,这在一定程度上影响到辖区居民对于病毒传播危害的认识和判断。伴随着感染人数的逐步上升,应对疫情的各种医疗、生活等物资缺乏的现象日益凸显,超出了地方政府的

---

〔1〕 任丙强、晏蔺:《城市邻避冲突:行动者策略模型的构建与阐释》,载《河南社会科学》2015年第3期,第69页。

承受能力，给地方治理造成一定困难。

（二）治理机制分析

治理机制方面，主要原因是现有应急机制与疫情发展的不配套。本文从协调机制、信息传递机制两个方面来论述，这两个方面表现得较为明显。

1. 协调机制

协调是为一批服务接受者服务的两个或两个以上生产者之间的一种组织安排。[1] 从“调节博弈”的视角看，政府应做好“整体引导”工作，以适应决策的复杂性。[2] 面对重大突发公共事件，需要政府有关部门通力合作，共同应对，这其中需要进行大量的协调组织工作。然而受地方“责权利”等诸多因素的影响加上受属地管理原则的制约，地方政府间缺乏合作所产生的矛盾尤为凸显。[3] 由此导致的后果是面对突发疫情状况，应急救援的协调组织工作不易开展，救援力量分散、无法形成合力，也影响到应急救援的整体进程和工作效率。

2. 信息传递机制

突发事件发生后，相关信息的传递工作非常重要，这关系到政府相关决策和应对措施的时效性，也影响到基层群众对于是否采取预防措施以避免受到伤害的基本判断。然而，本次新冠肺炎疫情初期，相关信息的传递情况并不理想，信息的上报体系和发布机制都暴露出一些问题，这引发我们深思。

第一，信息上报体系没有发挥有效作用。其实非典（SARS）之后，我国就下大力气建立了“突发公共卫生事件疾控直报系统”，发生突发公共卫生事件后，当地政府或医疗机构可以借助疾控直报系统在第一时间将相关信息上报国家疾控中心，这样能够确保国家卫生行政主管部门尽早介入、尽快决策，从而最大限度减少损失。然而，此次新冠肺炎疫情发生初期中我们的疾控直报系统并未发挥应有作用，或者说并未及时有效使用。

第二，信息传播从地方议程进入公众议程耗时较多。面对局部突发疫情信息，当地政府有必要在第一时间披露疫情信息，以引起社会关注和群众警

---

〔1〕 参见［美］埃莉诺·奥斯特罗姆等：《公共服务的制度建构——都市警察服务的制度结构》，宋全喜、任睿译，上海三联书店 2000 年版，第 12 页。

〔2〕 参见［法］让-皮埃尔·戈丹：《何谓治理》，钟震宇译，社会科学文献出版社 2010 年版，第 21~22 页。

〔3〕 雷晓康等：《跨区域突发事件中地方政府内部应急协作的情景构建分析与优化策略》，载《中国行政管理》2019 年第 4 期，第 146 页。

觉。以本次"新冠肺炎疫情"为例，2020 年 1 月 3 日，武汉市卫生健康委在官方网站发布了《关于不明原因的病毒性肺炎情况通报》，这一时期关于疫情的信息传播属于地方议程阶段，尚未引起全社会的普遍关注；疫情信息真正进入大众视野，引起全社会警觉是在 2020 年 1 月 20 日国家医疗与防控高级别专家组召开记者会明确新冠病毒出现人传人现象之后。说明在本次新冠肺炎疫情发生初始阶段，地方政府在最开始并没有给予足够重视，相关信息没有及时进入公众视野以引起社会关注和群众警觉。

（三）治理能力分析

治理能力方面，主要原因是治理能力与应急管控压力的不协调，本文从表现较为突出的应急预案执行能力、防控措施落实能力两个方面来论述，无论是常态下的应急预案执行还是非常态下的应急措施落实都存在执行不力的问题，一定程度上延缓了遏制新冠肺炎疫情蔓延的工作进度。

1. 常态下的应急预案执行

在应对突发公共事件方面，我国建立有专门的法规制度和应急预案体系，这为我们开展突发公共事件防护工作提供了常态化的制度保障和处置依据。在法规制度层面，现有三部国字头的法律——《中华人民共和国野生动物保护法》《中华人民共和国传染病防治法》《中华人民共和国突发事件应对法》；在应急预案体系层面，非典（SARS）之后，我国制定出台了以《国家突发公共事件总体应急预案》为总纲的"一案三制"应急预案体系。[1] 突发公共事件发生后，相关部门按照预案开展组织、救援即可达到较好的治理效果。然而在本次新冠肺炎疫情发生初始阶段，应急预案执行工作不太理想，常态下的应急预案没有得到及时有效的组织和贯彻，这容易对救援工作造成不利影响。

2. 非常态下的防控措施落实

面对疫情态势的逐步升级，本着对人民群众生命安全和身体健康负责的态度，各地政府迅速反应。从 2020 年 2 月 23 日至 2 月 29 日的一周内，中国内地 31 个省（区市）全部启动了突发公共卫生事件一级响应机制，采取最全面、最严格、最彻底的防控措施，其中影响较大的比如城市社区封闭管理、农村封村封路、道路交通管制、旅游限制、企业转型生产防护口罩等。这些

---

〔1〕 张再生、孙雪松：《基层应急管理：现实绩效、制度困境与优化路径》，载《南京社会科学》2019 年第 10 期，第 83 页。

措施有效遏制了疫情的进一步发展和蔓延，阻断了病毒传播链条，起到很好的防控效果。同时，我们也能看到在疫情防控工作中，有些地方在防控措施落实上出现了应急措施执行不力的问题：组织落实依靠文山会海，数据上报依靠各类表格，导致"表格抗疫"屡见报端，"迎检大战"华而不实，"一问三不知干部"尸位素餐。其直接危害在于"以形式主义、官僚主义的方式来给基层增加负担、消耗基层干部的抗疫精力"[1]，造成了基层防控工作的重复低效，影响到基层抗击疫情工作的进程。

（四）治理主体分析

治理主体方面，主要原因是社会组织参与和行政治理的不顺畅。在疫情发生初始阶段，社会组织等社会力量参与不足，没有很好的形成抗击疫情的合力，客观上影响到抗击疫情工作的进程。本文主要从政社对接和社会组织职能发挥两个方面来论述。

1. 政社对接

不论是公共部门还是私人部门，没有一个个体行动者能够拥有解决综合、动态、多样化问题所需要的全部知识和信息；也没有一个个体行动者有足够的知识和能力去应用所有有效的工具。[2] 社会治理倡导多元治理主体通过协商、沟通的方式共同参与治理进程，以实现合作共治的良好治理状态。

政府信任是实现政府与公民相互合作的协商治理的基础条件。[3] 在突发公共事件治理中，只有最大可能地吸纳各种社会力量参与危机治理进程，多方合作、形成合力，才能使公共危机处理具有更大的灵活性和高效性，从而发挥危机治理体系的最大效能。受传统"大政府"思维模式的影响，地方政府有些时候在公共事务处理方面仍然习惯于自己大包大揽，不信任社会力量参与治理的能力。以本次新冠肺炎疫情为例，疫情发生初期，地方政府没有很好地发挥社会力量（特别是快递行业）在组织协调应急资源方面的专业优

---

〔1〕 田芝健：《杜绝疫情防控工作中的形式主义、官僚主义》，载《红旗文稿》2020 年第 5 期，第 12~13 页。

〔2〕 李尧远等：《国家应急管理现代化：意涵、标准与路径》，载《中国地质大学学报（社会科学版）》2017 年第 3 期，第 146 页。

〔3〕 赵晖：《协商治理视角下的政府信任及其提升路径》，载《郑州大学学报（哲学社会科学版）》2020 年第 2 期，第 20 页。

势[1]，由此发生了一线医疗救援物资紧张而政府仓库存量物资调配分发不及时的现象。

2. 社会组织作用

社会发展到今天，我国已从传统的"大政府、小社会"演变为"大政府、大社会"的格局，近年来，我国社会组织自主性不断增强，组织化程度不断提高，自治能力不断提升。社会组织已发展成为政府、市场之外的第三方力量，其参与、自治、责任、开放等价值观使其在突发公共事件治理中有着特殊的适应能力，能够起到社会矛盾解压阀和缓冲剂的作用[2]，能有效解决政府"行政失灵"带来的问题，从而在突发公共事件治理中发挥重要的作用。

然而，在本次新冠肺炎疫情初始阶段，社会组织发挥的作用并不明显。按照国际上对红十字会的认定，其属于社会组织的性质，应该是志愿性的、非营利性的、非官方的民间组织[3]，在我国，红十字会在突发公共事件处置中承担着重要的对捐赠资金和物资进行调配和拨付的职能。然而，在本次新冠肺炎疫情发生的初始阶段，部分地方红十字会在对捐赠资金和物资的调配和拨付方面并没有很好地发挥应有的职能，其在抗击疫情中的一些表现受到了公众质疑，引发了社会舆论的局部关注。

三、社会治理框架下突发公共事件治理的优化路径

当前，我国疫情防控形势依然严峻，"外防输入、内防反弹"的压力持续存在，提升突发公共事件治理能力，实现良好的社会治理状态是全社会的共同愿景。基于"社会治理理论分析框架"的分析，新时期破解突发公共事件治理困境，需要我们从治理理念、治理机制、治理能力、治理主体四个核心要素入手，优化突发公共事件治理路径，不断提升突发公共事件治理的科学化、精准化、专业化、社会化水平。

（一）治理理念

1. 强化风险责任意识

如果说政府是处理突发事件的主体，那么地方政府则是这个主体的核心。

〔1〕 王芃、梁晓峰：《专业学会在应对突发公共卫生事件中的作用——以新型冠状病毒肺炎疫情应对为例》，载《行政管理改革》2020年第3期，第17页。

〔2〕 陈亚蕾：《政府公共服务职能转移，社会组织如何承接》，载《人民论坛》2017年第18期，第75页。

〔3〕 周俊：《政府与社会组织关系多元化的制度成因分析》，载《政治学研究》2014年第5期，第87页。

作为突发公共事件治理的第一责任主体[1]，地方政府应实现突发公共事件治理从应急管理向风险防控的转变。一方面，地方政府应时刻树立风险意识和居安思危思想，将突发公共事件治理工作作为常态化的工作来准备，不可麻痹大意。另一方面，应明确地方政府的角色定位，强化职责担当，落实应急治理工作目标，不仅需要完成其常态化的经济管理、公共服务职能，更应强化非常态条件下妥善应对各类突发公共事件的能力。

2. 树立协同包容治理理念

随着政府改革意识、创新精神的日益增强，政府日益认识到单单依靠自己的力量是难以应对公民日益个性化、多样化的需求的，社会组织、新型公民等新兴治理主体逐步走向舞台中央并发挥重要作用。危机治理需要多方联动，在多元治理主体共存的现状下，危机治理需要实现由"单级治理"向"多元治理"的转变，各治理主体（政府、社会、公民、企业）协同合作共同参与危机治理进程，才能实现危机治理功能最大化与社会化。应树立协同包容治理理念，最大可能地吸纳各种社会力量参与危机治理进程，鼓励社会组织、公民个人等通过协商、沟通的方式，开展对话与合作，利用自身优势在危机治理中切实发挥有效作用，形成合作共治的美好治理局面。

（二）治理机制

1. 完善协调机制

首先，应协调好政社关系，做好政府与社会的连接工作。应明确政府在公共事件治理中的职能界限，建立政社之间的伙伴关系，使政府与社会组织在危机治理中能够实现优势互补与良性互动。其次，综合协调应急资源，提升治理效率。突发公共事件发生后，需要大量的资源，包括人员、经费、物资、交通工具等，又涉及大量的综合协调工作。应优化应急管理资源配置[2]，提升应急管理资源利用效率，为科学预测、预警、评估、救援、处置突发公共事件提供有力的支持。

2. 完善应急预案

针对现有应急预案执行不力的问题，应完善现有"一案三制"的预案体

---

〔1〕 薛鹏、王艳、陈永红：《"创新升级"背景下应急管理的政府责任探究：一个协作整合思路》，载《青海社会科学》2017 年第 5 期，第 126 页。

〔2〕 陈晓春、苏美权：《新发展理念下的应急管理发展战略研究》，载《治理研究》2018 年第 4 期，第 83 页。

系，强化预案执行的可操作性。一是修订《国家突发公共事件总体应急预案》，完善国务院部门预案、省级预案体系以增强其可协调性和可操作性。应急预案要明确任务、职责清晰，越是涉及基层的预案越要做到详细、具体[1]，预案的编制要广泛征求群众意见，倾听群众的呼声，让群众参与其中，使预案编制的过程成为宣传教育、动员群众的过程。二是制定《战略物资储备法》，强化应急物资储备。将分散的《中央储备粮管理条例》《中央储备肉管理办法》《中央救灾物资储备管理办法》等部门规章合并进来，提升其法律位阶，加强规范管理。同时政府要强化公共财政的应急职能，建立包括人员、物资、技术、信息等在内的战略资源储备，特别要有备用系统或方案的储备，当突发事件发生时，做到有备无患。

（三）治理能力

1. 增强舆论引导能力

应急管理理论告诉我们，政府在应对突发公共事件中，要取得全社会的参与、支持和配合，合理引导网络舆情尤为关键。[2]当突发事件发生后，争取先声夺人，及时准确地发布信息，挤压网络舆情风险的发生时间和空间[3]，充分发挥主流媒体的舆论引导作用，以此来争取公众的理解、信任和支持。重视网络舆情信息，利用大数据手段及时发现和锁定公众在网络上集中反应的担忧与关切，及时予以沟通、回应和解决，并对网络谣言予以澄清，引导公众的关注焦点和意见方向来引导舆情的走向，树立公众战胜公共危机的信心。[4]

2. 加强应急救援队伍建设

突发公共事件处置中，应急人员个人素质和能力的高低决定着政府应急管理能力的强弱。要通过各种有效途径不断提升应急救援人员的专业技能，通过系统学习和培训，使应急救援人员熟悉应急指挥流程，熟悉各类专家和

---

〔1〕 李春根、李胜：《超大城市突发环境事件整体性治理研究》，载《中国行政管理》2017 年第 12 期，第 125 页。

〔2〕 张光雄、邓博：《社会主要矛盾转化视野下地方政府应急治理能力研究》，载《广西大学学报（哲学社会科学版）》2018 年第 3 期，第 66 页。

〔3〕 吴志敏：《新媒体视域下城市突发公共事件的风险治理》，载《甘肃社会科学》2017 年第 5 期，第 212 页。

〔4〕 肖文涛、曾煌林：《突发事件政务舆情回应：面临态势、困局与对策思路》，载《中国行政管理》2017 年第 12 期，第 115 页。

队伍，打牢全面、系统、专业的知识根底[1]，当突发公共事件发生时，能做到"召即来，来能战，战必胜"。

（四）治理主体

应将社会组织等社会力量纳入突发公共事件治理体系当中，完善社会力量参与危机治理的机制，提升突发公共事件治理工作专业化、科学化的水平。

1. 注意发挥专业人才的作用

第一，重视专家作用。要充分发挥专家在专业救援、信息分析、决策咨询、事件评估等方面的技术专长，建立起合作互助、分权自治、权责统一的危机治理机制，实现治理的科学化、合理化和制度化。

第二，为专业人才的成长创造条件。人才是社会治理创新发展的主体和决定力量。首先，要注意总结各地社会组织人才队伍建设的经验和教训，加快制定社会组织专业人才培养计划及人才培养政策，在职业发展、职称评定等涉及社会组织成员切身利益方面给予更多政策优惠。其次，构建综合培育体系，加强对社会组织成员的业务培训，着力打造专业化的高素质人才发展队伍，为社会治理的健康可持续发展提供智力支持和人才保障。

2. 提升社会组织参与突发公共事件治理的能力

社会组织能够参与突发公共事件治理并发挥作用，关键在于政府和公众相信，社会组织自身的社会公信度提高了，才能克服"志愿失灵"的现象，更好的发挥危机治理的作用。

第一，鼓励社会组织承接危机为管理类公共服务提供职能。政府部门应转变发展理念，创新管理模式，在一些危机管理类公共服务领域放权并实现职能转变，推动政府职能转移提质增速。社会组织在公共服务提供上有着独特优势，应发挥社会组织在危机治理中的专业优势，将政府不适合管、管不好的一部分危机管理类公共服务提供职能（比如应急物资的收集、派送等）让渡给具有相关资质和能力的社会组织，这样可以使一些专业性更强的应急服务需求得到更好的解决，同时可以加速推进社会组织承接政府职能转移的进程。

第二，鼓励社会组织多元发展，提升治理能力。首先，合理布局、理性规划，根据地缘特征规划社会组织发展圈，加快形成社会组织发展集群，形

---

[1] 郝泽军：《加快提高应急管理水平 为推进"生态优先、绿色发展"提供坚实安全保障》，载《中国应急管理》2019 年第 7 期，第 47 页。

成发展合力。对同一地域范围内的各类社会组织进行归类排序，形成自产自销、职能衔接的社会治理链条。[1] 其次，应坚持市场导向和民生导向，引入市场机制，实行优胜劣汰的市场竞争法则，促进社会组织多元发展，注意破解社会组织参与突发公共事件治理不够深入以及公共服务职能承接能力低的问题。

---

[1] 姜迪清：《完善社会组织扶持培育机制的思考——源于温州市社会组织参与社会治理之调研》，载《公安学刊（浙江警察学院学报）》2014 年第 3 期，第 27 页。

法律评注专栏

专栏责任编辑：吴雅婷

评注是法学生的必修课

刘承韪*

首先，应当说评注是以德国为代表的大陆法系国家和地区，尤其是法典化法域的最重要的法律工具书。[1]

* 刘承韪，中国政法大学研究生院副院长，中国政法大学比较法学研究院教授、博士生导师（100088）。

[1] 笔者尚需说明的是，如果说德国式评注模板是狭义的评注，那么突破德式评注模板，从评注的工具功能的角度观察，评注的外延可以扩展至美国法中的"法律重述"（Restatements of Law），即可认为法律重述是广义上的评注。美国法律重述的性质介于法典法（制定法）与判例法之间，是一种类似于法典的，具有权威性的法律文件，但尽管如此，重述所具有的权威性还是与制定法和判例法有着较大区别。重述之约束法院的权威性虽然远远高于一般论著的权威，但却没有达到直接约束法院裁判活动的制定法和判例法的权威程度。通常认为，法律重述的"约束力"在于权威性，权威性又来自于重述具有高度的说服力。判例法、制定法以及法律重述形成了相互汲取、相互影响的局面。参见刘承韪：《美国合同法重述：徘徊于法典法与判例法之间》，载梁慧星主编：《民商法论丛》（第36卷），法律出版社2006年版，第276~303页。为了弥补普通法的缺陷，美国法律研究院得以成立并通过法律重述进行改革，法律重述从最初的9个领域扩展至21个领域。美国的法律重述以条为基本单位，每一条通过黑体字规则、评注、例证与报告人注释阐明具体规范。对此，李昊教授认为，这些清晰明确的规则成为美国的重要法律渊源，对美国的法学教育和法律共同体的发展产生了积极而广泛的影响。在评价上，对美国法律研究院及其重述工作既有赞美之声，亦不乏指责其激进或保守的批评。从比较法上看，德国的法律评注与美国的法律重述在价值取向上都体现了对法律体系与法律共同体的追求，两者的工作方式与成果对于即将实现法典化的我国具有重要的借鉴意义。参见李昊、徐海雷：《美国法律重述鸟瞰》，载《苏州大学学报（法学版）》2020年第2期，第45页。

再者，评注取向服务于法律适用，注重梳理司法实践情况，进而能容纳更多的司法判决状况，因此，在成文法法域，尤其是法典化法域，法律评注的功能与作用具有普适性。[1] 以民法典评注为例，民法典是民事法律规范的典范，具有高度的抽象与技术性，民法典的规范萃取自市民生活，但又经过立法者、法律专家的概括抽象，因此，民法典中的法律规范无法与具体的市民生活一一对应。欲要适用民法典作为裁判规范或行为规范，就必须通过解释适用，才能实现民法典适用于市民生活。这就导致了法律非经解释不能适用的境地，而评注却是最好的法律解释素材。

评注是基于法律的"可评性"，即需要有一部具有较高立法技术的法律文本或法典。2020 年 5 月 28 日，第十三届全国人大第三次会议通过了新中国成立以来第一部以法典命名的法律——《中华人民共和国民法典》（以下简称《民法典》），《民法典》是我国民事立法技术的集大成者，是一部体例科学、结构严谨、规范合理、内容完整并协调一致的法典。可见，我国的《民法典》是一个相对完备、稳定的法源体系，是一部可评性极高的评注标的。随着我国跨入法典化时代，民法的立法论研究将告一段落，而民法的解释论将从幕后走到台前，探求中国民法解释论的新发展将成为法典化时代民法研究的主流。民法的解释论，是通过解释既存的民法规范而形成的理论，其目的在于正确地理解和适用民法规范。[2] 法典评注或法律评注是注释法学的产物，而法律解释是注释法学的主要研究方法，因此，从某种意义上讲，法律解释学是法典评注的主要研究方法。

民法典条文的评注是法律共同体都应当参与的。在德国，评注是学者最引以为傲的成就之一，无论学术地位多高，均以参与评注撰写为荣，受欧洲法律文化影响的亚洲国家亦是如此。[3] 当前我国民法典评注的参与者主要是民法理论研究的专家、学者，将来还应当鼓励实务部门的专家，尤其是从事民事审判工作的法官、仲裁工作的仲裁员以及从事民事法律服务的律师参与其中。在此，应当特别指出的是，无论是法学研究生还是法学本科生更应当积极地参与到法律评注中去。在我看来，法学生学习评注或研习评注的写作

〔1〕 张双根等：《对话：中国法律评注的现状与未来》，载《中国应用法学》2017 年第 2 期，第 163 页。
〔2〕 韩世远：《民法的解释论与立法论》，载《人民法院报》2005 年 5 月 18 日，第 B1 版。
〔3〕 朱庆育：《民法评注流水账（代序）》，载朱庆育主编：《合同法评注选》，北京大学出版社 2019 年版，第 3 页。

具有较大的意义：

第一，当前法学院中培养的法学生将来都是我国法治事业的中坚力量，培养学生正确适用法律与准确解释法律是法学教育中不可或缺的一部分。对此，我认为，鼓励学生学习评注或研习评注的写作有利于促进学生对法律的理解、对法律解释的学习，为其在将来从事法律工作时适用法律、解释法律打下扎实的理论基础。

第二，欲要学习评注或研习评注的写作就必须从民法的基本理论知识开始学习，尤其是民法的基本概念、法条的规范结构、民法解释学的基本方法，构建民法的逻辑观、体系观。让学生们带着学习评注或研习评注写作的目的学习民法基础理论及其周边知识，实现"以研代学"，促进学生主动学习，有力补充"教科书填鸭式"的课堂教学模式的不足。如此，更有利于法学院开展民法教义学教学，鼓励更多的法学生以更大的热情学习民法、研究民法，提高创作能力，评注写作练习是一种值得推广的民法学习方式。

第三，当前许多学生的论文都涉及立法建议，有些建议不乏新颖之处，然而大多数的立法建议是没有经过深入论证的，至少在立法可行性方面的论证是极其薄弱的，甚至许多学生觉得写论文不提出立法建议，论文就失去价值了。许多立法建议如同"空中花园"一样，不顾立法成本与司法实践，不顾逻辑自洽与体系融贯，这是十分"任性"的。因此，我认为，当前我们更应当提倡与鼓励学生进行解释论的研究，指导学生撰写论文应以法律解释的方法获得可靠的结论，而研习评注写作正有助于科学的法学方法论的养成。

总的来说，在法典化时代，任何法律共同体的成员都可以参与民法典的评注，我尤其鼓励学生参与民法典评注的学习与写作研习。本次《法大研究生》法律评注栏目带来了五篇青年学子的作品，这是第一次公开出版的学生评注，也是一次富有勇气但不失严谨的尝试。在此，作为本次法律评注栏目的指导老师，我衷心希望《法大研究生》法律评注栏目能够越办越好，希望越来越多的法学学生能够参与到评注写作中来。

《民法典》第五百六十三条第一款第（三）项评注（迟延履行后定期催告解除）

潘欣荣[*]

　　摘　要：迟延履行时，定期催告和"根本违约"均可充当解除门槛，以避免不合比例的解除。前者的独特作用在于提供更清晰的标准，增加当事人对法律后果的可预期性，鼓励当事人尽早采取措施防止损失扩大。为避免规范目的落空，债权人须在催告时明确宽限期的长度，债务人对于过短的宽限期负担异议义务。宽限期的合理性应斟酌当事人对从速履行的需求，债权人和债务人双方的因素都会影响宽限期的长短。指定期限和异议义务的目的在于促进双方信息交换。"主要债务"可以包括主给付义务和从给付义务，该义务是否处于交换关系中无关紧要，但不包括附随义务。仅一部分义务迟延亦可定期催告解除。不可抗力不影响解除权，但交易基础障碍可溯及性地阻却迟延。

　　关键词：迟延解除　催告　指定期间　主要债务　不可抗力

---

　　* 潘欣荣，华东政法大学法律学院 2018 级硕士研究生（200042）。

一、规范目的

（一）迟延解除的功能和限度

对待给付间的牵连性可证成履行不能场合下的解除正当性。如违约不涉及履行不能，履行请求权尚存，解除的正当性并非不言自明。不过，债务人的其他救济手段有时显得杯水车薪：当债权人未履行对待给付时，提出对待给付是请求强制履行的前提。尽管有时言词提出可以代替事实提出，但保持履行准备状态亦有额外成本。这种情况下，解除救济显然比强制履行要便捷高效。[1] 若债权人自己已履行，强制履行意味着债权人须等待诉讼和强制执行的结果，无法及时从事替代交易；[2] 在此期间，迟延损害持续发生（如停工的损失）。因此，此时不宜再要求债权人严守合同。考虑到执行措施的成本和在此期间相关损失的不断扩大，强制履行请求权有时亦不合效率。为减轻救济负担和促进效率，本款第 4 项在债务人违约时允许债权人脱离合同，但违约应足够严重，以至于其他救济措施显得捉襟见肘。[3] 并非所有迟延均构成根本违约。

若迟延能在短时间内结束，且对债权人的经济活动无重大影响，其他救济手段即可救济债权人。解除将导致缔约费用和债务人准备履行费用落空，[4] 还会带来清算返还中的在途风险和运输成本。[5] 若有其他选择，动辄使用解除手段不合比例。[6] 解除权打破合同严守原则的正当性在于减轻债权人救济负担和提高交易效率，而不合比例的解除属矫枉过正，既是债务人的苛求，也会导致效率低下，与解除制度初衷背道而驰。倘若本款未设置第 3 项，解除门槛的规范供给只能是第 4 项。那么，第 4 项是否能解决所有问题？

（二）定期解除制度的优势

违约严重程度标准在迟延时有相当之不确定性：裁判者将在个案中逐一审查其他救济手段是否提供了充分保护，这既增加了司法审查的难度，也使

---

〔1〕 参见［日］我妻荣：《债权各论》（上卷），徐慧译，中国法制出版社 2008 年版，第 124 页。

〔2〕 参见陈自强：《违约责任与契约解消》，元照出版公司 2016 年版，第 221 页。

〔3〕 参见赵文杰：《〈合同法〉第 94 条（法定解除）评注》，载《法学家》2019 年第 4 期，第 180~181 页。

〔4〕 参见［德］克里斯蒂安·冯·巴尔等主编：《欧洲私法的原则、定义与示范规则：欧洲示范民法典草案》，高圣平等译，法律出版社 2014 年版，第 739 页。

〔5〕 Vgl. MüKoHGB/Benicke, 4. Aufl. 2018, CISG Art. 49 Rn. 1.

〔6〕 Vgl. Schlechtriem/Schwenzer/Schroeter/Müller-Chen, 7. Aufl. 2019, CISG Art. 49 Rn. 2.

当事人的举证负担加重。第 3 项的存在则提供了一个操作性更强的标准：部分取代第 4 项的"严重程度"标准，作为违约解除权的门槛，防止解除泛滥反遭不经济；为普通的迟延上升为"根本违约"提供一个拟制标准，降低债权人证明根本违约的难度。[1]

不过，判断标准的明晰亦非天然正当。"根本违约"属于开放性的一般规范，其内涵的不确定性会使裁判结果不可预期，甚至鼓励投机性诉讼。但私法对行为可预期性的要求并不像刑法那样严格，一般规范也有其优点：可以接纳社会评价，有助于法律续造；[2] 裁判者可以考虑具体情事，精准实现个案正义。[3] 迟延解除中，个案衡量解除究竟是否更为效率，当然能更精准地实现规范目标。个案正义的精确和法律适用的安定是立法者需要寻找的平衡点；法律适用的难度和不确定性，私法应在一定范围内予以容忍。可见，将迟延后定期催告无果拟制为根本违约虽然有助于提高案件结果的可预见性，但一定程度上可能牺牲个案正义的精准。这种取舍是否正当，尚需进一步追问。

只不过，迟延解除制度有它的特殊性。如前所述，迟延场合的解除权其正当性有二，一则避免过分苛求债权人，二则提高交易效率。然而，前述解除救济手段是否"合乎比例"的标准需要比较其他救济方式的可用性以及解除带来的不利益。两者在不同个案中可能千差万别——例如，同为厂房租赁合同，一个许多重型设备已经运抵的承租人支出的返还占有成本将远高出另一个仅有少数便携工具的承租人。假设两名承租人迟延支付租金的金额和迟延期间均相同，由于解除代价的差异，裁判结果也可能不同。对出租人而言，若要预知解除的请求权能否得到支持，就必须仔细调查债务人的清算返还成本，再比较解除的代价和其他救济方式带来的负担之间孰轻孰重。而这一调查负担，对债权人而言，又何尝不是一种苛求呢？若债权人难以知晓合同拘束力命运如何，其将因恐于承担违约责任而不敢从速从事替代交易，而选择等待漫长的诉讼裁判结果；此时，解除又何以发挥防止损害的扩大功能？可见，仅有"合比例"这一抽象标准不足以发挥解除的规范目的；为了保证当

---

〔1〕　See Duncan, "Nachfrist Was Ist? Thinking Globally and Acting Locally: Considering Time Extension Principles of the U. N. Convention on Contracts for the International Sale of Goods in Revising the Uniform Commercial Code", *Brigham Young University Law Review* (2000), 1381-1382.

〔2〕　参见［奥］克莱默：《法律方法论》，周万里译，法律出版社 2019 年版，第 39~42 页。

〔3〕　参见黄茂荣：《法学方法与现代民法》，中国政法大学出版社 2001 年版，第 300 页。

事人对诉讼结果有事前预期，须适当牺牲个案正义，换得标准的明晰。

综上，本项的规范目的为：将"合理期限经过仍无结果"拟制为根本违约，以替代本款第 4 项的门槛作用，以提供更清晰的判断标准，方便当事人对合同拘束力的命运有稳定预期，以实现解除权的两个规范功能：防止过分苛求债权人、方便债权人从速进行替代交易，提高效率。

二、"定期催告"的规范内容

定期催告涉及合理期限的确定方式和影响因素。

（一）合理期限应如何确定？

本项看似同《德国民法典》、《联合国国际货物销售合同公约》（以下简称"CISG"）等比较法上的制度安排相似，但仔细比较中国法和前述比较法的表述，会发现在文义上有一处重要不同：合理期限是否需要在债权人的催告中明确提示。

根据 CISG 第 43 条，若买方想放弃接受标的物而主张解除合同，必须先给债务人设定一个宽限期（fix an additional period of time of reasonable length）；仅表达履行的请求和警告不履行的法律后果尚不足以引发合理期间的起算（继而在该期间经过后产生解除权），唯有在意思通知中明确具体的期间，才能导致前述法律效果。[1] 和 CISG 相仿，《欧洲民法典草案》（DCFR）第 503 条也强调，债权人为债务人规定的延展期须具体确定，不能用模糊、含有歧义的语句进行表达，否则不发生相应法律效果。[2] 该模式可称为"事前指定模式"。本项仅要求"催告"，文义上无"指定期限"的要求；故仅从文义出发，单纯催告足以引发期间起算，可称为"事后酌定模式"。

国内学说就中国法的解释论有分歧。第一种观点认为，"催告"一词的构成要件应当解释为包含期间指定，即同时满足三项条件才构成有效催告：涉及债权的指明、合理期限的规定、解除法律效果的提示。[3] 有学者明确指出，中国法的"催告"实质上就是比较法上的指定期间，必须同时囊括催告

---

〔1〕 Vgl. Schlechtriem/Schwenzer/Schroeter/Müller-Chen, 7. Aufl. 2019, CISG Art. 47 Rn. 4.

〔2〕 参见〔德〕克里斯蒂安·冯·巴尔等主编：《欧洲私法的原则、定义与示范规则：欧洲示范民法典草案》，高圣平等译，法律出版社 2014 年版，第 748 页。

〔3〕 参见赵文杰：《〈合同法〉第 94 条（法定解除）评注》，载《法学家》2019 年第 4 期，第 185 页。

和合理期间两个要素。[1] 第二种观点则忠实于文义的表面含义，认为"催告"无须包含期间指定即可发生相应法效果。有学者认为，迟延解除权发生前的"催告"只需明确表达履行特定债务的诉求即可，无须指明具体期限；"合理期限"的长度，最终还是要由法院在审理过程中事后确定。[2] 司法实践态度则较为统一：尽管在部分案件中，当事人确实在诉前的催告中明确了补正履行的宽限期，[3] 但鲜有裁判观点认为这种宽限期的明确构成"合理期限"起算的必要条件。大多裁判立场认为：表达债务履行的要求即可构成催告。[4]

近年来，德国法也出现了对"事前指定模式"进行反思的趋势——通过判例，德国联邦最高法院对"期间指定"的文义进行了非常宽松的解释：使用"立即"（umgehend）这一模糊的语言也能构成"指定期间"（Fristsetzung）。[5] 这一裁判立场并非孤例，德国联邦最高法院在 2015 年的另一个判例中重申了这一司法立场。[6] 前述判例并未纠结文义，而以规范目的作为出发点：指定期限不过是为了让债务人知晓其补正履行的机会有时间限制，因此，不必指定一个具体的截止日期或时间段，"立即""尽快"这类模糊的语言已经能起到警告债务人的功能。[7] 类似的问题还存在于债权人指定的期限过短的案型中：若指定的期限过短，期限自动延长为合理期限。[8]

不过，要求债权人指定明确期间有助于更好地保护债务人，避免债务人对宽限期估计错误，导致补正履行的费用落空。但这一保护却以增加债权人的救济难度为代价——债权人需要在催告时估算合理的期限并明确向债务人提出。本款普遍适用于各类合同，法律并未预设任何一方为结构性弱势一方，

---

〔1〕 参见王洪亮：《债法总论》，北京大学出版社 2016 年版，第 275 页；王洪亮：《债务人给付迟延案例分析》，载王洪亮等主编：《中德私法研究》（第 9 卷），北京大学出版社 2013 年版，第 158 页。

〔2〕 参见韩世远：《合同法总论》，法律出版社 2018 年版，第 661~662 页。

〔3〕 参见（2013）浙绍商终字第 989 号民事判决书。

〔4〕 例如，有法院认为："被告……本应依约按时供应瓷砖给原告，可其在原告多次催货时仍未及时供货，符合'当事人一方迟延履行主要债务，经催告后在合理期限内仍未履行的，当事人可以解除合同'的法律规定……"参见（2018）赣 0729 民初 5 号民事判决书。

〔5〕 Vgl. BGH, Fristsetzung durch Aufforderung zur „ umgehenden" Mangelbeseitigung, NJW (2009), 3153, 3154.

〔6〕 Vgl. BGH, Fristsetzung zur Nacherfüllung bei Aufforderung zum Austausch der Ware, NJW (2015), 2564, 2564.

〔7〕 Vgl. Looschelders, Anforderungen an die Fristsetzung, JA (2010), 64.

〔8〕 例如《欧洲民法典草案》第 503 条第 2 款对此有明文。

何需以牺牲债权人为代价为债务人提供特殊保护？因此，单纯地以保护债务人为理由无法证成期间明确的必要性。真正的答案必须从体系解释和规范目的中寻找。

（二）合理期限明确的必要性

1. 解除权除斥期间发挥作用的前提

根据《民法典》第564条第2款之规定，解除权经一定期限未行使则消灭。若"合理期限"无法事前明确，只能待事后裁判酌定，会出现两个问题：债务人无从知晓解除权何时产生，就无法对债权人进行催告；债权人不知解除权的存在，此时何时作为"债权人知道或应当知道解除事由"的起点，会存在问题。

因此，期限的不确定很可能使债务人催告的权利被悬置、一年期间的起算点被显著推迟，最终使法律关系极不安定，导致《民法典》第564条的规范目的被架空。或有人认为，既然债务人先陷于违约，也无妨令其遭受一定不利益。不过，如后文所述，可归责并非迟延引起解除权的必要条件，迟延的债务人未必值得谴责；并且，现行法就恶意欺诈、不法胁迫引发的撤销权均规定了除斥期间，这类已经达到悖俗标准的行为人尚值得保护，而陷于迟延的债务人（很可能不可归责）却要承受长期的法律关系不安定，将导致评价矛盾。

2. 抑制投机的必要条件

《民法典》第591条规定了债权人的减损义务。在因迟延导致的解除中，解除后的解除权人有义务尽快进行替代交易，以减少迟延造成的损害（如市场价波动）。[1] 此项义务构成一项债权人对己利益的不真正义务，违反的后果是损害赔偿数额的减少。不过，假设机械地要求只有合同解除后才发生替代交易之义务，将导致享有解除权的债权人持权观望——既然等待期间的迟延损害赔偿可以由债务人负责，何不观望市场价格波动，选择是否解除？这种投机不仅仅会导致损害扩大、过度剥削债务人；也会造成效率低下，和迟延解除提高效率的初衷背道而驰。为限制这种投机，若市场价值波动较大，或迟延损害持续发生，始终不解除的行为将可以评价为"放任损害的扩大"，构成减损义务之违反。[2]

---

〔1〕 Vgl. MüKoBGB/Oetker, 8. Aufl. 2019, BGB § 254 Rn. 103.

〔2〕 Vgl. Schlechtriem/Schwenzer/Schroeter/Schwenzer, 7. Aufl. 2019, CISG Art. 77 Rn. 10.

当然，债务人可通过《民法典》第 564 条第 2 款的催告去限制这种观望，只不过，如前所述，若期间无法明确，债务人完全不知何时可以催告，限制观望也就无从谈起。同时，既然期间不明确，债权人事实上也无从知晓期限何时经过：补正期限届满前，债权人不得从事任何替代交易，否则"过早的替代交易"通常无法得到赔偿。[1] 若债权人操之过急，很有可能会因替代交易反遭二次损害。可见，期间不明确的风险是双向的：债务人无法通过催告起算除斥期间的方式限制债务人的投机行为，债权人也无法明确何时可以开始进行替代交易。此时如果再套用前述观点，认为合理期限一旦经过，怠于替代交易即构成减损义务违反，恐怕是强人所难。如此一来，为避免债权人陷于过早替代交易的风险，恐怕得付出减损义务的经济效用大打折扣的代价。减损义务和催告规则是抑制投机、提高效率的两个法律手段，期间不明确时，两者的作用均受到限制，此时解除权人普遍持权观望的局面将难以避免。

投机行为还可能带来其他不合理的利益格局。在买受人因瑕疵未及时补正享有解除权的案型中，出卖人在解除后享有返还请求权；若买受人持权观望，出卖人则无法及时另行处置标的物，但由此造成的损害却只能自食苦果——通常只有解除后，才会发生返还义务之违反，并引发损害赔偿责任。因为，在解除权产生至实际解除前，等待中的债权人不存在义务违反。[2]

3. 期间激励作用的信赖保障

有观点认为，期间不仅有警告作用，还有激励作用。[3] 即定期催告可以激励债务人尽快履行债务，使自己也能获得对待给付，避免缔约费用和履行准备费用的落空。若要实现这一激励作用，必须使债务人获得信赖保障：在一定期限内提出的给付必然会被受领。倘若期限不明确，债务人则面临准备履行费用落空的风险。很可能在补正履行的过程中，债权人发出解除合同的意思表示，而裁判机构事后认定，合理期间已经经过。对债务人来说，无视催告不予补正，将面临不利；但如果进行补正给付却仍不能避免合同解除和违约责任的厄运，无异于雪上加霜。缺乏信赖保障的债务人很可能"两害相权取其轻"，最终使激励作用无从发挥。有鉴于此，CISG 的评注者认为，债务人必须提出明确的期间才构成有效催告，且期间的指定具有拘束力，一般

---

〔1〕 Vgl. Schlechtriem/Schwenzer/Schroeter/Schwenzer, 7. Aufl. 2019, CISG Art. 75 Rn. 7

〔2〕 Vgl. MüKoBGB/Gaier, 8. Aufl. 2019, BGB § 346 Rn. 70.

〔3〕 Vgl. BeckOK BGB/H. Schmidt, 53. Ed. 1. 2. 2020, BGB § 323 Rn. 11.

不允许事后缩短。[1]

不过，激励作用本身的正当性仍存疑。应回到定期解除的功能中：替代本款第 4 项"根本违约"的标准，提供更明晰的解除标准，以促进合同解除中的效率。倘若不能通过信赖保障激励债务人，债务人将缩手缩脚，债权人可能会持权观望，最终导致双方当事人直至裁判生效前都无法知晓诉讼结果，替代交易和补救方案一再被拖延，此时，迟延解除制度提高效率的目标将无从谈起。因此，激励债务人是定期催告制度的内生要求，至于引发的保护债务人之作用，不过是一种反射效果而已。此时，不必讨论双方当事人谁更值得保护的问题。

综上，为确保定期催告发挥应有功能，期限必须明确。不过，应由谁来明确，仍有疑问。

（三）信息义务应如何分配？

要论证谁来明确期间，首先应讨论期间长短如何确定，随后考虑谁更有可能获知这些信息。

1. 合理期限的影响因素

合理期限应考虑双方当事人的具体状况。[2]

（1）债权人侧。既然宽限期的意义在于拟制根本违约，迟延造成结果的严重程度就应该成为首要考量因素。若迅速履行对债权人特别重要，则宽限期可能较短。[3] 同时，若迟延会造成较大的损害，债权人与其等待遥遥无期的补正履行，不如从速自行采取其他补救方案（如替代交易）。债权人尽快解除、自行补救看似剥夺了补正履行的机会，实则也是履行减损义务的体现，最终减少了按时间累积的迟延损害赔偿数额，结果对债务人同样有利。[4] 如果一方面要求债权人减损，又设定了过长的宽限期，则属于自相矛盾。因此，迟延损害大小和宽限期长短呈负相关。

（2）债务人侧。第一，债务履行的难易程度。例如，有义务制造复杂设备的债务人可以比出卖可替代物的债务人有更长的宽限期，货物需经远洋运输时，宽限期的确定还需要考虑船舶时刻表。[5] 不过，宽限期不需要给债务

〔1〕 Vgl. MüKoHGB/Wertenbruch, 4. Aufl. 2018, CISG Art. 63 Rn. 4.

〔2〕 Vgl. HK-BGB/Reiner Schulze, 10. Aufl. 2019, BGB § 323 Rn. 5.

〔3〕 Vgl. Schlechtriem/Schwenzer/Schroeter/Müller-Chen, 7. Aufl. 2019, CISG Art. 47 Rn. 6.

〔4〕 参见缪宇：《论买卖合同中的修理、更换》，载《清华法学》2016 年第 4 期，第 105 页。

〔5〕 Vgl. Schlechtriem/Schwenzer/Schroeter/Müller-Chen, 7. Aufl. 2019, CISG Art. 47 Rn. 6.

人从头开始准备履行的机会，其作用只是使已经开始的履行准备有机会完成。[1] 因为，本项的作用在于为第 4 项提供更清晰的标准，而第 4 项的意义之一在于避免履行准备落空造成的不经济。倘若债务人主张，其在定期催告前并无多少准备，故需要更长的宽限期进行准备履行，事实上和规范目的相抵触，既然催告前债务人并无太多付出，较快地解除合同也不会造成太多的准备费用落空；相反，太长的宽限期反而会造成对债权人的苛求。因此，金钱债务的迟延中，宽限期可能会非常短，因为宽限期的意义不在于使债务人有较多筹措资金的时间。[2] 因此，债务履行本身的难易程度和宽限期长短呈正相关，但债务人的准备状况则在所不问。

第二，债务人可归责性。有观点认为，履行障碍的原因应被纳入考虑范围。若债务人不可归责，债权人应容忍更长的等待时间。[3] 这一观点不免让人疑虑。迟延场合的解除毕竟以效率作为主要诉求，而无意对债务人进行惩戒，如后所述，也不关心损失分担的问题（例如，存在债权人有权解除但无权主张损害赔偿的情形）。既然如此，为何归责性会影响到宽限期的长短？

若考虑到前文所述的减损义务对宽限期的影响，上述结论就不足为奇。若过错归责的义务违反无可归责性，或发生严格责任下的免责事由，使债务人无须承担损害赔偿义务，债权人的减损义务也就失去了存在的基础。此时，债权人无须通过迅速的替代交易避免损害扩大，也就无须特别缩短宽限期。因此，不可抗力中引起的迟延比一般违约中的迟延有更长的宽限期并非意在优待债务人，而是后者中债务人的减损义务使宽限期额外缩短。

2. 事前指定模式的正当性

至此，可以对比双方当事人谁更易获知宽限期的影响因素。

（1）谁更容易确定宽限期长短？债权人侧：迟延损害并非给付本身的价值，故债务人难以估算；涉及的使用利益损失和后续交易环节失败的间接损害，债务人很难清楚具体的大小。尽管违约损害赔偿有可预见性规则的限制，但"应当预见"指向的是风险分配，类似利润损失等常见的迟延损害，一般不认为会超出债务人应当承担的风险，[4] 其有无与大小，债务人往往未必清

〔1〕 Vgl. MüKoBGB/Ernst, 8. Aufl. 2019, BGB § 323 Rn. 73.

〔2〕 Vgl. MüKoBGB/Ernst, 8. Aufl. 2019, BGB § 323 Rn. 77.

〔3〕 Vgl. Schlechtriem/Schwenzer/Schroeter/Müller-Chen, 7. Aufl. 2019, CISG Art. 47 Rn. 6.

〔4〕 参见姚明斌：《〈合同法〉第 113 条第 1 款（违约损害的赔偿范围）评注》，载《法学家》2020 年第 3 期，第 186~188 页。

晰知晓。

债务人侧：有观点认为，只有债务人自己才能知道债务的准备状况如何，还需要多少的宽限期。[1] 但如前所述，宽限期的重点不在于债务人还需要多长时间，而在于债权人应当容忍多长时间。债务履行的难易程度主要涉及债务本身的性质，而不必让债务人有机会重新开始准备履行。而债务性质在合同缔结时为双方所知晓，要求债权人根据性质指定合适的宽限期，并非苛求。

（2）宽限期难以精准确定？当然，要求债权人必须精准地指定宽限期并不现实。若宽限期太短，法律状况将存疑。如认为不构成催告，要么促使债权人设定很长的宽限期，要么使解除权一直未产生，将过度保护债务人。[2] 如认为自动延长至合理期间，将难以避免上文已经提及的期间不明确的不利后果。这一两难处境的解决之道在于"异议义务"——倘若期间过短，债务人有义务提出异议并指定合理的期间。[3]

奥地利的判例学说在消费者合同中承认了这种异议义务。[4] 德国学者则将这一义务扩张至所有类型的合同中。文献主张，债务人提出异议的同时要说明理由，且受第一次提出异议理由的拘束，在随后的诉讼中不能提出新的异议事实。异议义务的作用在于信息沟通，债权人也因此有机会获悉期间的相关因素。[5] 其实，要求任何一方当事人精准设定期间，都难谓合理，良好的制度应该促进双方交换信息，共同让期间明确。如前所述，债权人有结构性信息优势，故应令其首先设定期间；但债务人也有义务将相关情事及时告知债权人，若其对债权人设定的期间未予反应，则债权人的信赖也值得保护。同时，信赖保护也应针对债务人，若债权人未反对债务人异议中指定的期间并提出理由，也应以债务人指定的期间作为宽限期。当然，双方也可能各自提出针锋相对的理由，此时宽限期亦无法事前明确。但异议义务至少促进了信息交换，使双方都有机会获知推断合理期限的基础事实，一定程度上消弭

---

〔1〕 参见郝丽燕：《论宽限期设置解除合同》，载王洪亮等主编：《中德私法研究》（第15卷），北京大学出版社2017年版，第219页。

〔2〕 参见［日］我妻荣：《债权各论》（上卷），徐慧译，中国法制出版社2008年版，第148页。

〔3〕 参见郝丽燕：《论宽限期设置解除合同》，载王洪亮等主编：《中德私法研究》（第15卷），北京大学出版社2017年版，第221页。

〔4〕 Vgl. Kurzkommentarzum ABGB/Bydlinski, 5. Aufl. 2017, ABGB § 918 Rn. 14.

〔5〕 Vgl. Dubovitskaya, Fristsetzung im Schuldrecht: Neue Obliegenheit für den säumigen Schuldner, JZ (2012), 328, 332.

了宽限期的不确定性。因此，事前指定模式配合异议义务体现的是信息义务的平等配置，并未对任何一方予以特别保护，没有必要将适用范围限缩于消费者合同。

通过信息交换，本项的规范目的才能得以实现。因为，如果不要求债权人设置明确期间，没有反应义务解决宽限期过长时的窘境，"合理期限"在诉讼结果确定前就永远是一个谜。此时，"合理期限"的不确定性将打击定期催告的确定性，本款也难以提供更清晰的解除门槛。倘若如是，所谓增加诉讼结果的可预期性，鼓励当事人从速进行替代交易，将沦为一种美好的空想。

（3）合同长期无法解除？不免有人担忧，若催告必须定明期限，债权人有可能因欠缺法律知识而无法作出适格催告，致使合同长期无法解除，这将导致过度保护债务人，也违背效率原则。这一担心同样不必要。若当事人双方地位差距较大（如消费者合同），判例学说根据诚实信用原则发展出了"告知义务"，即债务人应当告知债权人设定期限的必要。[1] 若债务人并未告知且长期不补正，将来诉讼中，将因恶意抗辩禁止不得主张催告不适格。同时，本项并非解除的唯一路径，第 4 项亦可提供兜底救济。债务一旦到期，若债权人要求履行，尽管未必构成有效催告，但债务人毕竟负有义务，对履行要求不予理睬总归违反诚实信用。债务人自可径直继续补正履行，因宽限期并未起算，其遭受的风险很小；债务人也可以要求债权人设定宽限期，若债权人未予回应，亦可参照前述宽限期过长的处理，将设定期限的"权限"移转至债务人处。但无论如何，长期未置可否，都构成一种严重违约；尤其是对多次催告的不予理会将严重冲击合同信赖，此时完全可能按照根本违约进行解除。

（四）总结

法律既然同时规定了定期催告和根本违约两种解除事由，就说明其认可根本违约之外需要更明晰的标准以增强可预期性；但没有明确期限的"催告"不具有这种功能。此时，唯一的方案是漏洞填补：在"催告"以外增设定期要件，若债权人不明确期间，不构成有效催告。同时，由于债权人指定的期间存在拘束力，因此，不能准用纯获利益有效之规则。

三、"主要债务"的辐射范围

并非所有类型的债务均可通过催告定期解除。"主要债务"包含"质"

---

〔1〕　Vgl. Kurzkommentar zum ABGB/Bydlinski, 5. Aufl. 2017, ABGB § 918 Rn. 13.

和"量"两个方向的限制：前者指义务的类型，后者讨论的则是仅义务的一部分陷入迟延的情形。[1]

（一）义务类型

裁判实践中，有认为"主要债务"仅限于主给付义务者；[2] 有裁判观点指出，从给付义务不能适用本项解除。[3] 针对从给付义务，我国通说比实践立场略微宽容：若从给付义务处于交换关系中，则也属于"主要债务"。[4] 德国学说有支持前述观点者，[5] 亦有更为宽容者：不问义务类型，也不问是否处于交换关系中，[6] 只要是给付义务，就可以适用定期催告解除。但不可以针对附随义务进行定期催告解除。[7]

1. 不包括附随义务

我国实证法中，亦有非给付义务适用定期催告的规定，如承租人擅自变动房屋建筑主体后的恢复原状义务。[8] 但严格意义上来说，此系承租人违反保护义务的情形，无关出租人的履行利益（出租人之履行利益为租金）。根本违约涉及的是履行利益剥夺的严重程度，既然保护义务违反不涉及履行利益，就谈不上通过时间经过拟制根本违约。更多情况下，违反保护义务的当事人并无补正机会（如擅自转租的出租人），因此前述规定不宜作为保护义务也适用定期催告的适例，而只应理解为体系外之特例。

2. 不问是否处于交换关系中

将"主要义务"限于主给付义务并不合适。从给付义务未必不重要，从主划分不过是为了区分合同类型以适用任意性规范，而不以义务违反的严重

---

〔1〕　参见郝丽燕：《〈合同法〉第167条（分期付款买卖）评注》，载《法学家》2019年第5期，第181页。

〔2〕　参见（2013）浙绍商终字第809号判决书："主要债务是指合同关系所固有、必备，并用以决定合同基本类型的基本义务"。

〔3〕　参见（2018）京01民再46号判决书。

〔4〕　参见王泽鉴：《债法原理》，北京大学出版社2013年版，第81页；韩世远：《合同法总论》，法律出版社2018年版，第341页。

〔5〕　Vgl. HK-BGB/Reiner Schulze, 10. Aufl. 2019, BGB § 241 Rn. 8.

〔6〕　Vgl. BeckOK BGB/H. Schmidt, 53. Ed. 1. 2. 2020, BGB § 323 Rn. 4; MüKoBGB/Ernst, 8. Aufl. 2019, BGB § 323 Rn. 12.

〔7〕　Vgl. MüKoBGB/Ernst, 8. Aufl. 2019, BGB § 323 Rn. 11.

〔8〕　参见《最高人民法院关于审理城镇房屋租赁合同纠纷案件具体应用法律若干问题的解释》第7条。

程度为依据。[1] 例如，马匹质押和马匹买卖合同中，债务人都可能负有交付血统证书的义务，且该义务的重要性在两类合同中都可能最为重要，但合同之类型和适用的任意性规范不由该义务决定，而取决于债务人负有移转所有权还是设定质权的义务。若依当事人约定和交易习惯，从给付义务对债权人交易目的的影响巨大，则从给付义务也被视为处于交换关系中，继而债权人可以对其违反主张同时履行抗辩权。[2] 那么，进入交换关系是否也是主张"定期解除"的门槛？有观点对此做出了肯定回答。[3] 但这一方案存在以下问题：

（1）"全有全无"困境。从给付义务是否进入交换关系是或有或无的二分认定，并无中间状态。很可能在两个机器买卖合同中，同样是出卖人的协助安装义务陷于迟延，造成的损害并无天壤之别的差异，但从给付义务之重要性恰处于"临界点"之上，导致两案的结果判然有别。这无形中使裁判僵化。

缓和的方法是不再纠结义务的类型，而着眼于义务违反的严重性，引入"宽限期"这一调节器。如是一来，由于不重要的从给付义务违反造成的迟延损害无足轻重，债权人自应容忍更长的宽限期，前已论及；相较于义务认定方案的或有或无，以宽限期进行调节，既能避免合同因不重要的义务违反轻易解除，认定上又更为灵活。

（2）增加预见难度。如前所述，机器买卖中出卖人的协助安装义务可能无足轻重，也可能事关重大；一旦义务重要性接近"临界点"，专业法律人员的判断尚偶有失误，要求专业人员精准预测未免过于严苛。虽说"根本违约"标准存在不确定性，但以"义务类型"的确定性与之对比，不过是五十步笑百步。一旦当事人缺乏对裁判结果的预见，就无法及时处理清算返还、从事替代交易、避免损失扩大，本款的规范目的也将难以实现。相较而言，使用宽限期作为调节器避免了义务类型的判断，事前指定模式配合异议义务促使当事人互通信息、确定期限，使当事人对解除结果的预见更为清晰可能。

综上，宽限期作为调节器的方案在灵活性和预见性上优于义务类型判断

---

〔1〕　参见郑冠宇：《民法债编总论》，新学林出版股份有限公司2015年版，第20页。

〔2〕　参见王洪亮：《〈合同法〉第66条（同时履行抗辩权）评注》，载《法学家》2017年第2期，第168页。

〔3〕　参见史尚宽：《债法总论》，中国政法大学出版社2000年版，第538页。

方案，且均可避免无足轻重的义务违反导致合同被肆意解除。国内通说就同时履行抗辩权与迟延解除采统一方案不妥。同时履行抗辩权的正当性来源于交换关系的牵连性，[1] 本身仍处合同严守框架内，而迟延解除恰恰意在打破合同严守，正当性诉求在于经济效率。而标准明晰是经济效率发挥作用的前提。这一前提在同时履行抗辩权中不存在，主张抗辩权的当事人若不确定该义务是否处于交换关系中，可选择放弃抗辩权，也可选择承担违约的风险，但无论做何选择，均可尽快诉诸诉讼，以实现自己之债权。并且，若主张抗辩权略有瑕疵，对方当事人毕竟违约在先，主张者尚可就对方的迟延损害主张与有过失抗辩，承担的风险未必很大。

（二）迟延的"量"

有学者主张，"主要债务"的"主要"意在限制本款适用于部分履行。[2] 有观点认为，若仅有部分价款尚未支付，债权人完全可以通过执行程序实现债权，不必诉诸解除。[3] 这一观点将面临和前述义务类型判断中一样的问题：对于当事人而言，难以预测究竟什么样的部分迟延才是重要的。如前所述，结果的不可预期在迟延解除中应尽最大努力避免。

《民法典》第634条对分期付款买卖的解除限制属于特别规则。多数说认为，此条规范意在给予买受人特殊保护，正当性在于分期付款买卖本身的特殊性，不应普遍准用于其他有偿合同。[4] 可以说，第634条的存在恰恰证明了部分迟延也可以通过定期催告解除：若"主要债务"要件就含有限制功能，立法者完全无须在特种买卖中另行明文。或有观点认为，第634条意在给"主要债务"提供1/5的明晰标准，但这一观点在现行法下构成体系违反。实践中，租金约定分10期支付并不常见；如果认为只有连续迟延2期以上才可以定期催告解除，显然违反交易常识。

综上，"主要债务"不必限定在"较大数量"的履行迟延。和从给付义务违反同理，若义务违反造成的损害较小，宽限期的长短可作为调节器。

---

〔1〕　Vgl. MüKoBGB/Emmerich, 8. Aufl. 2019, BGB § 320 Rn. 1

〔2〕　参见朱广新：《合同法总则研究》（下册），中国人民大学出版社2018年版，第618页

〔3〕　Vgl. Medicus/Lorenz, Schuldrecht AT, 19 Aufl. 2010, Rn. 484.

〔4〕　参见郝丽燕：《〈合同法〉第167条（分期付款买卖）评注》，载《法学家》2019年第5期，第176页。

四、"迟延履行"的要件展开

迟延履行必须满足有效债务存在、到期、未陷入履行不能三个条件。[1] 对前述要件争议不多：到期可按合意确定或适用《民法典》第 511 条第 4 项的催告到期规则，同时须检视是否存在《民法典》第 580 条的履行不能的情形。[2] 而可归责性的问题则有不同观点。

（一）学理争议

域内多数说就违约采用严格责任构成，[3] 故就迟延的可归责性问题较少讨论。不过，在合同法分则和私法自治的领域亦存有过错责任的空间；另外，严格责任下亦有免责事由，不可抗力是否阻却迟延，仍需讨论。在过错归责占据主流的我国台湾地区，就可归责性是否会影响迟延解除，存在争执意见。有观点认为，损害赔偿中的迟延与解除中的迟延要件不同，唯有前者才以可归责性为必要。[4] 另一种观点认为，解除的迟延也应以可归责性为前提。在同样坚守过错归责为原则的德国，通说则认为，迟延场合下的解除权无须考虑可归责性。[5]

另外，学界有观点认为，"可归责性"还可以涵盖迟延的正当事由，债权人不协力，则认为债务人对迟延不可归责。[6] 这一观点相当于将债权人的归责事由和不可抗力并列为严格责任下债务人的免责事由。[7] 若债权人不为协力义务（如定作人不按约定提供材料），将使债权人丧失通过定期催告解除合同的机会。不过，债权人可归责对解除权的影响是否与不可抗力相同，尚须进一步讨论。

---

〔1〕 参见史尚宽：《债法总论》，中国政法大学出版社 2000 年版，第 393~394 页。

〔2〕 参见赵文杰：《〈合同法〉第 94 条（法定解除权）评注》，载《法学家》2019 年第 4 期，第 184 页。至于履行期限如何确定，主要涉及《民法典》第 511 条第 4 项的适用，此处不展开。

〔3〕 参见易军：《慎思我国合同法上违约损害赔偿的归责原则》，载王洪亮等主编《中德私法研究》（第 8 卷），北京大学出版社 2012 年版，第 3~4 页。

〔4〕 参见陈自强：《违约责任与契约解消》，元照出版公司 2016 年版，第 225 页。

〔5〕 Vgl. Köhler, Schuldrecht AT, 21 Aufl. 2010, S. 86. BeckOK BGB/H. Schmidt, 53. Ed. 1. 2. 2020, BGB § 323 Rn. 9.

〔6〕 参见王洪亮：《债法总论》，北京大学出版社 2016 年版，第 261 页；韩世远：《合同法总论》，法律出版社 2018 年版，第 537 页。

〔7〕 参见庄加园：《债权人原因引起的给付不能》，载《法律科学》2018 年第 5 期，第 147~148 页。

（二）实践态度及其反思

我国裁判实践对此问题的态度也存在分歧。有法院认为不可抗力足以排除债权人的解除权："原告因不可抗力导致迟延履行交房义务……两被告解除合同的条件尚未成就，其提出解除合同的行为无效，合同应当继续履行。"[1]但亦有法院一方面认为政府行为导致的迟延履行不可归责于债务人，另一方面又肯定了债权人享有解除权。[2]

1. 司法观点的坚持

最高人民法院则倾向于否定解除权。在汶川地震相关司法文件中，最高人民法院强调："因地震灾害致使在合理期限内出卖人迟延交付房屋或者买受人迟延支付购房款，当事人一方请求解除合同的，人民法院不予支持，但当事人另有约定的除外。"[3] 这一谨慎立场延续到了疫情导致的迟延中："承租房屋用于经营，疫情或者疫情防控措施导致承租人资金周转困难或者营业收入明显减少，出租人以承租人没有按照约定的期限支付租金为由请求解除租赁合同，由承租人承担违约责任的，人民法院不予支持。"[4]

从汶川地震到新冠肺炎，最高人民法院的立场一以贯之，但规范环境随时代在发生变化。相较于 2008 年，2020 年我国实证法已引入情事变更制度，而这一制度也能实现裁判机关在前述案件中的价值判断。

2. 另一种解决方案——情事变更

当不可预见的客观情事变化导致对价失衡，使当事人不可承受时，可能引发合同变更的法律效果。通说认为，变更才是发生交易基础障碍第一位的法律效果，解除只不过是补充方案。[5] 例如，因疫情防控措施导致商铺长期人流锐减，承租人可请求调低租金。除非这一结果为出租人所不可承受，其有同意的义务，法院可确认变更方案。[6] 从导致交易基础障碍的事由发生到法院的变更判决生效，需要较长的时间；情事变更依诉为之，在判决生效前，

---

〔1〕 参见（2012）嘉民三（民）初字第 278 号民事判决书。前述判决在上诉程序中被上海市第二中级人民法院（2012）沪二中民二（民）终字第 1227 号民事判决书维持，故已发生法律效力。

〔2〕 参见（2017）沪 0112 民初 9793 号民事判决书。

〔3〕 参见《最高人民法院关于处理涉及汶川地震相关案件适用法律问题的意见（二）》第 4 条。

〔4〕 参见《最高人民法院关于依法妥善审理涉新冠肺炎疫情民事案件若干问题的指导意见（二）》第 5 条第 1 句。

〔5〕 Vgl. BeckOK BGB/Lorenz BGB § 313 Rn. 82.

〔6〕 参见黄喆：《情势变更原则在建设工程合同中的适用：德国建筑私法实践及其对我国的启示》，载《法律科学》2013 年第 5 期，第 98 页。

承租人仍负租金给付义务。已经发生的迟延是否会因变更判决而溯及性消灭，学说存在争议。

有观点认为，变更判决仅向未来发生效力。在此之前，原定合同之给付义务不变。[1] 如此一来，已经发生的迟延责任（如迟延利息）并不因变更判决而消灭。但亦有学说通过归谬法持相反见解：在"经济不能"中，对待给付义务因牵连性自动消灭，而情事变更却依诉行使；若变更裁判只能向未来发生效力，情事变更中的债务人处境要比经济不能中的债务人更差。[2]

这一体系解释仍有疑问：如果情事变更和经济不能应相同处理，为何前者有依诉行使的程序要件？此时，应探讨依诉行使的规范目的。

对比观之，情事变更对合同拘束力的破坏程度更甚。经济不能只影响原给付义务，效力不及于损害赔偿；而情事变更则会使债务人根本上（部分或全部）免责；[3] 发生经济不能时要求债务人实际履行的代价远高于债权人的收益，此时债权人坚持继续履行，属于"损人不利己"，可构成权利滥用；[4] 而情事变更涉及的是对价失衡，继续履行给债务人带来负担的同时也给债权人带来了相应利益，此时债权人坚持继续履行相较于经济不能多了几分正当的理由。因此，法律对之以更谨慎的态度对待，专门规定程序性要件，避免当事人草率地单方面中止履行。

情事变更在构成要件上更谨慎的缘由在于经济不能中拒绝履行更为正当。但经济不能只关注强制履行请求权，不涉及损失的分担。其要件不问可归责性可以印证这一点。[5] 既然如此，这种谨慎的规范目的只是为了避免当事人肆意以情事变更为由毁约，无意给予情事变更中的债务人更多苛责。程序要件客观上使债务人在判决生效前一直处于迟延中，但规范目的不在于使该债务人分担更多损失。那么，矫正这一规范效果与规范目的分离的办法，就是使变更判决的效力溯及至交易基础障碍发生时。况且，情事变更的要件明确要求情事的变化不可归责于当事人，经济不能则并无这一要求，可归责地引

---

〔1〕　Vgl. MüKoBGB/Finkenauer, 8. Aufl. 2019, BGB § 313 Rn. 97.

〔2〕　Vgl. Florian Loyal, Vertragsaufhebung wegen Störung der Geschäftsgrundlage, NJW（2013），417, 421.

〔3〕　参见卡斯腾·海尔斯特尔、许德风：《情事变更原则研究》，载《中外法学》2004 年第 4 期，第 398 页。

〔4〕　Vgl. HK-BGB/Reiner Schulze, 10. Aufl. 2019, BGB § 275 Rn. 20.

〔5〕　Vgl. BeckOK BGB/Lorenz, 53. Ed. 1. 2. 2020, BGB § 313 Rn. 27.

起了履行费用增加的债务人一样能主张费用过巨抗辩权。[1] 如果情事变更中不可归责的债务人的地位比经济不能中可归责的债务人更差，将导致法律内部的评价矛盾。况且，要求遭受不利的一方先行给付，再请求返还，将导致另一方完全无意磋商；且来回倒手会导致债务人承担返还中相对人的破产风险，并且烦琐、不经济。

综上，遭受不利影响的债务人可主张变更判决具有溯及力。前例中，若法院事后以生效判决调低了租金，且判决具有溯及力，那么承租人已经发生的迟延将溯及性地消灭。既然如此，迟延解除权也失去了存在的基础。可见，欲保护不可抗力中的承租人，不一定要通过"不可抗力否定迟延"这一路径，情事变更亦能实现相同效果。

不过，许多不可抗力导致的迟延，并未导致对价严重失衡，尚未达到情事变更制度的启动门槛（如因自然灾害导致不动产交付时间推迟）。此时，债权人是否应当享有解除权，尚须专门分析。

（三）免责事由与"迟延履行"规范构成之关系

1. 风险分配的基准

不可抗力导致的迟延能否通过定期催告予以解除，争议实质在风险分配。一方面，如果允许解除，将导致缔约成本和履行准备费用的落空，对债务人不利；另一方面，如果不允许解除，将造成债务人必须等待履行障碍事由结束，在此期间发生的迟延损害必须由债务人自行承担。通过下述几个观察视角，可以得出共同结论：不利益由债务人承担更为合理。

从规范目的来看，迟延解除的正当性在于提高效率，不涉及对债务人的苛责，因此可归责性就不应影响解除权的发生。无论债务人是否可归责，只要迟延在一定期限内不能得到补正，债权人就有减少损害扩大的诉求，这一诉求也会间接促进效率提升。这种效果不受债务人是否可归责的影响。

观察"定期行为"也可以得出相似结论。若特别情事导致时间对于债权人十分重要，则构成"相对定期行为"（relatives Fixgeschäft）下，一经迟延，债权人即取得无须催告的解除权。[2] 此时，时间的重要性使得定期行为中的迟延可以在法律评价上等同于经定期催告后合理期限内未补正。而此时，给

---

〔1〕 可归责性虽可能导致债务人须容忍更多的费用增加，但不排除费用过巨抗辩权本身。Vgl. MüKoBGB/Ernst, 8. Aufl. 2019, BGB § 275 Rn. 77.

〔2〕 Vgl. BeckOK BGB/Lorenz, 53. Ed. 1. 2. 2020, BGB § 275 Rn. 36.

付义务的消灭都与迟延是否可归责于债务人无关。[1] 我国实证法亦对此表示赞同：例如，若出租人无法提供租赁物的用益，承租人可主张（部分）解除、减少租金；至于相应免责事由，在所不问。既然定期行为中的解除权和定期催告中的解除权一样均为时间经过引发解除权，如前者不受免责事由制约，后者却需要考虑不可抗力的影响，则可能构成评价矛盾。

若存在可归责的义务违法，缔约成本和落空的债务履行费用由过错一方承担，自不待言；但若无可归责之义务违反，风险分配的基准应为风险发生的领域——债务人应为自己给付领域内发生的风险事件承担不利后果。[2] 不可抗力导致出现履行不能系债务人领域内的障碍，因此，为避免过分苛求债权人并促进效率，允许债权人定期催告解除并无不妥；此方案虽造成债务人缔约成本和履行准备费用的落空，但债务人为自己风险领域内的障碍承担不利益并不违反前述原理，且与我国现行法上风险负担规则相呼应。

2. 两种免责事由的不同作用范围

综上所述，不可抗力不应影响债权人通过定期催告解除的权利。但是，不可抗力造成的损害，不能产生损害赔偿的相关法效果。例如，不可抗力导致迟延的，经催告解除后，债务人不承担迟延损害赔偿义务；同时，迟延亦不发生迟延加重责任。对于（《民法典》第590条第2款），此时可以考虑的法解释方法是，《民法典》中迟延的构造本身不考虑归责性，"不可抗力"仅阻却与损害赔偿有关的迟延责任。

不过，除不可抗力外，受领迟延（含不履行协力义务）亦属于一种严格责任下的免责事由，前已论及。但是，若受领迟延不影响解除权，将产生荒谬结论：例如，有同时履行抗辩权的当事人若想避免对方当事人定期催告解除，就不得不放弃抗辩权，承担对方的破产风险。[3] 事实上，受领迟延属于发生在债权人风险领域内的事由，不利益自应由债权人承担。和不可抗力不同，受领迟延不仅仅排除迟延责任，更是根本上阻却了迟延产生，因此，定期催告也无从谈起。

---

[1]　Vgl. Medicus/Lorenz, Schuldrecht AT, 19 Aufl. 2010, Rn. 420.

[2]　Vgl. Medicus/Lorenz, Schuldrecht AT, 19 Aufl. 2010, Rn. 445a.

[3]　适格的同时履行抗辩可使对方陷入受领迟延。Vgl. MüKoBGB/Ernst, 8. Aufl. 2019, BGB § 298 Rn. 1.

五、证明责任

在解除返还之诉中，解除是恢复原状请求权产生的前提，故迟延与定期催告均属权利产生要件，应由诉请返还的原告证明。阻却迟延的要件（如受领迟延）则属于权利障碍要件，应由被告证明。期限不合理的抗辩也属于权利障碍要件。但在强制履行诉讼中，情况则正好相反，解除本身属于权利消灭要件，因此解除的构成要件应由被告证明，阻却迟延的要件和期限不合理的事实则由原告证明。

《民法典》第五百二十二条第二款评注
（第三人利益合同）

吕志轩*

　　摘　要：《民法典》第 522 条第 2 款规定的是第三人
利益合同制度，旨在促进交易便捷、保护第三人的信赖
利益。双方当事人就基础合同达成意思表示一致、第三
人对债务人取得权利构成本款的成立要件。合同当事人
之间存在基础合同、第三人约款合法有效构成本款的一
般生效要件，第三人有接受合同权利的意思表示是第三
人的权利发生要件。本款对第三人的拒绝权采用了推定
式拟制的规制模式，这种规定有利有弊。第三人可主张
债务人向其承担违约责任，但与普通债权人可得主张的
违约责任形式、违约赔偿范围皆有不同。债务人对债权
人的抗辩，可以向第三人主张，但须限定为依第三人利
益合同所生的一切抗辩。
　　关键词：第三人利益合同　成立要件　生效要件
拒绝权　违约责任

　　* 吕志轩，中国政法大学民商经济法学院 2018 级硕士研究生
（100088）。

一、立法沿革

［1］《中华人民共和国民法典》（以下简称《民法典》）第 522 条第 2 款是第三人利益合同制度的基础性规范，《中华人民共和国合同法》（已失效，以下简称《合同法》）未作规定，显属法律漏洞。《合同法》第 64 条的规定确立了在合同履行中，债务人向第三人履行债务的规则，这是通常意义上的涉他合同，与第三人利益合同有所不同。涉他合同制度为本条第 1 款所沿袭，第 2 款为新设制度规范。

［2］《民法典各分编（草案）》第 313 条、《中华人民共和国民法典合同编（草案二次审议稿）》第 313 条，《中华人民共和国民法典（草案）》第 522 条、《民法典》第 522 条均保持行文一致，在第 2 款中做了如下表述："法律规定或者当事人约定第三人可以直接请求债务人向其履行债务，第三人未在合理期限内明确拒绝，债务人未向第三人履行债务或者履行债务不符合约定的，第三人可以请求债务人承担违约责任；债务人可以向第三人主张。"

［3］"社科院建议稿"于合同编第 63 条规定："当事人以合同约定由债务人向第三人履行债务的，债权人得请求债务人向第三人履行，第三人也可以依此约定取得向债务人请求履行的权利。第三人的请求权自其明确向债务人表示接受该权利时发生。第三人未作表示前，合同当事人可以协商变更或者撤销该约定。第三人拒绝接受时，视为自始未取得合同中为其约定的权利。于此情形，债权人得请求债务人向自己履行，但当事人另有约定的除外。"

［4］从上述条文的异同来看，有以下几个问题值得探讨：其一，第三人利益合同的成立要件、生效要件如何确定；其二，第三人在合同中所处的法律地位如何、其是否取得如债权人一般的合同当事人地位；其三，第三人当然保有拒绝合同的权利，但其拒绝权如何规制更为合理；其四，第三人可以向债务人主张何种违约责任，其可得主张的赔偿范围与普通债权人有何异同；其五，债务人在何种范围内可以向第三人主张其对债权人的抗辩。

二、规范定位

（一）体系定位

［5］在理论上，依据第三人对债务人是否取得以给付为内容的独立请求权，第三人利益合同可以区分为真正第三人利益合同与不真正第三人利益合

同。[1]《民法典》第 522 条第 2 款所涉论题为真正第三人利益合同，在本款中，第三人对债务人享有以给付为内容的独立请求权。就制度归属而言，本款为涉他合同的特殊情形，属于涉他合同的特殊制度构造；从体系定位来看，本款位列合同编通则第四章"合同的履行"，涉及第三人独立给付请求权的取得、债务人的违约责任及其抗辩的问题。第三人利益合同的成立、生效需结合总则编第二章与第六章的内容进行综合认定，债务人的违约责任与合同编第八章的内容联系密切，但需要有区别地加以适用。

（二）规范意旨

[6] 本款的核心意旨在于促进交易便捷、保护第三人的信赖利益。自罗马法以降，契约对于当事人以外的第三人不发生直接的权利义务关系，这是一项基本原则，[2] 即合同的相对性原则。"合同原则上只拘束当事人，仅在例外情形才对当事人以外之人发生拘束力"，[3] 本款属于合同相对性原则的例外。

[7] 突破原则需有必要性。首先，设立本款通常是为社会经济交往所做的考虑，随着社会交易模式的创新与发展，交易关系更频繁地在多方主体之间建立、开展，设立本款有助于促进交易便捷，缩短债务履行进程，减少交易成本。其次，由于社会关系具有整体性，社会主体间纷繁交错的联系不可避免，合同关涉第三人的效应必然显现，第三人的合同利益需要受到民法的合理关切。因此，《民法典》需要保障充足的制度供给，在《合同法》第 64 条的基础上增设第三人利益合同制度。

[8] 突破原则需有正当性。本款的正当性主要体现在以下两个方面：其一，第三人利益合同尊重了缔约人及第三人的意思自治。第三人独立的给付请求权来源于法律规定或缔约双方的约定，"缔约双方通过将合同效力扩及于当事人之外的第三人，也就扩大了他们自由意志的实现范围"；[4] 第三人对该项权利有接受或拒绝的自由，也即赋予第三人拒绝权，第三人可以通过拒

[1] 参见［德］迪特尔·梅迪库斯：《德国债法总论》，杜景林、卢谌译，法律出版社 2004 年版，第 583 页。

[2] 周枬：《罗马法原论》（下册），商务印书馆 2014 年版，第 733 页。

[3] 易军：《原则/例外关系的民法阐释》，载《中国社会科学》2019 年第 9 期，第 69 页。

[4] 张家勇：《为第三人利益合同的意志论基础》，载《清华法学》2008 年第 3 期，第 101 页。

绝使得权利授予对其不发生实际影响，第三人的消极合同自由仍然得到肯定。[1] 其二，缔约双方的约定激起第三人的信赖，第三人接受合同利益，抑或未在合理期限内明确拒绝的，本款推定其接受合同利益。第三人正当地信赖合同将获致履行，并为合同的实现调整自身利益安排、做好受领准备，则第三人的信赖利益也应受到保护。

（三）规范属性

1. 请求权基础规范

[9] 所谓请求权基础规范，"指得支持一方当事人向他方当事人有所主张的法律规范"。[2]《合同法》第64条仅规定债务人未向第三人履行或履行不合约定时，向债权人承担违约责任，第三人无独立的给付请求权。本款则规定在符合第三人利益合同构成要件时，如债务人未向第三人履行或履行不合约定，第三人可请求债务人承担违约责任，即符合第三人利益合同的构成要件时，第三人取得主给付请求权，债务人违约时，第三人有次给付请求权。本款有助于定分止争，确定多方主体的利益归属，是请求权基础规范。

2. 完全规范

[10] "完全规范指称兼备构成要件与法律效力这两个要素，并将该法律效力连接于该构成要件的单一法条"。[3] 本款兼谈第三人利益合同的构成要件及违反第三人利益合同的法律后果。换言之，满足该合同的构成要件时，发生第三人利益合同成立、生效的效果，债务人如有违约的，则发生债务人的违约责任。本款是体系化的民法典中为数不多的完全规范，但不能因此认为完全规范可以不联合其他法条而独立发挥其规范功能。此外，本款第二分句为抗辩规范，债务人在一定范围内可援引该句，对第三人主张抗辩。

（四）适用范围

[11] 在民商合一的立法模式下，我国法上并未区分民事合同与商事合同，本款作为合同编通则中的条文，应对民商事合同一体适用。事实上，在《民法典》颁布实施之前，第三人利益合同制度已经在商事交往中有所应用。例如，司法实践中有裁判观点认为，公司股东之间达成的股东向目标公司增

---

〔1〕 参见张家勇：《为第三人利益合同的意志论基础》，载《清华法学》2008年第3期，第103页。

〔2〕 王泽鉴：《民法思维：请求权基础理论体系》，北京大学出版社2009年版，第46页。

〔3〕 黄茂荣：《法学方法与现代民法》，法律出版社2007年版，第159页。

资的协议，是典型的第三人利益合同，《中华人民共和国公司法》第28条、《最高人民法院关于适用〈中华人民共和国公司法〉若干问题的规定（三）》第13条第1款的规定都体现了第三人利益合同的法律特征。[1] 有法院认为，人身保险合同是典型的第三人利益合同。人身保险合同中被保险人或受益人可以是合同当事人以外的第三人，并不参与合同缔结，但其享有独立的以保险金给付为内容的请求权，于保险合同条件成就时得请求保险人支付保险金。[2] 在其他典型的商事合同关系中，如信托关系中的受益人，信用证关系中的受益人等，都是第三人利益合同制度的具体应用。本款作为第三人利益合同制度的一般性规范，民事特别法、商事单行法可在本款的基础上另作规定，无特别规定的应回溯至本款加以适用。

[12] 本款的新设是对社会生活需求的回应，第三人利益合同也越来越频繁地出现在普通民事交往中。典型的，如快递服务合同中作为利益第三人的收件人，理论上认为收件人也享有独立但受限制的损害赔偿请求权；[3] 夫妻离婚协议中的"赠与子女财产"条款，有法院在判决说理中认为此类条款属于第三人利益合同关系，[4] 有裁判观点进一步地认为子女可以父母为被告，直接请求其履行协议内容，[5] 然而也存在否认该条款属于第三人利益合同的观点；[6] 再如父母为子女订立的教育服务合同，同样有观点认为非缔约主体的子女作为第三人获得了合同项下的权利。[7] 从司法实务来看，由于《合同法》对第三人利益合同制度的留白，致使法官或对《合同法》第64条作扩张解释，或依民法理论解决此类民事纠纷，但效果都不甚理想。法官需负担额外的论证义务，况且在同类型案件中出现了截然相反的观点，类案不同判，削弱了司法公信力。新设本款有助于裁判机关统一认识、解决纠纷。

三、第三人利益合同的成立与生效

[13] 第三人享有独立的给付请求权，但其并不参加合同的磋商，依据通

---

〔1〕　参见青岛市中级人民法院（2013）青民四初字第15号民事判决书。

〔2〕　参见重庆市渝北区人民法院（2016）渝0112民初14669号民事判决书。

〔3〕　参见郑佳宁：《快递服务合同典型化的立法表达与实现路径》，载《法学家》2019年第1期，第132页。

〔4〕　参见绥化市中级人民法院（2018）黑12民终920号民事判决书；济南市长清区人民法院（2019）鲁0113民初1933号民事判决书。

〔5〕　参见兰西县人民法院（2018）黑1222民初13号民事判决书。

〔6〕　参见重庆市永川区人民法院（2014）永法民初字第04142号民事判决书。

〔7〕　参见武汉市武昌区人民法院（2017）鄂0106民初2332号民事判决书。

说观点，第三人并非合同当事人。[1] 然而本款究竟掺入了第三人的因素，与普通合同相比，合同关系与权利义务安排更为复杂，第三人利益合同的成立与生效有其特殊性和复杂性。

（一）第三人利益合同的成立

[14] 有学者曾将第三人利益合同的成立要件总结为以下几点：①债权人与债务人必须达成合法有效的利他合同，并在合同中约定由债务人向第三人为给付；②债权人与债务人约定使第三人对债务人直接取得债权；③第三人明确表示接受合同所为其设定的利益；④债权人也享有请求债务人向第三人给付的权利。[2] 结合民法理论的发展与《民法典》的行文表述，第三人利益合同的成立要件值得商榷。

1. 双方当事人就基础合同达成意思表示合致

[15] 在第三人利益合同的构造中，债权人与债务人之间的合同关系通常称为补偿关系，债权人与第三人之间的原因关系则称为对价关系。需要注意的是，第三人利益合同并不是与买卖、赠与等合同相对立的特殊合同，其特色只是将一部分法律效果归属于第三人，[3] 因而当事人大多会在订立普通合同之时附加上"第三人约款"，而无典型的第三人利益合同形式。以买卖合同为例，双方当事人之间有关买卖的约定是基础行为，而有关第三人取得独立给付请求权的约定是第三人约款。

[16] 因此就缔约方式而言，第三人利益合同与普通合同无异，仍然采取要约、承诺或其他可以订立合同的方式。对于合同成立与否的判断，除却第三人约款，按照基础合同的成立要件作出判断即可。依据司法解释的观点，仅需缔约人意思表示一致、能够确定合同标的及其数量，即可判定合同成立。"合法有效"并非合同的成立要件，学界对于法律行为的"合法性"矛盾经过多年争论已基本达成共识，这种共识也反映在立法中。相较于《中华人民共和国民法通则》（已失效）第54条，《民法典》第133条对于法律行为的定义删除了合法性要件，有学者称本条规定具有拨乱反正、正本清源的意义。[4] 因此，无论是从学术观点，还是法典规定来看，"合法有效"都不必

---

[1] 参见朱广新：《合同法总则》（第2版），中国人民大学出版社2012年版，第353~354页。

[2] 参见王利明：《论第三人利益合同》，载南京师范大学法制现代化研究中心编：《法制现代化研究》（第8卷），南京师范大学出版社2002年版，第386~392页。

[3] 参见［日］我妻荣：《债法各论》（上卷），徐慧译，中国法制出版社2008年版，第109页。

[4] 李宇：《民法总则要义：规范释论与判解要义》，法律出版社2017年版，第429页。

再作为第三人利益合同的成立要件，双方当事人对于基础合同达成意思表示一致即为已足。

2. 须使第三人对债务人取得权利

（1）关涉第三人的成立要件的澄清。

[17] 第三人利益合同最显著的特点在于合同中的第三人因素，在认定第三人利益合同成立时需仔细辨别合同内容的约定，如不符合第三人利益合同的特征，则与普通合同无异。因此，第三人利益合同成立要件中需加入有关第三人的表述，以区别于普通合同的成立，但具体如何表达还存有不同观点。有观点主张须约定由一方当事人向第三人履行，并且须使第三人对于债务人取得权利；[1] 还有观点认为当事人需明确约定第三人的利益，且当事人的约定或法律规定未排除第三人对债务人的直接请求权。[2]

[18] 总结、比较上述观点后需要考虑的是：本款的成立要件是否需要包括"合同约定由债务人向第三人履行"？在《民法典》颁布实施之前，学界对于我国法上是否有第三人利益合同制度存在争论，持肯定观点的学者多以《合同法》第 64 条作为解释的起点。[3] "向第三人履行"与"第三人利益合同"本属不同的法律范畴，其间有所牵连而绝不等同，但在法律规定不明时采用了同一条文作为适用、解释的对象，这就很难避免二者成立要件的混用。《民法典》第 522 条分置两款，明确区分了这两个制度，本款言明"第三人可以直接请求债务人向其履行债务"，这是第三人对债务人取得独立的给付请求权的直接体现，合同内容约定债务人向第三人履行则是第三人享有给付请求权的应有之义。因此，不必再单独强调"约定债务人向第三人履行"作为本款的成立要件，第三人享有给付请求权足以直接地、正面地证明第三人利益合同的成立。此外，实践中有裁判观点认为第三人是否享有直接请求权不能作为甄别第三人利益合同的标准，[4] 这是对该制度在理解上出现了偏差，应予纠正。

---

〔1〕 韩世远：《合同法总论》，法律出版社 2018 年版，第 363~364 页。

〔2〕 袁正英：《第三人利益合同制度研究》，武汉大学 2014 年博士学位论文，第 96 页。

〔3〕 参见吴旭莉：《合同第三人存在情形的实证分析——兼评第三人利益合同在我国存在与否之争》，载《厦门大学学报（哲学社会科学版）》2012 年第 5 期，第 80 页。崔建远：《为第三人利益合同的规格论——以我国〈合同法〉第 64 条的规定为中心》，载《政治与法律》2008 年第 1 期，第 68~70 页。

〔4〕 参见上海市卢湾区人民法院（2010）卢民二（商）初字第 670 号民事判决书。

［19］第三人接受合同权利应否作为本款的成立要件？答案是否定的。综上分析，基础合同成立，第三人对债务人取得权利，二者足以论证第三人利益合同的成立。第三人对合同权利的接受仅仅意味着合同对第三人发生效力，这是第三人的权利发生要件（段码 28、29）。

（2）对第三人取得之权利的理解与识别。

［20］第三人对债务人所取得的权利，应有如下三点解释：第一，第三人所取得的是依第三人利益合同而发生的独立的权利，并不居于附属地位或具有从属性，也不是经由债权人对自身权利让渡后由第三人继受取得。第三人因合同约定原始取得合同权利。正因如此，债权人与债务人之间的补偿关系属于合同内容，如有效力瑕疵会对第三人的权利产生影响，而债权人与第三人之间的对价关系非属合同内容，对第三人的合同权利不生影响。

［21］第二，第三人对债务人取得的是以给付为内容的请求权。请求权通常包括请求他人为或不为一定行为的两方面内容。在第三人利益合同中，第三人取得的是请求债务人向其给付合同利益的权利，以不作为为内容的第三人利益合同或许在学术探讨中存在，但其现实意义不大。[1] 在普通合同中，享有以给付为内容的请求权人通常负担对待给付义务，但本款中的第三人仅享有给付请求权，并不因此负担契约之对待给付义务，债务人亦不得向第三人请求对待给付。[2] 不过第三人可能依合同目的、交易习惯等而负有附随义务、不真正义务。

［22］第三，本款中的第三人非为合同当事人，其对合同的磋商、订立与履行贡献甚微，第三人取得的权利终究难以与普通合同中债权人的权利相提并论。换言之，第三人取得的权利并非是完满的合同权利。从本款的规范内容来看，第三人可得请求债务人承担违约责任，则第三人享有请求履行、保有给付以及违约损害赔偿的权利自不待言，然而对于具有专属性的撤销权、第三人能否享有变更权及解除权，《民法典》暂付阙如。我国台湾地区"民法"第 269 条第 2 款规定："第三人对于前项契约，未表示享受其利益之意思前，当事人得变更其契约或撤销之。"从文义来看，似可得出合同内容经第三

---

[1] 如出租人为承租人利益而与钢琴家邻居约定，夜半不得奏乐。我们仍可设计以不作为为内容的第三人利益合同，但难有真实案例。

[2] 邱聪智：《新订民法债编通则（下）》（新修订 1 版），中国人民大学出版社 2003 年版，第 215 页。

人作出受益之意思表示而得确定，实则经体系解释，如合同存在法定撤销事由，即使有第三人之肯认，合同当事人亦得撤销合同，"此乃系具备一般法律行为撤销之事由，而非因'民法'第 269 条第 2 款所致"。[1] 因此，撤销权归属于合同当事人享有，撤销事由也需自当事人视角观察之。至于解除权，原则上仅为合同当事人享有，唯在其解除合同时是否需征得第三人同意存在争论。我国台湾地区的通说认为，"除当事人预先另有约定或得第三人之同意外，受约人不得解除契约。"[2] 反对观点则认为合同当事人的解除权不应受到限制，其理由在于第三人利益契约固然重视第三人利益，但为保护第三人之利益而剥夺债权人之权益，究嫌本末倒置。[3] 无论债权人行使解除权是否需征得第三人同意，第三人不享有合同解除权应无异议。因此，第三人并未取得完满的合同权利，缔约当事人的专属性权利第三人不得享有。

［23］实践中由于具体事件含混其意，合同用语不明晰，致使本条两款规范不易识别，仅从合同文本观之，难以判断第三人对债务人是否取得给付请求权。这里涉及对合同内容的解释，可依据《民法典》第 142 条确立的解释规则加以甄别。从合同相关条款的文义出发，可以识别第三人能够自力实施违约救济措施的，则符合第三人利益合同的特征；自合同目的观察，如使第三人取得给付请求权更能符合合同目的的，则可认为第三人享有权利；查证合同性质，如债权人、债务人互负对待给付义务，且债权人与第三人之间亦有共认之对价关系的，可以使第三人取得权利，反之，债务人之给付非基于债权人之对待给付，则不宜认定第三人享有给付请求权；结合社会习惯也有助于对本款的识别，如日常生活中男友于鲜花店为女友订购鲜花，虽然债务人基于债权人给付价金而配送鲜花，双方互负对待给付义务，但依社会习惯，似难认定第三人对债务人享有给付请求权。对第三人利益合同的识别，重点在于识别第三人是否取得给付请求权，合同约定不明时须作综合考量，必要时需在合同当事人与第三人之间作利益衡量。

（二）第三人利益合同的生效

［24］由于涉及第三人因素，本款的生效需要检视基础合同与第三人约款

---

〔1〕 林诚二：《民法债编总论——体系化解说》，中国人民大学出版社 2003 年版，第 470 页。

〔2〕 史尚宽：《债法总论》，中国政法大学出版社 2000 年版，第 597 页。类似观点参见郑玉波：《民法债编总论》，中国政法大学出版社 2004 年版，第 394 页。

〔3〕 参见孙森焱：《民法债编总论》（下册），法律出版社 2006 年版，第 703～704 页。

的效力，基础合同与第三人约款的生效为本款的一般生效要件，第三人接受合同利益系合同中第三人的权利发生要件。二者并非层层递进的关系，而是效果的叠加使得整体上第三人利益合同生效。

1. 一般生效要件

［25］合同的生效是法律对当事人的意思表示经过审查后而做出的肯定性结论，也是当事人各方为满足其需要"寻找"法律上的依据和支持，使自己的意思符合已上升为法律的国家意志的结果。[1] 因此，本款的一般生效要件针对的是法律对合同当事人的意思表示的评价。

［26］首先，合同当事人之间的基础合同需合法有效。《民法典》第143条从正面规定了法律行为生效的条件，基础合同符合该条规定且没有其他无效事由的，则基础合同合法有效。基础合同的效力瑕疵势必影响整个第三人利益合同的效力，实践中有判例显示，因缔约当事人约定的基础合同无效，致使第三人利益合同整体上归于无效：《中华人民共和国保险法》规定受益人仅限于人身保险合同中，该案当事人在财产保险合同中约定受益人，违反了《中华人民共和国保险法》关于保险合同法律关系的强制性规定，致使保险合同整体上无效。[2]

［27］第三人约款本属合同内容之一部，如基础合同有效，第三人约款无效，合同无效部分不影响其他部分的，其他部分仍然有效，但此时第三人利益合同已丧失其目的，去除第三人约款则与普通合同无异。因此，除了检视基础合同是否存在效力瑕疵，我们还需对第三人约款的效力进行审查，该约定不得违背法律、行政法规的强制性规定和公序良俗。如在电视剧《人民的名义》中，某高官以受贿所得为其情妇及私生子设立信托基金，其中基础信托行为违反了《中华人民共和国信托法》第11条的强制性规定，体现信托目的的第三人约款则有违反公序良俗之嫌。[3]

2. 第三人的权利发生要件

（1）第三人需有接受合同权利的意思表示。

［28］第三人作出接受合同权利的意思表示之前，虽然合同已经符合一般

---

〔1〕　崔建远主编：《合同法》，法律出版社2016年版，第60页。

〔2〕　参见丹阳市人民法院（2014）丹商初字第00604号民事判决书。

〔3〕　违反性道德、婚外赠与类案件是否违反公序良俗存在争议，如被称为"中国公序良俗第一案"的泸州遗赠案——四川省泸州市人民法院（2001）泸民一终字第621号民事判决书，学界中存在较多观点与该判决意见相左。

生效要件，但仅对合同当事人产生拘束力，合同整体上尚未对第三人发生效力。因此，第三人作出接受合同权利的意思表示是第三人的权利发生要件。

[29] 向第三人给付利益是第三人利益合同的根本目的，赋予第三人给付请求权是实现该目的的有效手段，如第三人拒绝接受合同利益，则合同失其根本目的，此时合同当事人可能退回至合同磋商阶段，甚至再无缔结合同之必要。综上所述，基础合同、第三人约款不存在无效事由，第三人接受合同权利，前者使得合同当事人的意思表示得到法律的肯定性评价，后者使得合同在双方当事人与第三人之间生效，二者同时满足得有整体上第三人利益合同的生效。实践中有裁判观点认为，夫妻离婚协议中的"赠与子女财产"条款是第三人利益合同关系，且作为第三人的子女无须作出同意的意思表示即可独立地提出给付请求。[1] 这是《民法典》颁布前对第三人利益合同理论误读、误用而作出裁判的案例（段码 35、36），关于本款是否须有第三人接受合同权利的意思表示，应该正本清源，形成统一认识。

（2）接受合同权利的方式及其效力。

[30] 第三人作出接受合同权利的意思表示为有相对人之单方行为，既可向债权人为之，也可向债务人为之，均可使得合同对其本人产生效力。该意思表示可以明示或默示方式作出，甚至依本款的规定，第三人的沉默亦可拟制为接受合同权利的意思表示。第三人作出该意思表示前，学理上认为双方当事人仍可撤销、变更合同，但受益之意思表示一经生效，则有固定第三人权利的功能，将合同的拘束力贯穿双方当事人及第三人之间。此外，第三人自受领意思生效，则对合同之履行享有履行利益及信赖利益，债务人对其负担给付义务，如遇合同履行情况因法定事由发生变动，债权人、债务人都对第三人负有诸如通知、保密等附随义务。当然，第三人也负担协助履行、及时受领等附随义务。

四、第三人的拒绝权

（一）第三人拒绝权的规范模式

1. 比较法上的参考

[31] 第三人对于他人为其设定的权利，当然地享有接受或拒绝的权利，但法典中如何兼顾第三人积极与消极的自由，存在不同的规制路径。《法国民

---

[1] 参见南通市崇川区人民法院（2019）苏 0602 民初 625 号民事判决书。

法典》与《日本民法典》都强调第三人须表明本人有接受该利益的意愿，[1]
"社科院建议稿"即采取了这种模式。相反，《德国民法典》与《奥地利普通
民法典》认为第三人的权利当然发生，同时赋予了第三人拒绝的权利，[2] 第
三人积极接受的自由不言自明，拒绝的自由则更需要法典的强调。围绕第三
人权利如何取得的问题，以上两种模式各有其侧重，前者更加慎重地维护第
三人的意思自治，后者则有利于第三人利益合同制度的推广适用，但第三人
无须任何表示即可取得合同权利，利益安排上有向第三人过度倾斜之嫌。

2. 我国《民法典》的规范模式

[32] 然而，我国《民法典》则采取了与上述两种思路皆不相同的立法
模式：本款表明第三人取得合同权利需要作出接受合同利益的意思表示，而
非当然取得，但第三人的沉默在此处也有可能被视为接受合同权利的意思表
示。根据《民法典》第140条之规定，意思表示可以通过明示、默示的方式
做出，沉默只在例外情况下被视为意思表示，[3] 显然这里的沉默属于法律规
定的例外情形。"默示，是以举动表达意思，该举动必为作为，而非不作为，
单纯的不作为属于沉默，而非默示。"[4] 如第三人知有指向其本人的第三人
利益合同存在，在合理期限内既未明确接受，亦未明确拒绝的，本款规定该
第三人的沉默可以视为作出接受合同利益的意思表示。

[33] 当事人未为意思表示，而基于规范上的要求，拟制有某种意思表示
存在，学理上将此类规范称为推定式拟制。[5] 对某项意思表示沉默之人，自
身未作举动，也不能引起意思表示发出人的期待，为保护沉默人的行为自由，
本不应令其承担该项表示的效果意思，唯在例外情形下，出于某种价值取舍、
利益衡量，法律将沉默拟制为意思表示。从本款的规定可推知，第三人利益
合同以赋予第三人权利为目的，法律推定合同当事人为第三人设定权利符合

[1]　《法国民法典》第1121条：在为第三人利益订立契约是为本人订立契约的条件或者是向他人
赠与财产的条件时，亦可为第三人利益订立契约；如果第三人表明愿意享有该契约之利益，订立契约
的人不得取消之。《日本民法典》第537条第2款：于前款情形，第三人的权利，于其对债务人表示享
受契约利益的意思时发生。
[2]　《德国民法典》第333条：第三人向立约人拒绝因合同而取得权利的，该项权利视为未被取
得。《奥地利普通民法典》第882条：第三人拒绝自合同中取得的权利，则该权利视为自始没有取得。
[3]　《民法典》第140条第2款：沉默只有在有法律规定、当事人约定或者符合当事人之间的交
易习惯时，才可以视为意思表示。典型的例子还有《民法典》第145条、第171条。
[4]　李宇：《民法总则要义：规范释论与判解要义》，法律出版社2017年版，第471页。
[5]　参见黄茂荣：《法学方法与现代民法》，法律出版社2007年版，第197页。

第三人的利益，或至少不会侵害其权利。[1] 因此，本款的规定兼采上述两种模式的长处，既要维护第三人的意思自治，也要扩大第三人利益合同制度的适用空间。本款作为推定式拟制规范，有利于促成新制度的发展适用。

（二）推定式拟制带来的问题

1. 合同负担

[34] 推定式拟制究属"无中生有"，本款的规范模式在司法适用中极可能会产生如下问题。比如，有学者指出，债权附有负担者，例如附有负担之赠与，也不妨认为第三人利益契约。[2] 但这一观点只能立足于对我国台湾地区"民法"第269条的解释，在我国《民法典》的语境下，则不能采取这种解释路径。本款作为推定式拟制规范，在适用时除第三人明确接受对待给付义务以外之负担的，不得通过拟制第三人的意思表示而使其接受附有负担的债权，否则，第三人的沉默将可能使其陷入不测的风险之中。因此，在认定合同是否对第三人发生效力时，应着重审查第三人意思表示的作出方式以及合同负担的约定情况。若合同附有对待给付义务以外的负担，则不得将第三人的沉默视为其作出接受合同权利的意思表示。

2. 第三人的行为能力

[35] 本款中的第三人可以是自然人，也可以是法人、非法人组织。无论是明确接受、拒绝，还是法律拟制的意思表示，第三人利益合同的运行都与第三人的意思表示紧密相关，因此我们还有必要探讨第三人的行为能力问题。

（1）自然人。

[36] 前文提及的某裁判观点认为：子女无须作出同意的意思表示即可成为本款所言之第三人，这种观点欠缺论证。通常情况下，第三人利益合同纯为第三人设定利益，完全行为能力人通过接受或由本款拟制的意思表示取得第三人的法律地位自不待言，限制行为能力人可以实施纯获利益的或与其年龄、智力、精神健康状况相适应的法律行为，则法律在其可以实施的法律行为范围内拟制其意思表示亦无不可。然而，根据《民法典》第144条的规定，无民事行为能力人实施的法律行为无效，即法律没有赋予其作出意思表示的能力。由此可见，与无行为能力人的合同利益相比，避免无行为能力人遭受

---

〔1〕 王利明：《民法典合同编通则中的重大疑难问题研究》，载《云南社会科学》2020年第1期，第84页。

〔2〕 参见孙森焱：《民法债编总论》（下册），法律出版社2006年版，第702页。

不测损害是法律追求的更高价值，因而在适用本款时，不得径行拟制无行为能力人的意思表示而使其成为本款中的第三人。综上分析可得，第三人取得合同权利需有意思表示，无行为能力人不具意思表示能力，法律亦不得代其位拟制意思表示，有关无行为能力人取得本款中第三人法律地位的，应由其法定代理人代理实施。法定代理关系下，父母不能与无行为能力子女订立合同，因此，离婚协议中附有"赠与子女财产"条款时子女尚为无行为能力人的，不宜适用本款裁判之。

（2）法人和非法人组织。

[37] 依法设立的法人具有民事权利能力和民事行为能力，拥有自己的意思形成机构和执行机构，非法人组织虽然不具有法人资格，但能够以自己的名义从事民事活动。因此，法人、非法人组织可以通过明确接受或拟制其意思而成为本款的第三人。根据《民法典》第75条、《最高人民法院关于适用〈中华人民共和国公司法〉若干问题的规定（三）》第2、3条的规定，发起人可以以设立中法人的名义从事民事活动，司法实践中也有裁判实例认为设立中的公司虽未成立，但合同性质上显然属于为第三人利益订立的合同，则其可以作为合同关系外的第三人享有合同利益。[1] 因此，不妨认为设立中的法人也可取得本款中第三人的法律地位。

五、债务人的违约责任及其抗辩

（一）债务人的违约责任

[38] 本款规定债务人未向第三人履行债务或者履行债务不符合约定的，第三人可以请求债务人承担违约责任，但并未明确债务人承担违约责任的责任形式以及违约损害赔偿的范围，这有待于学理上的进一步探讨。

1. 债务人的责任形式

[39] 本款以向第三人给付利益为目的，因此，法律应当围绕保障给付的实现，为第三人配备相应的违约救济措施，债务人违约的，第三人可以请求其承担继续履行、采取补救措施或赔偿损失的违约责任。其中，继续履行是保证给付实现的重要手段，第三人可得主张应无异议，但需受到《民法典》第580条的限制。在《民法典》第582条规定的责任形式中，第三人可以请求债务人承担修理、重作、更换的违约责任，但不得主张退货、减少价款或者报酬的违约责任（段码41~43）。第三人也可以主张赔偿损失，但第三人可

---

〔1〕 参见盐城市盐都区人民法院（2010）都商初字第0246号民事判决书。

得主张的损害赔偿范围应与普通债权人有所不同（段码44~46）。

[40] 首先可以明确的是，第三人并非合同当事人，在补偿关系中由双方当事人特别约定的违约责任形式，唯当事人可得主张，第三人不得向债务人主张。根据《民法典》第585、586条的规定，违约金、定金责任都是由双方当事人在缔结合同时特别约定的，于债务不履行时对违约方的一种索赔、惩罚手段。从《民法典》第588条的规定也可推知，违约金、定金责任仅得由合同当事人中的非违约方主张。因此，债务人违约时第三人不得向债务人主张违约金、定金责任。

[41] 通说观点认为，修理、重作、更换属于《合同法》第107条（《民法典》第577条）规定的"采取补救措施"的一个组成部分，并且属于继续履行的范畴。[1] 继续履行旨在消弭履行瑕疵或重新给付，仍然是在履行原合同债务，以实现原给付关系，与原给付不同的是，继续履行增加了一层国家强制效力。也有观点认为，修理、重作、更换是再履行请求权，是将无瑕疵履行提升为出卖人给付义务的必然结果。[2] 综合以上观点中对"修理、重作、更换"功能的认识，为保障第三人合同债权的实现，在原给付不符合约定的情况下，理应赋予其请求债务人继续履行的权利，即第三人可得主张债务人承担修理、更换、重作的违约责任。此外，第三人对上述三种责任形式享有选择权，但须以诚实信用的方式为之。如第三人自由行使选择权造成债务人负担过重的，学理上认为债务人可依据《民法典》第580条第1款第2项或依诚实信用原则主张相对费用过巨抗辩权。[3]

[42] 关于退货责任的性质存在争议：有观点认为退货是行使拒绝受领权的表现，不赞成将其等同于解除，[4] 另有观点则认为退货在不同情态下可以分别被认定为合同解除、代物清偿、合同更改等。[5] 拒绝受领权是债权效力的一个方面，不属于违约责任的范畴，因而将债权效力与违约责任放在同一

---

〔1〕 参见崔建远主编：《合同法》，法律出版社2016年版，第255~256页。

〔2〕 参见杜景林：《我国合同法买受人再履行请求权的不足与完善》，载《法律科学》2009年第4期，第154页。

〔3〕 参见缪宇：《论买卖合同中的修理、更换》，载《清华法学》2016年第4期，第92页。

〔4〕 参见韩世远：《出卖人的物的瑕疵担保责任与我国合同法》，载《中国法学》2007年第3期，第189页。

〔5〕 参见崔建远：《退货、减少价款的定性与定位》，载《法律科学（西北政法大学学报）》2012年第4期，第95页。

层面讨论似有不妥。后一观点值得赞同，退货行为的确在众多场合可以被认定为终局地解除合同，有观点就支持网购商品七日内无理由退货的相关规定系法定解除权。[1] 前文已经论及，第三人取得的并非完满的合同权利，诸如变更权、解除权等专属于合同当事人的权利，第三人不得享有之。由于退货责任可能在实质上发生变更合同或解除合同的效力，如允许第三人请求退货，无异于变相地赋予其变更权或解除权，与前述法理不符。因此，第三人不得请求债务人承担退货的违约责任。

［43］减少价款或者报酬应是专属合同当事人可得主张的一种违约责任形式。第一，在第三人利益合同中，第三人不参与合同的磋商，遑论围绕合同价金或报酬进行谈判了。第二，价款或报酬的给付为合同的主给付义务，与对方当事人就合同标的之给付构成对待给付。第三人既然不承担对待给付义务，当然不能代替合同当事人而对价款或者报酬进行再磋商。出于以上两点考虑，第三人不能要求债务人承担减少价款或者报酬的违约责任。

2. 第三人可得主张的违约损害赔偿范围

［44］继续履行有其适用范围上的局限性，赔偿损失已经成为承担违约责任的主要责任形式，第三人可以请求债务人赔偿损失应无异议，但主要的讨论应当落在第三人可得主张的损害赔偿范围上。合同的履行利益包括基于合同产生的固有利益以及因合同履行而获得的增值利益，后者是可得利益的内容。[2] 根据《民法典》第584条、《最高人民法院关于审理买卖合同纠纷案件适用法律问题的解释》第22条的规定，可得利益是基于合同当事人间的对待给付关系而产生的，第三人在合同中只受领利益而未为给付，不得主张可得利益损失的赔偿。

［45］保护第三人的信赖利益是本款重要的法理基础，第三人接受合同权利后产生信赖利益，并产生相关的附随义务，需为合同履行提供协助，为受领合同权利而调整个人利益安排，做好受领的准备。当合同未能如约履行时，第三人则有因信赖合同能够履行而遭受相关费用损失之虞。为解除其接受第三人利益合同的后顾之忧，应当支持第三人向债务人主张信赖利益赔偿的诉讼请求。

---

〔1〕 参见金晶：《〈合同法〉第111条（质量不符合约定之违约责任）评注》，载《法学家》2018年第3期，第189页。

〔2〕 参见刘承韪：《违约可得利益损失的确定规则》，载《法学研究》2013年第2期，第85页。

[46] 另有观点认为，"债务人在不履行债务时，仅应向债权人或者第三人承担违约责任，而不应承担双重责任"。[1] 这种看法失于笼统，从上文分析可见，债权人、第三人可得主张的违约责任形式、赔偿范围各有不同，应可在各得主张的范围内请求债务人承担违约责任，债务人并不会因此而承担过额的双重责任。如债务人迟延履行或履行有瑕疵的，第三人可以请求债务人继续履行或补正履行瑕疵，债务人的违约行为同时给债权人造成损失的，如符合《民法典》第 583 条的规定，债权人仍可依该条请求债务人赔偿其损失。

（二）债务人的抗辩

[47] 本款规定，债务人对债权人的抗辩，可以向第三人主张，此处债务人可得行使的抗辩范围还有待考察。第三人的权利为合同债权，因而债务人得依合同所生一切抗辩对抗第三人。[2] 第三人利益合同中的补偿关系通常为双务合同，如债权人未履行义务，债务人可在不同条件下向第三人主张同时履行抗辩、先履行抗辩；债权人有陷入给付不能之虞的，债务人可向第三人主张不安抗辩而中止其履行。此外，基于合同所生的效力瑕疵，债务人亦可向第三人主张抗辩。因第三人利益合同以外的法律关系所生抗辩，债务人不得援引对抗第三人。

六、程序法问题

（一）诉讼主体安排

[48] 合同履行中出现争议，诉讼途径最具定分止争的效果，在第三人的违约救济中，需要考虑诉讼主体的安排。从司法实践来看，在债务人违反第三人利益合同的场合，多数情况下都是由债权人提起诉讼，第三人主动提起诉讼的情况仍属少数。在《民法典》颁布之前，此类案件的一大争议焦点即为第三人是否为适格当事人，有裁判观点认为，协议具有第三人利益合同法律性质的，第三人据此享有独立请求权，即直接请求债务人履行义务的权利，第三人并非合同当事人，但在案件中的请求权主体地位是适格的。[3] 现依本款规定，第三人是否为适格当事人，应当再无争议。

---

〔1〕 王利明：《民法分则合同编立法研究》，载《中国法学》2017 年第 2 期，第 35 页。

〔2〕 叶金强：《第三人利益合同研究》，载《比较法研究》2001 年第 4 期，第 75 页。

〔3〕 参见北京市石景山区人民法院（2012）石民初字第 5915 号民事判决书；陕西省延安市中级人民法院（2019）陕 06 民终 972 号民事判决书。

[49] 合同当事人、第三人的诉讼地位取决于其在合同中所享有的实体权利。在债务人违约的情形下，债权人、第三人享有内容不同的实体权利，程序法意义上的有独立请求权的第三人既可以享有全部的实体权利，也可以是享有部分实体权利。[1] 因此债权人、第三人认为对方的诉讼请求超过其可得主张的范围，侵犯到自身权利的，二者可以互为有独立请求权的第三人，以诉讼的方式参与到对方提起的诉讼之中。此外也有观点认为，在可能的情况下，第三人可与债权人作为共同原告提起诉讼，第三人也可将债权人和债务人列为共同被告起诉。[2]

（二）证明责任

[50] 在债务人违约、第三人作为原告的情况下，第三人不可避免地存在举证困难的问题。与普通合同当事人相比，第三人未参与合同条款的磋商与缔结，甚至在多数情况下第三人仅有接受合同权利的意思表示而无合同文本，第三人要对合同约定内容举证证明极为困难，如何妥善安排第三人的举证责任还有待于学理上的进一步讨论。如第三人与债权人作为共同原告，则有助于缓解第三人的举证困难。根据《最高人民法院关于适用〈中华人民共和国民事诉讼法〉的解释》第 91 条的规定，主张法律关系存在的当事人，应当对产生该法律关系的基本事实承担举证证明责任；主张法律关系变更、消灭或者权利受到妨害的当事人，应当对该法律关系变更、消灭或者权利受到妨害的基本事实承担举证证明责任。关于第三人利益合同的存在，债权人承担合同成立及符合一般生效要件的举证责任，第三人需证明其有接受合同权利的意思表示。第三人请求违约损害赔偿的，需对债务人的违约行为、自身损害以及违约行为与损害之间的因果关系承担证明责任。

---

〔1〕 参见宋朝武主编：《民事诉讼法学》，高等教育出版社 2018 年版，第 92 页。
〔2〕 参见袁正英：《第三人利益合同制度研究》，武汉大学 2014 年博士学位论文，第 126 页。

《民法典》第六百八十七条评注
（一般保证及先诉抗辩权）

周　宇*

摘　要：《民法典》第 687 条规定的是一般保证以及先诉抗辩权，旨在通过赋予一般保证人先诉抗辩权保护一般保证人的权利。一般保证人取得先诉抗辩权的前提是成立一般保证，《民法典》规定了两种一般保证的成立方式：推定成立的一般保证与意定成立的一般保证。债务人经强制执行仍不能履行债务是行使或排除先诉抗辩权的重要时节点，不能履行债务的认定应采用"抽象的客观履行不能"的判断标准，兼以"执行终结"辅助认定。本条规定了四种排除先诉抗辩权的特殊情形，其认定原则应坚持一般保证责任成立的"穷尽性"以及一般保证责任的"补充性"原则，以强化本条的立法宗旨。

关键词：一般保证　先诉抗辩权　保证责任　不能履行　下落不明

一、规范定位

（一）条文来源

［1］本条直接来源于《中华人民共和国担保法》（已

* 周宇，中国政法大学比较法学研究院 2018 级博士研究生（100088）。

失效，以下简称《担保法》）第 17 条。虽然本条保留了《担保法》第 17 条后半段所规定的排除先诉抗辩权的特殊情形的影子，但同时也作了相应的整合与修改（段码 22~31），是民法典为因应时代发展与商品经济发展所做的协调。

［2］从条文演化的角度看，删去"主合同纠纷未经审判或者仲裁"之规定最早见于《中华人民共和国民法合同编（草案）》（2017 年 8 月 8 日民法室室内稿）第 273 条，此后诸稿，如 2018 年 9 月 5 日发布的《民法典各分编（草案）》第 477 条、2019 年 1 月 4 日发布的《民法典合同编（草案）》（二次审议稿）第 477 条以及 2019 年 12 月 28 日发布的《中华人民共和国民法典（草案）》第 687 条均承继了"主合同纠纷未经审判或者仲裁"之立法设计，确立了排除先诉抗辩权的单一要件，诸稿对此问题均无异议。但 2020 年 5 月 22 日《中华人民共和国民法典》（人大审议稿）重新添加"主合同纠纷未经审判或者仲裁"，回复到《担保法》第 17 条对排除先诉抗辩权的双重要件之规定（段码 11）。

（二）规范意旨

［3］从体系位置角度看，本条的一般保证以及先诉抗辩权规定在民法典合同编分则中保证合同项下，即保证合同正式成为我国《民法典》上有名合同的类型，不再由特别法予以规定。保证合同是大陆法系国家或地区的民法典规定的典型合同之一，《担保法》是我国特殊的"两步走"民法典编纂策略的产物，一旦决定编纂体系完备的民法典，《担保法》中的保证合同自然应被移到其应有的位置——合同法之中。[1] 可见，保证合同一直被视为我国特别法中的有名合同，在民法体系中与合同分则中的有名合同"分别已久"，保证合同正式回归民法典合同编中，是我国民法典编纂的立法科学性、合理性要求之体现。本条规定了意定成立的一般保证与先诉抗辩权两条逻辑线索，即本条为一般保证的相关内容之统合规定，不采用分条规定的立法模式，如此本条便能成为既具有规范指引，又具有规范构成与法律后果的完整法条，实现了在同一法条中完整规定一般保证（段码 7、8）。但同为成立一般保证指引规范的第 686 条（推定成立的一般保证）与本条分立规定，可谓体系上的小瑕疵（段码 9）。

---

［1］ 朱广新：《民法典之典型合同类型扩增的体系性思考》，载《交大法学》2017 年第 1 期，第 112 页。

［4］一般保证分为两类：意定成立的一般保证（双方当事人有明确约定的）与推定成立的一般保证（约定不明或没有约定的）（段码 9）。本条前半段规定了意定成立的一般保证，从立法上类型化规定了双方当事人可基于意思表示自由约定保证责任的类型，体现了民法典的私法自治原则，并规定了一般保证的规范构造，双方当事人约定为成立一般保证的类型之一（段码9）、债务人不能履行债务时为一般保证的成立要件（段码 10）。本条后半段规定了先诉抗辩权的积极要件与消极要件，即具体规定了一般保证人取得先诉抗辩权的情形以及排除一般保证人享有先诉抗辩权的情形。

（三）规范类型：抗辩规范

［5］本条为任意性规范。一方面，保证合同的当事人可以排除适用本条所规定的一般保证，可以直接约定为连带责任保证；另一方面，保证人可以放弃先诉抗辩权（段码 30、31），转化为连带责任保证。因此，本条为任意性规范。

［6］本条规定了一般保证的先诉抗辩权。保证人在保证合同关系中具有多种类型以及来源的抗辩权，抗辩权是保证人对抗债权人最为重要的权利，通常保证人仅得基于其债务人的一般地位提出抗辩，[1] 即可以与债务人共享债务人的抗辩权，例如主债务诉讼时效经过、先履行抗辩权等，而先诉抗辩权是一种由一般保证人特殊享有的抗辩权，具有较强的特殊性（段码 32、34）。

（四）请求权基础

［7］本条前半段规定的是意定成立的一般保证，虽然属于完整法条，具有规范构成（约定不能履行债务时），也具有法律效果（成立一般保证），但不能作为请求权基础，因为本条前半段的法律效果并不能使一方成立请求权。债权人请求保证人承担一般保证的请求权基础是基于债权人与保证人的保证合同（段码 9）。因此，本条前半段不能作为请求权基础，仅为定义性、解释性规范，即符合本条前半段规定之情形指引为一般保证。[2]

［8］本条后半段规定的是先诉抗辩权，本条后半段属于完整法条，具有规范构成（先诉抗辩权的积极构成要件或消极构成要件），也具有引起双方当

---

〔1〕 李昊、邓辉：《论保证合同入典及其立法完善》，载《法治研究》2017 年第 6 期，第 69 页。

〔2〕 许多判决在认定成立连带保证或一般保证时，均采用此种指引规范，即只要双方当事人约定符合本条前半段之规定，就成立一般保证，若不符合，就成立连带保证。

事人权利义务变动的法律效果（保证人是否承担保证责任），因此，本条后半段可作为主张权利的法律依据。若先诉抗辩权的积极构成要件成就，即"一般保证的保证人在就债务人的财产依法强制执行仍不能履行债务前"，就能够阻却债权人承担保证责任请求权，产生先诉抗辩权的法律效果（段码 34）。若先诉抗辩权的消极构成要件成就时，即排除先诉抗辩权的四种情形，能够排除保证人的先诉抗辩权，保证人应当承担保证责任（段码 33）。

（五）本条与其他条文的关系

[9] 一般保证分为两类：意定成立的一般保证与推定成立的一般保证。本条前半段规定的是意定成立的一般保证，第 686 条规定的是推定成立的一般保证。所谓意定成立的一般保证指，双方当事人在保证合同中对保证责任有特别约定的，即双方当事人的约定符合本条前半段之规范构成者，成立一般保证；所谓推定成立的一般保证指，直接由法律在双方当事人没有约定或约定不明的情况下作补充性规定，双方当事人之间成立一般保证。本条与第 686 条均构成一般保证，保证人都享有先诉抗辩权，因此，依据第 686 条成立的推定一般保证也适用本条后半段有关先诉抗辩权之规定。

二、先诉抗辩权前置要件：一般保证

[10] 本条的规范核心是先诉抗辩权。先诉抗辩权，又称检索抗辩权，是指一般保证的保证人在主债权人向其请求履行保证责任时，有权要求主债权人先就主债务人财产诉请强制执行，并就主债务人财产依法强制执行仍不能履行债务前，保证人可以对主债权人拒绝承担保证责任。[1] 欲要取得先诉抗辩权，其前置要件是双方当事人之间的保证形式为一般保证，这是由于只有一般保证才能有保证人先诉抗辩权之存在，连带责任保证无先诉抗辩权适用的可能。所以，先诉抗辩权的成立取决于当事人对一般保证的设立合意。[2] 如上述，本条以及第 686 条将一般保证分为意定成立的一般保证与推定成立的一般保证（段码 9）。尚需说明的是，依据本条之规定，双方当事人在保证合同中需要明确约定"债务人不能履行债务"与"承担保证责任"之间的先后顺序，才成立一般保证，若双方当事人没有约定或约定不明的情形，推定成立一般保证。如此设置与大陆法系各国民法大都采当然设立的方式的相同，即除非当事人特别约定保证人承当连带责任或者保证人抛弃顺序利益，否则

---

〔1〕 高圣平：《担保法论》，法律出版社 2009 年版，第 154 页。

〔2〕 高圣平：《担保法论》，法律出版社 2009 年版，第 156 页。

当事人所设立的保证均为一般保证。[1] 学者建议稿也建议采取当然设立的模式。[2] 因此，民法典编纂对保证责任成立形式影响甚巨（段码 4），今后涉及一般保证与先诉抗辩权的民事诉讼将占据保证合同纠纷的半壁江山，因此，厘清本条之规范构成要件就显得尤为重要了。

三、排除先诉抗辩权的要件之一：主合同纠纷未经审判或者仲裁

[11] 在民法典编纂过程中，各版流程草案均删除了"在主合同纠纷未经审判或者仲裁"的规范构成要件之限制，即各版流程草案规定的先诉抗辩权成立要件仅为"债务人的财产依法强制执行仍不能履行债务前"。各版流程草案之所以删去"主合同未经审判或者仲裁"作为成立先诉抗辩权的前置程序，是因为如此规定未尽妥当。从狭义上说，《担保法》第 17 条规定的"审判或仲裁"范围小于"依法强制执行"，因为可以产生"依法强制执行"的情形除"审判或仲裁"外，实践中存在较多"审判或仲裁"以外排除先诉抗辩权的观点，例如，"双方当事人调解书"[3]"督促程序的支付令"[4]"法律规定由人民法院执行的以给付为内容的公证文书""法律规定由人民法院执行的其他以给付为内容的法律文书"等债权人可以直接向法院申请强制执行的情形（段码 13）。以"未经审判或仲裁"作为排除先诉抗辩权之要件，无异于要求债权人必须就已经明确的给付义务，还应再通过审判或仲裁程序，才能要求一般保证人承担保证责任，设置此种前置程序明显徒增债权人、债务人以及保证人的讼累，浪费司法资源，还明显有违民事诉讼法鼓励采用非诉讼机制解决民事纠纷的基本精神（可以扩大解释）。因此，本条删去"审判或仲裁"之情形符合民法原理与民事诉讼法原理，具有较高的科学性与合理性。

---

〔1〕 王利明：《合同法研究 第四卷》（第 2 版），中国人民大学出版社 2017 年版，第 262 页。

〔2〕 梁慧星主编：《中国民法典草案建议稿附理由·合同编》（下册），法律出版社 2013 年版，第 1189 页。王利明主编：《中国民法典学者建议稿及立法理由·债法总则编·合同编》，法律出版社 2005 年版，第 727 页。

〔3〕 有的判决认为调解书不属于排除先诉抗辩权的"审判或仲裁"范围。参见重庆市第五中级人民法院（2019）渝 05 民终 6785 号。

〔4〕 有的判决肯定了支付令属于《担保法》第 17 条规定的"审判"的范围，能够排除保证人的先诉抗辩权。参见湖南省常德市中级人民法院（2018）湘 07 民终 942 号。但也有二审判决明确指出支付令不能排除一般保证人的先诉抗辩权，"一审法院在主合同纠纷未经审判或仲裁，一审又依据支付令判令作为一般保证人的被告承担保证责任的处理不当，应予纠正。"参见云南省昆明市中级人民法院（2017）云 01 民终 243 号。类似处理另见湖北省荆州市中级人民法院（2015）鄂荆州中民四终字第 00141 号。

[12] 但 2020 年 5 月 22 日发布的《中华人民共和国民法典》（人大审议稿）却将"主合同纠纷未经审判或者仲裁"重新规定进《民法典》，先诉抗辩权的排除要件回复至《担保法》第 17 条时代排除先诉抗辩权的双重要件，即"主合同纠纷未经审判或者仲裁"以及"债务人财产依法强制执行仍不能履行债务"。《担保法》第 17 条所确定的双重要件原则已经在我国行之有年，形成了较为稳定的社会关系，司法实践也基本习惯了"排除先诉抗辩权"的双重要件，若将双重要件改为单一要件（即各版流程草案中所规定的"债务人的财产依法强制执行仍不能履行债务前"），不仅有破坏我国司法实践既已形成的习惯之虞，还可能违背先诉抗辩权之"诉"之真谛。先诉抗辩权是一项实体性请求权，在于阻碍债权人请求保证人承担保证责任，对保证人的利益影响甚巨，通常法院会对涉及一般保证的债权债务关系纠纷进行实体审理，识别保证人是否具有先诉抗辩权，并在裁判中一并确定保证人的权利义务关系，如此，经过审判或仲裁，可以为保证人的先诉抗辩权确立最后一道防线。如果仅有"债务人财产依法强制执行仍不能履行债务"单一要件，保证人的先诉抗辩权通常由执行部门进行认定是否成立、是否排除，这不仅违背了审执分离原则，更是对保证人利益的侵害。因此，《民法典》对排除先诉抗辩权采双重要件，体现了对保证人实体性利益的保护，更符合先诉抗辩权的立法目的，对先诉抗辩权之"诉"应采取狭义立法，即审判或者仲裁。

[13] 尽管本条采用了排除先诉抗辩权的双重要件原则，但可能在某些权利义务关系十分明确的情况下，可以对审判或者仲裁作小范围的扩张解释。经过审判并不一定意味着是依据判决书进行强制执行，从而排除先诉抗辩权，只要是经过审判程序作出的，且能够付诸强制执行的生效文书，都可解释为经过审判，例如，调解书、支付令、法律规定由人民法院执行的以给付为内容的公证文书等。如此，便能够在某些权利义务关系明确的情形下，避免了司法资源的浪费，提高案件处理的效率，可视为对审判之扩大解释。

四、排除先诉抗辩权的要件之二：债务人经强制执行仍不能履行债务

[14] 本条没有对先诉抗辩权的行使方式作出特别规定，为不要式法律行为。因此，从理论上说，只要保证人作出相应的意思表示即可，无须采特定方式，而且于诉讼程序、仲裁程序之内或之外，均无不可。[1] 本条规定的先诉抗辩权行使的积极构成要件是"债务人的财产依法强制执行仍不能履行债

---

[1] 程啸：《保证合同研究》，法律出版社 2006 年版，第 269 页。

务前"，即"不能履行"作为行使先诉抗辩权与承担保证责任的分界时点，决定了先诉抗辩权排除与否。债务人不能履行的举证责任由债权人承担。[1] 尽管本条删去了《担保法》第 17 条的"经过审判或仲裁"之构成要件，但强制执行后仍不能履行债务作为先诉抗辩权条款之核心被保留下来，也就是说，我国民法典编纂尚未解决在《担保法》第 17 条时有关"不能履行债务"规定的模糊性争议，实务界与理论界将继续延续该争议，因此有必要对"不能履行债务"的含义予以厘清。只要厘清何为"不能履行"，排除先诉抗辩权的时点就能予以厘清，就能更加准确的理解本条"仍不能履行债务前"之"前"为何时之前。

[15] 有丰富的本土判例资源尝试解释"不能履行债务"，主要有以下几种观点：

[16] 第一，主观履行不能，指债务人拒绝向债权人履行债务，致使债权人实现债权产生重大困难的情形。拒绝履行债务仅是债务人的意思表示，实际上并不能判断债务人的债务履行能力，从而导致债权人权利受到损害，因此，主观履行不能成为排除先诉抗辩权之事由。判决明确指出，不是指债务人主观上不愿或拒绝履行债务。[2] 还有的判决指出，履行拒绝、履行迟延和履行不当等不属于履行不能的情形。[3] 其实，债务人主观履行不能的评价标准区别于客观履行不能的评价标准，排除先诉抗辩权中的"履行不能"中的"不"应是客观上的"不能"，即不具有履行能力，而不是债务人主观上的"不"履行，即债务人的"不愿履行"。因此，债务人的履行不能究竟是属于客观上的"不能"履行还是主观上"不"履行或"不愿履行"，是区分一般保证和连带责任保证的最重要标志。[4] 具体来说，如果债务人主观上的"不愿履行"能够导致保证人承担保证责任的，此种保证方式属于连带保证责任，如果债务人客观上的"不能履行"导致保证人承担保证责任的，此种保证方式为一般保证。

[17] 第二，"客观履行不能"。"客观履行不能"指即便经过人民法院的强制执行程序，债务人已无任何可供执行的财产，即事实上存在履行债务不

---

〔1〕　参见最高人民法院执行裁定书（2014）执复字第 2 号。

〔2〕　黑龙江省高级人民法院民事判决书（2017）黑民再 281 号。

〔3〕　广东省高级人民法院民事判决书（2014）粤高法审监民提字第 87 号。

〔4〕　四川省高级人民法院民事判决书（2014）川民提字第 106 号。

能的情况。该说的核心在于突显"穷尽"，即债权人已经穷尽一切手段，债务仍不能得到清偿。因此，该说能够体现一般保证责任的补充性，突显先诉抗辩权的顺序性。具体来说，"客观履行不能"的成立的应是债务人客观上丧失了债务的履行能力，[1] 因此，判断"客观履行不能"的情况需要由人民法院侧重审查债务人的偿债能力。[2] 同时保证人应提供债务人仍有可供执行财产的线索，以支持先诉抗辩权的行使。[3] 尽管"客观履行不能"坚持了"以事实为依据"的司法原则，但"客观履行不能"仍存在一定的模糊空间，尚需法院进行个案认定，尚缺普遍认定功能，其实仍然没有明确解决实践中认定"不能履行债务"的困难。因此，"客观履行不能"可以认为是抽象的客观履行不能。

［18］第三，执行程序的终结。本条规定"债务人经强制执行仍不能履行债务前"，具体来说应是指执行程序终结前，以执行程序的终结作为判断债务人无履行能力的具体标准，在实践中有一定的裁判基础。[4] 《中华人民共和国民事诉讼法》第 257 条规定的执行终结情形中属于因债务人无债务履行能力的情形有"（三）作为被执行人的公民死亡，无遗产可供执行，又无义务承担人的""（五）作为被执行人的公民因生活困难无力偿还借款，无收入来源，又丧失劳动能力的""（六）人民法院认为应当终结执行的其他情形"。对于情形"（六）"，最高人民法院于 2014 年印发《关于执行案件立案、结案若干问题的意见》第 16 条对《中华人民共和国民事诉讼法》第 257 条进行补充，符合债务人不能履行债务的情形有"（一）被执行人确无财产可供执行，申请执行人书面同意人民法院终结本次执行程序的""（二）因被执行人无财产而中止执行满两年，经查证被执行人确无财产可供执行的""（三）申请执行人明确表示提供不出被执行人的财产或财产线索，并在人民法院穷尽财产调查措施之后，对人民法院认定被执行人无财产可供执行书面表示认可的""（四）被执行人的财产无法拍卖变卖，或者动产经两次拍卖、不动产或

---

〔1〕 参见最高人民法院民事裁定书（2018）最高法民申 1505 号，最高人民法院民事判决书（2016）最高法民终 780 号，上海市高级人民法院民事裁定书（2019）沪民申 957 号。

〔2〕 参见最高人民法院民事裁定书（2017）最高法民申 1500 号。

〔3〕 参见最高人民法院民事判决书（2016）最高法民再 6 号，最高人民法院执行裁定书（2014）执复字第 2 号。

〔4〕 参见最高人民法院民事判决书（2016）最高法民再 6 号，甘肃省高级人民法院民事判决书（2017）甘民终 184 号，江苏省高级人民法院民事裁定书（2016）苏民申 3978 号。

其他财产权经三次拍卖仍然流拍，申请执行人拒绝接受或者依法不能交付其抵债，经人民法院穷尽财产调查措施，被执行人确无其他财产可供执行的""（五）经人民法院穷尽财产调查措施，被执行人确无财产可供执行或虽有财产但不宜强制执行，当事人达成分期履行和解协议，且未履行完毕的"。我国学者认为"无可供执行的财产"指法院全面利用法律规定的财产调查途径，"穷尽财产调查措施"。[1] 还有学者认为，应加强多方合作，强化因债务人无履行能力导致"执行终结"的说服力与公信力，例如，引入听证制度（江苏省高级人民法院明确将执行终结作为人民法院必须听证的范畴）、执行终结的公示制度、邀请人大代表等更多社会力量参与。[2] 由此可见，"无可供执行的财产"就成为本条规定的"经强制执行仍不能履行债务"的情形，可以认为，执行程序的终结是"客观履行不能"的一种情形，但较上述"客观履行不能"之情形，更加具体，且可操作性更强。

[19] 第四，不方便履行。不方便履行是我国实务部门的观点。《最高人民法院关于适用〈中华人民共和国担保法〉若干问题的解释》（已失效，以下简称《担保法解释》）第 131 条将"不能履行债务"等同于"不能清偿"。最高人民法院认为"不能清偿"指"对债务人的存款、现金、有价证券、成品、半成品、原材料、交通工具等可以执行的动产和其他方便执行的财产执行完毕后，债务仍未能得到清偿的状态。"事实上，以"方便执行"之标准判断"不能履行债务"仍具有模糊性。我国学者认为所谓"不能清偿"不等于债务人破产，不是债务人所有财产全部执行完毕后的实际不能清偿，不是债务人资不抵债，而是方便执行的财产执行完毕后债务没有得到清偿的实际状态；"不能清偿"不是"未清偿"，"未清偿"只是债务未受清偿的客观实际状态，与债务人的清偿能力无关，也可能是具有清偿能力而拒不偿还；判断"不能清偿"的程序前提是主债务经过强制执行，因此，是否"不能清偿"需要由执行法官做出判断。具体判断标准须由人民法院根据财产的实际状态来判断是否方便执行。[3] 更为甚者，以"不方便执行"定义"债务不能履行"对保证人不利，"不方便执行"并不等同于"不能执行"，若仅仅因为执

---

〔1〕 百晓峰：《程序变革视角下的终结本次执行程序制度——以〈民诉法解释〉第 519 条为中心》，载《华东政法大学学报》2015 年第 6 期，第 37 页。

〔2〕 韩明智：《执行终结手段的滥用及其规制》，载《法律适用》2008 年第 9 期，第 88 页。

〔3〕 参见高圣平：《担保法论》，法律出版社 2009 年版，第 90 页。

行难度较大，不方便执行就排除先诉抗辩权，此种安排对保证人极其不利。[1]至此，无论是"方便执行"还是"不能清偿"都不能精确解释"不能履行债务"。

[20] 综上所述，自《担保法》第 17 条有关何为"债务不能履行"之争议就困扰着实务界与学术界，本条虽从《担保法》第 17 条演化改进而来，但承继了"债务不能履行"之规定。因此，提供一种符合民法科学性以及实践裁判合理性的认定"债务不能履行"学说，有利于定纷止争，为实践裁判提供参考，增强本条适用的稳定性。上述四种观点中两种客观说具有较多的判例基础、符合一般保证的补充责任属性以及民法典编纂中保证合同的立法目的。虽然"抽象的客观履行不能"能够正确揭示排除一般保证中先诉抗辩权规范的构成要件，但囿于其仅抽象地规定客观履行不能，并没有规定客观履行不能的具体情形，抽象的客观履行不能因操作性不强应改良。因此，在实践裁判中，应以"抽象的客观履行不能"为原则，兼采用"执行终结"作为抽象客观履行不能的补充，丰富的抽象"客观履行不能"的内容，更好地指导实践适用本条。

五、直接排除先诉抗辩权的特殊情形

[21] 先诉抗辩权是一种为保证人利益设立的、具有阻碍请求权属性的抗辩权，但若不对先诉抗辩权加以必要的限制，将侵害债权人的利益，危及债权的实现。因此，本条后半段设置了四种限制保证人行使先诉抗辩权的消极情形。（段码 1）

（一）债务人下落不明，且无财产可供执行

[22] 所谓下落不明，是指自然人持续不断地没有音讯的状态。[2] 本款规定来自于《担保法》第 17 条第 3 款第 1 项："债务人住所变更，致使债权人要求其履行债务发生重大困难的"，本款规定基于其基本精神作了相应修改，将规范构成要件中"住所变更"更改为"下落不明"，"履行债务发生重大困难"更改为"无财产可供执行"。"下落不明"较"住所变更"更加明确，适用范围更广，更能体现"穷尽"思维。通常自然人住所变更情形较为频繁，如搬迁等正常生活行为，若仅因自然人债务人住所地变更就排除保证

---

〔1〕 程啸：《保证合同研究》，法律出版社 2006 年版，第 268 页。
〔2〕 李适时：《中华人民共和国民法总则释义》，法律出版社 2017 年版，第 117 页。

人先诉抗辩权，未免太过于草率[1]，并且对保证人较为不利。"重大困难"原意指债务人迁居远方或下落不明，困难是难以克服的或花费相当的代价，事实上，"重大困难"模糊性较大，实际操作较难统一，本款规定"无财产可供执行"不仅体现了"穷尽"精神，可操作性还更强，即以客观履行不能中的"执行终结"判断之。

[23] 在实际裁判工作中，究竟要调查到何种程度才能认定债务人"下落不明"是本款的关键要素，应解释出一定的判断标准，否则仍会对实际裁判工作产生困扰。实务界认为，《担保法》第 17 条第 3 款第 1 项中"重大困难"包括了债务人下落不明、移居境外，且无财产可供执行（《担保法解释》第 25 条）。可见，实务界的落脚点仍在"无财产可供执行"，与本款规定一致。"下落不明"在实际裁判工作中有较多认定标准，本土判例资源丰富。其一，有的裁判认为只要由债权人主张下落不明，[2] 即可排除保证人的先诉抗辩权，要求保证人承担保证责任。毋庸置疑，此种认定标准最为"宽泛"，甚至债权人都不需要进行必要的举证，将严重侵害保证人利益，也违背了"以事实为依据"的基本司法精神，而且并非只是变更住所就能够排除先诉抗辩权，还需要构成债权行使困难。[3] 因此，债权人主张债务人下落不明不能作为本款"下落不明"的判断依据。其二，有的裁判认为债务人变更住所地积极躲债，[4] 即可排除保证人的先诉抗辩权。虽然变更住所地躲债可能导致债权人实现债权产生较大困难，但变更住所地躲债并非真正的"下落不明"，若仅因为躲债变更住所地就认定"下落不明"，则不能体现一般保证"穷尽"的立法基本精神。其三，有的裁判认为法院应充分审查下落不明，[5] 此种认定标准符合了我国"以事实为根据"的基本司法精神，体现了法院在查明债务人是否"下落不明"中的职权主义，对债权人的保护最有利。但债权人有滥用权利之嫌，即只要债权人主张债务人"下落不明"法院就要去查明，囿于我国司法资源较为有限，因此，债权人与法院应有合理的分工配合，或者说，法院依职权查明债务人是否"下落不明"应由债权人提供相应的证据证明或

---

[1] 辽宁省大连市中级人民法院执行裁定书（2019）辽 02 执异 811 号。

[2] 河北省高级人民法院民事裁定书（2016）冀民申 532 号，河南省平顶山市中级人民法院民事判决书（2019）豫 04 民终 325 号。

[3] 黄立：《民法债编各论》（下），元照出版公司 2002 年版，第 594 页。

[4] 江苏省高级人民法院民事裁定书（2015）苏审二民申字第 00187 号。

[5] 甘肃省天水市中级人民法院民事裁定书（2018）甘 05 民终 84 号。

提供可靠线索。尚需说明的是，为了维护保证人的利益，不应由保证人提供"反证"，若由保证人证明债务人并非"下落不明"，不仅增加了保证人的举证负担，增加了保证人的败诉风险，也变相侵害了保证人的先诉抗辩权。其四，债务人因刑事犯罪被采取刑事强制措施、服刑期间是否属于"下落不明"，实际裁判工作中有不同的认定，有的裁判认为债务人因被依法刑事立案与债权人失联，导致履行债务发生重大困难的，应认定为下落不明之情形，排除先诉抗辩权；[1] 有的裁判则认为尽管刑事诉讼给债权人请求债务人履行债务带来一定的困难，但不至于属于重大困难，因此，刑事拘留不属于下落不明。[2] 由于债务人被采取刑事强制措施或依法服刑，实际上其下落更容易掌控，并不是真正的"下落不明"，法院只需依职权调查就能较为容易地查到债务人的下落，因此，因债务人涉及刑事诉讼导致的履行困难或失联不属于本款之"下落不明"的情形。其五，公告送达。穷尽一切送达手段均无法送达法律文书的情况下，采用公告送达的，可认定为"下落不明"。[3] 同时，有的判决更进一步指出，债务人"下落不明"的认定不需要经过宣告失踪，只要经过公告送达的即可认定为"下落不明"，在无可供执行的财产情况下，排除保证人的先诉抗辩权。[4] 以经过公告送达程序认定"下落不明"具有一定的合理性，因为适用公告送达程序的案件，绝大部分都是通过正常途径无法送达当事人，对当事人的下落信息掌握不足。但以经过公告送达程序认定"下落不明"存在局限性，即很多情况下，法院尚未"穷尽"一切手段，就采取公告送达方式。也就是说，若应以公告送达作为认定"下落不明"的依据，适用公告送达程序要件就必须强调"穷尽"，且人民法院以及债权人应当事实上穷尽一切手段。如此，便对法院工作提出较大的要求，在目前我国司法资源紧张的情况下，不具有实践性。

[24] 认定"下落不明"的判断标准不仅要具有明确的认定依据，还要具有较强的实践可操作性。一方面，我国实证法上宣告失踪制度的核心就是"下落不明"（《民法典》第40条），其起算点为失去音讯（《民法典》第41条）。宣告失踪制度依托于住所制度而设立，住所与人具有某种对应关系。但

---

〔1〕 吉林省白城市中级人民法院民事判决书（2019）吉08民终1360号。

〔2〕 四川省成都市中级人民法院民事判决书（2018）川01民终16636号。

〔3〕 云南省昆明市中级人民法院民事判决书（2018）云01民终8802号。

〔4〕 云南省昆明市中级人民法院民事判决书（2018）云01民终8802号，河南省郑州市中级人民法院民事判决书（2019）豫01民终20570号。

如果当事人陷于下落不明，以其住所地为中心的法律关系便难以得到维持或清结。[1]《担保法》第 17 条认为债务人住所地变更与债权人实现债权困难增大具有密切关系。可见，住所地在认定债务人"下落不明"时扮演了重要角色。另一方面，"下落不明"的证明标准应与"宣告失踪"相同。认定"下落不明"的主要支撑证据包括但不限于自然人最后一次出现或与人联系的视频、音频、文字、电子讯息等资料或物品。在实践中，如果到派出所失踪报案，派出所出具《接受案件回执单》并发出协查通报，之后仍无讯息的，则认定为失踪状态。同时，居委会、村委会出具失踪证明，以及对失踪人住所地的居民和具有亲戚关系的人进行走访指证自然人失踪事实的证明等。[2] 因此，除上述公权力机构或某些基层自治组织予以证明外，住所地也应当作为判断债务人下落不明的辅助条件，即债务人离开住所地后杳无音信。最后，还应当通过相应的公告送达程序，才能最终确定债务人下落不明。

[25] 此外尚需说明的是，本款排除了"下落不明"中移居境外的情形，尽管移居境外能够给债权人实现债权带来较大的困难，但事实上，移居境外并非真正的"下落不明"，在现代通信工具、邮政行业高度发达的今日，可以通过多种方法联系债务人。若债务人因躲债而移居境外，故意隐匿行踪导致实现债权重大困难的，可通过公告送达程序，继而以其他方式认定"下落不明"。需注意，"下落不明"的认定并非排除先诉抗辩权的核心，其核心是"无可供执行的财产"，也就是"经强制执行仍不能履行债务"的情形，该种情形本来就能直接排除先诉抗辩权，因此，尽管本款排除了"移居境外"作为"下落不明"的认定情形，实际上也不会侵害到债权人的利益。

（二）人民法院受理债务人破产案件

[26] 本款规定的是人民法院受理债务人破产案件的，排除保证人先诉抗辩权。此种情形是最典型的债务人不能履行，破产意味着债务人资不抵债，如此，排除保证人的先诉抗辩权具有事实上与法律上的正当性。"受理"为排除先诉抗辩权的核心构成要件，所谓"受理"是指人民法院对起诉进行审查，对符合起诉条件的案件予以立案的审判或诉讼行为。[3] 受理破产申请是破产程序的开始，在同一裁定中会指定管理人等，这和一般诉讼的受领还是有

〔1〕 朱庆育：《民法总论》（第 2 版），北京大学出版社 2016 年版，第 414 页。
〔2〕 陈甦主编：《民法总则评注》（上册），法律出版社 2017 年版，第 299 页。
〔3〕 张卫平：《民事案件受理制度的反思与重构》，载《法商研究》2015 年第 3 期，第 页。

不同。

[27] 一方面，本款规定是与《中华人民共和国企业破产法》第 19 条执行回转的规定相衔接。债务人的财产不足以清偿其债务时，法院依破产程序对债务人的全部财产进行概括执行，为所有债权人创造公平受偿的机会。债务人进入破产程序后，如果仍然可以依照民事诉讼法程序强制执行债务人财产，必然会造成对债权人的清偿不公。[1] 实际上，由于破产程序与执行程序功能定位的不同，从而引起破产程序与执行程序的冲突，为了解决两者的冲突，考虑到破产程序为了所有人债权人利益实现的功能定位，避免执行程序带来的个别受偿，因此，破产程序优先于执行程序是解决破产程序与执行程序冲突的基本原则。可见，由破产程序引起的执行中止，本款将其认定为"不能强制执行"之情形，此种"不能强制执行"是法定的执行不能。另一方面，在债务人被宣告破产的情况下，由于其显然已经陷入不能履行债务的状态，如果此时仍然允许保证人援引先诉抗辩权，则使得债权人无法及时行使权利，徒增成本费用。[2]

（三）债权人有证据证明债务人的财产不足以履行全部债务或者丧失履行债务能力

[28] 本款规定的债权人对债务人履行债务能力的"预期不能"，所谓"预期不能"指因债务人当下的履行能力发生较大的恶化，危及未届期的债务的完整履行。此种设置是偏重债权人的利益，重视实质正义，也充分体现了保证责任的补充性。本款规定类似于第 527 条规定的不安抗辩权，即应当先履行债务的当事人有证据证明对方有经营状况严重恶化、转移财产、抽逃资金以逃避债务、丧失商业信誉、有丧失或者可能丧失履行债务能力的其他情形。第 527 条采用的是列举概括式，本款规定与其"概括情形"相似，因此，可以认为，第 527 条所列举的三种具体情形属于本款规定的"丧失履行债务能力"的情形。该问题是事实问题，[3] 对此，可以参照适用不安抗辩权的证明程度，即债权人应证明债务人客观上难以履行，而非主观上的不履行。[4] 本款的关键在于厘清"有证据证明"债务人客观上难以履行的证明标准究竟

---

〔1〕 最高人民法院民事审判第二庭编著：《最高人民法院关于企业破产司法解释理解与适用》，人民法院出版社 2017 年版，第 149~150 页。

〔2〕 许德风：《破产法论：解释与功能比较的视角》，北京大学出版社 2015 年版，第 345 页。

〔3〕 韩世远：《合同法总论》（第 4 版），法律出版社 2018 年版，第 419 页。

〔4〕 参见王利明：《预期违约与不安抗辩权》，载《华东政法大学学报》2016 年第 6 期，第 7 页。

要达到何种证明程度才可以认定是"债务人的财产不足以履行全部债务或者丧失履行债务能力"。从保证责任的补充性以及保证人的利益保护的角度考量，应当采用高证明标准，也应在债权人的证明标准上体现"穷尽"精神，即原则上采用事实证明标准、采用高度盖然性证明标准为辅的证明标准。例如，债务人因转移资产、隐匿资产等情形被列为失信被执行人、债务人遭受不可抗力导致责任财产毁损灭失或履行能力发生巨大恶化、人身性合同中债务人丧失履行能力等情形。

[29] 此外，还需说明的是，本款适用中的未尽事宜，可以参照适用与本款最相似的内容。

（四）保证人书面放弃本款规定的权利

[30] 一般保证人的先诉抗辩权为民事权利的一种，既可以由权利人行使，也可以由权利人放弃之，即处分。所谓"保证人书面放弃本款规定的权利"指保证人以书面形式放弃先诉抗辩权，规范构成有二，其一，保证人应当以书面形式作出放弃权利的单方法律行为，由于法定作出方式为书面，因此，该法律行为为要式法律行为；其二，保证人放弃权利之意思表示应真实，明确表明愿意放弃先诉抗辩权，应审查放弃顺序利益、增加保证人风险是否为保证人的真实意思表示，尤其应对放弃行为的法律效果没有错误认识，即法院应重点审查保证人放弃权利是否是其真实意思表示，并且是否充分认识放弃权利的法律效果。通常保证人书面放弃先诉抗辩权应在保证合同成立以后，由于放弃先诉抗辩权以后的一般责任保证与连带保证责任没有实质区别，因此，进一步说，若债权人无异议，这可以视为保证人对一般保证合同有关保证责任类型的变更，即一般保证变更为连带保证。较为特殊的是，若在保证合同同时约定一般保证又约定放弃先诉抗辩权的，虽然其约定字面上符合本款之规定，即书面放弃先诉抗辩权，但其实在同一保证合同中约定了一般保证，又约定了放弃先诉抗辩权，从而这种保证合同中的一般保证具有连带保证的效力，法院应认定此种情形为第 686 条规定的约定不明情形，应按照一般保证承担责任。因此，本款规定应采取限缩解释，所谓书面放弃权利应仅限于"一般保证合同成立在前，放弃先诉抗辩权在后"的情形。

[31] 实践判例还续造了一些推定保证人放弃先诉抗辩权的情形，例如，保证人无正当理由拒不到庭的视为放弃先诉抗辩权；[1] 还有判决认为，虽然

---

〔1〕 参见重庆市荣昌区人民法院（2019）渝 0153 民初 3020 号。

保证人与债权人没有明确约定放弃先诉抗辩权，但是在一般保证合同成立后、"债务人经强制执行仍不能履行债务"之前与债权人进一步约定了履行期限前清偿所有本息，判决认为，此种情形应当推定为"保证人书面放弃先诉抗辩权"。[1]

六、法律效果

（一）一般保证的法律效果

[32] 债权人与保证人约定保证责任的承担方式为在债务人不能履行债务时，成立一般保证，或符合本条规定的排除先诉抗辩权的四种情形，成立一般保证，保证合同的法律效果直接约束双方当事人，保证合同为请求权基础（段码7）。直接约束意味着对保证人发生效力，保证人取得对债权人、主债务人的权利，保证人取得一般抗辩权（保证人可以主张主债务人的权利）、先诉抗辩权（基于保证责任补充性的权利）以及保证人承担保证责任时作为债务人的权利，同时，保证人也取得了对主债务人的权利（追偿权与代位权）；保证人承担保证合同的义务，保证人对债权人负有保证债务，保证人应在约定或法定的保证范围内承担保证责任。

[33] 主债权人享有的最重要的权利就是请求保证人承担保证责任。由于保证合同为单务合同、无偿合同，因此，主债权人在保证合同关系中只享有权利，而不负有对待给付义务。虽然主债权人不负有依据保证合同产生的义务，但主债权人应当承担依据诚实信用原则产生的附随义务。

（二）先诉抗辩权的法律效果

[34] 保证人行使先诉抗辩权产生以下法律效果：其一，先诉抗辩权属于一时抗辩权即延期抗辩权，保证人行使该权利的后果是可以暂时拒绝债权人的履行请求。[2] 若债务人经过强制执行仍不能履行债务，保证人就不能主张先诉抗辩权，保证人应承担保证责任。其二，先诉抗辩权的功能在于暂时性的对抗债权人，并非否定主债务或保证责任，法院对保证人主张先诉抗辩权的诉讼不得对债权人的请求作出驳回诉讼请求的判决，也不能判决保证人给付义务，应当判决在债务人经过强制执行仍不能履行债务的情况下，保证人承担保证责任，即法院应作出确认保证人享有顺序利益的确认判决。

---

〔1〕　参见最高人民法院民事裁定书（2015）民申字第1025号。
〔2〕　程啸：《保证合同研究》，法律出版社2006年版，第273页。

《公司法》第三十二条第三款评注（有限公司股东姓名登记的对抗力）

张弘毅 *

摘　要：本款兼具商事登记与财产登记的双重属性。前者的结构是信赖责任原理，通说为保护公司债权人之信赖，将登记名义人拟制为股东，从而令其承担抽逃出资或法人人格否认等股东责任。后者的结构，判例通说也理解为信赖责任，并以此在股权二重让与和代持股中认可登记名义人之债权人的强制执行请求。但债权人的信赖乃是对责任财产不变的信赖，法律不应保护。对本款财产登记构造的正确理解应是日本法上的登记对抗原理，实为矫正股权意思主义变动模式缺陷，而以登记对抗保护财产取得中的正当自由竞争。本款与股权善意取得完全独立，适用范围并无交叉。

关键词：商事登记　股权登记　信赖保护　登记对抗　自由竞争　善意取得

一、形成史与适用范围

（一）形成史与中国特色

［1］本款规范源于《中华人民共和国公司法》（以下

---

　　*　张弘毅，中国政法大学法学院法律（法学）专业 2019 级硕士研究生（102249）。

简称《公司法》）2005 年修订时新增。2013 年，为配合公司资本制度改革，删去了本款中的"及其出资额"。本款在法律效果上区分"登记"与"变更登记"、采用"第三人"而非"善意第三人"，从中应可推断主要借鉴了我国台湾地区公司法方面有关规定第 12 条，而第 12 条乃因民商合一复制自我国台湾地区民法方面有关规定（以下简称"台民"）第 31 条[1]，后者又主要受到了《日本民法典》（以下简称"日民"）第 46 条第 2 款的影响。值得注意的是，日民于 2006 年废止了法人一章的第 38~84 条，新制定的《日本一般法人法》第 299 条采用了德国"善意第三人"模式，而我国台湾和大陆地区并未有所改动。

[2] 虽然在法律效果上，本款规范于比较法有迹可循，但在构成要件上，将"股东姓名"作为公司登记事项，则极富中国特色。台民第 48 条第 1 款、日民第 46 条第 1 款、《日本一般法人法》第 301 条第 2 款、《韩国民法典》（以下简称"韩民"）第 49 条第 2 款，以及《德国有限责任公司法》第 10 条、《日本公司法》第 911 条第 3 款、《韩国商法典》第 549 条第 2 款等，均未将股东姓名作为公司登记事项。比较法的理由在于，有限公司乃成员仅负有限责任之资合性法人，成员信息对公司债权人毫无用处，债权人亦不得有所信赖。[2] 但我国学说多持不同意见，在某些情况下，知悉法人之成员是谁，对公司之相对人也会颇具意义。

[3] 这种中国特色会造成诸多体系效应。其一，对股东资格的公示，同时也可一定程度上公示股权归属，从而使得本款具有商事登记与财产登记的双重属性。其二，股东姓名作为公司登记事项，其变更只能由公司向登记机关申请[3]，这就导致在财产登记语境中，股权交易当事人对未登记未必具有可归责性。[4] 这是登记程序偏重商事登记面向，而对财产登记面向产生的不

---

〔1〕 1929 年之前，北洋政府采民商分立立法例，《民律》第 35 条采取现今我国台湾地区民法方面有关规定第 31 条的"第三人"进路，《商人通例》（实质上的商法典总则）第 11 条采取现今《德国商法典》第 15 条的"善意第三人"进路。1929 年，南京国民政府改采用民商合一，新《公司法》便完全复制了民法典的规范，除主语由"法人"改为"公司"外一字不差。

〔2〕 参见张双根：《股权善意取得之质疑——基于解释论的分析》，载《法学家》2016 年第 1 期，第 143~144 页。

〔3〕 当事人即使经过诉讼取得判令公司履行申请义务的胜诉判决，依《市场监管总局关于印发〈企业登记申请文书规范〉〈企业登记提交材料规范〉的通知》（国市监注〔2019〕2 号），仍然需要公司"指定代表/委托代理人"携带经公司法定代表人签字的《公司登记（备案）申请书》等材料申请。

〔4〕 参见沈贵明：《未经变更登记的股权转让不能对抗第三人吗？——新〈公司法〉第三十三条规定质疑》，载《河南省政法干部管理学院学报》2007 年第 2 期，第 91 页；邓峰：《普通公司法》，中国人民大学出版社 2009 年版，第 351 页。

良影响。

（二）适用范围

[4] 本款处于有限公司一章，股份公司缺乏类似规范。就上市公司以及非上市公众公司[1]而言，其股份在中央证券登记结算机构存管，过户登记系股份变动之生效要件[2]，无法准用本款，且股份交易一般采集中竞价方式，二重让与等情形几无可能。唯非上市封闭性股份公司，多数判例认可类推适用本款。[3]

[5] 本款仅适用于"股东的姓名或者名称""发生变更"的情形，不包括股权设质等不导致股东身份变更的情形。且股权设质依《中华人民共和国民法典》（以下简称《民法典》）第 443 条采取登记生效模式，亦不应类推适用本款。

二、规范意旨与适用范围

（一）作为商事登记的股东登记

1. 规范意旨

[6] 一般认为，本款规定的股东姓名登记构成商事登记（Handelsregister）或者公司登记之一部（支持观点[4]；反对观点[5]）。《中华人民共和国

---

〔1〕 《非上市公众公司监督管理办法》（2019 年）第 2 条、第 4 条。

〔2〕 参见李建伟：《公司法学》（第 4 版），中国人民大学出版社 2018 年版，第 243~244 页。

〔3〕 参见（2019）最高法民再 46 号、（2018）最高法民再 325 号、（2020）青执异 1 号、（2019）鲁民终 362 号。

〔4〕 参见王保树：《有限公司股东的两种不同登记》，载《中国工商管理研究》2005 年第 8 期，第 26 页；陈甦主编：《民法总则评注》（上册），法律出版社 2017 年版，第 445 页；蒋大兴：《商事登记制度的结构性改革》，载《中国工商管理研究》2013 年第 7 期，第 14 页；张双根：《股权善意取得之质疑——基于解释论的分析》，载《法学家》2016 年第 1 期，第 142~143 页；李建伟：《公司法学》（第 4 版），中国人民大学出版社 2018 年版，第 101~102、222 页；钱玉林：《民法总则与公司法的适用关系论》，载《法学研究》2018 年第 3 期，第 55~56 页；邹海林：《关于公司法修改的几点思考》，载《法律适用》2020 年第 1 期，第 90 页；石一峰：《论商事登记的第三人效力》，载《法商研究》2018 年第 6 期，第 49 页；王雷：《〈民法总则〉中证据规范的解释与适用》，载《法学家》2018 年第 6 期，第 115 页；吴勇敏、张桂龙：《论股权多重转让中善意取得规则的修正适用》，载《浙江大学学报（人文社会科学版）》2017 年第 4 期，第 188 页。

〔5〕 参见沈贵明：《未经变更登记的股权转让不能对抗第三人吗？——新〈公司法〉第三十三条规定质疑》，载《河南省政法干部管理学院学报》2007 年第 2 期，第 91~94 页；张双根：《股权善意取得之质疑——基于解释论的分析》，载《法学家》2016 年第 1 期，第 143 页；徐浩：《公司法股权转让与股东资格取得关系探讨、以（2009）皖民二终字第 0011 号判决为素材》，载《北方法学》2013 年第 2 期，第 59 页；杨秋宇：《民商二元视角下〈民法总则〉法人制度的不足——以制度供给理论为方法展开》，载《大连理工大学学报（社会科学版）》2019 年第 6 期，第 106 页。

公司登记管理条例》第 9 条也将股东姓名与公司住所、法定代表人等典型公司登记事项并列处理。在商事登记脉络之下，本款第 1 句是程序登记法，规定股东姓名为登记义务事项（Eintragungspflichtige Tatsache），即课以公司向市场监督管理部门登记的义务；第 2 句是实体登记法，规定怠于登记的私法效果。

[7] 商事登记有三个功能：其一，通过提供法定公示途径，减轻第三人的信息查验成本；其二，一经登记，第三人的善意往往很难成立，商事登记为登记义务人提供了一种摧毁第三人信赖、免于逐个通知第三人的工具；其三，国家对不符合规定的申请不予登记，可以增强企业运营的合规性，且登记数据也可作为其他规制措施的基础。[1]

2. 商事登记性信赖责任的法律结构

[8] 实体商事登记法，即商事登记的第三人效力规范，在性质上属于信赖责任原理（Vertrauenshaftung），具有与不动产登记相似的公信力[2]。其法律结构分为以下三层。

[9] 第一，消极公信力（negative Publizität）。若登记事项已变更而未登记，则第三人可以信赖登记簿之沉默，即登记事项未变更。这一信赖保护乃是一种抽象的信赖保护（abstrakter Vertrauensschutz），不要求相对人明知信赖基础、信赖与法律行为间因果关系、登记义务人的可归责性[3]，相对人仅需对真实事项不知且非因重大过失不知[4]，即可受到保护。这种要件上的放宽，主要是基于商事领域的特殊需要[5]，如果企业要偏离于过去存续的或通常的法律关系[6]，就必须申请登记或者个别通知相对人，否则将受私法责任性的制裁（Haftungssanktion）[7]。

[10] 第二，积极公信力（positive Publizität）。若出现登记错误，则第三人可以信赖登记簿之表达，即所登记者为真实。从文义上看，登记错误时，登记事项并未变更，无法适用本款，但是可以考虑整体类推本款以及表见代

---

[1] Vgl. Brox/Henssler, Handelsrecht, 22. Aufl., 2016, § 5 Rn. 72.

[2] 参见［德］C. W. 卡纳里斯：《德国商法》，杨继译，法律出版社 2006 年版，第 81、86 页。

[3] 参见［德］C. W. 卡纳里斯：《德国商法》，杨继译，法律出版社 2006 年版，第 87、90 页。

[4] Vgl. Karsten Schmidt, Handelsrecht, Unternehmensrecht I, 6. Aufl., 2014, § 14 III Rn. 36.

[5] Vgl. MüKoHGB/Krebs, 4. Aufl. 2016, HGB § 15 Rn. 12.

[6] 参见［德］C. W. 卡纳里斯：《德国商法》，杨继译，法律出版社 2006 年版，第 81~82、87 页。

[7] Vgl. Karsten Schmidt, Handelsrecht, Unternehmensrecht I, 6. Aufl., 2014, § 14 III Rn. 19, 30.

理、善意取得等具体信赖保护（konkreter Vertrauensschutz）制度。[1] 当然，《民法典》第 65 条制定后，错误登记可直接为"实际情况与登记的事项不一致"所涵摄（本款与《民法典》第 65 条的关系，段码 13~15）。[2]

[11] 第三，正确登记的效力。依本款反面解释，相关事项一经正确登记，似乎即可对抗一切第三人。[3] 但本文认为，仍应存在两类例外。第三人可能并不负担登记查看义务（Informationsobliegenheit），对未知悉真相不具有过失。[4] 第三人若为商人，则应一般性地负有义务，无过失的情形少之又少；若为民事主体，则应依其职业和当前交易之性质具体认定是否存在有登记查看义务。[5] 存在其他效力更强的信赖外观时，同样不应允许对抗，因为正确登记只是摧毁了商事登记法中的信赖基础，但并不妨碍可以依据表见代理等其他制度发生信赖责任。[6]

3. 本款与《企业信息公示暂行条例》

[12] 依《民法典》第 66 条，法人应登记事项应对外公告。实践中，登记机关用以公告登记信息的渠道即是国家企业信用信息公示系统。我国的公司登记尚未实现电子化查询，因此应更加突出公告对第三人之公示作用；且依《企业信息公示暂行条例》第 10 条，企业应当及时公示股东认缴和实缴的出资额、出资时间、出资方式等信息以及股权转让等股权变更信息，这也弥

---

〔1〕 Vgl. MüKoHGB/Krebs, 4. Aufl. 2016, HGB § 15 Rn. 80, 101-102.

〔2〕 参见陈甦主编：《民法总则评注》（上册），法律出版社 2017 年版，第 447 页。

〔3〕 参见王保树：《有限公司股东的两种不同登记》，载《中国工商管理研究》2005 年第 8 期，第 26 页。

〔4〕 参见赵旭东：《公司法学》（第 4 版），高等教育出版社 2015 年版，第 96 页。德国法常举的例子包括：第三人常居国外，国内的公告事项传送至国外时存有延误；第三人在缔约准备时已正常查询了登记，但在签约前一刻登记发生变更。Vgl. Röhricht/Grafvon Westphalen/Hass, Kommentar zu Handelsstand, Handelsgesellschaften, Handelsgeschäften, besonderen Handelsverträgen und internationalem Vertragsrecht, 5. Aufl. , 2019, § 15Rn. 27.

〔5〕 德国法并不区分民商乃至消费者，主要理由是欧盟相关指令文义上未作区分。Vgl. MüKoHGB/Krebs, 4. Aufl. 2016, HGB § 15 Rn. 67, 72. 但本文认为应当区分。

〔6〕 参见《商法学》编写组编：《商法学》，高等教育出版社 2019 年版；范健、王建文：《商法学》，法律出版社 2015 年版，第 63~64 页；李建伟：《公司法学》（第 4 版），中国人民大学出版社 2018 年版，第 101 页；张雅辉：《论商法外观主义对其民法理论基础的超越》，载《中国政法大学学报》2019 年第 6 期，第 82 页。德国法常举的例子包括，企业以书面形式授予与银行交易的代理权（Bankvollmacht），且将代理人的签名样式交由银行存档，后代理权被撤回且经正确登记，但未通知银行，则银行基于书面授权与签名文件的具体信赖并不会被商事登记所击破。Vgl. Karsten Schmidt, Handelsrecht, Unternehmensrecht I, 6. Aufl. , 2014, § 14 IIRn. 6, 10.

补了现行登记欠缺的诸多要素，对第三人意义重大[1]，因此本款应类推适用至公告。[2]

4. 本款与《民法典》第 65 条

[13] 最高人民法院在 2019 年《全国法院民商事审判工作会议纪要》（以下简称《九民纪要》）第一部分第 3 条认为，本款字义上为"第三人"，而《民法典》第 65 条为"善意相对人"，"经查有关立法理由"，可以认为"民法总则制定时有意修正公司法有关条款"；多数学说亦持相同观点（段码6）。但查民总释义，立法者仅讨论了删去"信赖登记"的理由，以及"相对人"与"第三人"的概念用法[3]，并不能得出有意修正的结论。

[14] 少数学说认为本款与《民法典》第 65 条不同：后者适用于公司与公司相对人间关系，而前者适用于股东与股东相对人、股东与公司相对人间关系。其理由包括：其一，第 65 条后段主语应当与前段同一，同为"法人"；其二，第 64 条规定法人是登记义务人，第 65 条承接前条，规定登记义务人未尽义务时应承受不利益，因此主语也应是"法人"；其三，立法者在审议中将"第三人"修改为了"相对人"，这表明受保护者限于与公司交易的相对人，而不包括与股东进行交易的第三人。[4]

[15] 本文认为，少数说部分有谬。从规范功能言，商事登记不得对抗的效果绝不应仅由企业（Unternehmen）承受，否则信赖保护的效果将大打折扣。例如，普通合伙人退伙未经登记，而以合伙企业名义与第三人交易，如果仅是禁止合伙企业向第三人主张该交易因无权代理无效，却不禁止其他普通合伙人主张，则在合伙企业自身财产不足时，第三人将无法得到救济，其在缔约时对其他普通合伙人的信赖将完全落空。正因如此，比较法上如德国，

---

[1] 虽然这些信息仅由企业对其真实性负责、不经公示机关审查（第11条），但条例配套了私人举报和公示机关摇号抽查制度（第13、14条）以及行政、刑事责任（第17条），在一定程度上还是能够保证真实性；特别是，这些信息直接由企业对外公示，企业本身具有更高的可归责性。不同观点参见罗锦荣：《有限责任公司股东商事登记之对抗力研究——以〈公司法〉第32条第3款为视角》，中国政法大学2018年硕士学位论文，第14~18页。

[2] 参见商法学编写组编：《商法学》，高等教育出版社2019年版，第77~78页；陈甦主编：《民法总则评注》（上册），法律出版社2017年版，第449页（徐涤宇执笔）。

[3] 参见李适时主编：《中华人民共和国民法总则释义》，法律出版社2017年版，第188~189页。

[4] 参见李建伟、罗锦荣：《有限公司股权登记的对抗力研究》，载《法学家》2019年第4期，第149页；梁慧星：《〈民法总则〉重要条文的理解与适用》，载《四川大学学报（哲学社会科学版）》2017年第4期，第56页。

不得对抗的主语并不限于企业，而是一切受影响之人，甚至包括其他第三人。[1] 因此，第 65 条也处理公司股东与公司相对人间关系。然而，少数说指出的第 65 条并不处理股东与股东相对人间关系，是十分正确的。即使认为"第三人"和"相对人"的表述只是观察视角不同，在外延上可以完全相同[2]，但仍然有必要将股东相对人排除出第 65 条相对人范围，因为"公司登记之目的，乃服务于与公司有关的商事交易"，"股东对外让与其股权，在股权转让自由原则下，显然只是股东个人的'私'事"[3]，商事登记的"公示效力规则原则上也就不能适用于股权让与关系"。[4] 因此，《民法典》第 65 条并不处理股东与股东相对人间关系，这就为本款提供了独立的适用空间。

（二）作为财产登记的股权登记

1. 规范意旨

［16］主流观点将本款作为商事登记的同时，亦将之理解为"股权登记"，在股东与股东相对人间关系中适用本款。[5] 这种理解其实是将本款作为个人财产之登记，股权是股东的个人财产，股权在流转时以本款登记对外公示。少数观点认为本款不能作为财产登记，其一，本款"就其语境而言，应属于公司登记之范畴，这也印证于《中华人民共和国公司登记管理条例》第 9 条"；其二，2013 年为配合公司资本制度改革删去"出资额"等登记事项后，股权交易需要的信息如股权比例、股权上有无负担或其他限制等均无

---

〔1〕　Vgl. Flad/Gadow/Heinichen, Kommentar zum Handelsgesetzbuch, Band 1: 1-104 HGB, Berlin, 2020, S. 192-193.

〔2〕　与公司交易之人，是公司的"相对人"，也同时是公司-股东关系外的"第三人"；与股东交易之人，是股东的"相对人"，也同时是公司-股东关系外的"第三人"。有学说正确地指出，两种措辞并无实质区别，参见石一峰：《论商事登记的第三人效力》，载《法商研究》2018 年第 6 期，第 49 页。此外，我国学说和比较法上也多为第 65 条此种规范，规定的是商事登记的"第三人"效力，参见范健主编：《商法学》，高等教育出版社 2019 年版，第 76 页；《德国商法典》第 15 条。

〔3〕　股权对外转让时，有限公司封闭的利益已通过其他股东同意权和先买权得到了保护，因此在符合该前提下的股权转让被认为完全是转让股东的财产权自由，公司无权插手。

〔4〕　张双根：《股权善意取得之质疑——基于解释论的分析》，载《法学家》2016 年第 1 期，第 142~143 页；吴勇敏、张桂龙：《论股权多重转让中善意取得规则的修正适用》，载《浙江大学学报（人文社会科学版）》2017 年第 4 期，第 188 页。不同观点，参见石一峰：《论商事登记的第三人效力》，载《法商研究》2018 年第 6 期，第 49、51 页。

〔5〕　参见邓峰：《普通公司法》，中国人民大学出版社 2009 年版，第 351 页；李建伟《公司法学》（第 4 版），中国人民大学出版社 2018 年版，第 103 页；李建伟、罗锦荣：《有限公司股权登记的对抗力研究》，载《法学家》2019 年第 4 期，第 151~155、156~159 页；

从查知，此种质量的登记簿无充当财产登记的资格。[1] 本文认为，上述观点在立法论上可谓正确；但在解释论上，由于《最高人民法院关于适用〈中华人民共和国公司法〉若干问题的规定（三）》[已被修改，以下简称《公司法解释（三）》]已经确立了股权善意取得制度，本款的登记被立法者用作善意取得之外观[2]，因此本款已经切实地进入了财产登记的范畴，至于欠缺财产登记要素的问题，可由公告制度补充（段码12）。

[17] 作为财产登记，股权之登记具有两重功能。其一，信赖保护功能，通过提供法定的公示渠道，减轻第三人验证财产归属的成本。体现该功能的制度是股权善意取得（本款与善意取得关系，段码23~26）。其二，财产登记还可以用来调和数个争夺对财产支配的竞争者之间的利益关系，保护财产取得中正当的自由竞争。体现该功能的制度是日本法意义上的"登记对抗主义"，本款在财产登记语境中的恰当解释就是登记对抗主义。

[18] 登记对抗主义不负信赖保护之功能，而仅是为了保护自由竞争。以二重让与为例，先登记之善意第二受让人受到保护，并非因为其是善意，而是因为其先取得登记，恶意第二受让人若先完成登记同样会受到保护。[3] 登记对抗主义中深嵌的此种自由竞争性格，是与意思主义的特性密不可分的（股权变动采意思主义，段码19）。单纯合意即可移转财产权的意思主义模式，面临的首要问题不是如何保护交易安全，而是更为前提性的：仅凭单纯合意就可以取得财产权的正当性何在。数个合意可能只是偶然地在时间上先后有别[4]，为

---

〔1〕 张双根：《股权善意取得之质疑——基于解释论的分析》，载《法学家》2016年第1期，第142~146页。

〔2〕 参见宋晓明等：《〈关于适用公司法若干问题的规定（三）〉的理解与适用》，载《人民司法》2011年第5期，第39页。

〔3〕 参见吴勇敏、张桂龙：《论股权多重转让中善意取得规则的修正适用》，载《浙江大学学报（人文社会科学版）》2017年第4期，第189页；郑永宽：《论机动车等特殊动产物权的登记对抗效力》，载《法学家》2019年第4期，第85页。但主流观点仍将本款第三人当然地理解为善意第三人，参见吴凡、杜妍妍：《梳理、更新立法理念，谱写公司法新篇章——公司法修改若干问题访谈录》，载《中国工商管理研究》2005年第8期，第18页；邓峰：《普通公司法》，中国人民大学出版社2009年版，第378页；赵旭东：《公司法学》（第4版），高等教育出版社2015年版，第254页；李建伟：《公司法学》（第4版），中国人民大学出版社2018年版，第222页；尹田：《论物权对抗效力规则的立法完善与法律适用》，载《清华法学》2017年第2期，第42页；刘俊海：《论有限责任公司股权转让合同的效力》，载《法学家》2007年第6期，第76页；王东敏：《股东名册与公司登记机关的登记对股权确权的意义——对公司法第三十三条的理解与适用》，载《人民司法》2006年第8期，第78页。

〔4〕 特别是当今数字时代，通过微信、电子邮件等进行的二重让与间完全可能只有几秒之差。

何就会产生完全相反的结果？某一合意迟了几秒与快了几秒，就有云泥之别，这显然并不合理。因此登记对抗主义应运而生，一方面，通过将竞争胜利的标准设定为有更多意志因素参与的"完成登记"，这样竞争胜出就更有正当性了——其他竞争者的失败，不是因为时间上的偶然性，而是主观上的懈怠、没有积极地去推进登记；另一方面，"先取得对权利外观要素的支配者获胜"的规则，可以促进真实权利状态与公示要素的一致，防止二重让与继续进行。此外，从不同的财产取得中的自由竞争程度应统一角度言，也可得出相同结论。不同的财产取得中信赖保护程度未必可以保持统一，例如公示生效模式下的权利外观更为准确，信赖保护程度比意思主义模式更高，也就没有什么不合理的；但不同的财产取得中的自由竞争程度应当保持统一，因为自由竞争与变动模式无关，市场经济中的不同资源应遵循统一的竞争尺度，否则就是对不同财产交易的不当差别对待。如此，在公示生效主义下，若第一次让与未登记，则所有权未移转，恶意第二受让人取得登记后仍然可以取得所有权，相同程度的自由竞争也应当在意思主义中实现。在技术上不同的是，公示生效主义下，自由竞争内蕴在"公示是处分行为生效要件"的定义之中，而意思主义就必须额外创设登记对抗规则来实现先登记者先取得。这是在股权交易领域将本款定位为财产登记，而不再遵循商事登记信赖责任脉络的实益。

2. 登记对抗主义的法律结构

［19］登记对抗主义之下，完整的财产权取得需经过两个阶段：首先，处分行为符合所有意定或法定生效要件，不存在效力阻却事由；其次，进入与其他对手的竞争阶段，先登记者先取得完整权利。基于自由竞争的规范目的，本款"第三人"的范围应当设定为：基于有效的交易关系，而正当地争夺对财产法律上或事实上支配的竞争者。

［20］交易关系有效是竞争的入场券，一方的交易如无效或尚未符合特别生效要件，则不具有竞争资格。因此，错误登记的登记名义人等"实质上的无权利人"，不属于本款第三人。[1] 股权让与采用意思主义[2]，其特别生效要件主要指《公司法》第 71 条第 2、3、4 款[3]，股权的法定移转同样会受

---

〔1〕　参见［日］我妻荣、有泉亨：《新订物权法》，罗丽译，中国法制出版社 2008 年版，第 173 页。
〔2〕　详细论证参见张双根：《论股权让与的意思主义构成》，载《中外法学》2019 年第 6 期，第 1568～1573 页。
〔3〕　关于同意权、先买权以及章程意定限制的法律结构，参见张弘毅：《论股东先买权之效力》，载《2019 年全国民商法博士生论坛"民法典时代的法学发展"论文集》（下册），第 522～531 页。

到《公司法》第 72 条、第 75 条等限制。因此，本款的适用空间其实比较小，最为常见的股权对外让与中，也只有一人公司或者其他股东同意且不行使先买权之情形才得适用本款。值得注意的是，《公司法》第 32 条第 2 款所规定的载入股东名册并非股权让与之生效要件，也非相对于公司生效之要件。[1]

[21] 交易关系正当，是保护自由竞争的前提，以不正当手段取得胜利者有违诚信原则，不能受到保护。因此所谓"恶意背信者"，例如第二受让人以欺诈、胁迫手段妨碍第一受让人登记申请，或者受雇佣为他人办理登记，而违背义务自己受让不动产且登记，第一受让人未经登记也总是能对抗此类人。

[22] 至于"不得对抗"的具体结构，"相反事实主张说""不完全物权变动说"等并无适用结果上的差异。[2] 我国主流学说[3]、判例[4]采用的所谓"内外有别的股权确认方法/形式说与实质说的折中"，其实正是"不完全物权变动说"，将法律关系切割为股权让与当事人之间、当事人与第三人间关系，分别认定股东。

3. 本款与《公司法解释（三）》第 25、27 条

[23] 有学说认为，本款[5]（《民法典》第 225 条[6]；《民法典》第

〔1〕 参见张双根：《论股权让与的意思主义构成》，载《中外法学》2019 年第 6 期，第 1573~1576 页；张双根：《论有限责任公司股东资格的认定：以股东名册制度的建构为中心》，载《华东政法大学学报》2014 年第 5 期，第 70~72 页。

〔2〕 参见［日］近江幸治：《物权法》，王茵译，北京大学出版社 2006 年版，第 51~52 页。

〔3〕 参见范健：《论股东资格认定的判断标准》，载《南京大学法律评论》2006 年第 2 期，第 72 页；赵旭东：《公司法学》（第 4 版），高等教育出版社 2015 年版，第 227 页；刘俊海：《新公司法的制度创新：立法争点与解释难点》，法律出版社 2006 年版，第 167~168 页；李建伟：《公司法学》（第 4 版），中国人民大学出版社 2018 年版，第 242~243、247~248 页；石一峰：《论商事登记第三人效力》，载《法商研究》2018 年第 6 期，第 51 页；张平：《股权转让效力层次论》，载《法学》2003 年第 12 期，第 83~91 页。

〔4〕 参见虞政平：《股东资格的法律确认》，载《法律适用》2003 年第 8 期，第 72 页；四川高院（2018）川民终 589 号；张英：《隐名股权的强制执行》，载《人民司法》2007 年第 23 期，第 98~99 页；潘晓璇：《实际出资人股东资格的认定》，载《法律适用》2007 年第 4 期，第 18 页。

〔5〕 参见赵旭东等：《"切问近思"青年论坛之一：〈公司法〉解释（三）相关问题探讨》，载《研究生法学》2011 年第 2 期，第 18 页；李建伟：《公司法学》（第 4 版），中国人民大学出版社 2018 年版，第 244 页。

〔6〕 参见庄加园：《登记对抗主义的反思与改造：〈物权法〉第 24 条解析》，载《中国法学》2018 年第 1 期，第 212~216 页；韩强：《我国船舶物权的变动公示方法与善意取得》，载《法学杂志》2008 年第 11 期，第 121~122 页；郑永宽：《论机动车等特殊动产物权的登记对抗效力》，载《法学家》2019 年第 4 期，第 85~87 页；王森波：《机动车"登记对抗"质疑：〈物权法〉第 24 条解读》，载《法治研究》2010 年第 4 期，第 94~96 页。

403、404 条〔1〕；登记对抗的一般原理〔2〕）其实就是善意取得〔3〕，正是因为第二受让人善意取得了股权、第一受让人丧失了股权，所以第一受让人不得对抗第二受让人。"对抗"乃程序法视角，未能明确实体法效果究竟为何〔4〕，这种文义上的模糊性确实为这种观点提供了生存空间。但是基于前述自由竞争的价值判断（段码 17），起码本款不应采纳这一观点；并且这种观点也无法与本款不区分善恶意的"第三人"兼容，我国法律中的对抗条款绝大多数均为"善意第三人"〔5〕，仅本款等少数几条采用了"第三人"表述〔6〕，足见应系立法者有意为之〔7〕。

[24] 有学说认为，本款登记对抗与善意取得均以信赖保护作为规范意旨，在一定范围内构成竞合关系〔8〕：在名义股东处分股权（不完全隐名代持，段码 47）、瑕疵转让等错误登记场合，登记对抗无法适用（段码 19），只能适用善意取得；在一股二处分等场合，二者都可适用，存在"功能重叠与规范竞合"。〔9〕在此基础之上，有学说进一步认为二者在要件上应作协调处

---

〔1〕 参见《讲座实录｜知名学者谢鸿飞、于飞、金可可、韩强、姚明斌联合主讲：〈民法典的价值理念与立法技术〉》，载微信公众号"学术华政"，2020 年 6 月 1 日。

〔2〕 持此观点的有梁慧星、王利明，参见尹田：《论物权对抗效力规则的立法完善与法律适用》，载《清华法学》2017 年第 2 期，第 44 页。

〔3〕 有学说认为，登记对抗包含善意取得，参见杨代雄：《准不动产的物权变动要件—〈物权法〉第 24 条及相关条款的解释与完善》，载《法律科学》2010 年第 1 期，第 131~132 页。

〔4〕 Canaris 也指出，《德国商法典》第 15 条的"不得对抗"的用语乃是"历史原因造成的程序法的立法视角"。〔德〕C. W. 卡纳里斯：《德国商法》，杨继译，法律出版社 2006 年版，第 92 页。

〔5〕 例如《民法典》第 225 条、第 335 条、第 341 条、第 374 条、第 403 条、第 545 条第 2 款、第 641 条第 2 款、第 745 条。

〔6〕 在北大法宝数据库以"对抗第三人"全文检索，除本款外还有《民法典》第 545 条第 2 款；《中华人民共和国民用航空法》第 14、16、33 条；《中华人民共和国海商法》第 9、10、13 条。

〔7〕 参见吴勇敏、张桂龙：《论股权多重转让中善意取得规则的修正适用》，载《浙江大学学报（人文社会科学版）》2017 年第 4 期，第 189 页。

〔8〕 有观点认为，"登记对抗与善意取得只可能存在聚合而不可能存在竞合"，登记对抗是"否定物权变动的信赖保护"，善意取得是"取得物权的信赖保护"，在二重让与中，二者"前后适用"相互搭配。参见郭志京：《也论中国物权法上的登记对抗主义》，载《比较法研究》2014 年第 3 期，第 103 页。但既然登记对抗已否定第一受让人的权利取得，第二受让人自然就应是通过有权处分取得权利，无法再适用善意取得。

〔9〕 姚明斌：《善意取得之规范与法理》，载微信公众号"JunnyLaw"，2016 年 4 月 13 日。相同观点，另见尹田：《论物权对抗效力规则的立法完善与法律适用》，载《清华法学》2017 年第 2 期，第 41、45 页；张双根：《股权善意取得之质疑——基于解释论的分析》，载《法学家》2016 年第 1 期，第 132 页。

理："仅具有对抗效力的公示方法在法政策上不宜作为善意取得的权利外观"，故一股二处分等情形交给登记对抗解决更为妥适，只是"在评价第三人善意时，（善意取得要件中的）合理对价要素应作为评价因子，否则不同的物权变动模式下保护第三人的标准会出现有不当的差别"。[1]

[25] 该观点前段正确，但后段错误，根源于对登记对抗的双重误解。其一，登记对抗并不以信赖保护为规范目的，表面上看，登记对抗在一股二处分中保护了善意第三人，但这只是其自由竞争功能的反射性效果，不能说与善意取得"功能重叠"。"功能重叠"一说会产生现实的危害，前述观点正是由"功能重叠"出发，将善意取得中的善意、合理对价要件类推至登记对抗中，最终大幅抑制竞争空间（如排除恶意者、一般债权人、法定的权利变动等，段码33~34）。保持二者要件差异，具有充分的正当性：登记对抗处理的是权利取得人间的竞争关系，竞赛以平等为要，不能一方取得权利比另一方更困难；而在善意取得中，原权利人是完整的权利人（例如错误登记情形），不存在与第三人的竞争，取得人与原权利人间并不平等，只是基于减少交易成本的政策考虑才例外保护取得人，此时要剥夺权利人既得的完整权利，要件上更为严格就没有什么奇怪的了。其二，从逻辑上说，善意取得以无权处分为前提，在判断是否构成无权处分时，必然会适用到登记对抗而否定无权处分，因此在逻辑上登记对抗也排斥善意取得。[2]

[26] 综上，本文认为，对本款与善意取得之关系正确的理解应为：二者完全独立，功能不同，适用范围不同，不存在竞合，更不能作要件上的协调。登记对抗仅适用于处于竞争关系的、对抗的不同交易情形，善意取得仅适用于错误登记情形。[3]

---

〔1〕 姚明斌：《善意取得之规范与法理》，载微信公众号"JunnyLaw"，2016年4月13日。相同观点，另见赵旭东等：《"切问近思"青年论坛之一：〈公司法〉解释（三）相关问题探讨》，载《研究生法学》2011年第2期，第15、19页；吴勇敏、张桂龙：《论股权多重转让中善意取得规则的修正适用》，载《浙江大学学报（人文社会科学版）》2017年第4期，第191页。

〔2〕 在另文中，姚明斌的观点也有所改变，参见姚明斌：《有限公司股权善意取得的中国问题》，载《2011年当代民商事理论创新与立法前瞻研讨会暨首届两岸民商法前沿论坛》，第360页。另见汪志刚：《准不动产登记对抗主义的一般法理》，载《法商研究》2018年第2期，第38~39页。

〔3〕 参见［日］我妻荣、有泉亨：《新订物权法》，罗丽译，中国法制出版社2008年版，第48~50页；［日］近江幸治：《物权法》，王茵译，北京大学出版社2006年版，第107~108页。

三、案例之类型化

（一）登记名义人对公司债权人承担补充/连带清偿责任

[27] 当股东应对公司债权人承担补充责任或连带责任时，公司债权人可否基于对登记之信赖而请求登记名义人承担相关责任？实务中的案例包括：其一，未实缴出资。增资时甲、乙、公司三方约定，由甲登记为名义股东，但乙为真正的股东、参与日常经营（段码47），后乙未实缴出资，公司债权人请求甲承担补充责任。[1] 其二，抽逃出资。甲将股权让与乙，未变更登记，后甲从公司抽回财产，公司债权人要求乙承担补充责任。[2] 其三，法人人格否认。一人公司股东甲将全部股权让与乙，未变更登记，后公司债权人请求否认法人人格，甲无法证明公司财产独立于自己财产。[3] 其四，未尽清算义务。甲将股权让与乙，未变更登记，后公司解散，乙伪造甲之签名完成了清算流程并取得注销登记，但未通知公司债权人，现公司债权人请求甲承担清偿责任。[4]

[28] 主流判例[5]、学说[6]支持债权人的请求，理由包括：其一，根据本款，登记名义人对外是股东，应当承担股东责任；其二，根据商事外观主义，应当保护善意之公司债权人。少数观点认为，"股东责任之成立，并非仅以股东身份为已足，还须满足该股东为特定行为之要件（即滥用公司法人独立人格之行为，或不履行出资义务或抽逃出资之行为）。而此等行为之有无，

---

〔1〕 参见（2018）粤民终 928 号；张英：《隐名股权的强制执行》，载《人民司法·应用》2007 年第 23 期，第 100 页。

〔2〕 参见（2015）闽民终字第 422 号、（2019）鲁民终 1838 号、河南开封中院（2018）豫 02 民再 17 号、吉林松原中院（2017）吉 07 民终 1218 号。

〔3〕 参见（2019）豫民终 4 号。

〔4〕 参见（2015）民申字第 1416 号，该案还为沈德咏主编：《〈中华人民共和国民法总则〉条文理解与适用》，人民法院出版社 2017 年版，第 496～497 页所推荐。相似案件参见（2016）粤 03 民终 21010 号。

〔5〕 9 件判例中，除（2015）闽民终字第 422 号、（2018）豫 02 民再 17 号、（2017）吉 07 民终 1218 号外，6 件均支持。

〔6〕 参见李建伟、罗锦荣：《有限公司股权登记的对抗力研究》，载《法学家》2019 年第 4 期，第 155～156 页；王保树：《有限公司股东的两种不同登记》，载《中国工商管理研究》2005 年第 8 期，第 26 页；范健：《论股东资格认定的判断标准》，载《南京大学法律评论》2006 年第 2 期，第 69 页；胡晓静、崔志伟：《有限责任公司隐名出资法律问题研究：对〈公司法解释（三）〉的解读》，载《当代法学》2012 年第 4 期，第 38 页；张雅辉：《论商法外观主义对其民法理论基础的超越》，载《中国政法大学学报》2019 年第 6 期，第 83 页。

绝非善意信赖及其保护之问题，而是须由公司债权人就此进行举证证明"。[1]

[29] 本文认为，在价值判断上，公司债权人有时确实值得保护。登记名义人使自己登记为股东的行为，诱发了第三人对"不会发生抽逃出资等情形"的信赖，如果登记的乃真实股东，因资力、商誉不同，第三人很可能就不会与公司缔约了。因此，当登记名义人对权利外观具有较高的可归责性，特别是其保证自己不会抽逃出资时，公司债权人值得保护。在技术上，对于未实缴出资、一人公司、清算义务等不作为案型，依信赖责任原理将登记名义人拟制为股东后，不作为要件可自动满足，当然成立股东责任；对于抽逃出资等作为案型，由于抽逃出资乃物理事实，无法通过信赖责任原理拟制成立，会出现少数观点指出的问题，此时或许可在拟制登记名义人为股东后，基于其与真实股东间的特殊关系（如代持、股权让与）认定其负有阻止真实股东抽逃出资的信义义务[2]，从而转化为不作为案型。

（二）履行请求到达登记名义人中断时效？

[30] 山西省高级人民法院在（2018）晋民申 2433 号民事裁定书中认为，根据《最高人民法院关于审理民事案件适用诉讼时效制度若干问题的规定》第 10 条，"在再审申请人政策性关闭，无法直接送达的情况下，向再审申请人工商登记的开办方韩洪乡杭村村委送达催收通知书，产生诉讼时效中断的效力"。本文认为，该种情形不应适用本款商事登记，上述规定第 10 条第 2 款规定的"主要负责人"应指企业的董事会或经理，而非股东。

（三）股权原始取得

[31] 本款明文区分股东姓名之"登记"与"变更登记"，对比之下前者即应指设立登记或增资登记等股权原始取得情形。[3] 有学说认为，此时存在第三人保护需要。[4] 但若仅是在登记时遗漏某个发起人或认缴人，很难想象如何成诉，唯将原始取得之股权错误登记于他人名下，才会引发登记名义人

---

〔1〕 张双根：《股权善意取得之质疑——基于解释论的分析》，载《法学家》2016 年第 1 期，第 144 页。

〔2〕 另一种可能的解释进路是，登记名义人具有高度可归责性时，可被认为向公司债权人作出了不会发生抽逃出资事件的默示担保（Garantie），若担保事件发生，登记名义人直接依据该担保契约向公司债权人负有责任。

〔3〕 参见施天涛：《公司法论》（第 4 版），法律出版社 2018 年版，第 7 页；赵旭东：《公司法学》（第 4 版），高等教育出版社 2015 年版，第 225 页。

〔4〕 赵旭东：《公司法学》（第 4 版），高等教育出版社 2015 年版，第 96 页。

对公司债权人责任（段码 27～29）、登记名义人无权处分（股权善意取得）等争议。

（四）股权让与

［32］出让人将登记在自己名下的股权，让与受让人，未办理变更登记，此时可能的"第三人"有：出让人的债权人、受让人的债权人、从出让人处再次受让股权（股权二重让与）或取得权利质权之人。

1. 第二受让人

［33］由于 2014 年《公司法解释（三）》（已被修改）第 27 条第 1 款明确规定，第二次让与"参照物权法第一百零六条"处理，判例基本上均以善意取得为标准进行审查，如最高人民法院的两件判例即是如此。[1] 但也有少数判例以本款文义为据，未适用善意取得，例如，安徽省高级人民法院在认定宿州良宇公司（第二受让人）明知宿州环宇公司（第一受让人）存在的前提下，仍然认为宿州环宇公司因未变更登记而尚未取得股权，从而"在有权处分案涉股权的情况下，宿州良宇公司即不存在适用善意制度"。[2]

［34］本文赞成少数判例按登记对抗主义处理。[3] 意思主义模式下的股权二重让与尚处自由竞争阶段，与信赖保护无涉。司法解释和主流判例以善意取得之要件大幅缩减竞争空间，体现了制度定位混乱的危害（段码 24）。

2. 权利质权人

［35］尚未检索到有关股权受让人与权利质权人的判例。学说上，有观点认为无论是创设取得权利质权（先让与再出质），还是移转取得（已登记之权利质权消灭后发生债权让与），均可依善意取得处理。本文认为，移转取得适用善意取得在思路上[4]可资赞同，此时不涉及竞争关系；但创设取得有误，

---

〔1〕 （2014）民二终字第 205 号、（2013）民二终字第 29 号。其他层次法院持相同思路的案例，如四川省高级人民法院（2011）川民初字第 3 号、广东省深圳市中级人民法院（2017）粤 03 民终 22798 号、湖北省荆门市中级人民法院（2018）鄂 08 民终 21 号。

〔2〕 （2012）皖民二终字第 00042 号。相同观点参见《山东省高级人民法院关于审理公司纠纷案件若干问题的意见（试行）》（鲁高法发〔2007〕3 号）的规定"股东将同一股权多次转让的，人民法院应认定取得工商变更登记的受让人具有股东资格"，以及贵州省铜仁地区中级人民法院（2014）铜中民商终字第 6 号、浙江省丽水市中级人民法院（2019）浙 11 民终 519 号。

〔3〕 相同观点，参见吴勇敏、张桂龙：《论股权多重转让中善意取得规则的修正适用》，载《浙江大学学报（人文社会科学版）》2017 年第 4 期，第 191 页。

〔4〕 参见姚明斌：《有限公司股权善意取得的法律构成》，载《政治与法律》2012 年第 8 期，第 90～91 页、第 93 页注 67。

此时是竞争关系[1]，应适用登记对抗主义。

3. 出让人的执行债权人

[36] 此种案型一般为：股权让与后未办理变更登记，出让人的债权人申请冻结、执行该股权以清偿债务，法院裁定冻结，此时，受让人以其为股权持有人向法院提出书面异议，法院依《最高人民法院关于人民法院办理执行异议和复议案件若干问题的规定》第 25 条第 1 款第 4 项对股权登记作形式审查后裁定驳回异议，受让人继续提起案外人执行异议之诉。

[37] 检索到的 4 件高级人民法院判例均不支持受让人的执行异议，唯论证进路不同。有 1 件［(2019) 鲁民终 1321 号］采取信赖保护立场，"债权人有权信赖工商登记机关登记的股权情况，该信赖利益应当得到法律的保护"。[2] 其余 3 件，遵循本款文义，未经登记即不得对抗，例如江苏省高级人民法院在［(2019) 苏民终 986 号］中认为，"在泰州中院于 2016 年 10 月 9 日依法冻结讼争的股权时，该股权的持有人仍然登记为日本石油公司。因此，上诉人普美公司受让日本石油公司持有的华油 25% 的股权，不得对抗申请执行人"。直截了当地将先取得公示（冻结或登记）作为判断竞争胜负的标准。相同观点的还有［(2018) 鄂民终 1051 号］［(2018) 川民终 589 号］。

[38] 本文赞成判例中的登记对抗立场。虽然出让人债权人享有的债权与受让人享有的股权，在法律上可以并存，但在事实上处于彼此竞争的关系：承认受让人取得股权，债权人的债权很可能就无法得到清偿；要"使债权产生其实际效用，最终必须否认［受让人］的［股权］取得"。[3] 因此，受让人与出让人的一般债权人也处于竞争关系中，先登记或先申请冻结者，先得支配股权。

4. 受让人的执行债权人

[39] 让与双方可否以尚未登记、股权仍然属于出让人责任财产，而阻却受让人债权人的强制执行？首先，受让人的债权人与受让人的利益诉求一致，都是希望股权进入受让人的责任财产，不存在竞争关系，而受让人与出让人间又非竞争关系，可推导出受让人的债权人与出让人间亦非竞争关系，无法适用登记对抗。其次，即使存在竞争关系，第三人也得放弃"不得对抗"的

---

〔1〕 股权出质的登记生效这点，不妨碍竞争关系。

〔2〕 学说上认为此种信赖不值得保护者，参见张双根：《论股权让与的意思主义构成》，载《中外法学》2019 年第 6 期，第 1573 页。

〔3〕 ［日］我妻荣、有泉亨：《新订物权法》，罗丽译，中国法制出版社 2008 年版，第 165~166 页。

效果。[1] 因此让与双方都不得以本款阻却受让人债权人的强制执行。检索到的 1 件 [（2018）冀民终 983 号] 持相同结论。

（五）股权法定移转

[40] 适用登记对抗主义的关键，在于竞争关系，而竞争关系并不限于法律行为方式的股权变动中存在，法定方式之中亦可能存有空间，有待讨论。

1. 形成性法律文书

[41] 依据《最高人民法院关于适用〈中华人民共和国物权法〉若干问题的解释（一）》（已失效）第 7 条，《民法典》第 229 条所指"法律文书"限于"改变原有物权关系"的法律文书，不包括确认判决或给付判决。具体而言，形成性法律文书包括以下情形：

[42] 撤销处分合意。例如因意思表示瑕疵或被乘人之危（《民法典》第 147~151 条）判决撤销股权让与合意（物权行为有因性下还包括撤销原因行为），或者撤销债务人的诈害债权行为（《民法典》第 538~539 条）。撤销的效果乃视为自始无效，依逻辑应与无效作同等对待，并不存在竞争关系。但日本通说认为，撤销后权利并非当然地、溯及回复至出让人处，而是还须经过一次复原性的让与，由此可适用登记对抗。[2] 本文以为，该观点不符合《民法典》第 155 条规定。

[43] 分割共有物。此处限于当事人未达成分割合意而行使分割形成诉权的情形。例如，甲乙按份共有某公司股权，登记于甲名下，双方无法达成分割合意，法院判决由乙取得股权，后未变更登记，第三人可否从甲处受让股权？尚未见到日本法上有关共有物分割之讨论，根据竞争原理似可适用登记对抗。

[44] 处分性强制执行措施。此处包括司法拍卖变卖（包括担保物权实行）、以物抵债裁定（有争议）。此类措施虽被认为是公法行为，但其结构仍与法律行为方式的权利变动十分相似，因此例如司法变卖中的二重让与等可以适用登记对抗。征收决定结论相同。[3]

2. 继承？

[45] 遗嘱并不适用本款：若被继承人先将股权让与第三人，未变更登记，后又订立遗嘱，则继承人继受被继承人的法律地位，与第三人间乃当事

---

〔1〕 参见 [日] 近江幸治：《物权法》，王茵译，北京大学出版社 2006 年版，第 51 页。

〔2〕 参见 [日] 近江幸治：《物权法》，王茵译，北京大学出版社 2006 年版，第 68~69 页。

〔3〕 参见 [日] 近江幸治：《物权法》，王茵译，北京大学出版社 2006 年版，第 91~92 页。

人关系，非竞争关系[1]；反之若遗嘱在先、让与第三人在后，则遗嘱视为被撤回，亦不存在竞争关系。遗赠为单方负担行为[2]，接受遗赠之人仅取得对遗赠义务人的请求权，同样与第三人无竞争关系。

[46] 法定继承中，当继承人只有一人时（单独继承），结论与遗嘱相同。当继承人为数人时（共同继承），在遗产分割情形，例如，继承人甲乙各占50%潜在份额，甲之债权人丙请求执行遗产，后甲乙合意按4：6之比例分割遗产，因遗产分割具有溯及力[3]，甲之份额视为自始为40%，那么丙可否执行50%的份额？在放弃继承情形，甲之债权人丙先请求执行遗产，后甲表示放弃继承，因放弃亦具有溯及力，甲视为自始非继承人，那么丙可否执行？日本通说认为，前种情形可仿照让与无效时情形（段码42），将分割合意拟制为无溯及力的权利让与，从而未经登记不得对抗第三人；而后种情形不能做复原性让与的拟制，无法适用登记对抗。[4] 本文认为，区分两种情形并不合理，放弃的是全部份额还是部分份额无本质区别；此外，我国实证法也欠缺日民第909条相似规定，因此不应适用登记对抗。丧失继承权结论相同。

（六）股权代持

[47] 股权代持是一个生活用语，可以被用来指称很多法律结构截然不同的事物。[5] 其一，合同型。甲乙订立委托合同（间接代理[6]，或合伙合同[7]），约定甲预付出资款，由乙出面增资入股某公司，一段时间后乙再将股权让与甲，由于目标公司压根不知晓甲之存在，因此根据意思表示解释规则，乙是增资协议的当事人，由乙取得股权，其仅对甲负债法义务。其二，

---

[1] 参见[日]近江幸治：《物权法》，王茵译，北京大学出版社2006年版，第85页。

[2] 参见朱庆育：《民法总论》（第2版），北京大学出版社2016年版，第154~155页。

[3] 参见刘耀东：《论基于继承与遗赠发生的不动产物权变动——以〈特权法〉第29条为中心》，载《现代法学》2015年第1期，第50~51页；蒙东梅：《论我国继承法之遗产分割制度》，载《广西社会科学》2009年第12期，第63页。

[4] 参见[日]近江幸治：《物权法》，王茵译，北京大学出版社2006年版，第88~90页；[日]田山辉明：《物权法》（增订本），陆庆胜译，法律出版社2001年版，第86~88页。

[5] 相同观点参见赵旭东等：《"切问近思"青年论坛之一：〈公司法〉解释（三）相关问题探讨》，载《研究生法学》2011年第2期，第15页。

[6] 参见葛伟军：《有限责任公司股权代持的法律性质——兼评我国〈公司法司法解释（三）〉第24条》，载《法律科学》2016年第5期，第179页；丁广宇：《股权代持纠纷的有关法律问题》，载《人民司法·案例》2019年第17期，第21页。

[7] 参见张双根：《论隐名出资——对〈公司法解释（三）〉相关规定的批判与发展》，载《法学家》2014年第2期，第71页。

实体型（如职工持股会[1]）。甲将自有资金移转与乙，设立资金信托，乙以信托资金取得股权，或者直接设立股权信托，此时，乙是股东，甲仅为信托受益人。[2] 其三，故意错误登记型（借名登记[3]）。甲亲自出面办理增资事宜，公司和其他股东对此知情，按意思表示解释规则，增资协议的当事人是甲，甲取得股权后也亲自参与公司经营，只是甲、乙、公司三方合意，将乙记载在股东名册和工商登记上，此时，甲是股东，乙只不过是错误登记的名义人。[4] 按照对公司隐名（公司不知情）抑或对第三人隐名（公司知情并认可实际出资人为真正股东），以上类型又可分为"完全隐名"，包括合同型和实体性，与"不完全隐名"，即故意错误登记型。[5] 在此基础之上，《公司法解释（三）》第 24、26 条针对的是完全隐名，第 25 条针对的是不完全隐名，惟作此区分解释，方能令第 24、26 条中"名义股东是真正股东"与第 25 条中"名义股东构成无权处分"相协调。

1. 不完全隐名

[48] 此时实际出资人是真正的股东，与第三人间不存在竞争关系，只存在适用善意取得保护善意第三人的问题。疑难在于，名义股东的金钱债权人可否请求冻结、执行名义股东名下股权？因本情形在实践中存在重大争议，且相关理由的射程并不仅限于此，故有必要简要梳理。

[49] 在检索到的 11 件最高人民法院判例中，有 9 件持肯定立场[6]，时

---

〔1〕 参见甘培忠、周淳：《隐名出资纠纷司法审裁若干问题探讨》，载《法律适用》2013 年第 5 期，第 20 页；王军：《中国公司法》（第 2 版），高等教育出版社 2017 年版，第 123 页。

〔2〕 参见虞政平：《股东资格的法律确认》，载《法律适用》2003 年第 8 期，第 72 页；雷新勇：《有限公司股权转让疑难问题探析》，载《法律适用》2013 年第 5 期，第 28 页。

〔3〕 参见丁广宇：《股权代持纠纷的有关法律问题》，载《人民司法·案例》2019 年第 17 期，第 21 页。

〔4〕 参见《最高人民法院对江苏省高级人民法院关于中国电子进出口公司江苏公司与江苏省信息产业厅等股权纠纷一案请示的答复》（［2001］民二他字第 19 号）。

〔5〕 李建伟：《公司法学》（第 4 版），中国人民大学出版社 2018 年版，第 225 页。

〔6〕 除 1 件判例未给任何理由（2019）最高法民申 5062 号，其余 9 件判例为：（2019）最高法民申 110 号、（2019）最高法民再 99 号、（2019）最高法民再 46 号、（2019）最高法民再 45 号、（2018）最高法民再 325 号、（2017）最高法民申 110 号、（2017）最高法民终 100 号、（2016）最高法民申 3132 号、（2013）民二终字第 111 号。其中论证翔实、非常值得仔细品读者包括：（2019）最高法民再 46 号、（2018）最高法民再 325 号。其他层次的法院意见，可参见《山东省高级人民法院关于审理公司纠纷案件若干问题的意见（试行）》（鲁高法发［2007］3 号）第 39 条第 3 款、（2018）鲁民终 1121 号、广东省广州市中级人民法院（2016）粤 01 民终 8101 号、浙江省台州市中级人民法院（2016）浙 10 民终 417 号、湖南省郴州市中级人民法院（2016）湘 10 执异 100 号。

间跨度从 2013 年至今，可以说已经形成了较为稳定的裁判观点。其一，根据本款，实际出资人的股东身份未经登记不得对抗第三人，也即在对外关系上，名义股东是股权的享有者，债权人当然有权执行。其二，根据本款，股权登记事项具有公信力，执行债权人存在两重信赖值得保护，一为交易时信赖股权归属于名义股东、可作为一般担保，一为执行时信赖股权可供执行、从而放弃了对名义股东其他财产的保全和执行。虽然外观主义一般仅适用于特定财产的交易，但应特别考量商事领域对交易效率和交易安全的要求，以及强制执行法自身的特殊需要。其三，从双方相对正当性（zweiseitigeRechtsfertigung）[1] 角度看，实际出资人具有更强的可归责性：名义股东由实际出资人挑选，其对避免名义股东债权人执行股权具有更强的控制力，且若在管制规定或代持协议规定的条件符合后，实际出资人不采取诉讼、仲裁等有效措施变更登记，对于股权被执行系放任状态或重大过失；而执行债权人对私人之间的代持安排是非常难以知悉的。其四，根据风险与利益相一致原则，实际出资人通过代持结构享受了利益，那么也应该承受由此带来的固有风险。[2] 其五，如果不允许名义股东债权人执行的话，那么就会出现争议股权既不能被名义股东债权人执行，也不能被实际出资人债权人执行（因为登记在别人名下很难发现）的局面，甚为不公。其六，从法政策上考虑，代持常被用来规避公法管制，特别是商业银行的股份代持，即使尚未达到影响代持协议效力的程度，但为抑制规避监管、维护金融稳定，仍有必要课以实际出资人更多的不利益。

[50] 仅有 2 件判例 [（2018）最高法民申 5464 号] [（2015）民申字第 2381 号] [3] 采否定立场，严格坚持善意取得的要件："股权善意取得制度的适用主体限于与名义股东存在股权交易的第三人。据此，商事外观主义原则的适用范围不包括非交易第三人。……仅仅因为债务纠纷而寻查成城公司（名义股东）的财产还债，并无信赖利益保护的需要。若适用商事外观主义原

---

〔1〕 关于该原则，参见庄加园：《动产善意取得的理论基础再审视——基于权利外观学说的构建尝试》，载《中外法学》2016 年第 5 期，第 1356 页。

〔2〕 范幸：《有限责任公司股权强制执行疑难问题研究——以新公司法为视角》，载《人民司法》2006 年第 11 期，第 94~95 页。

〔3〕 其他层次判例可参见（2016）浙民申 3198 号、（2016）豫民终 396 号、（2016）川民申 3279 号、广东省佛山市中级人民法院（2016）粤 06 民终 1582 号、浙江省绍兴市中级人民法院（2016）浙 06 民终 3876 号、浙江省绍兴市中级人民法院（2014）浙绍执异终字第 22 号。

则，将实质权利属于华冠公司（实际出资人）的股权用以清偿成城公司的债务，将严重侵犯华冠公司的合法权利"。[1] 此外，《九民纪要》"引言"中特别指出，"外观主义系民商法上的学理概括，并非现行法律规定的原则，……审判实务中应当依据有关具体法律规则进行判断，类推适用亦应当以法律规则设定的情形、条件为基础。……实际权利人与名义权利人的关系，应注重财产的实质归属，而不单纯取决于公示外观。总之，审判实务中要准确把握外观主义的适用边界，避免泛化和滥用。"《九民纪要》似乎采取了否定立场，对该案型的未来发展可能产生重要影响。

［51］本文认为，债权人在缔约时确实可能非常看重股权的一般担保作用，但其必须认识到，责任财产始终处于变动之中，缔结时存在的股权在未来执行时可能早已流转给了别人，法律对此除了设置债权人撤销权之外是不提供任何保护的，因此，债权人在缔约时对自己将来可以执行的信赖，是不值得保护的。但是，债权人因为信赖登记状态而放弃了对债务人其他财产的保全，致使债权无法清偿，此种信赖未必不值得保护，特别是在股权代持此种真实权利人故意导致错误的情形，考虑可归责性以及商事需求，或许可以基于个案作例外处理。[2]

2. 完全隐名

［52］此时名义股东是股东，实际出资人享有的仅为债权或受益权，不构成与第三人的竞争（段码 19），同样与本款无关。若名义股东按代持协议约定，与实际出资人达成了股权让与合意（该合意有时可以解释为在代持协议签订时已预先作出），并经其他股东过半数同意，此时实际出资人已从债权人转为股权受让人，与第三人存在竞争关系，可适用于本款（段码 32~39）。

［53］由于名义股东是股东，第三人请求执行股权当然毫无障碍。检索到的 5 件判例中，有 4 件支持了债权人的请求，结论可资赞同，但论证上却大量重复不完全隐名案型之理由，剩余 1 件甚至以第三人信赖不值得保护为由

---

〔1〕 参见崔建远：《论外观主义的运用边界》，载《清华法学》2019 年第 5 期，第 10~11 页；张勇健：《商事审判中适用外观主义原则的范围探讨——与最高人民法院〈关于适用《中华人民共和国公司法》若干问题的规定（三）〉相关条文对照》，载《法律适用》2011 年第 8 期，第 25 页。

〔2〕 参见尹田、尹伊：《论对未经登记及登记不实财产的强制执行》，载《法律适用》2014 年第 10 期，第 41~42 页；邓国鹏：《关于权利外观主义在执行异议之诉中的适用问题》，载《2018 年全国法院第 29 届学术讨论会获奖论文集》（上），第 677~678 页。

否定债权人的请求。[1] 这些表明最高法没有做到意思表示之解释先于效力判断，根本上混淆了不同类型的代持关系。

四、举证责任

[54] 本款作为商事登记时，若未变更登记，第三人需举证相关事项未经登记或公告，登记义务人需举证第三人恶意；若已为正确登记，第三人需证明自己不知且不应知登记事项；若存在错误登记，第三人需举证登记或公告之状态，登记义务人需举证第三人恶意。[2]

[55] 本款作为财产登记时，应由主张终局取得股权者，证明自己已为登记。

---

〔1〕 （2019）最高法民终 1429 号、（2017）最高法民申 943 号、（2016）最高法民终 701 号、（2016）最高法民再 360 号、（2014）民申字第 2213 号。虽然说理有误，但对故意错误登记型理由极具参考者：（2016）最高法民再 360 号。

〔2〕 参见赵中孚主编：《商法总论》（第 4 版），中国人民大学出版社 2009 年版，第 183 页；甘培忠、周淳：《隐名出资纠纷司法审裁若干问题探讨》，载《法律适用》2013 年第 5 期，第 20 页；陈甦主编：《民法总则评注》（上册），法律出版社 2017 年版，第 448~449 页。

《民法典》第二百六十四条评注（集体成员查阅权）

摘　要：《民法典》第 264 条新增了集体成员查阅权的条款，从支持集体成员主动查阅的角度丰富了成员对集体财产状况知情权的内容。其规范目的是为集体成员维护自身及集体利益，监督集体财产的运用提供法律依据，完善特别法人制度体系，解决实践中权利行使产生的问题，保障集体成员知情权的实现。现行法对集体成员如何行使查阅权有待进一步规定，可以有条件地参考股东查阅权的规定。

关键词：民法典　知情权　查阅权　集体成员

一、解析规范内容

（一）义务主体

在《中华人民共和国民法典》（以下简称《民法典》）第 264 条中担当义务主体的是农村集体经济组织、

---

*　张艺璐，中国政法大学民商经济法学院 2017 级博士研究生（100088）。

村民委员会和村民小组。[1] 义务主体对集体财产状况负有公开义务。

《民法典》中增加这一条的目的是为进一步保护集体成员的知情权。集体成员的知情权是基于对财产权的实现和保护的权利。此处知情权的义务主体对应的是对集体财产行使所有权的主体。义务主体可以对应一个或多个，取决于它们是否拥有管理、分配和使用集体财产的权利。

《民法典》总则编将农村集体经济组织归类为特别法人，明文确立其主体地位，肯定其对集体财产进行经营管理的职能。规范所指向的另外两个主体则因代行集体经济组织职能而成为义务主体。

受历史因素影响，农村集体经济组织与村民委员会、村民小组混同的情况难以在短期内实现分离。为避免一些地区因组织缺位而无法落实经济职能，法律采取折中的办法，允许村委会或村民小组代行其职能。《民法典》中考虑到这一具有中国特色的现实情况，[2] 增加了村民委员会成员以及村民小组成员的查阅权。

需要明确的是，虽然农村集体经济组织和基层群众性自治组织都被定义为特别法人，在实践中应秉持"政社分离"的方向和理念，将村委会与村集体经济组织，村民小组与其对应集体经济组织加以区分。本条规范将可能存在的主体通过一一列举的方式明确在立法中，一方面是为了达到权责明确的目的，另一方面则为保障集体成员的知情权在实践中得以落实，不因主体缺失而导致权利在实践中无法行使。

（二）权利主体

在本条中担当权利主体的是对集体财务状况有知情权要求的集体成员。查阅权可由集体成员本人或通过代理人行使。明确查阅权权利主体的关键在于对集体成员与村民进行区分。城乡一体化的发展使原本较为封闭的村庄逐渐转变为开放的社区，人员流动性也因此大大增加，集体成员与村民的身份不再重合，而是变为包含关系，村民范围要大于集体成员的范围。[3]"村民"是基于民主自治管理而产生的概念，而"集体成员"则与财产和经济权益相

---

〔1〕 《民法典》第 264 条规定，农村集体经济组织或者村民委员会、村民小组应当依照法律、行政法规以及章程、村规民约向本集体成员公布集体财产的状况。集体成员有权查阅、复制相关资料。

〔2〕 参见 2017 年 3 月 8 日在第十二届全国人民代表大会第五次会议上全国人民代表大会常务委员会副委员长李建国关于《中华人民共和国民法总则（草案）》的说明。

〔3〕 参见张晓山：《农村基层治理结构：现状、问题与展望》，载《求索》2016 年第 7 期，第 6 页。

联系。集体成员除享有和承担村民的权利义务之外，还享有集体财产权益的分享权，是集体财产知情权的真正权利主体。

（三）权利内容与实现

集体成员查阅权的权利内容包含两个方面。一是由义务主体主动向集体成员公布集体财产的相关信息，二是允许由集体成员发起对集体财产收入、支出、分配状况的查阅以及复制相关资料的请求。第一种由集体组织主动公示的方式在《民法典》公布之前已有相关规定和要求，在与村务管理有关的规定中皆有提及。[1] 后一种方式作为《民法典》的新增内容，为集体成员行使查阅权增加了主动性。

虽然现行法中规定了集体成员查阅、复制相关资料的权利，集体成员如何行使这项权利，查阅权如何落实，仍有诸多问题亟待解答。例如集体成员查阅申请的条件、目的、范围怎么规定；是否要求提供书面申请及说明；义务主体可否合理拒绝查阅；义务主体不履行公布义务或公布内容不实的处理办法等。关于查阅权的相关规定，可以从其他现行法律体系中寻求借鉴与参考。例如，《中华人民共和国公司法》（以下简称《公司法》）第 33 条和第 97 条中就有股东查阅权的流程和规则。[2] 集体成员查阅权借鉴股东查阅权相关细则的可行性及特殊性的考虑将于后文详解。

二、评价规范意义

《民法典》中增加关于集体成员查阅权的规定有其历史和现实原因，填补了相关立法领域的缺失与不足，符合我国农村经济发展的现状，为促进农村集体经济组织发挥更大的效用提供了法律支持。

（一）完善制度体系，统一规范称谓

农村集体经济组织成员的知情权，尤其是对集体财产状况的知情，为集体成员行使其他成员权提供了重要前提。只有保证集体成员及时准确了解集体财产运用状况，才能帮助集体成员维护自身利益和集体利益。《民法典》颁

---

〔1〕 包括《农村集体经济组织财务公开规定》《中共中央办公厅、国务院办公厅关于健全和完善村务公开和民主管理制度的意见》《村民委员会组织法》等。

〔2〕 《公司法》第 33 条规定："股东有权查阅、复制公司章程、股东会会议记录、董事会会议决议、监事会会议决议和财务会计报告。"同时，"股东可以要求查阅公司会计账簿。股东要求查阅公司会计账簿的，应当向公司提出书面请求，说明目的"。《公司法》第 97 条规定："股东有权查阅公司章程、股东名册、公司债券存根、股东大会会议记录、董事会会议决议、监事会会议决议、财务会计报告，对公司的经营提出建议或者质询。"

布之前，有关集体经济组织成员知情权的立法规范仅在《中华人民共和国物权法》（已失效，以下简称《物权法》）、《中华人民共和国村民委员会组织法》（以下简称《村民委员会组织法》）、《中华人民共和国土地管理法》中有所提及，存在范围过窄、内容模糊、执行力不强等缺陷，导致侵犯集体财产权的现象频发，且普遍游离于司法审查之外。[1] 在查阅方面，对如何查询、复制没有相应的规定，成员方面没有主动权，阻碍了集体成员知情权的行使和监督职能的实施，限制了农村集体经济的发展。《民法典》第264条，补充了集体成员对集体财产知情权的制度规定，赋予了集体成员查阅集体财产使用情况的发起权。另一方面，从法条的规定来看，相较于《物权法》第62条的规定，《民法典》规范了"农村集体经济组织"这一名称，一改之前各文件中对农村集体经济组织称谓不一致的状况，使内容得到统一和规范。

（二）监督集体财产的运用

《民法典》总则编第96条确认了农村集体经济组织、村委会和村民小组的特别法人地位。农村集体经济组织法人可以作为民事主体更多地参与经济活动，增加土地和其他集体财产的利用方式，由此不可避免产生多种债权和债务关系。为了促进和保护集体财产的合理运用，有必要对集体经济组织和基层群众性自治组织运用集体财产的情况进行监督。《民法典》第264条于此时增加集体成员查阅权的规定，与特别法人制度设计的目的相呼应，对于鼓励集体成员积极监督，有效利用农村集体资源，保证经济活动公开透明，保护集体财产，优化利益分配等起到举足轻重的作用。

（三）解决实践中成员查阅权的纠纷，缓解内部矛盾

在《民法典》颁布之前，有关查阅权的规定是"应当公布集体财产的状况"，权利行使方式为单方面的"公布"，且没有明确行使权利的范围。集体成员想要了解集体财产收入、支出和分配状况，唯一的途径是等待农村集体经济组织或是村委会、村民小组在固定的时间进行公示。公示的载体通常以"红头文件"的方式，由此导致公布不及时、信息不准确、内容不完备的状况

---

〔1〕 参见赵新龙：《农村集体成员代表诉讼的法理逻辑与制度构造》，载《南京农业大学学报（社会科学版）》2018年第6期，第93页。

时有发生。由此造成了实践中许多与集体成员知情权有关的纠纷。[1]《民法典》第 264 条的新规定，在要求集体向成员公布财产状况的同时，补充和完善了集体成员查阅权的内容，提供了由成员主动发起查询的可能性，为实践中成员行使查阅、复制的权利，详细了解集体财产的使用状况提供了法律依据。

集体成员的查阅权是基于实践产生的立法需求。在过去的实践中，因未明确规定集体成员的查阅权，如遇集体成员对公布的集体账目有异议，或是对集体中有权分配集体财产的组织或个人存在不信任而要求查阅财务账目的情形，通常会因没有法律可依得不到支持和解决。源于权利无法落实而引发和激化的农村矛盾，在不少地区会通过上访或其他激进的方式解决。受这一现实因素的影响，不少地区重新对成员查阅权进行考量，表达了想要在立法中加入支持集体成员查阅财务账目条款的需求。[2] 这一诉求在《民法典》中得以实现，进而明确和完善了农村集体经济组织成员权的内容。

三、寻找适用集体成员查阅权的法律规范

明确了集体成员查阅权的权利主体、义务主体及权利内容之后，需要进一步讨论这一全新的规定要如何适用。《民法典》中并未提供任何细则，关于集体成员的查阅权也尚无成例可供参考。作为特别法人的农村集体经济组织及其集体成员，于民法上仍是新鲜事物。对于新事物的理解，最为有效的方法之一是用既有理论来界定和寻找将其纳入现有理论体系框架中的可能性，同时保留对其特殊性的考虑。

（一）借鉴法律规范的选择

《民法典》在确定农村集体经济组织的主体类型时，排除自然人和非法人

---

〔1〕 实践中答复农民对能否直接查账的疑问时，根据农业部、民政部、财政部、审计署《关于推动农村集体财务管理和监督经常化规范化制度化的意见》，农村各集体经济组织的成员大会或成员代表大会是决定该集体经济组织重大财务活动和财务事项的最高权力机构。村集体经济组织要建立民主理财小组。民主理财小组由农村集体经济经营组织成员大会或成员代表大会推选 3 至 5 人组成，民主理财小组享有对集体经济组织的财务活动的民主监督权利。集体经济组织的成员有权对集体经济组织的财务账目提出疑问，有权委托民主理财小组查阅审核财务账目，称根据文件中的相关规定集体经济组织成员可通过民主理财小组查阅财务账目。参见《普通农民可否直接查村帐》，载《农民致富之友》2005 年第 11 期，第 37 页；李法宏：《农村上访群众可否直接查账》，载《农村财务会计》2005 年第 9 期，第 21 页。

〔2〕 参见王洪军：《直接查阅账目是集体成员权利》，载《农村财务会计》2015 年第 3 期，第 61 页。

组织，将其归入法人一类。又在法人框架下，基于功能主义的法人分类法，认为其既不属于营利法人也不属于非营利法人，而是作为特殊的民事主体，称为特别法人。在思考集体成员查阅权如何适用的过程中，可以将其特别属性另作考虑，先遵从其营利的本质从营利法人的体系中寻找适用的法律规范。[1] 而《民法典》第264条中规定的权利内容，包括信息公开和查阅权，均能在营利法人体系中的股东查阅权中找到参考。

公司法赋予股东查阅权，原因在于公司的会计报告能够提供有关公司经营活动的财务信息，会计账簿可以反映公司经营的实时情况。赋予股东查阅权的出发点是为股东提供获得公司经营和财务信息的渠道。如有经营管理者损害公司利益，或有经营管理者偏离、违反股东意愿进行经营的情况发生，股东可以及时发现和纠正。只有在信息对等的基础上，股东才能对公司活动进行监督，在公司的重大经营决策上，做出符合自己真实意思的决定，达到维护自身利益的目的。

集体成员的查阅权在实践中也多数与账簿管理有关。以村级集体经济组织为例，组织成员对村委会账务的了解长期局限于村委会自愿提供的材料。村委会拥有对于是否公开财务信息，以何种方式及多大限度地公开财务信息绝对强势的地位。村委会与成员之间信息不对等，村级财务会计管理人员任用的"任人唯亲"，不懂业务的人在账务处理和会计核算方面操作不规范等情况，会给成员个人利益和集体经济组织的集体利益带来难以预估的风险。唯有确保组织成员的查阅权，积极发挥成员的监督作用，保证组织与组织成员之间有关集体财产信息的沟通顺畅，才能维持农村集体经济组织的稳定健康发展。[2]

由此看来，集体成员查阅权与股东查阅权二者法律设置的目的和理论基础具备相似性，都以维护利益为目标，以保障知情权为手段，为集体成员的查阅权比照和借鉴公司法中关于股东的查阅权提供了法理依据。

关于股东查阅权，目前证券法和公司法都有所提及。证券法中规定上市公司有信息披露的义务，公司法中规定股东有查阅和知情权。上市公司股权

---

〔1〕 参见应建均：《农村集体经济组织法人主体确定及其实现》，西南政法大学2018年博士学位论文，第84页。

〔2〕 参见蓝澜：《特别法人制度下的村委会账簿查询复制制度研究》，载《浙江万里学院学报》2019年第6期，第56页。

分散、股东流动性大，相比公司事务，股东更多关注股价，这与集体成员查阅权的情况不符。公司法中股东查阅权的规定，尤其是股份有限公司股东的查阅权，与集体成员查阅权更为相似也更具有借鉴意义。

（二）借鉴股东查阅权的可行性

借鉴股东查阅权的可行性分析还需考虑其自身的法律规范是否成熟及完备，以及是否具备回答集体成员查阅权落实过程中具体问题的能力。查看公司法中对股东查阅权的规定可知，其设置相对合理和完善。例如，将公司信息资料分级，一为普通，二为特殊。普通信息资料披露程度较高，股东可享有绝对查阅权。而特殊信息资料，因披露程度较低，股东需对其"正当目的"进行说明。公司法允许公司对一些非实质性条件，比如查阅时间、查阅地点等有相应的限制。

对有限责任公司股东查阅权相关规定的借鉴还可取经国外有关立法。美国保护商业秘密的法制较为健全，因此在《示范商业公司法修订本》中采用概括式立法模式，给予股东较为宽泛的查阅权对象范围。日本的《公司法典》给予股东的查阅权范围较窄，对象和范围都有限定。另外，日本还实施外聘会计制度，用以提高公司财务的透明度和公正性。法国的《商事公司法》在股东查阅权的时间期限方面有明确的限制，允许查阅的档案范围仅限于最近三个会计年度之内。德国《有限责任公司法》中规定股东查阅权的对象仅包括账簿和文书。各国根据自身经济和制度特点制定的股东查阅权规范，对于集体组织成员查阅权的规定有丰富的借鉴意义。[1]

需要注意的是，集体成员查阅权的法律规范设置不能简单照搬有限责任公司的股东查阅权。集体成员查阅权与股东查阅权在权利主体、义务主体以及适用条件等各方面都存在根本差异。《民法典》第 264 条对集体成员查阅权的规定只是奠定了制度基础，操作细则要交由将来的特别法具体规定。在使用《公司法》中的股东查阅权为相关特别法的制定提供范本的同时，仍需逐条考虑集体成员查阅权的特殊性，要立足于对其特殊的理论框架和制度设计的理解。在未来特别法的制定中，还要注重维护成员权益，强调从法律层面为成员行使权利提供切实可行的依据，发挥成员的监督作用，完善农村集体经济组织制度。

---

〔1〕 参见张平：《有限责任公司股东查阅权对象的界定与完善》，载《法学杂志》2011 年第 4 期，第 48 页。

四、探究集体成员查阅权的特殊性

（一）行使权利主体身份的取得和确认

《公司法》中规定，股东资格和股权确认由公司章程中关于股东及其出资情况的记录决定。股东身份的确认简单明了，不会给股东查阅权的实施增加障碍。而集体成员查阅权中主体身份的确认受历史因素的影响十分复杂，需要额外关注。最初的集体成员通过将个人土地等生产资料折价入股加入农业合作社的方式换取成员身份。此后，集体组织通过赎买的方式，将入股的股份赎回，个人对集体组织不再拥有股份，但成员身份得以保留。之后成员身份的取得方式包括出生，婚姻或收养关系，户籍迁入等。"成员主要由原集体成员子女、配偶中发展、壮大。"[1]

发展壮大后的集体组织在成员身份如何确认这一问题上仍未形成统一的标准。用于确认主体身份的要素太多，且各地标准不同，造成成员与非成员之间无法做到清晰区分。现有身份确认多以户籍为主，以特定身份为补强要素，如与既有成员间存在亲缘关系，或与集体组织形成了权利义务关系等。[2]户籍用于确定所属行政管辖权范围，而成员身份是"社区基层组织进行自治及提供公共服务"的依据。[3]成员资格的确认，要以户籍为基础，同时要求成员以集体所有土地利益作为其社会保障的基础。在已经完成折股量化改革的地区，可以采用股权证代替户籍证，将股权证作为确认行使主体资格的证明。

在落实集体成员查阅权，为集体成员查阅权制定实施规则的过程中，需要将确认集体成员身份作为一项重要任务完成，以避免因认定标准的不确定和不统一而影响集体成员享有和行使其查阅权的情况发生。

（二）集体与成员的关系

在股东与公司的关系中，股东是因出资而与公司产生权利义务关系的人。股东凭出资获得在公司的权利，例如依法享有资产收益，参与公司重大决策，以及选择管理者等。这与现阶段集体组织成员与集体组织之间的关系不同。

---

〔1〕　戴威：《农村集体经济组织成员资格制度研究》，载《法商研究》2016年第6期，第88页。

〔2〕　参见戴威：《农村集体经济组织成员资格制度研究》，载《法商研究》2016年第6期，第87页。

〔3〕　参见戴威：《农村集体经济组织成员资格制度研究》，载《法商研究》2016年第6期，第88页。

1. 成员的生存保障依赖于集体

"集体成员是农村社区范围内依赖集体土地和其他自然资源和财产为基本生存保障的自然人。"[1] 集体成员依附于集体，集体成员的生存保障依赖于集体。集体成员与集体之间的关系较之股东与公司的关系更紧密，联结也更多更复杂。集体成员关注的不仅是与个人相关的利益，更是与集体相关的利益。集体成员的查阅权和监督权对于成员的意义在程度上更甚于股东。因此在集体成员查阅权的设置上，对于权限、范围和年限等需要给予充分的考量。集体成员查阅权保护的不仅是成员个人的利益，更是通过赋予成员监督权进而保障集体的利益。

2. 集体成员更注重收益的分配正义

农民在集体中行使其成员权，其中一个重要价值目标，就是实现对集体财产的分配正义。[2] 受长期以来农村地区平均分配主义的影响，农村改革的重要目标也侧重于强调实现分配正义，而不是更注重效率。换言之，相对于股东追求公司收益最大化的目标而言，集体成员比之集体财产的收益水平，更关注收益的分配是否公平。以此目标为导向设置的查阅权制度，也应显示出与公司中股东查阅权的不同。集体经济需要平衡集体与成员，成员与成员之间的利益关系。

（三）农村集体组织财务管理缺乏规范，问题多

《公司法》和《企业会计制度》为企业提供真实完整的会计信息作出了详细的规定。谈及股东的查阅权时，公司财务信息是否规范是否完整通常不会是主要问题所在。集体组织在这方面的情形明显不同。

除上文提到的会计人员"任人唯亲"，记账混乱缺乏专业性之外，农村集体组织中还存在如白条收据，会计信息记载不全，账簿丢失等诸多导致集体财产信息资料不完整或不存在的状况。此外，在村委会代行集体经济组织职能时，可能存在集体组织与村委会的账簿长期混同，经济职能与行政职能在财务上分不开的状况。这一问题将严重影响集体成员查阅权的行使，阻碍集体财产信息公开透明原则的实现。因此在成员查阅权细则的设置上，应附加

---

[1] 韩松：《论成员集体与集体成员——集体所有权的主体》，载《法学杂志》2005 年第 8 期，第 41 页。

[2] 王雷：《农民集体成员权、农民集体决议与乡村治理体系的健全》，载《中国法学》2019 年第 2 期，第 128 页。

相应财务管理规范的条款，以及分设账簿、自成核算体系等要求，避免因信息不足或混杂导致集体成员查阅权无法行使的情况，为法律的实施扫清障碍。

（四）集体成员查阅范围的认定更广

股东查阅权中规定允许查阅会计账簿，原始凭证在司法解释与实践中也可纳入查阅的对象。《民法典》中将集体成员查阅、复制财务状况的内容范围定义为"相关资料"，与会计账簿相比范围更广。村级会计档案中有财务会计报表，会计凭证和会计账簿等。[1] 上述与财务状况相关的资料理论上集体成员都可以查阅。当然，考虑到会计凭证、会计账簿可能会涉及商业秘密等与集体利益相关的重要信息，在特定的案件中，允许法官根据个案判断涉密内容是否属于可查阅范围。

农村集体组织成员享有的财产性权利范围较广，既有生产经营设施使用权、土地承包经营权、宅基地使用权，也有征地补偿款分配权和股份分红权等。[2] 这给集体成员查阅权的设置增添了挑战。

五、浅谈查阅权权利主体的义务

权利的获得往往伴随着义务的承担。集体成员通过查阅权获得集体组织财产信息的同时，也应承担维护集体信息安全的义务。

（一）信息安全原则

集体成员因行使查阅权而获得阅读、复制集体组织重要文件的机会，从而掌握集体财产财务信息。某些关键信息如若外泄，将会给集体和个人都带来难以挽回的损失，因此在给予成员查阅权的同时，也需规定相应的义务。此处建议分两步执行：第一，要求行使查阅权的组织成员主动提供成员身份证明，唯有该组织的合法成员才能查阅关键信息；第二，对于已获得的集体财产信息，成员除按法律规定正常使用之外，应保证集体关键信息的安全。

《公司法》中对股东查阅权主体资格的限制有两种，分别是形式要件和实质要件。形式要件是指股东姓名需要记录在股东名册中，实质要件是指股东需要实际出资。[3] 集体查阅权行使主体的限制可以在结合其特殊性的基础上，借鉴股东查阅权的规定。在形式要件方面，不同于股东名册的方式，要

---

〔1〕 参见魏黎明：《村集体会计档案的整理与装订》，载《河北农业》2016年第10期，第57页。

〔2〕 臧之页、孙永军：《农村集体经济组织成员权的构建：基于"股东权"视角分析》，载《南京农业大学学报（社会科学版）》2018年第3期，第65页。

〔3〕 参见刘向林：《股东账簿查阅权的法律适用问题探析》，载《时代法学》2006年第5期，第61页。

以户籍为基础，确认成员在户籍地生活，且归属于集体管辖的范围内。在实质要件方面，要求成员提供参与集体经济收益分配的证明。折股量化改革已完成的地区，允许使用股权证证明其主体资格。

（二）正当目的原则

集体成员在行使查阅权时应秉持正当目的原则，不滥用和过度使用权利。该原则既是作为信息安全原则的补充，同时可节约物力人力资源，保证集体组织财务系统的正常运行。

对股东查阅目的的正当性考察，是公司法中对股东查阅权行使设限的另一种形式。公司法十分看重对正当目的的认定，一方面是因为有限责任公司股东数量相对股份有限公司较少，股东更有参与到公司管理和执行中来的意愿。因此，"防范管理者的道德风险就显得更为重要。"[1] 另一方面，有限责任公司具有很强的人合性，是集资本、股东合作、人际交往、管理等社会关系于一体的经济活动主体。以正当目的作为限制条件，能有效防止股东滥用查阅权，在一定程度上建立和增进相互信任，更有利于公司的正常运转和长足发展。法院认定的适用股东存在不正当目的的情形，包括利用查阅权获得的信息进行同业竞争或是刺探商业秘密等有损于公司和其他股东权益的行为。

正当目的原则同样适用于集体成员。在农村集体经济组织中，成员可能在文化程度上不及公司股东，尚且达不到同业竞争或刺探商业秘密的程度，但仍需要遵循正当目的原则。正是因为缺乏相关财务管理的专业知识和技能，集体成员有可能错误地或非专业地适用查阅权。如上文所说，账簿记载着集体组织经济往来、财务状况等相关重要内容，一旦误用或泄露重要信息，会造成严重损失。另外集体成员人数众多，如若无意义地频繁查阅，也会加重集体财务系统的负担。对于集体成员的查阅权来说，要求成员秉持和遵循正当目的原则既是限制，也是义务，是合理规避风险的有效手段。

那么如何理解和定义正当目的呢？借用股东查阅权的内容来说，股东行

---

[1] 王燕莉：《论股东账簿查阅权行使之正当目的》，载《四川师范大学学报（社会科学版）》2009 年第 2 期，第 62 页。

使查阅权可能出于不同的动机。[1] 概括地讲，股东行使查阅权通常有两个目的，一是保护财产，二是保护权益。历史上，股东行使查阅权曾是一项绝对权利。[2] 按照民事理论的角度来理解股东的权利，股东作为公司的所有者或委托人，应该不受限制地获得与自己财产相关的信息，代理人应将公司的有关信息如实汇报，股东无须向公司解释查阅目的。但在实际操作中，滥用知情权的情况频出不止，使得法律规定中股东账簿查阅权从绝对权利转为相对权利。这一变化，正体现了个人权利不得滥用的原则。[3] 股东并非专业管理人员，可能无法对公司经营管理中的所有行为做出合理判断，只能对自己的投资利益是否受到损害有一定的认识，并在此基础上决定是否行使查阅权。实践中，当股东对自己的收益存疑时，可能会产生行使查阅权的需求，或是当其认为分配政策不当，或公司存在浪费或挥霍的情况，或董事会超出经营合理需要过度积累时，亦可提出要求。[4] 股东基于保护自身财产和合法权益的目的提出申请查阅的，都属于正当目的，都可以要求行使查阅权。

通常情况下，满足正当目的需要达到三个条件：一是股东行使查阅权时，其出发点是善意的；二是股东申请查阅时，需要向公司明确阐述其目的；三是查阅请求中涉及的文件与股东先前所阐述的目的具有直接相关性。

设置集体成员查阅权中关于正当目的的条款时，完全可以参考股东查阅权对于正当目的的理解，其达成条件也可以直接借鉴。集体成员行使查阅权的正当目的应当以保护财产和保护权益为出发点，并满足善意请求，合理目的阐述以及查阅信息与目的直接相关的要求，这符合集体成员查阅权的特点和现实。

---

〔1〕 如：①投资需要，比如希望查明不支付股息的原因，是否存在管理不善，查明年度报告中公司价值和市场股票价格之间的差别，公司的真实财务状况等；②作为投资人与其他股东进行交易的需要，直接目的是审查股东名录从而了解其他股东是谁，真实目的可能是向其他股东发出股权收购要约、代表权征集或其他通讯等；③获得与投资相关的个人利益的需要，比如获得公司的商业秘密、内幕活动等信息、出售股东目录等；④可能是处于社会责任感，股东将其自身的政治或社会热情或诉求延伸到公司身上，比如股东试图审查公司的股东分类账和所有有关武器和军火制造的公司记录。邓峰：《普通公司法》，中国人民大学出版社 2009 年版，第 390 页。

〔2〕 梁慧星：《民法总论》，法律出版社 2015 年版，第 25 页。

〔3〕 参见王燕莉：《论股东账簿查阅权行使之正当目的》，载《四川师范大学学报（社会科学版）》2009 年第 2 期，第 61 页。

〔4〕 参见邓峰：《普通公司法》，中国人民大学出版社 2009 年版，第 368 页。

部门法哲学

从共识性真理看民法教义学的科学性

——兼评我国《民法典》的科学性结构

王韫翔*

　　摘　要：民法教义学是不是一门科学，必须从科学的知识内涵切入。通过辨析狭义的自然科学与广义的知识，得出民法教义学是规范科学（知识）的结论，从而引出了民法教义学知识如何确保真理的问题。民法教义学知识的确实性需要通过对平等主体间实践的讨论来回答，民法教义学的真理不是符合论意义上的真理，而是交往理性导向的共识性真理。作为民法教义学的制度化，民法典也必然分享了民法教义学的科学性。我国民法典的制定奠基于我国民法教义学的科学性之上，相信能够为世界各国民法典的制定与修改提供有益借鉴。

　　关键词：民法教义学　科学性　共识性真理　民法典

　　近些年，我国法学界时常讨论起法学的科学性问题，这俨然成为一个学术热点。[1] 总体来看，目前国内的法

---

　　* 王韫翔，中国政法大学人文学院 2018 级博士研究生（100088）。
　　〔1〕 以法学科学性作为主题的文章已不鲜见，并且中国政法大学法理学研究所还专门于 2018 年召开了"法学的科学性"学术研讨会，这在国内尚属首次，足以表明"法学的科学性"问题在法理学研究领域的重要性。

学科学性论辩已经从"法学是不是一门（自然）科学"向"法学是一门什么样的科学"发生转变。对于后一问题，有论者认为，法学面对的是纷繁复杂的生活世界，而非严格遵循形式逻辑的科学世界，法学无法像自然科学那样从公理出发产生不可辩驳的（符合论）真理，无法建构出严密的规范体系，应当以社会科学的视角来看待生活中的法。但也有论者认为，尽管法学是生活世界的一部分，但法学并不必然要全面向经验汲取养分，法学有其特殊的逻辑，因而得以产生交往理性上的（共识论）真理，这足以证明法学是一门规范意义上的科学。应当指出，法学在狭义上指代法教义学，甚至可以说法教义学就是法学最本质的体现，而法教义学的代表又是民法教义学。因此，本文拟基于上述问题的讨论背景，来具体探讨民法教义学的科学性，以及进一步评析我国民法典结构的科学性。

一、民法教义学的科学基础

（一）法教义学科学性的论争

对于法教义学是否为一门科学的问题多有争论。否认者多从法学研究对象的变动不居以及实在法本身的僵化等方面来反驳法教义学的科学性。例如基尔希曼认为法学作为科学是不具有价值的：首先，作为法学研究对象的自然法是具备可变性的，以及人们在讨论法律问题时情感往往先入为主；其次，实在法的抽象与简约性抹杀了现实丰富多彩的具体情况，实在法中任何确定的内容都不外乎是一种彻头彻尾的专断。[1] 在耶林看来，国家立法的实证性以及暂时性足以否认法学（法教义学）是一门科学，比之更危险的在于，人们将其自身，以及其思想、感受，托付给贫乏、死板的制定法，而成为法律机器中一块无意识的、无感情的零件。[2]

然而赞同者认为，反对法教义学的科学性是因为将法教义学与自然科学相比所致，法教义学并非自然科学，而是一种文化、精神或者规范意义上的科学。19 世纪，自然科学（Naturwissenschaft）的卓越成就使得法教义学频繁采用自然科学的方法来发展自身。这一时期德国的概念法学盛行，该学派学者（例如普赫塔）参照自然科学的方法，试图根据法律概念来建立一个精确、

---

〔1〕　参见［德］J. H. 冯·基尔希曼：《作为科学的法学的无价值性——在柏林法学会的演讲》，赵阳译，载《比较法研究》2004 年第 1 期，第 141~145 页。

〔2〕　参见［德］冯·耶林：《法学是一门科学吗?》（上），李君韬译，载《比较法研究》2008 年第 1 期，第 152~154 页。

直观的法律公理体系。拉伦茨将普赫塔的"概念的系谱"（Genealogie der Begriffe）称之为"概念金字塔"（Begriffspyramide），意指根据形式逻辑规则建构的（法律概念）体系。但从 20 世纪始，与纯粹的自然科学相对的精神科学（Geisteswissenschaft）或者文化科学（Kulturwissenschaft）获得了独立性，并且它们的方法也被创立起来，从那时起，人们就将法教义学大致归属为精神科学。新康德主义哲学的代表人物李凯尔特认为：自然科学和文化科学（精神科学）的划分基础来源于科学所采用的方法，一种方法是把现实的异质连续性改造为同质连续性，例如数学；另一种方法把现实的异质连续性改造为异质间断性，例如历史学。[1]

（二）科学的"知识"内涵

德国民法学家拉伦茨在其反驳基尔希曼的文章中表示，科学不应当被狭窄的视为自然科学，对科学做这种限定是毫无道理的；"科学是任何可以用理性加以检验的过程，这种过程借助于特定的、为其对象而发展出的思考方法，以求获得系统的知识。"[2] 若采用这种科学定义的话，那么法教义学毫无疑问属于科学，因为法律教义是依靠理性论辩产生的。实际上，科学这个概念本身也并非仅仅指向自然科学，如果是这样的话，那么所谓的社会科学、人文科学就都不是科学了。自然科学更多的是指近代科学，而从更深的思想传统来看，无论是自然科学还是人文、社会科学都根植于古希腊和中世纪的"学问"和"知识"传统，即希腊人所开创的"求知"的精神、"理论"的理性、"对象化—主体性"的思想方式，一句话，是科学（哲学）的传统。[3]总之，我们可以将科学概念分为两种，一种是广义的科学，它指的是"知识""学问"，即希腊的理性知识传统（希腊科学也被称为理性科学）；[4] 另一种

〔1〕 具体论述请参见［德］H. 李凯尔特：《文化科学和自然科学》，涂纪亮译，商务印书馆 1986 年版。

〔2〕 参见卡尔·拉伦茨：《论作为科学的法学的不可或缺性——1966 年 4 月 20 日在柏林法学会的演讲》，赵阳译，载《比较法研究》2005 年第 3 期，第 147 页。

〔3〕 参见吴国盛：《科学与人文》，载《中国社会科学》2001 年第 4 期，第 6 页。

〔4〕 英文的 science，法文的 science 以及德文的 Wissenschaft 都来自拉丁文的 scientia，但多少有些转义。拉丁文的 scientia 继承了希腊文 episteme 的含义："知识""学问"。尽管上述三种欧洲语言都秉承了这个义项，但也存在着偏离。英文偏离最多，而德文基本保存着与 scientia 一样的意思。希腊学术追求变动不居的世界"背后"的确定性知识，而对于确定性知识的追求是通过发掘"观念"的"内在性"来实现的，这种观念的内在性也就是我们经常所说的"理性"。"理性"是西方广义科学传统的关键词。参见吴国盛编：《科学二十讲》，天津人民出版社 2008 年版，编者序第 3 页。

是狭义的科学，指的仅仅是自然科学。狭义科学突出地继承了广义科学的品格：对严格的确定性知识的追求，对内在固有理路即理性世界的开掘，对批判、质疑、论证的推崇。由此我们可以发现，西方科学传统的统一形象和总的规定性：推理、论证、证明、演绎，是西方科学（学术）突出的方法特征。[1] 遵循着这种广义科学的传统，无外乎康德会认为"任何一种学说，如果它可以成为一个系统，即成为一个按照原则而整理好的知识整体的话，就叫作科学"[2]。回到对法教义学的讨论，显而易见的是，拉伦茨对科学的定义延续了希腊科学（哲学）的传统，法教义学所追求的实践理性以及司法裁判的确定性无疑应当被归属于广义科学的概念范畴中。同时，法教义学作为一个知识整体，是具有体系性的，甚至法教义学的两个任务便是认知描述与体系化，这也符合康德对科学的定义。有鉴于此，法教义学是否为一门科学这个问题就已经明确了。

（三）作为规范科学的民法教义学

虽然法教义学是一门科学，但具体到民法教义学具有何种科学性质还值得深入探讨。对于这一问题，需要辨析民法教义学与法律社会学的区别来回答。通过比较法律社会学与民法教义学的不同进路，可以充分解释清楚民法教义学是一门什么性质的科学。

尽管民法教义学和法律社会学都被视为"法律科学"（legal science）[3]，二者关注的问题也都是在人类文化价值统领下的法律现象，但这二者的科学形式、研究对象以及方法都是相异的。[4] 在研究对象方面，法律社会学将法律视为一种社会事实，并且认为法律规定应当与人们的生活有着统一性；而民法教义学将法律视为具有规范意义的复合体，或者说是一种规范体系，认为法律规定自有其客观性意义。从这一层次来说，法律社会学关注法律事实上"是如何"，而民法教义学关注法律规范上"应当如何"。在研究方法方

---

〔1〕 吴国盛编：《科学二十讲》，天津人民出版社 2008 年版，编者序第 3 页。

〔2〕 ［德］康德：《自然科学的形而上学基础》，邓晓芒译，生活·读书·新知三联书店 1988 年版，前言第 2~3 页。

〔3〕 除这两种外，法律科学还包含法史学、法理学以及比较法等。欧洲法学家们认为自己所从事的法学研究活动就是法的科学。See Aleksander Peczenik, "Moral and Ontological Justification of Legal Reasoning", *Law and Philosophy*, vol. 4, No. 2, 1985, p. 289.

〔4〕 See Teruo Minemura, "Dogmatic Legal Science and Sociology of Law", *Archiv für Rechts- und Sozialphilosophie*（*Archives for Philosophy of Law and Social Philosophy*）, vol. 65, No. 3, 1970, p. 351.

面，法律社会学采取社会科学的实证调查法，通过归纳的逻辑方式得出结论；而民法教义学主张法学自身的方法论，通过推理、论证、解释等方法来获得判决结论。从这一层次来说，法律社会学是以法律的社会实效为目标，而民法教义学是以判决的正当性与合理性为目标。根据上述两个方面的对比，民法教义学与法律社会学有着较大的差异，无论是研究对象还是研究方法都不相同，因此很难将二者视为同一性质的科学。

实际上，民法教义学与法律社会学具有不同的科学性质，除了二者研究道路的差异外，一个最根本的原因在于民法教义学的科学方法论是"理解"（understanding）、"价值"（value）、"意义"（meaning）的多元论，而非法律社会学科学方法论的"说明"（explanation）一元论。这个划分来源于哲学方法论中人文科学与自然科学的"理解与说明方法论之争"[1]，社会科学本质上是对自然科学方法的模仿。人文科学的理解方法论重在把握人的精神世界，而社会科学的说明方法论重在客观描述事物的一般规律。总之，简单来说即民法教义学是一门充满价值承载的学科，在实际司法裁判过程中会面临纷繁复杂的价值判断，法官需要权衡民事法律规则与案件事实之间的价值承诺，民法教义学的理解性方法论试图做出具有正当性的判决。而法律社会学主张一种价值中立的立场，意在说明法律在社会中实际产生了何种影响，某类案件中法官遵循法律规则裁判造成了何种后果，以及某个法律规定在特定区域是否具有实际效力，法律社会学的说明方法论旨在描述一种事实。因此，从方法论差异的角度来看，民法教义学显然不是一门社会科学，而更贴近于人文科学。当然，将民法教义学划归为人文科学其实并不严谨，因为人文科学是纯粹探究人们内心精神世界的科学，民法教义学虽然面临众多价值判断难题，但它毕竟只能探究人们的行动理由，而不能约束人们的内心想法。再加上民法教义学的范围已经被现行民事实体法规范所限定，无法超越实在法做类似文学的想象或哲学的思辨，因而民法教义学并不能完全被视为人文科学的部分。民法教义学的研究对象本质上就是民事法律规范及其背后蕴含的价值追求，而民法教义学方法本质上也主张理解-价值-意义的多元论，因此可

---

〔1〕 按照阿佩尔的分法，这一争论经历了三个阶段：第一阶段起源于 19 世纪中叶的实证主义的方法论主张；第二阶段则是新实证主义占主导地位的阶段，尤以亨普尔的"覆盖率模型"为代表；第三阶段是以新维特根斯坦主义的"理解"论，以及"理解"的解释学占主导地位的阶段。具体请参见陈嘉明：《哲学方法论的问题与反思——兼论冯友兰的"负的"哲学方法》，载《华东师范大学学报（哲学社会科学版）》2018 年第 3 期，第 17 页。

以说民法教义学是一种规范科学或者视为独特的法律科学。

二、民法教义学的真理担保

如前文所言，民法教义学应当被视为一种广义上的（规范）科学，这种科学在某种程度也可以被称为知识。因此民法教义学知识必然面临是否具有真理的难题。在经验论者看来，只要我们的观念与事物的真相相符合，就可以获得确定的、实在的知识。[1] 可见，知识的确实性需要依靠真理来保证。真理最基本的概念是指各种观念或文字的正确分合，即命题陈述口的观念与实在相符。[2] 如果承认民法教义学是一门科学或者知识，那么其知识的确定性就必然需要真理的担保。也就是说，民法教义学知识必然具备真实性。

（一）民法教义学的主体间性

按照真理的基本概念看待民法教义学命题并不能得出民法教义学具备真实性的假定，因为民法教义学命题（法律规范）并非陈述语句，而是规范语句，它并不描述观念与实在的契合与否。例如陈述语句会说：他正在吸烟。陈述句描述了某人在吸烟这个事实，是自己所见与实际发生相一致的过程。而规范语句会说：禁止吸烟！规范句借助道义助动词（道义模态词）表达一种态度，而非具体发生的事实。道义模态词是指那些"应该（义务）""允许"或"禁止"的概念。[3] 陈述句与规范句最大的差别在于：陈述句具有真值，以陈述句进行三段论推理具备逻辑必然性，但规范句却不具有这种性质。显然，如果以这种真理的概念来看待法律规范，那么民法教义学就无法获得知识的确定性和实在性。因此，必须寻找其他道路来证明民法教义学知识的确定性，即寻找民法教义学中的真理。这个真理就是共识性的真理。

作为科学（知识）的民法教义学是一套精细化的体系，任何民法教义学者都必须信奉经过理性论辩而形成的法律教义。例如"一物不得二卖""买卖不破租赁"等法律教义。同宗教信仰者奉宗教教义为最高权威一样，法律教义也是民法教义学的最高权威。法律教义是通过众多的理性论辩与实践而形成的通说，它的真假无法获得自然科学的验证，但由于法律教义实际上是一个法律共同体的多数人的信念问题，因此法律教义（通说）应当被法律共同体视为真理。司法裁判以视为真的前提进行论证，得出的结论也应当视其为

---

〔1〕 参见［英］洛克：《人类理解论》（下册），关文运译，商务印书馆 2017 年版，第 610 页。

〔2〕 参见［英］洛克：《人类理解论》（下册），关文运译，商务印书馆 2017 年版，第 610 页。

〔3〕 G. H. Von Wright, "Deontic Logic", Mind, No. 237, 1951, p. 1.

真。民法教义学的实践不是单个的主体实践，而是复数的主体间的实践。司法裁判中的法律论证是为了使当事人以及民众信服，如果裁判结论是可接受的，那么这个裁判在主体间就被认定为正当的。如果裁判结论只有言说者（法官）认为是有效的，而听众（当事人）不认可，那么这个结论就不能被视为正当的。相应的规范前提也会受到质疑，即不被认为是真理。这实际上就是因为，真理理论不仅涉及主客体关系，而且涉及主体间关系，我们不仅要让自己相信这个思想得到了实践的证实，还要让别人也相信和认可这个思想得到了实践的证实。[1]

这种主体间的交往关系正表明了，无论是作为制度的民事法律还是作为知识的民法教义学，都必须基于一个理性商谈的平台上。如果忽视了主体间交往的平等商谈情境，就不会得到理性的共同意见，乃至通说。这是因为，不对等的交往环境所产生的只能是一种威权话语，即便被群体所信奉，也不过是受到外在强力的压迫，而非源于群众的真实确信。例如士兵听从军令，并非因为长官的命令在理想的商谈环境下说服了士兵，而是由于外在的强制力使士兵不得不遵从。尽管法律在某种程度上也带有命令的色彩，但其本质还是一个民主的产物，法律的制定与修改在现代民主国家里也是处于平等商谈的语境中实现的。同样，法律教义也是在这样一种环境下演变而成的。民法学家们对某一问题的不断论辩，再加上司法实践中相应情形的不断出现，最终使得法律共同体中的大多数人达成了一致意见，那么就可以说在这个法律共同体多数人的信念内，这条意见具有真理的地位。由此可见，民法教义学中显然是存在真理的，但这种真理不是符合论的，而是在一个群体内被大多数人信奉的共识论，即共识性的真理。通过制度化的理性商谈，可以使得法律教义无限接近真的，因而在一定程度上可以被视为真的。借助这种似真性，民法教义学知识的确实性也能够被确证，从而进一步揭示出了民法教义学的科学性。

（二）主体间交往下的共识性真理

从民法教义学的演化史来看，一个重要的成就是，学说汇纂学的发展超越了德国本国的范畴，而成为一门法的科学，即一般的法律科学：它既创造

---

〔1〕 参见柳明明：《西方传统哲学真理理论及其发展》，载《大连理工大学学报（社会科学版）》2015年第1期，第119页。

了一套固定的法律术语，此外还创造了每一位法学家所理解的法律语言。[1]
在交往理性的层面上说，民法教义学的这一套为法律共同体所理解的法律语言就是主体间的交往共识。这套语言不是以单个主体的身份制定的，而是通过了主体间的理性论辩，最终实现了普遍承认。可以说，法律语言的公共性为法律共同体提供了以后交往需要承担的义务，即要想在一个平等商谈的语境中展开法律论辩，就必然要预设普遍承认的法律语言这个前提，在一般情况下，任何法律论辩都不得超越法律语言原本的含义。这其实和维特根斯坦的"语言游戏"理论类似。"语言游戏"必须遵循一定的规则，而对语言游戏的拘束来自规范。[2] 而交往理性被置于具有一种弱的先验力量的"必须"之下，同样具有规范性的内容。因此，民法教义学离不开主体间的交往共识，法律共同体也必须依赖于理性商谈的情境，从而完成正当的论辩。

在主体间的交往理性的视域下，说某个命题（即有效性主张）是真的，就是指对所有人而言都是真的。这实际上就是哈贝马斯对真理的定义，简单来说即所谓真理不过是主体间在以语言为媒介的互动中对某种"有效性主张"的兑现。[3] 哈贝马斯的共识性真理观可以概括为下述三个命题：

命题一：我们所说的真理，是指那种与断定性言语活动（KonstativeSprechakt）相联系的有效性主张（Geltungsanspruch）。一个陈述在如下情况下是真的：我们使用句子来断定那个陈述的言语活动的有效性主张得到了辩护。

命题二：真理作为一种负担而出现，只是因为在行动情境中被朴素地认可的有效性主张成了问题。因此，在商谈（Diskurs）中——那些假设性的有效性主张是在商谈中加以审查的——对陈述的真理性所作的表示并不是冗余的东西。

命题三：在行动情境中，命题提供有关经验对象的信息；在商谈中，关于事实的陈述被列入讨论。因此，真理问题之提出，与其说是针对世界之内对应于同行动相关的认知的东西，不如说是针对那些成为与经验相分离、摆脱了行动之负担的商谈之焦点的事实。决定某事态是否确有其事的，不是经验的证据，而是论辩（Argumentation）的过程。真理的观念，只有参照对有

---

〔1〕 参见［奥］欧根·埃利希：《法社会学原理》，舒国滢译，中国大百科全书出版社 2009 年版，第 530 页。

〔2〕 参见陈嘉映：《语言哲学》，北京大学出版社 2003 年版，第 166 页

〔3〕 参见孙国东：《公共商谈与学术研究的公共性——兼谈社会科学自主性的两个向度》，载《中国社会科学评价》2018 年第 1 期，第 19~20 页。

效性主张的商谈式兑现，才有可能加以说明。[1]

可见，哈贝马斯的真理共识论重在商谈论辩的过程，某个命题是否真实，不在于是否与经验相符，而是在于有没有经过理性论辩，并且获得了商谈参与者的共识。而这才是说明民法教义学科学性的关键所在，实际上，民法教义学的科学性并非指它有着严密无漏洞的逻辑体系，或者法律规范是符合经验事实的命题，恰恰相反，民法教义学的逻辑体系并非无漏洞的封闭体系，民事法律规范也不是单纯对物质世界客观规律的描述。无论从哪方面看，似乎都无法将民法教义学与科学联系在一起。那理论家们又为什么要寻求民法教义学的科学性呢？这是因为，一方面民法教义学的实践是一个理性证立的活动，法官不仅受法律规范的约束，其裁判本身也是一个理性而非恣意的思维过程，如此自然应当将民法教义学作为科学来看待；另一方面，民法教义学本身有其无可辩驳的有效性主张（即法律教义），这些主张或命题在司法证立的过程中就是真理性的前提，这些命题的可靠性虽然要弱于自然科学中的定理（一般规律），但在裁判过程中却是无须进一步质疑的。说民法教义学是一门科学其实是说民法教义学是一门知识，而承认民法教义学是一门知识，必然会面临其知识的确实性难题，而解决这个难题又必须借助真理的共识论。这其实也是本文的论证思路，通过借助哈贝马斯所提出的交往理性和真理共识论，可以明确民法教义学知识的确实性，从而证明了民法教义学的科学性（知识性）。

（三）以共识性真理担保民法教义学的科学性

那么共识性真理对于民法教义学究竟意味着什么？这可以从两个方面来看：

首先，哈贝马斯所谓的共识实际上是一种基于理由的共识。正如童世骏指出的："共识论强调对一个观点的事实上的'认可'和规范上的'值得认可'之间的区别，强调所谓'共识'是指众人认为某一观点值得认可，而不仅仅是指众人对这一观点的事实上的认可。对于作为一个事实的'认可'我们只需说明这个事实的原因，对于作为一种评价的'值得认可'我们则必须提出之所以值得认可的理由。因此，真正构成科学家之间共识的基础是不仅

[1] Juergen Habemas, "Vorstudien und Ergaenzungen zur Theorie des Kommunikativen Handelns", Suhrkamp, Frankfurt am Main, 1995, p. 161. 转引自童世骏：《批判与实践——论哈贝马斯的批判理论》，生活·读书·新知三联书店 1997 年版，第 109 页。

使人'口服'，而且使人'心服'的理由。"[1] 民法教义学的实践本质上是一个基于理由的论证过程，司法裁判并非一个附带强权的服从过程，而是发生在主体间的基于理由的说服过程。只有这样，司法裁判的结论才具有正当性与可接受性。

其次，民法教义学知识是一种实践知识，具有公共性。民法教义学场域内部的共识性真理（有效性主张）为理性论辩提供了一个应当遵循的规则，任何意图展开民法教义学的批判或质疑都需要在这项规则之下进行。共识依赖主体间关系。如果没有主体间性，就不知道某人是不是在"遵守一条规则"，无法形成规则的意识以及无法确定规则的正当性。[2] 这都表明，共识性真理足以成为民法教义学内在的商谈规则，这种规则是公共性的。正如维特根斯坦所言："'遵从规则'是一种实践。以为（自己）在遵从规则并不是遵从规则。因此不可能'私自'遵从规则；否则以为自己在遵从规则就同遵从规则成为一回事了。"[3] 可见，共识性真理的公共性与民法教义学实践的公共性是相辅相成的。

总之，对民法教义学的科学性而言，追求一种共识性的真理无疑是最为合适的，它不仅满足了逻辑意义上的科学性需求，也在政治哲学的意义上预设了一种主体间关系的正当性。

三、我国民法典的科学性结构评析

基于民法教义学的科学性基础，民法典的编纂也被赋予了科学的意涵。可以说，民法典的结构安排与内容呈现是民法教义学科学性程度的具体反映。没有一门成熟的、科学的民法教义学，就无法制定出一部科学的民法典。在我国民法教义学研究不断深化的基础上，《中华人民共和国民法典》（以下简称《民法典》）应运而生，《民法典》的诞生不仅铭刻了习近平新时代中国特色社会主义的精神烙印，还体现了中国民法教义学的科学理论水平。这部具有强烈时代意义的《民法典》，其结构的科学性可以从下述两个方面深入评析。

---

[1] 童世骏：《批判与实践——论哈贝马斯的批判理论》，生活·读书·新知三联书店 997 年版，第 108~109 页。

[2] 参见童世骏：《没有"主体间性"就没有"规则"——论哈贝马斯的规则观》，载《复旦学报（社会科学版）》2002 年第 5 期，第 23~30 页。

[3] ［英］维特根斯坦：《哲学研究》，陈嘉映译，上海人民出版社 2001 年版，第 123 页。

（一）体现了平等主体间的交往理性

前文已经论证，民法教义学的科学性是由主体间的交往理性来保障的，民事法律教义的真理是一种共识性真理。这种精神在我国《民法典》中更是体现得淋漓尽致。《民法典》由"总则编""物权编""合同编""人格权编""婚姻家庭编""继承编""侵权责任编"构成，这七编共同体现出了平等主体间的交往理性。

作为统领各分编的总则编，实际上抽象规定了民事交往中的一般规则。民法教义学本质上是围绕平等主体间的权利义务关系来展开的，因此，《民法典》总则编具有交往理性的哲学基础，通过聚焦平等主体（自然人、法人以及非法人组织）来规定交往行为等事项。我们知道，民事交往关系最核心的就是"人"以及"人与人之间的行为"，这揭示了所有民事行为的本质。《民法典》总则编突出"人"与"行为"，是由于"人是目的而非手段"的义务论基础。从事任何民事行为，本质上都是以人为本，或者说是以平等主体间的交往为本。这就是《民法典》总则编的哲学基础。围绕"人"本身还有三个相关的关系，即"人与社会的关系""人与物的关系""人与亲属的关系"以及"人与自身利益的关系"，在《民法典》分别对应"合同编""物权编""婚姻家庭编、继承编"和"侵权责任编"。至于"人格权编"属于特殊类型，将在后文详细论述。

这三种与"人"相关的关系，可以称之为人的外在关系，人格权则是人的内在关系。对人的外在关系而言，交往理性始终贯穿其中。应当承认，我国《民法典》科学地借鉴了《德国民法典》的核心内涵，并在此基础上对学说汇纂（潘德克顿）体系进行了本土化的超越。能够被称为"法典"，那么意味着更加强调体系性和科学性，更强调编纂的逻辑性。[1]《德国民法典》的五编制具有科学的逻辑体系，而我国《民法典》在充分吸取了德国民法教义学的理论后，结合中国本土实际，进一步体现了中国的特色与民族传统，也发展了中国民法教义学的理论。例如，我国《民法典》纠正了传统物权理论的两大错误：一是物权优先债权，二是用益物权只能设定于不动产。[2] 这

---

〔1〕 孙宪忠：《论民法典贯彻体系性科学逻辑的几个要点》，载《东方法学》2020年第4期，第20页。

〔2〕 孟勤国：《论中国民法典的现代化与中国化》，载《东方法学》2020年第4期，第163～164页。

就是我国民法教义学进步的缩影。具体来说，人的外在关系实际上就是交往关系："合同编"体现的是人与人的交易行为，这是人们日常生活中最频繁发生的关系；"物权编"体现的是人与物的交互行为，以所有权为核心的现代交往精神在物权关系中具有最直接的呈现；"婚姻家庭编、继承编"体现的是家族传承行为，以血缘为基础的父母与子女关系是人类最核心的传承关系，家庭也是人类社会最基本的单元；"侵权责任编"体现的是保护人身及其财产的行为，有权利就有救济，这是人人平等最本质的表现。因此，民法典的这五编分别涉及"人"的五个外在方面，而这五个方面又囊括了人们日常生活的全部行为。这就是为什么民法典被称为社会生活的百科全书的原因。

涵括人们日常生活的外在关系，深刻地体现了交往理性的哲学基础。这是因为，"使交往理性成为可能的，是把诸多互动连成一体、为生活形式赋予结构的语言媒介"。[1] 在哈贝马斯看来，真正的交往行为是以理解为目的的交往行为，交往参与者们的同意是同对于可批判的有效性主张的主体间承认相联系，并表现出准备承担来自共识的那些同以后交往有关的义务。[2] 交往理性并非如实践理性一样为个体行动的规范性来源，而是预设了一些理想化的前提：例如为所说的话语提出超越情境的有效性主张、承认对话者具有对己对人的责任能力。[3] 也就是说，交往行为的参与者们必须首先被视为真诚的和自主的，否则便没有办法进行商谈。另外，交往理性对有效性主张的导向，也引导人们对形成意见和准备决策的诸多商谈所构成的网络进行重构。[4] 总之，交往理性意义上的主体间实践是一个理想化的平等对话的实践，这对于《民法典》和民法教义学都是极为重要的。

（二）人格权编展现了中国特色

如前所述，《民法典》的人格权编实际上体现出人的内在关系，它与合同编、物权编、继承编和侵权责任编这些人的外在关系有着本质的区别。正是

---

〔1〕 ［德］哈贝马斯：《在事实与规范之间——关于法律和民主法治国的商谈理论》，童世骏译，生活·读书·新知三联书店 2003 年版，第 4 页。

〔2〕 参见［德］哈贝马斯：《在事实与规范之间——关于法律和民主法治国的商谈理论》，童世骏译，生活·读书·新知三联书店 2003 年版，第 5 页。

〔3〕 参见［德］哈贝马斯：《在事实与规范之间——关于法律和民主法治国的商谈理论》，童世骏译，生活·读书·新知三联书店 2003 年版，第 6 页。

〔4〕 参见［德］哈贝马斯：《在事实与规范之间——关于法律和民主法治国的商谈理论》，童世骏译，生活·读书·新知三联书店 2003 年版，第 7 页。

由于这种区别，导致学界对人格权能否独立成编存在较大争议。人格权乃人与生俱来的权利，本质上是一种人的内在的自然权利。按照以往的民法教义学理论，人格权应当由《民法典》总则编（或侵权责任编）规定，它与其他权利并不是同一性质的权利。但也应当指出，理论与现实是一个相互促进的关系，理论的演化必须充分尊重现实情况。我国《民法典》规定人格权编，正是出于对现实情况的精准把握而制定的，不仅科学地凸显了中国特色，从某种程度上来说更是对既有理论的科学化与本土化。

从《民法典》的结构来看，人格权独立成编使得我国《民法典》同时关注人的内外关系两个方面。在当今物质生活不断丰富的情况下，加强对人们精神上的保护，不仅充分体现出民法典的"慈母"关怀，更表达了中国特色社会主义以人为本的核心理念。《民法典》人格权编体现的是中国特色，它不仅强调保护人的尊严，还为未来信息社会人的尊严和权益提供了立法保护的空间，这突破了其他国家民法典注重人的外在关系的理论体系，实际上是对传统民法教义学理论的科学化革新。我国《民法典》的制定必须来源于我国社会生活实际，而不能完全建构在西方理论的基础上。如果不基于中国本土特色，而盲目照搬其他国家民法典的理论基础，就会很容易出现规则与对象不一致的情形。当然必须承认，无论是《拿破仑民法典》还是《德国民法典》都是各自时代世界最伟大的民法典，二者的理论基础无疑值得我们充分借鉴。然而，当今时代变革的速度已经超越了传统理论演化的速度，如果不对既有民法教义学的理论进行本土化以及科学化的突破，那么制定出来的民法典就很难说具有时代意义。在习近平新时代中国特色社会主义思想的指引下，我国的《民法典》有其独特的时代意涵，它既吸取了传统民法教义学理论的精华，又面向未来做了开放式的创新。可以说，人格权编是我国民法教义学科学性的现实表达，代表了我国民法教义学理论的科学水平，为世界各国民法典的制定与修改提供了有益的借鉴。

总之，我国《民法典》充分体现了民法教义学的科学性，七编制并非对其他国家民法典样本的无理跨越，它展现了中国特色与中国智慧。尤其是《民法典》人格权编，深刻地体现出中国特色社会主义制度以人为本的理论核心，是一次划时代的尝试性建构。人格权编既实际反映了当今纷繁复杂的社会交往，又科学性地预测了未来社会的可能演化，无论从哪个方面来看都无疑是一次重大的理论创举。

四、结语

从 13 世纪的中后期始，法学是否具有科学性就成为欧洲法学家们不得不回答的问题。经过几百年的演化，法学渐渐成为一门具有自己特质及方法论的学问，但其科学性问题依旧被持续的反复讨论着。法学的核心是法教义学，现代的民法教义学实际上正传承了罗马法的本真样貌。所以，探究民法教义学的科学性对正确认识法学是一门什么样的学问有着至关重要的作用。无论承认与否，民法教义学自有其知识论传统，它的研究对象、方法以及范围都有着严格的限定，因此，要探讨民法教义学的科学性，就必然需要涉及其知识论。经过探讨交往理性、主体间性、共识等家族相似的概念，民法教义学的共识性真理预设便被展现出来。在逻辑的意义上，交往理性下的主体间共识创造了一种理性商谈的逻辑，避免司法裁判中的法官恣意，从而使得判决结论成为理性证立后的结果；在政治哲学的意义上，共识性真理成为法治国的本源性价值，如果法治是出于强权政治下的强制服从，而非基于正当理由的说服，那么就丧失了法治的根本意义。因此，追寻民法教义学的科学性不仅是知识本身的任务，也是建设法治国家必然的使命。作为民法教义学的制度化，民法典也必然分享了民法教义学的科学性，我国《民法典》的编制既吸取了传统民法教义学理论的精华，又面向未来做了开放式的创新。其中的人格权编更是凸显了我国民法教义学的科学性，代表了我国民法教义学理论的科学水平。相信我国《民法典》能为世界各国民法典的制定与修改提供有益的借鉴。

变动中的环境侵权因果关系：内涵、性质与认定规则

赵若汀[*]

　　摘　要：环境侵权因果关系的特殊性使人反思当前剧烈变动的法律因果关系学说的整体与局部。从内涵上看，环境侵权因果关系经历了自然主义—多元主义—责任主义的变迁，目前仍以多元主义为主流；从性质上看，环境侵权因果关系的性质变动，体现出事实、价值两个极端的趋势；从认定规则上看，环境侵权因果关系经历了学说上的条件说—修正的条件说—相当因果关系说—法规目的说的变动，并带动或受影响于实务界认定规则的变化。本文认为，环境侵权因果关系应在事实、价值中择一作为性质最优解，选择后者符合当前趋势，环境侵权因果关系是责任成立而非责任范围限定的条件，包含更多否定性的内容，应与作为依赖对象的科学等事实性内容加以区分。

　　关键词：环境侵权因果关系　事实　价值　侵权责任

　　由于复杂性、未知性等特殊性质，环境侵权因果关

---

　　* 赵若汀，中国政法大学民商经济法学院 2019 级博士研究生（100088）。

系自证了其"边缘性"和"前沿性"，"边缘性"是传统侵权因果关系并不能完全解决该问题，"前沿性"是环境侵权因果关系随着环境侵权案件的发生逐步动摇了传统侵权因果关系理论，促使其做出改变。[1] 法律逻辑的研究证明：等值公式不可避免地引入充分条件集合体的概念。[2] 在环境侵权类案件中更是如此，[3] 事实上，环境侵权因果关系的变动证明了科学主义哲学在一定程度上的失效，"条件说"本身难以在环境侵权类案件中起到确立因果关系的作用，为切实解决目前学界围绕该命题的聚讼以及实务界的乱象，回溯到环境侵权因果关系的性质本身是必要的。也即，如果不确证环境侵权因果关系属于事实范畴、法律范畴还是混合范畴，那么各家学说的争论仍流于表面、围绕个案、难以盖棺。

另外，尽管面临诸多争议，环境侵权因果关系在整个环境法法理的研究中处于弱势地位，其表现如下：①环境侵权本身的理论争议研究并不充分，更多的研究还是集中在环境侵权后的制度设计、衔接和围绕环境侵权的程序法规则设定上。[4] 突出表现是，我国学者认为："在研究如何强化环境侵权责任时，不能仅仅从侵权构成要件上作抽象思考，须一并考虑到更为复杂的法律解释与适用。"[5] 然而转换到当前语境下，这并没有注意到环境侵权本身所涉及的复杂基础理论的变动，乃至于我国学者喊出了借助新的基础生态

---

〔1〕 参见侯佳儒：《中国环境侵权责任法基本问题研究》，北京大学出版社2014年版，第3页。

〔2〕 参见［美］H. L. A. 哈特、［美］托尼·奥诺尔：《法律中的因果关系》（第2版），张绍谦、孙战国译，中国政法大学出版社2005年版，第108页。

〔3〕 参见陈伟：《环境侵权INUS条件因果关系论》，载《比较法研究》2017年第1期，第67页以下。

〔4〕 虽然环境侵权是一个很早的环境法议题，但是其作为侵权的一个特殊类型却与侵权法理论有着无法切断的联系，需要交叉环境法的基本理念和侵权法的基本理论进行构建，然而，单独将其作为研究对象进行深入发掘的学者却鲜见，例如徐祥民、邓一峰较早指出环境法学者界定环境侵权存在多个方面的问题，除了与侵权法的交叉之外还要注重与环境侵害这一环境法本身规制的联系性。参见徐祥民、邓一峰：《环境侵权与环境侵害——兼论环境法的使命》，载《法学论坛》2006年第2期，第9~16页。此后，学者并未专门就环境侵权的特殊性展开本体研究，而是从制度方面进行创设和分析，例如我国较早的学者通过研究责任保险制度，从而侧面突出环境侵权的特殊性以及在私法上的下位性。参见周珂、刘红林：《论我国环境侵权责任保险制度的构建》，载《政法论坛》2003年第5期，第14~18页；张梓太、张乾红：《我国环境侵权责任保险制度之构建》，载《法学研究》2006年第3期，第84页。

〔5〕 张新宝、庄超：《扩张与强化：环境侵权责任的综合适用》，载《中国社会科学》2014年第3期，第125页。

伦理思想，重新建构我国民法典中的环境侵权制度之呼吁。[1] 这是因为"侵权损害论……存在难以克服的系统性障碍"。[2] ②环境侵权因果关系的实体研究与程序性研究存在脱节现象，我国的环境侵权因果关系的研究基本都是集中在证明责任分配上，并以此为想当然的前提设定。[3] 此外，有学者将环境侵权因果关系的实体研究作为学术史意义的表征加以介绍；[4] 也有学者通过类型化污染行为等侵权要件，试图对因果关系证明起到侧面的细化作用。[5] 在此基础上，笔者认为既不能忽视环境侵权理论本体的发展脉络和理论积累，又不能完全照搬侵权法的最新发展。环境侵权因果关系的问题是环境侵权认定过程中的重要要件，兼具实体性和程序性功能，如果始终认为环境侵权是一种特殊侵权进而一般性地规定此类侵权的因果关系类型应当遵循举证责任倒置规则，进而从法律推定和证据规则上考察的话，则显然忽视了其实体功能而过度强化程序正义的侧面。而直接定位某个实体意义上的环境侵权因果关系并深入讨论，在我国环境法学发展的当下似乎有些"操之过急"，不妨转换思维，以环境侵权因果关系的学说史梳理为主线，力图在绿色原则的侵权法规则改造中，[6] 不至于缺乏相关资源。

综上，本文意图从以下方面展开环境侵权因果关系的辨证：一是梳理环境侵权因果关系的学说论争，归纳性质界分；二是结合比较法研究结论分析各种属性选择项下环境侵权因果关系的最优解；三是围绕我国环境侵权司法

---

〔1〕 参见吕忠梅、窦海阳：《以"生态恢复论"重构环境侵权救济体系》，载《中国社会科学》2020 年第 2 期，第 118 页。

〔2〕 窦海阳：《环境损害事件的应对：侵权损害论的局限与环境损害论的建构》，载《法制与社会发展》2019 年第 2 期，第 136 页。

〔3〕 相关论述众多，最近的研究可参见孙佑海、孙淑芬：《环境健康诉讼因果关系与关联性适用混淆与破解研究》，载《天津大学学报（社会科学版）》2020 年第 1 期，第 46 页；田艺尧、刘英：《环境侵权诉讼中关联性的证明责任》，载《法律适用》2019 年第 24 期，第 98 页；张挺：《环境污染侵权因果关系证明责任之再构成——基于 619 份相关民事判决书的实证分析》，载《法学》2016 年第 7 期，第 102 页；等等。

〔4〕 参见胡学军：《环境侵权中的因果关系及其证明问题评析》，载《中国法学》2013 年第 5 期，第 163 页。

〔5〕 参见张宝：《环境侵权归责原则之反思与重构——基于学说和实践的视角》，载《现代法学》2011 年第 4 期，第 89 页；竺效：《论无过错联系之数人环境侵权行为的类型——兼论致害人不明数人环境侵权责任承担的司法审理》，载《中国法学》2011 年第 5 期，第 97 页。

〔6〕 参见刘长兴：《生态文明背景下侵权法一般规则的"绿色化"改造》，载《政法论丛》2020 年第 1 期，第 79 页；刘超：《论"绿色原则"在民法典侵权责任编的制度展开》，载《法律科学》2018 年第 6 期，第 141 页。

实践对因果关系性质予以展开。

一、走向责任主义：环境侵权因果关系内涵的变迁

环境侵权因果关系目前面临的性质转向在"类型化"的层面上尚不明确，但是已经凸显出"问题"和"例外"，对既有的原则性、范式化的表述产生了一定的冲击，这一过程无法从实质上予以分类，与当前无法将这一趋势"类型化"相一致，因此只能在知识特征层面将环境侵权因果关系学说变动所体现出的"问题"予以罗列：首先，概念上的变动，从原本因果律意义上的环境侵权因果关系变动至如今具有实质意义的环境侵权因果关系；其次，认定规则上的变动，从原本的"but-for"条件公式到现今具有实质意义或者吸收形式逻辑成果的因果关系认定规则；最后，环境侵权因果关系的功能变动，从原本的"排除-替代"的选择性功能到现今的归责性功能。以上趋势均体现出环境侵权因果关系的性质变化，现详述如下：

主流的学说区分"事实上的因果关系"和"法律上的因果关系"，[1] 有论者认为，前者的判断属于构成要件的组成部分，后者属于违法性的组成部分。[2]《中华人民共和国侵权责任法》（已失效，以下简称《侵权责任法》）中是否存在违法性这一要件尚需要探讨，[3] 进而影响到了环境侵权因果关系判断的效力，即其内涵问题。当然，最早的环境侵权因果关系并非如此复杂、也并非带有众多价值判断和实质判断的内容，其内涵变动经历了一个过程：

第一，自然主义的环境侵权因果关系。虽然环境法学是晚近以来兴起的学科，[4] 但相较于其他部门法学，环境法学总是更加依赖于自然科学的结论，[5] 因此在环境侵权因果关系的内涵中，毫无疑问需要表现出一定的自然主义倾向。因此较为一般的定义是，"造成环境污染或破坏的行为和特定被害

---

〔1〕 参见郑永宽：《论责任范围限定中的侵权过失与因果关系》，载《法律科学》2015 年第 2 期，第 102 页。

〔2〕 参见杨立新：《医疗损害责任构成要件的具体判断》，载《法律适用》2012 年第 4 期，第 24 页。

〔3〕 参见王利明：《我国〈侵权责任法〉采纳了违法性要件吗?》，载《中外法学》2012 年第 1 期，第 5 页。

〔4〕 William L. Andreen, "The Evolving Law of Environmental Protection in the United States: 1970-1991", 9 *Environmental and Planning Law Journal*, 1992, p. 96.

〔5〕 参见王社坤：《环境法学研究影响性因素实证分析——基于 CSSCI 法学核心期刊环境法学论文引证的调查》，载《法学评论》2011 年第 1 期，第 64 页。

者所蒙受的损害之间具有个别的、事实上的无此就无彼的联系"，[1] 该内涵包含三个关键的元素：①环境污染、损失与特定行为之间的关联；②该关联是无此就无彼的对应关系；③该关联的对应双方是特定的。由于前两个关键元素的存在，自然科学的判定方法就显得尤为重要，理想状况下，如果经由技术证明某被排放的污染物和环境损害结果之间存在原因和结果的关系，那么就应当受到法律的规制。这一理论的弊端是显然的，当下学者一般运用环境侵权因果关系的复杂性予以批判，即自然科学的能力有限，非技术手段所证明的可能致损的行为仍需要法律规制；[2] 但是从当下看来，自然科学技术的证明力依然是绝对的规则，而且在各利益博弈中占据决定性的力量，因此在多维角力的国际环境法中，"已经被证明的污染行为受到严格的限制甚至禁止"。[3] 这一共识是否认为自然主义的环境侵权因果关系才是环境侵权因果关系的应有之义、理想状态？至少从当下的文献来看，环境法学界并没有深挖到这一步，但已经有论者注意到了该整体倾向的危险，[4] 总体而言，一方面我们要摒弃环境侵权因果关系纯粹自然主义的理想，另一方面更应当摆正自然科学证明范围的位置。

第二，多元主义（Multiple）的环境侵权因果关系。如果说自然主义的环境侵权因果关系可以被称为理想状态的话，那么当前多元的、"百花齐放"的环境侵权因果关系内涵则是对现实的无奈：首先，在众多原因因素中，"造成特定损害结果的一定是一个本质因素（substance）而非多个"，[5] 但是科学并不能完全证明某一个因素是本质因素，因此运用尽可能多的因素去保证科学意义上因果关联必然性的扩大，从而保证社会效益；[6] 其次，推定在程序

---

〔1〕 丁凤楚：《论国外的环境侵权因果关系理论——兼论我国相关理论的完善》，载《社会科学研究》2007 年第 2 期，第 96 页。

〔2〕 参见宋宗宇：《环境侵权因果关系判断标准的理论歧向与体系建构》，载《重庆大学学报（社会科学版）》2009 年第 1 期，第 93 页。

〔3〕 Christopher C. Joyner and James T. Kirkhope, "The Persian Gulf War Oil Spill: Reassessing the Law of Environmental Protection and the Law of Armed Conflict", 24 *Case Western Resene Journal of International Law*, 1992, p. 29.

〔4〕 参见刘卫先：《我国环境法学研究中的盲目交叉及其克服》，载《郑州大学学报（哲学社会科学版）》2015 年第 6 期，第 52 页。

〔5〕 Kristin E. Schleiter, "Proving Causation in Environmental Litigation", 11 *Virtual Mentor*, 2009, p. 456.

〔6〕 See Robert Young et al., "Causality and Causation in Tort Law", 24 *International Review of Law and Economics*, 2004, p. 507.

法上的广泛继受，[1] 在民事诉讼法中产生了证明责任的移转等法律效果，[2] 发展至今，举证责任倒置已经成为环境侵权案件中的通行制度被规定在《侵权责任法》中，也就是说，在此类案件之中，当事人只需要证明支持或者反对环境侵权因果关系存在的关联事实即可，实现从"证明不能"到"证明减轻"，[3] 关联事实并非本质因素那样"唯一"，甚至在一定程度上有数量的要求；最后，侵权法教义学不断发展促成了我国侵权法解释适用的繁荣，我国《侵权责任法》的规定方式存在不体系、个体化以及自相矛盾等尚待完善之处，[4] 由此导致判断基础的价值基底难以被导出，标准的纷繁复杂使得解释根据各异、纳入因素多元。综上所述，目前一种多元的环境侵权因果关系内涵占据主流，即环境污染或者生态损害与特定的损害行为之间的关联性，该关联性由多种因素决定。[5]

第三，责任主义的环境侵权因果关系。从程序上来说，环境侵权案件最终服务于损害赔偿等法律责任的归属，因此无论采取什么侵权构成模式，责任总是必不可少的要件，[6] 在这一趋势下，因果关系就是"在符合侵权责任法的责任构成要件（包括责任成立与责任承担）的体系框架内，在加害来源与损害后果之间具有关联性"。[7] 在这一内涵体系下，即便环境侵权因果关系的证明外观上依然是多元的，但是有了统一的、可以抽象的标准存在，与此同时，符合欧洲侵权法的发展历程，环境侵权因果关系作为环境侵权责任构成的一个要件也具有了主观化、实质化的倾向。[8] 自然主义的环境侵权因果关系表达的内容是"该行为/物质等本质因素造成了环境污染，因此应当被

---

〔1〕 参见何家弘：《从自然推定到人造推定——关于推定范畴的反思》，载《法学研究》2008 年第 4 期，第 114 页。

〔2〕 参见张海燕：《民事推定法律效果之再思考——以当事人诉讼权利的变动为视角》载《法学家》2014 年第 5 期，第 53 页。

〔3〕 参见周翠：《从事实推定走向表见证明》，载《现代法学》2014 年第 6 期，第 108 页。

〔4〕 参见［德］H. G. 博威格等：《中国的新侵权责任法》，张抒涵译，载《比较法研究》2012 年第 2 期，第 136~150 页。

〔5〕 甚至环境侵权的不同类型、不同案件都有不同的标准。参见陈伟：《疫学因果关系及其证明》，载《法学研究》2015 年第 4 期，第 127~128 页。

〔6〕 参见朱岩：《风险社会与现代侵权责任法体系》，载《法学研究》2009 年第 5 期，第 21~22 页。

〔7〕 朱岩：《侵权责任法通论·总论》（上册·责任成立法），法律出版社 2011 年版，第 183 页。

〔8〕 参见李中原：《论侵权法上因果关系与过错的竞合及其解决路径》，载《法律科学（西北政法大学学报）》2013 年第 6 期，第 94 页。

禁止"，而责任主义的环境侵权因果关系则是"故意/过失地在可预见范围内具有较高可能性造成环境污染的人是应当被谴责的"，[1] 换言之，环境侵权的法理虽然在一定程度上表现的是人与自然之间的关系，但是最终仍然是回归到人作为主体的责任身上。

综上所述，环境侵权因果关系的内涵发生变化，经历了一个从简单到复杂、从客观到主观、从形式到实质的过程，虽然单纯从概念层次上看，环境法论者乃至所有的法学共同体成员都意图将因果关系界定为"一元的"；但是从实践的面向和要件的变动来看，环境侵权因果关系之概念仍然保持多元的样态，其原因不仅在于认定规则日益复杂、体系性地位发生升格和变动，还在于环境侵权与其他侵权的因果关系本身内涵上的不同，其他侵权因果关系内涵的单一性在于个别行为对个别结果以及行为和结果联系的直接性，环境侵权因果关系则是某种环境侵权造成了损害进而造成了特定的当事人之损害。[2] 因此，自然主义的环境侵权因果关系内涵可能更加适合判定某一特定阶段，即环境侵权造成环境污染，或环境污染造成某一特定人的身体损害或财产损失。责任主义的环境侵权因果关系虽然试图全方位地解决整个过程的责任归属，但无疑拉长了责任原则的适用，并且结合了风险的不固定性，使得整个环境侵权认定的要件泛化、宽松化乃至非科学化，因而大部分学者仍然呈现出较为谨慎的采纳态度。[3] 为此，多元主义的环境侵权概念仍然是最能包罗万象的、面向实践的界定方式，即认定环境侵权与其通过造成环境污染或损害进而产生的人身之损害或财产之损失之间必定存在既有科学基础、又具有社会意义的因果关系，即属于环境侵权因果关系。换言之，虽然学理上责任主义的趋势日益壮大，并逐渐产生众多的有力学说，但限于实践的状况，多元主义的环境侵权因果关系仍然占据主流。

二、"休谟问题"的新动态：环境侵权因果关系性质的双重面向

多元主义的环境侵权因果关系虽然在实践中取得了较好的效果，能够同时兼顾自然科学与社会科学，也能吸收实体法和程序法的问题。但是这里面

---

〔1〕　See Eric A. Posner, "Probability Errors: Some Positive and Normative Implications for Tort and Contract Law", 11 *Supreme Court Economic Review*, 2004, p. 131.

〔2〕　See Palma J. Strand, "The Inapplicability of Traditional Tort Analysis to Environmental Risks: The Example of Toxic Waste Pollution Victim Compensation", 35 *Stanford Law Review*, 1983, p. 575.

〔3〕　See Albert C. Lin, "Beyond Tort: Compensating Victims of Environmental Toxic Injury", 78 *Southern California Law Review*, 2005, p. 1511.

却产生了哲学立场上的问题，自然主义的环境侵权因果关系认为因果关系就是符合因果律的自然事实，责任主义的环境侵权因果关系的概念也是站在规范主义的立场上的，而多元主义虽然表面上结合两个概念，但难免产生哲学上的混乱，针对这种情况，有人提出法学家应当不必过多干涉其他学科的事项。[1] 即便如此，笔者认为如果固守多元主义的环境侵权因果关系的立场，随着研究不断深入势必会造成由于哲学立场上的冲突产生实际认定上的困难，此外，在环境法这种跨学科的法律部门之中，还存在坚守法学立场的问题。[2] 基于此，立场项下的最主要问题之一，环境侵权因果关系的性质问题需要被讨论，从目前我国法学发展来看，规范性与事实性的问题早就成为认定某个内容之性质的终点，其也是哲学家和社会学家讨论的基本问题之一。[3] 因此，在多元主义的环境侵权因果关系可能面临的立场冲突之情境下，环境侵权因果关系的性质将遵循以下路径得到讨论：①因果关系性质的选择方案是事实还是规范之状况，说明现在法学界内部较为认可的两个选项；②环境侵权因果关系面临的性质之辩。相较于刑法的因果关系认定呈现出"归因—归责"的趋势，民法学家认为将因果关系区分为"事实上的因果关系"和"法律上的因果关系"是一个"概念上的游戏"，[4] 这也造成在环境侵权领域，因果关系性质的变动趋势并非那么明显，原因在于环境法的"科学依赖"：环境侵权类案件中缺少或者难以确定被害人，法律的价值基础之一，维护秩序与安全在环境法领域产生了变动，由于缺少对应的被害人，引发实质化认定倾向的基准就不存在了。人权保障是引入政策性、理性因素的价值导向，环境权与人权的解释关系与链条阻断了环境侵权实质导向被害人的趋势。换言之，如果自然科学可以证明环境侵权的因果，那么就不需要根据被害人的感受和损害来确认责任的存在，自然科学的进步在环境侵权类案件中起到的作用更加重要，考量被害人只是目前的"无奈选择"[5]；针对环

---

[1] See David W. Robertson, "Causation in the Restatement (Third) of Torts: Three Arguable Mistakes", 44 *Wake Forest Law Review*, 2009, pp. 1007–1009.

[2] See Eric E. Johnson, *Torts: Cases and Context*, eLangdell Press, 2015, p. 403.

[3] 参见孟强：《在事实与规范之间——关于 CCE 的几点思考》，载《哲学分析》2019 年第 1 期，第 38~48 页。

[4] 参见韩强：《法律因果关系理论研究——以学说史为素材》，北京大学出版社 2008 年版，第 23 页。

[5] 参见黄茂荣：《侵权责任法规范规划上之重要问题初探》，载《苏州大学学报（法学版）》2018 年第 2 期，第 4~6 页。

境侵权因果关系的复杂性，基于法律价值对环境侵权因果关系认定规则的修正并不如对举证责任予以适当分配更加具有效率，[1] 这使得司法实践中对科学鉴定的依赖趋势更加明显。但这一现象并不能否定环境侵权因果关系性质变动的趋势，从另一个角度讲，如果不重新归整环境侵权因果关系的性质变动趋势，就无法体系安排科学鉴定在因果关系认定中的作用。基于此，本文通过对环境侵权因果关系的学说梳理，界定性质的趋势变动，结合我国的司法实践探究适当的性质选择。

早在休谟问题开始，因果关系问题就已经从经验的问题发生了转向，在理性占据高峰的认识论转向时期，科学主义哲学所推断出的因果关系已经被证明在理性的领域是失效的。[2] 国内有论者对休谟问题与休谟法则予以总结，不同于哲学界的总结方式，[3] 法学界更习惯"应然""实然"或者"价值""事实"二分法来总结休谟的贡献，具体如表1所示：

表1　休谟问题与休谟法则对应表[4]

休谟问题	休谟法则
"是"可否推导出"应该"？	否
事实判断可否推出价值判断？	否
事实与价值的关系如何？	二者之间存在不可跨越的"鸿沟"[5]
"是"与"应该"的关系如何？	"应该"不可推导出"是"
"实然"可否推出"应然"？	否

---

〔1〕 参见施程：《环境侵权诉讼中因果关系推定的适用》，载《法律适用》2015年第3期，第83~85页。

〔2〕 参见徐冰：《具体因果关系的必然性："休谟问题"核心含义分析》，载《人文杂志》2014年第11期，第12页。

〔3〕 哲学界较为公认的分类方式是，休谟问题属于"因果问题"还是"归纳问题"，更多的是经验主义、怀疑主义产生的重要影响，对法学界产生的影响更多的是间接的。参见熊立文：《休谟问题探析》，载《北京师范大学学报（社会科学版）》2014年第5期，第99页。

〔4〕 根据下文归纳整理，参见蔡守秋：《"休谟问题"与近现代法学》，载《中国高校社会科学》2014年第1期，第145页。

〔5〕 部门法中，这一鸿沟被进一步具体化地放大，成为形式与实质之争的表达，例如刑法学界著名的刑事政策与阶层犯罪论体系之间的"李斯特鸿沟"。参见陈兴良：《刑法教义学与刑事政策的关系：从李斯特鸿沟到罗克辛贯通中国语境下的展开》，载《中外法学》2013年第5期，第975页。

　　根据休谟法则，仍然可以推导出以下结论：第一，由于"是"与"应该"之间存在不可逾越的"鸿沟"，因此即便是自然规律也无法推导出"应然"，相应的，社会规律中的事实部分也无法推导出"应然"；第二，作为经验主义哲学的休谟哲学，核心概念是"知觉"，包含印象和观念两个部分，[1] 因果关系属于印象，归纳问题属于观念，二者之间亦不可跨越；第三，作为方法的自然科学与社会科学之间不可能产生对话，因为基底的规范与事实之间没有跨越的可能性。由于这一哲学上的重大转变，原本具有必然性的因果关系发生变动，并进一步影响了法学界对因果关系的看法，刑法学界的客观归责理论、[2] 侵权法学界的相当因果关系理论、[3] 保险法领域的有效近因规则[4] 等均预设了"事实"和"规范"上对因果关系的认定不同的前提，因而较为一致地认为价值判断应当具有自己独立的规则与品德。可以认知到的是，目前对于因果关系的讨论基本始于休谟，[5] 事实和价值的二分法也运用到因果关系的认定之中，自此因果关系可以说不再是纯粹事实领域的内容，而是逐步有了价值的因素。

　　从文献回顾的结果看，环境侵权因果关系的性质也基本符合这一趋势，具体的表现为：第一，环境侵权因果关系原本就与侵权责任问题息息相关，《侵权责任法》第 66 条被解读为环境侵权适用严格责任的归责原则，因此环境侵权因果关系不是被证明存在的，而是采取结果责任式的被证明是不存在的才能否定环境侵权责任的承担，这在世界范围内也是广受承认的，[6] 因此学界的研究基本集中在证明责任之上，[7] 也就是说环境侵权因果关系在立法

〔1〕　参见陈志宏：《理性与深度——20 世纪以来的休谟研究述评》，载《史学月刊》2015 年第 4 期，第 115~116 页。

〔2〕　参见陈兴良：《从归因到归责：客观归责理论研究》，载《法学研究》2006 年第 2 期，第 71 页。

〔3〕　参见叶金强：《相当因果关系理论的展开》，载《中国法学》2008 年第 1 期，第 35 页。

〔4〕　参见周学峰：《论保险法上的因果关系——从近因规则到新兴规则》，载《法商研究》2011 年第 1 期，第 104 页。

〔5〕　See Leon Castellanos-Jankiewicz, "Causation and International State Responsibility", *Amsterdam Law School Research Paper*, 2012, pp. 4-5.

〔6〕　Ilias Plakokefalos, "Causation in the Law of State Responsibility and the Problem of Overdetermination: In Search of Clarity", 2 *European Journal of International Law*, 2015, pp. 473-488.

〔7〕　参见张旭东：《环境侵权因果关系证明责任倒置反思与重构：立法、学理及判例》载《中国地质大学学报（社会科学版）》2015 年第 5 期，第 26 页。

层面上不是一个法律上的问题，而是经过立法处理之后的举证责任倒置的证明对象，本身就蕴含价值判断的因素。第二，环境侵权因果关系作为侵权责任成立的必要条件，本身就具有一定的特殊性，由于要平衡无法证明的对象与必须要解决的纠纷之间的矛盾，[1] 也要平衡证明能力弱的原告和证明能力强的污染者之间的矛盾，学界一般将这两个矛盾置放在同一个层面去解决，试图运用统一的环境侵权因果关系认定规则来同时消弭两个矛盾的影响，例如有学者认为因果关系的诸多学说使得实务操作中实现了类似举证责任倒置的价值平衡，从而不必依靠立法，给予侵权责任立法更多的弹性与空间。[2] 第三，姑且不评议上述观点，事实上的环境侵权因果关系本身就是很难成立的命题，从盖然性因果关系开始，必然性因果关系受到了否定，牛顿意义上的因果关系不再适用于侵权领域，[3] 但这对于环境侵权而言还是不够的，因此日本实务界发展出了疫学因果关系，在一起经典案件中，企业非法排放过量的镉元素，在下游的村民纷纷患上了骨痛病，但是由于企业提供了大量的无法由科学证明的内容，使案件陷入了"无限科学的论争"之中，三阶段划分成的盖然性学说也基本无法完成因果关系的构成与证明任务，在这一条件下，律师团通过证明疫学也是科学说服了法官采纳疫学因果关系证明标准确证了这一案件，[4] 如果说其他侵权是通过证明产生损害的"可能性"的话，那么环境侵权因果关系就是证明"可能性"的"可能性"。

综上所述，环境侵权因果关系的发展即便是与休谟以降的法律因果关系发展趋势与路径保持一致，但是仍然具备发展趋势上的特殊性，这一特殊性是否会影响到二分法的运用，从而认定环境侵权因果关系只属于事实或者价值中的一种？从整体上来看，这似乎是一个需要被解决的问题，因为如果是纯粹事实的环境侵权因果关系，那么就是一种事实上的问题，既依赖于科学技术的进步，又依赖于因果链条上各个要素的存在，这也是牛顿意义上的因

---

〔1〕　See Marta Infantino, "Causation Theories and Causation Rules", in Mauro Bussani and Anthony J. Sebok, *Comparative Tort Law: Global Perspectives*, Edward Elgar, 2015, p. 285.

〔2〕　参见胡学军：《环境侵权中的因果关系及其证明问题评析》，载《中国法学》2013 年第 5 期，第 163 页。

〔3〕　P. Kyle Stanford, "The Manifest Connection: Causation, Meaning, and David Hume", 3 *Journal of the History of Philosophy*, 2002, pp. 339–345.

〔4〕　参见日本律师协会主编：《日本环境诉讼典型案例与评析》，皇甫景山译，中国政法大学出版社 2011 年版，第 101 页。

果关系。但是如上文所述，当前所称的环境侵权因果关系是在可能性问题上经过处理的，也就是说，如果采取盖然性因果关系的学说，环境侵权因果关系是对盖然性这一事实的吸收，以及在合法性证立的前提下对事实的评价；如果采取疫学因果关系，环境侵权因果关系证立的条件是流行病学的证明知识，以及对这一事实的评价。换言之，环境侵权因果关系仍然是对事实的评价过程，而事实的调查属于"证明"的范围，所需要的事实也是因果关系评价范围决定的。有学者对这一问题进行了更加细致的区分，其体系是借鉴英美有毒物质侵权法中对一般因果关系和特定因果关系的划分方法，前者可以分为常识型因果关系、科学确定型因果关系、科学不确定型因果关系，后者可以分为到达的因果关系和致害的因果关系，不同的因果关系需要分别评价致害行为、致害物质、当地常识、宗教习惯、社会经验等多个事实性的内容。[1] 环境侵权因果关系被认为是 NESS、INUS 条件因果关系运用的良好土壤，[2] 也就是说在逻辑的角度上首先确定充分必要条件集，将必要条件进行处理，对事实进行处理之后作为原因。

整体来看，环境侵权因果关系的性质变动呈现出两个极端：第一个极端是，随着研究焦点从必然因果关系转变，环境侵权因果关系的功能承担发生变化，从原本责任范围限制的功能逐步发展到当前的侵权责任的成立，例如企业在排放污染物时采取了必要的措施，但是这一措施并不能阻碍某些特殊体质的村民受到损害，作为超出企业预见可能性范围的环境侵权损害结果，环境侵权因果关系起到了排除污染企业责任的作用；第二个极端是，随着逻辑学规则的引入，环境侵权因果关系的成立已经从原本运用等值理论的条件说转向认知事实为逻辑学意义上的必要条件、充分条件、充分必要条件，理论研究证明，这一方式甚至是相较于立法上规定举证责任倒置更良好的平衡证明双方能力大小的手段，[3] 例如证明了石棉污染和受害者自身的皮肤病患之间的特殊因果关系，就不必证明为什么其他同样条件下的个体没有皮肤病

---

〔1〕 参见陈伟：《环境侵权因果关系类型化视角下的举证责任》，载《法学研究》2017 年第 5 期，第 135~138 页。

〔2〕 参见陈伟：《环境侵权 INUS 条件因果关系论》，载《比较法研究》2017 年第 1 期，第 68 页；[美] H. L. A. 哈特、[美] 托尼·奥诺尔：《法律中的因果关系》（第 2 版），张绍谦、孙战国译，中国政法大学出版社 2005 年版，第 108 页。

〔3〕 参见张旭东：《环境侵权因果关系证明责任倒置反思与重构：立法、学理及判例》，载《中国地质大学学报（社会科学版）》2015 年第 5 期，第 28 页。

患也能认定环境侵权因果关系的存在，[1] 从而阻碍了企业运用其他个体没有皮肤病患排除自身责任的可能，这并非是因为法律意义上的价值平衡，而是在事实层面上受害人证明了造成自己皮肤病患的最小充分条件集，而不必证明其他条件。因此总体来看，环境侵权因果关系并非完全以二分法作为主流通说，而是呈现出要么是纯粹的价值内容，要么是纯粹的事实内容的两端化的趋势。

综上所述，虽然实践中的环境侵权因果关系走向多元主义，但是回归到纯粹学理领域的性质探讨也走向"纯粹"，因而呈现出两极发展的路径。如果认定环境侵权因果关系性质属于事实问题，那么自然科学在环境法之中的作用将会不断加强。但是这种认定模式似乎忽视了法学思维本身的独立性：①法学思维恰恰是在已经被递交上的事实中进行评价和错误性的归属，而事实因果关系能够解决大部分案件，并非其与规范评价的相互替代性，而是证明了两者结论的一体性。[2] 因此纯粹事实性的观点似乎也是事实性地理解了对象及其法学评价的关系。②实践中专家意见的重要性一方面来源于法律的授权（大多是程序法），[3] 另一方面也是符合环境法律在此类特殊案件中做出的价值选择，以专业意见限缩因果关系的成立范围，其本质上仍然是符合法律规范的而不是纯粹自然科学的。[4] 另外，实际上环境侵权因果关系要件化的趋势也是否定事实性质的表现，在传统的侵权构成要件中，行为、结果作为法律评价的对象，因果关系属于次级的内容，因而事实性的认定和被轻视了的在其中的规范在评价表现上站在同一层次，故而存在讨论空间，通过要件化的设计，环境侵权的因果关系事实上加强了规范性的性质。

三、混杂的时间序列：难以抉择的环境侵权因果关系认定规则

由于环境侵权因果关系的内涵不断容纳更多的内容，并且从形式到实质

---

〔1〕 参见陈伟：《环境侵权 INUS 条件因果关系论》，载《比较法研究》2017 年第 1 期，第 78~79 页。

〔2〕 See Harvard Law Review, "Rethinking Actual Causation in Tort Law", *Harvard Law Review* 130, 2017, p. 2169.

〔3〕 See Sandy Steel, *Proof of Causation in Tort Law*, Cambridge University Press, 2015, p. 51.

〔4〕 See Michael S. Moore, "Causation and Responsibility", 16 *Social Philosophy and Policy*, 1999, pp. 24-25.

的趋向几乎是不可逆的主流，[1] 因此认定规则也更加复杂，从学说史的角度来看，环境侵权因果关系的认定经历了条件说—修正的条件说—相当因果关系说—法规范目的学说的变动；从各国司法实践来看，环境侵权因果关系经历了必然性因果关系—高度盖然性因果关系—疫学因果关系—间接反证因果关系—立法上的因果关系的发展，[2] 基于时间序列，学说史和实践观点并没有明显的对应关系；基于实质考量，学说史上的认定规则呈现出政策化、实质化的理性目的追求，力图实现根据法规范的价值判断因果关系是否存在，与内涵的变动表现出一致性，而实践中的认定规则变化体现出复杂性的趋向，其基本的价值考量体现在平衡能力不对等的诉讼主体之间的证明责任，[3] 但总体上来说，双方还是体现出互相吸收的势态，国外诸多认定规则是通过判例的方式做出的，[4] 因此二者可以实现一定程度上的对应。另外，环境侵权因果关系的性质变动也会对认定规则产生一定的影响：①环境侵权因果关系从事实转向规范的性质直接导致了规范性的认定规则更多，而规范性的认定规则也在统摄事实性的认定规则。②环境侵权因果关系的性质也在影响认定规则中的要素排列，例如传统的举证责任倒置规则由于原本过多适用的法律推定存在，因此有学者建议加入常态事实这一要素。[5] 由此可见，环境侵权因果关系的内涵变迁和性质转换存在着不同面向的变动，而作为面向环境法律实践的学说，其势必会影响环境侵权因果关系认定规则的变动，或增加、减少某种要素，或提升、降低某个基准，或提供、打破某种说理。然而，理论上的变动并非一定会主导实践中认定规则的变化，恰恰相反，某些理论也可能由于现实的变化而为某种某个时期占据主流的认定规则背书，从而使得环境侵权因果关系认定规则的变化背后原因以及具体表现错综复杂。

---

〔1〕 在整个侵权因果关系理论中，这一趋势虽然受到怀疑但仍然只是尽可能缩小道德、政策等实质性因素的影响。参见韩强：《法律因果关系理论研究——以学说史为素材》，北京大学出版社 2008 年版，第 244~245 页。

〔2〕 参见侯佳儒：《中国环境侵权责任法基本问题研究》，北京大学出版社 2014 年版，第 109~121 页。

〔3〕 See Mark Latham et al. , "The Intersection of Tort and Environmental Law: Where the Twains Should Meet and Depart", 2 *Fordham Law Review*, 2011, p. 741.

〔4〕 See Tseming Yang, "Environmental Regulation, Tort Law and Environmental Justice: What Could Have Been", 4 *Washburn Law Journal*, 2001, p. 612.

〔5〕 参见薄晓波：《倒置与推定：对我国环境污染侵权中因果关系证明方法的反思》，载《中国地质大学学报（社会科学版）》2014 年第 6 期，第 68 页。

　　事实上，环境侵权因果关系内涵的多元主义与性质上的一元变动在认定规则上体现得尤为明显。本文意图以学说的变动为主线，添加相应的实务认定规则。

　　（一）条件说

　　在侵权法领域，存在判断结果与原因事件关系的公式，"若无 A，则无 B"的条件说公式，[1] 在英美法系则是广为人知的"but-for"条件公式。鉴于种种原因，该公式迄今仍旧具有吸引力，20 世纪 80 年代，莱特（Wright）撰文指出，条件说（"but-for"条件公式）是"所做出的最重大努力的降低各种因素考量而形成的最为有用、最易于理解的"规则，[2] 所延展出的内容有二：第一，条件说的适用领域是有限的，由于条件说的无限延展性，几乎所有司法案件的发生均能够回溯到人类诞生之初，法学家甚至采纳了经济分析的路径去限制因果关系的无限追溯，[3] 因此条件说必须适用于特定的领域避免不具有法律意义的事件与纯粹司法领域的判断产生交叉，例如在判断机场噪音污染之时，如果不限制条件说的运用，就会回归到飞机的发明问题上，因此，条件说的适用必须根据一定的标准进行适用范围的限定；第二，条件说的适用是有前提的，将所有具有原因力的内容作为等值的必要条件，[4] 而不进一步予以逻辑上的区分，[5] 因此对于司法案件而言，所有因果链条上具有必要性的条件均称为条件说的考察对象，并且是不予限制的，那么此处的疑问就是对于环境侵权因果关系而言，所有的事件均是必要的吗？因为对于在某种程度上产生科学依赖的环境法学，寻求充分必要条件是原本的追求，例如某物质在某区域的人为排放确定是产生某种人体损害的原因，那么就完成了一个理想化的侵权责任分配过程，从而否定了等值理论在运用中的普遍性，即如果能找到一个确定的原因，环境侵权因果关系不必再根据条件说找寻更多的必要条件，因此，在这一学说的影响下，与其他部门法相通，必然

---

　　〔1〕　Vgl Weseels J. Strafrecht Allgemeiner Teil，C. H. Beck，2015：62. 转引自朱奇伟：《条件理论的规范诠释》，载《海南大学学报（人文社会科学版）》2017 年第 3 期，第 121 页。

　　〔2〕　Richard W. Wright，"Causation in Tort Law"，4 *California Law Review*，1985，p. 1737.

　　〔3〕　See William M. Landes，Richard A. Posner，"Causation in Tort Law: an Economic Approach"，1 *The Journal of Legal Studies*，1983，p. 109.

　　〔4〕　在逻辑学上，这也是面临或然性命题（不充分决定命题）之时，经验等值理论所能提供的依据。参见贾向桐：《"间接确证"能实现对"不充分决定命题"的反驳吗？——劳丹与利普林论经验等值与不充分决定命题》，载《南京社会科学》2009 年第 8 期，第 10~11 页。

　　〔5〕　参见陈伟：《环境侵权 INUS 条件因果关系论》，载《比较法研究》2017 年第 1 期，第 66 页。

性因果关系说占据了主流，后来学者们逐步放宽，按照百分比确定了高度盖然性的因果关系说，但是总体来看，依然没有超越条件说。

由此可见，条件说具有无限回溯和以等值理论为前提的两个缺陷，为了解决这个问题，学界不断做出努力，目前较为一致的结论是：条件说只适用于事实因果关系的领域，[1] 应当添加法律层面的思考。

（二）修正的条件说

事实层面的无限延伸性导致了学者们的批判，针对这一缺陷学者提出了修正的条件说，对应的实务规则有：重要事件说、优势证据说、主要因素说等，[2] 均是采用一定的标准将不具有重要性的内容排除出去，排除的方法一般有三种：第一，采用切断的方式，在实践中常以"近因规则"的方式出现，即追溯到环境侵害结果的最近原因便不再向前探寻和归咎责任，但是这种方式处理简单，容易将更为重要的因素排除出去；第二，采用替代的方式，如果说事件 A 是造成环境侵害结果不可替代的原因，或者替代该事件后无法产生这一结果，那么就说事件 A 是具有法律意义的原因，这一理论虽然产生了重大影响，但是难以避免地陷入循环论证，即具有法律意义的不可替代的原因就是司法过程所要寻找的原因，这相当于一句话翻来覆去说了两遍，因此这一理论也被证明是不充分的；[3] 第三，采用衡量的方式，法学家团体较为擅长的是价值判断，[4] 采纳价值衡量的方式对是否具有法律意义的原因进行判断，在所有对环境侵害结果具有原因力的事件中挑选出最应当予以规制的事件作为原因，其中法律衡量所要判断的因素众多，各家之言难以统一，[5] 但是这一理论面临的问题是：①从逻辑学的观点看，"因果信念也只能诉诸全

---

〔1〕 参见杨立新、梁清：《原因力的因果关系理论基础及其具体应用》，载《法学家》2006 年第 6 期，第 102 页。

〔2〕 参见薄晓波：《倒置与推定：对我国环境污染侵权中因果关系证明方法的反思》，载《中国地质大学学报（社会科学版）》2014 年第 6 期，第 69~71 页。

〔3〕 See Heico Kerkmeester, Louis Visscher, "Causal Connection between Tort and Loss: The Doctrine of the 'Lawful Alternative'", 5 RILE Working Paper, 2010, pp. 2-13.

〔4〕 参见毋国平：《法学的科学性与"法"：以纯粹法理论为中心》，载《法律科学·西北政法大学学报）》2014 年第 1 期，第 8 页。

〔5〕 参见谢晖：《论诸法学流派对法律方法的理论支援》，载《法律科学（西北政法大学学报）》2014 年第 2 期，第 26~38 页。

知的理性主体"，[1] 因此从主体性上而言，法学家这一团体受到怀疑，"认识论和形而上学毕竟是两个层面的问题"，[2] 从分析维度而言，价值衡量也不能得到逻辑上满意的结论；②从适用维度上将，衡量的预设是能够从多个具有原因力的事件中挑选出最具有法律意义的事件，因此原因"只能有一个"，但是环境侵权因果关系很少有一因一果型，更多的是累积型、多因一果或者多因多果类型的因果关系，因此即便是将修正的条件说予以科学化，也只能在固定的范围之内使用。

（三）相当因果关系说

作为目前在侵权法领域、刑事法领域影响力最大、适用范围最广泛的因果关系理论，[3] 最早由德国冯·克里斯（von Kries）教授提出，当时他提出两条适用原则：第一，事件是损害的必要条件；第二，事件显著地增加了损害发生的客观可能性。[4] 此时所招致的批评是，相当因果关系中的"相当"是一个空洞的概念，或者广泛的概念，没有非常明晰的判断规则，但该理论还是在德国私法审判之中为法院所采纳，并且随着时代的发展逐步明确：第一，判断程度层面，呈现出由纯粹结果主义、行为主义、行为人主义到危险主义的过渡，虽然这是相当因果关系在各个部门法变动中的统一趋势，[5] 但没有任何一个部门法像环境法一样更加重视风险的作用，因此相较于其他部门法，环境侵权因果关系的判定基准相当低，当前的主流趋势是只要有产生环境污染的可能性即可；[6] 第二，判断基准层面，相当因果关系招致了大量的批评是由于其空洞性，致使大量学者在不断细化这一规则，突出的表现是在实现基础设定的条件下将相关的元素添加进去，例如原本结果（绝对）责

─────────────

〔1〕 彭新波：《证据理论视野下社会科学因果关系问题》，载《自然辩证法研究》2015 年第 12 期，第 12 页。

〔2〕 彭新波：《证据理论视野下社会科学因果关系问题》，载《自然辩证法研究》2015 年第 12 期，第 12 页。

〔3〕 同样的，这也是跨越英美法系和大陆法系的共识之一，大陆法系著名刑法学家普佩教授和精研法哲学的英美法学家莱特曾指出这是"法庭最常用的因果关系判定规则"。See Ingeborg Puppe, Richard W. Wright, "Causation in the Law: Philosophy, Doctrine and Practice", in *Forthcoming in the Common Core of European Private Law: Causation*, Marta Infantino and Eleni Zervogianni eds, Cambridge Univ. Press, 2016, pp. 31-34.

〔4〕 参见叶金强：《相当因果关系理论的展开》，载《中国法学》2008 年第 1 期，第 34 页。

〔5〕 Van Woudenberg, R., "Moral Responsibility and Agent Causation", in T. van den Beld (Ed.), *Moral Responsibility and Ontology*, Dordrecht: Kluwer Academic Puiblishers, 2000, pp. 143-153.

〔6〕 参见侯佳儒：《中国环境侵权责任法基本问题研究》，北京大学出版社 2014 年版，第 121 页。

任主义时代，一旦发生了环境损害结果，那么只要追溯到污染源即可发生法律责任，这是由于对于环境法益这一重大的社会法益而言，不能采用保护个人法益同样的方法，[1] 但是当前出于个人自由保护的思考，这种绝对责任主义备受质疑、尽遭细化，不同部门法采纳不同的判定规则，同一部门法内部也严格限制绝对责任主义的适用，[2] 环境侵权因果关系的判定也建立了相对复杂的基准，但是由于环境侵权行为一般而言是违反行政规范的"非自然做法"，[3] 在法律判断层面仍然是以绝对责任为主、其他情况为辅的相对绝对责任主义，可见到的趋势是行为人主观因素的加入（可预见性规则）、行为危险性的判定（疫学因果关系）等。

由于相当因果关系的广泛适用，纳入了众多因素的该学说在判定环境侵权因果关系上日渐臃肿和复杂，甚至吸收了不属于自身的要素：①如果承认"二分法"，环境侵权因果关系的判定属于"事实上的因果关系"，主观要素的纳入应当是被否认的，作为当前判定程度的"危险"不应当包括目前无法判定的主观危险，即便是运用可预见性规则，可预见的范围也是结合行为人认知和一般社会人的客观判定；②相当因果关系逐步从"事实上的因果关系"走向责任范围限定、责任成立的全过程，[4] 从这一趋势来看，相当因果关系只是徒有"因果关系"之名，而逐步向归咎责任的路径发展，从而不得不综合考虑环境侵权的客观和主观面。自此，环境侵权因果关系同其他因果关系的判定一道，在经历了事实上认定的困难之后转而运用行为人的主观面来限定责任的成立，从而调和行为自由和权益保护之间的价值冲突，那么这一探讨就回归到了本文的主题：因果关系的性质为何，其内涵上的限定决定了要素和判定规则的大小。

（四）法规目的说

与相当因果关系面临的"二分法"影响下的性质问题不同，法规目的说主张将因果关系认定与责任归属区分开来，该学说主张环境侵权人承担责任

〔1〕 参见陈婉玲：《经济法责任的归责原则》，载《政法论坛》2010 年第 6 期，第 164 页。
〔2〕 参见侯艳芳：《我国环境刑法中严格责任适用新论》，载《法学论坛》2015 年第 5 期，第 83~85 页。
〔3〕 参见唐超：《论高度危险责任的构成——〈侵权责任法〉第 69 条的理解与适用》，载《北方法学》2017 年第 4 期，第 83 页。
〔4〕 参见［德］克雷斯蒂安·冯·巴尔：《欧洲比较侵权行为法》（上卷），焦美华译，法律出版社 2004 年版，第 76 页。

应当考量（客观的）相当因果关系与责任归属，后者与法规范的保护目的息息相关，该学说的特点在于：一方面该学说并非与相当因果关系说是对立的，而是对前者结果的实质评价；另一方面该学说可以"将一些完全少见的、非典型的风险事件视为相当因果关系中的原因"。[1] 相当因果关系可能无法"客观"意义上判定环境损害风险的成立，但是出于法规目的，该受害人或者受损权益不属于或者超出法律保护的范围，那么损害就不必赔偿。[2] 虽然德国发展出这一学说主要依据是《德国民法典》第823条第2款，但是在其他部门法领域也得到了运用、体现和发展，例如刑法中客观归责理论需要考量规范保护目的，如果超出规范保护射程那么行为人便不承担责任；[3] 再如行政法中确定交通违法时需要考量道路信标、交通信号以及行政法规、法令的设立目的是否包括行人在当时情景下的人身安全权益，进而确定造成交通事故人员的责任。[4] 在环境保护法中，该学说的适用还面临相当的困境：第一，《中华人民共和国民法总则》（已失效）第9条规定的绿色原则是否会同公序良俗条款一样运用于各个侵权领域，[5] 果真如此，一旦产生对环境的客观危险，那么法规目的说便没有了适用的余地；第二，与广泛受到批评的一点同样，法规目的依赖法官个人的综合判断、经验判断，这就使得原本客观的法律适用添加了法官个人不受限制的主观要素，在原本就处于立法滞后的环境保护法领域，[6] 这一问题更为突出，例如《民用机场管理条例》第35条并没有规定噪音污染设备的内容，那么这是否意味着本法中的机场管理目的并不包含环境保护的内容？但是该条款在我国机场噪音污染案例中广泛得到适用。

由此可见，在环境侵权因果关系的判定中，法规目的说的适用还需要一个完善的环境保护法律体系，即便是具有完备刑法典的刑事法领域，运用法

---

〔1〕 方明：《论我国侵权法因果关系理论的构建》，载《山东社会科学》2011年第12期，第69页。

〔2〕 参见刘勇：《侵权法上之损害》，载《南京大学法律评论》2005年第1期，第104页。

〔3〕 参见李波：《规范保护目的理论》，载《中国刑事法杂志》2015年第1期，第21页。

〔4〕 参见袁文峰：《论法规目的的司法审查——从〈道路交通安全法〉第22条的适用展开》，载《行政法学研究》2015年第2期，第79~92页。

〔5〕 该疑问参见吕忠梅课题组：《"绿色原则"在民法典中的贯彻论纲》，载《中国法学》2018年第1期，第11~12页。

〔6〕 参见竺效、丁霖：《绿色发展理念与环境立法创新》，载《法制与社会发展（双月刊）》2016年第2期，第184~192页。

律规范确定行为人责任还被认为过于超前。[1] 此外，侵权法与刑法之间存在着诸多基础理论上的重合问题，因此刑法领域的客观归责理论也被尝试运用到侵权法领域。

综合来看，我国环境侵权因果关系的认定规则有以下整体的趋势：第一，从事实因果关系认定到广泛地接受"二元论"，即区分"事实上的因果关系"和"法律上的因果关系"；第二，因果关系的判定规则逐步复杂，需要认定的因素日益增多，甚至容纳了其他因素，导致因果关系的性质发生变化，尤其是增加了相应责任的内容；第三，因果关系的体系性地位发生了转变，由于我国在是否规定了违法性要件方面发生争议，因此现在一般的趋向是将因果关系从环境侵权构成层面转向责任成立层面。

四、一个初步的总结：如何正确认识环境侵权因果关系？

环境侵权因果关系应当从事实与价值中选择其一作为最优解。第一，综合上述，环境侵权因果关系认定规则复杂化和证明分配正序化的两个趋势分别表明了不同的立场，前者将环境侵权因果关系作为价值予以实现，从而使之成为纯粹法律意义上的概念，后者则将环境侵权因果关系作为事实予以落实，从而尽可能地保证其他层面的纯正化；如此看来，坚持二分法反而会造成混乱：①本身作为事实而言运用逻辑规则将环境侵权因果关系中"原因"的认定限缩到最小条件集之中，其中既包括受害人个人的情况，也排除了其他一般性的因素，即特定因果关系的判定，但是在以责任成立为功能导向的环境侵权因果关系中将受害者个人和社会一般人并列来考量；②事实上的环境侵权因果关系起到的功能仍然是限定侵权责任的成立范围，但是法律上的环境侵权因果关系直接能够影响侵权责任的成立，例如，根据前者，我们只需要证明企业污染与村民受害之间存在高度盖然性的联系，但是根据后者，我们还需要证明企业排污的合法性、设备的责任、认识污染的可能性、认识村民受害的可能性、损害赔偿的损益分析等多方面的内容，换言之，如果想要结合两者共同的优点，采取限缩与扩张的两条相反的路径反而是矛盾的。第二，环境侵权因果关系的确定应当遵从统一的思路，如果是将其作为事实来看待，应当寻求最佳的逻辑规则，运用形式逻辑、道义逻辑的相关知识，明确需要合理运用的自然科学知识、社会经验、宗教知识、文化知识等，即

---

〔1〕 参见梁根林主编：《当代刑法思潮论坛（第一卷）：刑法体系与犯罪构造》，北京大学出版社 2016 年版，第 194～195 页。

在非价值层面对各个因素予以合理划分，力求法律评价对象的清晰、明了，而尽可能缩减法律层面上归咎责任、确定损害赔偿数额的大小等需要考察的林林总总的对象范围；如果将其作为价值来看待，应当根据统一的价值追求，明确发展与保护、扶持弱者与平等保障之间的价值冲突，与证明责任分配一起，完成环境侵权因果关系从归因到归责的构建，与此同时，体系性地安排环境侵权因果关系的位置，将其作为侵权行为客观构成之外的内容，尤其是责任归属的内容。

也有论者认为，私法制度决定了价值冲突与平衡并不单一，回归到因果关系上就应当排除"全有全无"的趋势，按照动态系统论的方式分层次地讨论这一问题。[1] 因此，持这一观点的似乎并没有严格坚持二分法的界分，尤其是在功能上实现因果关系的共通，将责任中的各个因素添加到因果关系认定规则的条件说之中，通过改变、增加状语的方式使之成为责任成立的理由。[2] 但是这就与上文所讲的批判相同，动态系统论面临着要素体系的不确定性、基础评价和原则性示例的先天不足、适用领域存在争议等批判。[3] 因此，虽然《欧洲侵权法》等通过立法的方式使动态系统论有可适用的余地，但是在因果关系领域仍然是以条件说作为基本展开的，动态系统论对其的解释是将其功能化的，即使不以动态的眼光（分阶层、分体系性位置）看待环境侵权因果关系，也可以将其视作价值。

除此之外，环境侵权因果关系对于科学具有极度依赖性，如果科学可以证明的内容就不再依靠其他的技术、手段去证明关联性的存在。产生争议的点基本集中在科学无法证明的疑难和复杂情况，如果不包含法律关系当事人之间的利益衡量的话，这些争议点的解决毫无意义。例如科学无法证实的替代性因果关系，如果存在同时均有可能造成村民损伤但是科学无法确证的 A 污染和 B 污染，但是事实上即便确证了污染在法律上也是无意义的，因为 A 污染和 B 污染均是十分罕见、不可复制、未来不会出现的、无法被预料和限制的，那么在这种情况下，即便确定了关联性，也不必利用替代性的因果关

---

〔1〕 参见［奥］海尔穆特·库齐奥：《动态系统论导论》，张玉东译，载《甘肃政法学院学报》2013 年第 4 期，第 46 页。

〔2〕 参见［奥］海尔穆特·库齐奥：《替代因果关系问题的解决路径》，朱岩、张玉东译，载《中外法学》2009 年第 5 期，第 675 页。

〔3〕 参见解亘、班天可：《被误解和被高估的动态体系论》，载《法学研究》2017 年第 2 期，第 53~56 页。

系原理去分配两个企业的损害赔偿责任。因此，法律意义上环境侵权因果关系所面临的困境都是涉及法律责任分配的。

综上所述，本文认为环境侵权因果关系应当有作为事实还是作为价值的最优解，并且从法律意义的角度来看，作为价值是更加适当的选择，详言之：

第一，环境侵权因果关系涉及的是责任成立而不是责任范围的限定。责任范围的限定应当是纯粹事实的领域，条件说、修正的条件说均在这一方面进行过努力，但此后的努力证明这是存在问题的，正如上文中所提到日本骨痛案件中的科学问题作为被企业律师坚持的一点，从而使村民的合法权益迟迟得不到保护；再如我国发生的"内蒙古赤峰市铜冶炼厂大气污染损害赔偿案"，由于鉴定结论的混乱，使得受害者的权益迟迟得不到保护；[1] 这些事实层面的问题显然比其他部门法面临的更多，即环境法的科学依赖状况，这不是法律所能解决的问题，即便是运用统计学、流行病学、生物学甚至社会学等其他学科的知识，也都不是法律意义上的知识，而是事实层面的知识，环境侵权因果关系不应当解决这些命题，而应当解决的是责任分配的问题。

第二，环境侵权因果关系包含的因素众多，更多的是否定性的要素。事实层面解决的问题应当是关联性的问题，为环境侵权因果关系界定一个评价的对象，二者之间是分离关系，即便外观上看起来依然是二分法，实际上并非二分法。环境侵权因果关系认定责任更主要是通过否定命题的方式实现的：①环境侵权案件常见的情形是发生了致损人无法赔偿、恢复原状的情形，例如"常州毒地案"，污染者大量的损害使得土壤产生了难以逆转的损伤，这种情况更多的依赖环境保险、政策补贴来实现修复，而不是使致损人承担侵权责任，[2] 此时认定完全成立致损人的责任是没有意义和益处的；②环境侵权案件的发生很多是科学无法认知的，一方面如果运用统计学等其他方案认定排污人的行为具有"危险升高""客观危险"的"相当性"，那么也可以认定环境侵权责任的成立，但是另一方面如果超出了一般人和致损人的可预见范围、注意义务范围，那么就应当阻却致损人的环境侵权责任。换言之，环境侵权因果关系所要解决的只是责任问题，这种责任问题既应当考虑社会的整

---

〔1〕 参见王灿发主编：《中国环境诉讼典型案例与评析：律师版》，中国政法大学出版社 2015 年版，第 21 页以下。

〔2〕 参见马腾：《我国环境公益诉讼制度完善研究——对常州毒地案一审判决的法理思考》，载《中国政法大学学报》2017 年第 4 期，第 66 页。

体因素，考量如果成立责任意义上的因果（归责）是否会产生正向的效应，也应当考虑致损人个人的情况。

第三，环境侵权因果关系虽然依赖于环境科学和其他自然科学的认定，但是应当坚持价值层面的指引，合理界定环境科学及其他自然科学在环境侵权因果关系规则构成中的地位：其一，即便是事实的因果关系也不得不考虑政策和理性的因素。[1] 但是这应当被认为是因果关系的性质变化，而非否定事实上对因果关联的考量对法律的作用。其二，环境法的科学依赖更甚，但是不应当将科学认定纳入到环境侵权因果关系之中，重新思辨环境侵权因果关系的性质并体系排列各个要素，明确环境侵权因果关系理论所要解决的问题，才是正确合理的路径。

综上所述，即便试图给定一个环境侵权因果关系实体上的选择方案，但该方案并非终局性的，因为前述学术史的内容并没有直面我国《民法典》出台等现实情状的变化，也没有吸收大背景下的环境伦理对环境法造成的影响，因此本文更多的是试图提供线索和土壤，以求未来进一步探讨之时拥有充足的素材。至于我国的环境侵权规则的变动以及因果关系的选择，仍寄希望于学界同仁的努力。

---

〔1〕　参见劳东燕：《事实因果与刑法中的结果归责》，载《中国法学》2015 年第 2 期，第 131 页。

私法与经济

论诚信原则的法律修正功能

——以《商品房买卖合同司法解释》第二条为例

李夏旭*

摘　要：诚信原则作为基本原则之一，具有解释法律和补充法律漏洞的功能。对于"隐藏法律漏洞"的填补，诚信原则发挥着法律修正的功能。法官依据诚信原则修正法律时，应严格遵循方法论原理，不能借目的论限缩之名，行法律修正之实。诚信原则在修正法律时，不能直接作为司法三段论大前提，而应具体化为限制性规定。司法实务中，对于开发商为取得商品房溢价，恶意主张合同无效之情形，《商品房买卖合同司法解释》第2条存在"隐藏法律漏洞"，法官可以依据诚信原则的修正功能予以填补。通过案例类型化，诚信原则可以具体化为两类但书："主张无效一方可能因合同无效而受益，且其存在严重的欺诈行为的除外"；"主张无效一方可能因合同无效而受益，且合同无效将危及对方生存的经济基础的除外"。

关键词：诚信原则　法律修正　隐藏法律漏洞　填补

---

　　* 李夏旭，中国政法大学民商经济法学院 2018 级博士研究生（100088）。

一、问题的提出

我国现行法存在诸多有关形式要件的规定，其中不乏一些将欠缺特殊形式要件的合同明定为无效的情形，如《最高人民法院关于审理建设工程施工合同纠纷案件适用法律问题的解释（二）》［已失效，以下简称《建设工程施工合同司法解释（二）》］第 2 条第 1 款、[1]《最高人民法院关于审理商品房买卖合同纠纷案件适用法律若干问题的解释》（以下简称《商品房买卖合同司法解释》）第 2 条。[2] 在适用上，由于上述特别规定的构成要件及无效法律效果均已明确，《中华人民共和国合同法》（已失效）第 52 条第 5 项或《中华人民共和国民法总则》（已失效，以下简称《民法总则》）第 153 条在此仅具有"引致条款"的功能，而不具有"概括条款"的功能。于此，法院无权根据转介条款，将这些特别规定认定为管理性强制规定。[3] 换言之，法官在效力认定问题上没有自由裁量的空间，合同一旦欠缺法定特殊形式要件就应当被认定为无效。

将存在形式瑕疵的合同认定为无效一般情况下不会违背民众的朴素法感，[4] 如在商品房买卖合同所涉及的消极确认之诉中，绝大部分是在买受人期望落空时而发起的维权诉讼。但是，司法实务中出现了由出卖人发起无效之诉的例外情况，如开发商在未取得商品房预售许可证的情况下，与买受人签订商品房买卖合同，后于房价飞涨之际，以未取得预售许可证为由主张商品房买卖合同无效。

在这类案件中，如果合同生效，开发商本不能取得房屋溢价，但为了谋取该利益，开发商往往会违反诚实信用原则，恶意主张合同无效。如果合同被认定无效，买受人得请求损害赔偿的范围，仅以因相信合同有效而受到的

---

〔1〕 《建设工程施工合同司法解释（二）》第 2 条第 1 款："当事人以发包人未取得建设工程规划许可证等规划审批手续为由，请求确认建设工程施工合同无效的，人民法院应予支持，但发包人在起诉前取得建设工程规划许可证等规划审批手续的除外。"

〔2〕 《商品房买卖合同司法解释》第 2 条："出卖人未取得商品房预售许可证明，与买受人订立的商品房预售合同，应当认定无效，但是在起诉前取得商品房预售许可证明的，可以认定有效。"

〔3〕 与我国台湾地区"民法"第 71 条类似，《民法总则》第 153 条具有引致规范、解释规则与概括条款三重功能。当强制或禁止法规明示违反的法律行为无效或另定其他效果时，第 153 条仅为引致规范。参见苏永钦：《私法自治中的经济理性》，中国人民大学出版社 2004 年版，第 41 页。

〔4〕 法感也称法感受、法确信，其并非基于理性权衡和考量而产生，而是基于不加思考的直觉，是个体基于个人经验所形成的、对特定事物的朴素正义观。参见吴从周：《初探法感（Rechtsgefühl）——以民事案例出发思考其在法官判决中之地位》，载《台北大学法学论丛》2014 年第 92 期，第 1 页。

损害为限，即所谓的信赖利益，例如订约费用、准备履行所需费用等。至于履行利益，例如因合同履行所获得的房屋溢价，尚不在请求赔偿之列。[1] 如此一来，开发商虽然违反了诚信原则，却仍然可以从中获益，由此导致变相鼓励了开发商的投机行为，与公众的法感情不符。那么，在此类案件中，诚信原则应如何适用或者应如何发挥作用才能防止出现此等荒谬结果呢？

二、对司法裁判与学说的分析

对于开发商违反诚信原则恶意主张合同无效的情形，既有裁判大体可以分为三类：第一类是严格依法认定合同无效，同时结合开发商违反诚信原则之情事，加重开发商的赔偿责任或对房屋溢价进行合理分配；第二类是在适用法律时，将开发商违反诚信原则之情事纳入考虑，通过改变三段论推理的大前提，认定"合同有效"；第三类是在认定法律事实时，对不诚信一方主张无效的事实不予采纳，通过改变三段论推理的小前提，产生合同有效之结果。学界多将开发商的行为视为恶意抗辩，认为开发商不得主张合同无效，该观点与第三类裁判相近。[2]

（一）诚信原则对获益分配的影响

囿于《商品房买卖合同司法解释》第2条之规定，即便法院考虑到了当事人主张合同无效的行为违反诚信原则，绝大多数裁判还是将合同认定为无效，且仅在判定损害赔偿时增加对买受人的赔偿。[3] 值得注意的是，既有裁判在认定损害赔偿时，依然将损害赔偿范围限于信赖利益。

最高人民法院也注意到了"不诚信一方因合同无效而获益"这一情形，因此在2019年11月8日出台的《全国法院民商事审判工作会议纪要》第32条[4]中强调，在认定合同无效后，法院应根据诚信原则对获益进行合理分配，使得不诚信一方无法因合同无效而获益。由此反推，诚信一方可以取得部分或全部获益。

---

〔1〕 参见王泽鉴：《民法总则》，中国政法大学出版社2001年版，第481页。

〔2〕 参见夏昊晗：《诚信原则在"借违法无效之名毁约"案型中的适用》，载《法学》2019年第6期，第153页；崔建远：《合同法》（第3版），北京大学出版社2016年版，第88页。

〔3〕 参见最高人民法院（2017）民中576号民事裁定书、最高人民法院（2013）民中字第675号民事裁定书、北京市高级人民法院（2018）京民中588号民事裁定书。

〔4〕 《全国法院民商事审判工作会议纪要》规定，在确定合同不成立、无效或者被撤销后财产返还或者折价补偿范围时，要根据诚实信用原则的要求，在当事人之间合理分配，不能使不诚信的当事人因合同不成立、无效或者被撤销而获益。

此规定旨在避免不诚信一方获益，值得肯定，但是否可行，还有待商榷：一方面，在合同无效后，令买受人取得房屋溢价显然超越了信赖利益的赔偿范围，违反了信赖利益制度设立的初衷。因为信赖利益制度的宗旨在于使信赖利益受损一方回复到合同未订立的状态，而非合同履行完毕后的状态。另一方面，法院也不能根据诚信原则为买受人创设获益请求权，理由在于，"请求权不能基于诚实信用原则而产生，只能基于诚实信用原则限制现有请求权的行使"，[1] 不仅如此，诚信原则本身不能直接作为裁判依据，否则就会构成司法权的滥用，使法官有向一般条款逃避的危险。[2]

（二）诚信原则对法律适用的影响

我国有少量判决在法律适用时，试图通过诚信原则对《商品房买卖合同司法解释》第 2 条进行目的论限缩，以此将一方恶意主张无效的情形排除在外。比如在"原告西安闻天科技实业集团有限公司与被告陈某某确认合同效力纠纷"[3] 一案中，原告西安闻天科技实业集团有限公司（以下简称"闻天公司"）于房价上涨之际主张合同无效，对此法院认为：原告闻天公司在收到被告陈某某全额购房款近两年后，在诉讼期间涉案房产已经取得预售许可证情况下，仍坚持认为合同无效，恶意明显；其诉讼行为目的是使买房人入住预期落空并蒙受损失，显然有悖公序良俗和诚信原则。

但在此诚信原则并未真正发挥司法裁判功能，毋宁只是作为法院叠加说理的理由之一。真正作为法院认定合同有效的实质性依据是《商品房买卖合同司法解释》第 2 条的规范目的，从本条司法解释设立目的看，预售许可制度是为了规范商品房开发销售秩序，从而充分保护购房者的合法权益，最终目的是确保购房者能够取得房地产权属证书，能够顺利取得所购买房产的物权。由此，法院认为《商品房买卖合同司法解释》第 2 条的规范目的在于保护购房者利益，并根据这一规范目的进行目的论限缩，将侵害购房者利益的情形排除在外。

值得注意的是，法官为惩罚背信的开发商，保护守信的购房者，将《商品房买卖合同司法解释》第 2 条的主观目的解释为"维护购房者权益"（以下简称"目的一"），但该条还有另一个立法目的——维护商品房销售市场秩序

〔1〕 ［德］维尔纳·弗卢梅：《法律行为论》，迟颖译，法律出版社 2013 年版，第 335 页。

〔2〕 参见于飞：《民法总则法源条款的缺失与补充》，载《法学研究》2018 年第 1 期，第 44 页。

〔3〕 参见陕西省西安市莲湖区人民法院（2018）陕 0104 民初 2071 号民事裁定书。

（以下简称"目的二"）。[1] 如果依照目的二，纵使开发商背信式地主张合同无效，合同也极有可能因欠缺商品房预售许可证而被认定为无效。而且从该条规定的合同无效效果来看，目的二所占权重更大。但在本案中，目的一得到了诚信原则有力加权，被法院认为是唯一重要的。法官实际上用诚信原则修改了主观目的，这显然要求其负担更重的论证义务，但法官并未作充分论证，而是以目的性限缩为幌子，"轻松、无须公开论证地将法官目的调包成法律目的"。[2]

有鉴于此，此种限缩并非真正遵循了立法者的规范目的，毋宁是违背了立法者的规范目的。按照法学方法论，司法者违背立法者目的所进行的法律适用为"超越法律的法的续造"，应受到严格的方法论限制，否则就会构成对立法权的僭越。

（三）诚信原则对案件事实认定的影响

在"河北金建房地产开发有限公司与付建立确认合同无效纠纷"[3] 一案中，法院将原告河北金建房地产开发有限公司（以下简称"开发商"）请求确认合同无效的行为认定为滥用诉权，构成恶意诉讼，进而根据与《中华人民共和国民事诉讼法》（以下简称《民事诉讼法》）第 112 条否定了开发商的诉讼请求。我国学者也多采用此种观点，如有学者主张，因当事人恶意主张合同无效的行为违反了诚信原则，故法院对于当事人一方主张合同无效的事实不应予以支持；[4] 也有学者认为，当事人主张合同无效的行为违反了诚信原则，构成权利滥用，故应禁止违反诚信原则的一方主张合同无效，法院应驳回当事人诉讼请求。[5] 可以发现，上述观点均将诚信原则的适用聚焦于

---

〔1〕 由《商品房买卖合同司法解释》第 2 条的文义，我们无法直接获知其规范目的，但制定该解释的主要法律依据为《中华人民共和国城市房地产管理法》，后者在第 1 条的总领条款中指明了立法目的，"为了加强对城市房地产的管理，维护房地产市场秩序，保障房地产权利人的合法权益，促进房地产业的健康发展，制定本法。"据此，《商品房买卖合同司法解释》第 2 条的立法目的不仅包括维护购房者权益，还包括维护市场秩序。

〔2〕 ［奥］恩斯特·A. 克莱默：《法律方法论》，周万里译，法律出版社 2019 年版，第 128 页。

〔3〕 参见河北省石家庄市正定县人民法院（2018）冀 0123 民初 2593 号民事判决书。

〔4〕 参见王利明：《关于无效合同确认的若干问题》，载《法制与社会发展》（双月刊）2002 年第 5 期，第 66 页。

〔5〕 参见夏昊晗：《诚信原则在"借违法无效之名毁约"案型中的适用》，载《法学》2019 年第 6 期，第 152 页。

当事人恶意主张无效的行为，根据诚信原则的"行使审查"功能，[11] 对当事人主张合同无效的行为予以限制，使法院对不诚信一方主张合同无效的事实不予采纳，以此改变三段论的小前提，最终达到合同有效之效果。这种观点虽有可取之处，但也存在明显瑕疵。

1. 恶意主张无效的行为不构成实体法上的"权利滥用"

诚实信用原则"行使审查"的对象是"既存的权利"，对该权利的行使构成权利滥用的，该行使行为不被允许。[2] 那么，当事人恶意主张无效的行为是否构成对"既存权利"的行使呢？在这方面，德国法中的一个判例值得重视：在该案中，法官认为，主张合同无效的当事人，仅仅是在行使"自己所享有的一项权利"。针对此种观点，弗卢梅予以批判到："人们不能将其称为一项权利。"[3]

这里必须提到，《民事诉讼法》中的请求权、抗辩权概念与《中华人民共和国民法典》（以下简称《民法典》）中的请求权、抗辩权概念是在不同的意义上使用的。[4] 首先，在确认合同无效之诉中，表面上看当事人似乎在行使"请求权"，但其诉讼请求的内容为"使一切权利或法律关系消灭"。[5] 此点与实体法请求权有根本区别，实体法请求权的内容是请求对方为或不为一定行为。其次，恶意主张合同无效的抗辩属于"主张权利消灭的抗辩"（rechtsvernichtendeEinwendumg），[6] 是一种事实抗辩而非权利抗辩。所以恶意抗辩并非实体抗辩权的行使，不构成权利滥用。[7] 有鉴于此，《民法典》中所规定的禁止权利滥用原则不能适用于诉讼法，尽管诉讼中也应遵循诚实信用，但后者不会对实体权利产生限制。[8]

---

〔1〕 参见于飞：《公序良俗原则与诚实信用原则的区分》，载《中国社会科学》2015 年第 11 期，第 151 页。

〔2〕 参见于飞：《公序良俗原则与诚实信用原则的区分》，载《中国社会科学》2015 年第 11 期，第 151 页。

〔3〕 参见［德］维尔纳·弗卢梅：《法律行为论》，迟颖译，法律出版社 2013 年版，第 334 页。

〔4〕 参见［德］卡尔·拉伦茨：《德国民法通论》（上册），王晓晔、邵建东等译，法律出版社 2013 年版，第 333 页。

〔5〕 参见毕玉谦主编：《民事诉讼法学》，中国政法大学出版社 2019 年版，第 49 页。

〔6〕 Palandt/Heinrich，§242，Artn. 97；BGHNUW66，68.

〔7〕 参见［德］卡尔·拉伦茨：《德国民法通论》（上册），王晓晔、邵建东等译，法律出版社 2013 年版，第 309 页。

〔8〕 参见［德］卡尔·拉伦茨：《德国民法通论》（上册），王晓晔、邵建东等译，法律出版社 2013 年版，第 309 页。

可见，对一方恶意主张无效或恶意抗辩的行为，不能适用民事实体中的权利滥用制度，这种行为虽然也存在滥用的现象，但其滥用的对象毋宁是法律制度，学界将之称为"对法律制度的滥用"（institurtionellerRechtsmiss-brauch）。[1] 权利滥用与制度滥用的区别在于，权利滥用会导致本次行使权利的行为不发生权利效果，但对法律制度的滥用并不一定导致法律制度不适用于本案，应结合法律制度的规范目的和具体案情予以综合判断。

2. 与法院职权相悖，也与学理通说中的无效理论不符

无论是"不予支持说"还是"权利滥用说"，其区别仅在于方法的不同。前者所采取的方法是法院对当事人恶意主张的事由不予支持，后者则是禁止恶意一方主张无效，但两者的最终目的是一样的——使法院在事实认定上对相关无效事由不予考虑。

这与法院职权相悖。由于合同违法无效中存在违法行为，很有可能对社会公共利益造成损害，因此，合同无效无待当事人在诉讼上主张，法院应依职权认其为无效。[2] 比较法上亦有类似争论，如德国联邦最高法院在一裁判中认为："因为当事人一方为拒绝履行其承诺而主张合同无效的行为显然有违诚信原则，必须禁止他主张合同无效的行为。"对此，德国学者多持批判观点，认为合同违法无效的法律效果按照法律规定而产生，无须当事人主张无效。[3] 可见，以当事人主张无效行为违反诚信为由，让法院对无效事实予以忽视的做法难以实现。

3. 未触及实体法根本，无法为法官提供有效的三段论大前提

以上各学说所欲实现的法律效果是"合同无效按有效处理"或"合同有效"，但是它们均未明确法院据以裁判的法律规范。显然，如果将有关形式要件的规定作为司法三段论大前提，并不能达致此种法律效果。而诚信原则是基本原则，也不能直接作为裁判依据。[4] 在此情形下，法院据以裁判的法律规范有待明确，如果欠缺司法三段论的大前提，任何对法律效果的论断都难以具有说服力。

〔1〕 Vgl. Esser/Sctrnidt, Schuldrecht, AlgermeinerTeil, 1984, 6. Aull. S. 149; Larenz/Wolf, Allge-meinerTeildesBGB, 9. Aufl., S. 235f.

〔2〕 参见韩世远：《合同法总论》，法律出版社2018年版，第213页；柳经纬、尹腊梅：《民法上的抗辩与抗辩权》，载《厦门大学学报（哲学社会科学版）》2007年第2期，第93页。

〔3〕 参见［德］维尔纳·弗卢梅：《法律行为论》，迟颖译，法律出版社2013年版，第611页。

〔4〕 参见［德］卡尔·拉伦茨：《法学方法论》，陈爱娥译，商务印书馆2003年版，第348页。

综上，在多数裁判中，诚信原则并未真正发挥司法裁判功能，只是作为法官叠加说理的理由之一，如法官以开发商违反诚信原则为由，加重其损害赔偿责任。发挥司法裁判功能的相关裁判和学说也多局限于诚信原则的"行使审查功能"，而且通过讨论，我们可以看到，诚信原则的"行使审查功能"于此类案件并不适用。

三、"隐藏法律漏洞"的识别

（一）诚信原则具有填补法律漏洞的功能

在《民法总则》制定前，受德国民法影响，我国学界多将诚实原则和公序良俗原则视为可以直接作为裁判依据的概括条款，两者分别发挥着"行使审查"和"内容审查"的功能。[1] 在《民法总则》制定后，两者的"行使审查"和"内容审查"的功能实际上转移到了第 132 条和第 153 条第 2 款。为避免立法重复，第 7、8 条规定的诚信原则和公序良俗原则不应再被视为概括条款，而是与《民法总则》第一章中其他原则条款一样，都属于基本原则。[2] 就此而言，《民法总则》第 7 条所规定的诚信原则不再具有"行使审查功能"，而仅具有基本原则的相关功能，即法律解释与漏洞补充的功能。[3] 反观《商品房买卖合同司法解释》第 2 条，其并不存在字义不明的情况，因此也就不存在法律解释的问题。那么，《商品房买卖合同司法解释》第 2 条是否存在法律漏洞呢？

（二）"隐藏法律漏洞"的初步识别

目前学界在讨论诚信原则的漏洞补充功能时，多以"开放法律漏洞"作为分析对象，即对某类事项法律应作规定而未规定时，法官可依据诚信原则创设规则进行漏洞填补。[4] 一定程度上忽视了"隐藏法律漏洞"，后者指的是，法律对某类事项虽然作了规定，但该规定的适用范围过宽，严格适用该规则会产生不公正结果，此时法律应有所限制却未作限制性规定。[5] 在隐藏

---

〔1〕 参见徐国栋：《民法基本原则解释——成文法局限性之克服》，中国政法大学出版社 1992 年版，第 11 页；梁慧星：《民法总论》，法律出版社 2017 年版，第 46 页；于飞：《民法基本原则：理论反思与法典表达》，载《法学研究》2016 年第 3 期，第 95 页。

〔2〕 参见于飞：《民法总则法源条款的缺失与补充》，载《法学研究》2018 年第 1 期，第 48 页。

〔3〕 参见梁慧星：《民法总论》，法律出版社 2017 年版，第 45 页。

〔4〕 如于飞教授提出，在欠缺实证法规则时，基本原则可在第三位阶扮演补充性法源的角色。参见于飞：《民法总则法源条款的缺失与补充》，载《法学研究》2018 年第 1 期，第 51 页。

〔5〕 参见黄茂荣：《法学方法与现代民法》，中国政法大学出版社 2001 年版，第 293 页。

法律漏洞中，法律所欠缺的是一条限制性规定。而之所以称其为"隐藏的"漏洞，是因为乍看之下并未欠缺可资适用的规则。[1] 就本文所讨论的案型而言，虽然存在得以适用的规则——《商品房买卖合同司法解释》第2条，但严格适用该规定会产生有利于不诚信一方的不公正结果。于此可能存在"隐藏法律漏洞"。但这仅仅是初步识别，只能说明该规定可能存在"隐藏法律漏洞"，是否真的存在，有待进一步判断。

（三）进一步识别：法益权衡

由定义可知，识别隐藏法律漏洞的重要依据是适用既有规定会产生不公正结果。而在判断结果是否公正时，不能仅凭法感。于此，法官须对诚信原则和规则背后所蕴含的一般法律原则进行权衡。[2] 只有在个案中实现前者的重要性超过后者时，才能说明结果是不公正的。[3] 可见，这里表面上发生的是规则与原则的冲突，但本质上仍是原则与原则的冲突。[4]

针对某一特定情形的原则间的冲突，应宣告其中某一原则具有优先效力，而非宣告另一原则无效。[5] 至于如何确定优先效力，主要存在三种理论路径：其一，权衡法则说。阿列克西创设了原则适用的"权衡法则"，并具体化为"重力公式"，在"重力公式"下对不同原则予以权衡。[6] 其二，动态系统理论。维尔伯格认为，应当列举对原则适用有影响的"要素"，然后将要素的满足度抽取出来"凑整"，以此决定效果是否发生及发生到何种程度；[7] 其三，利益衡量说。该理论认为应当在规则不明时对冲突的利益进行不同的

---

〔1〕 参见［德］卡尔·拉伦茨：《法学方法论》，陈爱娥译，商务印书馆2003年版，第254页。

〔2〕 依拉伦茨之见，借助规则的规范目的可以推论出一般的法律原则，这些法律原则因包含实质的正义内涵而具有正当性。参见［德］卡尔·拉伦茨：《法学方法论》，陈爱娥译，商务印书馆2003年版，第261页。

〔3〕 参见雷磊：《论依据一般法律原则的法律修正——以台湾地区"司法机构大法官会议"释字362号为例》，载《华东政法大学学报》2014年第6期，第14页。

〔4〕 参见彭诚信：《从法律原则到个案规范——阿列克西原则理论的民法应用》，载《法学研究》2014年第4期，第101页。

〔5〕 参见［德］罗伯特·阿列克西：《法：作为理性的制度化》，雷磊编译，中国法制出版社2012年版，第135页。

〔6〕 参见［德］罗伯特·阿列克西《法：作为理性的制度化》，雷磊编译，中国法制出版社2012年版，第136页。

〔7〕 参见［日］山本敬三：《民法中的动态系统论——有关法律评价及方法的绪论性考察》，解亘译，载梁慧星主编《民商法论丛》（第23卷），金桥文化出版（香港）有限公司2002年版，第172页以下。

定性、排序和比较，以此决定案件结果。[1]

无论是"权衡法则说"还是"动态系统理论"，其本身只能提共一种理性思考程序。借助这一理性思考程序，法官可以更为理性的判断哪些要素具有法律评价上的意义，这些要素应放在哪个环节予以考量以及如何予以权衡。但这也只能算是一种手段，最终的结论仍须由法官进行说理和评价后才能得出。

换言之，"权衡法则说"和"动态系统理论"都是形象化后的说法，其本身无法提供确定的答案。究其原因，是因为在此涉及的并非数学问题，而是法律评价问题，此等评价最为困难之处在于：其并非取向于某一般性的标准，毋宁须同时考量当下的各种具体情况。[2] 而法律内部并不存在一个由所有权益及法价值构成的确定阶层秩序，我们无法像读图表一样获得结论。[3] 为获得最终答案，法官必须进行"个案中的权益衡量"，为避免法官自由裁量权的滥用，法院对在此种情形下作了哪些考量，有义务进行充分论述。

虽然在法益的阶层秩序中，存在一些较为明确的权益秩序：其一，基本法所规定的基本权较其他权益具有优越地位；其二，在基本权中，相较于其他权益（尤其是财产性的利益），人的生命或人性尊严有较高的位阶。但在多数案件中，其涉及的权益往往位于同一位阶。于此种情况，一方面取决于应受保护的权益应被损害的程度；另一方面取决于，假使其他权益让步时，其他权益受损害的程度如何。在此法官须遵循比例原则、最轻微侵害手段原则，不得逾越必要限度。[4]

例如，《德国民法典》第 125 条与我国有关"合同因欠缺形式要件而无效"的相关规定类似，其规定，法律行为欠缺法定形式者无效。该规则之规范目的在于要求法律行为须遵循法定形式，其背后蕴含着维护法定秩序这样的"一般原则"。但若法律行为一方以欺诈的方式恶意阻止另一方遵循法定形式时，就会涉及诚信原则。就此种案件类型，法官便会面临着原则权衡问题，亦即维护法定秩序原则与诚信原则的冲突。于此，拉伦茨认为："假使优先考量前者，将使违反诚信的行为反而受到法律的奖励时，基于诚信原则在伦理

---

〔1〕 参见 ［德］卡尔·拉伦茨：《法学方法论》，陈爱娥译，商务印书馆 2003 年版，第 279 页。

〔2〕 参见 ［德］卡尔·拉伦茨：《法学方法论》，陈爱娥译，商务印书馆 2003 年版，第 279 页。

〔3〕 参见 ［德］卡尔·拉伦茨：《法学方法论》，陈爱娥译，商务印书馆 2003 年版，第 279 页。

〔4〕 参见 ［德］卡尔·拉伦茨：《法学方法论》，陈爱娥译，商务印书馆 2003 年版，第 285 页。

上崇高的地位，于此即倾向于赋予此原则优越的地位。"[1] 但在其余大多数的案例中，则常应优先考量形式的规定，如若不然，形式规定之遵守即不能确保。

在开发商恶意主张合同无效情形中，并非所有情形下均得进行法律修正，需要进行法益衡量。例如，如果开发商基于不诚信行为可以获益时，此时一方面会损害买受人利益，另一方会在社会上产生示范效应，鼓励其他开发商进行不诚信的行为，损害了更大群体的买受人利益。较前述两项利益相比，预售许可证所保护的形式秩序利益显然不足以与之对抗。因此，于开发商基于不诚信行为可以获益之情形，《商品房买卖合同司法解释》第2条存在"隐藏法律漏洞"，应当适用诚信原则予以填补。又如，买受人在订立合同时明知开发商没有取得预售许可证，仍然与之订立合同。于此种情形，买受人的信赖利益不值得保护，如果予以保护，其不仅会损害本案中的形式秩序利益，而且还会对其他买受人产生示范效应，导致更多明知没有预售许可证的买受人订立合同，最终使得形式规则的目的落空。在这一情形中，信赖利益与形式秩序利益相比，显然后者的保护必要性更大，在此情况下，《商品房买卖合同司法解释》第2条不存在法律漏洞。

四、诚信原则对"隐藏法律漏洞"的填补

（一）承认诚信原则修正功能的必要性

适用基本原则填补"隐藏法律漏洞"表现为修正既有的法律，为其添加限制性规定，因此我国学者也将其称为"法律修正"或"法律限制"功能。[2] 诚信原则是否具有法律修正功能，学界尚未达成共识。我国学界对修正功能的问题意识系受日本法影响，对诚信原则的修正功能采取较为保守的态度。[3] 诚然，日本学界存在"否定说"，如石田穰认为，诚信原则仅有法律漏洞补充的机能，没有修正制定法的机能，不得以诚实信用原则排除现行法规定之适用。[4] 理由如下：①为了维护法律的权威；②防止法官滥用诚实

---

〔1〕　参见［德］卡尔·拉伦茨：《法学方法论》，陈爱娥译，商务印书馆2003年版，第272页。

〔2〕　参见韩世远：《民法基本原则：体系结构、规范功能与应用发展》，载《吉林大学社会科学学报》2017年第6期，第10页。

〔3〕　学者多不直接否认诚信原则，而是采取回避态度，较少讨论。之所以如此，有学者认为是受日本法保守学说的影响。韩世远：《民法基本原则：体系结构、规范功能与应用发展》，载《吉林大学社会科学学报》2017年第6期，第10页。

〔4〕　转引自梁慧星：《诚实信用原则与漏洞补充》，载《法学研究》1994年第2期，第27页。

信用原则，借诚实信用原则之名而任意解释法律，反于依法裁判之基本原则。但亦有日本学者持"肯定说"，如山本敬三认为，由于规则或多或少也带有一般性的性格特征，因此原封不动地适用规则，可能会出现产生不当的结果，诚信原则的修正功能，在此发挥着重要作用。[1]

谢怀栻教授曾在讨论合同法的立法方案时，建议规定诚信原则的修正功能："法院在裁判案件时，如无具体条文可以适用，或适用具体规定所得到的结果显然违反社会正义，则可以不适用该具体规定而适用基本原则。为避免基本原则的滥用，可规定法院于直接适用基本原则裁判案件时，应报经最高法院核准。"[2] 梁慧星教授亦从此说，认为以"担心诚实信用原则之滥用，损及法律的安定"为由，否定诚信原则的修正功能并不妥当，因为"明知现行规定属于恶法，其适用结果将违背法律正义，即借口维护法律安定性而仍予适用，致当事人遭受不公正之效果，终难免有因噎废食之讥。"[3]

比较法上，《德国民法典》第 242 条所规定的诚信原则具有对既定法的修正功能（Korrekturvorhandenen Rechts）。[4] 这一功能的危险在于：立法者的决定很可能会被修正功能架空，违背了法官受法律约束的原则，严重损害法律的安定性。[5] 但即便如此，德国学界并未否定诚信原则的修正功能，认为可以通过严格适用诚信原则来防范，只有在极其例外的情况下才能发挥诚信原则的修正功能。[6] 与德国法不同，《瑞士民法典》第 2 条分别规定了诚信原则与禁止权利滥用原则，诚信原则仅具有解释和补充功能，而禁止权利滥用原则具有修正功能。[7] 除少数国家外，诚信原则的修正功能为大陆法系国家

---

〔1〕 参见［日］山本敬三：《民法讲义Ⅰ（总则）》，解亘译，北京大学出版社 2004 年版，第 399 页。

〔2〕 见《中华人民共和国合同法立法方案》第一章之说明。

〔3〕 梁慧星：《诚实信用原则与漏洞补充》，载《法学研究》1994 年第 2 期，第 27 页。

〔4〕 Münchener Kommentarzum BGB, München：C. H. Beck, 7. Aufl. 2016, S. 80.

〔5〕 ［德］迪尔克·罗歇尔德斯：《德国债法总论》，沈小军、张金海译，中国人民大学出版社 2014 年版，第 29 页。

〔6〕 ［德］迪尔克·罗歇尔德斯：《德国债法总论》，沈小军、张金海译，中国人民大学出版社 2014 年版，第 30 页。

〔7〕 参见［瑞］贝蒂娜·许莉蔓-高朴、耶尔格·施密特：《瑞士民法：基本原则与人法》，纪海龙译，中国政法大学出版社 2015 年版，第 94 页。

所普遍接受。[1]

无论我国学界是否承认修正功能，在客观上，"隐藏的法律漏洞"始终都是存在的，如果学界不承认修正功能，法官很有可能在面对此种漏洞时，借"目的论限缩"之名，行"法律修正"之实。[2] 例如，《中华人民共和国保险法》第 16 条规定了解除权的除斥期间，该规定的目的不仅在于敦促权利人及时行使权利，还在于维护法律关系的稳定状态。[3] 但实践中有法院仅依据前者进行目的性限缩，忽略了后者。[4] 这里法官进行的就不是目的性限缩，而是法律修正。

而且与法律修正相比，目的性限缩更为简便，看起来也更加"忠于法律"。[5] 这更会造成诚信原则的滥用，因为前者只需要法官合理论证即可，而法律修正存在极为严格的方法论限制，司法者要想进行"法律修正"，首先应证明存在法律漏洞，之后要在充分说理的情况下将基本原则具体化为规则，此时方能从事"法律修正"。[6] 有鉴于此，应承认诚信原则的修正功能，并发展出成熟的方法论原理，以此避免诚信原则的滥用。

（二）诚信原则修正功能的方法论顺序

在法律规定欠缺必要限制时，法官应首先根据规范本身的主观目的进行目的论限缩，只有在目的论限缩后仍无法得到妥当结论的，方能适用诚信原则的修正功能。理由在于，当法官进行目的论限缩时，依据的是规范目的，仍在立法者目的范围内，此种目的论限缩尚未逾越司法权与立法权之界限；但在进行法律修正时，法官适用诚信原则这一客观目的修正了立法者的主观目的，因为立法者在创设该规则时并未考虑到当下案件的特殊情事。法官所进行的法律修正，毋宁是依据规范目的外的诚信价值（客观目的）而为的"超越法律的法的续造"。[7] 此种续造稍有不慎，就会逾越司法权与立法权之

---

[1] 与此相对，法国法在传统的"诚信"影响下反而要保守许多。英国普通法对"诚实信用"的观念则持怀疑态度，因为它给法官太大的权力并危及了法律安定性。而在欧盟法中，诚实信用原则则被广泛认可。参见［德］迪尔克·罗歇尔德斯：《德国债法总论》，沈小军、张金海译，中国人民大学出版社 2014 年版。

[2] ［德］卡尔·拉伦茨：《法学方法论》，陈爱娥译，商务印书馆 2003 年版，第 267 页。

[3] 参见梁慧星：《民法总论》，法律出版社 2017 年版，第 215 页。

[4] 参见四川省绵阳市中级人民法院（2017）川 07 民终 1417 号民事判决书。

[5] ［德］卡尔·拉伦茨：《法学方法论》，陈爱娥译，商务印书馆 2003 年版，第 267 页。

[6] ［德］卡尔·拉伦茨：《法学方法论》，陈爱娥译，商务印书馆 2003 年版，第 278 页。

[7] 参见［德］卡尔·拉伦茨：《法学方法论》，陈爱娥译，商务印书馆 2003 年版，第 286 页。

界限。

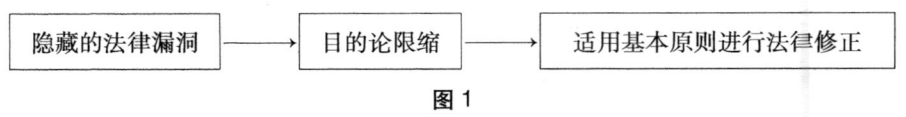

图 1

只有当形式规则存在一个规范目的，且规则的适用违反该目的时，才可以进行目的性限缩。然而，相关的规则却并不属于这一类。例如，《商品房买卖合同司法解释》第 2 条具有"规范商品房开发销售秩序"和"保护购房者利益"两个规范目的，在前述"原告西安闻天科技实业集团有限公司与被告陈某某确认合同效力纠纷"一案中，法院仅适用"保护购房者利益"这一规范目的进行目的论限缩，背离了另一规范目的，因为如果认定合同有效，必然会损害立法者所追求的形式秩序。在本案中，法官毋宁是在进行法律修正，即适用了诚信原则这一客观目的，对《商品房买卖合同司法解释》第 2 条的主观目的进行修正，将原本的主观目的修正为"保护弱者利益"。又如，《中华人民共和国消费者权益保护法》第 55 条具有"惩罚出卖人"和"保护消费者利益"两个规范目的，对于消费者知假买假的情形，有法院适用"保护消费者利益"进行目的论限缩，[1] 此种做法亦是法律修正，因为其适用诚信原则剔除了"惩罚出卖人"这一规范目的。

当法律规定存在多个规范目的时，法官经常仅聚焦于其中一个规范目的，并以此进行目的论限缩，对其他规范目的予以选择性忽视。此种做法实际上是借"目的论限缩"之名，行"法律修正"之实，借助诚信原则修正了原有的规范目的。

（三）诚信原则修正功能的适用方法

有学者认为，诚信原则的修正功能并非意指改变具体规则的内容，而是

---

〔1〕 有法院认为，《中华人民共和国消费者权益保护法》和《中华人民共和国食品安全法》的设立惩罚性赔偿的目的在于维护消费者权益，净化市场环境，维护市场经济秩序，而不是作为市场主体借机牟利的工具。而知假买假的行为本身是一种投机，知假买假并通过诉讼来谋取私利的行为与相关法律价值与立法精神不符，因此不应当得到支持。判决详见安徽省滁州市中级人民法院（2018）皖 11 民终 1491 号民事判决书。

在个案中，不适用该具体规则，直接改用基本原则裁判。[1] 此种观念与方法论原理不符，根据方法论原理，基本原则不能作为大前提直接适用于裁判，必须经具体化形成规则，只有此种规则才能成为司法三段论的大前提。[2] 拉伦茨明确指出："作为原则，其并非可直接适用于具体个案的规则，毋宁为一种指导思想。透过立法，或者（如前所述）由司法裁判依具体化原则的程序，或者借形成案件类型以演绎较为特定的原则，借此可以将原则转变为——能被用作裁判基准的——规则。"[3] 卡纳里斯也强调："原则并非规则，因而不能不经中介地适用，而是必须首先使之要件固化或者说'规则化'。"[4]

在法律修正中，业已存在可以适用的规则，法官要做的是基于诚信原则对该规则创设但书。在此，法官应将诚信原则具体化为限制性规定。此种限制性规定不能是"但违反诚信原则者除外"这样的空洞表述，而应是根据案例类型所归纳出的具有足够确定性的规则。而且基于对法律稳定性和平等原则的考量，在法官面对若干合理解决方案时，该规则具有优先性。[5]

以《德国民法典》第125条为例，其规定违反法定形式要件的法律行为无效。为维护形式秩序，一般情况下对此规则不得进行修正。但在极其例外的情况下，可以适用诚信原则进行修正。通过对案例进行类型化，德国学者归纳出两类但书：①主张无效一方可能因合同无效而受益，且其存在严重的欺诈行为的除外；②合同无效将危及对方生存的经济基础的除外。[6] 这对《商品房买卖合同司法解释》第2条的修正具有启发意义。

1. 但书一

在前述裁判中，开发商之所以主张合同无效，是为了谋取房屋溢价，于此可以归纳出"主张无效一方可能因合同无效而受益"这一构成要件。在此基础上，我们可以将既有案例类型化为以下几种情形：①买受人于订立合同时，虽然知道开发商未取得预售许可证，但开发商承诺不久后将会取得；

---

〔1〕 韩世远：《民法基本原则：体系结构、规范功能与应用发展》，载《吉林大学社会科学学报》2017年第6期，第10页。

〔2〕 参见于飞：《民法总则法源条款的缺失与补充》，载《法学研究》2018年第1期，第46页。

〔3〕 ［德］卡尔·拉伦茨：《法学方法论》，陈爱娥译，商务印书馆2003年版，第293页。

〔4〕 Canaris, SystemdenkenundSystembegriffinderJurisprudenz, 2. Aufl., 1983, S. 57.

〔5〕 Vgl. Larenz/ Canaris, MethodenlehrederRechtswissenschaft, 3. Aufl., 1995, S. 256.; auchOhly, GeneralklauselundRichterrecht, in: ArchivfürdiecivilistischePraxisAcP201 (2001), S. 1 (31).

〔6〕 Vgl. BGHZ92, 164 (171ff.); Larenz, SchuldrechtI, 10 Ⅲ; Medicus, BurgerlichesRecht, Rn. 180ff.; Staudinger/Looschelders/Olzen (2005), § 242, Rn. 445ff.

②开发商欺骗买受人已取得预售许可证，且受制于查询技术的落后，买受人难以查明。就两种情形而言，开发商均存在欺诈行为。在此可以归纳出"存在欺诈行为"这一构成要件。结合以上两个构成要件，我们可以依据诚信原则对《商品房买卖合同司法解释》第 2 条创设但书如下："主张无效一方可能因合同无效而受益，且其存在欺诈行为的除外。"

如果开发商此前不存在欺诈情形，则应允许开发商取得获益。诚然，开发商主张合同无效的行为构成对形式规则的滥用。但倘若人们不愿意一般性地容忍"滥用"形式规则的行为，也即违背形式目的而主张形式瑕疵的行为，那么人们必须完全放弃形式规则。[1]

2. 但书二

在我国房价上涨的大背景下，如果买受人十分穷困，花光所有积蓄购买了商品房，一旦于房价显著上涨之时认定合同无效，很有可能威胁到其生存利益。在法益的阶层秩序中，存在一些较为明确的权益秩序：其一，基本法所规定的基本权较其他权益具有优越地位；其二，在基本权中，相较于其他权益（尤其是财产性的利益），人的生命或人性尊严有较高的位阶。因此，较形式秩序利益，生存利益更具优先地位，出于对生存利益的保护，我们可以依据诚信原则创设另一条但书："主张无效一方可能因合同无效而受益，合同无效将危及对方生存利益的除外。"

在依据诚信原则进行法律修正，对某一规则创设但书后，其发生的法律效果仅是对于某类事件，该规则不予适用。此时，对于此类事件，法官应依据何种规定作为三段论大前提，则是另外一个问题。例如，在对《商品房买卖合同司法解释》第 2 条创设但书后，仅意味着商品房买卖合同不适用该规定。换言之，我们仅能通过反面推理得出"合同并非无效"这一结论。至于合同是否有效，法律未有规定。此时，我们可以通过类推适用、目的论扩张等方法，依据其他规则予以确认。

于此，商品房买卖合同的效力存在以下可能性：其一，合同有效。在此适用的是合同自由原则；其二，合同不生效。在此类推适用的是合同不生效制度，由此，如果买受人要求开发商继续履行合同，就构成对合同的追认，合同有效；如果买受人不要求开发商履行合同，合同就不生效力。其三，合同可撤销。在此类推适用的是合同撤销制度。三者之中，类推适用合同不生

---

〔1〕 参见［德］维尔纳·弗卢梅：《法律行为论》，迟颖译，法律出版社 2013 年版，第 334 页。

效制度更为适宜，理由在于[1]：相较于合同撤销，当买受人不希望合同生效时，他不必基于撤销来摆脱合同的拘束；相较于合同有效，只有当买受人要求出卖人继续履行合同时，合同才会发生效力，对形式规则目的的损害更小。从这一角度上说，附随法律修正而来的，仍旧是其他规则的类推适用。

五、结语

当规则的适用与诚信原则相抵触时，法官应如何裁判？对此不能简单套用规则优先于原则适用这一理论予以回答，因为规则可能存在隐藏法律漏洞，这会导致适用范围过宽。因此，法官有必要识别隐藏法律漏洞是否存在。识别时首先依据的是主观目的，如果依主观目的就可以认定规则的适用范围过宽，则做目的性限缩即可，没有必要再诉诸诚信原则。如果依主观目的得出规则仍应予以适用，此时才会真正发生规则与诚信原则的冲突，接下来法官须对主观目的与诚信原则进行权衡，如果通过权衡得出实现诚信原则的重要性超过主观目的时，则应根据诚信原则修正规则，为其创设但书，以此限制规则的适用。

要实现法律修正，法官有义务在判决书中做到三个指明：其一，指明起点——主观目的与诚信原则发生冲突；其二，指明过程——如何对案件中相冲突的法益进行权衡；其三，指明终点——可否用诚信原则修正主观目的。唯有如此，才能避免法官在诚信原则的掩护下，对主观目的进行恣意修改。当然，由于私法中并不存在一个具有确定位阶的价值体系，因此在利益权衡中，常常会有见仁见智的情形发生。但这已是法官在当时的条件下所能做到的极限，而且相关评价标准都是从现行法秩序中提取所得，所以这个决定纵使不是最正确的，也是可接受的。对于这种不确定性，只能"透过价值标准的具体化及案件之类型化慢慢去克服。"[2] 这个过程可能是极艰难的，但却是一个值得努力的方向。

---

〔1〕 参见［德］维尔纳·弗卢梅：《法律行为论》，迟颖译，法律出版社2013年版，第663页。

〔2〕 黄茂荣：《法学方法与现代民法》，中国政法大学出版社2001年版，第285页。

论自愿性信息披露后的更新义务：法理解释及适用

席珮琳 *

摘　要:《证券法》首次以明文确立自愿性信息披露制度，使得法定类型外的前瞻性信息得否披露的这一争议终告解决。由于在披露时无法确定信息内容实现与否的特性，实践中认为，若前瞻性信息披露时的内容与后续发展有不一致时，应对披露者课予更新义务。然而，无论是更新义务的依据抑或适用要件，《证券法》均未有之，更无法解决行业规范对应否课予更新义务的歧义。当自愿披露者对更新义务的适用欠缺预见可能性时，将倾向不披露以避免更新义务的违反所产生的虚假陈述责任，这有悖于自愿性信息披露的立法目的。通过比较法可知，我国所采取的持续性信息披露体系是更新义务的规范基础。在适用要件上，除了要求后续变化具有重大性外，披露在先者也应具有重大性，且要求更新的内容应与披露在先者有关联，否则难谓更新，而是一次新的披露。更新义务的违反将产生虚假陈述责任，董事及其他责任主体能否主张勤勉义务的履行减免责任应视具体职责而定。更新义务的讨论应切合自愿性信息披露的制度

　　* 　席珮琳，中国政法大学民商经济法学院民商法 2017 级博士研究生（100088）。

目的，在切实保护投资者利益外，亦不能使披露者承担过重责任，方能平衡证券市场各方参与者的利益。

关键词：信息披露　自愿性信息披露　更新义务

2019年12月28日修订通过并于2020年3月1日施行的《中华人民共和国证券法》［以下简称《证券法》（2019年）］于信息披露一章中明确了自愿性信息披露的规定。[1] 虽然这是我国证券法中首次以明文规定的方式确立自愿性信息披露制度，但对证券市场而言，自愿性信息披露制度非属新物，在法律未以明文规定前，部门性规范文件[2]及行业规定[3]中即已有之。在《证券法》（2019年）中确认自愿性信息披露制度，可视为是上位阶法源的完善，这使得证监会设想的披露体系[4]更好的被落实，过去关于法律法规中未以明文规定的信息类型是否要进行自愿披露，还是仅能披露有限的信息类型，如盈利预测等问题的争议自此得以落幕。尽管自愿性信息披露制度在整个信息披露制度的抽象规范体系中得到完善，但在具体个案的适用中衍生出的相关问题并未因《证券法》（2019年）的明文规范当然得到解决，尤其是披露后的更新义务在具体适用中存在的问题亟待进一步讨论。本文拟以证监会针

---

〔1〕　《证券法》（2019年）第84条第1款："除依法需要披露的信息之外，信息披露义务人可以自愿披露与投资者作出价值判断和投资决策有关的信息，但不得与依法披露的信息相冲突，不得误导投资者。"

〔2〕　《上市公司治理准则》第91条："鼓励上市公司除依照强制性规定披露信息外，自愿披露可能对股东和其他利益相关者决策产生影响的信息。自愿性信息披露应当遵守公平原则，保持信息披露的持续性和一致性，不得进行选择性披露，不得利用自愿性信息披露从事市场操纵、内幕交易或者其他违法违规行为，不得违反公序良俗、损害社会公共利益。自愿披露具有一定预测性质信息的，应当明确预测的依据，并提示可能出现的不确定性和风险。"

〔3〕　《上海证券交易所上市公司信息披露事务管理制度指引》第14条："信息披露事务管理制度应当确立自愿性信息披露原则，在不涉及敏感财务信息、商业秘密的基础上，应鼓励公司主动、及时地披露对股东和其他利益相关者决策产生较大影响的信息，包括公司发展战略、经营理念、公司与利益相关者的关系等方面。"《深圳证券交易所主板上市公司规范运作指引》第5.1.26条："上市公司进行自愿性信息披露的，应当遵守公平信息披露原则，避免选择性信息披露。公司不得利用自愿性信息披露从事市场操纵、内幕交易或者其他违法违规行为。当已披露的信息情况发生重大变化，有可能影响投资者决策的，公司应当及时披露进展公告，直至该事项完全结束。"第5.1.27条："上市公司自愿披露预测性信息时，应当以明确的警示性文字，具体列明相关的风险因素，提示投资者可能出现的不确定性和风险。"

〔4〕　中国证券监督管理委员会关于印发《关于完善公开发行证券公司信息披露规范的意见》的通知中指出，如果有违反虚假信息或不按照规定披露信息，则应援引法律法规中有关规定进行处罚。

对自愿性信息披露所为的首例行政处罚，即《中国证监会行政处罚决定书（江苏宝利国际投资股份有限公司、周德洪、陈永勤等 6 名责任人员）》（〔2017〕66 号）为引，指出自愿性信息披露制度，特别是披露后的更新义务在具体适用中存在的问题。

一、问题的说明：首例针对自愿性信息披露的行政处罚所引发的思考

（一）事实与处罚理由

江苏宝利国际投资股份有限公司（以下简称"宝利国际"）在涉及自愿性信息披露一事中被证监会认定为违法。宝利国际于 2015 年 5 月 15 日发布公告称，其与白俄罗斯及其下属纳夫坦炼油公司签订《意向备忘录》，内容包含合作各方有意成立合资企业，且宝利国际将对后续进展即时履行披露义务等。证监会认为，此一与外国公司签订《意向备忘录》的公告，即属于宝利国际自愿披露的信息。然而截至 2015 年 10 月，由于合作筹建合资企业的工作没有进展，时任宝利国际法定代表人及董事长的周德洪，决定终止宝利国际与白俄罗斯的业务，但未与合作方以书面形式解除《意向备忘录》。

证监会认为，宝利国际应就《意向备忘录》约定事项已发生重大变化的事实如实披露，而不得进行有始无终的披露。且其亦不认同宝利国际所提出的申辩，即《意向备忘录》的签订是出于自愿所为的信息披露，注意义务标准应低于强制性信息披露事项的注意标准。故依据《证券法》（2014 年，已被修改）第 193 条第 1 款的规定，即未按照规定披露信息或所披露信息有虚假记载、误导性陈述或者重大遗漏[1]予以警告，并处以罚款。

（二）处罚理由的商榷兼问题的提出

第一，更新义务的依据何在。证监会认为，虽然宝利国际所为的信息披露起初是依其自由所为的，但是一旦选择进行披露，便会受到更新义务的拘束，而应根据情事变化随时披露。需要质疑的是，我国关于更新义务的课予是否存在一般性的依据？该行政处罚书的处罚依据，是宝利国际违反《深圳证券交易所创业板上市公司规范运作指引》[2015 年修订，已失效，以下简称《深交所指引》（2015 年）] 中所课予的更新义务，即"当已披露的信息情

---

[1] 《证券法》（2014 年）第 193 条第 1 款："发行人、上市公司或者其他信息披露义务人未按照规定披露信息，或者所披露的信息有虚假记载、误导性陈述或者重大遗漏的，责令改正，给予警告，并处以三十万元以上六十万元以下的罚款。对直接负责的主管人员和其他直接责任人员给予警告，并处以三万元以上三十万元以下的罚款。"

况发生重大变化，有可能影响投资者决策的，公司应当及时披露进展公告，直至该事项完全结束"。[1] 但是，在上海证券交易所制定的相关信息披露指引中，虽有针对自愿性信息披露作出规定，却未与《深交所指引》（2015 年）一样，以明文规定更新义务。何以同属自愿性信息披露的行为，且法源位阶同为行业规定，却对更新义务的有无存有不一致？当同位阶的规定出现歧义或不明确时，应当自上位阶法源探求正确的适用；但检视上位阶法源后可以发现，无论《上市公司治理准则》、《证券法》（2019 年）均未见有关于更新义务的明文规定，此时是否能以自愿性信息披露制度所涉及的相关法理为依据，即从法理解释的角度来为更新义务找到一般性的依据？

第二，更新义务的构成要件。假设能以我国所采取的持续性信息披露体系作为更新义务的依据，比如在较前述行业规定位阶为高的《上市公司治理准则》中就有关于自愿性信息应持续披露的规定[2]；则此时要进一步厘清的是，持续性信息披露与更新义务之间的关联为何；再者，更新义务是否须以特定要件的满足才会产生？产生此一疑义的原因在于，《深交所指引》（2015年）中所课予的更新义务，在已披露信息发生重大变化时才会产生；但是如果按照《上市公司治理准则》的文义来看，持续披露的要求似乎并不以发生重大变化为限，由此更新义务的产生将因为两者的文义规范，在适用上有较大争议；换言之，究竟更新义务是否需要在满足特定要件，即发生重大变化后才会产生，还是一旦选择披露后，只要有变化就应当践行之？此两者的区别可以通过该行政处罚决定书，即宝利国际在签订《意向备忘录》后，因为组建合资企业没有进展而决定退出，也无人员继续在当地进行业务活动，但《意向备忘录》并未合意解除的这一事实来展示。若将《上市公司治理准则》的文义解释为，一旦选择披露后，凡有变动就应予更新，则此时宝利国际决定退出乃至撤回人员都属于变动，既属于变动，则应予以披露方属合法。但在适用《深交所指引》（2015 年）时，不仅要有变动的发生，还要该变动具有重大性时，才会产生更新义务；这就需要再对只有法定代表人主观决定退出，在客观上有停止业务活动的进行，但却无结束合作的确切情事是否具有

---

〔1〕　参见《深交所指引》（2015 年）第五章第一节第 23 条（5.1.23）第 2 款的规定。

〔2〕　《上市公司治理准则》第 91 条第 2 款："自愿性信息披露应当遵守公平原则，保持信息披露的持续性和一致性，不得进行选择性披露，不得利用自愿性信息披露从事市场操纵、内幕交易或者其他违法违规行为，不得违反公序良俗、损害社会公共利益。自愿披露具有一定预测性质信息的，应当明确预测的依据，并提示可能出现的不确定性和风险。"

重大性进一步论证，唯有确定宝利国际的前述行为属于重大变化时，宝利国际才会因未履行更新义务而有相应责任的承担。这种对更新义务产生要件的确认，除了影响自愿披露信息者的法律责任外，更会影响披露者的意愿，若更新义务的产生过于容易时，披露者所要承担的是随时可能发生变化之下的再披露成本，否则就有被诉的风险。对披露者来说，假设其自愿披露信息反而产生承担成本重于所获收益的情况，自愿性信息披露制度恐令人望而却步，因此更新义务的产生及应当如何适用就有进行厘清的必要性。

第三，亦是关于更新义务的构成要件问题，即注意义务的部分。申辩意见中多次主张自愿性信息披露所适用的注意义务程度应低于强制性信息披露，这一申辩意见并不为证监会所认同，但也未见较详尽的分析或理由。再者，还有疑问的是，此处所述的注意义务程度是否会因适用于不同阶段而有不同；即披露在先的阶段与后续变化所为的更新义务阶段的注意义务是否相同？在申辩意见中，相关责任人员还主张其主观上均非明知应披露而不披露，换言之，并不存在误导投资者的故意；而证监会则认为，相关责任人员针对宝利国际的违法行为，即未履行更新义务的部分，不能谓已符合勤勉尽责，而仍应受到行政处罚。这与前一问题相同，也是涉及注意义务的讨论。

二、更新义务在美国各巡回法院的不同见解与讨论

美国在其证券法发展历程中甚为重视信息披露制度的作用，故而发展至今的其仰赖信息披露制度所发展出的市场治理经验，是各国在构建自身证券法体系或面临问题时所主要借鉴的对象。事实上，不仅证券法律法规所确立的制度本身值得参考，美国法院在证券法律法规所建构的框架下，通过案件的审理、适用，最后形成原理原则，更是使得骨感的证券法律法规变得有血有肉。在美国法下探寻更新义务（Duty to Update）制度的身影，更不能忽略各巡回法院的有关判决，原因在于证券法律、法规并未明确规定更新义务，以至于该义务的存否在根本上就是最主要的争议焦点，更遑论更新义务的要件以及适用。而这些争议更是在美国证券交易委员会（SEC）颁布了 Regulation Fair Disclosure[1]（Regulation FD），允许公司自由披露有关前瞻性质的财务信息后大量浮上台面。不同巡回法院在是否课予更新义务的态度上存在争议，目前第一、第二和第三巡回法院在不同程度上认为应当课予更新义务，

---

[1]　17 C. F. R. 243.

但第七巡回法院自始至终都认为更新义务的课予并无正当性可言。[1] 综合上述理由，本文认为美国各巡回法院在审判中关于更新义务的讨论可作为我国在解释及适用上的参考。

（一）概述

美国各巡回法院，无论是否肯定更新义务的存在，在界定何谓更新义务时，多从学理上借由与更正义务（Duty to Correct）概念的比较来说明。以 O-ran v. Stafford[2] 一案为例，法院指出，更正义务，是一家公司在作出历史性陈述的当时，认为该陈述为真，但后又发现，该信息事实上并非如所披露的一般，故有更正的必要。而更新义务，是适用于公司所为陈述在当时是合理的，但在后续的发展下该陈述会被视为具有误导性。换言之，更正义务，是指"对于原本提出之错误资讯进行修正。"[3] 更新义务，则是指"前瞻性陈述[4]因其后出现之新事实而会造成误导投资人时，公司及经营阶层应排除误导性资讯而言。"[5] 总的来说，更正义务及更新义务的区别就在于适用对象，即两者所适用的信息种类是不同的；更正义务适用于历史性信息，而更新义务适用于前瞻性信息。[6] 历史性信息，由于内容所指涉的事实已经发生，因此能在陈述当时就确认内容是否与事实的真伪一致；前瞻性信息，则因所指

---

〔1〕 Steven E. Bochner& Samir Bukhar, The Duty to Update and Disclosure Reform: The Impact of Regulation FD and Current Disclosure Initiatives, 7 Stan. J. L. Bus. & Fin. 225 (2002).

〔2〕 226 F. 3d 275 (2000).

〔3〕 王志诚：《董事对财务预测之更新义务——兼评台湾高等法院 106 年度金上字第 17 号民事判决》，载《月旦裁判时报》2019 年第 89 期，第 69 页。

〔4〕 又可称为前瞻性信息（Forward-looking Information），是软信息中的一个子类型，有学者对软信息的范围提供了较全面的说明及列举，其认为符合以下特征者为软信息：①关于"前瞻性的"陈述（forward-looking statement）；②关于"过去或现在的，但是正确性不明的"陈述；③主要是由"主观臆测（subjective evaluations）"构成的陈述；④关于"动机（motive）、目的（purpose）或意图（intention）"的陈述；⑤带有"主观评价形容词"的陈述。总的来说，软信息不仅指关于未来的陈述，只要其带有不确定的内容均可能构成，其所指范围的外延实际上大于前瞻性信息；而前瞻性陈述的内容除了是关于构成当时实现与否尚不确定的主观陈述外，更着重在其内容是指向未来的。

〔5〕 王志诚：《董事对财务预测之更新义务——兼评台湾高等法院 106 年度金上字第 17 号民事判决》，载《月旦裁判时报》2019 年第 89 期，第 70 页。

〔6〕 "The former (duty to correct) applies when a company makes a historical statement that, at the time made, the company believed to be true, but as revealed by subsequently discovered information actually was not. The company then must correct the prior statement within a reasonable time. Some have argued that a duty to update arises when a company makes a forward-looking statement—a projection—that because of subsequent events becomes untrue. " Stransky v. Cummins Engine Co. , Inc. , 51 F. 3d 1329 (1995).

涉的内容是面向未来，该信息内容的发生与否在陈述当时还不能确定。

（二）课予更新义务的肯否见解

前已指出，唯有前瞻性信息方有更新义务的适用是因其性质所致，在陈述当时无法确定披露内容将与后续结果的发展一致，所以才会产生是否应当在两者不一致时课予更新义务的争议。进一步要指出的是，讨论是否应课予更新义务，事实上亦是在问一前瞻性信息如后续结果果真与陈述时不相同，是否应认定为欺诈，进而有相应责任的承担。如不因此被认定为欺诈，就无须再探讨是否需要对该信息进行更新；反之，如可能被认定为欺诈时，则应当在考虑前瞻性信息的特性的前提下，使披露者得以更新义务的方式，加以缓和欺诈责任的构成方为公平。

1. 否定见解

第七巡回法院自从在 Stransky v. Cummins Engine Co. , Inc.[1] 一案中对更新义务持否定见解后，这一观点就持续在第七巡回法院于审理相同案件时所维持。Stransky v. Cummins Engine Co. , Inc. 的案件事实相当简单，即一家公司对其未来的业绩做出乐观的预测，并也为相同内容的披露，然而，后续的结果与披露内容并不一致，于是股东主张因前述所披露的预测内容而受到欺诈。法院之所以拒绝承认此时应当对该公司课予更新义务，是出于对证券法规所规定的损害赔偿责任在文义上的考量，即在"作出陈述时"有欺诈的情事时始需承担责任。这意味着，法院是以事前角度（an ex ante perspective）来理解证券欺诈的责任构成，只要在信息披露当时的内容为真实，就不因意外地出错而具有欺诈性；反之，在信息披露当时的内容若为虚假，也不因后续碰巧实现而变得不具欺诈性。[2] 换言之，就前瞻性信息而言，由于披露当时尚无法确认信息内容的真伪，故只要信息内容是基于合理基础所作成或已遵守阻却责任的相关规定，便不会因后续的变化而承担证券欺诈责任。

2. 肯定见解

与对更新义务持否定意见的第七巡回法院意见相对，持肯定见解的法院认为在符合特殊情况时，便有课予更新义务的必要；然而，值得注意的是，

---

〔1〕 51 F. 3d 1329 (1995).

〔2〕 "The securities laws approach matters from an ex ante perspective: just as a statement true when made does not become fraudulent because things unexpectedly go wrong, so a statement materially false when made does not become acceptable because it happens to come true."

虽同为持肯定见解者，各巡回法院在审理过程中检验是否适用更新义务的标准却仍有一些差异。还要说明的是，将如何理解事后角度（apost facto perspective）先予说明有助于理解；采取事前角度者，是只以披露时的信息内容为检验对象，而采取事后角度者，则不仅要检验披露时的信息，还要对披露后发生的变化进行检验。

（1）第一巡回法院确立的适用要件：披露在先的信息仍然持续具有重大性。第一巡回法院所审理的 Backman v. Polaroid Corp. [1] 一案，其事实为 Polaroid Corp. 在 1978 年的第三季度报告（Third Quarter Report）中就其产品（an instant movie camera, Polavision）投入生产后预期带来的销量进行信息披露；而后的发展却未如该信息所预期的一般，因此股东主张 Polaroid Corp. 应为此承担欺诈责任，因为在信息披露后，产品生产过程中遇有困难进而导致减少乃至停止生产的情事，Polaroid Corp. 并未予以披露。本案陪审团认为，披露后的变化使得披露在先的第三季报告转为具有误导性，理由在于："假设 Polaroid Corp. 未主动披露后续变化，对于投资人而言，单纯凭借一己之力要获取这一信息实属吃力。"[2] 此处的"主动披露后续变化"所指的正是更新义务。

然而，本案陪审团虽然肯定了更新义务有保护投资人的意义，但本案法官还进一步指出，在信息披露后并非只要有发生后续的变化就有更新义务的适用；还需要检验披露在先的信息，是否在后续发生变化时，仍在投资人的脑海萦绕（alive）。[3] 如是，则意味着该信息仍然为合理投资人所信赖，而仍具有重大性；反之，如果披露在先的信息不具有重大性，即便后续发生变化，披露者也不因此产生更新义务。

（2）第二巡回法院确立的适用要件：后续变化须具有重大性。第二巡回法院在 In re Time Warner Inc. Securities Litigation[4] 一案，展现出较前述第一巡回法院所审理案件更为细化的检验标准。本案事实为，1989 年方才结束合

---

〔1〕　910 F. 2d 10 (1990).

〔2〕　some might find it less than forthcoming for the press release not to have at least mentioned Polavision's difficulties so that the investing public could assess for themselves the reasons behind the sale.

〔3〕　"It is now clear that there is a duty to correct or revise a prior statement which was accurate when made but which has become misleading due to subsequent events. This duty exists so long as prior statements remain 'alive'."

〔4〕　9 F. 3d 259 (1993).

并程序的 Time Warner Inc. 发现其承担着超过 100 亿美元的债务，而此一结果致使许多股东不满，因而 Time Warner Inc. 开始寻找战略合作伙伴，冀望能为公司注入数十亿美元的资金，助其实现成为全球领先娱乐集团的梦想。最终，Time Warner Inc. 只与两名伙伴建立战略合作关系，且所能带来的效益都小于预期。在巨额债务的压力下，Time Warner Inc. 被迫采取会大幅稀释现有股东权益的新股发行方式进行融资。该公司于 1991 年 6 月 6 日首次提出发行的提案，而后遭到 SEC 否决，后又提出第二项提案，并于 1991 年 7 月 12 日获得批准。两项新股发行方案的宣布都导致 Time Warner Inc. 的股价大幅下跌。1991 年 6 月 5 日到 6 月 12 日，股价从 117 美元跌至 94 美元，再到 7 月 12 日，价格已经降到 89.75 美元。Time Warner Inc. 的股东据此提起诉讼，主张 Time Warner Inc. 及其管理层所为的信息披露具有重大误导性，因为其只披露了欲寻求战略合作伙伴的信息，却没有披露后续寻找的过程并不顺利，也没有将其考虑以新股发行作为备选方案的信息予以披露。

第二巡回法院先就 Time Warner Inc. 所披露以寻求战略合作伙伴的信息进行定性，法院认为这属于前瞻性信息，因为需求战略合作伙伴的信息内容反映了谈判正在进行尚未结束，而 Time Warner Inc. 期望谈判能够成功达到其目标；就信息披露的当时，也没有任何证据表明，此一信息在作成时所凭借的基础是不实的。接着，法院再就股东所主张的两个后续变化进行说明，关于第一个变化，即 Time Warner Inc. 没有就后续寻找战略合作伙伴的不顺利进行披露的部分，法院认为谈判的过程本就是如此，没有人能确认交易将在某一日达成。至于第二个变化，即 Time Warner Inc. 未将以新股发行作为备选方案进行披露的部分，法院认为，虽然不要求公司在信息披露时，必须连同其可能掌握的每一项影响股票价格的信息一并披露；但当该公司有一个特定的目标，并就该目标以及实现的预期方法进行披露时，就可能有义务要披露其他实现该目标的替代方法。换言之，法院认为应当检视该替代方法是否具有重大性，以及替代方法的不披露是否将使原始披露具有误导性。至此可以得出，第二巡回法院与前述第一巡回法院所作成的规则不同之处在于，本案更为强调对后续变化是否具有重大性进行检验。

（3）第三巡回法院确立的适用要件：后续变化与披露在先的信息间有关联性。Oran v. Stafford[1] 一案则是投资者对 American Home Products Corpora-

---

〔1〕 226 F. 3d 275 (2000).

tion（AHP）及该公司的管理层提起证券欺诈的诉讼，投资者依据的事实为，AHP对其将生产的减肥药在药物安全性的部分作出了虚假陈述和遗漏，即未能在该药物投入生产后，针对几项关于该药物与造成心脏瓣膜损伤有所联系的研究内容进行更新、披露。因此，原告主张，在前述关于心脏瓣膜损伤的研究内容被公开后，导致AHP的股价下跌，使其蒙受了巨大的经济损失。第三巡回法院首先作成与第一巡回法院相同的认定，指出只有披露在先的信息内容已萦绕在投资者的脑海时，才有对后续变化进行更新的必要。[1] 然而，本案法院还提出另一个限缩更新义务适用的标准，即后续变化必须是与披露在先的信息内容有关联性时，方有更新义务的适用；以本案的事实为例，AHP生产的药物是减肥药，其所为的披露也仅是与减肥有关的效用等内容，从未谈及心脏瓣膜损伤的问题，既然未曾披露过，心脏瓣膜损害的信息就不可能萦绕在投资者脑海，更遑论有更新义务的适用。[2]

（三）小结

纵观美国各巡回法院涉及更新义务案件的审理中可知，否定更新义务者，除了通过证券欺诈责任的成立时点驳斥更新义务的课予外，更指出更新义务的基础应是与一国证券法的信息披露体系息息相关。持否定更新义务意见者认为，既然检验证券欺诈责任是否成立的时点，仅在陈述作成时，则证券法所要采取的是一定期性信息披露体系（periodic-disclosure system）；换言之，应在什么时点、应当披露何种信息都应以法律、法规所规定者为准。更新义务的适用对象是前瞻性信息，其特性就在于陈述时所具有的不确定性，导致无论是披露者或其他任何主体均无法在陈述作成时检验内容的真伪，只能就信息内容是否具有合理性进行检验。这意味着，否定更新义务者不支持将信息内容实现的当下与陈述作成的当下进行两两比较，并以此二者的不同要求披露者对信息内容进行重新披露，即更新；事实上，即便披露者不更新，亦

---

〔1〕 Nevertheless, the omission of material information from a prior statement is actionable under a duty to update theory only if the previous statement contained an "implicit factual representation that remained 'alive' in the minds of investors as a continuing representation."

〔2〕 In this case, AHP never made any factual representation—implicit or explicit—regarding when it was first placed on notice about potential heart-valve problems. AHP's earlier statements about the Mayo and European data did not relate any incorrect or misleading information about when the company had learned of that data; rather, they were simply silent on the subject. In the absence of a misleading prior representation, AHP was under no legal duty to update.

不承担任何欺诈责任，因此如果司法实践在此时要求更新义务的践行，无异于增加法所无规定的义务，也是藐视前述确立的定期性信息披露体系，而改采取所谓的持续性信息披露体系。

肯定更新义务者，虽未明确指出更新义务的基础何在，但不难想见是出于避免投资者受误导的考量，因为前瞻性信息在作成时虽然无法确定真伪，然而仍可能为投资人所信赖；换言之，前瞻性信息并不因为内容的不确定性就阻却其构成重大信息。虽然如此，但从各巡回法院的审理思路来看，都有倾向限缩适用更新义务的情形。事实上，由于前瞻性信息的特性，要将之认定为具有重大性本就极为不易；前瞻性信息由于其内容面向未来，在披露当时对于内容是否实现无法得知，为使投资人正确认识其所面对的是一前瞻性信息，多会要求在披露时一并附上警示语句，借此提示投资人避免其过于信赖；换言之，前瞻性信息往往会因为附有警示语句的缘故而被认为不具有重大性。再者，即便披露在先的前瞻性信息确实具有重大性，亦不意味在后续发生变化时就当然有更新义务的适用；如后续的变化不具有重大性，也就不会作为一般投资人的信赖对象，既然不为投资人所信赖，则更新与否就非为关注的重点。此外，更新义务的范围须与披露在先的信息范围一致，否则就违背了部分前瞻性信息是采取自愿披露的原则；如果股东或投资人得借更新义务之名，来要求披露范围大于披露在先者，将有悖于"披露，否则戒绝交易"的原则，如此之下，可能会使发行公司无时无刻陷于信息披露的诉讼中，且承担过重的信息披露成本。

三、更新义务在我国实践中的解释和适用

（一）更新义务的一般性规范探寻：以持续性信息披露体系作为解释基础

首例针对自愿性信息披露的行政处罚是以披露人违反《深交所指引》（2015 年）中所规定的更新义务，再依据《证券法》（2014 年）第 193 条所规定的披露人未按照规定进行披露来课予处罚。只是，如前所言，与《深交所指引》（2015 年）对应观察时，可以发现上交所制定的相关披露规定中未能见关于更新义务的规定；而此二者的上位阶规范，诸如《上市公司治理准则》和《证券法》也未以明文对更新义务的课予作出规定。据此，要讨论的是，能否从《证券法》的规定中解释出课予更新义务的一般性基础 否则，深交所的更新义务可谓欠缺授权规范；若能通过解释得出更新义务的一般性基础，则不仅证交所所课予的更新义务可谓正当，在处理经由上交所上市的相关案件时，亦能遵循相关法理，不会使同一事实因选择在不同证交所上市而有不同处理。

参考美国司法实践的经验可知，更新义务课予与否的关键之一，便是要考量整个信息披露的体系。我国一向是采取持续性信息披露体系，而持续性的意义有二：一是相较于初次发行时所为的信息披露所言，即发行后尚要进行中期报告、年度报告等定期报告；二是除了前述的定期报告外，还规定了临时报告的披露规定[1]，当有法定的重大事件发生，就应以临时报告的形式披露，不必等到定期报告的作成。[2] 持续性信息披露体系是为了落实证券法的立法目的，即通过公开原则来保护投资者，使证券市场得保持公平性；还需注意的是公平性并不是指一有新信息就应当披露，而是要对信息是否具有重大性进行检视。至此，可以得出，更新义务的基础正在于，虽然公司对披露在先的信息得自由决定是否披露，但一经披露就应当与我国所采取的持续性信息披露体系保持一致，在后续的变化具有重大性时，便应当披露之。

（二）更新义务的具体适用

应先予以说明的是，虽然可以通过持续性信息披露体系，特别是临时报告制度的规定解释出更新义务的一般性规范，但两者在概念上仍有不同，否则在本文所涉及的行政处罚书中直接依据临时报告制度要求披露人履行更新

---

〔1〕 《证券法》（2019 年）第 80 条第 1 款："发生可能对上市公司、股票在国务院批准的其他全国性证券交易场所交易的公司的股票交易价格产生较大影响的重大事件，投资者尚未得知时，公司应当立即将有关该重大事件的情况向国务院证券监督管理机构和证券交易场所报送临时报告，并予公告，说明事件的起因、目前的状态和可能产生的法律后果。前款所称重大事件包括：（一）公司的经营方针和经营范围的重大变化；（二）公司的重大投资行为，公司在一年内购买、出售重大资产超过公司资产总额百分之三十，或者公司营业用主要资产的抵押、质押、出售或者报废一次超过该资产的百分之三十；（三）公司订立重要合同、提供重大担保或者从事关联交易，可能对公司的资产、负债、权益和经营成果产生重要影响；（四）公司发生重大债务和未能清偿到期重大债务的违约情况；（五）公司发生重大亏损或者重大损失；（六）公司生产经营的外部条件发生的重大变化；（七）公司的董事、三分之一以上监事或者经理发生变动，董事长或者经理无法履行职责；（八）持有公司百分之五以上股份的股东或者实际控制人持有股份或者控制公司的情况发生较大变化，公司的实际控制人及其控制的其他企业从事与公司相同或者相似业务的情况发生较大变化；（九）公司分配股利、增资的计划，公司股权结构的重要变化，公司减资、合并、分立、解散及申请破产的决定，或者依法进入破产程序、被责令关闭；（十）涉及公司的重大诉讼、仲裁，股东大会、董事会决议被依法撤销或者宣告无效；（十一）公司涉嫌犯罪被依法立案调查，公司的控股股东、实际控制人、董事、监事、高级管理人员涉嫌犯罪被依法采取强制措施；（十二）国务院证券监督管理机构规定的其他事项。"

〔2〕 "临时公开是对定期公开的必要补充，是信息持续公开中不可缺少的一个环节。企业经营有时会出现突发性的重大事件，直接影响其股票价格，需要向股东披露。"参见朱锦清：《证券法学》，北京大学出版社 2019 年第 4 版，第 142~143 页。

义务即可，何必再对更新义务进行讨论。通过本文所整理的表格可以发现，表格中的编号1和3均是因为信息后续发生的变化具有重大性，故应当对内容进行持续披露，但需要注意的是，唯有编号1才是更新义务所要的适用真正情形；换言之，更新义务的适用还是要在合乎自愿性信息披露制度的前提中进行讨论才有意义。

表1

编号	披露在先的信息		信息后续发生的变化	
	是否具有重大性	是否披露	是否具有重大性	是否披露
1	是	是	是	是
2	是	是	否	否
3	否	否	是	是
4	否	否	否	否

1. 披露在先的信息需为前瞻性信息，且具有重大性

从逻辑上来看，虽然得选择自愿性披露的信息不仅是前瞻性信息，历史性信息只要不是法定要求披露的内容，亦可能为自愿性信息披露的对象；但能适用更新义务的只有前瞻性信息，因为历史性信息的内容是披露当时已然确定的事实，如果在陈述前未能谨慎确认而随意披露，因获得投资人的信赖致其受有损失时，应直接论以虚假陈述责任，而非通过更新义务给予披露人再披露的机会。然而，前瞻性信息却非一经披露，就有更新义务的适用；原因在于前瞻性信息的内容在披露当时还无法确定真伪，正是由于此特性的存在，前瞻性信息在披露时多有其特殊规则。规则之一是在披露当时，要求将前述特性一并提示予投资人，使其知悉所参考的是一可能失准的信息借以阻却投资人的信赖；假设披露者未按要求进行提示，则投资人就得主张其信赖该信息内容，而这种对披露在先的信息的持续信赖，在后续发生重大变化时，就只能通过更新义务来消除之。反之，如果披露在先的信息根本无法为投资人信赖的对象，则即便后续发生重大变化，所应当适用的是编号3的临时报告制度，而不适用更新义务。

2. 要求更新的后续变化须与披露在先的信息，两者在内容上具有关联

履行更新义务的目的，既然是为了阻却投资人对披露在先的信息产生信赖，则后续披露的信息就应当与披露在先的信息具有关联。这一适用要件是出于对自愿性信息披露制度的贯彻；自愿性信息披露制度是为了弥补强制性信息披露制度在信息披露时点、内容等方面所展现的僵化，赋予披露者得弹性选择披露最能彰显其价值的信息；同理，既然一开始是出于选择的自由，则所能强制其更新的部分也只能在其所选择的范围之内。

（三）注意义务的适用

1. 注意义务的程度应区分阶段及信息种类而定

在讨论自愿性信息披露以及更新义务的注意义务时，不可避免的便是对此为两阶段的行为有所认知以及区分，除此之外，注意义务的程度，还应当按照各别阶段中所披露的信息种类来决定。

自愿性信息披露，即披露在先者所应适用的注意义务，尤其受到披露的信息种类影响。假设所披露的是历史性信息，除了发起人是承担绝对责任外，其他主体，如发行人、上市公司负有责任的董事、监事、高级管理人员都是承担推定过失责任。[1] 换言之，只要披露的内容与事实不一致，除非前述承担推定过失责任者能主张其并无重大过失，否则就为不一致的结果承担责任。然而，如所披露的是前瞻性信息，则在披露时所承担的注意义务，并不能与历史性信息采取同一标准；原因在于，前瞻性信息在披露时无法确认真实性，内容只是披露者主观上善意信赖合理基础所作成的陈述，与前述是针对确定事实进行披露的历史性信息完全不同，若也采取推定过失责任或甚至绝对责任，则只要预测内容与随后的结果不一致，也就是当预测失准的情况一发生，披露者便会被认为具有可归责性。如此将使得针对前瞻性信息所为的自愿性披露，变为"强人所难""强迫准确"的立法，因此，唯有明知事实基础不具有合理性，仍要披露之，也就是只有在主观上出于故意时，才有可能构成虚假陈述。

在讨论更新义务所应适用的注意义务前，需要再次声明的是，虽然自愿

---

〔1〕 《最高人民法院关于审理证券市场因虚假陈述引发的民事赔偿案件的若干规定》第21条："发起人、发行人或者上市公司对其虚假陈述给投资人造成的损失承担民事赔偿责任。发行人、上市公司负有责任的董事、监事和经理等高级管理人员对前款的损失承担连带赔偿责任。但有证据证明无过错的，应予免责。"

性信息披露得就历史性信息为之，亦得就前瞻性信息为之，但如所披露的是前者，则不会再有更新义务的产生；唯有在前瞻性信息披露的情形下才有更新义务的适用。而此时所要更新的内容是一确定已经发生的事实，即发生变化的重大情事，属于历史性信息；至此，才能与证监会得出同一结论，即便是自愿性信息披露，在注意义务的程度上仍不低于强制性信息披露。

2. 以勤勉义务的履行阻却因公司违反更新义务所产生的责任

宝利国际的董事长、董事以及董事会秘书等在行政处罚书中同样因宝利国际未履行更新义务的行为承担责任，原因在于这些主体并未合乎勤勉尽责的规定[1]。反之，只要前述主体能证明其已履行勤勉义务时，即便公司确实因未履行更新义务而存在不法行为，前述主体也不因此承担责任。因此，前述主体如何主张自己已履行勤勉义务即为关键所在；又因前述主体的职能各不相同，故履行勤勉义务的方法不能一概论之。另外，要讨论董事的勤勉义务是否已经履行，还要先将适用前提限制在公司的不法行为非为董事所主导[2]。

以宝利国际所应当适用的《深交所指引》（2015 年）为例；在有符合重大变化的情事发生时，总经理或其他高级管理人员不仅应向董事会报告并提请按照相关规定进行披露，还应就该原因及对公司的影响进行充分说明。[3]这与勤勉义务所要求的完全相同，董事应尽力获取信息，确保己身在充分知悉所有信息的情形下作成决定，进一步形成董事会决议。而总经理或其他高级管理人员的报告及说明，也反映出公司内部的分工体系，即董事会决议的作成往往仰赖他人提供资料；因此，董事的义务不仅是应当在充分获知信息

---

〔1〕 《中华人民共和国公司法》第 147 条第 1 款："董事、监事、高级管理人员应当遵守法律、行政法规和公司章程，对公司负有忠实义务和勤勉义务。"

〔2〕 如公司的不法行为是董事所主导，则要将阻却责任的讨论置于董事的目的是否是公司利益最大化以及是否因此获利等部分，而非讨论勤勉义务的履行与否。参见邵庆平：《董事受托义务内涵与类型的再思考——从监督义务与守法义务的比较研究出发》，载《台北大学法学论丛》2008 年第 66 期，第 6 页。

〔3〕 《深交所指引》（2015 年）第 3.7.2 条："上市公司出现下列情形之一的，总经理或者其他高级管理人员应当及时向董事会报告，充分说明原因及对公司的影响，并提请董事会按照有关规定履行信息披露义务：（一）公司所处行业发展前景、国家产业政策、税收政策、经营模式、产品结构、主要原材料和产品价格、主要客户和供应商等内外部生产经营环境出现重大变化的；（二）预计公司经营业绩出现亏损、扭亏为盈或者同比大幅变动，或者预计公司实际经营业绩与已披露业绩预告情况存在较大差异的；（三）其他可能对公司生产经营和财务状况产生较大影响的事项。"

的前提下作成决定，还要确保公司内部存在有效的信息搜集和报告制度，否则，难谓其是在信息充分的前提下作成决定。除此之外，有义务确保公司建立有效信息披露管理制度者还有董事会秘书。[1] 由此来看，宝利国际的董事长、董事等人仅在申辩意见中提及其并非出于故意而不披露，当然不足以阻却因公司违反更新义务所产生的责任，因为其未能证明是在满足勤勉义务的要求，即获知充分信息的情形下作成不披露的决定；高级管理人员也未有对已为报告、说明以及提请披露等情事进行证明；董事会秘书亦未对已充分履行信息披露管理的相关职能进行说明。

四、结语

虽然过去在证券市场上已可见到前瞻性信息的身影，但所披露者多是经法律明确规定的类型，比如：盈利预测、业绩预测等，除此之外，其他同属前瞻性信息范畴者是否得以披露，则因本次修法新增的自愿性信息披露制度而得到肯定，这也会使我国证券市场上的信息披露情形更趋灵活及丰富，信息披露的种类也更为多元。但当前的虚假陈述责任多是为规范历史性信息所设，为对应自愿性信息披露制度有可能带来的大量前瞻性信息进而产生的虚假陈述责任，有必要在切合前瞻性信息，即信息内容实现与否在作成当时尚无法确定的这一特性下，对更新义务的课予予以肯定，因为信息内容随时可能发生变化而有误导投资人之虞。需要注意的是，更新义务的课予应当以切合自愿性信息披露制度为前提进行讨论。换言之，回顾立法者设置自愿性信息披露制度的目的，之所以允许公司得以自由意愿进行披露，是因为相比由法律明确规定、近乎机械式的披露内容，公司依其意愿选择披露的内容会更容易展现其优势以吸引投资者。此时，如自愿披露后所生的更新义务在适用上毫无限制，则无所谓自愿披露可言，因为在公司选择为信息披露的同时，又是套上一副枷锁，即义务承担的开始，使其因为一次的披露承担无止境的再披露，即更新成本。未来，对更新义务的讨论，必然将伴随自愿性信息披露制度的运用而有逐渐增加之势，因此对于更新义务的产生、如何适用，乃至董事等相关主体的责任得否阻却、如何阻却，都至关重要而亟待细致化。

---

〔1〕 《深交所指引》（2015年）第3.7.3条："董事会秘书应当切实履行《创业板上市规则》规定的各项职责，采取有效措施督促上市公司建立信息披露事务管理制度，做好信息披露相关工作。"

《反不正当竞争法》"不可承受之轻"

——论商业标识关联性混淆规则的不足与改进

刘　岩*

　　摘　要：《反不正当竞争法》中关联性混淆规则的确立使司法机关在认定标识混淆行为时存在模糊化处理不同的混淆效果、以标识混淆逻辑认定标识混淆行为、将标识权利人的利益视作权利等做法。司法机关的上述做法降低了论证成本，但该种降低实为《反不正当竞争法》中的不可承受之轻。关联性混淆规则的设立催生了上述做法并将产生架空来源性混淆及过度保护商业标识的效果。为解决上述问题，应当删除关联性混淆规则、引入消费者标准作为混淆效果要件的判断基准并在此基础上重新设置混淆效果的证明责任。

　　关键词：商业标识　来源混淆　关联性混淆　消费者标准

　　《中华人民共和国反不正当竞争法》（以下简称《反不正当竞争法》）第6条以"或者"连接两种引人误认的效果，即误认为是他人商品和误认为与他人存在特定联系。前者被称为来源混淆，后者被称为关联性混淆。因

---

　　* 刘岩，中国政法大学民商经济法学院 2019 级硕士研究生（100088）。

两混淆效果具有直接和间接的本质差异，理论上，二者在认定中应彼此独立。即在认定特定行为是否为《反不正当竞争法》中的混淆行为时，应分别判断该行为是否可能产生来源混淆和关联性混淆。然而实践中，司法机关常常不区分二者，直接以特定行为"易引人误认为是他人商品或者与他人存在特定联系"作为论证混淆结果要件满足的理由。在遵循逻辑但论证成本较高和降低论证成本进而抛弃逻辑间，司法机关偏向于选择后者。此种混淆效果的二元规定虽具有减轻论证负担效果，但实则架空了对于来源混淆效果的认定并不当地确认且扩张关联性混淆在《反不正当竞争法》内混淆行为效果要件中的领地，产生了《反不正当竞争法》中的不可承受之轻。

2017 年的《反不正当竞争法》修订使得现第 6 条从原第 5 条中脱胎换骨，于各项中提取出混淆行为这一概念，并将两种引人误认的效果作为混淆行为的公因式。然而学者并未对此公因式中的关联性混淆进行充分的讨论，2019 年的《反不正当竞争法》修正也未对这一问题作出回应。为恰当发挥《反不正当竞争法》对混淆行为的规制作用，实现《反不正当竞争法》第 6 条的真正破茧成蝶，有必要将此被忽略的问题加以提起，解决在司法实践中的不可承受之轻的困境。

一、不可承受之轻：商业标识关联性混淆规则的适用现状

通过对 2020 年作出的以《反不正当竞争法》第 6 条第 1 项为裁判依据的司法判决的梳理，可以归纳出司法机关在适用商业标识关联性混淆规则时主要呈现出的三种不尽合理的做法。

（一）不同类型混淆效果的模糊化处理

模糊化处理两种类型的混淆效果的商业标识关联性混淆规则适用方法比较常见，表现为法院在论理的过程中不具体判断特定行为会产生来源混淆还是关联性混淆，而是直接将特定行为所产生的混淆效果表述为易产生来源混淆或关联性混淆。该种论理方式将两种不同的混淆效果模糊化处理，忽视了来源混淆与关联性混淆间的本质差异，不针对案件的具体情况判断特定行为会产生何种混淆效果，节约论证成本进而直接进入混淆行为认定的快车道。在保定赛行阿胶有限公司与深圳市香雅食品有限公司商业贿赂不正当竞争纠纷案[1]、山东东阿阿胶保健品有限公司与山东东阿华胶堂阿胶制品有限公司

---

〔1〕 参见保定赛行阿胶有限公司与深圳市香雅食品有限公司商业贿赂不正当竞争纠纷案，山东省高级人民法院（2020）鲁民终 134 号民事判决书。

包装、装潢纠纷案〔1〕、新疆伊力特实业股份有限公司与喀什市郭震食品商行商标权纠纷案〔2〕等案件中，司法机关均采取了模糊化的方式，在认定商业标识间近似后绕过对系争行为将具体产生何种混淆效果的分析，通过判断该种行为易使相关公众产生来源混淆或关联性混淆直接进行混淆行为的认定。

1993 年版的《反不正当竞争法》第 5 条中，商业标识混淆行为的效果要件仅有一个，即来源混淆，原法表述为"使购买者误认为是该知名商品"。此外，1993 年《反不正当竞争法》仅保护权利人在知名商品商业标识上的权益。2017 年《反不正当竞争法》的修改降低了对商业标识的保护标准，一方面将商业标识混淆行为的效果要件在原第五条来源混淆的基础上增加了关联性混淆，使得不仅直接混淆行为为《反不正当竞争法》所禁止，关联性混淆也为《反不正当竞争法》所不容。另一方面，此次修改将保护对象由知名商品变更为一定影响的商品，进一步降低了《反不正当竞争法》对于商业标识的保护门槛。

《反不正当竞争法》如此修订是对现实需求及《中华人民共和国商标法》（以下简称《商标法》）规制力量有限性的回应。现实生活中仿冒行为层出不穷，并且呈现出从注册商标向非注册商业标识扩散，相同类似领域向不相同、不类似领域扩散两种特征。《商标法》作为原则保护注册商标的法律，一方面对于未注册商业标识（除未注册驰名商标外）保护束手无策，另一方面对于注册商标的保护受限于相同、类似这一要件。〔3〕由此，《反不正当竞争法》作为在商业标识保护领域与《商标法》相互配合的法律部门，自然而然地担负起了规制大量存在的仿冒行为的重任。

1993 年版《反不正当竞争法》中知名商品和来源混淆两大限制使得《反不正当竞争法》难以担负如此重任。其一，知名商品的认定严格，很多达不到知名程度的商品的商业标识无法获得《反不正当竞争法》保护。其二，来源混淆效果仅使此商品与彼商品、此商品与彼经营者间的混淆效果为《反不正当竞争法》所禁止，在商誉控制性理论的影响下，不相同、不类似商品上

---

〔1〕 参见山东东阿阿胶保健品有限公司与山东东阿华胶堂阿胶制品有限公司包装、装潢纠纷案，聊城市中级人民法院（2019）鲁 15 民初 564 号民事判决书。

〔2〕 参见新疆伊力特实业股份有限公司与喀什市郭震食品商行商标权纠纷案，新疆维吾尔自治区喀什地区中级人民法院（2019）新 31 知民初 8 号民事判决书。参见中食安泓（北京）健康科技有限公司、中食安泓（广东）健康产业有限公司与广州市炜鑫生物科技有限公司、连云港雅建贸易有限公司等不正当竞争纠纷案，广州市白云区人民法院（2019）粤 0111 民初 30451 号民事判决书。

〔3〕 参见祝建军：《构成关联关系混淆侵犯商标权的条件》，载《人民司法》2014 年第 2 期，第 80~83 页。

使用他人商业标识的行为也应当被禁止。因此，降低《反不正当竞争法》对于商业标识保护的门槛显得尤为重要，将知名商品改为一定影响的商品并增加关联性混淆的修法便应运而生，这也是使司法实践中产生在认定商业标识混淆行为时模糊化处理混淆效果的法律原因。

（二）以标识混淆逻辑认定混淆行为

司法机关以标识混淆作为混淆行为认定的充分条件的情形也较为常见，此为商业标识混淆规则的又一不当适用做法。具体而言，该种情形是指司法机关在判断商业标识间构成相同或相似后直接得出该标识使用行为会使相关公众发生混淆，进而认定特定行为构成不正当竞争行为。司法机关在认定特定包装、装潢混淆行为时将标识混淆作为混淆的充分条件，忽视包括价格、质量、口味、消费层次等因素的考量的认定逻辑为标识混淆逻辑。司法机关采用标识混淆逻辑的原因之一便是《反不正当竞争法》对商业标识混淆行为的认定标准降低，在知名商品和来源混淆的基础上降低至具有一定知名度的商品和来源混淆或关联性混淆，此种标准的降低使得对于混淆效果要件的满足非常容易，进而造成混淆要件的名存实亡。

在阜阳市皖汇园食品有限公司与湖北均瑶大健康饮品股份有限公司侵害商标权纠纷案[1]、吉喜福酒业（北京）有限责任公司与青岛骊龙葡萄酿酒有限公司、北京玖禾拾酒文化发展有限公司擅自使用知名商品特有名称、包装、装潢纠纷案[2]中，司法机关均在对包装、装潢的比对后直接认定混淆效果要件的满足，以标识混淆作为包装、装潢混淆的充分条件，架空了对于直接混淆、关联性混淆甚至混淆效果的判断要件。

早在意大利费列罗公司诉蒙特莎（张家港）食品有限公司、天津经济技术开发区正元行销有限公司不正当竞争纠纷案中，标识混淆逻辑便初现端倪，司法机关忽视费列罗与金莎巧克力间在价格、口味、消费层次、厂商名称、商标等方面的区别，仅以包装、装潢间具有近似性认定系争行为为混淆行为。[3]

---

〔1〕 参见阜阳市皖汇园食品有限公司与湖北均瑶大健康饮品股份有限公司侵害商标权纠纷案，安徽省高级人民法院（2020）皖民终 102 号民事判决书。

〔2〕 参见吉喜福酒业（北京）有限责任公司与青岛骊龙葡萄酿酒有限公司、北京玖禾拾酒文化发展有限公司擅自使用知名商品特有名称、包装、装潢纠纷案，杭州市余杭区人民法院（2019）浙 0110 民初 12094 号民事判决书。

〔3〕 参见意大利费列罗公司诉蒙特莎（张家港）食品有限公司、天津经济技术开发区正元行销有限公司不正当竞争纠纷案，最高人民法院（2006）民三提字第 3 号民事判决书。

随着《反不正当竞争法》的修改，现《反不正当竞争法》第 6 条中虽然将混淆效果作为各项混淆行为的公因式，更强化了《反不正当竞争法》中的混淆行为需要具有引人误认的混淆特征，但司法机关对于混淆行为的认定思路并未因此发生调整，依旧采用标识混淆逻辑进行审理。标识混淆逻辑为司法机关节约了大量的论证成本，同时，该种认定思路对于商业标识权利人的利益保护更为有利。然而，此种做法可能会产生《反不正当竞争法》不可承受之轻，其是否符合《反不正当竞争法》的立法目的，会否产生过度保护、破坏利益平衡等问题有待进一步分析。

（三）将包装、装潢权利人的利益视作包装、装潢权

不论司法机关在判决中是否将包装、装潢权利人的利益表述为包装、装潢权，在法官的认识及做法中充分体现出了司法机关将《反不正当竞争法》中对于包装、装潢权利人的保护视作赋权的态度。较为明显的做法便是直接于判决中作出特定行为侵犯了权利人的包装、装潢权的表述。

东阿阿胶股份有限公司与东阿县健华阿胶系列产品有限公司、青岛东福堂阿胶生物制品有限公司不正当竞争纠纷案[1]中，司法机关在判决中将原告东阿阿胶股份公司（以下简称"东阿股份公司"）就其生产的东阿阿胶产品是否享有特有包装装潢权作为争议焦点之一，并通过论证认定东阿股份公司享有包装、装潢权。在斐珞尔（上海）贸易有限公司、江苏纽唯盛机电有限公司与深圳市纽唯盛机电有限公司擅自使用知名商品特有名称、包装、装潢纠纷案[2]中，司法机关在判决中指出被告江苏纽唯盛机电有限公司擅自使用与原告斐珞尔（上海）贸易有限公司（以下简称"斐珞尔公司"）具有一定影响的商品的特有包装、装潢相近似的包装、装潢的行为侵犯了斐珞尔公司的特有包装、装潢权。该两判决均直接表现出了司法机关将包装、装潢利益视为法定权利的态度。

在司法判决中直接将包装、装潢权利人的利益表述为包装、装潢权是较为明显的将利益视作权利的表现，而司法机关忽视混淆效果间的区分、架空两混淆效果等做法实际产生的对于包装、装潢权利人的保护效果也从侧面体

[1]　参见东阿阿胶股份有限公司与东阿县健华阿胶系列产品有限公司、青岛东福堂阿胶生物制品有限公司不正当竞争纠纷案，杭州市余杭区人民法院（2019）浙 0110 民初 14641 号民事判决书。

[2]　参见斐珞尔（上海）贸易有限公司与江苏纽唯盛机电有限公司、深圳市纽唯盛机电有限公司擅自使用知名商品特有名称、包装、装潢纠纷案，杭州市余杭区人民法院（2019）浙 0110 民初 9713 号民事判决书。

现了其将该种包装、装潢利益视作权利。在该种商业标识关联性混淆规制的适用现状下有必要讨论利益与权利间的区分。

传统民法的观点中利益包括三种类型：未受法律保护的一般利益、受法律保护的利益、法定化的权利。[1] 若将该种分类引入《反不正当竞争法》中，大致可将包装、装潢权利人的利益归入未受法律保护的一般利益及受法律保护的利益中。其一，法律并未将该种利益定义为权利。其二，该种利益在满足特定条件时可以获得《反不正当竞争法》的保护，即侵害利益的行为满足《反不正当竞争法》第 6 条的行为类型及混淆效果，并可能产生损害竞争秩序，侵害经营者、消费者合法权益等不良后果。其三，市场竞争中合理模仿行为是普遍存在的，竞争关系中一方的不利益可能是市场竞争的正常结果，包装、装潢权利人经济利益的受损并不一定为《反不正当竞争法》所保护，该种情形可归于未受法律保护的一般利益。从该角度观察，包装、装潢权利人的利益并非法定化的权利，司法机关将包装、装潢权利人的利益视作包装、装潢权是不当的。

以霍费尔德的权利分析理论为基础可以将《反不正当竞争法》第 6 条赋予具有一定影响的包装、装潢的权利人的利益做出如下分析。[2] 首先，权利人具有 privilege（+）和 privilege（−），即包装装潢权利人有决定是否在商品和服务上使用自己的包装、装潢的自由。其次，权利人享有 power，通过行使该种 power 可以许可其他经营者使用其包装、装潢。再次，权利人享有 immunity，其他无权处分该知名包装、装潢的人对该包装、装潢的处分对权利人不发生效力。最后，也是最为重要的一点，权利人仅在他人的行为模式符合《反不正当竞争法》第 6 条并产生引人误认的效果，才可基于《反不正当竞争法》享有 claim，请求该他人停止使用与权利人的包装、装潢相同或近似的标识。[3] 基于此种利益的特性也可得出司法机关将包装、装潢权利人的利益表述为包装、装潢权，混淆效果间的区分，架空两混淆效果等做法的错误性，因为该种利益并非权利，其 claim 的获得需要符合《反不正当竞争法》第 6 条

---

〔1〕 参见李晓宇：《权利与利益区分视点下数据权益的类型化保护》，载《知识产权》2019 年第 3 期，第 52 页。

〔2〕 W. Hohfeld, *Some Fundamental Legal Conceptions as Applied in Judicial Reasoning*, 23 YALE L. J. 16, 28–59 (1913).

〔3〕 参见王涌：《私权的分析与建构：民法的分析法学基础》，北京大学出版社 2019 年版，第 241~255 页。

的效果要件。

表 1　2020 年以《反不正当竞争法》第 6 条第 1 项为裁判依据的判决梳理

序号	类别	案件号	案件名称	商业标识关联性混淆规则的不当适用表现
1	模式一：不同类型混淆效果的模糊化处理	（2020）鲁民终 134 号	保定赛行阿胶有限公司与深圳市香雅食品有限公司商业贿赂不正当竞争纠纷案	行为易使相关公众对被诉侵权商品的来源产生误认，或者认为被诉侵权商品与东阿阿胶公司的"东阿阿胶"商品有特定的联系。
2		（2019）鲁 15 民初 564 号	山东东阿阿胶保健品有限公司与山东东阿华胶堂阿胶制品有限公司包装、装潢纠纷案	被控侵权产品包装、装潢和原告的"桃花姬"阿胶糕有一定影响包装、装潢的主要特征近似，已足以造成消费者将被控侵权产品误认为原告产品，或者认为两者有特定联系。
3		（2019）新 31 知民初 8 号	新疆伊力特实业股份有限公司与喀什市郭震食品商行商标权纠纷案	外包装上使用的广告语与原告产品上使用的广告语一致，以相关公众一般注意力为标准，足以使普通消费者误认为该商品来源于原告或与原告存在特定关系，造成混淆与误认。
4		（2019）粤 0111 民初 30451 号	中食安泓（北京）健康科技有限公司、中食安泓（广东）健康产业有限公司与广州市炜鑫生物科技有限公司、连云港雅建贸易有限公司等不正当竞争纠纷案	在两原告的"脂 20"营养食品固体饮料具有一定影响力的情况下，被诉侵权商品使用的商品名称、包装装潢易使相关公众误认为该商品来源于两原告或者认为与两原告存在特定联系。

续表

序号	类别	案件号	案件名称	商业标识关联性混淆规则的不当适用表现
5	模式二：以标识混淆逻辑认定混淆行为	（2020）皖民终102号	阜阳市皖汇园食品有限公司与湖北均瑶大健康饮品股份有限公司侵害商标权纠纷案	皖汇园公司（即阜阳市皖汇园食品有限公司）擅自使用与均瑶公司（即湖北均瑶大健康饮品股份有限公司）的"味动力"乳酸菌饮品的包装、装潢近似的标识，引人误以为是均瑶公司的商品，属于《反不正当竞争法》第6条规定的混淆行为，构成对均瑶公司的不正当竞争。
6		（2019）浙0110民初12094号	吉喜福酒业（北京）有限责任公司与青岛骊龙葡萄酿酒有限公司、北京玖禾拾酒文化发展有限公司擅自使用知名商品特有名称、包装、装潢纠纷案	圣卡罗起泡葡萄酒与落花露浓起泡葡萄酒均使用了与吉喜福公司［即吉喜福酒业（北京）有限责任公司］主张权利的香奈冰爽半干型起泡酒（白色瓶装、桃红色瓶装）相近似的包装、装潢，骊龙公司（即青岛骊龙葡萄酿酒有限公司）主观上不失有攀附有一定影响的香奈冰爽半干型起泡酒（白色瓶装、桃红色瓶装）包装、装潢的故意，客观上极易引起相关公众的混淆误认。综上，骊龙公司擅自使用与吉喜福公司具有一定影响的商品近似的包装装潢，损害了吉喜福公司的商业利益，依法构成不正当竞争。

续表

序号	类别	案件号	案件名称	商业标识关联性混淆规则的不当适用表现
7	模式三：将包装、装潢权利人的权益视作包装、装潢权	（2019）浙0110民初14641号	东阿阿胶股份有限公司与东阿县健华阿胶系列产品有限公司、青岛东福堂阿胶生物制品有限公司不正当竞争纠纷案	本案的争议焦点为东阿股份公司就其生产的东阿阿胶产品是否享有特有包装装潢权。
8		（2019）浙0110民初9713号	斐珞尔（上海）贸易有限公司与江苏纽唯盛机电有限公司、深圳市纽唯盛机电有限公司擅自使用知名商品特有名称、包装、装潢纠纷案	江苏纽唯盛公司擅自使用与斐珞尔公司具有一定影响的商品的特有包装、装潢相近似的包装、装潢生产销售洗面仪，侵犯了斐珞尔公司所享有的特有包装、装潢权，构成不正当竞争。

二、不应承受之轻：关联性混淆设定的不当性

关联性混淆在《反不正当竞争法》中的设立打开了混淆行为错误认定的潘多拉魔盒，上述司法机关对于商业标识关联性混淆规则的不当适用与关联性混淆标准的设定具有直接联系。在关联性混淆标准设立以前，商业标识混淆行为的司法认定中不存在两种混淆效果的模糊化处理问题，该混淆标准的设立降低了混淆行为认定的门槛，达到混淆行为需满足的混淆程度的降低促使司法机关以标识混淆逻辑进行混淆行为认定，架空混淆效果要件、关联性标准的设立扩大了对于商业标识的保护，使司法机关更容易将商业标识上的利益视作权利，进而产生错误称谓等做法。关联性混淆的设立不仅产生或强化了司法认定的错误做法，其在《反不正当竞争法》中规定本身的合理性也应被质疑。

（一）关联性混淆的较弱不正当竞争性

关联性混淆是否应作为混淆行为认定的效果要件应综合考量该种行为的特征与《反不正当竞争法》的立法目的。

从行为特征看，关联性混淆行为是指行为人在其商品或服务上使用与他人相同或近似的商业标识，可能使相关公众认为此商品或服务与他人存在特定联系的行为，此处的特定联系包括但不限于企业之间的附属、联营、赞助、许可等关系。基于该行为的特征，其具有较弱的不正当竞争性。

第一，关联性混淆与来源性混淆相比，不正当竞争性较弱。来源混淆行为大多是在具有竞争关系的相同商品上实施的混淆行为，由于商品之间的同质性更强，混淆效果会更为明显，相关公众会产生关于商品来源的误认，即认为此商品为彼商品或此商品也为彼商品生产者所生产，此种行为的不正当竞争性更强。而关联性混淆是实施于非直接竞争的商品上的行为，由于商品之间的替代性较弱，行为对于相关公众的混淆影响较为轻微，相关公众产生的误认仅仅是在此经营者与彼经营者之间的关系的误认，此种误认对于购买意愿的影响相对间接。综上，在关联性混淆与来源性混淆相比的视角下，关联性混淆的不正当竞争性较弱。

第二，《商标法》与《反不正当竞争法》中的关联性混淆规则对比的视角下，《反不正当竞争法》中关联性混淆的不正当竞争性较弱。在《商标法》的视域下，虽然各国对于关联关系的认定标准不一[1]，但特定商标侵权行为若要以其具有关联性混淆效果为由进行规制需要以"关联商品"进行限定的观念已成为普遍共识，即《商标法》中的关联混淆行为是在关联商品上实施的，若行为实施于非关联商品，特定行为便不属于《商标法》意义上的关联性混淆行为。以关联商品为认定关联混淆行为的条件会避免对于市场主体行为的过度干预，仅在混淆行为达到一定程度的时候才通过法律予以规制。然而从我国现行《反不正当竞争法》文本及司法实践观察，我国并未限定《反不正当竞争法》意义上的混淆行为中的关联性混淆效果要以行为实施于关联商品上为前提。进一步讲，不论关联性混淆行为实施于何种商品上，均可能

---

〔1〕　美国采取多因素认定法（multi-factor test），综合考量标识的近似性、商品的类似性、商业标识的显著及知名度、地域因素等。但此种关联商品的判断与混淆效果的判断具有高度相似性，混淆效果是否产生也要综合标识间的近似性及以商品为中心的多种可能影响混淆效果的其他特征。因此，关联商品的判断标准应有别于混淆效果认定标准，否则便丧失了判断的意义。我国司法机关通常以相关公众的一般认识为判断基准，辅之以《商标注册用商品和服务国际分类表》《类似商品和服务区分表》为参考要素，但此种做法存在抽象及可操作性差等问题。我国学界有学者提出了修正的多因素认定法，借鉴美国和欧洲法院的做法围绕商品本身设定判断关联商品的标准，具体为用途和功能、消费群体、经营和销售渠道、企业生产经营能力可转换性、其他因素。参见张爱国：《非关联商品不宜认定关联关系混淆》，载《证券时报》2013 年 5 月 25 日，第 A04 版。

为现行《反不正当竞争法》第 6 条所规制。然而，在完全不具有竞争关系或具有较弱关系的商品上使用与他人有一定影响的商品的相同或近似的商业标识虽然有可能产生一定的混淆效果，但是该种混淆效果未必达到影响相关公众的选择的程度，不会对商业标识权利人的利益造成损害，可能产生的反竞争效果较弱。综上，以《商标法》与《反不正当竞争法》的相关规则相对比，《反不正当竞争法》中关联性混淆的不正当竞争性较弱。

《反不正当竞争法》的核心要义是促进市场竞争，其以限制促进自由的特性要求严格限制其干预的对象范围。《反不正当竞争法》规制的行为需要达到一定的不正当竞争性，这是所有法律，尤其是作为限制市场竞争行为的《反不正当竞争法》所应具备的谦抑性。《反不正当竞争法》对于竞争行为的干预要以必要为原则，在市场可以自发调节或市场竞争所能容忍的情况下，《反不正当竞争法》不宜施加干预，如若干预不当，《反不正当竞争法》将可能产生反竞争的效果，这便与其立法目的背道而驰。回到关联性混淆规则的设定合理性问题上，由于《反不正当竞争法》中的关联性混淆行为的不正当竞争性弱于来源性混淆行为、具有来源性混淆效果的商标侵权行为，对该行为的干预一定要建立在更充分的合理性论证上，该行为本身的不正当竞争性并未达到来源性混淆的充分程度，对于关联性混淆规则设定的合理性需要通过其产生的影响等进一步论证。

（二）直接混淆效果要件的架空

基于关联性混淆的不正当竞争性较弱，对其设定合理性有待进一步论证，适用效果是论证其合理与否的重要因素。自关联性混淆于《反不正当竞争法》中设立以降，司法机关在适用《反不正当竞争法》第 6 条认定商业标识混淆行为时常现将不同类型的混淆效果模糊化处理及以标识混淆逻辑作为混淆行为认定逻辑的情形。上述情形使得直接混淆效果要件被架空，一方面其被关联性混淆效果稀释为"该行为可能使相关公众误认为是他人商品或者与他人存在特定联系"，对于特定行为是否会造成直接混淆司法机关怠于论证，另一方面关联性混淆的存在使得混淆效果认定标准过低，进而造成司法机关忽视对于混淆效果要件是否满足的判断，间接造成了直接混淆效果被架空的问题。

直接混淆行为是混淆行为的核心行为。19 世纪中叶以来，直接混淆便一直作为商标侵权判定的重要标准[1]，1993 年我国便在《反不正当竞争法》中明确禁止擅自使用与知名商品特有的名称、包装、装潢相同或近似的商业标识，使相关公众产生直接混淆效果的行为。直接混淆理论主要运用于商标的保护中，也被称为商标混淆理论。该理论认为指示功能是商标的核心功能，商标的作用是在商品或服务与商标间建立一种联系，消费者通过识别商标并利用商标的指示功能可以区分不同经营者提供的商品和服务，这也是商标的最基本价值。商标侵权行为会破坏商标最核心的指示功能，其切断或干扰了商标与经营者之间的联系，使消费者对于商品或服务来源发生混淆。[2]

作为混淆行为的核心行为，直接混淆行为也是《反不正当竞争法》最应规制的混淆行为。《商标法》作为私法，其从保护商标权人的角度出发保护商标功能的发挥，进而规制破坏商标指示功能的以产生直接混淆效果为表现的直接混淆行为。然而，该种商标侵权行为并非仅侵犯私权，严重者甚至会破坏竞争秩序，如若不对该种混淆行为进行干预，消费者、经营者的权益将受到损害，市场也将陷入无序竞争的状态。《反不正当竞争法》作为竞争法的中流砥柱，虽然其所维护的价值为何依旧存在争议，但其核心价值之一是维护竞争秩序获得了广泛认同。[3]《反不正当竞争法》应当从维护社会竞争秩序的角度出发，通过对具有一定反竞争效果的直接混淆行为进行干预以实现竞争秩序的维护和各主体利益的妥善保障。此外，由于作为商业标识的其他非注册商标在某种意义上也发挥着商标的功能，基于直接混淆行为的严重不利后果，《反不正当竞争法》对商业标识的直接混淆行为应当一并予以限制。

随着经济的发展，商标许可的情形更为普遍，这催生着商标权的边界不断扩张，扩张的表现即为从直接混淆向间接混淆发展。商标许可使商标与经营者之间的一元关系转变为二元关系，即商标与经营者之间的关系和经营者与被许可使用人之间的关系。通过许可，商标权人可以在实现商标上所承载的经济利益的同时扩张自己的市场，使用权人也可通过支付费用的方式获得原经营者通过诚信经营为商标所加持的高品质、高信誉等。基于对原经营者的信任，消费者虽然知道市场上贴附同一商标的商品可能并非由同一经营者

---

〔1〕 参见姚鹤徽：《商标关联关系混淆规则适用范围的反思与界定》，载《西部法学评论》2015 年第 4 期，第 87 页。

〔2〕 参见邓宏光：《商标混淆理论的扩张》，载《电子知识产权》2007 年第 10 期，第 37 页。

〔3〕 参见［美］戴维 J. 格伯尔：《二十世纪欧洲的法律与竞争：捍卫普罗米修斯》，冯克利、魏志梅译，中国社会科学出版社 2004 年版，第 2 章、第 7 章。

所生产，但也可通过识别商标的方式选择自己信任的商品或服务。随着商标许可愈发普遍，对于商标权的保护也逐渐从禁止可能产生直接混淆效果的使用与商标权人相同或相似的商标扩张到禁止实施使相关公众误认某商品与他人存在特定关联的间接混淆行为。

虽然商标权呈现出扩张态势，《反不正当竞争法》依旧应坚持规制直接混淆行为原则。对于关联性混淆行为的禁止虽然具有一定的合理性，然而保护商标权并非《反不正当竞争法》的核心要义。《反不正当竞争法》是以保护竞争秩序为核心的竞争法律部门。直接混淆行为是《反不正当竞争法》所应规制的反竞争行为，在认定混淆行为的时候应当准确识别特定行为是否为直接混淆行为，是否会产生来源混淆的效果。关联性混淆行为虽然具有一定的不正当竞争性，但其是否达到了需要为《反不正当竞争法》规制的程度需要结合个案进行更慎重的衡量。关联性混淆规则在《反不正当竞争法》中的确立，使得司法机关忽视了对于特定行为是否会产生来源混淆效果的判断，实则架空了直接混淆效果要件，不利于《反不正当竞争法》恰当规制商业标识混淆行为。

（三）商业标识的过度保护

关联性混淆规则的设定使得模糊化处理来源混淆和关联性混淆，以标识混淆逻辑认定混淆行为，将包装、装潢上的权益视作权利等问题接踵而至，上述问题均会产生商业标识的过度保护问题。

模糊化处理两种混淆效果会使来源混淆被架空，司法机关以特定行为可能具有来源混淆和关联性混淆的效果作为论证该行为为商业标识混淆行为的依据，这会使得凡是有混淆效果的混淆行为均会被《反不正当竞争法》所禁止或否定性评价。此种做法扩张了权利人在包装、装潢上的权益边界，使得商业标识获得了极强的排他性效力，进而产生商业标识的过度保护问题。

以标识混淆逻辑认定混淆行为相较模糊化处理混淆效果的做法更明显地产生商业标识的过度保护问题。模糊化处理混淆效果的做法虽架空了来源混淆要件，但依然坚持在认定商业标识混淆行为时特定行为至少应满足一定的混淆效果要求。但以标识混淆逻辑认定混淆行为时，仅以包装、装潢间的相同或近似便可直接得出特定行为为商业标识混淆行为。此种认定方式完全忽略了对混淆效果要件的判断，这将导致《反不正当竞争法》中对商业标识混淆行为的禁止与否完全取决于标识间的近似程度，只要标识间构成相同或近似便认定特定行为为不正当竞争行为的做法会使《反不正当竞争法》过度限制市场中的自由模仿行为，导致《反不正当竞争法》本身产生反竞争的效果并实现对商业标识的过度保护。

将包装、装潢上的权益视作权利的做法也是过度保护商业标识的体现。法律对于权益的态度存在巨大区别，对于权益的保护通常负有相较权利更加严格的条件。《反不正当竞争法》并非赋权法，其并不具有赋予或确认某种权益为权利的能力，在实现市场充分、自由竞争目的的道路上，其应当对商业标识权利人的权益予以一定的保护，然而对此种利益的保护应以《反不正当竞争法》第6条进行严格的限制，并通过《反不正当竞争法》第2条进行充分的行为性质判断和利益衡量。将该种权益视作权利会降低其保护门槛，扩大对其的保护力度。

上述行为对商业标识的过度保护中的"度"体现在《反不正当竞争法》与知识产权法关系衔接上的"度"和《反不正当竞争法》自身的"度"。对于商业标识，《商标法》、《中华人民共和国专利法》（以下简称《专利法》）等知识产权法已经从赋权的角度进行了充分的保护。《商标法》将商标分为两类，对于注册商标，其在第30条中禁止行为人以同他人在同一或者类似商品上已经注册的或者初步审定的商标相同或者近似的商标申请注册。对于驰名商标，其在第13条中规定已经注册的驰名商标可以排除他人就相同、类似、不相同或不类似的商品上注册复制、摹仿或者翻译该驰名商标，可能产生误导公众，致使驰名商标注册人的利益可能受到损害的行为。未注册的驰名商标也可以排除他人就相同或者类似商品申请注册复制、摹仿或者翻译该驰名商标，容易导致混淆的行为。《商标法》对于注册商标和未注册驰名商标的权利以商业标识保护的视角予以了充分的保护。《专利法》也以保护实用新型、外观设计专利的方式对商业标识中可能含有的技术方案和富有美感并适于工业应用的新设计予以保护。综上，从赋权的角度，知识产权法已经对于商业标识上可能产生的权利予以确认，并设置了相应的权利保护制度，以《商标法》为代表的商标制度本身已经在不同的利益主体之间建立了一种平衡。[1]在《反不正当竞争法》与知识产权法的衔接关系上，如果仅出于保护商业标识上的知识产权的目的，在知识产权法的具体制度无法保护特定权益时，《反不正当竞争法》不应当成为知识产权法的扩张保护法，发挥商业标识的过度保护效果。

---

〔1〕 Jeremy Philips, Trade Mark Law: A Practical Anatomy, Oxford University Press, 2003, § 2.54.

正如上文所言，过度保护中的度也体现在《反不正当竞争法》自身的定位。《反不正当竞争法》作为以保护竞争秩序为核心的法律，其对于行为的规制应紧紧围绕竞争秩序这一核心。竞争秩序的妥善保护是经由恰当处理自由与秩序这两大法律价值间的紧张关系实现的。是否规制特定行为要从该行为的行为模式、可能产生的效果等角度综合考量，而恰当适用《反不正当竞争法》第6条的标识混淆规定则应考量特定行为是否会产生使相关公众混淆的混淆效果进而影响到市场竞争秩序、侵害经营者和消费者的合法权益等。因此，《反不正当竞争法》中商业标识混淆行为认定应坚守混淆效果这一"度"，不可产生过度保护商业标识的效用，关联性混淆规则的设置具有不当性。

三、不可承受之轻的解决：规则的重构、消费者标准的引入与举证责任的安排

由于混淆条款中关联性混淆条款的设置造成了《反不正当竞争法》的不可承受之轻，且关联性混淆条款本身规定于《反不正当竞争法》也远非合理，因此，为恰当发挥《反不正当竞争法》的功能，解决本文提出的不可承受之轻的问题，应当对混淆条款进行重构。

（一）关闭潘多拉魔盒：删除关联性混淆规则

关联性混淆规则引入《反不正当竞争法》产生了一系列问题，而解决问题的最直接方法便是将该规则予以删除。将《反不正当竞争法》第6条第1款中的"与他人存在特定联系"删除可将混淆效果要件明晰并限制在来源混淆上。一方面，此种做法有利于解决《反不正当竞争法》的不可承受之轻问题，另一方面，该做法不会使《反不正当竞争法》在规制混淆行为时表现疲软，《反不正当竞争法》第2条依旧可以在必要时发挥对来源混淆之外的其他混淆行为的有力规制。

删除关联性混淆规则有利于解决《反不正当竞争法》的不可承受之轻问题。首先，删除关联性混淆规则后，商业标识混淆行为的效果要件便恢复至来源混淆的一元情形，司法机关在认定混淆行为时难以模糊化论证特定行为是否满足混淆效果，即难以再以特定行为容易引人误认为是他人商品或者与他人存在特定联系为由架空来源混淆要件。特定行为是否会造成相关公众的来源混淆会成为认定的必要步骤。其次，对于混淆效果的实质判断有利于司法机关从标识混淆逻辑向商品混淆逻辑转变，在判断行为是否会产生来源性混淆的效果时以商品为中心，综合考量商品的各要素判断相关公众是否会在商品和商品间、商品和经营者之间产生混淆。最后，对以商品混淆逻辑认定混淆行为，强调对混淆效果的实质考察有利于司法机关修正将商业标识上的权益视作权利并以对待权利的法律态度保护标识权益的做法，降低对商业标识过度保护的可能性。

随着商业标识本身的价值不断凸显，商业标识愈发被人们所重视，对于商业标识的保护必然呈现扩大趋势。这也正是《商标法》中商标侵权行为中引入关联性混淆的概念和《反不正当竞争法》对商业标识进一步保护的原因。关联性混淆规则设置的合理性虽然并不充分，但是其存在的重要意义之一便是赋予司法机关认定混淆行为的极大弹性空间，混淆效果要件的宽松使得《反不正当竞争法》第 6 条成为规制现实生活中不当模仿行为的有力法律武器，这与扩张保护商业标识的趋势相一致。删除关联性混淆规则会使《反不正当竞争法》第 6 条仅能规制来源性混淆行为，然在商业标识混淆行为中绝非仅有来源性混淆行为才应为《反不正当竞争法》所规制。为保护竞争秩序，《反不正当竞争法》应当保持一定的弹性，具备规制除来源性混淆行为外的混淆行为的能力。此种能力并不会因为关联性混淆规则的删除而丧失，可以通过《反不正当竞争法》第 2 条对第 6 条规制范围限缩后的规制混淆行为力度的疲软予以弥补。

《反不正当竞争法》第 2 条具有规制混淆行为的可能性。《反不正当竞争法》第 2 条在不正当竞争行为的认定中发挥着至少两项功能，精神引领功能和兜底认定功能。一方面，《反不正当竞争法》第 2 条通过突出维护竞争秩序和公共利益、重构不正当竞争行为的基本范式、突出竞争法特质等从方向上指引着不正当竞争行为的认定。[1] 该条使得《反不正当竞争法》更具竞争法的特征，使其在违法行为认定时以保护竞争秩序为核心，区分于侵权责任法等权利保护法。另一方面，在《反不正当竞争法》第二章无法规制特定反竞争的行为而该行为又有为《反不正当竞争法》规制的必要时，第 2 条发挥着直接认定不正当竞争行为的法律依据的作用，即兜底认定功能。"1993 年法律当时的本意是，'违反本法规定'特指违反该法第二章的具体规定，不正当竞争行为只限于第二章列明的各项，不允许执法机关随意认定"。[2] 随着实践中各种新形式的不正当竞争行为层出不穷，司法机关逐渐在实践中承认了第 2

---

〔1〕 参见孔祥俊：《反不正当竞争法新原理·原论》，法律出版社 2019 年版，第 13~15 页。

〔2〕 孔祥俊：《反不正当竞争法新原理·原论》，法律出版社 2019 年版，第 13 页。

条的兜底保护功能，在第二章未明确规定特定行为是不正当竞争行为时通过第 2 条对该行为予以规制。在互联网专条诞生以前，以第 2 条作为规制互联网不正当竞争的《反不正当竞争法》法源的情形屡见不鲜，这也反映了第 2 条在实践中对于规制新型反正当竞争行为的必要性和可行性。因此，虽然在关闭关联性混淆这一潘多拉魔盒后，《反不正当竞争法》第 6 条对于一些具有反竞争效果的标识混淆行为显现出规制不能的情形，但《反不正当竞争法》第 2 条可以发挥兜底规制其他标识混淆行为的重要作用，除此之外，《反不正当竞争法》的法律原则也可以发挥兜底保护的作用。[1]

然而，《反不正当竞争法》第 2 条的灵活性与不确定性如影随形，[2] 适用《反不正当竞争法》第 2 条规制混淆行为应坚持适度原则。删除关联性混淆的目的主要就是避免对市场中自由模仿行为过度限制及产生对标识的过度保护，如若不恰当适用《反不正当竞争法》第 2 条，上述目的便无法充分实现。在《反不正当竞争法》第 6 条无法规制特定标识混淆行为时，如若以《反不正当竞争法》第 2 条进行兜底，要综合考量该行为本身及其对竞争秩序、消费者利益、经营者利益等可能产生的影响，最终审慎判断是否应以《反不正当竞争法》对该行为进行规制。

（二）消除偏见：强调混淆效果的消费者标准

歌德曾说："我能确保正直，却不能保证没有偏见"，法官亦是如此。法官在认定标识混淆行为时虽易从出发点上坚持公正审判，但难免因为自身对于模仿行为的固有态度、对标识的识别能力等个人因素产生对于模仿行为的偏见。由于法官的偏见难以避免，若仅依照法官的观念判断特定行为是否将产生混淆效果，混淆行为的认定将丧失客观性，并可能产生难以恰当发挥《反不正当竞争法》第 6 条效用的结果。《反不正当竞争法》第 6 条的核心立法目的是通过规制不正当的模仿行为维护市场的健康竞争秩序，与此同时，该条也发挥着保护诚信经营者的权益、避免消费者产生混淆的效用。而特定行为是否会对市场秩序产生影响取决于该行为是否会影响商业标识功能的发挥、是否会造成相关公众的误认，商业标识功能的发挥取决于相关公众对商

---

〔1〕 参见刘继峰：《反不正当竞争法的"不可承受之轻"——论一般条款的缺失及原则受限的改进》，载《北京化工大学学报（社会科学版）》2010 年第 3 期，第 22～23 页。

〔2〕 参见郑友德、范长军：《反不正当竞争法一般条款具体化研究——兼论〈中华人民共和国反不正当竞争法〉的完善》，载《法商研究》2005 年第 5 期，第 126 页。

业标识能否准确识别,[1] 误认的主体同样也是相关公众,而此处的主体"相关公众"在实践中主要为消费者。由此,对于混淆行为的判断要从消费者的角度出发,即混淆效果的认定要引入消费者标准,此种做法符合《反不正当竞争法》第 6 条的核心立法目的,并能够产生通过规制混淆行为达到保护竞争秩序的效果。与此同时,消费者标准的引入能够摆脱法官对于模仿行为的偏见,实现认定的客观性。

司法实践中,消费者标准的引入需要凭借法官充分地展开社会调查,只有这样才能确保司法机关真正地从消费者的角度出发得出特定行为是否会产生混淆效果的结论,否则假借消费者立场对混淆行为禁止的做法将陷入"浪漫消费者观念"。[2] 然而,并非所有的消费者均应纳入调查之列,只有可能接触到特定商品的,与特定商品具有一定相关性的消费者才是社会调查的对象。在展开社会调查时要通过相关地域市场和特定消费群体两个维度筛选调查主体。

第一,相关地域市场。相关地域市场在反垄断法和《反不正当竞争法》中具有不同的含义,在反垄断法中是指需求者获取具有较为紧密替代关系的商品的地理区域,而《反不正当竞争法》中的"紧密替代关系的商品"已被大大突破,相关地域市场的分析框架应以商品为核心,具体为"商品的地理区域"。基于虚拟经济对地域的突破,在实体经济和虚拟经济中对于相关地域市场的判断应加以区分。在实体经济中,要建立以"使用"和"一定影响"为前提且争议商品存在地域交叉为基础的认定标准,辅之以需求替代为基础的地域市场分析模式。在互联网经济中则须构建平台主体和平台经营者"一定影响的"二元标准,以该标准判断相关地域市场。[3] 只有在相关地域市场内同时出现的两种具有近似标识的商品才有可能造成消费者的混淆,在筛选调查对象时相关地域市场的判断尤为重要,这是正确得出混淆与否结论的前提。

第二,特定消费群体。特定消费群体是指可能购买特定商品的人群。商品均有其特定的消费群体,仅在特定商品的消费群体中进行社会调查得出的

---

〔1〕　Ty Inc. *v.* Perryman, 306 F. 3d 509, 510 (7th Cir. 2002), cent. Denied, 538 U. S. 971 (2003).

〔2〕　参见黄海峰:《知识产权的话语与现实——版权、专利与商标史论》,华中科技大学出版社 2011 年版,第 230~239 页。

〔3〕　参见刘继峰:《商业标识混淆认定中的相关地域市场分析》,载《天津法学》2019 年第 3 期,第 26~33 页。

混淆效果的结论才具有意义，因为只有此人群中的主体才是可能产生混淆的主体。但特定性程度于不同的商品间存在差异。以矿泉水和相机镜头为例，矿泉水有其自身的消费群体，然而矿泉水的消费群体的特定性比较弱，无论男女老少均有购买矿泉水的需求，不论消费者消费层次如何，对于矿泉水的需求差异并不明显。相机镜头是相机的一个部件，其对于相机拍摄质量的好坏具有重要影响。相机镜头的价格较为高昂，对其有消费需求的消费者多是专业的摄影人士或摄影爱好者，相对于矿泉水来说，其消费群体具有特定性。在筛选纳入调查的消费者时，应根据商品的特性判断该商品的消费群体为何，并考量消费群体的特定性强弱。消费群体特定性强的商品欲产生混淆效果更为困难，反之，特定性若的商品更容易造成消费者的混淆。

应当注意的是，消费者标准的引入并非强调混淆行为认定的直接目的是保护消费者权益。厘清此问题的原因在于若将认定混淆行为的核心目的视为保护消费者权益将会产生降低混淆行为认定标准的问题，认为凡是可能造成消费者混淆、可能侵犯消费者权益的模仿行为均是混淆行为。在混淆行为的认定中，消费者是作为判断标准而存在，这同《反不正当竞争法》作为竞争法之一其保护竞争而不是竞争者[1]、保护消费而不是消费者[2]的观念相一致。只有达到一定程度的使消费者产生混淆效果的混淆行为才为《反不正当竞争法》规制的混淆行为。

（三）平衡公正与效率：混淆效果的证明责任设置

司法机关和行政机关在进行混淆行为的认定时需判断是否将产生来源混淆效果、以消费者标准考量混淆效果要件。然上述认定方式在保障公正的同时也难以避免的造成效率缺失，这也正是司法机关和行政机关架空来源混淆效果要件、以标识混淆逻辑认定混淆行为等做法的重要原因。公正和效率是认定混淆行为时均应保护的价值，应当在追求公正的基础上保证效率的更优实现。通过混淆效果证明责任的合理安排有利于实现效率的提高。

由于司法机关开展社会调查的成本较高，如若所有的相关案件均由司法机关进行社会调查，纠纷的解决效率将无从保障，这也是商业标识审查争议

---

〔1〕 参见［美］马歇尔·C. 霍华德：《美国反托拉斯与贸易法规——典型问题与案例分析》，孙南申译，中国社会科学出版社 1991 年版，第 42 页。

〔2〕 参见刘继峰：《竞争法中的消费者标准》，载《政法论坛》2009 年第 5 期，第 127~135 页。

案件中静态分析方法的合理性所在。[1] 我国司法机关采取不诉不理的原则，司法机关对于标识混淆行为的认定以某经营者提起诉讼为前提。现阶段我国法院并未要求提起诉讼的一方以提交社会调查报告等形式的证据证明特定行为将会产生混淆效果，司法机关在诉讼过程中也无力展开社会调查，这促使在认定的过程中混淆效果要件被架空，进而产生了《反不正当竞争法》的不可承受之轻这一后果。为解决司法机关开展社会调查成本过高的问题，可以要求原告在诉讼中提交社会调查报告等形式的材料作为证明被告的行为满足混淆效果要件的证据，如若原告不能提交则承担举证不利的后果，这将使得调查成本负担于原告一方，而由原告举证证明混淆效果是符合谁主张谁举证的诉讼原则的。通过该种举证责任的安排一方面有利于保障混淆行为认定的公正性，真正做到以消费者标准判断特定行为是否会产生混淆效果。另一方面，由原告举证会大大提高纠纷解决的效率。

在行政执法的过程中也应当尽量平衡公正与效率。我国《反不正当竞争法》第18条规定了监督检查部门可以责令经营者停止违法行为、没收违法商品、罚款及吊销营业执照。由于行政执法需要起到及时止损的功能，在发现特定行为可能为混淆行为时及时制止是发挥行政执法功能的关键，如若要求行政机关在采取任何措施前均应以开展社会调查为前置程序，行政执法的功能便无从发挥。因此，监督检查部门在初步认定特定行为为混淆行为的情形下，无须通过社会调查便可作出相应的处罚措施。但是初步认定时也应从消费者的角度判断混淆效果要件是否满足，尽量降低工作人员自身偏见对于认定结果的影响。由于我国设置了行政复议和行政诉讼制度，对于行政机关作出的决定不服，有关经营者可以向行政复议机关和司法机关提起行政复议和行政诉讼，而在提起行政复议和行政诉讼的过程中应当要求其以社会调查报告等形式证明消费者不会产生误认，如若其不能通过证据证明其行为不具混淆效果，则该经营者应当承担举证不利的后果。

司法实践中存在当事人通过提交社会调查作为证据的案件，然而当事人调查的数据通常被法院以没有证据效力、不符合相关公众的要求、与本案无

---

〔1〕 参见刘继峰：《"乔丹案"对于商业标识混淆认定的启示》，载《中国工商报》2017年4月13日，第3版。

关等拒绝采纳。[1] 何种社会调查可以作为证据在民事诉讼、行政复议和行政诉讼中使用还需有关部门进一步明确，唯有如此才能通过证明责任的设置实现公正与效率的平衡。

结 论

对于《反不正当竞争法》中标识混淆行为的规则设置与认定的分析在更深的层面上是在讨论《反不正当竞争法》中各主体间的利益平衡问题以及公正与效率的平衡问题。关联性混淆规则的删除有利于避免对标识权利人权益的过度保护，符合《反不正当竞争法》中的利益平衡要求。消费者标准的引入和证明责任的设置有助于在保证公正司法和执法的基础上进一步提高效率。

对于商业标识混淆行为的规制同时是自由与秩序之间的博弈。经营者的合理模仿行为应当为法律所容许，应被归于自由行为的范畴。而在何种程度上的模仿行为需要为法律所禁止进而达到保障竞争秩序的目的是标识混淆规则设置需要深入考量的内容。在发展市场经济的今天，对于市场主体行为的限制需要更加慎重，将关联性混淆的删除符合给予市场主体更自由的行为空间的要求，若要以《反不正当竞争法》规制可能产生非来源性混淆的混淆效果的行为，应通过《反不正当竞争法》第 2 条对其反竞争性进行更为充分的论证。

也许在某种意义上讲，混淆规则如何设定是竞争法律对竞争政策的回应，混淆行为的效果要件无所谓正误，而是具体时代下的效果更优。然而无论如何，《反不正当竞争法》中混淆规则的设定应从《反不正当竞争法》的竞争法属性出发并考量规则设定将产生的正反两方面的效果。从上述内容综合考量，关联性混淆规则应当予以删除。这将助力《反不正当竞争法》的不可承受之轻问题的解决，充分发挥《反不正当竞争法》促进竞争秩序的重要且独特的使命。

---

[1] 参见刘继峰：《"乔丹案"对于商业标识混淆认定的启示》，载《中国工商报》2017 年 4 月 13 日，第 3 版。

商标申请权的法律构造

黄　宇*

　　摘　要：商标申请权的建构旨在回应商业标志交易环节的潜在交易风险和商标抢注规制环节行政处理模式的高昂制度成本与无效率。作为商业标志所有人商标申请权益的一种权利化表述，商标申请权在其效力范围内具有取得效力和排他效力，商业标志所有人可以据此控制商业标志上的商标申请行为，制止他人的商标抢注行为。这一法律确认下的私权保护路径能够有效降低商业标志交易成本、促进商标权的流转、打击恶意抢注，能够进一步优化商标制度、提升《商标法》的私法属性。
　　关键词：商标申请权　在先权利　商标抢注　交易成本

引　言

　　权利的取得需具有正当性。在商业标志层面，商标权人使用特定商业标志作为未注册商标或者将特定商业标志申请商标注册，需对该标志有合法控制力，不得未经他人许可将他人作品、外观设计、姓名、肖像等作为商标使用；在商誉层面，商标权人需合理避让他人已经建立起的商誉，不得抢注他人未注册驰名商标和有一定

---

　　* 黄宇，清华大学法学院2018级硕士研究生（100084）。

影响的未注册商标。在法律效果上，注册商标侵犯他人在先权利或者系商标抢注的，在先权利人或者利害关系人可以请求商标评审委员会宣告该注册商标无效。可以看出，《中华人民共和国商标法》（以下简称《商标法》）着眼于在先权利与被抢注人的合法权益，以事后无效商标权的方式解决权利冲突。与之呈现对照的是，《中华人民共和国专利法》（以下简称《专利法》）着眼于技术成果的权利归属，以"申请专利的权利"[1] 这一将来取得专利权的权利配置技术成果在申请前的权属，在源头处解决了发明过程中各种人、财、物之间的利益纠葛，确保了专利权授予的清晰性与稳定性。在发生专利权属争议时，法院可以通过确认"申请专利的权利"的合法归属来确认已授予的专利权的归属情况，而不至于像《商标法》一样无效该专利权。

循着《专利法》提示的权利取得权思路，本文将视角转换到商标权在注册申请前的权利正当性基础，即特定权利人针对商业标志本身或者商业标志上已形成的商誉的合法权益。本文使用商标申请权[2]表达这一权利正当性基础，并围绕着这一权利的构建设计相应的商标权权属规则，以期针对在先权利冲突和商标抢注建构起一种更为有效的、资源节约的规范模式。

一、商标申请权的构造背景

由于欠缺一个类似"申请专利的权利"的"申请商标的权利"，《商标法》在处理一些与商标申请有关的问题时，要么选择当"甩手掌柜"，完全交由市场主体通过合同、信赖关系等其他保障机制自行处理；要么单纯依赖行政管理解决现实问题，使得处理程序复杂且成本高昂。基于此，有必要发现既有模式下的现实难题，揭示出《商标法》的制度困顿，从而转换思维，尝试走出《商标法》自身的惯性思维与路径依赖。

---

〔1〕 《专利法》第 6 条：（第 1 款）执行本单位的任务或者主要是利用本单位的物质技术条件所完成的发明创造为职务发明创造。职务发明创造申请专利的权利属于该单位；申请被批准后，该单位为专利权人。该单位可以依法处置其职务发明创造申请专利的权利和专利权，促进相关发明创造的实施和运用。（第 2 款）非职务发明创造，申请专利的权利属于发明人或者设计人；申请被批准后，该发明人或者设计人为专利权人。（第 3 款）利用本单位的物质技术条件所完成的发明创造，单位与发明人或者设计人订有合同，对申请专利的权利和专利权的归属作出约定的，从其约定。

〔2〕 此处所说的商标申请权，是指就特定商业标志在指定商品或服务类别上申请商标注册的权利，即"申请商标注册的权利"，不具有"专利申请权"所包含的"申请人对已提出但尚未授权的专利申请的权利"这一层面上的含义。至于申请人对已提出但尚未核准的商标申请的权利，可以使用《商标评审规则》第 8 条所使用的"与商标评审有关的权利"来表称。

（一）商标申请与权利基础

商标申请行为始终欠缺一个明确的、法定的正当性基础。《商标法》上虽然规定了商标申请行为不得侵犯的在先民事权益（《商标法》第 15 条、第 32 条等），但这些规范主要作为商标授权确权行政程序中行政机关作出特定行政行为的合法性依据，并非民事主体行使民事权利、主张特定请求权（作为请求权基础）的法律依据。虽然，规定商业标志上的各种在先权利的其他民事法律可以为商标申请行为提供权利基础〔如《中华人民共和国民法典》（以下简称《民法典》）人格权编、《中华人民共和国著作权法》（以下简称《著作权法》）等〕，但其制度设计有其自身独特目的和价值所在，非为商标申请行为量体裁衣，适用时往往滋生争议。例如，关于人格权的商业化利用，争议巨大，直至《民法典》第 993 条规定："民事主体可以将自己的姓名、名称、肖像等许可他人使用，但是依照法律规定或者根据其性质不得许可的除外。"再如，关于姓名权是否能够作为在先权利制止抢注行为，最高人民法院仍需要通过司法解释[1]以及指导性案例[2]予以确定。商标申请行为上权利基础的不清晰，由此可见一斑。

对于其他仅仅通过《商标法》上的商标抢注规制条款予以保护的商业标志权益，其权利基础更是混沌不明。例如，有国外品牌持有者未在中国将该品牌注册为商标，但是许可其在中国的经销商注册商标，由该经销商在中国享有注册商标专用权。对于品牌所有者与其经销商之间签订的所谓"许可合同"，负责合同内容起草与审查的法律人士倍感困扰。这一合同在现实层面上发生的效果是，品牌所有者将不再能适用《商标法》第 15 条阻止其经销商注册商标，从而更像是一种"豁免"。而为了使合同双方的利益诉求均得到有效保障，合同需要对双方之间关于该品牌的权利义务做出详尽的安排。即便合同做出详尽的安排，当品牌所有者违反合同约定，以《商标法》第 15 条为依

---

〔1〕 《最高人民法院关于审理商标授权确权行政案件若干问题的规定》（法释〔2020〕19 号）第 20 条第 1 款规定："当事人主张诉争商标损害其姓名权，如果相关公众认为该商标标志指代了该自然人，容易认为标记有该商标的商品系经过该自然人许可或者与该自然人存在特定联系的，人民法院应当认定该商标损害了该自然人的姓名权。"

〔2〕 指导案例 113 号：迈克尔·杰弗里·乔丹与国家工商行政管理总局商标评审委员会、乔丹体育股份有限公司"乔丹"商标争议行政纠纷案，《最高人民法院关于发布第 22 批指导性案例的通知》（法〔2019〕293 号）。该指导案例的裁判要点 1 指出："姓名权是自然人对其姓名享有的人身权，姓名权可以构成商标法规定的在先权利。外国自然人外文姓名的中文译名符合条件的，可以依法主张作为特定名称按照姓名权的有关规定予以保护。"

据提起相应行政程序时，合同上的违约责任是否能够充分保障经销商的权益，仍存在疑问。而当我们从理论上试图认识这一合同的法律性质与法律效果时，同样会陷入茫然无措、无从下手的境地之中。这样的困窘局面所产生的原因在于，法规范层面商标申请行为本身缺乏权利基础，理论层面商标申请注册前的权利义务安排长期未受到关注，以致我们缺少合适的分析工具和分析思路用以解读现实中的合约安排。

（二）商标申请与权利许可

商标申请人将特定商业标志提请商标注册，首先需要清除商业标志上的权利负担，获得在先权利人的许可。在商标申请权缺位的情形下，申请人通过合同获得的仅是一种作为相对权的被许可权。以姓名权为例，"姓名权人得授权他人使用其姓名，而放弃其保护请求权及损害赔偿请求权，使姓名权得为交易客体，具有财产权的性质……此项使用授权契约乃债法上的约定，并未创设一种具物权性的权利"[1]。然而，不同于在先权利人对商业标志的其他利用形式，将商业标志在某一商品或服务类别上注册为商标是一次性的、不可重复的，在实质上是在先权利人就商业标志作商标申请这一特定使用方式的"处分"，从而与其他许可方式存在着显著的不同。然而，由于并不存在商标申请权这一权利形态，此种"处分"仅得以其相对效力对抗在先权利人。申请人无权阻止在先权利人另外许可其他申请人在相同或类似商品或服务类别上注册该商业标志。甚至，申请人都无法制止在先权利人在"处分"了申请权益之后仍然自行申请商标注册。换言之，现有的法律框架无法规制在先权利人对商标申请权益的多重许可，当存在多个被许可人时，实际上是以何者最先向商标局提交申请为准来定其合同债权的优先次序。当然，商标申请人可以通过权利转让完整地获得商业标志上的各种权利，此时不会发生上述问题，但却会引发申请人申请成本的急剧增加，增加不必要的私人成本，同时会造成商业标志资源利用上的无效率。更不用说，姓名权、肖像权等人身权益法律禁止转让。商标申请人在商业标志交易过程中要么获得一种合同范围内的仅能对抗合同相对人的相对性权利，要么就整个地获得具有排他效力的绝对性的在先权利，而不能单独提取并获得商业标志在商标注册行为上的排他性权利，这体现出了法律对交易自由的无形限制。

对于在先权利人而言，交易风险与被抢注风险同样较大。在先权利人在

---

[1] 王泽鉴：《人格权法：法释义学、比较法、案例研究》，北京大学出版社 2013 年版，第 117 页。

商业标志谈判中，如果相对人越过与在先权利人之间的合同，拒绝履行给付义务，径行申请商标注册，则在先权利人只能追究相对人的违约责任，对于已被注册的商业标志则需要经过繁杂的异议或无效程序才能得以恢复。由于商标抢注人的注册商标专用权构成在先权利人商标申请权益的权利阻碍，在先权利人在商标权被无效之前将无法另行选择新的交易对象。程序拖延得越久，在先权利人的利益损失也就越大。这使得在先权利人倾向于选择先行申请商标注册再转让注册商标专用权的交易模式。

（三）商标申请与商标抢注

商标申请人将其享有商标申请权益的商业标志提请商标注册，是对自身合法权益的行使，但这一权益行使在实践中往往会因为该商业标志已被第三方抢注人注册为商标而遭受阻碍。根据先申请原则，商标权授予申请在先的商标（《商标法》第31条）；已核准的注册商标具有阻止他人在相同或者类似商品或服务上注册相同或近似商标的法律效力（《商标法》第30条）。因此，商标申请人想要获得商标注册，实现自身商标申请权益，首先需要通过《商标法》规定的争议程序去除作为商标申请权利障碍的在先商标申请或注册商标专用权。

在商标抢注的前端，电子化申请、官费降低、审查期限压缩等便利措施使得抢注人的抢注成本不断降低，社会的发展使得可抢注资源不断增殖，互联网络的发达使得商标抢注人获知商业标志的渠道不断扩宽，肆无忌惮的"商标流氓"等高度活跃着的商标抢注人随时可能会给在先权利人带来无妄之灾。在商标抢注的后端，被抢注人的维权程序复杂且冗长，极端情形下，被抢注人可能需要历经商标复审、一审、二审乃至再审的冗长诉讼程序才能使自身的在先权利恢复到完满状态。乔丹系列案件即为著例。[1] 在这之后，为

---

〔1〕 指导案例113号：迈克尔·杰弗里·乔丹与国家工商行政管理总局商标评审委员会、乔丹体育股份有限公司"乔丹"商标争议行政纠纷案，最高人民法院（2016）最高法行再27号行政判决书；迈某乔丹与国家知识产权局商标争议行政纠纷再审案，最高人民法院（2018）最高法行再32号行政判决书。附带一提，乔丹于2012年向上海市第二中级人民法院先行提起的姓名权侵权诉讼，迈克尔·杰弗里·乔丹（MichaelJeffreyJordan）诉乔丹体育股份有限公司等姓名权纠纷案，上海市第二中级人民法院（2012）沪二中民一（民）初字第1号。

了避免陷入新的麻烦，被抢注人还需要在一年的隔离期满[1]后自行将特定标志申请商标注册。

《商标法》制度成本如此高昂的规范模式很大程度上将在先权利的保护成本转移到私人身上，正如有论者针对体育明星的姓名被他人抢注、事后维权成本巨大的现状，提出"体育明星应该提升自我的权利意识，主动对姓名权以及其蕴含的经济价值给予保护，为防止他人非法利用自己的名字，可以预先将自己的姓名以及姓名的常见拼音、谐音等形式注册为商标等"[2]。一个需要倒逼权利人自行预防侵权的制度设计显然不是良好的《商标法》制所该呈现出来的。

二、商标申请权的权利主体

商标申请权益作为民事权利人的一种合法权益，并不是说法律没有规定本身就没有受到保护。事实上，《商标法》正是通过规制注册商标权与在先权利冲突、禁止商标抢注等行为来保护背后的商标申请权益。所谓构造一种商标申请权，其实只是一种保护模式和保护思路的转变，一种从法律禁令到法律授权、从行政规制到民事请求权的转换。这种转变背后所需要被保护的商标申请利益本身并没有发生改变，只是这一利益的表现方式和保护途径发生了转变。

商标申请权作为一种民事权利，其法律构造与一般民事权利无异，可以从权利主体、权利客体、权利效力与权利变动等角度切入。商标申请权的客体即待提交申请的各种商业标志，包括作品、外观设计、姓名、logo 等，自无疑问。本文主要从权利主体、权利效力与权利变动这三方面对商标申请权

---

〔1〕 《商标法》第 50 条规定："注册商标被撤销、被宣告无效或者期满不再续展的，自撤销、宣告无效或者注销之日起一年内，商标局对与该商标相同或者近似的商标注册申请，不予核准。"《中华人民共和国商标法实施条例（修订草案）（送审稿）》第 81 条尝试对这一僵硬的规定做出修正："注册商标有以下情形被撤销、被宣告无效或者期满不再续展的，不受商标法第五十条规定所限：（一）依据商标法第四十九条被撤销的；（二）因恶意抢注原因被宣告无效的；（三）同一商标注册人的商标期满未续展的。"该条最终未被通过。现实中，法院和商标局会选择直接无视第 50 条。当构成商标申请权利障碍的在先商标于诉讼进程中被撤销或无效时，法院甚至会应用所谓的情势变更来责令行政机关重新作出决定。对这一做法的批评可参见李扬：《论商标授权确权行政案件中情势变更原则的不可适用性》，载《法商研究》2017 年第 5 期，第 186~192 页。这从侧面反映出了《商标法》的制度设计与现实需要之间的扞格不入。

〔2〕 廖翔坤：《体育明星姓名权与商标权的冲突与解决》，载《中华商标》2019 年第 4 期，第 37 页。

的具体构造进行展开，讨论构造的可能性与具体方式。需要说明的是，以下对于商标申请权的具体构造围绕现实问题的解决而主要聚焦于其自身的一些特殊问题，如针对商标抢注而专门对商标申请权的取得效力进行讨论。对于其他未提及的权利行使和权利保护的普遍性规则，可以参照或类推适用《专利法》上关于"申请专利的权利"以及其他民事法律关于绝对权保护的相关规定。

（一）在先权利人

将商业标志申请注册为商标是对商业标志的一种具有显著经济价值的使用方式，因而落入能够控制商业标志使用行为的各种民事权益的权利范围。以著作权为例，"依据著作权可以阻止一个商标在任何产品或服务上的注册"[1]。在这一意义上，商标申请权只是在先权利就商标申请注册这一行为的使用权能的具体化。那么，可能有人会问，依据在先权利整体便可控制商标申请行为，将商标申请权单独作为一种权利予以建构岂非多此一举。一方面，正如前文所述，不同于对商业标志的其他使用方式，商标申请行为于某一商品或服务类别上是一次性行使的，这一性质决定了法律在处理这一使用方式上更适宜采取权利转让模式而非权利许可模式。另一方面，当商标申请人本身并非在先权利人而只是从在先权利人处获得了商标申请权益时，法律应当授予商标申请人独立的权利基础以对抗第三方的商标申请行为。

在更为根本的意义上，商标申请权从在先权利中相对独立是进一步优化在先权利交易，提升交易安全程度的内在要求。就理论上进行观察，在目前所有的在先权利交易中，著作权的交易可能性最为宽广，交易安全也最有保障。这在很大程度上是因为，《著作权法》第 10 条对作品的权能进行了初步分割，商标申请人可以选择特定的几种与商标申请有关的使用权获得独占许可。现实的交易需求已经向我们揭示了法律优化的路径：将商业标志的商标申请权能从各种在先权利的权利范围中单独提取出来作为一种具有排他性的权利，即商标申请权，同时基于在先权利的公示程度赋予其一定的对抗性。商标申请权作为在先权利的一项独立的经济性权能，能够从各种在先权利中分离出来而通过市场交易归属于有实际需要的商标申请人。这恰似物权法中所有权与用益物权之间的关系——所谓用益物权，即就物的各种不同使用方式对所有权的使用权能进行的不同分割。只是在商标申请权的场合，商业标

---

[1] 冯术杰：《商标注册条件若干问题研究》，知识产权出版社 2016 年版，第 127 页。

志上所附着的权利形态不是单一的所有权，而是依其标志类型受不同的在先权利控制，[1] 但只要我们透过貌似复杂多样的表象抓住事物的本质属性，就会发现物权法所揭示的财产权配置思路并不会因为在先权利的多样而失效。物权法对所有权权能的分割，即是为配合具有社会典型性的物之使用方式与交易行为，为权利保护和市场交易提供法律基础，确保交易安全，降低交易风险及成本。将商业标志用作商标注册申请，同样是一种极度活跃的、社会典型的标志使用与交易样态，同样需要一个稳固的可交易的权利基础。只要我们立足于现实的交易需要，立足于现实问题的有效解决，立足于交易风险与交易成本的有效降低，就不会被在先权利的多样性束缚住手脚。只要在先权利的效力及于商业标志的申请这一使用行为，那么就可以从中分离出商标申请权，就可以产生商标申请权。

这样的建构意味着在先权利交易中商标申请人的商标申请权益将从相对权模式下的弱保护升格为具有一定绝对权效力的强保护。有论者可能会对此种升格保护的必要性与可行性提出质疑。针对升格保护的必要性而言，绝对权模式为商标申请人提供了通过登记获得对抗效力这一强化自身权益的法律途径（详见后文），使商标申请人不再需要通过完整的在先权利转让或其他无效率的额外交易强化自身合同权益的安全程度。同时，这样的制度安排能够体现法律对在先权利人多重许可这一道德危险行为的否定性评价，能够更好地保护在先诚实交易对象的交易预期。针对升格保护的可行性而言，在特定情形下通过赋予绝对权效力以提升保护强度，进而保障当事人的交易安全或者实现特定的政策目的，在规范表述和民法理论中并不少见。例如，在房屋买卖合同中，买受人在不动产登记之前（即房屋所有权移转之前）仅对出卖人享有合同上的请求权。为了保障将来实现物权，防止出卖人"一房二卖"等不诚信行为可能会造成的损害，买受人可以通过《民法典》第 221 条所规定的预告登记强化自身的合同债权，使之获得一定的物权效力。[2] 预告登记的构造原理，"就是利用原本仅适用于不动产物权的不动产登记簿，对其进行技术改造，使之扩及适用于债权关系，从而使该债权关系获得若干物权性的

---

〔1〕 甚至可能同时受两种以上的权利控制，譬如将他人肖像画作为商标注册，就需要同时获得著作权人与肖像权人的双重许可。

〔2〕 具体包括保障债权实现的效力、对抗第三人的效力、限制物权处分的效力和确定权利顺位的效力，参见王利明：《论民法典物权编中预告登记的法律效力》，载《清华法学》2019 年第 3 期，第 6~17 页。

效力"[1]。又如，根据《民法典》第 405 条规定的所谓"买卖不破租赁"，当房屋所有权发生移转时，承租人合同上的租赁权具有对抗第三方受让人（即新房主）的效力。由此可见，绝对权与相对权之间并非水火不相容，权利的效力模式并非天然地归属于其中一方而无法更易。为了实现特定的法政策和社会目标，绝对效力将成为法律调整权利格局的强大工具。

（二）商誉所有人

商标是商誉的载体，《商标法》通过保护注册商标这一外在形式来保护商标所负载的商誉。商标申请人将某一商业标志提请商标注册，该商业标志上可能已经产生一定程度的商誉，此时，《商标法》需要在商标申请人的注册利益和商誉所有人的商誉利益之间进行谨慎的权衡，回答商誉所有人的商誉在到达何种程度时才能制止商标申请人的申请行为这一重大问题。依据《商标法》第 13 条第 2 款，未注册商标的商誉达到驰名程度，可以在所使用的商品或服务类别上制止他人的注册行为；依据《商标法》第 32 条，未注册商标的商誉达到"有一定影响"的程度，可以制止他人的不正当抢注。在此种情形下，从《商标法》的相关规定到商标申请权的建构并没有很大障碍，只是在规范表述上将视角从禁止他人的注册行为转移到保护商誉所有人的注册权利上来。

（三）被代理人、被代表人等

《商标法》第 15 条规定，未经授权，代理人或者代表人以自己的名义将被代理人或者被代表人的商标进行注册，被代理人或者被代表人提出异议的，不予注册并禁止使用。申请人针对代理人、代表人和其他特定关系人的商标申请权益可能会和在先权利型或商誉型的商标申请权益发生重叠，申请人对其商业标志可能享有某种民事权益，也可能已经发展出一定的商誉。此时，代理人和代表人的身份限定其实并无意义。为了确保法律逻辑和请求权基础的清晰界定，产生于申请人特定身份的商标申请权的客体应当与前述商标申请权予以划分，即此时申请人对其所有的商业标志既不存在某种在先权利，也没有发展出能够脱离特定关系（即可以普遍向第三人主张）的值得保护的商誉强度。商标申请人对该标志因而也就并无普遍意义上的对世权利，而是只能针对代理人代表人等主张。接下来的问题是，效力范围如此狭窄的权利是否有必要予以建构？是否会和在先权利型和商誉型的商标申请权发生体系

---

[1] 张双根：《商品房预售中预告登记制度之质疑》，载《清华法学》2014 年第 2 期，第 73 页。

排斥？

其实，此种类型的商标申请权与前述两种商标申请权之间在权利效力、权利变动和权利行使等方面并无二致，差别只在于权利的对抗对象。代理人、代表人和其他关系人的身份限定并没有将权利的效力范围特定化为特定人，而仅仅是一种对权利行使对象所做的额外要求，因而并不与商标申请权的绝对权性格发生冲突。再者，此种商标申请权的效力范围其实并不是那么想当然的"狭窄"。在全国人大常委会法制工作委员会（以下简称"法工委"）编写的释义书中，代理人和代表人，既包括为被代理人和被代表人办理商标事务的人，也包括为被代理人和被代表人办理其他事务（如生产加工、营销管理活动）的人。[1] 最高人民法院的司法解释则将代理人、代表人扩张解释为包含经销、代理等销售代理关系意义上的代理人、代表人和尚处于磋商阶段的"准"代理人、代表人。[2] 显然，在法工委和最高人民法院看来，代理人、代表人在《商标法》上有着自身的概念范畴，而不是仅限于在一般的民法语境下得到适用。与此同时，2013 年修改《商标法》，将对特定关系人抢注行为的规制扩张到"合同、业务往来关系或者其他关系"。这样的扩张进一步模糊了身份限定与善意界定之间的界线。法律实际上是通过界定抢注人的身份来判定抢注人的恶意程度，从而达到节约法律适用成本的效果。北京市高级人民法院 2019 年 4 月 24 日发布的《商标授权确权行政案件审理指南》第 12.7 条就直接规定，代理、代表关系以外的，能够知道他人商标且应予主动避让的关系，属于"其他关系"的情形。由此可见，对商标申请人商业标志权益的保护，在更为根本的意义上调整着《商标法》第 15 条的适用对象。

综上，产生于申请人身份的商标申请权虽然只能针对一定范围内的第三人加以主张，但仍无妨成为商标申请权的一种相对特殊的类型。有论者可能会提出质疑：既然声称商标申请权是一种绝对权，那么就必然需要对抗一切第三人，一个仅能对抗一定范围内的第三人的绝对权显然是名不副实的绝对权。此论失之偏颇且过于标签化。法律设绝对权与相对权之分，是以权利的不同效力来配置不同强度的法益，使其得到适合于社会整体需要的保护。随着社会的发展，需要得到保护的财产形态呈现出复杂多样的态势，法律自然

---

〔1〕 参见全国人大常委会法制工作委员会编：《中华人民共和国商标法释义》，法律出版社 2013 年版，第 40 页。

〔2〕 《最高人民法院关于审理商标授权确权行政案件若干问题的规定》，第 15 条。

也要随之不断细化，针对现实需要调整权利的实际强度。简单地拘泥于绝对的绝对权模式或相对权模式，将会窒息权利的生长，阻碍法律对社会行为的调节。早有权威民法学者指出，通过使物权和债权的关系在若干方面相对化，能够克服物权和债权明确区分的弊端。此种相对化具体体现在债法规则在物权关系中的类推适用、担保物权和债权之间的相互作用、租赁权的物权化和某些不具有对抗善意第三人的效力的物权。[1]

三、商标申请权的权利效力

（一）商标申请权的取得效力

商标申请权的取得效力是指，在其效力范围内，商标申请权人可以自己将商业标志申请商标注册并取得注册商标专用权，也可以取得他人未经许可申请注册后获得的商标权。商标申请权人自行取得注册商标权，是商标申请权的题中应有之义，此处不赘。他人未经许可将商业标志申请商标注册，如果尚在商标评审阶段，则商标申请权人有权直接取得"与商标评审有关的权利"；如果已经核准注册，则商标申请权人有权直接取得该注册商标专用权。对此，可能有论者会提出以下质疑：对于在先权利产生的商标申请权，商标申请权人可能并无实际的商标使用需求，使其有权取得注册商标权将造成商标资源的闲置与浪费。然而，就该商业标志而言，在先权利人本来就独占地享有将这一标志注册为商标的权利，第三人无权使用该商业标志，因而也就谈不上商标资源的闲置与浪费，更不用说在先权利人还可以将商标权转让至有实际需要的经营者手中。

商标申请权的取得效力脱胎于物权的追及效力，无论物辗转落入何人之手，物权人始终不失去自身的物权，可以直接向现实的无权占有人请求返还原物，即"物之所在，权利之所在"。物权人并不会因为失去对物的占有而失去物权，商业标志的所有人同样也不会因为标志被他人抢先注册为商标而失去对该标志的控制力，而是可以基于自身的商标申请权直接请求商标抢注人返还标志上的商标申请权益。这一思路体现在《专利法》对专利冒充申请行为等权属争议的规制上。技术成果在申请专利之前以商业秘密的形式存在着，任何在权利归属谈判过程、技术研发过程、技术成果转让过程等各个阶段中可以接触到该秘密的人均有可能将该秘密抢先申请专利。《专利法》并没有立

---

〔1〕 参见崔建远：《物权：规范与学说——以中国物权法的解释论为中心》（上册），清华大学出版社 2011 年版，第 15 页。

足于该冒充申请行为对商业秘密的侵犯、对合同的违反而否认这一申请行为以及之后获得的专利授权的正当性。毕竟，冒充申请已经披露了技术方案，使之不再具有《专利法》所要求的新颖性，因而也就不能简单地采取《商标法》的异议和无效模式。为了保护真实申请人的合法权益，《专利法》通过确认"申请专利的权利"的权属情况来确认专利权的归属，"申请专利的权利"的权利人有权直接取得被冒充申请的专利权。域名纠纷的解决同样贯彻了这一思路。在域名争议解决中，已注册的域名与侵犯他人合法权益的，在注销域名之外，争议解决机构还可以直接裁决将域名转移给投诉人。[1] 如果合法权益人寻求司法救济，法院也可以依原告的请求直接判令由原告注册使用该域名。[2]

在《商标法》内部，公约和比较法上同样存在由被抢注人直接取得注册商标专用权的相应规范。《保护工业产权巴黎公约》第 6 条之 7 第 1 项规定："如果本联盟一个国家的商标所有人的代理人或代表人，未经该所有人授权，而以自己的名义向本联盟一个或数个国家申请该商标的注册，……如果该国法律允许，该所有人可以要求将此项注册转让给他，除非该代理人或代表人证明其行为是正当的。"对法定转让这种可能的安排，博登浩森（Bodenhausen）教授给予了积极的评价："这种转让较之商标所有人必须首先获得取消代理人或代表人所进行的注册，然后再以本人名义获得注册以代替原来注册的做法，对于商标所有人更为有利。"[3] 就比较法的规定而言，《法国知识产权法典》L. 712-6 条规定："如果注册申请对第三人的权利构成欺骗，或者违反了法定或约定的义务，认为对该商标享有权利者可依合法程序追还所有权。"[4]《德国商标法》第 17 条第 1 款规定，未经商标所有人的授权，以该所有人的代理人或代表人的名义申请或注册商标的，该所有人应当有权要求从代理人或代表人处转让因该商标的申请或注册产生的权利。[5]

---

〔1〕 《国家顶级域名争议解决办法》，第 16 条。

〔2〕 《最高人民法院关于审理涉及计算机网络域名民事纠纷案件适用法律若干问题的解释》，第 7 条。

〔3〕 参见［奥地利］博登浩森：《保护工业产权巴黎公约指南（附英文文本）》，汤宗舜、段瑞林译，中国人民大学出版社 2003 年版，第 84、85 页。博登浩森教授曾任保护知识产权联合国际局（BIRPI）局长，该局是联合国世界知识产权组织（WIPO）的前身。

〔4〕 《十二国商标法》，《十二国商标法》翻译组译，清华大学出版社 2013 年版，第 51 页。

〔5〕 《十二国商标法》，《十二国商标法》翻译组译，清华大学出版社 2013 年版，第 84 页。

（二）商标申请权的排他效力

商标申请权的排他效力是指，在一个商业标志上，不能成立两个以上权利内容互相排斥的商标申请权益，商标申请权人有权在其效力范围内排除他人的申请注册行为。商标申请权的排他效力产生于商标申请行为的排他性与独占性，而这种申请行为本身的排他性即使是在商标申请权缺位的现实情境下也同样发挥着自身的影响。当发生在先权利多重许可时，被许可人的商标申请权益并非如普通债权那般可以互相兼容、相安无事，其实现乃是取决于何者最先向商标局申请商标注册。通过确认商标申请权并赋予其排他性，在先权利人在法律上完整地转让商标申请权后，即已失去对于其所有的商业标志的商标申请权。在先权利人再向第三人实施转让行为将构成无权处分，不发生权利变动的法律效果。

当某一商业标志受多种在先权利控制时（如肖像画），商业标志上同样只能在特定的商品或服务类别上成立一个商标申请权，只是这一商标申请权为各个在先权利人所共有。共有权利的行使规则可以参照适用《专利法》上对"申请专利的权利"的共有所作的相关规定。而当不同的民事主体对"相同"的商业标志享有权利时，并不能当然地认为他们共有该商业标志的商标申请权，或者否定商标申请权的排他性。就作品和外观设计而言，其本身的制度设计已经妥善地处理了客体相同时的权利归属，因而问题集中地出现在相同的姓名和未注册商标上。应当注意的是，外在表现符号的相同并不简单地等同于权利内容的相同。姓名权保护的是姓名与特点民事主体之间的联系，未注册商标所保护的是特定经营者在特定地域累积起的商誉。甲与乙可能都以"张三"为自己的姓名指称自己，但是，甲行使自己基于姓名权的商标申请权时，只能在使商业标志与自身发生联系的意义上使用"张三"这一符号，而不能通过误导性的使用使相关公众误以为"张三"所指向的是乙（侵害乙的商标申请权）。又或者，当相关公众普遍以"张三"指向乙时，即乙的知名度较高时，甲负有义务提示自身姓名的指称对象，避免相关公众发生混淆误认。同样的道理，甲与乙可能分别在 A 地和 B 地以相同的未注册商标在相同的商品或服务类别上开展商业经营，且都达到"有一定影响"，但无论如何，甲乙的商标使用形态、经营细节、客户群体等不会相同，甲乙的未注册商标所承载的商誉不可能相同。二者应互相尊重对方所形成的商誉，不得以不正当抢注的方式窃取对方的商誉，否则构成对对方商标申请权的侵害。综上，"相同"的商业标志背后所承载的商标申请权益并不相同，因而可以分别就该商标申请权益成立互相独立的商标申请权。

（三）商标申请权的效力范围

商标申请权的效力范围所要解决的问题的是，商标申请权的上述效力得针对多大范围内的第三人加以主张，究竟是普遍的对世与排他还是有一定的限制。之所以要处理商标申请权的效力范围，是因为商标申请权的产生方式多样、类型各异，需要通过划出一定的效力范围来实现商标申请权人的商标申请权益与其他商业主体的商标申请自由之间的利益平衡。决定这一利益平衡点所在的，正是商标申请权自身的公示或公知程度。

1. 对抗任意第三人的商标申请权

对于在先权利产生的商标申请权而言，商标申请权作为各种在先权利的自身一种权能，在公示与公知程度上自然可以与各种在先权利等量齐观，因而可以对抗任意第三人自不待言。可能产生疑问的是姓名权，因为同一名称可能为不同的人选择作为姓名——不同的人可能姓不同但名相同，也有可能姓名完全相同。姓名权与姓名权之间因此可能会发生冲突。但是，正如前文所述，相同的姓名仍然指向不同的商标申请权，姓名权人不得侵犯他人就该相同姓名的商标申请权，因而同样未被排除在商标申请权的对抗对象之外。任何人与其姓名之间的联系的唯一性与排他性决定了其商标申请权仍然可以对抗任意第三人。

2. 不得对抗善意第三人的商标申请权

为了保护善意商业经营者的商标申请自由，公示或公知程度较差的商标申请权的效力范围需要被施加限制。转换自《商标法》第 15 条的商标申请权在效力范围上的局限，前文已述及，此处不赘。转换自《商标法》第 32 条的有一定影响的未注册商标，商标申请权限于对抗他人的不正当抢注。至于《商标法》第 15 条的"特定关系"和第 32 条的"有一定影响"、"不正当抢注"，在现有商标法理论与司法判例已经累积起的认定标准的基础上，将转换至善意第三人的"善意"与否的认定上。

四、商标申请权的权利变动

此处简要地讨论基于法律行为的商标申请权变动。绝对权的权利变动，需要通过一定的公示手段使第三人察知。以物权为例，"物权变动以登记（不动产）及交付（动产）作为公示表征，使第三人可以查悉其变动，避免因物权具有排他性而遭受不测的损害"[1]。商标申请权虽然效力形态比较复杂，但在整体上始终不改与第三人发生关联的绝对权性格。[2] 此外，无体财产权利边界完全由法律规则界定，确认成本较高，为了保障第三人的行为自由和交易预期，权利变动的公示要求较有体物而言其实更高。因此，问题的关键不是需不需要登记，而是将登记作为生效要件还是作为对抗要件。

（一）权利的变动模式

1. 登记生效主义

登记生效主义将登记作为权利变动的生效要件，未经登记的，不发生权利变动效果。最为典型者如不动产物权的变动（《民法典》第209条第1款）。就知识产权的变动而言，专利申请权或专利权的转让（《专利法》第10条第3款）、注册商标专用权的转让（《商标法》第42条第4款）同样采取登记生效主义。登记生效主义适合于财产价值较大、交易安全保障要求较高的财产权变动。

2. 登记对抗主义

登记对抗主义下，登记与否并不妨碍权利变动的发生，但该权利的变动未经登记的不得对抗善意第三人。登记对抗主义的典型应用场景为船舶、航空器、机动车的物权变动（《民法典》第225条）和土地承包经营权的变动（《民法典》第335条）。登记对抗主义对于交易的影响程度较小，适合于小规模的、流转迅速的交易，但对交易安全的保障不及登记生效主义。交易所发生的当事人之间的信任程度较高的（如土地承包经营权），也适合于采取登记对抗主义。

（二）商标申请权的变动模式

商标申请权的变动，宜采取登记对抗主义。一方面，由于商标申请权的类型多样，商业标志上所承载的商业价值也就难免高低悬殊，名人之姓名与肖像、高端的logo设计、驰名的未注册商标等可能价值连城、牵涉甚大，但同时小规模的普通商业标志交易也在大量发生。登记本身作为交易成本的一环，不能一刀切地科以所有类型的交易者，尤其是交易风险敏感度不高、交

---

[1] 王泽鉴：《民法物权》，北京大学出版社2010年版，第15页。

[2] 实际上，即使是债权的让与，也正向着登记主义靠拢。参见李宇：《债权让与的优先顺序与公示制度》，载《法学研究》2012年第6期，第117页。作者在该文中指出，公示原则适用于一切财产权的转让与设定负担，属于真正的财产法总则上的原则。

易对象可信度较高或者交易本身重要性较低的交易者。将登记作为交易的可
选项，由交易者根据对自身所处交易的风险评估选择不同强度的法律保护，
能够最大程度上保障交易者的交易自由。另一方面，商标申请权的转让行为
可能与实际的商标申请行为紧密相连，甚至可能会发生在商标申请行为之后
（事后获取权利正当性），则此时当事人可能会倾向于选择利用商标申请本身
的公示效应来提升权利变动的公示程度，从而免去登记商标申请权之累。但
应当注意的是，商标申请行为的公示最早发生于商标的初步审定公告，商标
从申请到公开之间的时间差长短不一，取决于商标局的审查进度，因而同样
有保障第三人的需要。在商标初步审定公告之前，商标申请权的变动未经登
记的同样不得对抗善意第三人。

五、商标申请权的制度优势

在对商标申请权的具体内涵有了一个较为清晰的认识后，摆在我们面前
的问题是，具有前述权利效力的商标申请权交易与保护模式，与现行法上的
在先权利许可模式和行政程序保护模式相较有何优势？商标申请权的构造，
能否妥当地解决"构造背景"部分提出的实践与理论难题？以下将论证，商
标申请权有其显著的制度优势，能够降低权利交易与权利保护环节的制度成
本与社会成本，能够更好地保护商业标志上的各类民事权利人的合法权益。

（一）降低交易成本，提升交易标准化程度

在商业标志交易中，为了防止在先权利人多重许可他人申请注册，使商
业标志被他人捷足先登注册为商标，商标申请人会倾向于选择值得信任的优
质交易对象，从而给其带来较高的谈判成本与维护成本。或者，商标申请人
可以通过额外的给付强化在先权利人的违约成本，如独占许可或保密协议。
又或者，商标申请人可以在法律允许的范围内尽可能完整地获得在先权利人
的在先权利，尽管商标申请人所需要的只是将商业标志申请注册为商标这一
特定的使用权利。商标申请人或是难以防范风险发生或是防范成本高昂，且
防范行为本身并无私人收益与社会收益，徒添资源的无谓损耗。与此同时，
当商标申请人的商业计划有变，意图通过债权让与转让合同上的商标申请权
益，此时债权让与的潜在受让人同样会有上述考量，商业标志的再次流转将
可能因此受阻。

商标申请权为商业标志交易提供了一个可交易的权利对象，交易将围绕
着商标申请权的转让展开，商标申请人所获得的将不再是一种虚无缥缈的
"许可"或者说"豁免"，而是一种切实可靠的权利。依靠这一权利，商标申

请人可以阻止第三人对该标志的申请行为，极大地提升了交易的安全程度，降低了交易的防范成本。权利的变动节点和变动效果的法定确认，也能够使得交易信息借此得以传递，从而保障商标申请权的实际受让人和潜在受让人的交易预期。有论者可能会提出反对，认为商标申请权模式增加了潜在受让人的信息成本——潜在受让人需要查验商业标志上的商标申请权是否已经为在先权利人处分。然而，在商标申请权缺位的在先权利许可模式下，这一查验成本同样存在，区别只在于，许可模式下潜在受让人根本无从查验权利状态，根本就无从得知是否有在先被许可人存在。潜在受让人未经查验即进行交易，权利实现与法律地位高度不稳定，信息成本从而转换为一种交易风险。商标申请权模式下的法律提示和权利变动登记，为潜在受让人提供了查验可能，因而使这一被隐藏的交易成本被揭示出来。衡量许可模式下的交易风险与商标申请权模式下的查验成本，前者难以捉摸且有可能发展成高不可攀的交易成本，后者则相对稳定可计算。并且，商标申请权模式下，即便潜在受让人省略信息查验径行参与交易，其最差情形下的法律地位较之许可模式也并没有被降低多少，只不过是这一交易可能因为构成无权处分而无法发生权利变动效果。但是，在许可模式下，权利的变动同样会因为有其他被许可人的申请行为而无法实现。

此外，不同形式的在先权利交易形态将借由商标申请权得以统一化与标准化。交易双方无须根据商业标志的具体类型及其背后的具体法律规则设计细致入微的合同条款，只需就商标申请权的转让达成合意即可。在这一意义上，商标申请权的权利内容其实相当于由法律规定的定型化契约，经由法律的普遍适用取代个别的谈判进程与条款设计，从而极大地降低交易成本。

（二）促进商标权流转，提升商标资源利用效率

财富的流转速度与流转层次直接影响市场经济的活跃程度与资源的利用效率。目前，商业标志只有进入商标申请阶段，权利人才能针对商标评审阶段所谓"与商标评审有关的权利"开展经济活动。随着商标申请权的建构，商标资源的流转被提前至申请前的预备阶段。商标申请权的受让人可以视市场变动情况与自身实际需要利用其商标申请权益，而不是只能一条路走到底，从而能够最大化资源的利用效率。譬如，商标申请权人可以转让其自身形成的或者受让自他人的商标申请权益。此外，利用商标申请权在其效力范围内排除他人注册的法律效力，商标申请权人还可以选择以未注册商标的方式来形成商誉，以商标申请权来保护自身的未注册商标权益免受注册商标权的侵

扰。商标申请权人还可以通过转让商标申请权来转让自身的未注册商标权。

此外，随着商标申请权的定型化，类似版权交易市场的规模化的商业标志交易市场将有望形成。鉴于目前商标权的权利效力初步稳定于初审公告与核准公告阶段，商标交易的活跃往往也就限于将要获得或已经获得核准注册的商业标志。为了利用规模化的网络商标交易平台，防止商业标志被他人抢注，意图提供商业标志的卖方不可避免地要先将该商业标志申请商标注册以确保自身的标志利益，再向真正需要商业标志的商标购买者提供商标转让服务。商标申请权则在申请前的准备阶段就为卖方提供了一种内容明晰、效力稳定的权利基础，从而能够有效降低商业标志提供者的交易风险。转让商标申请权这种新的交易形态免除了商业标志提供者先行申请商标注册的前期投入，也为规模化的专业卖方提供了囤积注册商标之外的新的合法选择。这样的交易模式既能以市场化的方式减少商标囤积、待价而沽等不良注册行为，也能维持商业标志交易市场的繁荣发展，从而有效避免"一放就乱、一管就死"的两难处境。

（三）打击恶意抢注，完善救济机制

在法律逻辑上，商业标志的所有人针对该商业标志依据其权利基础有权排除他人对该商业标志的利用行为，可以基于自身的合法权利制止商标抢注人的抢注行为，要求其停止侵权和赔偿损失。在实务操作上，被抢注人有权向抢注人提起民事侵权诉讼也为最高人民法院的司法解释所确认：人民法院应当受理原告以他人注册商标使用的文字、图形等侵犯其著作权、外观设计专利权、企业名称权等在先权利为由提起的诉讼。[1] 但是，当商标抢注人已经对该商业标志享有注册商标专用权时，便针对该商业标志拥有了形式上的合法性，从而可以针对停止侵权提出自身享有正当权利的抗辩。即使法院最终判决停止侵权，要求抢注人停止在商业活动中继续使用该商业标志，却仍然无法在诉讼过程中直接挑战该注册商标本身的合法性与有效性。被抢注人仍然需要通过《商标法》规定的无效程序无效该注册商标，而该商标事实上已经是一副空壳，即使被抢注人不去宣告无效也会因连续三年不使用而被撤销。这一多此一举的程序却会显著增加被抢注人的救济成本，使其商业标志权利难以恢复到圆满状态，同时也会造成商标评审资源的无谓损耗。

---

[1] 《最高人民法院关于审理注册商标、企业名称与在先权利冲突的民事纠纷案件若干问题的规定》（法释〔2008〕3号）第1条第1款。

　　随着商标申请权的建构，商标抢注的规制将同样转换到权利的确认与保护上，从而可以实现现行行政救济程序与民事救济程序的合并。商标申请权人可直接依据自身的商标申请权作为请求权基础起诉商标抢注人，在提起停止侵权、损害赔偿等诉讼请求的同时，可以直接请求法院确认被抢注的商标专用权的实际归属，进而基于判决所确认的实际权属情况向商标局申请更正该注册商标或注销该注册商标。对法院而言，商标权实际权属的确认，为其支持原告的其他诉讼请求奠定了坚实的基础。对商标申请权人而言，商标申请权人通过诉讼的途径取回被他人侵犯的商标申请权益，可以保有较先的商标申请日，阻止在后第三方申请人的申请行为，也不会同《商标法》规定的一年隔离期发生冲突。商标抢注的规制机制的这一变革，在便利被抢注人的同时，也能够增强其对抢注人的震慑效果。抢注人抢注他人商业标志，将不再是一个"稳赚不赔"的买卖。

　　结　语

　　商标申请权的构造在权利交易和权利保护两方面较现有法律模式具有其显著优势。在权利交易环节，稳固的权利基础降低了商业标志交易的潜在风险，提升了交易的安全程度与便捷程度，保护了诚信交易对象的交易预期。同时，商标申请权的财产权属性能够进一步激活商业标志资源的流转效率与利用效率，在企业品牌打造与商誉积累的初始阶段为其提供交易手段和法律保护。在权利保护环节，商标申请权的取得效力与排他效力赋予商业标志所有人制止与打击猖獗的商标抢注人的有效手段，同时以私权行使的模式统合了现行双轨制的救济体制，有效降低了权利的救济成本，为各类商业标志权益人提供了有效保护。当然，一种权利的构造往往会产生影响到整个《商标法》的体系效应，甚至可能会引发新的问题。但是，没有完美的制度，只有不断改进的制度。商标申请权的构造，只是商标法制不断优化和完善过程中的一次小小的努力。在共同构建良好的商标法制的漫漫长路上，我们所始终不能遗忘的是，更好地保护包括商标权人在内的各类民事权益人的合法权利这一初心。

金融创新推动上海养老产业发展路径研究[*]

陈金东[**]

摘 要：人口老龄化已成为全球性问题，由于经济的不断增长和医疗卫生事业的发展，人均寿命不断延长，同时随着年轻人口生育意愿的下降，人口出生率降低，这导致世界各国不可避免、不同程度地迈入了人口老龄化。上海是我国最早进入人口老龄化的城市，且老龄人口多、高龄老人占比不断增长。科学解决上海养老的问题，要立足于上海国际金融中心的区位优势，在金融支持上海养老产业发展中应当以养老财富储备为主线，利用上海金融机构众多、金融人才丰富、金融市场发达的资源优势，在国内率先实现养老财富储备日益充沛的目标。通过政府购买服务等方式引导以市场化的方式满足上海市民对美好养老生活的向往，提供应对中国超大型老龄化城市的金融创新相关政策措施和意见建议。

关键词：人口老龄化 金融创新 养老产业 养老金融

---

* 基金项目：2019 年度教育部哲学社会科学研究后期资助重大课题"全生命周期养老准备的金融理论与实践创新研究"（19JHQ007）；上海国际金融与经济研究院招标课题"上海市金融创新推动养老产业发展研究"（SIIFE 2019）。

** 陈金东，中国政法大学商学院世界经济专业 2018 级博士研究生（10088）。

人口老龄化已成为全球性问题,由于社会经济的不断进步、医疗卫生事业的蓬勃发展,人均寿命不断延长,同时随着年轻人口生育意愿的下降,人口出生率降低,导致世界各国不可避免、不同程度地迈入了人口老龄化。2016 年 5 月,在中共中央政治局就我国人口老龄化的形势和对策集体学习时,习近平总书记指出:满足数量庞大的老年群众多方面需求、妥善解决人口老龄化带来的社会问题,事关国家发展全局,事关百姓福祉,需要我们下大气力来应对。2019 年 11 月,中共中央、国务院发布《国家积极应对人口老龄化中长期规划》(以下简称《规划》),提出战略总目标包括:积极应对人口老龄化的制度基础持续巩固,财富储备日益充沛,健全更加公平更可持续的社会保障制度。由此可见,我国已将人口老龄化问题提上重要的议事日程。我国是世界上老年人口最多的国家,而上海又是我国老龄化程度最高的地区,如何积极应对老龄化的挑战,是当下上海需要解决的燃眉之急。

一、上海人口老龄化现状

上海是我国老龄化程度最高的城市之一,也是最早进入人口老龄化社会的特大城市。上海人口老龄化呈现总量大、占比高,老年人口增速快,老龄化程度高等特点。

一是上海的老龄人口总量大、占比高。截至 2018 年底,上海户籍人口 1463.61 万人,60 岁以上老年人口 503.28 万人,占总人口的 34.4%,即每三个人就有一位是 60 岁以上老年人;65 岁以上老年人口 336.9 万人,占总人口数的 23%,即每 4 个人中就有一位是 65 岁以上老年人;70 岁以上老年人口 208.25 万人,占人口数的 14.2%;80 岁及以上高龄老年人口 81.67 万人,占 60 岁以上老年人口的 16.2%,占总人口的 5.6%。[1] 这些数据显示,上海已步入深度老龄化社会,且老龄化速度远超其他省市,在世界范围也很突出。

二是老龄人口增速快。2016—2018 年,上海户籍人口中 60 岁以上人口分别为 457.79 万人、483.6 万人和 503.28 万人,分别较上年增长 5%、5.6%、4.1%;65 岁以上人口分别为 299.03 万人、317.67 万人、336.9 万人,分别较上年增长 5.5%、6.2%、6.1%。[2] 快速增长的老龄人口加速推进了上海老

---

〔1〕 数据来源:上海市民政局、上海市老龄工作委员会办公室和上海市统计局《2018 年上海市老年人口和老龄事业监测统计信息》。

〔2〕 数据来源:上海市民政局、上海市老龄工作委员会办公室和上海市统计局《2016 年上海市老年人口和老龄事业监测统计信息》《2017 年上海市老年人口和老龄事业发展信息》《2018 年上海市老年人口和老龄事业监测统计信息》。

龄化的进程。

三是老龄化程度逐年加深。相较于低龄老年人口，上海高龄老年人口的数量也处于较高水平，高龄纯老、独居现象尤其突出。2018 年上海户籍 80 岁及以上高龄老年人口 81.67 万人，占总人口的 5.6%。[1]

深度高龄化将会给养老金支付体系带来较重的负担，会占用更多的社会资源、人力资本等，但长寿和生命质量的提升也是我国构建和谐社会、人们向往美好生活的具体体现。此时，我们不仅仅要将它视为亟待解决的问题，更应该将其视为机遇与挑战，化危机为动力，积极探讨人口老龄化所带来的产业升级和养老产业供给侧结构性改革问题，充分利用上海国际金融中心的优势资源，研究金融创新推动上海养老产业发展，探索上海成为养老财富储备的重要基地，妥善解决上海人口老龄化的问题，使"银发经济"成为上海经济社会发展的又一动力引擎。

二、国内外研究现状

在金融创新领域的相关研究中，陈岱孙、厉以宁（1991）将金融创新定义为在金融领域内建立新的生产函数，是各种金融要素新的结合、是为了追求利润机会而形成的市场改革[2]。在金融与养老结合的研究中，Modigliani（1954）提出理性人追求全生命周期内效用最大化，工作时的储蓄主要是为了退休后的消费，而消费支出是消费者根据其一生预期的收入决定的。在国外，由于步入老龄化社会较早并且社会保障制度建设较为完善，在金融推动养老方面的研究也较多，但总体而言，其并未就养老金融形成系统的研究体系。研究领域多侧重于养老金的保值增值问题以及养老金对资本市场的影响。Bodie（1990）发现，美国养老金与资本市场的良性互动激发了金融市场的创新能力，促进了创新的金融产品和服务[3]。Modigliani & Muralidhar（2003）认为世界范围内较多国家受到人口老龄化、生产率增长放缓和寿命延长的影响，根本原因在于它们没有财富储备的基金积累制[4]。Davis and Hu（2008）通过对 19 个经合组织（OECD）国家和 19 个转轨国家的数据统计分析后发

---

〔1〕　数据来源：上海市民政局、上海市老龄工作委员会办公室和上海市统计局《2018 年上海市老年人口和老龄事业监测统计信息》。

〔2〕　陈岱孙、厉以宁主编：《国际金融学说史》，中国金融出版社 1991 年版，第 691 页。

〔3〕　See Bodie Z. , *Pension Fund Investment Policy*, National Bureau of Economic Research, 1988.

〔4〕　See Modigliani, F, Brumberg R. , *Utility Analysis and the Consumption Function*: *An Interpretation of Cross-section Data*, Franco Modigliani, 1954, 1 (1): 426.

现：养老金资产的增长与经济发展呈正相关，尤其对于转轨国家更为明显[1]。国外在金融支持养老产业发展方面早已实践多年，在关于金融创新推动养老产业发展方面，相关研究还显得比较支离破碎，并未有完整的理论体系对之进行统一。在金融创新的相关研究中，冯芷艳等（2013）发现数据驱动的金融创新已经成为焦点[2]，大数据使得金融、养老等领域的创新模式不断涌现[3]。岳磊（2017）提出智能投顾依托大数据分析、量化金融模型和智能算法，改变了传统的财富管理行业，将重塑养老财富储备的形态[4]。

近年来，金融创新推动养老产业发展逐渐受到学界的广泛关注。金融创新推动养老起源于对养老金投资于资本市场的研究，养老金融作为一个概念的提出，在最初主要限于养老金的保值增值问题，对养老金融理论最初的界定也是个人账户养老金、企业年金、职业年金以及基本养老保险基金的增值保值问题，强调养老金与金融市场的结合[5]。同时，也有学者提出"老龄金融"的概念，认为"老龄金融（aging finance）是指年轻人口（60 岁以下人口）在自己年轻时期所做的各种资产准备（assets preparation），在进入老年期以后将这些资产置换为可供享用的产品或服务的金融运作机制"[6]。姚余栋和王赓宇（2016）则认为养老金融是以养老为根本目的的金融活动的总和[7]。随着学界对养老金融认识的深化，养老金融研究的领域逐渐从养老金领域拓展到养老产业和养老服务业，将养老金融的研究分为养老金金融、养老产业金融和养老服务金融[8]，也有学者将"养老服务金融"，称之为"涉

[1] See Davis, E P, Hu, Y., *Does Funding of Pensions Stimulate Economic Growth?*, Journal of Pension Economics & Finance, 2008, 7（2）：2233.

[2] 冯芷艳等：《大数据背景下商务管理研究若干前沿课题》，载《管理科学学报》2013 年第 1 期，第 2 页。

[3] 徐宗本：《大数据驱动的管理与决策前沿课题》，载《管理世界》第 254，期第 158 页。

[4] 岳磊：《智能投顾+养老金，应用前景巨大》，载《金融博览》2017 年第 14 期，第 71 页。

[5] 胡继晔：《养老金融：理论界定及若干实践问题探讨》，载《财贸经济》2013 年第 6 期，第 43 页。

[6] 党俊武：《老龄金融是应对人口老龄化的战略制高点》，载《老龄科学研究》2013 年第 5 期，第 4 页。

[7] 姚余栋、王赓宇：《发展养老金融与落实供给侧结构性改革》，载《金融论坛》2016 年第 5 期，第 14 页。

[8] 董克用、张栋：《中国养老金融：现实困境、国际经验与应对策略》，载《行政管理改革》2017 年第 8 期，第 17 页。

老金融服务"[1]。具体来讲，养老金金融主要服务于养老金资产管理，养老产业金融则是研究金融如何支持养老产业发展，而养老服务金融则是研究金融机构参与设计与养老相关的金融产品或服务，故董克用（2016）认为养老金融应包括三个方面：一是为储备养老资产进行金融活动的养老金金融，二是围绕老年人的消费需求所进行的养老服务金融，三是为涉老产业提供投融资支持的养老产业金融[2]。

对于养老财富储备，可以整合第一支柱，将城乡居民基本养老保险制度中的社会统筹和个人账户进行分离（董克用、施文凯 2019)[3]。第二支柱养老财富是短板，应充分发挥市场在资源配置中的基础性作用，而非过度依赖第一支柱（李雨航，秦小庆 2016)[4]。三支柱养老金投资资本市场的养老金融化是重要战略，王晓曦、董登新（2005）认为企业年金与资本市场之间存在着相互依赖、相互促进的关系，能够产生双赢的效果[5]。

国内外学者的关于养老金融的研究中，基于上海实际情况探讨相关问题的较少，国内学者对于上海市的养老产业研究很少涉及金融创新，而是主要研究养老本身。如章萍（2016）认为嵌入式养老服务模式可为老年人就近提供便利的专业化服务养老，上海试点推出的"长者照护之家"是一种嵌入养老服务新模式，依托社区关系网络，克服了家庭养老与居家养老缺乏各种社会资源的短板，同时弥补了机构养老过度社会化难以满足老人家庭情感需要的不足[6]。周海旺（2011）提出完善居家养老服务，加快推进居家养老服务体制机制改革，丰富居家养老服务内容和形式，建立上海市统一的居家养老信息服务平台，实现老年人走到哪服务到哪管理到哪，同时抓好社区养老设

---

[1] 郑秉文、张笑丽：《中国引入"养老金融"的政策基础及其概念界定与内容分析》，载《北京劳动保障职业学院学报》2016 年第 4 期，第 3 页。

[2] 董克用：《应对老龄化需高度重视养老金融发展》，载《当代金融家》2016 年第 7 期，第 23 页。

[3] 董克用、施文凯：《城镇职工基本养老保险单位缴费基数：评析、问题与对策》，载《宏观经济研究》2019 年第 6 期，第 147 页。

[4] 李雨航、秦小庆：《"新常态"视角下商业保险对养老保障体系影响的研究》，载《西部皮革》2016 年第 22 期，第 71 页。

[5] 王晓曦、董登新：《我国企业年金与资本市场互动问题研究》，载《财经论坛》2005 年第 19 期，第 124 页。

[6] 章萍：《嵌入式养老：上海养老服务模式创新研究》，载《现代管理科学》2016 年第 6 期，第 64 页。

施建设，探索多种形式的养老模式等方式提升居家养老能力[1]。矫海霞（2012）提出完善评估监督机制保障社区居家养老的正常运行，使社区提供的养老服务以数量化、具体化、明确化的方式形成制度、建立规范，便于制度的实施、运行、评估和考核，也有利于了解老年人的养老需求，实现资源的合理配置[2]。巢莹莹和张正国（2016）建议 ppp 模式可以成为上海养老服务业供给侧结构性改革去除"空置率"、缓解"一床难求"的新思路和新途径[3]。鲁迎春和陈奇星（2016）通过对上海养老服务供给的历史传统与老龄化进程中政府养老服务供给责任变迁过程的阐述，将上海养老服务供给中政府责任的变迁概括为政府责任整体形态由"慈善救济"向"权利保障"的转型，并分析了转型动力机制和"权利保障"型养老服务供给的实现方式，政府以创新的养老服务供给合作模式来实现对养老服务多元供给主体和市场的有效协调和调控，做一个真正聪明的养老服务买主[4]。民政部政策研究中心课题组（2016）认为上海养老服务理念和实务处于国内领先地位，但与实际需求相比，仍面临供给总量不足、结构不平衡，专业化、标准化、体系化的服务亟待加强[5]。

从上述学者的研究中可以看出：在金融创新促进养老财富储备方面已经有大量的文献进行了论证，但针对上海养老财富储备市情的研究不足，上海如何发挥自身金融创新的优势来促使养老财富储备日益充沛的研究却是付之阙如，这也是本文希望能够做出边际贡献的方向。

三、金融创新支持上海养老产业发展的基础

上海是我国的金融中心，具有金融和养老产业发展的双重优势，金融支持养老产业的发展具有良好的基础和较大的增长潜力。近年来，按照兜底线、织密网、建机制的要求，上海坚持政府为主导，充分发挥市场配置资源的基

---

〔1〕 周海旺：《上海人口老龄化趋势与完善养老服务模式研究》，载《上海金融学院学报》2011 年第 4 期，第 47 页。

〔2〕 矫海霞：《上海社区居家养老服务的现状、问题与对策》，载《社会工作》2012 年第 1 期，第 24 页。

〔3〕 巢莹莹、张正国：《上海市养老服务业供给侧改革路径选择——基于 ppp 模式》，载《经济论坛》2016 年第 4 期，第 19 页。

〔4〕 鲁迎春、陈奇星：《从"慈善救济"到"权利保障"——上海养老服务供给中的政府责任转型》，载《上海行政学院学报》2016 年第 2 期，第 83 页。

〔5〕 民政部政策研究中心课题组：《上海养老服务发展研究》，载《科学发展》2016 年第 1 期，第 99 页。

础性作用，构建了基本养老保险、职业（企业）年金与个人商业保险相衔接的多支柱养老保险体系，在保基本基础上努力满足市民对多层次美好养老保障的需求。在政策支撑上海金融中心建设过程中，积极推进了服务国家经济社会发展和金融改革开放，进一步巩固了较为完整的金融市场体系为支撑的、有一定国际影响力的金融中心地位。但如何发挥金融中心的优势，还是一个崭新的学术研究，需要进一步研究利用金融创新推动养老产业发展，这是当前解决上海养老矛盾的重要手段。

（一）上海养老模式变迁

上海养老模式近年来发生了一系列变迁：机构养老床位呈快速增加态势，市政府提出每年增加一万张床位建设目标，从 2000 年的 22 244 张增加到 2018 年底 124 974 张[1]，达到占全部养老需求 3% 左右的目标，但离实际需求还相差较远。在养老床位严重不足的情况下，推出了具有助餐、助洁、助急、助浴、助行、助医等"六助"功能的居家养老服务券，由专门的居家养老服务社为低保低收入等政府托底和急需照料的独居老人提供上门服务。虽然居家养老服务券功能多，但由于资源短缺未能覆盖广大老龄群体，2004 年，上海率先制定居家养老评估办法，以制度的形式保障老年人的权益。"9073"养老格局初步形成（90% 老年人实行家庭自我照顾、7% 社区居家养老、3% 入住养老机构），养老服务形态呈多元化发展，以老年公寓、护理院、日间照料社区等养老服务方式来满足老年人个性化、多样化的需求，2014 年政策支撑、保障、监管、评估、服务等五位一体社会化养老服务体系的确立，由不同部门各司其职，形成合力，共同推进养老服务。2016 年起，整合社区养老资源形成养老服务中心，提供助餐、日托、日间照料、文娱等服务，进一步为老年人服务形成资源合力。2017 年，推行的"老吾老"照料增能计划逐步扩大范围，对家庭照料者展开实际操作培训，有效提升了家庭照料的能力。从近年来上海养老模式的逐步变迁可以发现，上海市在促进养老发展上下足了力气，这些措施为老龄化日趋严重的上海解决了实实在在的问题。但金融在养老产业的发展中作用不够突出，也影响到上海养老产业和养老服务业发展的深度和广度。

（二）金融支持上海养老产业的优势

上海金融市场体系已基本确立，成为国际上金融市场种类最为完整的城

---

〔1〕 数据来源：上海市统计局《2019 年上海统计年鉴》。

市之一，集聚了货币、股票、债券、保险、黄金、外汇、期货等各类金融要素市场，2018 年上海金融市场成交总额 1645.8 万亿元，同比增长 15.2%，全国直接融资总额中的 85% 以上来自上交所等金融机构，上海已成为中外金融机构的重要集聚地，共有持牌机构 1600 多家，其中外资机构占 30% 左右，体现了上海国际金融中心兼容并包、百花齐放的姿态。[1] 随着上海金融改革步伐不断加快，已成为我国金融对外开放最前沿的阵地，金融改革创新不断深入，发展环境持续优化，是我国金融改革的先行区，也成为我国金融发展环境最优省的地区之一。根据英国智库 Z/Yen 集团与中国（深圳）综合开发研究院发布的全球金融中心指数（GFCI, 2019），上海在全球金融中心排名中仅次于纽约、伦敦、香港、新加坡之后位列第五，仅比新加坡少 1 分，金融发展水平位居全球前列。上海集聚了各种金融要素、金融资源，同时具备系统、完善的金融体系，为金融支持养老产业奠定了良好的基础。

（三）养老产品市场发展动态

上海养老金融产品市场已形成保险系、银行系、基金系和信托系格局。银行和保险在其中扮演重要角色，但近年来基金和保险的产品创新更突出。保险系是养老金融产品的主力军。保险机构是提供养老金融产品的主力，其中个人养老保险业务已是大众最熟悉的养老金融产品。目前养老保障产品更多体现的是财富管理属性，大多没有保险功能。银行系养老金融产品以养老理财产品为主，主要向投资者提供养老储蓄和养老理财产品，但养老理财产品和普通的银行理财并无实质区别，仅带有"养老"标签。上海各金融服务商在养老保障产品研发方面表现活跃。在税延养老保险产品方面，全国获批从事业务的保险公司 12 家，上海占 5 家。在国家 2018 年 5 月 1 日正式推出后，5 个月内上海税延养老保险业务累计承保保单 22 852 件，实现保费收入超 3400 万元，占全国的 74.1%。[2] 在养老目标基金方面，2018 年成立的 12 只基金中，由上海基金公司发行的基金占三分之一，基金规模达 41.35%，规模大于全国其他省区。[3] 税延养老险产品和养老目标产品种类多样，多种收

---

〔1〕 上海市副市长吴清：积极落实行动计划建设新时代上海国际金融中心，载 http://jrj. sh. gov. cn/ZCJD146/20190123/0031-154868. html。

〔2〕 江跃中：《全国政协在沪调研商业养老保险发展：上海税延养老保险业务全国占比 74.1%》，载《新民晚报》2018 年 12 月 5 日，https://baijiahao. baidu. com/s? id = 1619005347064145529&wfr = spider&for = pc。

〔3〕 数据来源：wind 资讯。

益结算方式满足了老年人不同的养老需求。

近年来，住房反向抵押养老保险、个人税收递延型商业养老保险等创新型试点业务，在上海相继率先落地，老年人综合意外保障项目、老年人救助保险服务、养老机构综合责任保险、街镇高龄老人医疗护理计划配套责任保险等与老年风险相关的保险业务正在有序开展。同时，部分保险机构还在上海地区投资兴建养老社区，有效整合养老和医疗资源，多方式服务养老产业发展。养老服务支付管理方面上海也是一路领先。养老金支付管理方面，职工达到法定退休年龄，且累计缴纳养老保险满 15 年，可按月领取养老金，由上海市社保事业基金结算管理中心负责基金征集和支付管理。2016 年建立了老年综合津贴制度，年满 65 岁上海籍老年人可申请，按季预拨，通过具有金融功能的借记卡"上海市敬老卡"发放。企业年金支付管理方面，企业年金采用信托型管理模式，委托资金由第三方托管并独立于委托人，企业可一次性或分期向金融服务提供商领取。

四、金融创新推动上海养老产业发展面临的挑战与机遇

（一）上海养老产业面临的挑战

目前，上海金融和养老产业融合还存在不少问题，产业融合难是金融创新推动上海养老产业的关键所在。现实中金融和养老产业的多种融合方式已产生萌芽，但如何从制度建设角度全面推进金融和养老产业的融合却并不明晰。

1. 金融支持养老产业政策制定不够精准，难以落地

支持养老金融发展的政策，大部分停留在方向引导上，比如鼓励和引导民间资本进入养老服务业、鼓励外国投资者设立营利性养老机构或鼓励金融支持养老服务业发展等，但并未出台资本进入养老产业的进一步细化的措施。养老产业金融政策也更多是站在金融角度，并未根据养老产业的特性提出针对性的解决措施。养老企业或养老项目一般分为建设期和运营期，由于产业的特殊性，运营期对资金的需求量不亚于建设期的资金需求，但这部分需求往往不是政策的主要支持方向。另外，养老产业投资回收期长，与之相适应的资本手段较少，政策对投资期限没有明确的鼓励。这都导致政策对养老产业金融支持的精准性较低，金融支持养老产业发展的政策难以落地。

2. 养老产业缺乏理性的长期投资者

从目前养老产业金融市场来看，大部分投资者属于财务投资，以获取短期收益回报为主要目的，而养老产业是长周期产业，财务投资者难以带来优

质产业资源和长期资本，不利于养老企业长期发展战略。养老金是盘活养老产业的根本，是金融推动养老产业发展的关键，如何发挥养老金的保值增值，使养老金有效地投资于养老产业关系着养老产业未来的发展前景，尤其是当今第三支柱已正式起航，养老金投资建设体系开始进入全新里程。目前，第一支柱（公共养老金计划）存在缺乏市场化运作，长期面临投资收益低、落后于通胀水平，交费减少，支出增加等问题，当前养老体系严重依赖第一支柱。胡继晔（2016）认为第一支柱养老金存在巨大的隐形缺口，应积极划转国有资本充实全国社保基金以弥补之[1]。第三支柱个人养老金虽然已初步确立，但尚未规范。近年来，一些银行、基金公司开始进入个人养老金市场，开发面向个人的养老金产品，因处于初始阶段，存在短期封闭期、保本收益等问题，无法真正实现资产配置随时间曲线的调整和变化，不足以弥补第一、二支柱提升养老财富储备的制度缺陷。第三支柱的初探与《国务院办公厅关于加快发展商业养老保险的若干意见》（国办发〔2017〕59 号）对商业养老保险机构加强创新、丰富养老保险产品、推动企业年金计划、提供精算管理和服务等方面的要求相比还有很大差距，个人养老金财富储备亟须金融创新的支持。

3. 现有养老模式存在的问题

一是政策双重性造成不公平竞争。上海公办养老机构由政府主办，政府拨款且配有编制，在财政政策及其他优惠政策上具有优势。且公办养老机构起步早，在硬件设施建设、经营管理、服务水平及地理位置上较民办养老医疗院都略胜一筹，民办养老机构起步较晚，大都处于亏本状态，要完全收回成本最快也要 5 年~6 年时间。二是社会资本投入不足，行业缺乏竞争与监督。近年来养老产业迎来曙光，前景广阔，因此吸引了许多民间资本的涉足。事实上民间资本在养老医疗行业的投资比重不大，也未建立与整个养老医疗机构的发展相适应的竞争与监督机制。养老医疗机构的供不应求，使得不同养老机构之间缺乏竞争，且会抬高价格。所以由政府主导的养老机构床位缺乏，而价格较高的民办机构出现一定程度的床位闲置。

4. 养老储备与养老投资的不匹配

养老储备和养老投资的核心在于家庭金融财富用于养老的配置，其中占比最大的财富配置是自主产权房，即"以房养老"。"以房养老"作为一种新

---

〔1〕　胡继晔：《养老金如何持续》，载《中国经济报告》2016 年第 5 期，第 28 页。

型养老模式，与传统观念产生冲突，也是"以房养老"社会推广度不高的一个重要因素。随着房地产市场宏观政策调控加强，保险公司需要预测房产价格未来趋势，预测老年人的健康和寿命，这些都增加了保险公司开展业务的难度。同时，我国保险业虽然发展速度较快，但总体上仍处于初级阶段，国内保险公司在产品开发、业务运作、风险控制等方面与国外仍有一定差距，这些在一定程度上制约了"以房养老"的推行。在"以房养老"模式中，住房反向抵押贷款与相关机构的经营目标发生了冲突，前者需要较长时间周期，而后者则希望短期内获利，获利时间上的明显差异阻碍了借贷双方的顺利协商。

（二）新型养老模式为上海养老产业带来机遇

《国务院办公厅关于全面放开养老服务市场提升养老服务质量的若干意见》（以下简称《意见》），对促进养老服务业更好更快发展作出部署。《意见》指出，养老服务业既是涉及亿万群众福祉的民生事业，也是具有巨大发展潜力的朝阳产业。全面放开养老服务市场，提升养老服务质量，要坚持"深化改革、放开市场，改善结构、突出重点，鼓励创新、提质增效，强化监管、优化环境"的原则，持续深化简政放权、放管结合、优化服务改革，积极应对人口老龄化，培育健康养老意识，加快推进养老服务业供给侧结构性改革，保障基本需求，繁荣养老市场，提升服务质量，让广大老年群体享受优质养老服务，切实增强人民群众获得感。虽然上海养老产业存在很多问题、很多挑战，但是，更多的是机遇。新冠肺炎疫情暴发之后，我国政府投资向高新技术倾斜，"新基建"也加快了 5G、AI、区块链等高新技术的发展，养老产业也随之转变，上海要立足于当前，积极抢抓养老机遇，改善传统养老发展模式，充分拓宽养老产业的发展思路和内涵，满足老年人物质需求和对美好生活向往，让"老有所依、老有所伺、老有所乐"成为上海养老产业未来发展的目标所向。

1. 积极发展以居家养老为主的养老产业

随着新型城镇化的发展，子女与老人分居日渐成为主流，老人独自居住在家的照护就需要通过购买服务进行。居家养老往往需要相应的远程医疗、社区健康、家政服务、运输供给膳食、照顾起居等服务，子女与老人的分居现状导致养老购买的巨大市场。实施差别化运营机构养老，上海养老产业面临"未富先老"的局面，但上海拥有一定数量具有较强支付能力和消费水平的老年人或家庭，差别化的机构养老在上海拥有较大的发展空间。

2. 运营差别化管理的养老机构

运营差别化管理的养老机构能够使各收入群体老年人在养老机构中获取相适应的服务。为不同收入阶层老年人制定不同标准的养老服务，充分满足养老个性化需求，为老年人提供更专业、更精准、更符合实际的养老服务，使养老产业划分更细致，是我国供给侧结构性改革的具体体现。

3. 积极推进医养结合保障基本医疗

医养结合的机构养老是传统养老模式迈向新型养老模式的高端目标。随着老年人口年龄的不断增大，传统的机构养老已满足不了老年人对日常医疗的需求，医养结合的优势在于缩短就医流程，使老年人"有病治病、无病疗养"。医养结合的服务模式将更能够激发老人入住养老机构的积极性，为老年人提供治疗期住院、康复期护理、稳定期生活照料以及临终关怀一体化的健康和养老服务。

五、金融创新支持上海养老产业的措施建议

人口老龄化问题是上海社会发展过程中必然面临的最严峻挑战，也是必须承担和解决的社会责任，是关系到上海每一个家庭的重大民生问题。因此，有必要尽快提高现有社会公共服务能力，完善社会保障体系并提高保障标准，以适应一个人口迅速老化的社会结构，让每一位老人能够安享一个健康安全而有尊严的晚年。

（一）积极发挥政府宏观调控作用，加大税费优惠政策力度

政府政策是养老金融稳健发展的保障，设定开放、动态、分阶段的长期规划，以规划先行，用规划指引道路，确定时间表、路线图，科学制定养老服务产业规划，制定符合养老服务产业发展要求的创新机制，在顶层设计上保证上海养老金融推进方向和进度。同时，形成推进更加有效的养老服务的金融政策，积极引导大量社会资本真正投向养老服务产业，大力推动金融组织、产品和服务创新，满足养老服务需求。根据《中国人民银行、民政部、银监会、证监会、保监会关于金融支持养老服务业加快发展的指导意见》（银发〔2016〕65号），上海可在把握原则性规则的基础上，因地制宜，制定更为精细的、符合当地经济发展的地方性政策。丰富与养老服务产业相关的金融业务，完善相关配套机构与设施，提高相关金融服务质量。通过拓宽养老产业、养老服务业的资金来源渠道，发展创新型产业。同时加强监管与风险防控相关体系建设，使得政策不再是宏观的目标和愿景，成为可实施性强且效果卓越的保障。税费方面，逐步完善在土地供应、税收优惠和补贴支持等

方面相应的政策。对养老机构提供的养老托幼服务免征增值税，员工制家政服务企业取得的家政服务收入免收增值税，生活性服务业的进项额税加计抵扣 10%，对认定为非营利性组织的养老机构，取得复核条件的非营利性收入免征企业所得税，对非营利性养老机构自用房产、土地，免征房产税、城镇土地使用税，对非营利性养老机构建设免征耕地开垦费等 4 项行政事业性收费，对非营利性养老机构建设减半收取耕地开垦费等 4 项行政事业性收费，同时，养老机构为小微企业的，还可享受支持小微企业发展等相关税收优惠政策。

（二）完善养老金体系，建设上海成为养老财富储备的重要基地

通过金融创新来增加养老财富储备，是从根本上奠定养老社会保障制度可持续的基础。通过引入长期投资资金和进行专业化的投资，养老金能促进金融市场健康可持续发展。养老金较发达的国家往往也拥有较为发达、成熟的资本市场。养老金和资本市场可以形成良性互动，协同发展。以第三支柱养老金发展相对较好的美国为例，私人养老金制度建立 40 年来，在个人退休账户（Individual Retirement Account，缩写 IRA）、401 条款（401K Plan，缩写 401K）等制度安排下，养老金与公募基金互相促进，资产规模稳步增长，带来资本市场的长期繁荣，带动创业创新，促进美国经济持续增长。就养老金投资与金融市场发展的关系而言，二者是相互促进的。养老金通过资本市场实现保值增值，也是资本市场重要机构投资者，其中可以投资于股票、风险投资（Venture Capital，缩写 VC）、私募股权投资（Private Equity，缩写 PE）等股权类产品，既支持了实体经济发展，也推动了新兴产业涌现和产业创新升级。

养老金融发展还有助于促进经济转型。目前，消费动力始终不足，很重要的原因是当前社会保障体制，特别是养老体制不完善，导致国民将大量收入用于预防性储蓄。与此相反，美国相对充裕的养老金资产一定程度上降低了居民的储蓄意愿，国民可以将较多收入用于消费。可以预见，在保证宏观经济发展的稳定的前提下，把握好资本市场的抗压力能力方向，通过改善经济结构，就可有效降低资本市场的系统性风险，有效消除民众对养老金投资资本市场的风险疑虑，培养"投资养老"的有关理念，从而增加个支柱养老储备财富。

养老财富储备具有长期性、可持续性，其金融时间价值与养老完美契合，具有良好的创富效应。《规划》提出的养老财富储备离不开以金融为创新的工

具，利用金融服务实体经济来增加社会产出，创造更多财富，弥补养老金的缺口，进而增强养老金的可持续性，是解决养老问题的强有效手段。

（三）搭建金融服务平台，改进既有养老模式，促进养老产业融合

积极构建金融服务平台连接养老产业的供给侧、需求侧，和政府、养老服务供应商、金融服务提供商、健康管理服务提供商、养老人员之间的联系，实现金融和养老产业融合的供给侧改革、推动需求侧响应，使供给、需求双侧实现完全融合。金融机构在服务平台的框架下，积极创新养老产业的信贷政策、承贷主体。如对建设周期长、现金流稳定的养老服务项目，适当延长贷款期限，采取循环贷款、年审制、分期分段式等多种还款方式，解决既有养老模式中养老产业周期长、收益低、回本时限长等缺点。通过平台建立产融结合的联合实验基地，开展金融综合监管试点，将最新金融养老产品进行试行，将金融服务业均纳入监管，借鉴沙盒监管的模式，对创新的产品和服务进行大胆试点，鼓励符合企业采取富有含金量的改革措施，进一步提升金融服务养老产业实体经济的能力，实现金融监管的全覆盖，同时对涉及的金融服务、监管信息实现共享。

（四）拓宽有利于养老产业发展的多元化融资渠道

鼓励和推动更多社会资本、多元化投资主体进入养老产业，逐渐扭转目前政府运营养老机构独大的局面。设立养老产业引导基金，作为一种财政资金创新使用模式，将政府支持与市场化融资相结合，充分发挥公私合营优势，以中央财政基金委引导、地方政府配套，吸纳银行、保险、实体企业等社会资金为一体，投向目标养老项目，是养老产业融资中极具发展潜力的新型融资渠道。同时鼓励社会资本、多元化投资主体参与到养老实体产业建设，拓展养老产业融资渠道。一方面，可以通过 ppp 引导社会资本参与养老社区、养老机构和照护服务等养老产业的核心领域，改变政府类机构一家独大且低效的局面；另一方面，加强政府在"以房养老"模式中发挥的作用。由政府出台相应的政策优惠措施，对现有的房地产产权政策进行梳理和完善，打破地域界限，多部门联动，通过信息化、数字化等科学手段来对房产相关信息进行统筹管理，设计符合实际的"以房养老"金融产品。通过政策优惠，鼓励金融机构加大对养老产业发展的支持力度，同时可以借鉴美国发行 REITs 等多元化融资方式，拓宽养老产业的融资渠道。

论我国民间借贷法律规制的发展和完善

——从抑制性规制到激励性规制

胡金华[*]

　　摘　要：解决我国民间借贷问题的基本出路是通过法律制度创新以有效激励民间借贷的规范化运行，引导金融资源优化配置，缓解、化解民间融资难，实现经济收益的最大化。我国自 1986 年以来形成的民间借贷法律规制，可分为抑制性规制和激励性规制。前者以限制民间借贷主体进入民间借贷金融市场为核心，后者以规范借贷法律关系中的放贷行为为核心。抑制性法律规制因不能适应社会经济发展的需要，渐被激励性法律规制取代。激励性法律规制对我国民间借贷朝向良性发展有着积极的意义，但仍需要进行长期的制度建设才能臻于完善。

　　关键词：民间借贷　民间融资　抑制性法律规制　激励性法律规制

一、引言：民间借贷的合法性难题

　　作为对正规金融的重要补充，民间借贷在我国有着悠久的历史。早在《周礼·天官冢宰上》中，就记述有小宰之职为"听称责（债）以傅别"，即根据证据审理

---

　　* 胡金华，中国政法大学民商经济法学院 2017 级博士生（100088）。

民间借贷纠纷案件。[1] 春秋战国以来，信史中就不乏民间借贷的贬斥性记载。西汉时期，官府开始对民间借贷的利息问题进行专门监管。盛唐的统治者"因基于爱惜民生，保护经济上弱者"的考量，开始奉行"息不过本"的监管政策，这一传统为以后历代统治者所奉行，直到清王朝覆灭。[2] 即使在战乱频仍、社会动荡的近代，对民间借贷的监管也不曾放松，尤其是对借贷利息的监管，仍然奉行封建王朝时代"息不过本"的传统。新中国成立后，民间借贷与高利贷挂钩，均属被禁止和取缔的金融资本剥削行为，[3] 具有民间融资性质的各类民间借贷组织，在经历一轮轮的强烈打压后，正式宣告终结，仅剩下个人之间互助友情借贷形式的私人借贷。[4] 1978 年以来，我国开启迈向现代市场经济的新征程。民间经济力量被放活的同时，其赖以发展的融资手段却并未获得相应发展。改革开放初期，企业资金供给主要是通过财政拨款和专业银行来实现的，且拨款对象和借贷对象均以国有企业为主。无法得到正规渠道资金支持的民营企业开始求助于民间渠道。民间借贷因此复兴，并获得更大的生存空间：民间借贷中传统中国中的生活性借贷的成分大幅度下降，生产经营性借贷的成分大幅度增长。[5] 四类生产经营性民间借贷顺势产生：第一类为自然人与法人、其他组织之间以及法人、其他组织之间进行资金融通的行为，典型形式为股东、实际控制人与其投资或实际控制的企业之间以及这些企业之间基于特定利益关系而达成的借贷行为，[6] 第二类为出借人发放高利的情形（放贷型借贷），第三类为借款人以高息为诱饵向多数人集资的情形（集资型借贷），第四类为经过当事人充分合意的高息借款情形（充分合意型借贷）。[7] 民间借贷为民营企业解决融资难、资金短缺立下了汗马功劳，具有帮助提升民营经济的重要性。

---

〔1〕 洪葭管主编：《中国金融史》，西南财经大学出版社 2001 年版，第 55 页。

〔2〕 许德风：《论利息的法律管制——兼议私法中的社会化考量》，载《北大法律评论》2010 年第 1 期，第 189~190 页。

〔3〕 张书清：《民间借贷的制度性压制及其解决途径》，载《法学》2008 年第 9 期，第 107 页。

〔4〕 孔令学：《民间借贷规范发展路径辨析》，载《河北法学》2013 年第 3 期，第 127 页。

〔5〕 杜万华主编：《最高人民法院民间借贷司法解释理解与适用》，人民法院出版社 2015 年版，第 23 页。

〔6〕 王建文：《论我国民间借贷合同法律适用的民商区分》，载《现代法学》2020 年第 1 期，第 133 页。

〔7〕 刘勇：《超额利息返还的解释论构成——以法释〔2015〕18 号第 26 条、第 31 条为中心》，载《法学》2019 年第 4 期，第 171 页。

尽管有资金融通功能，但民间借贷并未被纳入国家金融法律规制体系中，[1] 而是在国家正式金融法律体系之外以一种灰色的方式寄居和生存，成为规模庞大的银子银行之一员。[2] 正式金融法律监管的缺位，民间借贷常常以牟利短期化、掠夺性放贷进行活动，一方面损害了金融消费者的合法权益，另一方面也影响了民间借贷的健康可持续发展，更是对国家金融安全、经济安全和社会秩序造成了极大的危害，导致国家相关法律规制对其的进一步排斥和打击。但压制不能确保民间借贷的良性发展。1980 年以来，我国民间借贷规制模式，经历了从抑制性规制为主到激励性规制开始替代抑制性规制的法律规制模式的巨变。总结这一变迁背后的法理逻辑及其经验得失，对我国完善民间借贷的法律监管，实现多方利益良性互动，有着极为重要的理论和现实意义。

二、民间借贷抑制性法律规制及其问题

（一）抑制性法律规制的产生

1982 年《中华人民共和国宪法》（已被修改，以下简称《宪法》）第 11 条规定，以个体经济为代表的民营经济"是社会主义公有制经济的补充"，国家保护其"合法的权利和利益"。民营经济由此获得了步入发展的快车道的动力。在快速发展的过程中，民营经济对资金的需求也日益见长。但受制于歧视性的银行信贷政策，民营企业快速发展面临的资金缺口，不能从国有商业银行的信贷发放中得到解决。大量民营企业开始转向寻求各种形式的民间借贷渠道，以缓解资金短缺。以温州方兴钱庄的开办为标志，各种私人钱庄、排会、抬会等形式的民间融资渠道在民营经济发展的江浙沿海一带开始兴起。[3] 1984—1986 年，为扭转经济过热的局面，国家采取适度从紧的财政货币政策，融资原本就困难重重的民营企业更是雪上加霜，纷纷向借款条件较为宽松的地下钱庄等民间融资渠道寻求资金帮助。高利回报和宽松的出借机会火上浇油，民间融资渠道获得了以前所未有的速度和规模发展的契机。仅

---

〔1〕 卢峰、姚洋：《金融压抑下的法治、金融发展与经济增长》，载《中国社会科学》2004 年第 1 期，第 44 页。

〔2〕 徐军辉：《中国式影子银行的发展及其对中小企业融资的影响》，载《财经科学》2013 年第 2 期，第 15 页。

〔3〕 常宇豪：《民间借贷法律规制三十年进程与衍变》，载《南方金融》2017 年第 2 期，第 72 页。

1985 年，温州地区的民间借贷规模就飙升到 3 亿元左右。[1] 在这个背景下，1986 年《中华人民共和国银行管理暂行条例》（已失效）将地下钱庄等民间融资渠道排除于正规的金融借贷范围之外，开启了我国市场融资二元体系。1986 年 11 月 7 日，方兴钱庄关闭，民间借贷从此转入地下，成为规模渐大的影子银行的重要部分。为防止民间借贷 "破坏金融秩序、经济秩序，甚至危及社会稳定"[2]，各级行政机关颁布数量庞大的法规、规章和行政规范性文件，最高人民法院也相继颁布司法解释、司法政策。这些法规规章、行政命令和司法解释、司法政策，以强制性规范设定禁止性行为模式的方式，在金融、经济及社会安定的价值引领下，对民间借贷的交易主体、方式、范围和交易过程，均厉行控制、压制。[3] 以行政监管和刑事处罚为核心的抑制性规制，将民间借贷纳入国家规制体系中来，成为国家规制民间借贷的重要手段。

（二）抑制性法律规制的主要内容

第一，对民间借贷主体类型的限制。对民间借贷主体的限制包括两个方面。一方面，明确将放贷主体限定为专业银行，包括信托投资公司、农村信用合作社、城市信用合作社（城市商业银行）以及经中国人民银行批准设立的其他金融组织，并进一步规定贷款行为以取得贷款资质为前提，非经批准成立的金融组织从事放贷行为的，将面临责令停业、没收违法所得，并对有关人员处以相应行政处罚。[4] 另一方面，压缩民营企业融资借款的合法渠道，将民营企业向其他企业、非金融机构借款的行为视为无效法律行为，禁止企业间的长期持续借贷。尽管认识到 "民间借贷对于缓解国家借贷资金不足的矛盾，促进社会经济的发展起到了一定作用，" 但因为民间借贷 "存在着高利贷、纠纷多等问题"，司法部在 1992 年的《关于办理民间借贷合同公证的意见》中，明确否认非金融机构的企业之间的借贷行为之合法性。最高人民法院在 1999 年的《关于如何确认公民与企业之间借贷行为效力问题的批复》（已失效）中重申了这一规定。不仅是限制非金融机构的企业之间的直接

---

〔1〕 钟瑛：《改革开放以来中国宏观经济政策调整的实践演变》，载当代中国研究所编，宋月红主编：《中国当代史研究与地方志编纂：第十届国史学术年会论文集》，当代中国出版社 2011 年版，第 75 页。

〔2〕 杜万华主编：《最高人民法院民间借贷司法解释理解与适用》，人民法院出版社 2015 年版，第 24 页。

〔3〕 岳彩申：《民间借贷的激励性法律规制》，载《中国社会科学》2013 年第 10 期，第 125 页。

〔4〕 1986 年《中华人民共和国银行管理暂行条例》第 22 条，第 53 条。

借贷行为，企业之间名为联营实为借贷的行为，也被认为是违反了金融法律法规的规定，属于无效的合同。[1] 1996 年颁行的《贷款通则》第 7 条规定了严苛的借款人借款应具备条件，第 61 条禁止企业之间违反国家规定办理借贷或者变相借贷融资业务。最高人民法院同年颁布的《关于对企业借贷合同借款方逾期不归还借款应如何处理问题的批复》（已被修改），确认《贷款通则》前述两条规定的效力。类似规定，在其他法律、法规、规章、司法解释、司法政策中均有体现。受制于法律规制的严格主体管控，在正规融资渠道受阻的情况下，民营企业只能通过委托贷款、存单质押担保等方式变相展开企业间贷款，一方面增加了企业的融资成本，降低了企业经营效率，另一方面，由于处于法律排挤的灰色空间，各种违法行为滋生，民间借贷双方的合法权益均无法得到及时有效合法保障，本就狭窄的民间融资渠道的风险进一步增加。这反过来又成为抑制性法律规制的理由：不合法的企业间借贷行为，会加剧金融风险，危及"人民群众对借贷安全和公平正义的追求"[2]。降低风险的办法就是从进入借贷融资市场的门槛入手，禁止不符合规定、未满足审批手续的非金融机构从事具有资金融通性质的民间借贷活动。

第二，对民间借贷运营，扩张刑法打击面，强化刑事惩处力度。由于意识到正规借款渠道的限制和约束，通过民间借贷可以有效缓解甚至是解决民间生产经营性活动普遍存在的融资缺口，我国一方面在正式法律安排中将民间借贷排除在金融借贷法律秩序之外，否认发生在企业之间的民间借贷的合法效力。另一方面，也通过政策文件允许、鼓励民间创办各种具有合作互助性质的合作金融机构。但这类没有被纳入到正式法律规范体系中的合作金融机构，一旦遇到任何与金融安全有关的风险或危机，便被以违法之名义被限制活动甚至是取缔。20 世纪 80 年代末兴起 90 年代发展成民间重要融资方式的农村合作基金会和包括各类基金会、互助会、储金会、资金服务部、股金服务部、结算中心、投资机构等形式在内的企业集资凑资组织，在 1998 年亚洲金融危机爆发后相继遭到整顿并最终被行政取缔。被全面清理整顿取缔的理由，或者是为有效防范和化解金融风险，保持农村经济和社会的稳定；或

---

〔1〕 1990 年最高人民法院《关于审理联营合同案件纠纷若干问题的解答》（已失效）第 4 条第 2 项。

〔2〕 杜万华主编：《最高人民法院民间借贷司法解释理解与适用》，人民法院出版社 2015 年版，第 14 页。

者是，这些企业集资凑资组织都是未经中国人民银行批准设立的组织，为"维护金融秩序，防范和化解金融风险，保护社会公众利益"，[1] 必须清理整顿，予以取缔。不仅是行政取缔，立法机构也加入取缔者行列：1995 年，《全国人民代表大会常务委员会关于惩治破坏金融秩序犯罪的决定》设立"非法吸收公众存款罪"，1997 年修订后的《中华人民共和国刑法》（已被修改，以下简称《刑法》）增设"贷款诈骗罪""金融凭证诈骗罪""高利转贷罪""擅自发行股票、公司、企业债券罪"等，将超越国家金融管理政策红线的非金融机构、民营企业等，所实施的大规模民间资金拆借行为纳入《刑法》规制的轨道。民间借贷的组织化通道，不仅面临着被清理整顿取缔的命运，更会因为越界而面临刑事法律的严厉打击。

第三，重点监管民间借贷利率，实行一刀切的利率管制。民间借贷长期以来之所以被严格限制甚至取缔，很大程度上是因为其普遍存在高利贷问题。但吊诡的是，高利贷限制问题并未被纳入到有关法律法规和规章中去，而是留给司法解释作业。早在 1952 年，最高人民法院就确立了民间借贷利率不得高于银行同期贷款利率四倍的保护红线。[2] 这一规定被长期适用。1991 年《最高人民法院关于人民法院审理借贷案件的若干意见》（已失效）第 6 条明确规定："民间借贷的利率可以适当高于银行的利率……但最高不得超过银行同类贷款利率的四倍（包含利率本数）。超出此限度的，超出部分的利息不予保护。"第 7 条规定："出借人不得将利息计入本金谋取高利。审理中发现债权人将利息计入本金计算复利的，其利率超出第六条规定的限度时，超出部分的利息不予保护。"限制高利贷的出发点是为了防止资金出借方过度盘剥借款方，也为了方便人民法院在审判中有明确的裁判依据。但在民间借贷本身存在各种限制和约束的情况下，由于资金出借方无法获得足够数量的用资客户，民间存量资金的孳息交易机会严重受限，竞逐高利率，不仅是为了获取高额利润，还有补偿其他交易机会损失的考虑。一刀切的利率管制，既可能加剧出借方的盈利风险，也会导致借款方滋生过度消费、过度负债从而破产

---

〔1〕 《国务院关于〈非法金融机构和非法金融业务活动取缔办法〉第二十九条有关问题的紧急通知》第 1 条。

〔2〕 杜万华主编：《最高人民法院民间借贷司法解释理解与适用》，人民法院出版社 2015 年版，第 22~23 页。

的风险。[1]

（三） 抑制性法律规制的问题

抑制性法律规制的着眼点在于防止金融弱势者被金融强势者过分盘剥，确保民间金融与国家正规金融体系的双轨制运行能够给我国海量的金融需求提供有效供给，并且不会危及金融秩序。这种规制的逻辑是厉行资格审查，将不合格的金融提供者从金融市场中排出。但有效的法律规制取决于规制机构是否拥有足够的信息来监督法律法规的具体执行。[2] 从资格准入开始施行严格规制的做法，尽管是为了寻求金融安全，但无法缓解金融供给不能满足资本市场需求的供需矛盾，反而加剧金融风险，且有悖资本自由流动的法则。从规制的合法性、有效性来看，抑制性规制的问题有：

第一，尽管规制者已经充分认识到民间借贷为解决民营企业生产经营的资金缺口所作巨大贡献的情况下，调整生产经营性民间借贷的基本法律规范仍然缺失，导致对民间借贷的法律规制主要仰仗行政命令和公共政策。行政命令和公共政策缺乏足够的稳定刚性，加剧了民间借贷活动的短期行为和风险，又进一步刺激行政命令和公共政策的短期化效应，使得民间借贷和规制手段形成竞相倒退的恶性循环。

第二，一方面认为民间借贷对于搞活经济大有裨益，另一方面将民间借贷的资金限定在自有资金，禁止圈外资金进入民间借贷的资金池。尽管还是为了防范金融风险，但这一做法在合法的借贷资金凑集和非法融资之间，无法画出一条准确的合法与非法的边界。民间借贷活动者缺乏足够的信息来判断其行为合法与否，这就导致了民间借贷的合法性识别成本增加，民间借贷的交易成本大幅度增加，民间借贷的资金融通效率因此下降。此外，因为非法集资和合法资金归集的法律界限模糊，大量的资金归集行为面临刑事入罪的危险。[3] 出借方的借贷行为就是戴着脚镣跳舞。高风险的交易行为必然要求单次的交易回报足以补偿其在交易中的高风险损失。因此，尽管奉行高压管制，但抑制性规定不能制止民间借贷的高利贷现象的蔓延。民间借贷纠纷大量涌现，加重规制负担。

---

〔1〕 岳彩申、张晓东：《民间高利贷规制的法理源流及制度变迁》，载《政法论丛》2015 年第 2 期，第 18 页。

〔2〕 [美] 丹尼尔·F. 史普博：《管制与市场》，余晖等译，上海人民出版社 1999 年版，第 98 页。

〔3〕 刘宪权：《涉民营企业犯罪案件的刑法适用》，载《法学杂志》2020 年第 3 期，第 32 页。

第三，对于民间借贷的规制者来说，由于缺乏就民间借贷的合法性问题的客观效力依据，规制过程中会滋生大量的自由裁量行为。权力运作没有客观法律依据作为判准，会导致规制者权力运作的恣意和滥用。将这样一个涉及民间产权安排和金融秩序生成、与经济发展紧密相关的规制领域，交由规制者的主观意志来加以判断和管制，其风险不言而喻。毕竟，"自古以来的经验表明，所有拥有权力的人，都倾向于滥用权力，而且不用到极限绝不罢休。"[1]

第四，上述三项因素的叠加，还加剧了我国金融秩序的整体风险：一方面是民间借贷交易双方为了获得资金、降低交易风险而不得不提高资金交易的利率，在交易过程中增加交易复杂性降低被规制机构捕捉的风险，让资金融通过程附带增加了更多的意图外风险。另一方面，为应对民间借贷隐藏的非法交易和规避监管，规制机构层层加码，在基本判准依据缺失的情况下，叠床架屋地增设规制依据和规制力量，更进一步地增加了民间借贷的逆向选择的可能性，进一步危及金融秩序、经济发展和社会稳定，产生了规制者无法预期的社会危害。

三、从抑制性法律规制到激励性法律规制的转轨

民间借贷的抑制性规制措施，并未有效解决民间借贷对金融安全和公平正义的威胁，反而加剧了民间借贷的存量风险。与此同时，互联网技术的广泛运用，解决了传统民间借贷面临的约束条件。[2] 海量资金缺口所形成的虹吸效应，[3] 加上技术助推，被打压的民间借贷不仅没有销声匿迹，反而借着技术创新迎来重生的机会。规制者也意识到，一味压制民间借贷的发展，不仅不能解决民间借贷的问题，反而滋生比其所要解决的问题更多的问题。继续修补已失灵的传统规制模式并非出路，寻找新的规制范式，制定相应法律才是良策。在经济、社会和技术发展的合力推动下，2004 年以来，激励性法律规制已经萌芽，民间借贷规制范式开始转型。

2004 年，中央一号文件就专门讨论了发展农村小额信贷和微小金融服务问题。2005 年，国务院发布《关于鼓励支持和引导个体私营等非公有制经济

---

〔1〕 ［法］孟德斯鸠：《论法的精神》，许明龙译，商务印书馆 2012 年版，第 185 页。

〔2〕 传统民间借贷因为受地理空间、人际关系的影响，往往局限于熟人信任关系。参见林丽琼：《地理距离、关系与民间借贷违约风险——基于 240 个法院纠纷案件调查数据的分析》，载《亚太经济》2017 年第 2 期。

〔3〕 欧国峰：《"收编"民间资金的"共谋"》，载《经济》2005 年第 10 期，第 70 页。

发展的若干意见》，重提引导民间资本进入金融资本市场。[1] 2006 年，中国银监会颁布《关于非法金融业务活动认定和取缔有关事宜的批复》（已失效），就判断何为非法集资的问题予以详细规定。2008 年，银监会和中国人民银行联合颁布《关于小额贷款公司试点的指导意见》，规定了小额贷款公司的设立主体和资金来源问题：设立人是自然人、法人或者其他组织；其资金来源为股东缴纳的资本金、捐赠资金以及不超过两个银行业金融机构的融入资金，但不得面向不特定社会公众吸收存款或变相吸收存款。2010 年国务院颁布《关于鼓励和引导民间投资健康发展的若干意见》，鼓励民间资金进入法律未明确禁止准入的行业和领域，允许民间资金宽口径入股、设立金融机构，支持民间资本广泛参与金融业务和金融活动。

为配合国家在金融服务领域推动的与民间借贷和民间融资有关的改革，最高人民法院也开始启动围绕民间借贷纠纷的司法解释工作。2010 年至 2011 年，最高人民法院连续出台《关于为加快经济发展方式转变提供司法保障和服务的若干意见》《关于非法集资刑事案件性质认定问题的通知》《关于依法妥善审理民间借贷纠纷案件促进经济发展维护社会稳定的通知》，就民间借贷的基本定位、立案审查、利息处理以及民刑交叉的司法判断等问题予以全方位规定。从借贷行为和权利救济的角度，为宽口径的民间借贷和融资活动提供司法解决纠纷的路径。2012 年最高人民法院在《关于人民法院为防范化解金融风险和推进金融改革发展提供司法保障的指导意见》中，明确司法审判的作用在于规范和引导民间融资健康发展，保护合法的借贷利息，遏制民间融资中的高利贷化和投机化倾向。2014 年，最高人民法院与最高人民检察院、公安部联合发布了《关于办理非法集资刑事案件适用法律若干问题的意见》，对民间"非法集资"的合法与非法边界进行了细致的勾勒，为民间借贷进一步明确了合法边界。

在前期国家通过金融政策和行政命令，建立规范引导民间资金进入金融借贷市场的激励性规制的基础上，结合司法审判中积累的审判经验及相关司法解释，2015 年最高人民法院颁布《关于审理民间借贷案件适用法律若干问题的规定》（已被修改），就民间借贷所涉法律问题，给予全面规范，打通了行政规制和司法规制的联结。2019 年，最高人民法院与最高人民检察院、公

〔1〕 张元红等：《中国农村民间金融研究——信用、利益与市场均衡》，社会科学文献出版社 2012 年版，第 214 页。

安部、司法部联合颁布《关于办理"套路贷"刑事案件若干问题的意见》和《关于办理黑恶势力犯罪案件若干问题的指导意见》，为防止合法的民间借贷脱轨滑向违法犯罪活动确立了相应的认定标准和入罪程序。2019 年最高人民法院《全国法院民商事审判工作会议纪要》就民间借贷所涉三大问题：借贷担保、金融消费者权益、民刑交叉进行了更具操作性的规定，为民间借贷相关纠纷提供更好的司法裁判判准。

四、民间借贷激励性规制及其发展方向

（一）激励性规制的进展

前述法律文件标志着我国开始建构以借贷行为合法性为核心的激励性规制，在放宽金融市场准入条件、利率差异化保护、出借人资金来源多样化的规范建构、金融产权激励和放贷人掠夺性放贷的民刑法律监管等方面进行规定。

1. 放宽金融市场准入条件

20 世纪 90 年代以来我国民间积聚的海量资金池，因存款利率过低，资金存入银行账户不能带来规模金融盈利收入，又因为资本市场体制化缺陷，无法进入正轨融资渠道。因改革开放而兴起的民营经济体，因为歧视性贷款体制安排，很难从正规银行贷款中获得足够的贷款以应付企业发展的需求。[1]巨额资金缺乏宽口径的泄洪口和民间融资有效口径过窄，形成了强烈的虹吸效应，原有的抑制性规制的功能失灵，说明放宽金融市场准入条件正当其时。

2010 年国务院《关于鼓励和引导民间投资健康发展的若干意见》和 2013 年国务院办公厅《关于金融支持经济结构调整和转型升级的指导意见》，确立了民间资金涌向金融服务领域的基本路径：第一，在有效较强监管、促进规范经营、防范金融风险的前提下，放宽对金融机构的股比限制。支持民间资本以入股方式参与商业银行的增资扩股，参与农村信用社、城市信用社的改制工作。第二，鼓励民间资本发起或参与设立村镇银行、贷款公司、农村资金互助社等金融机构，放宽村镇银行或社区银行中法人银行最低出资比例的限制。第三，支持民间资本发起设立信用担保公司，完善信用担保公司的风险补偿机制和风险分担机制。鼓励民间资本发起设立金融中介服务机构，参与证券、保险等金融机构的改组改制。

---

〔1〕 胡金焱、张乐：《非正规金融与小额信贷：一个理论述评》，载《金融研究》2004 年第 7 期，第 124 页。

这种按照金融服务市场活动主体的不同身份设计引导民间资本进入相应金融服务市场的分类治理办法，既能够解决民间资本投资渠道不足而向民间借贷领域挤压式进入形成的虹吸效应，让民间资本自己根据自身的风险倾向和抗风险能力，选择自己进入的资本市场，能降低民间资本投资的风险。

2. 利率差异化和分级保护

适中水平的贷款利率取决于很多因素。从制度层面来看，它取决于金融消费者的议价能力，而消费者在资金支持获取中的议价能力又取决于获取有效有用信息的能力。民间借贷的高利贷之所以久禁不绝，除了高利贷所具有的出借风险补偿因素之外，也与金融消费者的信息获取渠道有限从而不得不接受高利贷的议价能力有限有很大关系。[1] 但这一情况不是一味禁绝高利贷就能扭转的。尤其是考虑到我国债务市场整体发展的相对滞后，"在消费者议价能力不平等和信息不对称双重条件约束下，政府承担保护消费者的责任成为建立和维持公平秩序的重要保障。"[2] 设计相对比较合理的最高利率上限，确保民间借贷及其收益获得充分的法律保护，同样能够有效激励民间借贷的规范化运行。

正是意识到利率管制一刀切带来的问题，党的十八届三中全会确定了我国贷款利率市场化改革。但利率市场化绝不意味着利率无限化，更不意味着利率无序化。必要的利率上限是民间借贷获得充分活力的重要保障。为此，最高人民法院在 2015 年《关于审理民间借贷案件适用法律若干问题的规定》中，创造性地划定"两线三区"的民间借贷利率区间。第一条线就是法律应予以保护的固定利率为年利率 24%；第二条线是年利率 36% 以上的借贷合同无效。通过这两线，划分出三个区域，一个是无效区，一个是自然债务区，一个是司法保护区。这一规定，一方面继承了过去司法解释中设定的四倍年利率的传统，尽量不偏离民间借贷的保护传统，另一方面，考虑到我国当前的民间借贷的主要形式为生产经营借贷，根据我国经济发展的总体情况，实体经济所创造的利润不会超过 24%。[3] 从总体经济发展的角度来予以衡量，

〔1〕 郑振龙、林海：《民间金融的利率期限结构和风险分析：来自标会的检验》，载《金融研究》2005 年第 4 期，第 134 页。

〔2〕 岳彩申、张晓东：《民间高利贷规制的法理源流及制度变迁》，载《政法论丛》2015 年第 2 期，第 18 页。

〔3〕 杜万华主编：《最高人民法院民间借贷司法解释理解与适用》，人民法院出版社 2015 年版，第 26 页。

最高人民法院确定了年利率在 24%~36% 之间的民间借贷法院不予保护，但如果当事人自愿履行，法院予以承认；只有年利率超过 36% 的民间借贷法院才绝对不予保护。这一规定，既有传承，又有创新。它给予借贷当事人双方在利率设定上有更多的选择，有效激励了借贷双方设定合理的借款利率，确保双方利益的最大化，也能有效防范不必要的借贷纠纷，降低借贷风险。

3. 出借人资金来源的初步规范化。

20 世纪 80 年代以来，生产经营性民间借贷面临的最大问题是发展的规模效应受到明显限制：营利性民间借贷组织的资金只能是组织成员的自有资金，其他形式的凑资行为，都被认为是非法集资或非法吸收公众存款。一方面是从事民间借贷的营利性机构及其组织形式的单一化，这类单一组织本身能够有效吸纳的民间资金数量有限，另一方面是民间借贷需求体量的庞大。这一对矛盾，使出借人只能在灰色地带或地下空间活动。正是认识到资金来源问题会导致民间借贷长期游走在灰色地带，制造监管难题，《关于小额贷款公司试点的指导意见》就小额贷款公司的资金来源进行了规范：主要资金来源为股东缴纳的资本金、捐赠资金，以及来自不超过两个银行业金融机构的融入资金。同时，还对资金来源做了一定的限制：第一，在法律、法规规定的范围内，小额贷款公司从银行业金融机构获得融入资金的余额，不得超过资本净额的 50%。融入资金的利率、期限由小额贷款公司与相应银行业金融机构自主协商确定，利率以同期"商业银行间同业拆放利率"为基准加点确定。第二，小额贷款公司应向注册地中国人民银行分支机构申领贷款卡。向小额贷款公司提供融资的银行业金融机构，应将融资信息及时报送所在地中国人民银行分支机构和中国银行业监督管理委员会派出机构，并应跟踪监督小额贷款公司融资的使用情况。

4. 产权激励的法律安排

民间借贷的核心是金融产权通过借贷行为实现共赢。我国目前在民间借贷的金融资产产权安排上，已经建立了以下激励性制度安排：第一，落实中小企业贷款税前全额拨备损失准备金政策，简化中小金融机构呆账核销审核程序。放宽小额贷款公司单一投资者持股比例限制，对小额贷款公司的涉农业务实行与村镇银行同等的财政补贴政策。第二，司法审判中出借人金融资产的体系化保护。即使民间借贷合同被司法认定为无效，出借人的合法金融资产仍需要得到保护，借款人负有将基于无效合同获得的占款以及因占用款项而滋生的相应孳息返还借款人的强行法义务。第三，根据贷款组织公司化的法律安排，将自然人责任和公司责任进行有效分离，确保贷款机构的出资人可以基于有限责任的保护机制获得相应的金融投资收益，与此同时降低其自身因参与民间放贷经营而带来的金融资产损失。

5. 掠夺性放贷行为的民刑法律规制

民间借贷的最大风险在于对放贷行为的监管。对放贷人来说，由于高额利率带来的高额收益回报的引诱，会促使其追求以损害借款人的利益为放贷取向。近些年我国民间借贷领域掠夺性放贷乱象触目惊心，非法放贷组织一方面以民间担保公司、投资理财公司、财富管理公司等名义，以高息回报为诱饵，吸收不特定公众尤其是退休职工和老年人的存款，卷款逃跑等恶性行为时有发生。[1] 另一方面，通过"设置具有诱惑性的放贷利率、规定提前还款罚金条款、增加隐形费用负担、强制搭售其他金融产品等手段加重消费者的还款压力，侵犯消费者的正当权益。"[2] 放任这种掠夺性放贷行为的发展，不仅损害金融消费者的合法权益，更是对民间借贷市场的严重损害。但民间借贷高利贷的问题恰恰在于，对民间借贷的放贷行为规范体系缺少法律规定。最高人民法院在 2015 年《关于审理民间借贷案件适用法律若干问题的规定》中，结合审理民间借贷案件过程中出现的借贷行为失范现象，对民间借贷中虚构债务[3]、借款合同纠纷中的举证责任[4]、违法担保[5]等问题进行了规定，一方面严厉打击放贷人的掠夺性放贷行为，另一方面通过刑民交叉的程序分流和程序衔接，保障放贷人的合法资金能够回流。最高人民法院和最高人民检察院、公安部、司法部在《关于办理"套路贷"刑事案件若干问题的意见》中，在区分民间借贷和套路贷的同时，对"套路贷"的涉罪情节，尤其是涉及我国《刑法》现有罪名的情节认定、罪名确立和惩处机制更是作了规定；在《关于办理黑恶势力犯罪案件若干问题的指导意见》中，全方位涉及"套路贷"中涉及黑恶势力的具体犯罪形态以及《刑法》适用问题，为民

〔1〕 田野：《民间投资理财公司乱象惊心：游走在蒙人与诈骗边缘》，载《上海证券报》2015 年 2 月 3 日，第 2 版。

〔2〕 岳彩申、车云霞：《民间借贷法律监管的新进路》，载《河北法学》2016 年第 5 期，第 56 页。

〔3〕 河北省高级人民法院课题组：《审理民间借贷纠纷案件相关问题研究——以河北法院系统为样本》，载《法律适用》2015 年第 7 期，第 114 页。

〔4〕 王雷：《借款合同纠纷中的举证责任问题》，载《四川大学学报（哲学社会科学版）》2019 年第 1 期，第 143 页。

〔5〕 赵申豪：《〈民间借贷司法解释〉第 24 条之解释与检讨》，载《甘肃政法学院学报》2019 年第 6 期，第 115 页。

间借贷的激励性规制确立了以合法行为激励为核心的合法性判准。

上述司法解释所建构的针对民间借贷行为的民刑法律规制体系，对于保障合法的民间借贷行为的激励意义是不言而喻的：尽管出借方的行为涉罪而导致出借行为无效，但出借人的合法财产权益仍然受到民法的保护；合法借贷和脱法借贷适用的法律规范不同，其所承担的法律后果也天差地别。合法借贷行为获得充分全面保护，对出借人会产生强烈的示范效应，也由此能够有效提升出借人实施合法借贷的行为激励。

（二）民间借贷激励性法律规制的发展方向

尽管初步确立了民间借贷激励性法律规制，在重点领域建立了有效的激励型法律体系。但总体来看，民间借贷激励性法律规制仍有大量不足，需重点在以下方面发展完善。

1. 拆除民间借贷区域限制的壁垒

迄今为止，由于在国家层面上并无一部专门调整民间借贷的法律，各地在推行小额贷款公司等民间借贷组织的过程中，大多都规定小额贷款公司不得跨区域经营。[1] 民间借贷在过去有"人格化金融"的特点，以熟人关系作为交易和契约执行的基础，凭借相应的地缘、人缘关系，能够有效收集借款人的相关信息，从而确保在借贷中能够有效防范借贷之后的相关风险。[2] 但基于地缘、人员关系所形成的民间借贷，有着其明显的劣势，只能局限在特定的地域。这与我国当前快速增加的民间融资需求所形成的规模经济完全不匹配，并且会导致民间借贷的风险过于集中。消除金融借贷的地域限制，建立统一的金融市场，已经是金融业的一个共识。[3] 互联网金融所具备的信息收集优势，已经从技术上拆除了民间借贷过去所面临的跨地域经营障碍。以上因素，意味着拆除民间借贷地域限制的时机已然到来。规制机构可以按照审慎监管的原则，比照《中华人民共和国商业银行法》有关规定，适当规定跨区域经营机构的营运资金、管理人员的要求，明确规定商事性民间借贷跨区域经营的一些约束条件，如开业经营的三年无重大违规、连续盈利等。[4]

---

〔1〕 《浙江省小额贷款公司试点暂行管理办法》第25条：小额贷款公司不得跨区域经营业务。

〔2〕 陈志武：《金融的逻辑》，国际文化出版公司2009年版，第120页。

〔3〕 ［美］莉莎·布鲁姆等：《银行金融服务业务的管制：案例与材料》（第2版），李杏杏等译，法律出版社2006年版，第462页。

〔4〕 岳彩申：《民间借贷规制的重点及立法建议》，载《中国法学》2011年第5期，第94页。

2. 适度放开民间借贷资金来源的限制

对民间借贷资金来源的限制，仍然是我国民间借贷法律规制的重要特点。尽管已经有所改进，但《关于小额贷款公司试点的指导意见》并不能根本性地解决因民间借贷资金来源的体制性限制而可能引发的次生金融风险。一方面是因为《关于小额贷款公司试点的指导意见》只是行政命令，其效力等级很低。民间借贷资金来源的开放度与规制者对金融的审慎监管理念和制度范式关联紧密，对规制者来说，"法律许可从事的融资类型要与集资者的资本管理能力与风险控制能力相适应，与融资机构预设的资本风险防范制度相配套。"〔1〕2013 年浙江省《温州市民间融资管理条例》规定"企业因生产经营需要，可以以非公开方式向合格投资者进行定向债券融资，民间资金管理企业可以以非公开方式向合格投资者募集定向集合资金。"〔2〕该条款尽管赋予民间借贷组织定向民间集资行为合法性，但其所属的法律效力层次和影响范围均不足以产生辐射效应，也无法对抗甚至是消解《刑法》中对民间集资行为所确立的刑事法律打击效力。最高司法机关颁布司法解释，同样不足以解决这一问题。解决的出路在于立法机关专门立法规范，就民间借贷资金来源的合法渠道进行专门规范，拓展民间借贷所需资金渠道，确立《刑法》打击非法集资的适用标准。

3. 民间金融资产产权激励性法律安排的完善

第一，建立健全差异化的民间借贷税收减免制度。民间借贷活动之所以仍存在大量的脱法行为，很大程度上与民间金融资产的产权激励机制的缺位有关。激励性法律规制理论研究认为，税收手段是消除市场外部性的社会规制性手段，减税或者抵税政策能够协调各种制度，提供适当激励并产生积极效果。〔3〕合理降低民间借贷遵守法律的税收成本，可以起到激励其发展的积极作用。〔4〕

第二，完善民间借贷登记备案制度，建立健全民间借贷风险监测体系，对民间借贷的规模、用途、利率等进行全方位的跟踪监管，及时向社会发布

---

〔1〕 徐冬根：《"高风险金融交易"法律行为的理论解说——以多学科为视角的概念创新研究》，载《上海财经大学学报》2012 年第 5 期，第 50 页。

〔2〕 岳彩申、车云霞：《民间借贷法律监管的新进路》，载《河北法学》2016 年第 5 期，第 56 页。

〔3〕 [美] 史蒂芬·布雷耶：《规制及其改革》，李洪雷等译，北京大学出版社 2008 年版，第 388 页。

〔4〕 岳彩申：《民间借贷的激励性法律规制》，载《中国社会科学》2013 年第 10 期，第 134 页。

有关动态信息，让民间借贷组织能够做出充分理性的投资决策，[1] 将其资金投向风险较低、收益回报较高的领域，引导民间借贷的理性规划和发展。

第三，建立健全民间借贷征信体系制度建设。社会信用体系能够起到借贷安全港的作用，将民间借贷借款人的社会信用报告与民间借款的风险评估数据相衔接，确保民间借贷组织能够分享作为社会公共资源的社会征信体系，将其资金投放到那些信用更高的借贷人身上，减少不必要的投资回报风险，提升借贷资金的收益回报率。

4. 建立健全民间借贷消费者权益的法律保护机制

"弱势主体权利保护"是现代民法的基本原理，是民间借贷法律规制的题中应有之义。民间借贷消费者，既是民间借贷活动的直接受益者，更是其得以发展的源头活水。民间借贷消费者的合法权益法律保障的完备程度，是衡量激励性法律规制是否完善的重要标志。

第一，完善民间放贷的信息披露机制。针对民间借贷放贷人和借款人之间的信息不对称，为防止放贷人利用信息优势过分剥削借款人，域外国家均在立法上严格规定放宽人的信息披露义务。[2]《关于小额贷款公司试点的指导意见》中也就放贷人信息披露义务做了原则性规定，但与成熟法律体制中的放贷人信息披露义务法律规定相比较，还有很大的需要改进、加强和完善的空间。

第二，在行政执法层面强化对放贷人掠夺性放贷行为的控制，完善打击掠夺性放贷行为的行政司法联动机制。掠夺性放贷行为对借款人合法权益的损害尤重，对民间借贷业务的良性发展破坏力极强。除了最高人民法院的单独司法解释以及联合司法解释之外，现行相关法律法规章中并无对这一行为的规范。行政规制机构如果不能在日常放贷监管中对掠夺性放贷行为积极执法，仅由司法机关通过司法审判程序解决掠夺性放贷问题，难免挂一漏万，不能有效解决掠夺性放贷行为。规制者应当对放贷人的放贷行为进行日常性监管，强化行政执法防止掠夺性放贷职能，与司法审判建立联动机制。

第三，对金融消费者更充分的民事司法救济和对放贷人违法犯罪刑事司

---

〔1〕 周茂清：《关于我国民间借贷问题的探讨》，载《当代经济管理》2011 年第 10 期，第 34 页。

〔2〕 例如，英国的《消费信贷法》均规定了放贷人在商业广告发布、缔约前谈判、合同的成立与履行等不同阶段应当承担的严格的信息披露义务，以及不履行这些义务所要承担的法律责任。参见周晓松：《英国〈消费信贷法〉对我国民间借贷规范化的启示》，载《华北金融》2011 年第 9 期，第 45 页。

法打击的有效结合。2015 年《关于审理民间借贷案件适用法律若干问题的规定》设计了一套比较完整的司法保护措施，为民间借贷消费者合法权益受到损害之后提供了全面充分的司法救济。民事权益的民事司法救济和民间借贷侵害刑法法益而面临刑事追惩之间，仍需进一步明确放贷人的行为合法性标准，解决民刑交错的程序衔接问题，防止民事责任刑事化和刑事责任民事化的相互挤压效应。

五、结语

改革开放以来，随着我国经济、社会和科技的快速发展，民间借贷的内涵、表现形式和作用领域也发生了巨大的变化。随着影子银行、地方政府债务、互联网金融等多元形式的次生金融活动的迭代出现，对民间借贷采取的法律规制也应当发生相应的变化。从历史变迁视角来看，我国民间借贷法律规制已开始发生范式转变。传统的抑制性法律规制，已落后于民间借贷的发展，成为民间借贷法治化发展的阻碍。伴随着科学技术变迁和我国市场经济的发展，针对民间借贷的激励性法律规制已经在我国开始兴起。尽管有各种缺陷，但其为我国更有针对性地充分利用民间资金发展经济，抑制资本流动可能引发的风险和危机，确保民间融资渠道的规范化、法治化提供了相对比较理想的规制进路。在此规制范式的引导下，以多方合作角力为核心，强调自由选择和行为责任边界的多样化激励手段的激励性法律规制，应当成为我国民间借贷法律制度发展和完善的基本方向。

优化民间借贷法律规制，需要完善基本法律，尤其是在民间借贷的根本性问题上，应当有可以遵循的相对刚性稳定的成文法律。毕竟，立法"不是做某事的粗鲁欲望的随随便便的产物，而是表达了（立法）专家们长期耐心的研究和立法者的仔细考虑。"[1] 因此，立法者应当持慎重态度，为我国在民间借贷领域创制一部基本法律做出相应准备。尽管规制民间借贷需要激励性的法律规范，但因为民间借贷问题本身的复杂性和在技术经济条件变迁下呈现出来的一定程度的偶发性，这种法律应当在相对稳定和适度变化之间保持相应的张力。"人为法应该适用于一切偶发事件，并随着人的意愿的改变而改变。"[2]我们固然不能寄望一部法律统管民间借贷的全部问题。但这并不

---

〔1〕 ［美］杰里米·沃尔德伦：《立法的尊严》，徐向东译，华东师范大学出版社 2019 年版，第 10 页。

〔2〕 ［法］孟德斯鸠：《论法的精神》，许明龙译，商务印书馆 2012 年版，第 563 页。

意味着在规制民间借贷时，不应该从民间借贷全局着手考虑建立健全激励性规制所需的基本法律。我国目前在民间借贷领域主要依赖司法解释和各类临时的行政规范性文件的做法，对于建构良性的激励性法律规制来说，虽能解决一时问题，但远不足取。

有效的经济规制建设的基础是充分信息。民间借贷的乱象很大程度上源于有关制度设计缺陷，导致进入民间借贷活动场域中的各方当事人和规制者均缺乏足够的识别风险的有用信息。民间借贷的行为失范，很大程度就是因为有用信息不足。我国在迈向激励性民间借贷法律规制的过程中，需要从厘清民间借贷领域的信息内容的角度，切合其他有关行为体系，从理论层面和实践层面，以促进民间借贷的积极效益的实现，稳住金融安全和社会经济发展的底线的目的和原则为依归，完善相关制度建设。

刑法与诉讼法研究

论犯罪公式及其适用范围

王　牧　李佳欣*

摘　要：犯罪公式是犯罪原因理论的一种数学表达方式。犯罪公式的形式各异，代表了不同的犯罪原因理论观点。犯罪公式的适用范围是对犯罪公式解释犯罪原因的层次的圈定。它回答的是犯罪公式是用来解释个人犯罪行为还是群体犯罪现象，抑或是兼而有之的问题。犯罪公式的适用范围不清晰会制约犯罪公式解释力的发挥，因此有必要厘清犯罪公式的适用范围。对犯罪公式的适用范围要进行宏观与微观层次的区分。实践中在运用某一犯罪公式解释具体的犯罪原因并提出针对性的犯罪对策时，应当特别注意犯罪公式的适用范围。

关键词：犯罪公式　犯罪原因　个体犯罪行为　群体犯罪现象　适用范围

一、问题的提出

本文主要研究与探讨两个问题：一是犯罪公式的基本理论问题；二是犯罪公式的适用范围。其中，犯罪公式的基本理论问题研究是犯罪公式适用范围研究的基础。解决犯罪公式的适用范围问题，首先要解决犯罪公式的

---

* 王牧，中国政法大学刑事司法学院教授、博士生导师（100088）；李佳欣，中国政法大学刑事司法学院2015级博士研究生（100088）。

基本理论问题。

犯罪公式是犯罪原因理论的一种数学表达方式。不同的犯罪原因理论观点有不同的犯罪公式表现形式。犯罪公式基本理论问题，主要涉及犯罪公式的概念以及类型研究，是对犯罪公式的概念、产生、表现形式以及基本类型的系统梳理与总结。

犯罪公式的适用范围，可以用"域"的概念来理解。"域"可以理解为论域、领域、关系或层次等，是事物所处的关系圈，也可以理解为事物本身。"社会关系极其复杂，社会科学理论要做到精确，首要的是明确被研究对象所在的关系范围，即明确对象所在的域。"[1]犯罪公式的适用范围是对犯罪公式解释犯罪原因的层次的圈定。它回答的是犯罪公式是用来解释个人犯罪行为还是群体犯罪现象，抑或是兼而有之的问题。

犯罪公式是犯罪学理论研究与实践运用的重要问题，具有深刻的理论内涵与重要的研究价值。犯罪公式作为犯罪原因理论的一种数学表达方式，涉及犯罪原因理论本身的基本问题，而犯罪原因理论问题（即犯罪原因论）又是犯罪学中最基础、最核心、最重要的问题。犯罪学始于对犯罪原因的系统性科学研究，犯罪原因论是犯罪现象论以及犯罪对策论的研究起点，也是犯罪学发展至今研究成果最丰富、影响最广泛的部分。犯罪公式的基本理论研究，以数学方法在犯罪学中的运用为切入点，从理论与实证相结合的全新的角度重新审视犯罪学产生以来既有的犯罪原因理论，而犯罪公式的适用范围研究则着重强调犯罪原因理论的分层次运用问题，以期挖掘其中的理论内涵，丰富犯罪原因理论的研究，加深人们对犯罪原因理论的基本认识。

但是，目前国内外关于犯罪公式的上述两个问题基本上没有深入、系统地研究与归纳，而仅散见于法学或心理学词典、犯罪学教材以及相关论著的简单介绍。特别是存在犯罪公式的适用范围不清晰的问题，即在实际的研究中，学者们对特定犯罪公式的适用范围并不是很重视，甚至有一些学者随意选取与套用特定的犯罪公式来研究具体的犯罪问题，而没有首先对特定犯罪公式的适用范围加以明确，也不明确说明是将特定犯罪问题视为个体犯罪行为还是群体犯罪现象进行研究的。一些研究似乎将犯罪公式视为能够解释一切犯罪的原因的、具有普遍适用性的万能公式，没有考虑犯罪公式的适用边界与限度，只能得出一些一般的、大众化的结论，显得流于表面、过于空泛，

―――――――――――――

〔1〕 王牧：《犯罪研究——学科·事实·规范》，中国政法大学出版社2019年版，自序。

而没有体现出应有的理论深度与政策价值。[1]

犯罪公式的适用范围问题十分重要，制约着犯罪公式的解释力的发挥。只有明确了特定犯罪公式的适用范围，即明确犯罪公式所代表的犯罪原因理论的适用对象，注意微观层面的作为个体犯罪行为的"犯罪"与宏观层面的作为群体社会现象的"犯罪"的区别，才能真正发挥特定犯罪公式的解释力。不能用仅适用于微观层面的个体犯罪行为的犯罪公式来解释宏观层面的群体犯罪现象，也不能用仅适用于宏观层面的群体犯罪现象的犯罪公式来解释微观层面的个体犯罪行为。否则，就犯了跨层次解释的错误。

总之，犯罪学研究中存在犯罪公式的适用范围不清晰的问题，这会严重制约犯罪公式解释力的发挥。科学的犯罪公式必须确立明确的适用范围。这不仅关系到犯罪公式本身的科学性，还关系到犯罪公式的实际运用效果，即运用犯罪公式解释具体犯罪的原因并提出针对性的预防犯罪措施的效果。因此，需要对犯罪公式及其适用范围进行明确的理解与认识，厘清犯罪公式的适用范围势在必行。

二、犯罪公式的基本理论梳理

（一）犯罪公式的概念

一般认为，犯罪公式（又称犯罪行为公式）源于西方犯罪学。我国学者关于犯罪公式或者犯罪行为公式的概念界定主要有如下几种："犯罪公式试图

---

〔1〕 实际上，运用某一犯罪公式解释某种犯罪现象的原因进而提出针对性的解决对策的研究并不在少数。以菲利的犯罪原因三元论与我国学者汪明亮的犯罪化学反应方程式为例，学者们分别运用上述犯罪公式分析解释过我国的青少年犯罪、恐怖主义犯罪、无差别杀人犯罪、毒品犯罪、腐败犯罪、集群犯罪、社会性弱势群体犯罪、侵犯公民个人信息犯罪以及农村整村犯罪等犯罪现象与问题。上述研究参见闫涛：《犯罪三元论对我国青少年犯罪防治的启示》，贵州大学 2009 年硕士学位论文；王威：《从菲利的犯罪原因观分析我国的恐怖主义犯罪》，载《周口师范学院学报》2010 年第 3 期；赵天水：《我国无差别杀人犯罪的研究现状、社会原因及预防——以菲利三要素说为视角》，载《犯罪研究》2018 年第 6 期；胡艺林：《从犯罪生成模式看毒品犯罪的治理》，西南政法大学 2018 年硕士学位论文；赵辉、江帆：《集群犯罪形成机制初探——犯罪化学反应方程式路径下的模型构建》，载《河北法学》2015 年第 2 期；吴玉萍：《社会性弱势群体犯罪之生成模式——基于犯罪化学反应方程式的分析》，载《湖北大学学报（哲学社会科学版）》2016 年第 4 期。汪明亮：《腐败犯罪之化学反应方程式分析》，载张凌、袁林主编：《国家治理现代化与犯罪防控：中国犯罪学学会年会论文集（2014 年）》，中国检察出版社 2014 年版；汪明亮：《治理侵犯公民个人信息犯罪之刑罚替代措施》，载《东方法学》2019 年第 2 期；张正云：《农村整村犯罪及其治理研究》，南昌大学 2017 年硕士学位论文。以上只是笔者在知网上检索主题直接与具体犯罪公式相关的研究的结果，实际上运用具体犯罪公式解释相关犯罪原因的研究还有很多。

用数学公式说明犯罪行为与促成犯罪行为诸因素之间的相互关系。"[1] "犯罪行为公式是西方犯罪学中用来表述与个体实施犯罪行为有关的诸因素之间的相互关系的公式。"[2] "犯罪公式是表示与犯罪有关的各个变量之间关系的公式。最早提出犯罪公式的是德国学者梅兹格。"[3] "犯罪行为公式是用数学公式的表达方法对犯罪行为产生过程的描述。不同理论观点和研究方法有不同的表述。"[4] "国外学者习惯于使用与犯罪行为相联系的各种因素之间的关系的数学公式来表述犯罪行为发生的机制，称犯罪公式。最早提出犯罪公式的是德国学者梅兹格。"[5] "犯罪行为公式是表明影响犯罪行为发生的各种因素之间相互关系的数学公式。各学者依据各自不同的理论观点提出不同的公式。"[6]

上述关于犯罪公式的概念研究仅限于相关法学、心理学或者犯罪学辞典中的简单介绍，而并没有对犯罪公式概念的产生以及理论内涵进行深入的探讨。而犯罪公式概念的产生与理论内涵其实是很重要的犯罪学理论问题，对这一问题的梳理可以帮助我们更好地理解犯罪公式的理论价值。

上述关于犯罪公式或者犯罪行为公式概念的界定，大都认为犯罪公式是用数学公式的形式表述犯罪行为生成过程的，其中包含了与犯罪行为相关的诸多因素或者变量。也就是说，犯罪公式其实是在犯罪原因多因素理论的基础上形成的。

所谓犯罪原因多因素理论，是相对于犯罪原因单因素理论而言的。犯罪原因单因素理论是指仅仅从个人或者社会一个方面研究犯罪的单一原因，而犯罪原因多因素理论主张综合运用个人因素与环境因素阐述犯罪的原因。

意大利实证派犯罪学的代表人物菲利提出的犯罪原因三元论，是公认的最早的犯罪原因多因素理论的表述。在此之前的犯罪原因理论均为单因素理论。最具代表性的单因素理论是龙勃罗梭的犯罪人类学理论以及凯特勒的犯罪统计学理论，两者分别从人类学角度或者社会环境角度研究犯罪产生的单一原因。而菲利是犯罪原因多因素理论的开创者，"应当把人类学理论与环境

---

[1] 张子路、杨业广：《犯罪学辞典》，湖北辞书出版社 1989 年版，第 129 页。

[2] 邹瑜、顾明主编：《法学大辞典》，中国政法大学出版社 1991 年版，第 346 页。

[3] 周振想主编：《法学大辞典》，团结出版社 1994 年版，第 290 页。

[4] 高铭暄等主编：《中华法学大辞典·刑法学卷》，中国检察出版社 1996 年版，第 181 页。

[5] 罗大华、何为民、解玉敏：《司法心理学》，人民教育出版社 2007 年版，第 74 页。

[6] 杨治良、郝兴昌：《心理学辞典》，上海辞书出版社 2016 年版，第 735 页。

理论的结合归功于菲利的努力".[1] 菲利的犯罪原因三元论就是在综合运用犯罪人类学与犯罪统计学资料的基础上提出的。菲利将纷杂的引起犯罪发生的因素分为个人因素、自然因素以及社会因素三类，并在此基础上提出了著名的犯罪原因三元论，认为任何犯罪都是个人因素、自然因素以及社会因素相互作用的结果。

但是菲利并没有明确使用公式的形式对这一理论进行表达。荷兰犯罪学家邦格最先以公式的形式表示菲利的犯罪原因三元论，并对其进行了批判性考察与修正。邦格认为，菲利的犯罪原因三元论用犯罪公式表示就是：**任何犯罪=个人因素+自然因素+社会因素**。个人因素又分为生理因素、心理因素以及个人状况三类，由此得出犯罪公式的最终表现形式为：**任何犯罪 =（生理因素+心理因素+个人状况）+自然因素+社会因素**。[2] 因此，虽然上述一些学者认为最早提出犯罪公式的是德国学者梅兹格，但是笔者不赞同上述观点。因为根据邦格的观点，最早的犯罪公式就是菲利提出的犯罪原因三元论的数学表达式。

犯罪原因多因素理论加深了人们对犯罪现象复杂性与多元性的认识。犯罪现象是极其复杂的社会现象，犯罪的产生与变化波动有复杂的社会因素与个人因素，并且这些因素之间存在着错综复杂的联系。犯罪是由多种因素共同作用的结果这一基本结论仍然是现代犯罪原因研究的前提。犯罪原因多因素理论的科学性在于其正确地揭示了犯罪原因的多样性与复杂性，得出了既要研究个体犯罪行为层面的个体原因又要研究群体犯罪现象层面的社会原因的正确结论。

在菲利提出犯罪原因三元论之后，人们已经基本上达成了犯罪是个人与社会层面多种因素共同作用的结果的共识。但是仅仅从生物学、心理学或者

---

〔1〕 ［荷］W. A. 邦格：《犯罪学导论》，吴宗宪译，中国人民公安大学出版社 2009 年版，第 91 页。

〔2〕 犯罪人的生理因素包括颅骨异常、脑异常、主要器官异常、感觉能力异常、反应能力异常、相貌异常以及文身等；犯罪人的心理因素包括智力和情感异常，尤其是道德情感异常，罪犯文字和行话等；犯罪人的个人状况包括种族、年龄、性别等生物学状况和公民地位、职业、住所、社会阶层、训练、教育等生物社会学状况。犯罪的自然因素是指气候、土壤状况、昼夜相对长度、四季、平均温度和气象情况及农业状况。犯罪的社会因素包括人口密集、公共舆论、公共态度、宗教、家庭情况、教育制度、工业状况、酗酒情况、经济和政治状况、公共管理、司法、警察、一般立法情况、民事和刑事法律制度等。参见 ［意］恩里科·菲利：《犯罪社会学》，郭建安译，中国人民公安大学出版社 2004 年版，第 143~144 页。

社会学角度研究犯罪原因的路径仍然存在，并产生了犯罪生物学、犯罪心理学以及犯罪社会学三大流派。不同的是，这些理论不再否定其他方面的因素的影响，而是仅仅侧重于一个方面研究犯罪的原因。也就是说，这些单因素理论其实是在犯罪原因多因素理论的共识前提下，假设其他方面的因素不变，进而检验特定方面的因素对犯罪的影响。

综上所述，本文对犯罪公式的界定为，犯罪公式是在犯罪原因多因素理论的基础上形成的、用数学公式的形式表示犯罪行为生成过程中，与犯罪有关的诸多因素之间相互关系的一种犯罪行为生成公式。从形式上看，犯罪公式是犯罪原因理论的一种抽象性的数学表达。从内容上看，犯罪公式试图找到一种能够普遍适用于所有的犯罪行为产生原因的一般性的解释。因为不同的犯罪原因理论对引起犯罪发生的诸因素的分类以及作用机制的认识不同，所以存在多种不同表现形式的犯罪公式。

（二）犯罪公式的类型划分

犯罪公式的类型化研究是犯罪公式基本理论研究的进一步深入。按照既定的标准划分出具体的犯罪公式类型，进而研究不同类型的犯罪公式的具体表现形式、研究方法以及功能导向，不仅可以深挖犯罪公式的理论价值，还能厘清犯罪公式适用范围的基础与前提。因此，划分犯罪公式类型的标准选取至关重要。本文按照对犯罪概念的不同界定划分犯罪公式的具体类型，因为不同形式的犯罪公式代表了不同的犯罪原因理论，而不同的犯罪原因理论的根本区别在于对其对犯罪概念的不同界定。而犯罪学中的犯罪概念具有不同于其他学科（尤其是刑法学）的复杂性，因此，在进行犯罪公式的分类研究之前，有必要对犯罪公式的分类标准（即犯罪概念）进行明确的界定，以免论述中产生歧义。

犯罪概念是犯罪学中十分重要的问题。进行犯罪学研究，首先要明确犯罪学的研究对象，即犯罪的概念问题。犯罪学研究对象的确定，即对犯罪概念的界定，决定了犯罪学的理论方法、发展方向乃至整个理论体系的构建框架，是决定犯罪学学科发展的重要问题。因此，按照犯罪概念的不同界定划分犯罪公式的具体类型，具有重要的理论意义。犯罪概念不仅是区分不同犯罪公式类型的标准，也是检验特定类型犯罪公式科学性与解释力的标准。

作为犯罪学研究对象的犯罪的概念具有复杂性。即使是在汉语的日常使用中，"犯罪"一词的语义也是很不明确的：犯罪可以是动词，也可以是名词；犯罪可以指代犯罪行为，也可以指代犯罪现象。实际上，犯罪的概念是复杂与多元的，犯罪是个多学科概念。一般来说，犯罪的法律概念，即刑法所规定的由个体实施的犯罪行为，这是犯罪最为精确与最普遍接受的概念。但是犯罪并不仅仅限于法律上的概念，犯罪还是道德、宗教、社会等多领域、多学科的概念。

犯罪学中的犯罪概念并不等同于刑法学的犯罪概念，因为犯罪学有着不同于刑法学的学科任务，即预防与减少犯罪。学科任务决定学科的研究对象。为了更好地实现预防与减少犯罪的学科任务，犯罪学除了要研究刑法上的犯罪，还应研究待刑罚化的犯罪行为、准犯罪行为、待除罪化的犯罪行为等法律之外的犯罪，而且这些法律之外的犯罪研究对预防来说更有意义。

以上是对犯罪学中犯罪概念的内涵的界定。而犯罪学上的犯罪概念的外延，即犯罪所隶属的范围，可以界定为"个人行为"，也可以界定为"社会现象"。不同的犯罪概念界定其实是将犯罪放在不同的背景与关系中认识。这涉及对犯罪的本质、根源的认识问题，也决定着犯罪学的理论思维模式以及学科任务的实现。

将犯罪视为个体行为，如犯罪人类学派、犯罪生物学派与犯罪心理学派的理论，仅仅将犯罪研究限定在个人的角度，看不到犯罪与社会的关系，难以找到有效的预防与减少犯罪的措施，更不可能提出行之有效的社会预防措施。而且，这些单一的、从某一角度研究犯罪的理论，难以构成综合的、从宏观整体上阐释犯罪现象的犯罪学学科。而将犯罪视为社会现象，在社会背景下认识犯罪的产生变化规律，不仅科学地揭示了犯罪的本质、犯罪根源于社会，有效的犯罪预防措施也应该主要是社会措施，进而得出对社会有实际意义的结论，也更有利于犯罪学的理论发展以及学科任务的实现，从而建立起有发展前途的犯罪学学科。因此，犯罪学中的犯罪概念不应仅仅界定为"个人行为"，而应确定为"社会现象"。犯罪学不应只研究"个人行为"的犯罪，更要研究"社会现象"的犯罪。[1]

按照对犯罪概念的不同界定，犯罪学产生以来大致存在三种不同的研究方法：第一种研究方法，仅将犯罪视为个体犯罪行为研究，如犯罪人类学、犯罪生物学以及犯罪心理学的研究；第二种研究方法，仅将犯罪视为群体犯罪现象研究，如犯罪统计学、犯罪社会学的研究；第三种研究方法，认为既

---

〔1〕 参见王牧：《犯罪研究——学科·事实·规范》，中国政法大学出版社 2019 年版，第 433~442 页。

应该研究作为个体犯罪行为的犯罪，又应该研究作为群体犯罪现象的犯罪，并试图对前两种研究方法进行整合，得出更为一般意义上的犯罪学理论。

具体到犯罪公式来说，同样可以根据对犯罪概念的不同界定，将犯罪公式分为三类：第一类，仅将犯罪视为个体犯罪行为的犯罪公式；第二类，仅将犯罪视为群体犯罪现象的犯罪公式；第三类，既将犯罪视为个体犯罪行为、又将犯罪视为群体犯罪现象的犯罪公式。不同类型的犯罪公式有不同的表现形式、研究方法以及功能导向。

1. 仅将犯罪视为个体犯罪行为的犯罪公式

仅将犯罪视为个体犯罪行为的犯罪公式，例如，荷兰犯罪学家邦格的犯罪公式：任何犯罪＝个人因素（处境因素＋个人倾向）＋环境因素[1]。这一公式是邦格在对菲利的犯罪公式进行批判性考察的基础上提出的变式。他认为公式中的"任何犯罪"仅指个体犯罪行为，而不能适用于群体犯罪现象。因为个体因素的差异性分布规律决定了，个体因素在群体犯罪现象中无法简单相加，个体因素在群体犯罪现象的研究中也并不具有实际的意义。邦格将犯罪视为个体犯罪行为的观点，仅限于对菲利犯罪公式的批判性考察范围内成立，他实际上是主张将犯罪视为群体犯罪现象进行研究的。

这一类犯罪公式还有：德国犯罪学家梅兹格的动力学犯罪公式：$KrT = aeP \cdot ptU$[2]；美国心理学家勒温的行为公式：$B = f(PE)$[3]；美国犯罪心理

〔1〕　处境因素是指个人生命历程中的更为直接的与个人生活与行为相关的具体情境，可以视为是环境因素对个人的直接影响。处境因素表明引起犯罪发生的诸多因素之间是相互联系而不是孤立存在的关系。个人倾向是个人本身具有的、与犯罪无关的特性，如特殊的性格，引起犯罪行为的个人倾向与引起其他人类行为的个人倾向并没有本质差别。正是因为个人倾向的不同，在相同的环境以及处境的假设之下，有的人会实施犯罪，而有的人不会实施犯罪。参见 ［荷］W. A. 邦格：《犯罪学导论》，吴宗宪译，中国人民公安大学出版社 2009 年版，第 92 页。

〔2〕　KrT 代表犯罪行为，a 代表个人素质（由遗传因子所决定的发展的可能性），e 代表发展条件，P 代表人格（自身素质和环境所综合作用的产物），p 代表人格形成，t 代表行为的形成，U 代表环境（对个人直接和间接影响的全部外界条件之总和）。上述公式表明犯罪行为是一个整体，它是这些因素相互作用而产生的，是各个因素的动力学结合现象。参见罗大华、何为民主编：《犯罪心理学》，中国政法大学出版社 2012 年版，第 125 页。

〔3〕　B 代表行为，f 为函数，P 代表人格，E 代表环境。上述公式表明人的行为是人格与环境的函数，犯罪行为作为人类行为的一种，是随着犯罪人与环境这两个因素的变化而变化的。不同的犯罪人对同一环境可以产生不同的犯罪行为，同一犯罪人对不同的环境也可以产生不同的犯罪行为，甚至同一犯罪人在不同的情况下对同一环境也可产生不同的犯罪行为，总之，犯罪行为受犯罪人个性心理和客观环境所制约。参见罗大华、何为民主编：《犯罪心理学》，中国政法大学出版社 2012 年版，第 125页。

学家亚伯拉罕森的犯罪行为公式：$C = (F)$，A，B，D，E，G[1]；我国学者汪明亮的犯罪化学反应方程式：带菌个体+致罪因素催化剂犯罪行为[2]；等等。这些犯罪公式虽然形式各异，但大都包含了个体因素与环境因素这两大基本要素。而且，犯罪公式的表现形式也逐渐复杂与高级，由最初的加法等式演变为函数式，并且强调犯罪公式表示的是犯罪行为生成的一种动态过程。

上述又被称为犯罪行为公式的犯罪公式，是根据心理学上的人的一般行为公式推导而来的。受犯罪心理学仅仅将犯罪视为个体犯罪行为的研究传统影响，他们的犯罪公式也只关注个体犯罪行为。这里的犯罪行为主要指个体犯罪行为，是具体的个体实施的具体犯罪事实。[3] 犯罪行为概念具有主张将犯罪现象与犯罪行为不做区分、作为同义语使用的意蕴。实际上是否定犯罪现象概念的独特性，认为个人的犯罪行为才是真实存在的、具有自身特质的事物，社会的犯罪现象不过是个人犯罪的量的总和，不具有独特的质。[4] 但是，实际上社会存在相对于个人存在具有独立的地位，社会现象作为个人行为的现实构成物，具有独立的个性与特质。因此，这一类犯罪公式仅仅将犯罪视为个体犯罪行为进行研究，具有局限性。它忽视了犯罪本质上是一种社会现象，只有将犯罪视为一种社会现象，将具体的犯罪现象和行为抽象为群体犯罪现象并进行系统的结构和动态分析，才能揭示犯罪根源存在于社会而

---

〔1〕 C 表示犯罪行为，F 表示函数，A 表示情境因素，B 表示素质因素，D 表示促成因素，E 表示心理因素，G 表示生理因素。上述公式表明犯罪行为是这些因素的函数，犯罪原因是由多种因素引起的，但是这些因素在不同的犯罪中所起的作用不同，因此犯罪行为的原因是相对的。参见吴宗宪：《西方犯罪学史》（第 2 版），中国人民公安大学出版社 2010 年版，第 857~858 页。

〔2〕 这虽然是一种化学式而非严格意义上的数学公式，但是也可以认为是一种犯罪公式。带菌个体指具有犯罪倾向的人、具有犯罪人格的人或者说潜在犯罪人，影响带菌个体生成的因素有人的本性需要、个体生理心理方面的素质、环境因素以及个体因素与环境因素之间的相互作用。致罪因素是指促使带菌个体即潜在犯罪人变为危险犯罪人的因素，主要有经济政策失误、性禁忌、政治制度弊端、信仰缺失等方面。催化剂是指加快带菌个体与致罪因素的相互作用速度，从而导致危险犯罪人变成现实犯罪人，即犯罪发生的导火线，主要包括特定的时空因素、社会控制弱化因素以及被害人因素。参见汪明亮：《犯罪生成模式研究》，北京大学出版社 2007 年版，第 11 页。

〔3〕 犯罪心理学中的犯罪行为概念既包括由单个人实施的个体犯罪行为，也包括多人共同实施的群体犯罪行为。但是不管是个体犯罪行为还是群体犯罪行为，其描述与指向的单位都是个人或者由个人组成的集合，也就是说都是个人行为层面而不是社会现象层面的含义。因此，本文不使用群体犯罪行为的概念，而仅使用个体犯罪行为的概念指代犯罪行为。

〔4〕 谢勇：《宏微之际：犯罪研究的视界》，中国检察出版社 2005 年版，第 25~36 页。

不是个人。[1]

此外，这类犯罪公式仅仅对犯罪行为产生的相关因素进行了列举与分类，指出了犯罪行为是个人因素与环境因素的函数，但是并没有找到具体的函数形式，更遑论在统一的量具下对函数的精确性进行数据检验。而可实证验证的犯罪公式主要是第二类犯罪公式。

2. 仅将犯罪视为群体犯罪现象的犯罪公式

仅将犯罪视为群体犯罪现象的犯罪公式主要是犯罪社会学的研究结果。这类犯罪公式将犯罪视为群体犯罪现象进行研究，等于承认犯罪现象相对于犯罪行为的独特性。这里的犯罪现象主要指群体犯罪现象。群体犯罪现象是个体犯罪行为的抽象以及结构性有机组合成的整体，具有新的属性。[2] 这体现了主张"现象"[3] 与"行为"在"社会"与"个人"的对照中使用的社会科学传统，即用"现象"来描述宏观层面的事件，用"行为"描述个人，主张区分个人层面的犯罪行为与社会层面的犯罪现象，认为社会现象不是个人行为的简单相加，而是具有自身特性的新事物。例如，法国社会学家迪尔凯姆在《自杀论》中明确指出，作为一个整体的自杀现象不同于个人的自杀行为，整体不是各个独立事件的简单的总和，而是一个新的、特殊的事实，这个事实具有它的统一性与特有的社会性质。[4] 总之，这类犯罪公式将犯罪视为群体犯罪现象，认为犯罪根源于社会并且从社会中找寻犯罪原因、寻求犯罪对策，具有很强的科学性。

这类犯罪公式的主要表现形式为研究者们在实证研究过程中建立的各种具体的理论模型。那么何为理论模型呢？理论模型，又称研究模型，是一组

[1] 参见王牧：《犯罪研究——学科·事实·规范》，中国政法大学出版社 2019 年版，第 429~432 页。

[2] 犯罪现象主要有个体犯罪现象与群体犯罪现象两种表现形式。其中，个体犯罪现象的概念与个体犯罪行为相对，是个体犯罪行为的抽象。群体犯罪现象的概念与个体犯罪现象相对，是个体犯罪现象的结构性有机组合。群体犯罪现象与个体犯罪现象是整体与部分、一般与个别的关系，但是整体不是部分的简单相加，而是结构性的有机组合，具有不同于部分的新的属性。由于犯罪本质上属于社会现象而不是个人现象，因此本文仅在社会现象层面上使用犯罪现象的概念，即犯罪现象仅指群体犯罪现象。参见王牧：《犯罪研究——学科·事实·规范》，中国政法大学出版社 2019 年版，第 429~432 页。

[3] 这里的"现象"并不是指哲学上相对于"本质"而言的含义，而是指称客观事物。

[4] ［法］埃米尔·迪尔凯姆：《自杀论》，冯韵文译，商务印书馆 1996 年版，第 14 页。

变量及其相互关系的集合，是一组待检定的命题。[1] "理论是对事物及其关系的抽象概括，是关于事物和现象的基本知识。"[2] 在社会科学的架构中，研究者必须将理论转化为可以被数据测试的数学模型，即理论模型，才能验证理论。也就是说，理论是构建理论模型的起点，而理论模型形成一组待检定的命题，又构成实证检验的基础。

这类犯罪公式相较于第一类犯罪公式而言，具有可以进行实证验证的优势。具体体现为数学方法在犯罪学中的运用。运用数学方法建构数学模型研究犯罪原因，主要是受社会科学数学化趋势的影响。所谓社会科学的数学化是指受数学在自然科学中的成功运用并取得巨大成果的启发，人们将数学方法引进到社会科学研究中进行定量分析，用数学语言来表达社会科学理论、解释社会现象的一种趋势。人们认为社会科学的最高形态就是在观察与实验的基础上进行定量研究，并且最终形成一系列数学方程，以此寻求社会科学相较于自然科学存在的合法性。[3] 正如马克思所言，一种科学只有在成功运用数学时，才算达到了真正完善的地步。[4]

由于数学具有高度抽象性、逻辑严密性以及应用广泛性等特点，运用数学方法研究社会科学具有抽象化、形式化、精确化以及更强的解释力的优势，对变量之间关系的精确计算可以用来研究效果，作为相关政策的制定、法律制度的完善以及项目决策的重要参考，这样能够大大地节约成本从而实现资源的优化配置。虽然数学方法在社会科学中的运用有极大的优势，但是也存在一些制约。其中之一就是相关因素的数学化处理程度。作为社会科学研究对象的社会现象是极其复杂的，作为开放系统的社会系统中含有大量未知与不可测量的因素与相关变量，这大大增加了数据搜集以及对社会现象进行简化与抽象的难度，也势必会影响研究结果的客观性与科学性。[5]

具体到犯罪公式来说，将数学方法引进到犯罪学研究中，根据不同的理论构建的犯罪学理论模型，其科学性会受到犯罪现象的复杂性影响。犯罪现

---

〔1〕 曹立群、周愫娴：《犯罪学理论与实证》，群众出版社2007年版，第26页。

〔2〕 林聚任、刘玉安主编：《社会科学研究方法》，山东人民出版社2004年版，第46页。

〔3〕 ［美］I. 伯纳德·科恩：《自然科学与社会科学的互动》，张卜天译，商务印书馆2016年版，第1~2页。

〔4〕 ［法］保尔·拉法格等：《回忆马克思恩格斯》，马集译，人民出版社1973年版，第7页。

〔5〕 ［美］保罗·汉弗莱斯："社会科学中的数学模型"，载［美］斯蒂芬·P. 特纳、保罗·A. 罗思主编：《社会科学哲学》，杨富斌译，中国人民大学出版社2009年版，第186~188页。

象是一种复杂的社会现象，其产生受诸多因素的影响。在对这些因素进行简化与抽象的数学处理的过程中，要确保犯罪公式的科学性，就必须解决两个问题：一是数据收集问题，要尽可能全面地考虑所有相关因素与变量；二是标准化测量量具问题，要确立标准的度量衡对相关因素与变量进行量化处理。标准化是科学最重要的特质之一，犯罪学只有采用一致的测量量具，才能用数据证明理论的有效性。[1] 但现实是，相关因素的量化处理过程带有很强的主观随意性，研究者们或直接使用相近的量化指标、指数指代相关因素，或根据自己设计的调查问卷对相关因素赋值得到相应的信度分数，量具没有统一的标准，使得相互之间的研究结果只能是各说各话，难以比较。总之，变量数据收集与标准化测量量具是此类犯罪公式科学化发展的方向，当然这有赖于犯罪学家们的不懈努力。

3. 既将犯罪视为个体犯罪行为、又将犯罪视为群体犯罪现象的犯罪公式

这类犯罪公式的表现形式如菲利的犯罪公式、美国犯罪学家杰弗利的生物社会犯罪学理论公式：$B = G \cdot E$[2]。

这类犯罪公式体现了对个体犯罪行为与群体犯罪现象进行整合研究的思路，认为既要研究个体犯罪行为，又要研究群体犯罪现象，是正确的认识。但是与第一类犯罪公式仅能适用于个体犯罪行为的研究、第二类犯罪公式仅能适用于群体犯罪现象的研究相比，这类犯罪公式的适用范围不是很清晰。只是笼统地认为应当既要研究作为个体犯罪行为的"犯罪"，又要研究作为群体犯罪现象的"犯罪"，但是并未明确整合后的犯罪公式的适用范围以及限度，实际上并没有对犯罪公式的适用范围进行宏观与微观的层次区分。相对于前两类适用范围相对明确的犯罪公式，这类整合的犯罪公式的适用范围是下文需要重点厘清的对象。

三、犯罪公式适用范围的厘清

虽然本文试图在一般意义上讨论犯罪公式的适用范围，但是实际上不同的犯罪公式有不同的适用范围。从上文对犯罪公式的分类可以看出，前两类犯罪公式的适用范围相对明确，研究者们在实际运用过程中只需注意特定犯

---

〔1〕 曹立群、周愫娴：《犯罪学理论与实证》，群众出版社2007年版，第19页。

〔2〕 B代表犯罪行为，G代表遗传因素，E代表环境因素。上述公式表明犯罪行为是遗传因素与环境因素交互作用的结果。杰弗利认为研究犯罪现象必须进行科际整合，综合生物学方面以及环境因素方面的相关学科对犯罪问题进行整合研究。罗大华、何为民主编：《犯罪心理学》，中国政法大学出版社2012年版，第126页。

罪公式的适用范围即可。第三类犯罪公式的适用范围本身就不是很清晰，因此有必要在理论上对其进行厘清。

（一）宏观与微观层次的区分

菲利的犯罪公式"任何犯罪＝个人因素（生理因素+心理因素+个人状况）+自然因素+社会因素"没有明确的适用范围。这里的"任何犯罪"似乎可以指代一切犯罪，既包括作为个体行为的个体犯罪行为又包括作为社会现象的群体犯罪现象。这其实是没有进行宏观与微观层次的区分，犯了跨层次解释的错误。菲利这一模糊犯罪公式适用范围的做法招致了许多批评与议论，比较有代表性的是荷兰犯罪学家邦格以及德国刑法学家李斯特的批评。

邦格认为菲利对个人因素的分类是基于犯罪人类学的观点，即认为个人因素是一种病理性因素，具有隔代遗传的性质。这种观点认为犯罪人是生理心理异常的非正常人。邦格反对认为犯罪人异常的观点，认为事实上大多数犯罪人在生理与心理上都是健康的。这一点可以从犯罪统计学家凯特勒的个人差别分布规律得到证明。凯特勒最早发现人类个人差别的规律性，例如人的身高分布是按高斯曲线分布的，中间平均身高约占 70% 左右的大多数，两头的极端分布仅各占约 15%。凯特勒认为同一物种的不同个体在基本特征方面的差异是符合正态分布规律的。这一规律还适用于人类的心理机能，如智力、道德等。这一规律告诉我们，极端情况往往是少数，而平均水平往往占大多数。邦格据此批评犯罪人类学仅仅将严重的犯罪人看成一种原始人类的描述而忽视了两种极端之间的渐变过程。[1] 因此，邦格对个人因素进行重新分类并且将自然因素与社会因素合并为环境因素，得到新的犯罪公式：任何犯罪＝（处境因素+个人倾向）+环境因素。

邦格认为"特定的、单独的犯罪＝个人因素+环境因素"这个公式本身是正确的，但是不能将其任意扩展为"作为群众现象的犯罪＝个人因素+环境因素"。也就是说邦格认为菲利的犯罪公式仅能适用于个体犯罪行为而不能适用于群体犯罪现象。他认为，个人倾向的差异性与不确定性决定了根本无法对其进行简单的相加，否则，会导致将与犯罪无关的、在不同情况下导致不同人的不同行为的因素看成是犯罪因素的荒谬结论。邦格还借用犯罪统计学家凯特勒总结的个人差异分布规律来说明社会群众现象不是个人行为的一种简

---

[1]　[荷] W. A. 邦格：《犯罪学导论》，吴宗宪译，中国人民公安大学出版社 2009 年版，第 95～96 页。

单相加，因为按照个人差异分布理论，每个人都是与众不同的，具有差异性，而个人在身体特征、心理机能以及道德品质等方面的差异性的分布遵循"平均水平往往占大多数，而极端情况总是少数"的正态分布规律。也就是说个人差异仅对个体有重要意义，对社会来说并不具有重要意义，仅显示为差异分布规律。而邦格认为社会学并不关注特定的个人，而是关注整个社会，并且把犯罪视为群众现象来研究，而事实上犯罪也确实是一种社会现象。[1]

李斯特同样提出过类似的"犯罪＝个人因素＋社会因素"的犯罪原因二元论理论，但是他主张社会因素是更为重要的因素，并且指出要区分作为个人生活现象的犯罪与作为社会现象的犯罪两种情况来看待个性和环境因素对犯罪的作用。在犯罪作为个人生活的现象时，一旦犯罪时刻被纳入视线，那么人们感兴趣的只剩下个人因素；而在将犯罪作为社会生活的现象进行研究时，人们考虑的只是社会因素。因此在探知犯罪的社会因素时，我们是将犯罪仅仅视为社会现象来进行研究的。[2]

菲利等人的犯罪公式适用范围不清，主要是因为其所代表的犯罪原因多因素理论是没有宏观与微观层次区分的平面犯罪原因理论。他们没有认识到个体犯罪原因与群体犯罪原因分属不同的因果关系层次或因果链。也就是说，犯罪原因多因素理论将个人因素与社会因素放在了同等重要的位置，没有认识到犯罪的社会原因才是起决定作用的，没有形成犯罪其实根源于社会的正确认识。此外，其将个体犯罪行为层面的原因与群体犯罪现象层面的原因放在同一层面解释，没有进行宏观与微观层次的区分，犯了跨层次解释的错误。这会导致犯罪公式的适用范围不是很清晰与明确，进而影响犯罪公式的科学性与解释力。

在批评犯罪原因多因素理论的平面性基础上建立起系统的层次性犯罪原因理论是我国犯罪原因理论研究的重要成果之一。分层次的犯罪原因论认为个体犯罪行为与群体犯罪现象不是一个层次的问题，而是处于犯罪原因因果链条的不同环节。例如，储槐植教授认为，在宏观层面上，犯罪作为社会现象，是哲学上的本体论问题，即人的意识包括反社会意识是社会存在的产物，

〔1〕 ［荷］W. A. 邦格：《犯罪学导论》，吴宗宪译，中国人民公安大学出版社 2009 年版，第 95～96 页。

〔2〕 ［德］冯·李斯特：《论犯罪、刑罚与刑事政策》，徐久生译，北京大学出版社 2016 年版，第 184 页。

也就是说社会原因才是起决定作用的；而在微观层面上，犯罪作为个人行为，是哲学上的认识论问题，即主观有选择地反映客观，社会原因与个体原因是客观原因与主观原因的关系，它们是相互作用、相互依存的。[1] 王牧教授认为社会因素与个人因素之间不是平等、并列的关系，而是决定与被决定的关系，因此要在将犯罪视为群体犯罪现象并且将社会因素作为犯罪现象产生的总根源的前提下，再将社会因素与个人因素结合起来研究。[2] 谢勇教授认为社会现象与个人行为是不同层次的两个问题，他们具有各自的特性与运动规律，不能将个人层次的解释用来解释社会层次的问题，也不能将社会层次的解释拿来说明个人层次的问题，这样的"跨层次解释"会带来研究上的混乱与错误，得出结论也浅薄而不得要领。[3]

上述观点的重要意义之一在于加深了人们对犯罪根源的认识，犯罪作为一种社会现象，其根源在社会，社会因素相对于个人因素是更高层次的、起决定性作用的因素，这为犯罪原因研究指明了逻辑方向。但是犯罪根源作为理论逻辑上的一种指向，其预防与减少犯罪的实践意义并不大，人们应该将研究重点放在犯罪基本原因与犯罪直接原因研究上。[4] 因此，对于犯罪原因研究仍然有区分并兼顾个体犯罪行为与群体犯罪现象的必要。

笔者并不赞同邦格将菲利的犯罪公式的适用范围限定为个体犯罪行为，而不包括群体犯罪现象的做法。因为根据上述分析，不能适用群体社会现象层面的犯罪原因分析的仅仅是个人因素，而不是社会因素，不能就此将犯罪学家们也将犯罪视为一种社会现象进行研究的正确认识就此抹杀。菲利根据犯罪原因三元论推导出的犯罪饱和法则就是对整个社会的犯罪现象的宏观分析，而且菲利特别强调犯罪的周期性变化主要是社会因素在起作用。[5] 我们只需要进行群体犯罪现象与个体犯罪行为的宏观与微观层次区分，就可以厘清这类犯罪公式的适用范围：如果将犯罪视为群体犯罪现象，那么犯罪公式中仅有社会因素起作用；如果将犯罪视为个体犯罪行为，那么个人因素与社

---

〔1〕 储槐植：《刑事一体化》，法律出版社 2004 年版，第 34~37 页。

〔2〕 王牧：《犯罪研究——学科·事实·规范》，中国政法大学出版社 2019 年版，第 51~53 页。

〔3〕 谢勇：《宏微之际：犯罪研究的视界》，中国检察出版社 2005 年版，第 25~36 页。

〔4〕 王牧：《犯罪根源是理论逻辑上的一种指向——再论犯罪根源》，载《中国刑事法杂志》1998 年第 3 期，第 59 页。

〔5〕 ［意］恩里科·菲利：《犯罪社会学》，郭建安译，中国人民公安大学出版社 2004 年版，第 163 页。

会因素共同起作用。

（二）犯罪公式适用范围的整合与限度

犯罪公式的适用范围应当区分群体犯罪现象与个体犯罪行为的宏观与微观层次来理解，但是个体犯罪行为层面的研究与群体犯罪现象层面的研究并不是完全割裂与矛盾的，而是具有整合与重构的可能性。

个体犯罪行为层面的研究与群体犯罪现象层面的研究实际上代表犯罪学产生以来两种不同的研究范式，前者代表个体差异理论范式，后者代表结构过程理论范式。[1] 美国犯罪学家托马斯·J. 伯纳德和杰弗里·B. 斯奈普斯分别将始于犯罪人类学与犯罪统计学的两种范式称为个人差异理论与结构过程理论。其中个人差异理论主要是对犯罪人的个体研究，它假设不论身处的环境如何，一些人总比另一些人更可能实施犯罪，因此试图寻找导致人们之间犯罪行为差异的个人特征。而结构过程理论则是对社会整体犯罪现象的群体研究，它假设不论个人特征如何，某类社会环境会产生较高的犯罪率，因此试图分辨出导致不同环境之间犯罪率差异的社会特征。这两种范式虽然角度不同，但并不是互相矛盾的，两种研究方法也并不是互不相容的，它们只是提出了两个独立的、不同的研究问题。

个体差异理论范式传统始于龙勃罗梭的犯罪人类学研究，而结构过程理论范式传统始于犯罪统计学派。两种范式在当时都是对古典派刑法学仅仅在法律层面对犯罪进行抽象研究的突破，并分别实现了将研究重点从犯罪行为到犯罪人、从犯罪行为到犯罪现象的转变，只不过相比之下个体差异理论范式的研究过于集中在微观理论层面，具有片面性，而结构差异理论范式更具科学性，因其准确地将研究重点放在了犯罪的真正根源——社会之中。认为犯罪根源于社会，并从社会中找寻预防与减少犯罪的对策，可以将其作为构建犯罪学宏观理论的基本点。而且，两种研究范式在产生之初就不是互相排斥的，只是各自研究的侧重点不同，犯罪统计学派的学者也注重了犯罪的生物学要素，龙勃罗梭后期更是注重犯罪的环境因素研究，也就是说两种范式实际上有融合的基础与可能性，而综合两种范式的系统犯罪学理论才更完整、

---

〔1〕 ［美］乔治·B. 沃尔德、托马斯·J. 伯纳德、杰弗里·B. 斯奈普斯：《理论犯罪学》，方鹏译，中国政法大学出版社 2005 年版，第 393 页。

更科学。[1] 菲利的犯罪原因三元论就是在整合这两种范式的基础上提出的，也就是说，犯罪公式正是这两种范式整合的产物。

波兰犯罪学家叶日·巴费亚认为，将犯罪行为主体的存在同外部环境的存在相互脱离与对立开来进行划分，犯罪学在说明犯罪的病原方面成立了两个互相对立的派别即犯罪人类学派与犯罪统计学派，同时也产生了一系列混合的观点。但是在犯罪原因问题上将主体和环境对立起来是错误的，因为人的个性并不是存在于社会现实之外的，而社会现实也不是脱离人的个性而存在的，正如马克思所言，人是一切社会关系的总和。[2] 犯罪人类学与犯罪统计学的观点似乎是对立的。两种范式体现了微观个体与宏观群体的差异性，对犯罪的解释分属不同的层次，似乎难以调和。但是个人与社会有着千丝万缕的密切联系，不是完全脱离社会的。因此不能将两者割裂起来研究，而是谋求整合与统一的路径。

陈兴良教授也认为，方法论上的个体主义与整体主义的对立，导致对各种社会现象的不同解释，从而形成了各种学派的对立。个体主义认为社会现象的原因需要从个人行为与心理中找寻答案，而整体主义认为社会现象只能从社会现象的角度研究，犯罪现象的原因也应该在宏观的因果层次上确定，而不能拘泥于犯罪对个人的生理心理解释。这其中包含的方法论意义实际上是对犯罪现象在宏观与微观两个不同层面的认识，即作为社会现象的犯罪现象与个人现象的犯罪行为的区分。他认为要分别在两个层面发展犯罪学的理论，即宏观理论运用整体主义方法，微观理论运用个体主义方法。要抵制跨层次解释的诱惑，不能用整体主义方法得出的结论解释个体犯罪行为，也不能用个体主义方法得出的结论说明作为社会现象的犯罪现象。但是人具有个体与社会的双重性，而且社会学的互动理论认为个体与社会是互动的而不是对立的，对人性的解释既不能完全归于个人也不能完全归于社会，因此要将宏观与微观两个层面的犯罪学理论综合起来研究，从个人与社会的统一上进行综合解释，实现个体主义与整体主义的有机统一。[3]

基于对不同理论进行整合是可能的认识，犯罪学家们提出了形式各异的

〔1〕 〔美〕乔治·B.沃尔德、托马斯·J.伯纳德、杰弗里·B.斯奈普斯：《理论犯罪学》，方鹏译，中国政法大学出版社2005年版，第37页。

〔2〕 〔波〕叶日·巴费亚："论犯罪现象的发生和变化的依赖关系"，李衍译，载郭建安、徐久生选编：《当代国外犯罪学研究》（第1集），中国人民公安大学出版社1991年版，第175页。

〔3〕 陈兴良：《刑法的人性基础》（第4版），中国人民大学出版社2017年版，第24~26页。

整合方案。其中最具代表性的一种犯罪整合理论是布莱恩·维拉的一般范式理论。他认为一般性的、可以用于解释所有犯罪行为的理论必须是社会生态学的、整合的、发展的，必须包括宏观与微观两个层面的解释，而且，社会生态因素、微观个人因素以及宏观社会因素之间是相互作用的。维拉据此检验了许多符合上述一些条件的犯罪学理论，认为目前没有任何理论符合所有条件，因此他将现有的犯罪学理论称为"不完全的理论"。[1]

维拉的一般范式理论与犯罪公式十分相似，两者都试图找到一种能够普遍适用于所有的犯罪行为产生原因的一般性的解释。但是，这一试图寻找犯罪的完全的、一般性解释的做法实际上是徒劳的。将所有与犯罪相关的因素融合进一个有逻辑、被证实的理论中从而得出犯罪产生的一般原因的做法看似科学，实际不可能，因为犯罪的类型差别巨大，引起的具体因素各异，难以统一。正如储槐植教授所言，各种社会原因之间以及社会原因与个人原因之间的相互作用的机制是复杂多变的，目前我们远远没有达到具体描绘这一机制的技术水平与认识能力，各种关于犯罪原因的理论仅仅是笼统说明相互作用的结果，并不能具体说明是如何相互作用的。[2]

由此可见，虽然犯罪公式称之为"公式"，但其实际上并不具有公式的普遍适用性，因为公式的精确化难以实现，只能笼统说明罪是个人与社会因素的产物，并不能明确哪些因素对犯罪产生有真正的影响以及相互之间是如何作用的。也就是说，犯罪公式其实仅仅说明犯罪行为是引起犯罪发生的诸多因素的函数，而这一函数的具体形式、自变量的数量、种类以及影响程度都是不确定的，不同类型的犯罪其犯罪公式的具体形式也会完全不同，而事实上建立起完全精确的具体的犯罪公式也十分困难。

因此，两种范式的整合并不等于产生一般的理论，而是应该关注具体、特定的模型，这是犯罪公式适用范围重构的方向。日本学者上田宽构建的模型值得借鉴。他认为重要的不是认识到犯罪是多种因素相互作用的结果，而是明确多个因素形成的特定组合与犯罪行为以及犯罪现象存在怎样的关系，并在此基础上形成犯罪诸因素的体系化。犯罪现象原因的整体的、一般的理论难以形成，把作为复杂的社会现象的犯罪归咎于特定的原因的努力也是徒

<hr>

〔1〕 ［美］乔治·B. 沃尔德、托马斯·J. 伯纳德、杰弗里·B. 斯奈普斯：《理论犯罪学》，方鹏译，中国政法大学出版社 2005 年版，第 388~389 页。

〔2〕 储槐植：《刑事一体化》，法律出版社 2004 年版，第 79 页。

劳的，但是可以在一般的水平上将促成犯罪的多个因素形成的特定组合，构建犯罪原因论模型。他主张将同一个社会环境中形成的作为个体的犯罪行为与社会性的犯罪现象区分开来，按照不同阶段分别罗列出了多种因素，并且将其统合模版化。[1] 上田宽提出的犯罪原因理论模型并不是数学公式的形式，而是类似于流程图的形式，因此他建立的并不是严格意义上的犯罪公式。但是，在这样的特定模型构建的基础上建立起具体犯罪类型的犯罪公式是可能的。当然，其精确性与科学性有赖于数据搜集以及测量量具标准化的程度，也需要通过具体情形反复检验。

四、结论

犯罪公式的适用范围要区分群体犯罪现象与个体犯罪行为的宏观与微观层次，包含个人因素的犯罪公式只能在个体犯罪行为的微观层面适用，而如果将犯罪视为一种群体犯罪现象，个体差异就没有实际的意义，这时犯罪公式中只存在社会因素。这一结论的实际意义在于，在选择具体的犯罪公式解释具体的犯罪问题时，要注意犯罪公式的适用范围，即区分群体犯罪现象与个体犯罪行为的宏观与微观层次，以免犯跨层次解释的错误。但是，个体犯罪行为与群体犯罪现象两个层面的解释并不是完全割裂与冲突的关系，而是具有整合的可能性。对于整合得出的犯罪公式，不能将其视为一般的、宏大的理论，而应关注具体的、特定的模型，根据具体犯罪类型的相关犯罪因素建立具体的犯罪公式更具有实际的解释力与政策意义。当然，这仍然是微观、中观层面的理论。

---

〔1〕 个人因素包括个体性因素的存在、分化的社会结构、目标与现实的差距、社会关系的疏远、精神紧张、第一次越轨、被贴上犯罪标签、犯罪技术的学习等；社会环境因素包括犯罪行为的多发、文化性与社会性传统、法律制度、经济状况、人口移动、媒体、政治状况、社会性紧张、犯罪问题、对犯罪的应对措施等。其中，个人因素与社会环境因素中很多因素是对应关系，具体情形下各个阶段的顺序可以有所不同，也可以跳过某些阶段。[日] 上田宽：《犯罪学》，戴波、李世阳译，商务印书馆 2016 年版，第 34~42 页。

《监察法》从宽处罚建议制度的适用困境及出路

孟 松*

　　摘　要：为引入认罪认罚从宽制度，《监察法》提前预设了从宽处罚建议制度，该制度的适用情形与认罪认罚从宽和《刑法》中自首、坦白、重大立功、退赃等情节存在竞合，为从宽处罚建议在后续司法阶段的适用奠定了良好的基础。但因该制度的实体适用情形不具体、审批程序烦琐、在后续司法阶段的效力不明确，以及与认罪认罚从宽制度在启动条件、权利保障机制、适用程序方面存在差异，造成实践中从宽处罚建议适用率低甚至被虚置的适用困境。可行的优化路径是，在尊重现有立法的前提下，规范和细化从宽处罚建议制度的实体适用情形、简化审批程序、尊重从宽处罚建议在司法阶段的效力，合理吸收认罪认罚从宽的制度设计，以促进从宽处罚建议与认罪认罚从宽制度的有序衔接。

　　关键词：从宽处罚建议　认罪认罚从宽　职务犯罪案件　程序衔接

---

　　* 孟松，中国政法大学证据科学研究院诉讼法学 2017 级博士研究生（100088）。

2018 年 3 月通过实施的《中华人民共和国监察法》（以下简称《监察法》）初步建立了职务犯罪案件从宽处罚建议制度。[1] 同年 10 月，第十三届全国人民代表大会常务委员会第六次会议作出《关于修改〈中华人民共和国刑事诉讼法〉的决定》，将认罪认罚从宽制度正式写入《中华人民共和国刑事诉讼法》（以下简称《刑事诉讼法》）。快速推进的国家监察体制改革，给原本属于刑事司法领域的认罪认罚制度带来了程序衔接难题。如何在刑事案件侦查分为职务犯罪调查和非职务犯罪侦查"二元分野"的背景下，确保法律的规定能在监察程序和刑事诉讼程序间融洽地"贯穿适用"，已成为认罪认罚从宽制度实践迫切需要解决的问题。[2] 然而，理论界当前的研究主要聚焦于认罪认罚从宽制度本身，对该制度与监察程序中从宽处罚建议制度如何衔接的研究，仍然比较缺乏，实践部门也因具体操作规范的缺位而"无所适从"。本文意在通过解析从宽处罚建议制度的相关规定，厘清该制度和认罪认罚从宽制度的关系和差异，并结合实践分析从宽处罚建议制度的适用现状和困境，在此基础上提出优化建议，以期实现监察程序中从宽处罚建议制度和刑事诉讼程序中认罪认罚从宽制度有序衔接。

一、规范解读：从宽处罚建议制度相关规定

《监察法》第 31 条、第 32 条分别规定，涉嫌职务犯罪的被调查人主动认罪认罚，有自动投案、如实供述、积极退赃、重大立功表现或者案件涉及国家重大利益等情形的，涉案人员有揭发有关被调查人职务违法犯罪行为，查证属实的，或者提供重要线索，有助于调查其他案件的，监察机关经领导人员集体研究，并报上一级机关批准，可以提出从宽处罚的建议，这是监察机关从宽处罚建议制度的法律来源。相关的立法意图应从以下方面进行解读。

（一）对主动认罪认罚的理解

《监察法》第 31 条规定从宽处罚建议制度的前提是"被调查人主动认罪认罚"。"主动"一词有两层含义，一是"不待外力推动而行动"，与"被动"相对；二是"自愿地，自动地"。被调查人自动自愿认罪认罚，自然符合该情形。然而，被调查人受外因影响而认罪认罚的，如前期不认罪，后经组织教

---

〔1〕 2018 年修正的《刑事诉讼法》为检察机关保留了 14 个罪名的职务犯罪案件侦查权。为便于表述，本文所探讨的职务犯罪案件，仅指监察机关调查的职务犯罪案件，不含检察机关侦查的职务犯罪案件。

〔2〕 詹建红：《认罪认罚从宽制度在职务犯罪案件中的适用困境及其化解》，载《四川大学学报（哲学社会科学版）》2019 年第 2 期，第 27 页。

育、释法说理而转变态度认罪的，能否认定为"主动"，实践中有不同的认识。国家监察委员会官方解读认为，被调查人主动认罪认罚，在主观上表现为能够认识到自己的行为违反了法律的规定，愿意接受法律的制裁，并对自己的所作所为感到后悔，表现了被调查人改恶向善的意愿；在客观上表现为被调查人自动投案、真诚悔罪悔过，积极配合调查工作、如实供述监察机关还未掌握的违法犯罪行为，积极退赃、减少损失。[1] 该解读虽然未对受外因影响认罪认罚能否认定为"主动"做出回应，但同时指出，《监察法》第31条是与最高人民法院、最高人民检察院、公安部、国家安全部、司法部 2016 年印发的《关于在部分地区开展刑事案件认罪认罚从宽制度试点工作的办法》（以下简称《认罪认罚从宽试点工作办法》）做的衔接。所以，"主动认罪认罚"应结合《认罪认罚从宽试点工作办法》的相关规定来理解。

《认罪认罚从宽试点工作办法》第 1 条规定，犯罪嫌疑人、被告人自愿如实供述自己的罪行，对指控的犯罪事实没有异议，同意量刑建议，签署具结书的，可以依法从宽处理。该条文后来被 2018 年 10 月修正的《刑事诉讼法》第 15 条规定的认罪认罚从宽制度所吸收。从传承脉络上看，《认罪认罚从宽试点工作办法》《监察法》《刑事诉讼法》三者中"认罪认罚"的内涵与外延应当是一致的。由于《监察法》制定在前，规定认罪认罚从宽制度的新《刑事诉讼法》修正在后，可以理解为，《监察法》第 31、32 条是专门为引进认罪认罚从宽制度而预先所做的创设。

2019 年 10 月最高人民法院、最高人民检察院、公安部、国家安全部、司法部联合发布的《关于适用认罪认罚从宽制度的指导意见》（以下简称《认罪认罚从宽指导意见》）对何为"认罪认罚"进行进一步解释，犯罪嫌疑人、被告人承认指控的主要犯罪事实，但对个别事实情节提出异议；或对行为性质提出辩解，但表示愿意接受监察机关和司法机关认定意见的，不影响"认罪"的认定；"认罚"在侦查阶段表现为表示愿意接受处罚。

综上，本文认为，《监察法》中的"主动认罪认罚"与《刑事诉讼法》中"认罪认罚"的概念应当是一致的。"主动"应理解为"自愿"。只要被调查人"认罪认罚"，就应被视为"主动"。被调查人前期不认罪，后经组织教育而认罪的，应当认定为"主动"。

---

〔1〕 中共中央纪律检查委员会、中华人民共和国国家监察委员会法规室编写：《〈中华人民共和国监察法〉释义》，中国方正出版社 2018 年版，第 142~143 页。

（二）实体适用条件

《监察法》从宽处罚建议的 5 种适用情形分别在《刑法》《刑事诉讼法》中均能找到共通之处，为从宽处罚建议在后续审查起诉和审判阶段的适用奠定了良好的法律基础。《监察法》第 31 条第 1 项规定的"自动投案，真诚悔罪悔过"，与《刑法》中"自动投案，如实供述自己的罪行"存在竞合。"真诚悔罪悔过"主要表现为"主动认罪认罚"，客观表现为被调查人如实交代自己的主要犯罪事实，且供述内容稳定。《监察法》鼓励"自动投案"的规定，在实践中起到良好的效果，2019 年全国有 10 357 人主动投案，其中中管干部 5 人、省管干部 119 人。[1]

"如实供述还未掌握的违法犯罪行为"与《刑法》中自首和坦白存在竞合。被调查人主动供述监察机关尚未掌握的犯罪事实，与监察机关已掌握的犯罪事实属于同种罪行，应当认定为坦白；但是，监察机关所掌握线索针对的犯罪事实不成立，在此情形下被调查人交代监察机关已掌握同种犯罪事实的，应当认定为自首。被调查人如实供述监察机关尚未掌握的犯罪事实，与已掌握的犯罪事实属不同种罪行的，应当认定为自首。如果仅因一般违纪违法问题被监察机关通知到案，被调查人主动交代监察机关不掌握的犯罪问题的，也应当认定为自首。

"积极退赃、减少损失"与《刑法》第 383 条第 3 款存在竞合。该款规定，犯第 1 款罪（贪污罪），在提起公诉前如实供述自己的罪行、真诚悔罪、积极退赃，避免、减少损害结果的发生，有第 1 项规定（贪污数额较大或者有其他较重情节）情形的，可以从轻、减轻或者免除处罚；有第 2 项（贪污数额巨大或者有其他严重情节）、第 3 项规定（贪污数额特别巨大或者有其他特别严重情节）情形的，可以从轻处罚。所不同的是，《刑法》第 383 条第 3 款规定的时间节点是在提起公诉前；《监察法》从宽处罚建议系由监察机关提出，时间节点只能是在移送审查起诉前。

"具有重大立功表现"与《刑法》中重大立功情节存在竞合。《监察法》并未对何为重大立功表现作出规定，实践中，可以参照《刑法》第 68 条及相关司法解释的规定予以明确。同时，为创设认罪认罚从宽制度并与《监察法》相衔接，2018 年修正的《刑事诉讼法》第 182 条第 1 款规定："犯罪嫌疑人

---

〔1〕 赵乐际：《坚持和完善党和国家监督体系 为全面建成小康社会提供坚强保障》，载《人民日报》2020 年 2 月 25 日，第 3 版。

自愿如实供述犯罪的事实，有重大立功或者案件涉及国家重大利益的，经最高人民检察院核准，公安机关可以撤销案件，人民检察院可以作出不起诉决定，也可以对涉嫌数罪中的一项或者多项不起诉"，与《监察法》第31条第4项存在竞合。"案件涉及国家重大利益"情形，在《刑法》中并无对应的从宽处罚情节。如果监察机关针对此情形提出从轻处罚建议，法院审判时可以作为酌定情节予以采纳。如果提出减轻、免除处罚建议，可由检察机关根据2018年修正的《刑事诉讼法》第182条第1款之规定，经最高人民法院核准，作出不起诉决定。已经起诉的，由于该情形非《刑法》规定的减轻、免除处罚情节，法院审判时若采纳建议，只能依据《刑法》第63条第2款之规定，根据案件的特殊情况，经最高人民法院核准，在法定刑以下判处刑罚。此外，《监察法》第31条第4项规定的"等情形"，由于在《刑法》和《刑事诉讼法》中无对应的情节，应理解为完全列举式表述。

《监察法》第32条规定的"涉案人员揭发有关被调查人职务违法犯罪行为"，与《刑法》第390条第2款规定的"行贿人在被追诉前主动交代行贿行为"存在竞合。贿赂犯罪隐蔽性强，往往只有行贿、受贿双方知道，取证难度大，行贿人主动交代行贿行为，实际上也是揭发受贿犯罪行为。[1] 监察机关调查行贿人等涉案人员过程中，行贿人的交代能否认定为"行贿人主动交代行贿行为"，取决于其交代行为的时间节点。如果行贿人在监察机关对其立案之前交代行贿犯罪行为，应认定为"被追诉前"主动交代行贿行为。[2]

以上可以看出，从宽处罚建议制度设置的门槛较高，被调查人除了认罪认罚外，还需同时具备上述5种情形之一，已经超出了认罪认罚从宽制度的要求，其实质是认罪认罚从宽与《刑法》中自首、坦白、立功等相关规定的糅合。

---

〔1〕　全国人大常委会法制工作委员会刑法室编：《〈中华人民共和国刑法〉条文说明、立法理由及相关规定》，北京大学出版社2009年版，第792页。

〔2〕　参见孙国祥：《监察法从宽处罚的规定与刑法衔接研究》，载《法学论坛》2020年第3期，第133页。

附表　《监察法》与《刑法》《刑事诉讼法》竞合条文对照

《监察法》条文	《刑法》《刑事诉讼法》条文
《监察法》第 31 条第 1 项：自动投案，真诚悔罪悔过的。	《刑法》第 67 条第 1 款：犯罪以后自动投案，如实供述自己的罪行的，是自首。
《监察法》第 31 条第 2 项：积极配合调查工作，如实供述监察机关还未掌握的违法犯罪行为的。	《刑法》第 67 条第 2 款：被采取强制措施的犯罪嫌疑人、被告人和正在服刑的罪犯，如实供述司法机关还未掌握的本人其他罪行的，以自首论。 《刑法》第 67 条第 3 款：犯罪嫌疑人虽不具有前两款规定的自首情节，但是如实供述自己罪行的，可以从轻处罚；因其如实供述自己罪行，避免特别严重后果发生的，可以减轻处罚。
《监察法》第 31 条第 3 项：积极退赃，减少损失的。	《刑法》第 383 条第 3 款：犯第一款罪，在提起公诉前如实供述自己的罪行、真诚悔罪、积极退赃，避免、减少损害结果的发生，有第一项规定情形的，可以从轻、减轻或者免除处罚；有第二项、第三项规定情形的，可以从轻处罚。
《监察法》第 31 条第 4 项：具有重大立功表现或者案件涉及国家重大利益等情形的。	《刑法》第 68 条：犯罪分子有揭发他人犯罪行为，查证属实的，或者提供重要线索，从而得以侦破其他案件等立功表现的，可以从轻或者减轻处罚；有重大立功表现的，可以减轻或者免除处罚。 《刑事诉讼法》第 182 条第 1 款：犯罪嫌疑人自愿如实供述涉嫌犯罪的事实，有重大立功或者案件涉及国家重大利益的，经最高人民检察院核准，公安机关可以撤销案件，人民检察院可以作出不起诉决定，也可以对涉嫌数罪中的一项或者多项不起诉。
《监察法》第 32 条：职务违法犯罪的涉案人员揭发有关被调查人职务违法犯罪行为，查证属实的，或者提供重要线索，有助于调查其他案件的。	《刑法》第 390 条第 2 款：行贿人在被追诉前主动交代行贿行为的，可以从轻或者减轻处罚。其中，犯罪较轻的，对侦破重大案件起关键作用的，或者有重大立功表现的，可以减轻或者免除处罚。

（三）程序审批条件

《监察法》第 31、32 条规定，监察机关经领导人员集体研究，并报上一级监察机关批准，可以在移送人民检察院时提出从宽处罚的建议。此两条明确规定了领导人员集体研究和报上一级监察机关批准的程序审批条件。

对于领导人员集体研究的方式，没有相关细则作出规定。一般情况下，集体研究应由参加人员当面讨论并作出决定，以会议形式更为符合法律规定，不宜采取文件流转签批的形式。参加集体研究的领导人员范围，目前也无相关规定予以明确。《中华人民共和国宪法》和《监察法》均规定，监察委员会由主任、副主任和委员若干人组成。主任、副主任和委员全体参加的会议应当符合"领导人员集体研究"的规定。考虑到各级纪委和监察机关合署办公的实际情况，结合《中国共产党纪律检查机关监督执纪工作规则》（以下简称《监督执纪工作规则》）第 6 条以及第 57、58 条"各级纪委负责审议决定监委依法履职中的重要事项""审理工作结束后应当形成审理报告，涉嫌职务犯罪需要追究刑事责任的，还应当形成《起诉意见书》，作为审理报告附件，报经纪检监察机关主要负责人批准后，提请纪委常委会会议审议"的规定，各级纪委常委会会议审议也符合"领导人员集体研究"的规定。实践中，也往往采取案件调查和审理结束后，由纪委常委会一并审议处分决定、从宽处罚建议等重大事项的做法。

报上一级监察机关批准时，上级监察机关是否需履行经领导人员集体研究的程序，并无相关规定。纪检监察机关内设机构设置实行分区划片管理，不同的监督检查部门负责联系不同的下级监察机关。实践中，由对应联系该地区的监督检查部门提出是否同意的意见，履行相应的程序报监察机关领导审批后回复下级监察机关。

（四）与认罪认罚从宽的关系

关于从宽处罚建议和认罪认罚从宽的关系，目前没有相关规定予以明确。有学者认为，《监察法》第 31 条确立了监察程序中的认罪认罚从宽制度。[1]2018 年 3 月通过实施的《监察法》在《刑事诉讼法》第三次修改之前就已经

---

[1] 詹建红：《认罪认罚从宽制度在职务犯罪案件中的适用困境及其化解》，载《四川大学学报（哲学社会科学版）》2019 年第 2 期，第 22 页。

在法典层面明确了职务犯罪调查阶段认罪认罚从宽制度。[1] 本文认为，从宽处罚建议制度是《监察法》为引进认罪认罚从宽制度而专门所做的预创。理由在于：其一，认罪认罚从宽制度没有适用罪名和可能判处刑罚的限定，所有刑事案件都可以适用，职务犯罪案件自然不能排除在外。监察机关调查的职务犯罪案件涵盖 88 个罪名，占全部刑事犯罪罪名的 1/5 还要多，如不能适用则认罪认罚从宽制度不完整。其二，认罪认罚从宽制度贯穿刑事诉讼全过程，适用于侦查、起诉、审判各个阶段。监察机关官方虽然强调监察机关行使的调查权不同于刑事侦查权，不能简单套用司法机关的强制措施，监察机关调查职务违法和职务犯罪适用国家监察法，案件移送检察机关后适用刑事诉讼法。[2] 但《监察法》第 33 条第 2 款规定"监察机关在收集、固定、审查、运用证据时，应当与刑事审判关于证据的要求和标准相一致"，实践中，监察机关也参照《刑事诉讼法》及相关司法解释的规定开展调查取证工作。多数学者也认为，职务犯罪的调查就是侦查。如，陈光中先生认为，职务犯罪的调查，实为刑事侦查。[3] 卞建林教授也认为，针对职务犯罪进行的监察调查，其性质相当于对普通犯罪进行的刑事侦查。可以说是名为调查，实为侦查。或者说，以调查之名，行侦查之实。很难想象，同一起案件，之前相当于侦查的调查不适用《刑事诉讼法》，而其后的审查起诉和法庭审判却以《刑事诉讼法》为准绳来审查和评价前面的调查行为。[4] 其三，如前所述，从宽处罚建议制度中"主动认罪认罚"以及各种实体适用情形，均与认罪认罚从宽制度和《刑法》《刑事诉讼法》存在竞合。其四，官方释义也指出，从宽处罚建议是与认罪认罚从宽制度所做的衔接，[5] 表达了适用认罪认罚从宽制度的意愿，并提前开展了制度设计。

二、适用困境：从宽处罚建议虚置化的实践状况

上文的分析表明，从宽处罚建议制度之适用条件与认罪认罚从宽和《刑

---

〔1〕 汪海燕：《职务犯罪案件认罪认罚从宽制度研究》，载《环球法律评论》2020 年第 2 期，第 53 页。

〔2〕 中国纪检监察报社编：《学思践悟》，中国方正出版社 2017 年版，第 348 页。

〔3〕 参见陈光中：《关于我国监察体制改革的几点看法》，载《环球法律评论》2017 年第 2 期，第 117 页。

〔4〕 卞建林：《监察机关办案程序初探》，载《法律科学》2017 年第 6 期，第 52 页。

〔5〕 中共中央纪律检查委员会、中华人民共和国国家监察委员会法规室编写：《〈中华人民共和国监察法〉释义》，中国方正出版社 2018 年版，第 142~143 页。

法》中自首、坦白、重大立功、退赃等情节存在竞合，这本应为从宽处罚建议在后续司法阶段的适用奠定良好的基础。然而，自《监察法》实施以来，从宽处罚建议制度实践运行状况似乎并不理想。例如，根据笔者调取的 C 市监察机关办案情况，2018 年 3 月至 2020 年 2 月，C 市两级监察机关共向检察机关移送职务犯罪案件 374 件，其中提出从宽处罚建议的 19 件，占移送案件总数的 5.08%；所提从宽处罚建议被司法机关采纳 18 件，占 94.74%；从审批情况看，下级监察机关向上级机关报批从宽处罚建议 21 件，批准 19 件，占 90.47%。从地区分布看，19 件案件分布于 5 家监察机关，占 C 市本级和 22 个区县监察机关总数的 21.74%，其余 18 家监察机关从未提出从宽处罚建议，占 78.26%。未提起从宽处罚建议的案件中，司法机关依职权主动认定犯罪嫌疑人、被告人具有从轻、减轻处罚情节的案件 64 件，占 17.11%。从统计情况看，从宽处罚建议制度呈现司法机关采纳率和上级批复率高，从宽处罚建议适用率低，甚至在部分地区被虚置的实践状况。经访谈监察实务部门人员，本文认为，造成从宽处罚建议适用率低的原因主要有以下几个方面。

（一）实体适用情形规定不具体

《监察法》第 31、32 条规定的可以提出从宽处罚建议的 5 种实体适用情形较为原则，实践中应当如何认定和适用，无相关的实施细则予以明确。《刑法》及相关司法解释对自首、坦白、立功的认定做了进一步阐释和细化，但这种阐释和细化是否与《监察法》规定的情形相一致，也不明确。对于"自动投案""如实供述"是否必须达到符合《刑法》规定的自首情节等才能提出从宽处罚建议，尚存在争议。监察人员对上述问题的理解和把握不统一，客观上影响了从宽处罚建议制度的规范适用。

（二）审批程序烦琐，耗时过长

监察机关实行严格的内部监督和程序控制制度。《监察法》第 36 条规定，监察机关应当严格按照程序开展工作，建立问题线索处置、调查、审理各部门相互协调、相互制约的工作机制。《监督执纪工作规则》规定，监察机关办理的案件需要经过审查调查部门调查、审理部门审理，报监察机关主要负责人批准后，提请纪委常委会会议审议，重大案件还需报同级党委批准。具体到从宽处罚建议程序上，需要调查部门提出建议、审理部门审核，提请纪委常委会审议后再报请上一级监察机关批准，重大案件还需报同级党委批准。上一级监察机关接到下级监察机关的从宽处罚建议请示后，又要经过相关部门审核、报批等环节，程序烦琐，耗时过长，往往出现留置期限届满，上一级监察机关尚未批复的情况，下级监察机关只能先将案件移送审查起诉。从C市情况看，审查调查部门从提出建议到本级监察机关审批完结，需要 5 天至 7 天，上级监察机关批复需要 3 天至 14 天。也就是说，提出从宽处罚建议，少则需要 8 天，多则需要 21 天。可见，烦琐的审批程序耗时过长，导致监察机关事实上难以"在移送人民检察院时提出从宽处罚的建议"，这也是造成从宽处罚建议适用率低的一大原因。

（三）在后续司法阶段的效力不明确

从宽处罚建议制度的适用情形与刑事法律存在竞合，这有利于从宽处罚建议被司法机关采纳，但也正因如此，即使监察机关不提出从宽处罚建议，检察机关也可以根据竞合的适用情形，依法对被追诉人作出从宽处罚的量刑建议。监察机关提出从宽处罚建议与否，对被追诉人量刑的影响不明显，从宽处罚建议的效力不明确，导致监察机关提出从宽处罚建议的意愿不足，从而采取通过出具到案经过等材料向司法机关客观表述被调查人具有从宽处罚情节的方式来代替。被调查人也缺乏争取获得监察机关从宽处罚建议的动力。

（四）与认罪认罚从宽制度存在系统性差异，衔接不通畅

比较《监察法》和《刑法》《刑事诉讼法》的相关规定可以发现，从宽处罚建议制度除了实体适用情形要严于认罪认罚从宽制度外，二者在启动条件、权利保障机制、审批程序等方面也存在系统性差异，导致二者衔接不够通畅，影响了从宽处罚建议的适用。

1. 启动条件的差异

构建集中统一、权威高效的国家监察体制，实现对所有行使公权力的公职人员监察全覆盖，是《监察法》的重要目标之一。从宽处罚建议制度，也必然要围绕这一目标来设计。从被调查人的方面看，从宽处罚建议制度本着"惩前毖后、治病救人"的方针，鼓励主动认罪悔罪、改过自新、积极配合调查工作、争取得到宽大处理。从监察机关的方面看，职务犯罪案件往往对口供等言词证据的依赖程度较高，通过在处罚上一定程度的让步，换取被调查人和其他涉案人员如实供述或者提供犯罪线索，可以降低办案难度、节约办案成本、提高办案效率。在该制度中，真诚悔过、主动认罪认罚是被调查人的义务，不是与监察机关协商从宽的筹码。即便被调查人认罪认罚，并且有自动投案、如实供述、积极退赃等情节，但最终能否启动从宽处罚建议制度，由监察机关依职权审查决定，不以被调查人的同意为前提，不以与被调查人协商为基础，不以听取辩护人或值班律师意见为必须。这种制度设计突出了

监察机关在职务犯罪案件调查中的主导地位，体现出浓厚的职权主义色彩。与之形成对比的是，认罪认罚从宽制度只需犯罪嫌疑人、被告人认罪认罚即可启动，这突出了犯罪嫌疑人、被告人的主体地位，[1] 体现了参与性司法的特征。尽管结果意义上的从宽仍需司法机关对影响预防刑和责任刑的情节进行裁量和综合评判，但被追诉人认罪认罚原则上即足以启动该制度。

2. 权利保障机制的差异

刑事诉讼程序中认罪认罚从宽制度的核心是保障犯罪嫌疑人、被告人认罪认罚行为的自愿性，为此设计了一系列程序来保障犯罪嫌疑人、被告人的诉讼权利。首先，犯罪嫌疑人、被告人有获得权利告知权。无论是侦查、审查起诉还是审判阶段，办案机关都要告知犯罪嫌疑人、被告人所享有的诉讼权利、认罪认罚的法律规定及可能带来的法律后果，确保犯罪嫌疑人对认罪认罚从宽内容和后果的知悉，从而自愿做出选择。其次，犯罪嫌疑人、被告人有获得有效辩护的权利。犯罪嫌疑人、被告人可以委托辩护人为其进行辩护，也可以获得法律援助或者值班律师的帮助。辩护人、援助律师或者值班律师可以提供法律咨询、查阅案件材料、会见犯罪嫌疑人、被告人、提出书面意见等，相关法律帮助情况应当记录在案，并随案移送。办案单位应当听取辩护人、援助律师或者值班律师的意见，并为辩护人、援助律师或者值班律师的有效辩护提供便利条件。最后，犯罪嫌疑人、被告人有实体协商和程序选择权。在实体上，办案单位应当听取犯罪嫌疑人、被告人的意见，并就量刑情况与犯罪嫌疑人协商。在程序上，适用速裁程序或简易程序需征得犯罪嫌疑人的同意。犯罪嫌疑人自愿认罪，同意量刑建议和程序适用的，应当在辩护人或值班律师在场的情况下签署认罪认罚具结书。

相比而言，在从宽处罚建议制度中，对被调查人的权利保障明显不足。《监察法》没有规定监察机关必须承担告知义务，被调查人也无获得律师帮助的权利，更不能就实体和程序与监察机关协商。相反，被调查人有配合监察机关办案的义务。上述情况加深了监察程序中从宽处罚建议制度与刑事诉讼程序中认罪认罚从宽制度之间的隔阂，使得不同程序之间出现难以承合的

---

[1] 参见陈光中、马康：《认罪认罚从宽制度若干重要问题探讨》，载《法学》2016 年第 8 期，第 7 页。

沟渠。[1]

3. 审批程序的差异

《监察法》第 31、32 条对从宽处罚建议制度规定了极为严格的行政审批程序。提出从宽处罚建议，需要经监察机关领导人员集体研究，并报上一级监察机关批准。"集体研究""报上一级批准"是典型的行政决策方式，具有层级性、单向性和封闭性等特征，这也意味着只有层级更高的权力主体才能对从宽处罚建议作出决定。此规定不仅体现了法律对于监察机关办理的职务犯罪案件从宽的适用更为慎重，也体现了监察权行使的相对集中性。[2]

与上述严格的行政审批程序形成对比的是，在认罪认罚从宽案件办理中，内部报告审批往往仅作为例外情况出现。只有案件处理结果可能与同类案件或者关联案件处理结果明显不一致，与监察机关、侦查机关、人民法院存在重大意见分歧，变更、补充起诉，被告人、辩护人、值班律师对事实认定、案件定性、量刑建议存在重大意见分歧等情形的，才需要向部门负责人报告。[3] 原则上，只要犯罪嫌疑人自愿认罪认罚，就可以适用认罪认罚从宽制度。

三、优化路径：尊重立法前提下的探索方向

《监察法》的生效和《刑事诉讼法》的修正标志着职务犯罪监察调查和认罪认罚从宽制度之规范体系在国家立法层面正式建立。在这一制度背景下，要走出从宽处罚建议制度之适用困境，不宜动辄主张修改法律。现实的路径应当是在尊重现有立法的前提下，针对实践中暴露的问题，在法律的框架内探索解决之道。本文主张，根据"就高不就低"的原则，监察机关在职务犯罪案件调查过程中，既要严格遵守《监察法》规定的程序，细化从宽处罚建议的实体适用情形，简化审批程序，也要参照《刑事诉讼法》相关规定，合理吸收认罪认罚从宽对于权利告知、认罪教育和权利保障等方面的制度设计，尊重从宽处罚建议的效力，以利于认罪认罚从宽制度在监察和刑事诉讼程序中顺利衔接，更好地实现立法意图。

―――――――――――

〔1〕 林艺芳、张云霄：《〈监察法〉与〈刑事诉讼法〉衔接视角下认罪认罚从宽的制度整合》，载《甘肃社会科学》2020 年第 2 期，第 42 页。

〔2〕 汪海燕：《职务犯罪案件认罪认罚从宽制度研究》，载《环球法律评论》2020 年第 2 期，第 58 页。

〔3〕 参见《人民检察院办理认罪认罚案件监督管理办法》第 8 条。

（一）细化从宽处罚建议制度的实体适用情形

如前所述，从宽处罚建议制度实体适用情形的规定并不具体，这阻碍了办案人员对该制度的理解与适用。为解决这一问题，可基于体系解释对该制度的几种适用情形进行细化，为该制度的适用提供较为明确具体的标准。

对于"自动投案"的认定，在依据《刑法》第 67 条、2009 年最高人民法院、最高人民检察院《关于办理职务犯罪案件认定自首、立功等量刑情节若干问题的意见》（以下简称《职务犯罪案件自首、立功问题意见》）以及其他有关自首的司法解释进行综合评判的同时，还要符合 2019 年 7 月中央纪委办公厅印发的《纪检监察机关处理主动投案问题的规定（试行）》（以下简称《主动投案问题规定》）的规定。需要注意的是，《主动投案问题规定》中"主动投案"的认定条件比《刑法》和《职务犯罪案件自首、立功问题意见》等司法解释规定的"自动投案"更加严格。实践中可能存在不构成《主动投案问题规定》中"主动投案"，但构成刑事法律中"自动投案"，可以构成自首的情形。出现这种情况的原因在于，监察机关和纪检机关合署办公，监察机关的调查不仅包含职务犯罪调查，还包含违纪和一般职务违法问题的调查。监察机关在调查违纪和一般职务违法问题时，被调查人主动交代涉嫌犯罪事实的，虽不符合《主动投案问题规定》有关"主动投案"的情形，但表明被调查人有主动将自己置于被刑事调查和指控境地的意愿，符合刑事法律中"自动投案"情形的，可以构成自首，亦可构成《监察法》第 31 条之"自动投案"。

对"积极配合调查工作，如实供述监察机关还未掌握的违法犯罪行为"情形，监察机关应根据已掌握的犯罪事实，结合被调查人如实供述未掌握犯罪事实的罪行轻重，如实供述未掌握的犯罪事实占全部犯罪事实的比例，被调查人悔罪程度等，综合考虑是否提出从宽处罚建议。

对"积极退赃、减少损失"情形，监察机关应根据被调查人的罪行严重程度、犯罪数额和造成损失大小、在追赃中的具体表现，结合退赃意愿、退赃数额、挽回损失情况等，综合评判。本文主张，下列情形一般可构成"积极退赃、减少损失"：全额退赃的；因退赃能力不足虽未全额退赃，且被调查人及其亲友在监察机关追缴赃款赃物过程中积极配合，且赃款赃物大部分被追缴的；犯罪后主动采取有效措施避免损失发生，或者有效减少损失，或者挽回大部分损失的。

对于"具有重大立功表现或者案件涉及国家重大利益等情形"，监察机关可根据被调查人涉嫌犯罪事实，结合检举揭发对调查其他案件所起作用的大小，检举揭发并查证属实罪行的轻重，对国家和社会的贡献大小，对国家和社会的影响程度等具体情节，综合评判。结合《刑法》和《职务犯罪案件自首、立功问题意见》《关于处理自首和立功若干具体问题的意见》等法律和司法解释，本文主张，下列情形一般可构成"具有重大立功表现或者案件涉及国家重大利益"：检举揭发他人重大犯罪行为并查证属实的；提供调查其他重大案件线索并破获案件的；阻止他人重大犯罪活动的；协助抓捕其他重大犯罪案件的被调查人、犯罪嫌疑人的；对国家和社会有其他重大贡献的；涉及国家主权和领土完整、国家安全、外交、社会稳定及经济发展等国家重大利益的。

对《监察法》第32条"职务违法犯罪的涉案人员揭发有关被调查人职务违法犯罪行为，查证属实的，或者提供重要线索，有助于调查其他案件的"中的"揭发"，本文主张作扩大解释。具体而言，涉案人员交代其行贿对应的受贿行为，对办理案件提供了实质性推动作用的，可以认定为揭发。

（二）简化从宽处罚建议制度的审批程序

从宽处罚建议制度审批程序烦琐、耗时费力，已成为制约该制度适用的重要因素，监察机关应对审批程序进行简化。监察机关可考虑借鉴认罪认罚从宽制度，进行程序从简。所谓程序从简，参考认罪认罚从宽制度，是指根据案件的不同情况，对认罪认罚的犯罪嫌疑人、被告人分别适用不同的诉讼程序，一般以被指控犯罪依法应判处的刑期为标准来决定适用何种程序。[1]监察机关可根据案件复杂、重大程度，对不同案件的从宽处罚建议适用进行程序分流，优化内部的审批流程，减少不必要的环节，提高审批从宽处罚建议的效率，提升监察机关主动适用从宽处罚建议的积极性，保障被调查人的合法权益。也可以考虑缩减参加集体研究的领导人员范围，改变集体研究的形式，简化上一级监察机关审批时内部征求意见环节，最大限度地压缩审批从宽处罚建议的时间。

（三）尊重从宽处罚建议在司法阶段的效力

在《刑法》和《刑事诉讼法》并未对从宽处罚建议的效力和地位做出规定，且短期内难以修改法律的现实状况下，监察机关和司法机关应通过实践

---

〔1〕 参见陈卫东：《认罪认罚从宽制度试点中的几个问题》，载《国家检察官学院学报》2017年第1期，第4页。

探索来带动法律意图的实现。职务犯罪案件进入刑事诉讼程序后，被调查人仍然认罪认罚的，司法机关对监察机关所提的从宽处罚建议一般应当予以尊重，将监察机关提出从宽处罚建议的情况，在起诉书、判决书等法律文书中予以明确。理由在于，其一，从宽处罚建议制度的实体适用情形包含自首、立功、坦白、退赃等法定从宽处罚情节，甚至比《刑法》的规定更为严苛，具备作为从宽处罚情节的实体基础。其二，监察机关是政治机关，通过与党的纪律检查机关合署办公，实现党对反腐败工作的统一领导。从宽处罚建议需要履行领导人员集体研究，报上一级监察机关批准的严格程序，代表了上下两级监察机关和党的纪律检查机关基于犯罪事实、结合政治考量在法律框架内对被调查人刑事责任做出的综合评判，对量刑具有不可替代的参考价值。其三，《认罪认罚从宽指导意见》明确了"早认罪优于晚认罪"的精神，监察机关提出从宽处罚建议的，属于被调查人在调查阶段就已经认罪认罚的情形，应当比照仅在后续阶段认罪认罚的情形给予较大的从宽处罚幅度。第四，尊重从宽处罚建议的后续效力，可以给予被调查人明确的法律预期，发挥法律指引作用，有利于对被调查人进行教育感化，促使其悔罪悔过、认罪认罚，从而积极配合调查，提高办案效率，节约办案成本。实践中，C 市从宽处罚建议司法机关采纳率高达 94.74%，佐证了从宽处罚建议应当得到尊重。

（四）合理吸收认罪认罚从宽的制度设计

如前所述，职务犯罪案件调查阶段不应被排除在认罪认罚从宽制度的适用范围。调查阶段适用认罪认罚从宽制度不仅是必要的，而且是可行的。理由在于，参照《刑事诉讼法》和《认罪认罚从宽指导意见》的规定，认罪认罚从宽制度在侦查阶段，要履行权利告知和听取意见、认罪教育、明确起诉意见、程序性从宽、保障法律帮助权等职责。上述职责，除法律帮助权在《监察法》中无依据外，其他职责在职务犯罪调查阶段均不难实现。至于法律帮助权，可通过借鉴值班律师制度予以保障。

1. 权利告知和听取意见

参照《刑事诉讼法》和《认罪认罚从宽指导意见》的相关规定，监察机关调查职务犯罪案件，第一次讯问时应当告知被调查人享有的诉讼权利、如实供述罪行可以从宽处理和认罪认罚的法律规定。此规定与《监察法》并不冲突，监察机关可以通过《被调查人权利义务告知书》告知被调查人认罪认罚的法律规定，由被调查人阅读后签名，也可以在第一次讯问时口头告知，并听取被调查人意见，在讯问笔录中载明。

2. 开展认罪教育

纪律检查机关和监察机关合署办公，在办理案件时，监察机关都会开展认错教育。调查职务犯罪案件时，应发挥合署办公的优势，将开展认错教育和认罪教育结合起来，促使被调查人尽早认错认罪悔过。监察机关在开展认罪教育时，要注意符合刑事诉讼程序认罪认罚从宽制度的规定。一是只能将认罪认罚后可能从宽的法律后果告知被调查人，不得做出具体的从宽承诺，更不能简单地把从宽处罚作为被调查人认罪的交换条件，以防止"诱供"行为的发生。二是被调查人不认罪的，不能据此认为被调查人不老实而予以从严处理，不得强迫被调查人认罪。三是被调查人自愿认罪，愿意接受处罚的，监察机关应当记录在案，并以适当的形式提交司法机关。

3. 明确起诉意见

《认罪认罚从宽指导意见》规定，对移送审查起诉的案件，侦查机关应当在起诉意见书中写明犯罪嫌疑人自愿认罪认罚情况。监察机关办理的案件，调查终结需要移送审查起诉的，经监察机关领导人员集体研究可以提出从宽处罚建议的，应当在起诉意见书中明确载明；不宜提出从宽处罚建议，但是被调查人自愿认罪认罚的，也应当在起诉意见书中载明被调查人自愿认罪认罚的情况。

4. 程序性从宽

从宽处理包括实体从宽和程序从宽，适用于刑事诉讼的各个阶段。在侦查阶段，主要是程序从宽，表现为侦查机关变更、解除强制措施。[1] 监察机关不能对被调查人作出实体从宽承诺，但可以实施程序性从宽措施。在采取留置措施的案件中，被调查人自愿认罪认罚，有悔罪悔过表现，监察机关可体现程序性从宽，解除留置措施。调查终结需要移送审查起诉的，根据被调查人犯罪性质及可能判处的刑罚，考虑认罪认罚的因素，可以向检察机关提出适用非羁押性强制措施的建议，也可以征得被调查人同意后提出适用刑事速裁程序或者简易程序的建议。

5. 探索合理方式有效保障被调查人法律帮助权

实现认罪认罚的控辩平衡，创造协商性司法的基本条件，最直接也是最重要的路径之一，是强化辩护权，为被追诉人提供有效辩护，律师辩护无疑

---

〔1〕 陈光中：《认罪认罚从宽制度实施问题研究》，载《法律适用》2016年第11期，第9页。

应当成为认罪认罚制度的"标配"。[1] 在认罪认罚从宽制度中，必须保障犯罪嫌疑人、被告人辩护权，司法机关应当保障其获得有效法律帮助。犯罪嫌疑人、被告人没有委托辩护人的，应当通知值班律师为其提供法律咨询、程序选择建议等法律帮助，确保其了解认罪认罚的性质和法律后果，并为其约见值班律师提供便利。认罪认罚从宽制度没有适用罪名和可能判处刑罚的限定，所有刑事案件都可以适用，不能因罪行轻重和罪名特殊等原因而剥夺犯罪嫌疑人、被告人自愿认罪认罚获得从宽处理的机会。[2] 监察机关管辖 88 个罪名，占《刑法》全部罪名的 1/5 还要多，自然不能排除在认罪认罚从宽制度之外。然而，监察机关办理职务犯罪案件不允许被调查人委托辩护人，这与认罪认罚从宽制度相矛盾，不利于回应人民群众对监察机关依法办案的合理期待。为具体保障被调查人的辩护权，实现打击腐败犯罪和保障人权的平衡，有效实现《监察法》和刑事诉讼程序的有序、合理有序衔接，有两种途径可供探索。一是对监察机关管辖的 88 个罪名进行分门别类，对一些不依赖口供的犯罪案件，可以允许被调查人委托辩护人并会见；对严重依赖口供的贪污贿赂类案件，可参照之前《刑事诉讼法》的规定，实施许可委托并会见制度，被调查人委托辩护人的，须经过监察机关的许可。二是借鉴值班律师制度，在监察机关或留置场所设立值班律师，由值班律师向被调查人提供必要的法律咨询及援助，确保认罪认罚的自愿性。[3] 本文赞成第二种途径。理由在于，值班律师不是被调查人委托的辩护人，没有实施帮助被调查人实施串供、毁灭、伪造证据等违法行为的动机；同时，值班律师系国家聘请的有事业单位编制的正式公职人员，一般不会泄露调查秘密，由其提供咨询和帮助，易被监察机关接受。当然，关于被调查人获得法律帮助权之具体制度保障途径，仍有待进一步探索。

结　语

监察体制改革后，职务犯罪案件办理程序分化为依据《监察法》的调查程序和依据《刑事诉讼法》的审查起诉、审判程序，认罪认罚从宽制度在调查阶段转化为从宽处罚建议制度。从宽处罚建议适用率低也反映了认罪认罚

〔1〕　龙宗智：《完善认罪认罚从宽制度的关键是控辩平衡》，载《环球法律评论》2020 年第 2 期，第 18 页。

〔2〕　参见《认罪认罚从宽指导意见》第 5 条。

〔3〕　参见施鹏鹏、马志文：《论刑事诉讼法与国家监察体制的衔接》，载《浙江工商大学学报》2020 年第 2 期，第 44 页。

从宽制度在《监察法》和《刑事诉讼法》衔接上的困难。囿于研究主旨，本文未从立法角度对认罪认罚从宽制度在《监察法》和《刑事诉讼法》中的融合贯通进行系统研究，而选择从实践操作层面，对从宽处罚建议制度的适用困境及优化路径进行了初步探索。希望通过探讨，引起理论界和实务界对此问题的进一步关注，以推动认罪认罚从宽制度在职务犯罪案件中更好地适用，促进《监察法》与《刑事诉讼法》有序顺畅衔接。

司法解释中前科减量入罪的现象和原理

吴伦基 *

摘　要：司法解释中存在大量因前科致使犯罪成立的定量标准降低的情形，即前科减量入罪，司法解释中的定量要素和前科规定均呈现出多种类型，前科在定罪和量刑中发挥不同功能，同时减量的形式和程度也存在差异，前科减量入罪已经成为一种司法解释模式，未来的方向是明确适用原则，进行精细化配置。刑法中犯罪成立的定量要素不属于客观处罚条件，而属于构成要件要素；前科不属于不法要素，属于影响责任轻重的要素，逐渐从量刑阶段扩张至定罪阶段发挥作用；前科减量入罪的原理不是社会危害性补足，不是违法性补强，也不是将前科作为客观处罚条件，而是具有前科的行为人因其再犯行为具有的较重的责任而补足因违法性欠缺导致的刑事可罚性不足，在整体上达到值得发动刑罚的程度，在我国二元制裁体系语境下，是司法和行政权力之间的再调整，不会滑向行为人刑法。

关键词：前科减量入罪　定量要素　责任　刑事可罚性

*　吴伦基，武汉大学法学院刑法学专业 2018 级硕士研究生（430072）。

　　既定性又定量的犯罪规定是我国刑事立法的特色，成立犯罪不仅要求行为符合刑法构成要件对行为的定型描述，而且在程度上要求达到预先设定的定量标准，在我国行政与刑事处罚二元制裁体系中，定量要素有时成为行政违法和刑事犯罪的唯一界限。刑法中定量要素多属于概括性规定，通过司法解释进行具体化，[1] 但司法解释中犯罪成立的定量标准会因行为人具有行政前科或刑事前科而降低，本文称为前科减量入罪。前科减量入罪的规定对犯罪成立的定量要素体系产生极大冲击，学界目前对该现象的关注明显不足，定量要素作为我国刑事立法的特色，在犯罪论体系当中居于何种地位存在较大争议。而且这意味着在相同情形下，行为人前科可能成为罪与非罪的唯一界限，这是否体现了行为人刑法的走向？前科减量入罪在理论上应如何解读值得进一步探讨。本文在梳理前科减量入罪的司法解释的基础上，讨论定量要素的体系性地位和前科的法律性质，进而论证前科减量入罪的原理。

一、司法解释中的前科减量入罪现象

　　早在 2002 年，司法解释就出现了因行为人具有行政前科而降低犯罪成立最低数额、数量等定量要素标准的情形，如 2002 年关于非法经营食盐的司法解释规定，成立犯罪要求非法经营食盐达到 20 吨以上，但曾因非法经营食盐行为受过两次以上行政处罚，数量在 10 吨以上即可成立犯罪。在这一阶段，前科主要调整非法经营罪的定量要素标准，包括非法经营食盐、烟草专卖品、非法出版物、境外电信业务等规定。2013 年关于盗窃罪、敲诈勒索罪和抢夺罪司法解释的颁布标志着前科减量入罪模式进入一个新阶段，这一阶段集中出现了一批因行政前科或刑事前科致使成立犯罪的定量标准降低的司法解释，不仅涉及的犯罪类型增多，而且将前科类型扩大至刑事前科，甚至还存在党纪处分和故意犯罪前科，除了盗窃、敲诈勒索和抢夺司法解释之外，还涵盖了危害食品安全、非法生产销售使用"伪基站"、利用赌博机开设赌场、掩饰隐瞒犯罪所得、犯罪所得收益、贪污贿赂、环境污染、资金支付结算业务、非法买卖外汇和操纵证券、期货市场等司法解释。

　　司法解释主要的定量要素类型有：①数额型，包括作为行为规模的数额如经营数额，作为后果的数额如违法所得数额以及作为经济损失的数额；②数量型，指的是作为行为规模的数量如孳生物数量，和作为行为结果的数

---

〔1〕　例外的情形是刑法中绝对确定型定量标准，例如明文规定了生产、销售伪劣产品罪和逃避追缴欠税罪的数额标准，和相对确定型定量标准，例如逃税罪的数额标准与应纳税额紧密联系。

量如滥伐林木数量，实际上没有必要区分行为结果的数量和行为规模的数量，二者只是观察视角不同，行为结果的数量可以作为行为规模的数量进行理解；③次数型，主要指的是行为次数；④人数型，作为行为规模的人数如容留、介绍两人以上卖淫的应当定罪处罚，和作为后果的人数如伤亡人数。而特殊的行为方式、行为对象等，虽然是对情节、后果定量要素的具体化规定，但实际上已经不属于量的要素，而是使行为类型发生变异导致违法性上升，可以说刑法对情节、后果的概括性规定，实际上为司法解释调整构成要件内部的具体要素提供了合法渠道。

前科的概念没有法律规定，学理概念上有处分说、法院宣告说、刑罚说等诸多观点聚讼，[1] 本文根据司法解释规定，将减量入罪的前科的内容限定于行政违法前科和刑事犯罪前科，是指曾因同种或同类违法犯罪行为受过行政或刑事处罚的事实。前科有行政前科和刑事前科两种类型，在此之下，又存在同种前科和同类前科两种子类型，[2] 在四种类型之外，还存在时间和次数两种限制条件。减量有数额降低和数量降低两种情形。对于数额降低，若以最低数额作为认定基准，存在 1/3，50%，60% 和 80% 四种认定基准，减量比例即为 2/3，50%，40% 和 20%；数量降低的情形，如按照 2016 年污染环境刑事案件司法解释规定，存在前科意味着认定"严重污染环境"时，不要求排放、倾倒、处置有放射性的废物、含传染病病原体的废物、有毒物质的数量。

在司法解释中，前科对定罪、量刑有不同的影响，具体可以分为三种类型：一是前科减少基本犯成立的定量标准，但不影响升格刑的认定。例如 2013 年颁布的关于盗窃的司法解释，前科在法定刑升格中不予考虑，又在犯罪成立时产生减量效果。[3] 抢夺和敲诈勒索的司法解释也属于这一类型。二是减少基本犯成立的定量标准，同时也减少升格刑的定量标准，例如 2019 年

---

〔1〕 参见康均心、尹露：《刑法中前科的概念及厘清》，载《长江大学学报（社会科学版）》2013 年第 10 期，第 49~51 页。

〔2〕 值得一提的是 2016 年《关于办理贪污贿赂刑事案件适用法律若干问题的解释》第 1 条还规定作为故意犯罪和党纪处分的前科，但目前来看不具有普遍性，本文主要讨论同种或同类的行政或刑事前科。

〔3〕 该解释规定，存在第 2 条八项情形时盗窃的"数额较大"标准按照 50% 确定，而达到"数额巨大"或"数额特别巨大"的 50% 时，如果存在第 2 条第 3 项至第 8 项情形的，可以分别认定为"其他严重情节"或者"其他特别严重情节"，将第 2 条前两项关于前科的规定排除在外。

颁布的关于操纵证券、期货市场的司法解释，前科在犯罪成立和升格刑中得到同等适用。[1] 三是不减少成立犯罪的定量标准，属于从重事由，但减少升格刑的定量标准，例如2016年颁布的《关于办理电信网络诈骗等刑事案件适用法律若干问题的意见》，前科在成立犯罪上不被适用，仅作为从重事由，但是在法定刑升格的认定中，升格刑数额的80%以上加上前科情节即达到升格标准。[2]

前科在定罪和量刑中的不同作用，体现了前科这一要素具有强大的政策功能，当然也暴露出对定量要素的体系性地位以及前科的法律性质的认识不足的问题。总体来说，立足于对现有司法解释中前科减量入罪规定的归纳分析可以认为，因行政或刑事前科导致成立犯罪的最低数额、数量等定量要素的标准降低的司法解释会继续出现，已经形成了一种司法解释的模式。但是前科减量入罪模式还处于探索阶段，理论上也未予以充分阐明，有必要进一步明确适用原则，形成精细化的配置方案。一方面，前科减量入罪应坚守谦抑的品格，须通过谦抑的法益保护原则的检验，即要求侵犯法益达到一定的严重性，适用其他制裁手段无法有效保护法益，动用刑法不会使国民自由受到不合理限制，刑法能够对该行为合理公平地处理和刑法对预防或抑制此行为是有效的。[3] 另一方面，对前科的范围、减量的程度应予合理限制，不得随意扩张以至架空犯罪成立定量要素的作用，最终形成前科入罪的局面，不利于罪刑法定原则的贯彻，同时根据前科范围、减量程度所体现的严厉性不同，构建梯度层级，做到精细化配置，实现精准的出入罪调控，更好地发挥刑法功能。

二、定量要素的犯罪论体系地位

定量要素在犯罪论中的体系地位存在较大争议，学界主要有三种观点：客观处罚条件说、构成要件要素说和区别对待说，区别对待说又包括了类构

---

〔1〕 该解释第2条规定违法所得数额一百万元以上认定为"情节严重"，第3条规定违法所得数额达到五十万元以上，具有刑事或行政前科的应当认定为"情节严重"，这是前科减量入罪。同时，第4条规定违法所得数额一千万元以上属于"情节特别严重"，违法所得数额五百万元以上的，具有刑事和行政前科的，应当认定为"情节特别严重"。

〔2〕 该司法解释规定，电信网络诈骗达到相应数额标准，存在包括前科等十种情形的，酌情从重处罚，当数额接近"数额巨大""数额特别巨大"的标准（即80%以上），具有前述包括前科在内的十种情形的，应当分别认定为《刑法》第266条规定的"其他严重情节""其他特别严重情节"。

〔3〕 参见张明楷：《刑法学（上）》，法律出版社2016年版，第64页以下。

成要件复合体、客观的超过要素和内在的客观处罚条件三种不同看法。[1] 核心的论争集中在客观处罚条件说和构成要件要素说之间，区别对待说具有折中论色彩。

（一）客观处罚条件的否定

客观处罚条件是指独立于行为之外而被附加用于定罪的外部客观事实。陈兴良教授在其犯罪论体系中将罪量要素的性质界定为客观处罚条件，[2] 支持者指出，如果对罪量要求故意规制，那么特别是数额犯的行为人存在认识偏差时面临处理的难题，因而解释为客观处罚条件更为合适。[3] 但对客观处罚条件的基本共识是，客观处罚条件无论如何都不允许属于不法或者罪责，[4] 真正的客观处罚条件是纯粹的刑罚限制事由，责任原则对此也"无可挑剔"，而不纯正的应受处罚条件本质上是不法构成要件，但立法者基于刑事政策理由将其形式上规定为客观处罚条件，仅仅是为了摆脱责任原则规制。[5] 应当说，以对罪量要素要求故意规制存在困难或无须故意规制为由肯定其为客观处罚条件，这是倒果为因，为了逃逸责任原则而对客观处罚条件进行了不当扩张，换言之，是否为客观处罚条件只能根据其是否与不法、罪责无关来进行判断。

对于定量要素而言，定量要素不是客观处罚条件。其一，基于前文对犯罪成立定量要素司法解释的梳理，不论是指向行为的定量要素，还是指向结果的定量要素，均难以认为与不法、罪责完全无关，至于故意规制是否存在困难这是另外一个问题，不能以此来肯定客观处罚条件的成立。其二，定量要素的确具有限制犯罪成立的功能，但其作为刑罚限制事由不是从客观处罚条件中导出，而是从行政权力和司法权力之间的分工调整中导出，是在立足于国情的权力分工、资源分配中恰当地表现出了刑法谦抑的品格。其三，从系统性后果的角度考虑，定量要素在刑法中规模庞大，即使能够勉强解释为

---

〔1〕 各观点的详细展开见王彦强：《犯罪成立罪量因素研究》，中国法制出版社 2018 年版，第 163~170 页。

〔2〕 参见陈兴良：《规范刑法学》，中国人民大学出版社 2013 年版，第 197 页。

〔3〕 参见梁根林主编：《当代刑法思潮论坛（第 1 卷）：刑法体系与犯罪构造》，北京大学出版社 2016 年版，第 281~282 页。

〔4〕 ［德］克劳斯·罗克辛：《德国刑法学总论》（第 1 卷），王世洲译，法律出版社 2005 年版，第 690 页。

〔5〕 参见［德］汉斯·海因里希·耶塞克、托马斯·魏根特：《德国刑法教科书》（上），徐久生译，中国法制出版社 2017 年版，第 747~750 页。

不纯正的客观处罚条件,[1] 但对责任原则产生巨大冲击,就不仅仅是责任原则的例外了,且有解释僭越立法之嫌,并不足取。其四,对于故意规制的难题,需要明确何为故意中的认识。在数额犯中,当行为人对数额存在认识偏差时,客观处罚条件说不要求行为人主观上对此有认识,确实能够很好地解决此类问题,但是当遭遇天价葡萄案等行为人存在重大认识错误时,以重刑处罚将导致罪刑严重失衡,又不得不考虑行为人的认识错误。所以关键问题是在何种程度上可以说行为人主观上对定量要素有认识。应当说,这里的主观认识并不要求有精确的认识,而应指不存在重大的错误认识,事实上故意的认识要素也不要求行为人有完全精确的认识,不将定量要素解释为客观处罚条件不会面临处理的困难。

(二) 定量要素是构成要件要素

将定量要素作为构成要件要素面临的首要问题是,通常认为构成要件是不法的行为定型,但定量要素影响行为的不法程度却不影响行为定型,故而无法被构成要件所容纳。这里需要注意语境的差异,在大陆法系定性立法模式下,构成要件和定量要素几乎没有关系,主要作为不法的行为类型来把握,也即不法类型意义上的构成要件概念无法涵摄定量要素,但在我国二元制裁体系中,犯罪成立的定量要素能将符合构成要件的定型描述,但并不值得刑事处罚的行为出罪,定量要素其实指示了刑事可罚性的最低限度,在和不法的联系上,定量要素作为构成要件要素是妥当的,只是其不具有类型化功能。而且考察构成要件理论的发展可以发现,构成要件逐渐纳入主观要素、规范性要素等内容后与违法性贴近甚至融合,在不法类型论的基础上,朗-欣里希森 (Lang-Hinrichsen) 更进一步提出了综合构成要件这一概念,认为构成要件是在违法性问题上成为标准的所有要素的复合体,这种观点受到较多学者支持,阿图尔·考夫曼 (Arthur Kaufmann) 就明确区分犯罪类型和构成要件,认为构成要件是当罚性内容的全部要素,不仅包括类型的要素,而且包括在

---

〔1〕 我国学者梁根林教授认为客观处罚条件是刑罚扩张事由,认为此类犯罪的构成要件行为因具有"类型化危险可能性"而具有潜在可罚性,其潜在可罚性的现实化决定于所谓"客观处罚条件"是否实现,若未实现,则前述行为就可以被容忍。参见梁根林:《责任主义原则及其例外——立足于客观处罚条件的考察》,载《清华法学》2009 年第 2 期,第 39~59 页。许玉秀教授持同一立场,认为所有客观处罚条件实际上都是刑罚的扩张事由。参见许玉秀:《当代刑法思潮》,中国民主法制出版社 2005 年版,第 105~107 页。事实上两位学者所论述的对象正是不纯正的应受处罚条件,是立法基于刑事政策理由作出的责任原则的例外规定,但不纯正的应受处罚条件也不包括犯罪成立的定量要素。

刑法的违法性上成为标准的全部要素。[1] 这种观点当然会受到强调构成要件类型化功能的学者的批评，但构成要件本身所承载的多种功能要求其所涵摄的范围很可能已经超出了类型性要素。

关于类型化功能的问题可以借助罪体构成要件和罪量构成要件的概念展开进一步说明，罪体构成要件即属于通常而言的构成要件，具有不法的类型化功能，因而承认定量要素属于构成要件要素并不是否定构成要件的类型化功能，因为罪体构成要件足以承担，这也决定了罪体要素的判断要先于罪量要素的判断，罪量构成要件要素的独特功能，正是在违法程度上，与行政制裁进行了界分。有学者以犯罪成立定量要素的价值面特征来形容定量要素作为行政与司法权力分界线的功能，指出："（罪体要素和罪量要素）二者推定机能的具体内容和价值功能却是不同的：罪体要素体现违法行为类型，是从横向的、此罪彼罪的意义上表征某一具体犯罪的类型特征，体现的是公权力界域（将刑法没有类型化的行为类型排除在公权力处置范围之外）；而罪量因素则体现行为程度，是对同一类型（同质）的行为，从纵向的、轻罪重罪（罪与违法）的意义上表征某一具体犯罪的程度特征，体现的是公权力的分工（将纳入公权力处置范围的某种行为，根据其违法程度的大小轻重，分别给予刑罚或者行政处罚）。"[2] 由于定量要素的判断在行为类型判断之后，因而将定量要素纳入构成要件要素并不会损害构成要件本身所具有的犯罪个别化机能以及罪刑法定的要求。

既然定量要素是构成要件要素，曾被作为客观处罚条件进行讨论的定量要素，例如丢失枪支不报罪、违法发放贷款罪等罪规定的严重后果、重大损失应当如何认识成为问题。不可否认这些犯罪的行为和定量要素要求的严重后果在因果关系上具有特殊性，这些后果通常不由犯罪行为本身导致，而由第三者行为决定，行为人对这些结果很可能没有故意，这就与构成要件的故意规制机能存在抵牾。为了缓解主观认识判断的紧张关系，有学说主张将其作为客观处罚条件，彻底摆脱罪过的判断，但正如上述，这些犯罪的构成要件行为具有潜在的危险性，严重后果、重大损失的发生，正是其危险性的现实化，在和不法的关联上，应否定客观处罚条件的观点。在承认构成要件要

---

〔1〕　参见［日］西原春夫：《犯罪实行行为论》，戴波、江溯译，北京大学出版社 2006 年版，第 25 页以下。

〔2〕　王彦强：《犯罪成立罪量因素研究》，中国法制出版社 2018 年版，第 320~321 页。

素的基础上，对于行为人的主观认识存在故意说和过失说的分歧：客观的超过要素要求行为人至少有预见可能性，为过失说；内在的客观处罚条件要求行为人对结果极有可能发生具有高度模糊性认识，具有"未必"的预见，实为缓和的故意说；或者基于后果与行为之间客观关联的特殊性，认为其罪责为故意，但只要求认识因素，不要求意志因素。[1] 本文认为，只要承认整罪属于故意犯罪，那么过失说与两种缓和的故意说没有本质区别，持过失说的张明楷教授认为故意和过失不是对立关系，而是位阶关系，[2] 这就意味着三种观点的实质都是主张降低罪过认定的要求，本文支持这一主张，在行为人故意实行该当构成要件行为之后，若出现相应的严重后果，原则上就认可故意的成立，这里的故意属于规范的判断。

对于法定刑升格中的定量要素，张明楷教授区分了加重构成和量刑规则，同时认为犯罪成立的定量要素属于构成要件要素，[3] 但没有进一步解释基于何种理由做出不同的界定。犯罪成立的定量要素和法定刑升格中的定量要素在性质上没有本质区别，其区别在于功能：前者作为司法和行政权力的权力分工分界线，在犯罪成立意义上作为构成要件是妥当的，区分刑事犯罪与行政违法；而升格刑适用的定量要素是在犯罪成立之后，于处罚阶段发挥功能，主要意义在于合理界定犯罪形态和适用法定刑，作为量刑规则是妥当的。规范上的不同界定，是由于犯罪成立的定量要素和法定刑升格中的定量要素所发挥的功能不同，并不否认其性质是相同的。

三、前科的责任评价功能

前科减量入罪意味着司法解释承认前科具有一定的定罪功能，进而面临的问题是前科在犯罪论体系当中处于何种地位的问题，即前科在犯罪成立的判断中具有什么法律性质。对于肯定前科定罪效应的观点，如果认为定罪的根据在于社会危害性和人身危险性，则前科属于人身危险性内容；如果认为定罪的根据仅仅是社会危害性，那么前科反映的是行为人的主观恶性，是社会危害性的具体内涵。[4] 人身危险性是特殊预防必要性的问题，主观恶性强调的是再犯者对法秩序的敌对意识，但是犯罪论体系的支柱是违法和责

〔1〕 参见王彦强：《犯罪成立罪量因素研究》，中国法制出版社2018年版，第204页以下。
〔2〕 参见张明楷：《刑法学》，法律出版社2016年版，第281~282页。
〔3〕 参见张明楷：《犯罪论的基本问题》，法律出版社2017年版，第39页。
〔4〕 参见覃剑峰：《犯罪前科的定罪效应》，载《人民检察》2010年第12期，第79~80页。

任，[1] 前科的性质更应在违法与责任中予以考察。

本文认为前科不属于违法要素。其一，如果认为前科属于违法要素，则违法性评价有可能脱离行为这一基底，这与作为客观违法要素的身份不同，身份依附其行为而被评价，无法独立于行为，而前科作为过去受行政或刑事处罚的记录，与本次行为之间难言具有依附性，其与行为的联系在于背后的人格，但即使能对人格进行评价，也是责任范畴的问题。其二，将前科定位为违法要素会引起不当的后果，尤其与共同犯罪的相关理论不兼容，例如盗窃共同犯罪中，有前科之实行者盗窃数额未达法定标准但超过其 50% 的自然构成盗窃罪，依限制从属的观点，如果认为前科属于违法要素，那么无前科的共同实行人也成立盗窃罪，并不妥当，有违责任主义原则，因为即使在共同犯罪中也无须为他人的前科负责。其三，从司法解释来看，前科与违法要素存在区别。通常而言，行为样态等违法要素影响定罪，而前科仅作为量刑情节在量刑阶段予以考虑，而在前科减量入罪的规定中，即使前科与违法要素并列适用，但前科有可能不影响升格刑适用，而其他违法要素却同时影响升格刑适用。

前科能够影响责任评价，属于责任的问题。前科作为过去的事实，一般不得在本次行为的定罪中进行评价，通常被认为属于预防必要性的问题在量刑中予以考虑，但预防与责任并非毫无关联。从责任要素内容的演进来看，预防逐步向责任靠拢，雅科布斯（G. Jakobs）甚至认为责任和预防是同一事物的不同侧面，主张责任的根据在于预防的目的，但是以预防取代报应，完全将人工具化并不可取。罗克辛（C. Roxin）所倡导的功能责任论主张以答责性取代责任作为犯罪论体系的第三阶层，责任和预防作为并列的要素统一于答责性概念之下，刑罚以责任为边裁，预防必要性在该范围内发挥功能性调节作用，只有同时具备责任和预防必要性，才可以适用刑罚。[2] 罗克辛的功能责任论并非增加惯犯的责任，而是额外减轻了初犯、偶犯等非惯犯的责任，是在消极的限制刑罚的意义上使用预防必要性概念。在责任理论发展中，前科作为预防的问题逐渐被责任理论所关注甚至涵盖。

---

〔1〕 参见张明楷：《犯罪论的基本问题》，法律出版社 2017 年版，第 3 页以下。

〔2〕 参见陈家林：《外国刑法理论的思潮与流变》，中国人民公安大学出版社 2017 年版，第 375 页以下；参见车浩：《"扒窃"入刑：贴身禁忌与行为人刑法》，载《中国法学》2013 年第 1 期，第 114~130 页。

为了消除行为人刑法之虞，应当承认预防必要性只能在消极意义上运用，但世界各国刑法通常对累犯、再犯处以更重的刑罚，表明前科所代表的不仅仅是预防必要性或需罚性问题，而是在责任上具有积极的可罚的依据，暗含了从需罚性到可罚性的理论转变。如果更重的刑罚是独立地建立在常习的行为人上，那么行为人本身成了谴责的对象，这与"犯罪是行为"基本信条相违背，实质的行为责任论立足于"柔软决定论"认为，"常习犯"加重的根据在于行为与规范心理人格具有相当性，此时常习性作为行为的属性，虽然考虑了行为背后的人格的因素，但刑罚仍然可以说是建立在行为的基础上。[1] 与罗克辛教授不同的是，在这里前科不再作为预防必要性问题与责任并列，而是被纳入责任的评价之中，即具有前科的行为人所为之行为，从责任角度来说具有更高的可罚性，但前科不是责任产生的根据，而是可以影响责任轻重的要素。

常习（前科）以实质的行为责任或预防的名义从量刑阶段提前至定罪的责任阶段予以考虑仅是路径不同，但根本目的或者说所代表的理论趋势可以体现出这样一个观点，即行为人如果具有前科，从行为责任或者说答责性上，其行为比无前科行为人的相同行为需要承担更重的责任。

四、前科减量入罪的原理

基于以上分析，定量要素属于构成要件要素，影响违法性的程度，而前科作为责任范畴的内容，影响责任轻重，那么前科减量入罪是否是以责任来填充违法性欠缺？责任和违法性是分属不同领域的内容，如何能进行填补？前科减量入罪是否有行为人刑法的倾向？为回答上述问题，有必要进一步探讨的是前科减量入罪的原理问题。对于前科减量入罪的原理，当前学界的主要观点有社会危害性补足说、违法性补强说和客观处罚条件说，本文在评析以上观点的基础上认为，前科减量入罪的原理是以较重的责任补足因违法性不足导致的刑事可罚性欠缺，达至值得刑法谴责的程度，在二元制裁体系之下，实际上是行政权力和司法权力的再调整。

---

[1] 参见［日］平野龙一：《刑法的基础》，黎宏译，中国政法大学出版社2016年版，第24页以下。

（一）观点评析

1. 社会危害性补足说

该说认为入罪的数额仅仅是社会危害性的识别标准、是体现社会危害性的一个侧面，是其客观显性描述，同类前科的存在致使行为人的社会危害性增加到了需要动用刑法惩罚的程度，故而前科可以作为第二识别标准对"唯数额论"进行修正。[1] 从社会危害性理论出发，前科补足社会危害性就在于前科所体现的人身危险性或主观恶性，但是人身危险性的概念无法在犯罪构成的四个要件中立足因而只能在量刑中发挥作用，而主观恶性的内容也不明确，所谓再犯者的主观恶性其实是指行为人对规范的强烈的敌对态度，但这和犯罪的主观内容没有关系，如果将前科作为主体要素考虑，就有将责任立足于行为人而非行为的嫌疑，换言之，行为人本身的存在就具有社会危害性，脱离行为可以独立进行评价有违行为刑法的根本要求。因而社会危害性补足说实际上是偏离犯罪构成来论证社会危害性，不能成立。

2. 违法性补强说

违法性补强的观点认为前科是反映人身危险性情况与程度的违法性要素，补强因盗窃财物数额未达到"数额较大"的基本标准而欠缺的违法性。[2] 但至少从目前来看，前科不宜作为违法要素，定量要素与前科分别属于违法和责任的问题，那么自然也就不存在违法性补强的说法。

3. 客观处罚条件说

也有学者认为，"曾因盗窃受过刑事处罚"是客观处罚条件，该说认为，减半数额是司法解释对盗窃罪"数额较大"新设定的标准，其依据是盗窃罪前科减量入罪的不同描述："'数额较大'的标准可以按照前条规定标准的百分之五十确定"，而法定刑升格的描述则是"数额达到本解释第 1 条规定的'数额巨大''数额特别巨大'50%的，可以分别认定为刑法第 264 条规定的'其他严重情节'或者'其他特别严重情节'。"换言之，达到新设定的数额

---

〔1〕　参见王东海、王腾：《盗窃入刑数额减半情形的正当性及适用》，载《广西警察学院学报》2017 年第 6 期，第 13~19 页；参见王东海：《数额标准减半入罪后仍可适用累犯规定》，载《检察日报》2017 年 9 月 11 日，第 3 版。

〔2〕　参见黄鹏：《"曾因盗窃受过刑事处罚"的性质论辩——兼与邓毅丞博士商榷》，载《法律适用》2018 年第 5 期，第 95~102 页。

标准本身具有可罚性，前科作为客观处罚条件，体现的是特殊预防必要性。[1] 从现在德国的刑法理论来看，是否承认客观处罚条件是有争论的，即便承认，也认为客观处罚条件只能作为刑罚限制事由，而不是刑罚扩张事由；即便承认可以作为刑罚的扩张事由，但也指出这存在本来意义上的解释论疑虑，从实质上看，是基于刑事政策的理由对责任原则进行了限制，这种限制因风险思想而只在一定程度上合法化。[2] 因此客观处罚条件的证成需要解决两个关键问题：一般数额较大标准的半数是否属于新设定的数额较大标准，如果该论点成立，还需要追问前科如果属于客观处罚条件，那么就意味着前科对于盗窃罪而言，属于限制刑罚事由，这与立法、司法的目的和实践是否相符的问题。

刑法定量要素的相对弹性允许司法解释根据社会发展适时调整，但不意味着可以允许同时存在多个标准，确定两个数额标准是对可罚性标准的随意动摇，换言之"对于全国司法解释或地区实施细则中所规定的基本标准只有一个明确的标准（幅度或起点），其他标准只能是基本标准的派生物。"[3] 犯罪成立的定量标准是可罚性的最低标准，就盗窃罪而言，如果认为刑法规定的"数额较大"有500元~1500元和1000元~3000元人民币两个标准，则必须承认数额较小的标准就达到了可罚性要求，但无前科行为人在前一标准下却不构成犯罪，唯一的解释是未达需罚性要求。这是对可罚性和需罚性关系的错误解读，在不法和责任满足可罚性要求时原则上就应当认为具有需罚性，只有在没有预防必要性的情况下才能例外地否定需罚性，而非相反地认为达到可罚性但一般不具有需罚性，只有在具有额外的特殊预防必要性时才满足需罚性，否则，就应当认为所有刑法当中对数额的规定，都属于达到可罚性而没有需罚性的情形，那就意味着所有犯罪成立都额外要求存在需罚性事由，这与刑法的理论和实践都不相符。

从前科减量入罪的司法解释模式来看，前科扩大了犯罪成立范围，基于法律的权威性和一贯性，应当认为过去盗窃数额未达到较大标准但达到半数

---

[1] 邓毅丞：《"曾因盗窃受过刑事处罚"的认定与评价》，载《法学》2014年第6期，第100~109页。

[2] 参见［德］汉斯·海因里希·耶塞克、托马斯·魏根特：《德国刑法教科书（上）》，徐久生译，中国法制出版社2017年版，第749页以下。

[3] 黄鹏：《"曾因盗窃受过刑事处罚"的性质论辩——兼与邓毅丞博士商榷》，载《法律适用》2018年第5期，第95~102页。

以上的，并不构成盗窃罪，只属于行政违法行为，而不能认为此种情形一般性地属于可罚行为，进而认为现在附加前科的条件是限制刑罚事由，可见前科属于积极的入罪事由，而非限制犯罪事由。据此客观处罚条件说不能成立。

（二）本文观点：责任补足刑事可罚性，调整权力分工

定量要素是构成要件要素，属于违法范畴，特殊手段、对象、时期等违法要素当然地具有减量入罪的效果，实际上是对"唯数额论"的修正，起到违法性补强的作用。将前科与其他违法要素并列，也具有减量效果，也起着某种"补强"作用，但这里的"补强"不是同质累加，以此种违法要素补充彼种违法要素，前科作为责任范畴的问题，是以较重的行为责任或者答责性来补强因违法性不足所导致的可罚性欠缺，进而整体达到值得发动刑事处罚的程度。

刑事可罚性立足于不法与责任，通常而言，违法性或者有责性的欠缺均会导致可罚性欠缺。在违法性层面，可罚的违法性是指刑法中的违法性应当达到值得科处刑罚的程度，其包含量和质两方面的问题，关于量的问题，"在具体判断时，会综合考虑违法的量、预防必要性等因素，即在可罚的违法性背后还隐含了有无可罚的责任的观念。"[1] 在这里，也是将预防必要性问题作为可罚的责任的判断素材，但在具体判断时暗藏于可罚的违法性的判断之中，也即可罚性的判断不仅需要判断违法性，也要对责任进行评价。在因违法性不足而导致的可罚性欠缺时，由于前科行为人的再犯行为具有较重的责任，故而在可罚性这一上位概念下，责任起到了补足的作用。

一般而言，阶层的犯罪论体系在构成要件该当性判断之后，依次进行违法性和有责性的消极判断，对于违法性不足的行为的判断将止于违法性阶层，不会考虑责任问题，那么在违法性不足的情况下仍然考察责任内容进而补足可罚性，实为入罪的观点是否颠覆了犯罪论阶层判断的基本逻辑呢？事实上，对违法性与有责性进行消极判断的目的在于确认来源于构成要件的可罚性，只要不具有违法和责任的排除事由，那么该当构成要件的行为就构成犯罪，具有可罚性，在这里仍需比较语境的差异。在大陆法系理论中，可罚性划定公权力的边界，可罚性欠缺的行为不被公权力所规制，不被处罚，这与其定性的立法模式相适应，在我国二元制裁体系下，上述划定公权力边界的可罚

---

[1] 参见陈家林：《外国刑法理论的思潮与流变》，中国人民公安大学出版社 2017 年版，第 277 页。

性所对应的应当是作为构成要件解释原理的"但书"所要排除的行为的可罚性，这里的可罚性当然也含有量的要素，但这里的量是在"情节显著轻微，危害不大"的意义上来说的。而犯罪成立定量要素当中的具体数量标准，主要是为了界分行政违法和刑事犯罪，其作用不在于划定公权力边界，而在于行政和司法权力的分工，行政不法与刑事不法在行为类型上存在普遍的交叉，因而这部分行政违法行为也将落入（罪体）构成要件行为的范围之内。换言之，符合刑法定型描述但不满足其定量标准的行为，仍然具有上述所称的可罚性，在前科减量入罪规定中，也就通过了构成要件该当性和违法性阶层的检验。如果将行政处罚置于大犯罪圈之内就能够很好地理解不同语境之间的差异，因而所谓的未达定量要素标准，因违法性不足导致的可罚性欠缺等，仅仅指的是刑事处罚和行政处罚二者之间的抉择。在通过违法性阶层检验的情况下，前科所指示的较重的责任能够提升其可罚性达至发动刑事处罚的程度，并不违背阶层犯罪体系的逻辑。

五、结语

犯罪成立的定量要素是构成要件要素，因而没有达到定量要素标准的行为在违法性上存在一定欠缺，实质上是刑事可罚性存在欠缺。前科是责任问题，前科行为人的再犯行为具有较重的责任，其可罚性也更高。因而在可罚性概念之下，前科行为人的再犯行为能以其较重的责任来补足因违法性不足导致的可罚性欠缺，整体上达到发动刑罚的程度。在二元制裁体系下，定量要素起到行政和司法权力的分工作用，因定量要素不足导致的刑事可罚性不足，在明文规定了前科减量入罪时，仍然属于该当构成要件的不法有责行为，因而前科减量入罪的这种补足作用，是行政权力和司法权力之间的再调整。

具体犯罪的高发态势、再犯问题以及唯数额论的僵硬适用是促成司法解释中前科减量入罪模式发展的主要动因，前科减量入罪是法益保护原则的具体落实，适当扩大犯罪成立范围并不违背谦抑的法益保护原则。前科减量入罪面临的最大批评是认为司法解释将刑法适用推向行为人刑法。历史地看，建立在自由的法治国基本原则之上的法律制度，总是倾向于行为刑法的，李斯特也从来没有提出刑事可罚性应当追求行为人的存在形式或内在态度以取代行为的主张。[1] 行为刑法虽然占据绝对主导地位，但是行为人刑法仍然影

---

〔1〕 参见［德］克劳斯·罗克辛：《德国刑法学总论（第1卷：犯罪原理的基础构造）》，王世洲译，法律出版社2005年版，第106页。

响着各国刑法理论和实践的发展，尤其是刑罚理论吸收了大量行为人刑法中的合理因素，而且从犯罪论体系的理论发展来看，有将预防问题从刑罚阶段前提至责任阶段的趋势，在行为刑法的基本框架下合理地考虑行为人因素并不必然是对行为刑法的背离。

故意·过失混合犯罪类型之提倡

李　昱*

　　摘　要：刑法分则中存在着诸如滥用职权罪、丢失枪支不报罪、违法发放贷款罪等罪过形式难以确定的罪名。既有理论中"客观超过要素理论""罪量要素理论""复合罪过理论""并存罪过理论""主要罪过理论"以及"故意的要素分析模式"尽管能够部分解决罪过形式认定问题，但因只单纯调整故意的认识范围而忽视了对故意犯和过失犯特殊不法构造的关注。应当在故意犯罪与过失犯罪的二分法之外发展"故意·过失混合犯罪类型"。故意·过失混合犯罪类型在因果类型上属于"引起型因果"；在罪过形式上对实行行为是故意而对结果的现实化仅为过失。因果类型的特殊性使得故意·过失混合犯罪类型一般不具有未完成形态，其法定刑设置相较于故意结果犯而言也较为轻缓。承认"故意·过失混合犯罪类型"有助于促使刑事立法和司法从救济转向预防、从结果本位转向行为本位，也能为刑法学术研究提供一种新的视角。

　　关键词：滥用职权罪　故意·过失混合犯罪类型 客观超过要素　主要罪过　不法类型

---

　　*　李昱，清华大学法学院 2019 级硕士研究生（100084）。

一、问题的提出

在我国刑法分则中，存在着一部分难以认定罪过形式的罪名，滥用职权罪，丢失枪支不报罪，食品、药品监管渎职罪，违法发放贷款罪等便是其中的典型代表。以滥用职权罪为例，学术界中对其罪过形式历来存在争议，故意说与过失说均占有一定的"市场份额"。总体而言在刑法学界，故意论占据了主导地位，是传统也是主流观点。故意论一般认为滥用职权罪在主观方面表现为，行为人明知自己滥用职权的行为会给公共财产、国家和人民利益造成重大损失，而希望或者放任这一结果的发生。[1] 而过失论者尽管据理力争，认为行为人对于行为以及结果仅具有过失即可，但最终也仅仅是作为一种极少数说而存在。[2] 综观既有文献可以认为，目前关于滥用职权罪的罪过形式为故意，已经成为中国刑法学界中难以被撼动的通说。

然而，无论是作为通说的故意说还是作为少数说的过失说都面临着难以解释的问题。譬如，一般认为，在大陆法系刑法体系之下，构成要件具有故意规制机能。[3] 这意味着行为人应当对所有的客观构成要件要素具备明知，包括行为、结果、犯罪对象、犯罪时间、犯罪地点以及犯罪手段等要素。[4] 但故意说无法说明的是，与故意杀人罪等故意犯罪相比，滥用职权罪等罪名为何在行为人对于"重大损失"这一要素具有明知与意欲的情况下却又能判处相对轻缓的刑罚？[5] 从体系性思考的角度，难以认为此种法定刑设置具有

---

〔1〕 参见高铭暄、马克昌主编：《刑法学》（第 6 版），北京大学出版社、高等教育出版社 2014 年版，第 641 页；王作富、黄京平主编：《刑法》（第 4 版），中国人民大学出版社 2009 年版，第 587 页；陈兴良、周光权：《刑法学的现代展开Ⅱ》，中国人民大学出版社 2015 年版，第 575 页。

〔2〕 参见李洁：《论滥用职权罪的罪过形式》，载《法学家》1998 年第 4 期，第 31 页；何秉松主编：《刑法教科书》（下卷），中国法制出版社 2000 年版，第 1143 页。

〔3〕 参见［日〕西田典之：《日本刑法总论》，王昭武、刘明祥译，法律出版社 2013 年版，第 60 页；〔德〕乌尔斯·金德霍伊泽尔：《刑法总论教科书》，蔡桂生译，北京大学出版社 2015 年版 第 138 页。

〔4〕 参见高铭暄、马克昌主编：《刑法学》（第 7 版），北京大学出版社、高等教育出版社 2016 年版，第 108～109 页；〔日〕山口厚：《刑法总论》（第 3 版），付立庆译，中国人民大学出版社 2018 年版，第 199 页。

〔5〕 滥用职权罪面临的以上问题和诸种争论在丢失枪支不报这一罪名上呈现出了大体相同的局面。实际上，刑罚轻缓性和构成要件结果严重性的矛盾在丢失枪支不报罪中凸显得更为尖锐：丢失枪支不报罪的刑罚空间仅为 3 年以下有期徒刑，即使丢失的枪支造成了致人死亡的"严重后果"，最多也只能顶格判处 3 年有期徒刑。同样的问题在食品、药品监管渎职罪，违法发放贷款罪，故意延误投递邮件罪，妨害传染病防治罪，擅自进口固体废物罪，滥用管理公司、证券职权罪，违法发放林木采伐许可证罪等十数种罪名中都有十分明显的体现。

正义性与均衡性。因为"以刑制罪"的解释论原理决定了应予适用的刑罚的严厉程度反过来会制约与影响犯罪成立要件的解释。[1] 而如若肯定此种法定刑设置的合理性,则故意与客观构成要件的合致性必然要遭受破坏。换言之,故意的认识内容只能被限定在构成要件行为上,而构成要件结果则要被放逐出故意的认识范围。与此同时,过失说则同样面临着相应的诘问:在滥用职权等罪名的罪状表述中没有体现过失的情况下,为何要将罪过形式认定为过失?

为了解决上述体系性问题,不断有学者提出相应的理论观点。晚近以来一些学者试图从客观构成要件或者主观罪过的角度证成上述罪名作为故意犯罪的内在合理性,代表性的观点有"客观的超过要素理论"[2] "罪量要素说"[3] "主要罪过说"[4] "复合罪过说"[5] "并存罪过说"[6] "明知故犯论"[7] 以及"故意的要素分析模式理论"[8]。然而,在本文看来尽管以上理论在其体系内部都具有一定的自洽性,但均存在着割裂犯罪构成中的主观要素与客观要素之弊病,均将罪过问题化约为单纯的主观故意心态的认定问题,从而有意或无意地忽略了典型的故意不法与以上罪名所表征的独特不法形态的显著分野。

基于上述认识,本文认为一种独立于传统故意犯与过失犯的新犯罪类型——即故意·过失混合犯罪类型——应当得到提倡。这一犯罪类型被发现的背景是我国刑法分则体系中存在诸如滥用职权罪、丢失枪支不报罪、违法发放贷款罪等部分罪名,既难以认定为典型的故意犯罪,又不能认定为典型的过失犯罪,其在结果归属和罪过形式的组合上具有特殊性,因此应当提出一种新的犯罪类型对其进行总结与归纳,从而促进我国刑法学研究的合理化与精细化进程。为了充分说明故意·过失混合犯罪类型所欲解决的问题和自

---

[1] 参见劳东燕:《刑事政策与刑法解释中的价值判断——兼论解释论上的"以刑制罪"现象》,载《政法论坛》2012年第4期,第39页。

[2] 参见张明楷:《"客观的超过要素"概念之提倡》,载《法学研究》1999年第3期,第22页。

[3] 参见陈兴良:《口授刑法学》,中国人民大学出版社2007年版,第235~238页。

[4] 参见周光权:《论主要罪过》,载《现代法学》2007年第2期,第38页。

[5] 参见储槐植、杨书文:《复合罪过形式探析——刑法理论对现行刑法内含的新法律现象之解读》,载《法学研究》1999年第1期,第50页。

[6] 参见卢有学:《论并存罪过》,载《法律科学》2015年第1期,第109页。

[7] 参见黎宏:《刑法总论问题思考》,中国人民大学出版社2007年版,第194页。

[8] 参见劳东燕:《犯罪故意的要素分析模式》,载《比较法研究》2009年第1期,第45页。

身特点，下文首先对既有进路的逻辑思路进行展开并指出其问题之所在，而后对故意·过失混合犯罪类型进行展开和建构，从而妥当地解释我国刑法分则中部分特殊罪名之主观不法与客观不法的非合致性。

二、既有进路及其不足

上文已经简单指明了各类代表性的观点，易于发现，学者们的思考进路大体可以被划分为"主观-客观"两个基本维度。客观维度的代表学说为"客观的超过要素理论"和"罪量要素说"，主观进路在思路上则更加活泛，具有"复合罪过理论""并存罪过理论"以及"主要罪过理论"等更多表现形式。下文依照先客观后主观的逻辑对上述解决方案分别进行论述 试图描述其运作机理及内在缺憾。

（一）客观进路及其问题

1. 客观的超过要素理论

客观的超过要素理论由张明楷教授在结合了德日刑法理论中的"客观处罚条件"与"主观超过要素"后首倡。张明楷教授认为，即使是构成要件，也不意味着主观上或者客观上存在着完全相对应的事实。与主观的超过要素概念相对，有些客观要件也可能不需要存在与之相应的主观内容，此便是"客观的超过要素"概念。[1]客观的超过要素理论在上述罪名中具有一定的解释力。这一理论将滥用职权罪、丢失枪支不报罪等罪状中规定的"造成严重后果"解释为超出故意内容的客观要素，由此成功维系了此类犯罪作为故意犯的局面。同时，为了与德日刑法理论中"客观处罚条件"相区分，张明楷教授明确指出行为人对于客观的超过要素应当具备预见可能性。[2]显然，在将"造成严重后果"这一要素放逐出故意的认识内容的同时，客观的超过要素理论还保持着与责任主义这一原则的基本勾连。因为根据责任主义的基本要求，只有在一个人对结果至少具有预见可能性之时，才能进行责任之追究。[3]在张明楷教授主张的纯粹结果无价值论的语境之下，行为人的主观心态与客观要件之间的关联尽管极为松散，却也能为归责提供一定程度的正当性根基。毕竟，预见可能性是故意和过失的共同前提，且故意与过失之间又

---

[1] 参见张明楷：《"客观的超过要素"概念之提倡》，载《法学研究》1999年第3期，第28页。
[2] 参见张明楷：《"客观的超过要素"概念之提倡》，载《法学研究》1999年第3期，第28页。
[3] 参见张明楷：《论缓和的结果归属》，载《中国法学》2019年第3期，第281页。

是位阶关系而非对立关系，[1]那么将行为人仅仅具有预见可能性的结果归责给行为人的故意行为，理论上具有自洽性。

客观超过要素理论在解决本文所提出的问题时具有内部逻辑上的自洽性，其通过将滥用职权罪中的"重大损失"、丢失枪支不报罪中的"严重后果"等要素认定为超过要素并将其排除出故意的认识范围，从而大体上保持了上述罪名的故意犯的基本面貌。但这一理论并非无懈可击。张明楷教授在提出这一理论之时便对其附加了许多限制性条件。[2]在一系列复杂的限制性条件之下，客观超过要素理论的适用场域实际上非常狭隘。毋宁认为，张明楷教授采取的是从滥用职权罪等罪名之法定刑设置的妥当性回溯性地建构出客观超过要素理论的结构。其根本不能解释，为何在故意犯中某些客观要素不属于故意的认识内容。论者并未说明"重大损失"等要素与其他要素之间的本质性差别，只是略显专断地对客观构成要件中的不同要素进行了不同的命运划分。在本文看来，倘若不准确指出客观的超过要素和行为、对象等客观要素在本体论上的不同，必然会导致任意地认定客观超过要素的可能，在客观要素和客观超过要素之间也必然始终面临着外延边界模糊化的质疑。而在形式法治的沉重构建任务尚未完成的中国社会，客观超过要素理论无疑容易导致刑法的客观性与确定性的破坏。事实上，司法实务中出现的部分案例便已然说明，随意将客观要素作为超过要素对待会带来处罚失衡之后果。譬如在"罗某犯贩卖毒品罪案"中法院便秉持了客观超过要素的理论逻辑，认为贩卖对象是否是成年人是不需要认识的对象，只要客观上贩卖对象为未成年人就应当从重处罚。[3]也正因此，尽管该理论得到少部分学者的支持，[4]但大部分学者仍持反对态度，明确指出客观的超过要素违反主客观统一原则，并认

---

〔1〕 参见张明楷：《刑法学上》（第5版），法律出版社2016年版，第282页。

〔2〕 这些限制性条件包括：①该行为本身违法；②该客观要素属于诸多客观要素之一；③该罪法定刑较低；④认定客观的超过要素不影响行为人主观故意的完整内容。参见张明楷：《"客观的超过要素"概念之提倡》，载《法学研究》1999年第3期，第31页。

〔3〕 江西省南昌市东湖区人民法院（2016）赣0102刑初267号刑事判决书。

〔4〕 参见王昭振：《刑法中定量因素的故意规制研究——"客观超过要素"理论的再诠释》，载《法律科学》2008年第5期，第57页；王昭振：《也论"客观的超过要素"概念——兼评复合罪过理论与严格责任理论》，载《刑法论丛》2007年第2期，第113页。

为我国犯罪构成中本无客观超过要素的存在空间。[1]

2. 罪量要素理论

在客观超过要素理论之外，罪量要素理论之于本文所提出的问题而言同样具有一定程度的建构性的意义。所谓"罪量要素"，是"罪体-罪责-罪量"犯罪论体系中的下位要素，是陈兴良教授从我国刑法关于数量因素的特点入手构建出的概念。罪量是在具备犯罪构成的本体要件（罪体）的前提下，表明行为对于刑法所欲保护的法益之侵害程度的数量要件，[2] 只有行为达到了情节严重、数额较大或者其他限制性程度，才能作为犯罪对待。[3] 陈兴良教授将刑法分则规定中的"数额""情节"等表明法益侵害的数量因素作为罪量要素，从而将其排除出行为人的故意认识范围。由此，本文指涉的争议性的罪名的罪过形式便大体上得到了解决。仍以滥用职权罪为例，陈兴良教授明确指出，"重大损失"这一构成要素属于独立的罪量要素，不属于主观认识内容，对于确定行为的故意或者过失没有关系，应当依据行为人对于行为的故意或者过失来确定其罪过形式。[4] 既然行为人对于滥用职权或者不报等实行行为具有故意的心态，便应当认定为故意犯罪。

相比于客观的超过要素理论的狭隘适用场域，罪量要素理论并未将目光停留在上文所描述的罪名类型中，而是意图对整部刑法典的罪名进行解释。从这一点也可以看出，罪量理论自从诞生之日起，其理论雄心便不在于解释这类罪过形式存在一定争议的罪名。但其在解决这一问题的过程中，仍然避免不了与客观超过要素同样的理论诘难：在没有特殊理由的情况下，将传统理论理解为构成要件结果的要素作为"罪量要素"从而根本性地排除出故意甚至是预见可能性的范围之外，实质性理由与正当性根据何在？实际上，尽管二者在基本逻辑上趋于一致，但相比于始终坚持预见可能性之必要性的客观超过要素理论，罪量要素理论在"驱逐"结果要素的道路上更为"一往无

---

〔1〕 参见梁根林：《责任主义原则及其例外——立足于客观处罚条件的考察》，载《清华法学》2009 年第 2 期，第 59 页；杨书文：《质疑"客观的超过要素"概念》，载《福州大学学报（哲学社会科学版）》2002 年第 3 期，第 52~53 页。

〔2〕 参见陈兴良：《作为犯罪构成要件的罪量要素——立足于中国刑法的探讨》，载《环球法律评论》2003 年第 3 期，第 276 页。

〔3〕 参见陈兴良：《但书规定的规范考察》，载《法学杂志》2015 年第 8 期，第 1 页。

〔4〕 参见陈兴良：《作为犯罪构成要件的罪量要素——立足于中国刑法的探讨》，载《环球法律评论》2003 年第 3 期，第 276 页。

前"。因此也自然而然地会面临更为严苛的批评。目前看来，罪量要素理论并未能妥善回应上述质疑。此外，罪量要素理论自身问题并不限于此。罪量要素理论过于注重理论的整全性，将我国刑法中的定量因素全部作为罪量要素看待而不要求行为人的主观认识，容易导致个案不公的出现。此前引起广泛社会舆论的"天价葡萄案"，[1]在罪量要素理论之下几无出罪之余地，同时也与我国行政违法与刑事违法二分的体系难以兼容。将定量要素一概作为罪量要素，一方面忽视了犯罪结果在确定违法性中的地位与作用；另一方面存在违反责任主义之嫌疑。[2]此外，与构造逻辑上极为接近的客观处罚条件理论相比，[3]罪量要素理论对于行为人而言显然更为严苛。诚如我国学者所言，客观处罚条件的存在，仅仅在缩小处罚范围这一点上是有意义的。[4]然而罪量要素理论将传统上作为构成要件要素处理的"数额""情节"排斥出故意的认识范围，无疑使得入罪便宜化与轻易化，导致对行为人不利之局面，扩张刑法的处罚范围，与客观处罚条件理论之理念背道而驰。

（二）主观进路及其缺陷

如上文所述，由于将客观要件随意搁置于行为人主观意志范围之外的做法具有天然的恣意性与不确定性，极易导致责任主义这一宪法性原理的背反。因此，有学者另辟蹊径，尝试着从主观罪过的角度对上述类罪为何作为故意犯而非过失犯的问题进行解释，形成一定影响力的主要有"复合罪过理论""并存罪过理论"以及"主要罪过理论"，下文对此进行详细评述。

1. 复合罪过理论

我国学界中关于复合罪过理论的相关阐述，最早见诸储槐植教授的研究成果。储槐植教授结合国外刑法理论的罪过形式研究的启发提出了复合罪过理论。实际上，无论是在法国、德国等大陆法系国家还是在英美等国家，在

---

〔1〕 此案的详尽报道，具体可参见《天价葡萄案续：葡萄只值千元 馋嘴民工可能免刑责》，载中国新闻网，http://www.china.com.cn/chinese/2004/May/573740.htm，最后访问时间：2019 年 11 月 22 日。

〔2〕 参见黎宏：《刑法总论问题思考》，中国人民大学出版社 2007 年版，第 186 页。

〔3〕 本文认为，罪量要素理论与德日刑法学中的"客观处罚条件"具有实质上的等价性，即该要素尽管表征行为的可罚性，构成要件故意却没有必要对此进行延伸。此种理论上的亲缘性也得到了罪量要素理论代表陈兴良教授的首肯。参见［德］约翰内斯·韦塞尔斯：《德国刑法总论》，李昌珂译，法律出版社 2008 年版，第 89 页；陈兴良：《刑法的明确性问题：以〈刑法〉第 225 条第 4 项为例的分析》，载《中国法学》2011 年第 4 期，第 119 页。

〔4〕 参见周光权：《刑法总论》（第 3 版），中国人民大学出版社 2016 年版，第 259 页。

刑法学研究中均有学者提出故意与过失之外的罪过形式。譬如德国学者魏根特等提出"第三类主观要件"，将间接故意与有认识过失作为一类单独的主观要件类型进行研究；[1] 而在法国刑法中则包含了一种介于本义上的故意和过失之间的所谓"可能故意"，即行为人仅仅预见到可能发生危害结果但并不希望看到已经发生的结果，或者不希望发生任何结果的心理状态；[2] 至于英国刑法和美国刑法，其在从故意到过失的谱系中还存在着"轻率"的罪过形式，在行为人有意识的忽略犯罪实质要件的存在或行为将导致的实质和不合理的风险时，便具有轻率的罪过。[3] 在国外既有研究的基础上，储槐植教授认为，所谓复合罪过，是指"同一罪名的犯罪心态既有故意（限间接故意）也有过失的罪过形式。如现行刑法规定的滥用职权罪和玩忽职守罪，其主观故意既可能是故意，又可能是过失。"[4] 显然，复合罪过形式的提出，是为了解决两方面的问题：其一，间接故意与有认识的过失之间难以区分的问题；其二，现行刑法分则某些条文规定的罪名包含了跨种的罪过形式（既有故意也有过失）的问题。[5] 复合罪过理论甫经提出便得到了我国少部分学者的支持，有学者还将其扩展到丢失枪支不报罪等其他罪名之中。[6] 然而，复合罪过理论存在着内在缺陷。

首先，复合罪过理论的内涵混乱不清。依照储槐植教授的论述，复合罪过应当是指同一罪名可以由故意或者过失构成。但在理论演变的过程中却逐渐产生了新的含义：即间接故意与过失之间由于人类认识的模糊性而无法区

---

[1] 参见李海东：《刑法原理入门（犯罪论基础）》，法律出版社 1998 年版，第 63 页。

[2] 参见 [法] 卡斯东·斯特法尼等：《法国刑法总论精义》，罗结珍译，中国政法大学出版社 1998 年版，第 261 页。

[3] 关于"轻率"的具体论述，参见 [美] 约书亚·德雷斯勒：《美国刑法精解》，王秀梅等译，北京大学出版社 2009 年版，第 129~130 页；[英] J. C. 史密斯、B. 霍根：《英国刑法》，李贵方等译，法律出版社 2000 年版，第 73~75 页；张旭主编：《英美刑法论要》，清华大学出版社 2006 年版，第 36~47 页。

[4] 储槐植、杨书文：《复合罪过形式探析——刑法理论对现行刑法内含的新法律现象之解读》，载《法学研究》1999 年第 1 期，第 53 页。

[5] 储槐植、杨书文：《复合罪过形式探析——刑法理论对现行刑法内含的新法律现象之解读》，载《法学研究》1999 年第 1 期，第 53 页。

[6] 参见韩哲：《关于丢失枪支不报罪主观罪过形式的探讨》，载《法学评论》2005 年第 5 期，第 120 页。

分，统称为复合罪过，成为一种新的罪过形式。[1]问题在于，现实生活中无法区分间接故意与有认识的过失，这只是事物性质与类属边界模糊的正常反映。但并不意味着刑法在规范上就不需要对其进行区分。换言之，认识模糊这一事实并不能当然地引申出刑法规范上不予区分的结论。因为事实的认知与规范的建构本质上便属于两个层面的问题，[2]经验事实如此，并不意味着在规范上就应当如此。[3]

其次，复合罪过理论将间接故意与有认识的过失做等同评价，会导致刑罚的恣意性与罪刑严重不均衡。故意犯罪由于其主观意志上对法秩序的背反态度和可谴责性，在客观构成要件结果相同的场合下往往面临着比之过失犯更加严厉的惩罚，倘若认为同一罪名可由故意与过失构成，那么在中国传统的"重刑主义"的背景下，[4]法官在适用刑罚时往往偏于重判重罚。这对于刑法的谦抑性维持以及人权保障机能的实现都有致命性的破坏作用。[5]

最后，认为故意与过失能够并存于一个罪名之中的观点，也会对我国犯罪未完成形态理论造成冲击。因为过失犯一般认为并不存在未遂形态。[6]但在复合罪过理论之下，一个罪名是否存在未遂等特殊形态却成为棘手的问题，需要依赖行为人的主观意志乃至于被告人的口供进行判断，具有极大的任意性与不明确性。以上种种原因，导致复合罪过理论在我国刑法学界和实务界并未得到重视。

2. 并存罪过理论

并存罪过理论是在"复合罪过说"渐趋式微后，晚近以来我国学界提出的一种新观点，代表学者是卢有学教授。该观念的基本主张是根据刑法的规定，在一个具体罪名中，行为人对于同一个犯罪结果，既可以是故意，也可以是犯罪过失的心理状态。[7]相关论者认为，并存罪过在我国的刑法分则中

---

〔1〕 参见李兰英、任国库：《透视复合罪过的心理机制》，载《河北法学》2004 年第 2 期，第 43 页。

〔2〕 参见向朝阳等：《复合罪过形式理论之合理性质疑》，载《法学评论》2005 年第 3 期，第 54 页。

〔3〕 参见劳东燕：《风险刑法理论的反思》，载《政治与法律》2019 年第 11 期，第 40 页。

〔4〕 参见胡学相、周婷婷：《对我国重刑主义的反思》，载《法律适用》2005 年第 8 期，第 71 页。

〔5〕 参见李兰英：《再议"合一论"与"复合罪过说"》，载《现代法学》2005 年第 4 期，第 77 页。

〔6〕 参见张明楷：《刑法学上》（第 5 版），法律出版社 2016 年版，第 330 页。

〔7〕 卢有学：《论并存罪过》，载《法律科学》2015 年第 1 期，第 113 页。

至少包含包括"基本罪过是并存罪过的情形"和"加重罪过是并存罪过的情形"两种类型。[1] 需要注意的是，尽管并存罪过论极力希望与不断遭受诘难的复合罪过理论撇清界限并圈定自己的学术领地，[2] 但在本文看来，二者在本质上都认为我国刑法理论中一贯主张的"一罪名一罪过"的体系不适用于当下刑法分则中的部分罪名，并希冀进行所谓"一罪名多罪过"的理论创新与突破。实际上，也正因此，上文针对复合罪过理论的相关批评，除了"内涵不清"这一批判之外，均可适用于并存罪过理论。简言之，并存罪过理论面临着混淆实然与应然的问题，在中国刑法理论背景下易于导致刑罚的恣意性与罪刑不均衡性，同时会对我国犯罪未完成形态相关理论带来难以修补的冲击，实难被称为具有解释力的罪过形式理论。具体论证不赘。

3. 主要罪过理论

主要罪过理论的特点在于，承认事实层面的罪过的多样性和规范层面的罪过的单一性。其认为"需要站在客观立场解释刑法的规定，首先从'事实上'确定这些特殊犯罪中的行为人究竟有多少个罪过；然后从'规范的意义上'确定在这些罪过中哪一个是'次要罪过'，哪一个是'主要罪过'。最终确定的这个'主要罪过'就是这些特殊犯罪的罪过形式。"[3] 仍以滥用职权罪为例，主要罪过论者认为，滥用职权行为是具有决定性意义的行为，危害结果是滥用职权必然产生的伴随结果。因此，在对行为人的罪过进行具体、最终的评价时，将行为人有意滥用职权评价为基础罪过、主要罪过，将对结果发生的心态评价为过失。由于滥用职权行为在通常情况下具有发生特定结果的危险，滥用职权的意思实际支配了结果的发生，可将滥用职权罪总体上定性为故意犯罪。[4] 对于丢失枪支不报罪、违法发放贷款罪等罪名可做等同化处理。主要罪过说看到了罪过的规范属性，这一点毫无疑问是正确的。同时，主要罪过说还维系了"一罪名一罪过"的固有模式，防止诸如滥用职权罪、丢失枪支不报罪等特殊罪名的出现给既有刑法单一罪过传统带来致命性的冲击。这一出发点同样是值得肯定的。

但主要罪过说的问题在于，何以能够区分和界定所谓规范意义上的"主

---

〔1〕 卢有学：《论并存罪过》，载《法律科学》2015 年第 1 期，第 115~116 页。

〔2〕 参见卢有学、吴学辉：《论我国刑法中的并存罪过现象》，载《甘肃政法学院学报》2015 年第 5 期，第 73 页。

〔3〕 参见周光权：《论主要罪过》，载《现代法学》2007 年第 2 期，第 38 页。

〔4〕 参见周光权：《论主要罪过》，载《现代法学》2007 年第 2 期，第 40 页。

要罪过"与事实意义上的"次要罪过"？实际上，主要罪过说并未给出明确的标准，其至于在其内部也出现了不协调和不一致之处。譬如，论者认为滥用职权的行为在通常情况下具有发生结果的危险，因此对滥用职权的行为的罪过便是主要罪过。但在交通肇事罪上，论者却认为违反交通法规的行为只是事实上的次要罪过，不能构成规范上的主要罪过。然而，根据实证统计数据，机动车驾驶人违反交通法规从而导致道路交通事故伤亡的情形远远高于因其他所有因素造成道路交通事故人员伤亡的总和。[1]换言之，故意违反交通法规的行为，在通常情况下同样具有发生结果的危险，诸如"红灯停绿灯行"的交通法规的规范保护目的就是保护行人的人身安全。由此可见，主要罪过说对于"主要罪过"和"次要罪过"的认定具有任意性，毋宁认为是论者心中的主观性判断。

（三）故意的要素分析模式理论

在客观进路以及主观进路之外，还有学者另辟蹊径，认为滥用职权罪、丢失枪支不报罪等罪名的罪过形式之所以难以确定，是因为我国传统刑法理论采取了"整罪分析模式"。相关论者借鉴英美刑法中罪过形式的"要素分析模式"，意图借此一劳永逸地解决此类难题。所谓要素分析模式，与整罪分析模式相对。整罪分析模式的特点在于罪过对象的整体性、罪过形式的单一性和不同罪过之间的对立性。整罪分析模式认为罪过的对象是以构成要件结果为重心的客观构成要件要素整体。因此，在故意犯罪中，所有客观要素的罪过形式都是故意，不可能存在既包括故意也包括过失的情况。[2]而与之相对的要素分析模式主张，不应当对犯罪故意做完整性的理解，而是要求针对不同的客观构成要件要素进行单独的犯意分析。对于同一个故意犯罪中不同的客观构成要件要素，可能需要适用不同的罪过形式，即对行为要素要求是故意而对结果要素或者其他情状要素则可能只要求具有过失。[3]论者指出，要素分析方法的引入，彻底颠覆了整罪分析模式所坚持的传统罪过结构，一个

---

〔1〕 参见任英等：《中国交通事故伤亡人数影响因素的实证分析》，载《预测》2013 年第 3 期，第 6 页。

〔2〕 参见陈银珠：《法定犯时代传统罪过理论的突破》，载《中外法学》2017 年第 4 期，第 945~946 页。

〔3〕 参见劳东燕：《犯罪故意的要素分析模式》，载《比较法研究》2009 年第 1 期，第 59 页。

犯罪一种罪过形式的观念也因此遭受到了猛烈的批判。[1]要素分析模式将刑法分则规定的罪名中的客观构成要件要素分解为"行为要素""结果要素"和"（附随）情状要素"，[2]并且将犯罪故意限缩在行为要件上。换言之，即使行为人仅仅对于行为具有故意，而对结果要素和情状要素仅仅具有过失，也能认为成立故意犯罪。[3]以要素分析模式审视我国刑法分则中的一些特殊罪名，可以发现该理论具有相当程度的解释力。如丢失枪支不报罪的行为要素是"不及时报告"，结果要素是"造成严重后果"，行为人对于"不及时报告"这一行为要素只要是自愿实施，对于"造成严重后果"只要具有过失，也能认为行为人成立该罪。[4]

事实上，要素分析模式可谓是上述客观超过要素理论、罪量要素理论、复合罪过理论、并存罪过理论以及主要罪过理论极致化的理论产物。申言之，以上五种理论均希望对我国传统的"整罪分析模式"进行突围，并对客观构成要件的故意规制机能做缓和化的处理。其中，复合罪过理论和并存罪过理论挑战的是整罪分析模式之下某一罪名的所有客观构成要件要素只能由故意或者过失构成，绝不可能存在故意/过失的"或然性罪过"之可能的设定；客观的超过要素理论和罪量要素理论则是体现了犯罪故意"要素化"的倾向，也即将犯罪故意限缩在行为要件，对于结果要件只要具备过失罪过甚或不需要具有罪过便已经足够；而主要罪过理论则同样以要素分析模式为基础。因为一旦认为行为人对于一个罪名的某个要素的罪过是"主要的"，对于另一要素的罪过是"次要的"，则必定是采取了要素分析的进路，尽管论者或许并未注意到这一倾向。可见，犯罪故意的要素分析模式一定程度上反映了罪过理论中的某种思潮和方向。而在本文看来，我国罪过理论之所以会出现此种理论转向，根本原因在于风险社会背景之下，刑法从强调对犯罪的惩罚逐渐转向为对危害预防和对危险控制的强调，刑法逐渐蜕变成一项规制性的管理事

---

〔1〕 参见王华伟：《要素分析模式之提倡——罪过形式难题新应》，载《当代法学》2017 年第 5 期，第 76 页。

〔2〕 参见陈银珠：《论美国刑法中的要素分析法及其启示》，载《中国刑事法杂志》2011 年第 6 期，第 122~123 页。

〔3〕 参见劳东燕：《犯罪故意的要素分析模式》，载《比较法研究》2009 年第 1 期，第 59 页。

〔4〕 参见陈银珠：《法定犯时代传统罪过理论的突破》，载《中外法学》2017 年第 4 期 第 963 页。

务，通过有目的地系统使用刑法达到控制风险的政治目标。[1]以秩序和控制为目标的刑法，必然会迎来法定犯占据主导性地位的时代，强调对行为而非结果的管控，行为取代结果成为客观构成要件中的"帝王"，控制了行为也就基本上实现了对风险的预防与规制。因应地，罪过理论所关注的重心便理所应当地从结果本位转向行为本位，从略显僵硬的整全性的客观构成要件转向灵活可调整的要素性的行为要件。

尽管在一定程度上契合了风险社会背景下刑法由惩罚转向预防的走向，犯罪故意的要素分析模式也并非无可指摘。在本文看来，故意的要素分析模式的根本缺陷在于将罪过形式的问题仅仅视为罪过本身的问题，忽视了不同类型的罪过形式下刑法归责方式的本质性差异。实际上，无论是"前-要素分析模式"的复合罪过说、并存罪过说、客观超过要素理论、罪量要素理论还是主要罪过理论，还是故意的要素分析模式本身，本质上都是通过放宽故意成立的标准，倡导多元化的故意类型，将滥用职权罪、丢失枪支不报罪等罪名归入故意犯罪的类型。[2]然而，罪过层面的简单扩张能否妥善地解释以上罪名，却是要打上大大的问号。

在韦尔策尔提出"目的行为论"并将其应用到阶层论犯罪体系的构造后，德国刑法体系经历了巨大变动。在目的论体系之后，故意作为构成要件实现的认识和意志而存在，从责任中脱离出来，进入了不法阶层。[3]在如今的德国刑法学界，无论是在主流的新古典暨目的主义综合论体系还是作为少数说而存在的目的理性犯罪论体系中，故意均被归入构成要件阶层，作为主观不法要素而存在。[4]尽管日本以及我国部分学者所主张的刑法体系将故意作为

---

〔1〕 参见劳东燕：《公共政策与风险社会的刑法》，载《中国社会科学》2007 年第 3 期，第 127 页。

〔2〕 参见劳东燕：《滥用职权罪客观要件的教义学解读——兼论故意·过失的混合犯罪类型》，载《法律科学》2019 年第 4 期，第 71 页。

〔3〕 参见蔡桂生：《韦尔策尔犯罪阶层体系研究》，载《环球法律评论》2010 年第 1 期，第 138 页。

〔4〕 关于故意在德国犯罪论体系中的地位，可以参见 ［德］汉斯·海因里希·耶塞克、托马斯·魏根特：《德国刑法教科书（总论）》，徐久生译，中国法制出版社 2001 年版，第 352~353 页；［德］冈特·史特拉腾韦特、洛塔尔·库伦：《刑法总论 I——犯罪论》，杨萌译，法律出版社 2006 年版，第 108 页；［德］乌尔斯·金德霍伊泽尔：《刑法总论教科书》（第 6 版），蔡桂生译，北京大学出版社 2015 年版，第 136 页；［德］克劳斯·罗克辛：《构建刑法体系的思考》，蔡桂生译，载《中外法学》2010 年第 1 期，第 7 页；劳东燕：《刑法中的客观不法与主观不法——由故意的体系地位说起》，载《比较法研究》2014 年第 4 期，第 70 页。

责任要素而对待,[1]但此种做法始终在主观不法要素和未遂犯的故意这两方面的问题上面临着难以解释的难题。譬如，山口厚教授便认为在未遂犯中引起既遂结果的意思属于主观违法要素，而此种意思一旦达于既遂便成为责任要素。[2]同时，日本的结果无价值论者对于目的、倾向、动机等也作为主观不法要素进行处理。正因上述问题之所在，本文赞同德国主流立场，主张故意应当以构成要件要素的身份存在于构成要件阶层。

而故意作为构成要件要素，其功能在于积极证立不法，也即故意不法。换言之，故意犯具有独立的不法形态，迥异于过失犯。有学者对二者之间的差异进行了全面的总结：故意行为对危险的发展必须具有现实的支配，过失行为对危险的发展在一些场合仅仅具有支配可能性；故意行为制造的危险流具有方向性，而过失行为制造的危险流具有盲目性；故意行为的回避可能性更高而过失行为的回避可能性更低；故意行为制造的危险具有可重复性，过失行为制造的危险不具备此特征；行为人单单制造故意行为危险便具有可罚性基础，而过失行为危险只有在具备实害结果的情形下才具有可罚性；故意行为具有定型性，但过失行为不具有定型性。[3]以上诸种差异的根源在于，在故意犯的场合，人能够按照对于因果关系的认识，在一定范围内预测其活动可能造成的结果，在此基础上设定不同的目标，并且有计划地引导其活动朝着实现该目标的方向发展。而过失犯的场合则缺少这种目的性，过失行为不受目的性的操控，只是由各种现存的原因要素所偶然引起的。[4]简言之，故意行为的行为人具有目的性思维活动，而过失行为的行为人不具有目的性思维活动。[5]目的性思维的存在，决定了故意犯的场合行为人对危险的实现具有支配性，具体表现为行为人通过其目的性思维和意志操控下的身体活动现实地支配了因果流程和结果的实现。故而故意犯的因果关系被视为"造成/支配型因果"的理想类型。而过失犯的场合，由于因果流程往往并不处于行

---

〔1〕 参见［日］前田雅英：《刑法总论讲义》（第 6 版），曾文科译，北京大学出版社 2017 年版，第 132 页；张明楷：《刑法学上》（第 5 版），法律出版社 2016 年版，第 251 页。

〔2〕 参见［日］山口厚：《刑法总论》（第 2 版），付立庆译，中国人民大学出版社 2011 年版，第 96 页。

〔3〕 参见柏浪涛：《构成要件错误的本质：故意行为危险的偏离》，载《法学研究》2018 年第 3 期，第 142~143 页。

〔4〕 参见［德］汉斯·韦尔策尔：《目的行为论导论——刑法理论的新图景》（增补第 4 版），陈璇译，中国人民大学出版社 2015 年版，第 1 页。

〔5〕 参见柏浪涛：《未遂的认定与故意行为危险》，载《中外法学》2018 年第 4 期，第 1018 页。

为人的意志支配之下，更多表现为行为人违反注意义务的行为，只是为第三方造成危害结果提供了机会或者便利。因此在危害结果由介入因素直接导致的场合，过失犯的结果归责被视为"引起型因果"的类型。[1]

但是在滥用职权罪、丢失枪支不报罪抑或违法发放贷款罪等一系列罪名中，尽管行为人对于违反义务的行为是为故意，但该种故意行为并未"造成"或者"支配"了危害结果的产生，而是仅仅为第三者提供了机会和条件。简言之，触犯此类罪名的行为人，在实行行为上是故意心态，但在对因果流程的操控可能性上却表现为过失犯中的"引起型因果"类型。譬如，丢失枪支不报罪的行为人对于"不报"持故意心态，但对于"严重后果"的出现却没有产生支配或造成性的影响。行为人故意地"不报"，只是为致人伤亡等"严重后果"的发生开启了一种可能和提供了一种机会。在此类犯罪中，针对实行行为的故意罪过形式，与因果关系上的过失因果形态之间，呈现出了尖锐的断裂与紧张关系。因为故意犯对应的因果关系类型不可能仅仅体现为结果的发生提供条件与开启可能性。即使是在特殊认知的场合，行为人也是通过其认知优势利用客观条件而支配了结果发生的全过程。故而，单纯地扩张故意的成立范围或者主张多元的故意观，无法解决主观与客观无法合致的深层次矛盾关系。也正因此，在国内率先引介故意的要素分析模式并使之发扬光大的劳东燕教授，如今也旗帜鲜明地指出该种理论的不足。[2]

三、故意·过失混合犯罪类型之提倡

在对刑法学界提出的各种解决方案进行相应评述之后容易发现，以滥用职权罪、丢失枪支不报罪等为代表的一系列罪名已然超出了传统的故意犯和过失犯的涵摄范围。毋宁认为，意图以故意犯罪或者过失犯罪中的其中一种来界定该类型犯罪，无疑是隔靴搔痒，无法准确回应其中的关键问题。任何通过客观要素的增减和主观要素的变化而径直将上述罪名归类为故意犯或者过失犯的做法，无疑都是忽略了故意犯和过失犯所具备的独特的不法构造。正是在此基础上，本文认为，只有大胆地承认该类型的犯罪存在于故意犯罪

---

〔1〕 参见劳东燕：《事实因果与刑法中的结果归责》，载《中国法学》2015年第2期，第135~136页。需要说明的是，过失犯中也存在着支配型因果的类型，譬如行为人违反交通法规而过失地撞死路人的场合，便是行为人的过失实行行为直接造成了被害人的死亡，支配了因果流程。但由于过失犯中的这一类型与本文意图论证的主体并无直接关联，故不在正文中展开。

〔2〕 参见劳东燕：《滥用职权罪客观要件的教义学解读——兼论故意·过失的混合犯罪类型》，载《法律科学》2019年第4期，第71页。

与过失犯罪的交叉地带，兼具故意犯罪与过失犯罪的部分品质，才能使得刑法内部实现体系性协调。因应地，应当将该类型犯罪从故意犯或者过失犯的传统观点中剥离出来，并进而建构出一种新的犯罪类型，即"故意·过失混合犯罪类型"。

需要明确指出的是，所谓故意·过失混合犯罪类型，并非是故意犯或者过失犯概念下的子类型，而是介于故意犯与过失犯之间的一种新的犯罪类型。之所以提出故意·过失混合犯罪类型，是因为诸如滥用职权罪、丢失枪支不报罪等罪名无论被归入故意犯的阵营，还是被纳入过失犯的麾下，均存在着较大的不足与缺陷，依照传统故意犯与过失犯二分的思路解释上述罪名，无疑会导致该类犯罪自身特点被忽视以及故意犯、过失犯本身的主客观不法结构遭受冲击的后果。

首先，将滥用职权罪，丢失枪支不报罪，食品、药品监管渎职罪，违法发放贷款罪等一系列罪名解释为故意犯，面临的问题是因果关系类型上的不兼容和不匹配。前文已述，故意犯的成立要求行为人通过主观意志和目标设定，操纵整个因果流程朝向其设想的方向发展，也即"造成型因果"。但考察这些罪名的不法构造能够发现，通过主观意志支配从行为到结果的整个进程的特征，在这些罪名中是并不具备的。譬如，在丢失枪支不报罪中，行为人对于作为实行行为的"不报"是故意，但是其却根本无法控制"严重后果"的出现与否，尽管立法者在罪状表述中运用了"造成"这一词语，但却不能将其在规范的层面理解为"造成型因果"的理想类型。再如，在违法发放贷款罪中所要求的"造成重大损失"，也应该做与丢失枪支不报罪相同的理解。否则便也不能解释为何此类犯罪明明造成了十分严重的后果，在法定刑设置上却始终显得较轻（最高也仅仅是有期徒刑）的局面。正是因为结果的出现与否并不处于行为人的意志内容与目标设定范围之内，而是需要多环节的不受控制的外因的介入，才使得行为人所背负的有责的不法之程度较为轻微。另外需要说明的是，尽管在极为少数的情况下，在这一类罪名中也会出现行为人"直接造成"严重后果出现的情况，如国家工作人员滥用职权故意地直接引起十分严重的经济损失的场合。但此时往往可以通过合理地运用想象竞合抑或法条竞合的原理，以诈骗罪等财产犯罪或贪污罪等犯罪论处，否则便难以实现罪刑均衡之理想效果。

其次，理解为过失犯罪同样面临着难以克服的障碍。①存在着突破罪刑法定这一根本原则的客观危险。《中华人民共和国刑法》第 15 条第 2 款明文规定"过失犯罪，法律有规定的才负刑事责任"，这意味着只有当刑法分则中对于过失存在着至少是文理性的规定时方能肯定过失犯的刑事责任。[1]但从"丢失枪支不报""滥用职权""违法发放贷款""食品、药品监管渎职""吸收客户资金不入账"等直接描述罪状的话语，实在难以解构出其中蕴含着过失的一面。既然刑法明文规定过失犯处罚的例外性，便不得将罪状表述中不含过失特性的罪名生硬地解释为过失犯罪。②与解读为故意犯的情况相同，过失犯的构造与上述罪名的归责模式同样有所龃龉。从 20 世纪 90 年代起，我国的过失犯理论逐渐实现了由"苏俄化"向"德日化"的转变。[2]眼下，在我国刑法学界中主导过失犯论之话语权的当属"新过失论"与"修正的旧过失论"。新过失论受目的行为论的影响，将过失区分为构成要件过失与违法过失，主张只有当行为违反了客观注意义务或者结果回避义务时才认定为实行行为，这使得过失犯的判断重心从预见可能性转移到了未履行结果回避义务这一过失犯的实行行为。[3]而修正旧过失论则在结合结果无价值论与新过失论的基础上提出过失犯的确存在着不同于故意犯的实行行为。[4]抛却行为无价值论与结果无价值论的立场之争可以发现，过失犯构造的重心在于过失犯的实行行为这一点已然无须争议。申言之，过失犯中的过失，主要是针对实行行为的过失，例如交通肇事罪中的实行行为是过失地制造了对他人生命、财产的不被容许的危险。然而，在滥用职权一类罪名中，行为人对于开启招致构成要件结果现实化之机会与可能性的行为（也即实行行为），却全然是故意态度。行为人并非是过失地"滥用职权"或过失地不上报枪支丢失的情况，更不可能是过失地违法发放了贷款。行为人对于开启结果现实化过程的实行行为本身而言是故意态度，但从实行行为到结果现实化的过程是行为人所无法操控的，行为人只是因其故意地违背了相应的法律规定而能够预见到相应的结果有可能会发生。这里或许会产生下列疑问：行为人对于实行行为是故意，此类罪名的法定刑有时却比固有的过失犯罪如过失致人死亡罪的法定刑还要低？[5]本文的回答是，因为故意・过失混合犯罪类型中，行为人只是开

---

〔1〕　参见张明楷：《刑法学上》（第 5 版），法律出版社 2016 年版，第 282~283 页。
〔2〕　参见陈兴良：《过失犯论的法理展开》，载《华东政法大学学报》2012 年第 4 期，第 38 页。
〔3〕　参见吕英杰：《论客观归责与过失不法》，载《中国法学》2012 年第 5 期，第 118 页。
〔4〕　参见吕英杰：《论客观归责与过失不法》，载《中国法学》2012 年第 5 期，第 118 页。
〔5〕　例如，根据相关司法解释，滥用职权罪即使造成一人死亡的结果，却只能判处三年以下有期徒刑。相比之下，同样的结果在过失致人死亡罪中可能被判处七年有期徒刑。

启了因果流程或者间接介入了因果流程，对于最终结果的发生而言并不起到直接作用。而过失致人死亡罪等固有的过失犯罪中的常见类型却是过失行为直接导致结果的发生。

经过上文的分析可见，故意·过失混合犯罪类型由于其在诸多方面与故意犯和过失犯的实质性差异而无法被归入故意犯或者过失犯的一种，只能"另立门户"，作为一种新的犯罪类型存在于刑法之中。这类犯罪在客观不法即结果归属上是引起型因果而非造成型因果；在主观不法上只存在对实行行为的故意，对结果而言只要求具备预见可能性。在此意义上，故意·过失混合犯罪类型并未在客观不法或者主观不法的层面上提出新的理论，这也是此种理论所可能面临的主要批评与质疑。作为简单地回应，本文认为，就客观不法与主观不法的组合结果而言，故意·过失混合犯罪类型理论的确开辟出一条新的归责路径。正如三阶层犯罪论体系之于四要件犯罪论体系，或者客观归责理论之于传统的由社会相当性、结果回避可能性、规范保护目的等要素组成的结果归属理论一样，要素的规范化的重组本身便应当被认为具有理论上的创新性。

具体而言，故意·过失混合犯罪类型的大体特征如下：

第一，就因果关系与结果归属而言，故意·过失混合犯罪类型所要求的是"引起型因果"和在此基础上的客观归责。也即，与危害结果由介入因素直接造成的过失犯罪中的因果关系与结果归属相一致。这意味着，行为人无须对结果的出现具有直接支配和操控的作用，并非"造成"损害。换言之，行为人并非是在自己的环境中通过操纵一个对象，以造成所希望的其一后果。[1] 恰相反，行为人只是为他人做有害之事提供理由或者机会，通过"介入"的方式"诱发"和"引起"了损害结果的出现。[2] 既然行为人并未支配因果流程与结果的实现，那么即便在行为人之外还存在着第三人的过失行为，也无法阻断对行为人的结果归属。在引起型因果关系之下，只要引起结果发生的条件仍在发挥作用，就能够认定行为人与结果之间具有可归属的关系，即使行为人对最终结果的出现并不具有支配力和控制力。譬如，在"姜某等

---

〔1〕 参见 ［英］H. L. A. 哈特、托尼·奥诺尔：《法律中的因果关系》（第 2 版），张绍谦、孙战国译，中国政法大学出版社 2005 年版，第 26 页。

〔2〕 参见 ［英］H. L. A. 哈特、托尼·奥诺尔：《法律中的因果关系》（第 2 版），张绍谦、孙战国译，中国政法大学出版社 2005 年版，第 62 页。

滥用职权、有玩忽职守、国有公司人员滥用职权、玩忽职守案"中，被告人姜某作为国有公司的工作人员，在明知段某没有桥梁实施资质的情况下将YF02 合同段蛤蟆河大桥转包给段某，导致蛤蟆河大桥冻胀开裂，造成 55 万元的经济损失，构成国有公司人员滥用职权罪。[1] 显而易见的是，被告人姜某基于职权作出的转包决定只是引起最终经济损失结果出现的原因之一，真正导致损失出现的是段某的违规施工行为。但由于国有公司工作人员滥用职权罪在因果关系与结果归属上并不要求支配与控制力，因此段某违规施工的行为并不影响被告人姜某构成犯罪。

第二，就实行行为与构成要件结果的罪过形式而言，行为人对于实行行为是故意，而对于结果只需要存在过失，即具有预见可能性已足。这一点上，故意·过失混合型犯罪实际上借鉴了犯罪故意的要素分析理论的发现。但应当指出的是，借鉴了该发现并不意味着采取了与要素分析模式类似的进路。本文之所以提炼出独立的故意·过失混合类型犯罪，就是为了避免如要素分析模式那样将滥用职权之类的犯罪笼统地纳入故意犯罪的范畴之中。而在为何对行为要素与结果要素的罪过形式做不同规定的问题上，上文已经略有提及，是为了在法定犯到来的时代中，通过对社会主体的行为的控制与规范，达致规制风险与一般预防之效果。对我国刑法分则中的罪名进行检索可以发现，凡是可以被归入故意·过失混合犯罪类型的罪名，如非法出租、出借枪支罪，丢失枪支不报罪，违法发放贷款罪，违规出具金融票证罪，对违法票据承兑、付款、保证罪等，[2] 均属于法定犯的犯罪类型。实际上，正是法定犯的特殊不法结构和立法目的，使得故意·过失混合犯罪类型的建构成为可能。首先，法定犯的不法结构呈现出所谓"双重违法性"的特点，即行政违法性和刑事违法性的双重属性。[3] 双重违法性的存在使得行为人对第一重违法性即行政违法性的罪过为故意，而对第二重违法性即刑事违法性的罪过形式为过失，成为一种客观事实。正是因为此种客观存在，故意·过失混合犯

---

〔1〕　通化市中级人民法院（2014）通中刑终字第 12 号判决书。

〔2〕　此类罪名还有：故意延误投递邮件罪，妨害传染病防治罪，传染病菌种、毒种扩散罪、妨害国境卫生检疫罪，擅自进口固体废物罪，滥用管理公司、证券职权罪，徇私舞弊发售发票、抵扣税款、出口退税罪与违法提供出口退税证罪，违法发放林木采伐许可证罪，食品、药品监管渎职罪等。

〔3〕　参见刘艳红：《法定犯与罪刑法定原则的坚守》，载《中国刑事法杂志》2018 年第 6 期，第 61 页；胡业勋、郑浩文：《自然犯与法定犯的区别：法定犯的超常性》，载《中国刑事法杂志》2013 年第 12 期，第 43 页。

罪类型的建构也才能具备坚实的基础。其次，法定犯的立法目的是对现代社会中的风险进行有效控制，因此必然注重对行为而非结果的调整与规制。[1] 规制重心的提前化，意味着刑法更加关注行为人是否是故意地实施了违反了具有法益侵害品质的行政法规，因为此种违反在现代社会系统中易于招致一系列伴生性风险的现实化。因应地，结果要素地位的下降便是理所应当。毕竟相比于行为要素，结果要素的出现总是具有"时-空"的延后性。且只要控制了行为，便将风险扼死在摇篮之中。[2] 仍需要注意的是，法定犯的上述两大特征只是为故意·过失混合犯罪类型的提出奠定了事实基础，并非充要条件。因为不是所有的法定犯都能被认定为故意·过失混合犯罪类型。诸如生产、销售、提供假药罪、走私罪等均被认定为故意犯罪没有疑问。对于这一问题，本文认为，生产、销售、提供假药罪、走私罪等类型的法定犯具有共同的特点，即实行行为中本身便蕴含了支配法益侵害过程的直接要素，一旦行为人实施了实行行为，便会一般性、通常性地导致法益侵害结果的出现。譬如，走私罪的实行行为直接侵害了国家进出口管理制度，特殊类型的走私罪还会侵害国家财产权等法益。但在故意·过失混合类型犯罪中，故意的实行行为与结果的出现之间，欠缺导致法益侵害发生的直接性要素。简言之，存在着"法益侵害过程的支配性要素的欠缺"。在行为人违反相应行政法规之后，结果并不当然的发生，而是需要第三人积极介入与施加作用力。也即如前文所言，与传统的法定犯相比，故意·过失混合类型的法定犯的因果关系类型为"引起型"而非"造成型"。

第三，故意·过失的混合犯罪类型一般不存在未完成形态。这一特征与其因果关系与结果归属中的"过失犯性"紧密勾连。结果要素在过失犯中仅仅具有限缩处罚范围之作用，作为犯罪成立要素而存在，行为人也无须对结果具有实际的认知或意欲。因此，过失犯中不存在特殊形态，只有成立与否的问题。[3] 而在故意·过失混合犯罪类型中，由于只是出于责任主义的考量，要求行为人对结果要素具有预见可能性，那么结果要件同样只是作为犯罪成立要素而非既遂要素而存在，主要功能在于限制犯罪成立范围和刑法处罚范围。故而，故意·过失混合类型犯罪中，并不存在着预备、未遂等犯罪特殊

〔1〕 参见储槐植：《要正视法定犯时代的到来》，载《检察日报》2007 年 6 月 1 日，第 12 版。

〔2〕 参见储槐植：《要正视法定犯时代的到来》，载《检察日报》2007 年 6 月 1 日，第 12 版。

〔3〕 参见张明楷：《刑法学上》（第 5 版），法律出版社 2016 年版，第 330 页。

形态。

第四，故意·过失混合犯罪类型的罪名，刑法为之配置的法定刑一般较为轻缓。准确地说，此种轻缓是针对自然犯与典型的法定犯这两类犯罪而言的。首先，与造成了与故意·过失混合类型犯罪相同结果的自然犯相比，法定刑较为轻缓。譬如，根据司法解释的规定，滥用职权导致一人死亡或者造成经济损失30万元的，法定刑也仅为3年以下有期徒刑。丢失枪支不报罪的顶格法定刑也不过3年有期徒刑，即便其引起了一系列严重危害人身安全的结果。相比于故意杀人罪、故意毁坏财物罪以及盗窃罪等自然犯，故意·过失混合犯罪类型的法定刑明显轻微。其次，与典型的法定犯相比，故意·过失混合犯罪类型的法定刑也更为轻微，突出表现在法定最高刑的配置上。例如，生产、销售伪劣产品罪，生产、销售、提供假药罪，生产、销售、提供劣药罪，走私淫秽物品罪，走私普通货物、物品罪等法定犯的最高刑均能达到10年以上有期徒刑，但在故意·过失混合犯罪类型中，极少有罪名能到达此种法定刑幅度。甚至在一些情况下，由于结果引起的间接性，故意·过失混合犯罪类型的法定刑可以低于刑法分则中固有的过失犯罪。如滥用职权的行为导致一人死亡的，仅能认定为3年以下有期徒刑，而过失致一人死亡的，最高则可能判处7年有期徒刑。从刑法的体系性解释的角度，也应当认为故意·过失混合犯罪类型的不法结构与罪过形式均应当区别于传统的故意犯与过失犯，也区别于典型的自然犯与典型的法定犯。

通过上述多方面的描述，故意·过失混合犯罪类型的基本样态已然浮出水面。与客观超过要素理论、罪量要素理论、复合罪过说、并存罪过说、主要罪过说以及犯罪故意的要素分析模式相比，故意·过失混合犯罪类型一方面使得故意犯和过失犯的不法形态定型化，不存在随意确定客观超过要素、罪量要素的危险；另一方面也坚守了罪刑法定原则，坚持了过失犯处罚的例外性与明文规定性。故意·过失混合犯罪类型这一理论看到了刑法中客观不法要素与主观不法要素之间"牵一发而动全身"的紧密勾连关系，这意味着罪过形式的认定绝不能轻易地将某一要素"拿进"或者"拿出"构成要件的体系之中。但也必须在文中表明的是，故意·过失混合犯罪类型只是对我国刑法分则中所规定的一类罪名在刑法理论上的"发现"，而非径直"创造"出一种新的犯罪类型。它是对既有的罪名的特征之描述、概括与总结。至于其在将来能否指导刑事立法与刑事司法，则有待刑法学界同仁的共同努力。

四、故意·过失混合犯罪类型的实益

如前文所言，摒弃传统的故意犯罪与过失犯罪二分的范式，转而承认故意犯罪类型、故意·过失混合犯罪类型、过失犯罪类型三分的范式，不能不说是对传统刑法理论的一大突破。但此种改造并非是为了体现理论创新性而大放厥词，而是基于对现实情况的全面考量进而谨慎得出的理论推进。实际上在本文看来，在故意犯罪类型与过失犯罪类型之间，增添一种具备过渡性质的故意·过失混合犯罪类型，对于我国的刑法实践与刑法理论裨益良多。

（一）助益立法：转变我国结果本位立法传统

结果本位是我国刑事立法的传统特色，这一基本结论从我国刑法总则中但书的规定[1]以及刑法分则中关于定量要素的设置便可以得出。有学者对我国刑法分则的相关情况进行了全面统计，得出的结果是我国刑法分则罪刑条款中三分之二以上均含有定量因素，[2]一般体现为"情节严重""情节特别恶劣"或"造成严重后果"等立法语词的表述。在阶层犯罪论体系之下，这些定量要素均作为积极证立不法的要素而成为犯罪故意的认识内容。换言之，在我国目前的刑法体系中，行为造成的危害结果而非行为本身才是构建罪刑规范的逻辑起点，危害结果的出现为国家刑罚权的介入提供了正当根据。[3]在自然犯的场合，以结果为中心构建刑法体系没有疑问。因为自然犯天生具有法益属性，其自身的客观属性即"自体恶"显而易见，自然犯的正当性便在于客体正当性。[4]由是，以表现为客体的结果作为刑法规制的对象理所应当。可是在法定犯的场域，仍然坚持以结果为中心的做法在逻辑上便存在着断裂。因为在具备"双重违法性"的法定犯中，具备法益品性的行政违法性侧重于预防刑法观，目的在于通过控制实现秩序；而刑事违法性则着眼于自由刑法观，导向对先验性的利益型法益的保护。应当认为二者构成手段与目的关系。[5]可见，法定犯这一犯罪类型的设定本身就具有秩序与控制的一面，

---

〔1〕 参见陈兴良：《但书规定的规范考察》，载《法学杂志》2015 年第 8 期，第 1 页。

〔2〕 参见储槐植、汪永乐：《再论我国刑法中犯罪概念的定量因素》，载《法学研究》2000 年第 2 期，第 36 页。

〔3〕 参见劳东燕：《犯罪故意理论的反思与重构》，载《政法论坛》2009 年第 1 期，第 90 页。

〔4〕 参见白建军：《法定犯正当性研究——从自然犯与法定犯比较的角度展开》，载《政治与法律》2018 年第 6 期，第 6 页。

〔5〕 参见蓝学友：《规制抽象危险犯的新路径：双层法益与比例原则的融合》，载《法学研究》2019 年第 6 期，第 139 页。

毋宁认为，法定犯是国家基于管理社会与规制风险的需要而设置的犯罪类型，是犯罪的"定义者"认为它们应该被当作犯罪处理，是主体性作用的结果。[1]法定犯具有主体性和工具理性的特点，其总是与时代发展、科技进步、国家政策的变动密切相关，因而具有较高的易变性。[2]法定犯的目的是调和社会上多种利益的冲突，确保日趋复杂的社会的安宁秩序，以增进国民生活安全与幸福。[3]法定犯的以上诸种特质决定了其必然是以行为规制为中心，而非以对结果的惩戒为目标。因为科学技术的发展使得许多犯罪行为的后果具有不可控性，要实现对风险的控制与预防，不可能等到造成侵害结果临近之时方才处罚，只能进行提前的控制和保护。[4]然而在我国刑法分则中，大量的法定犯都被设定了"情节严重""情节恶劣"等结果要件并作为故意的认识对象。这意味着只有在行为人对结果的发生具有大致准确的认识与意欲之时，才能作为犯罪处罚。这无疑与法定犯的预防属性、控制属性和行为规制属性南辕北辙。

但是，故意·过失混合犯罪类型的发现，使得法定犯能够重拾其规制性和预防性的一面。在行为人仅仅对违反行政法规的行为具有故意，且单单是为他人实现法益侵害提供了引起性和条件性作用时，即使其对于结果是否出现不具有认识与意欲，也同样能够作为犯罪加以处罚。这无疑能够使风险社会中的个体和组织体持续地将自己的行为与相关行政法规进行比照，实现行为规范与风险预防之效。同时，故意·过失混合犯罪类型提示立法者，未来刑法分则中法定犯的设置，应当从结果本位向行为本位转变，从关注具有一定偶然性和不可控性的结果的发生向关注行为人所能够支配和掌握的行为的实行而转变，同时使我国刑事立法在刑事政策层面实现从惩罚向预防的"优雅转身"。简言之，故意·过失混合犯罪类型为将来的刑事立法开辟了一条新的路径。故意·过失混合犯罪类型的提倡，不仅能够避免将大量新型侵害法益与秩序的行为认定为故意犯所导致的认定上的困难，也能够很好地防止将

---

〔1〕 参见白建军：《法定犯正当性研究——从自然犯与法定犯比较的角度展开》，载《政治与法律》2018 年第 6 期，第 7 页。

〔2〕 参见李莹：《法定犯研究》，法律出版社 2015 年版，第 44 页。

〔3〕 参见王唯宁：《风险社会的刑法控制——基于法定犯的思考》，载《法律适用》2011 年第 5 期，第 104 页。

〔4〕 参见王玉珏、曲玉梁：《论刑法修正案对法定犯之修订》，载《法学》2011 年第 4 期，第 14 页。

此类行为认定为过失犯所可能招致的违背罪刑法定原则与过失犯处罚例外性的风险与批评。

（二）助益司法：使司法判决的结果更为均衡

刑罚的任务在于预防犯罪，而此方面的功能是否能够发挥出来，首先取决于量刑公正与否，过于轻缓和过于严厉的量刑都会导致刑罚的积极的一般预防功能无从体现，反而导致均衡性与正义性的丧失。[1]前文对于故意·过失混合犯罪类型的法定刑设置缘何轻于刑法分则中固有的过失犯进行了较为充分的论述。但司法实务中，仍有法院不考虑两者在因果关系与结果归属上的本质的不同，将本应评价为传统过失犯的行为认定为故意·过失混合犯罪类型中的相关罪名。譬如，在"奇某某等滥用职权案"中，被告人七人作为内蒙古自治区鄂尔多斯市杭锦旗路政管理大队巴拉贡中队的队员，在进行路政检查时发现四辆货车存在拒绝检查的情形，被告人通过拦截、打手势等方式示意上述车辆停车接受检查，但四辆货车司机并未停车并继续行驶。这时被告人奇某某提出用石头砸正在行驶的四辆货车，导致行驶在前面的第一辆货车的前挡风玻璃被砸碎，该车行驶一段距离后停下。第二辆货车和第三辆货车的侧玻璃被砸碎，驾驶人员紧急制动，二车并排停在公路上，致使第四辆货车驾驶人员韩某甲未能及时紧急制定，追尾到第三辆货车尾部，当场死亡，乘车人韩某乙受伤，车辆严重毁损。[2]在本案中，七名被告人的行为直接导致了一名被害人死亡和一名被害人受伤的结果，尽管过程中介入了被害人的特定行为，但在当时的场合该介入行为不能认为是异常的，因而应当肯定死亡与受伤结果的归属的直接性。换言之，应当认为是被告人的过失行为直接导致了被害人的死亡。但终审法院却仅仅判处数名被告人构成滥用职权罪，宣告了较为轻缓的法定刑（宣告刑均不到一年有期徒刑）。显然，本案法院忽视了滥用职权罪作为故意·过失混合犯罪类型的子项罪名所要求的结果归属的"引起性"和"间接性"，单纯以"国家工作人员""对结果的过失"等要素的存在而认定罪名归属。在本文看来，本案被告人不应被认定为滥用职权罪，而应以法定刑相对较重的过失致人死亡罪论处，这是考虑到被告人并非仅仅开启了导致被害人死亡和受伤的因果进程而是直接造成了结果的现实化而得出的应然性结论，也是在罪刑相适应和罪刑均衡原则之下理应做出

---

〔1〕 参见刘守芬、方文军：《罪刑均衡的司法考察》，载《政法论坛》2003 年第 2 期，第 85 页。

〔2〕 鄂尔多斯市中级人民法院（2014）鄂刑二终字第 78 号刑事判决书。

的合理的决断。[1]

事实上，在诸如滥用职权罪等罪名的认定过程中倘若不重视故意·过失混合犯罪类型的构造与传统过失犯的存在论差异，极易导致量刑失衡结果的出现。根据最高人民法院和最高人民检察院《关于办理渎职刑事案件适用法律若干问题的解释（一）》第1条第1项规定，滥用职权罪中"重大损失"要件应当达到"造成死亡1人以上，或者重伤3人以上，或者轻伤9人以上，或者重伤2人、轻伤3人以上，或者重伤1人、轻伤6人以上"的程度。而在过失致人死亡罪的认定中，一旦造成1人死亡的结果，原则上便应当认定为3年以上7年以下有期徒刑。如果不区分地将"造成型因果"的逻辑运作于故意·过失混合犯罪类型之中，则不能解释为何具有特殊身份与负有特殊注意义务的国家工作人员为何在量刑上享有如此程度的优待。滥用职权罪面临的以上问题在丢失枪支不报罪这一罪名上呈现出了大体相同的局面。丢失枪支不报罪的刑罚空间仅为3年以下有期徒刑，即使丢失的枪支造成了致人死亡的"严重后果"，最多也只能顶格判处3年有期徒刑，如果不是因为其属于故意·过失混合犯罪类型而在结果归属方面具有间接性，同样不能解释为何该"严重后果"仅能被匹配3年有期徒刑。同样的问题在食品、药品监管渎职罪，违法发放贷款罪，故意延误投递邮件罪，妨害传染病防治罪，擅自进口固体废物罪，滥用管理公司、证券职权罪，违法发放林木采伐许可证罪等十数种罪名中都有十分明显的体现。事实上，正因量刑不均衡的易发性，故意·过失混合犯罪类型才有必要及时被添加进我国刑法学体系之中。

（三）助益学理：推动我国刑法知识论的转型

我国的刑法知识论体系正处于从苏俄四要件犯罪论体系向德日三阶层犯罪论体系转型的过程之中，[2]在当下我国刑法学界，德日古典犯罪论体系一

---

[1]　相比之下，"高某某等滥用职权、受贿案"中，作为静安建交委主任的高某越权决定实施教师公寓项目，违规指定静安建总中标后整体转包给佳艺公司，违规同意将该项目不纳入行政监管，造成工程项目监管缺失，在没有取得施工许可证、没有经过消防审核等情况下开工。在施工过程中由于施工人员违规进行电焊操作引发火灾，致使58人死亡、71人受伤等严重后果。在本案中，被告人高某某被法院认定为滥用职权罪，在本文看来这一判决是妥当的，因为高某某尽管故意地实施了滥用职权的行为，但其滥用职权的行为与最终严重结果的出现具有相当遥远的距离，介入了许多环节的过失行为，从而符合故意·过失混合犯罪类型的特征。参见上海市第二中级人民法院（2011）沪二中刑初字第77号刑事判决书。

[2]　参见陈兴良：《转型中的中国犯罪论体系》，载《现代法学》2014年第1期，第65~66页。

般被认为居于主流地位。[1]这是因为，古典犯罪论体系对于确保法官思考的客观性、可靠性以及实践法治国的理想，都具有重要意义。[2]易于发现，立基于古典政治自由主义基础之上、强调保障公民自由的古典犯罪论体系，其主要特点之一在于，坚持以结果为中心建构刑法体系。因为相比于对行为的控制，对显性化的结果的要求更加个人主义，也更有利于对国家权力的制约。[3]可以认为，在中国刑法学经历了"去苏俄化"[4]的过程之后，在消极性地保障权利与限制权力的道路上迈出了里程碑式的一大步。

但问题在于，当今之中国面临的问题，远非国家权力对个体权利所具备的巨大威胁那么简单。相反，在经历了结构性变迁之后，现代性的到来为中国社会引入了全新的风险景象（risk profile），[5]我国也的确存在着某些具有后工业社会特征的重大潜在的危险行为，甚至于说前现代、现代和后现代的社会结构特征在当下的中国均有所体现。[6]诚如梁根林教授所归纳："从法治国到福利国再到安全国，欧美主要国家基本上是在自 18 世纪中后期至 20 世纪末、21 世纪初的二百多年间完成的。而这三个时代的问题与任务却共时性地出现在当代中国社会治理与社会控制的过程中，成为当代中国刑法不得不统筹兼顾、审慎回应的重大挑战，并且迫使当代中国刑法在尚未完全成型的自由刑法的基本面向之外，内生出民生刑法与安全刑法的新面向。"[7]眼下，刑法的向度不局限于国家与个体之间二元性的紧张关系之中，还存在于国家对于社会的全面管控以及对国民日益增强的"被害感"[8]的积极回应上。"自由刑法"与"安全刑法"的多重面孔，意味着刑法必须在理论体系与现实生活实现有效沟通，主动并且自我克制地对已然到来的风险社会做出应对。申言之，刑法理论体系必须在具备自主性的同时，发展出回应性（抑或功能性）的一面，这要求刑法知识体系的进一步转型。

而故意·过失混合犯罪类型的发现与承认，反映的正是刑法体系所应当

---

〔1〕 参见劳东燕：《转型中的刑法教义学》，载《法商研究》2017 年第 6 期，第 15 页。

〔2〕 参见周光权：《犯罪论体系的改造》，中国法制出版社 2009 年版，第 26 页。

〔3〕 参见张明楷：《结果无价值论的法益观与周光权教授商榷》，载《中外法学》2012 年第 1 期，第 43 页。

〔4〕 参见陈兴良：《刑法的知识转型：方法论》，中国人民大学出版社 2012 年版，代序第 1 页。

〔5〕 参见［英］安东尼·吉登斯：《现代性的后果》，田禾译，译林出版社 2010 年版，第 96 页。

〔6〕 参见王雯汀：《风险社会下危险犯的理论境域》，中国法制出版社 2019 年版，第 247 页。

〔7〕 梁根林：《刑法修正：维度、策略、评价与反思》，载《法学研究》2017 年第 1 期，第 53 页。

〔8〕 参见［日］平野龙一：《刑法的基础》，黎宏译，中国政法大学出版社 2016 年版，第 94 页。

具备的功能性。将诸如滥用职权罪、违法发放贷款罪等一系列犯罪的不法结构从传统故意犯罪与过失犯罪的传统范式中剥离出来，目的即在于通过学理化的建构，让刑法具有积极应答现代社会不断提出的挑战的能力。故意·过失混合犯罪类型，是刑法理论通过作用于刑事立法从而达到对现实生活的积极调控，更是刑法知识论体系从古典的、静态的、自足的犯罪论体系朝向功能性的、动态的、回应性的犯罪论体系演变的绝佳映射。因而，肯定故意·过失混合犯罪类型，有助于我国刑法知识论体系的进一步发展与转型。

五、结论

综合以上论述，本文从因果关系与结果归属、罪过形式、是否存在未完成形态以及法定刑的配置四个角度对故意·过失混合犯罪类型进行了界定，也基本说明了其与复合罪过理论、并存罪过理论、主要罪过理论、客观超过要素理论、罪量要素理论以及故意的要素分析模式之间的区别。应当认为，故意·过失混合犯罪类型与上述理论的根本不同之处在于注意到了罪过形式的问题并非是单纯的故意/过失划分的问题。在阶层论犯罪论体系之下，不同的罪过形式对应着不同的不法结构。单纯在罪过形式与某一构成要件要素之间进行匹配，无疑不能解决不法论上深层次存在的问题，更无法回答未完成形态的存否、法定刑的配置高低等一连串的问题，不具有很强的解释力。相反，大胆地承认故意·过失混合犯罪论性，并主张我国刑法分则中存在着三元（故意犯罪类型、过失犯罪类型、故意·过失混合犯罪类型）而非二元（故意犯罪类型、过失犯罪类型）的分类范式的观点，富有创新性和融贯性，也能够为我国刑法理论以及刑事实务提供新的理论工具。同时必须指出的是，故意·过失混合犯罪类型并非本文创见，劳东燕教授在 2019 年便提出了这一概念。[1]本文只是在其基础上丰富了对传统数种观点的批驳，并进一步地深化对故意·过失混合犯罪类型之内涵与外延的构建，实为学术承继，而非观点创新。

---

〔1〕 参见劳东燕：《滥用职权罪客观要件的教义学解读——兼论故意·过失的混合犯罪类型》，载《法律科学》2019 年第 4 期，第 71 页。

大数据侦查的正当性研究
——以适用原则与程序控制为视角

李松岩*

摘　要：大数据侦查是侦查机关将大数据技术应用于刑事案件侦破的新型侦查方法，但新型侦查风险也随之而来。其扩张性和不可知性容易打破现有的制度保护机制，对公民合法权益造成侵害。因而，应将大数据侦查置于诉讼理念之中，通过适用正当程序原则、比例原则、严格保密与合理保密相结合原则，构建大数据侦查的程序控制体系。这种程序控制体系既包含行政逻辑层面又包含司法逻辑层面，共同定义了大数据侦查在程序正义层面正当性的内涵。

关键词：大数据侦查　正当性　适用原则　程序控制

一、问题的提出

互联网技术通过计算机网络的广域网使不同的设备相互连接，加快信息的传输速度和拓宽信息的获取渠道，促进各种不同的软件应用的开发，使分散在各地的人们的信息交互成为可能。伴随大数据时代的到来，各项新

* 李松岩，中国政法大学证据科学研究院 2019 级博士研究生（100088）。

技术不断更迭且日臻成熟，为国家治理能力的跃升带来了机遇。党的十九届四中全会提出，"要建立健全运用互联网、大数据、人工智能等技术手段进行行政管理的制度规则"，这对行政机关主动利用新技术手段，提高行政效能提出了明确的制度要求。这标志着我国已经进入改革的深水区，充分应用信息科学技术对国家治理体系和治理能力现代化的意义不言而喻。与此同时，人类自身行为已经与信息社会深度融合，社会活动依赖信息的交互的途径，在交互过程中留下"数据印迹"。可以预见，"大数据+"的时代浪潮让人类社会对信息交互的依赖和需求程度将不断加深，这会导致人类行为相关的数据量继续迅猛增长。"大数据 + 司法"的改革已经逐步深入司法机关。大数据侦查即信息科学技术应用在刑事司法领域的探索，充分利用新技术，整合数据资源，突破传统侦查路径的瓶颈，同样是公安机关在新形势下提升办理刑事案件水平的合理选择。受益于技术力量在刑事侦查中的运用，在地方公安机关成功的探索下，公安机关正在自上而下的稳步推进大数据与人工智能技术应用落地，在一些省市地区，目前已经广泛应用于各类刑事案件侦查之中。

然而，大数据侦查带来的新型侦查风险也随之而来。我国刑事司法领域长期存在的重视实体而轻视程序的观念，造成了刑事诉讼对公民权利的程序性保护的缺失。将大数据侦查放在诉讼整体活动范畴加以思考，这是否符合正当性的要求呢？大数据侦查应避免成为导致"侦查中心主义"抬头的因素，可以通过适用原则和程序控制尝试抑制侦查中的自由裁量，以实现惩罚犯罪与保障人权之二元性诉讼目的并重。

二、大数据侦查的"非正当性"风险

刑事诉讼中的程序正义主要关注于为实现实体正义所采用的方法和程序是否有利于实现实体正义的实现，以及这些方法和程序本身是否符合一定的正义标准。[1] 作为刑事诉讼程序的起点，侦查正是作为维护实体正义的方法之一而存在的。与刑事诉讼的程序正义概念位阶相对应，衡量侦查正义性的概念应适当缩小为"侦查正当性"。传统侦查方法在实践中已经形成了关于其"正当性"的合理解释。侦查行为[2]的正当性不仅有合乎法律之义，也包含

---

[1] 宋英辉等：《刑事诉讼原理》（第3版），北京大学出版社2014年版，第9页。
[2] 在诉讼领域，侦查行为指的是强制性措施或专门调查工作等向现实行为的转化过程，是侦查方法的运行，也是侦查行为本身，因而此处"侦查行为"等同于"侦查"。

着依法治之精神、依社会基本伦理道德要求而为侦查之义。[1] 侦查不仅是一种查明案件事实、抓获犯罪嫌疑人为目的的认识活动，它还是一种包含着一系列诉讼根本性目标的实现和选择的过程。[2] 现代法治精神要求控制犯罪的手段要具有人道性与合理性，控制犯罪所实现的秩序价值虽是社会赖以发展的基本保障，但不是唯一或至高无上的目的。现代科技带来侦查手段的进步，强化了社会控制犯罪的能力，大数据侦查的"正当性"正是源自于此。科学技术的进步并非脱胎于社会的价值观念，因而在出现之初与社会价值观念会出现诸多不适应，但可通过不断的融合、修正，最终形成稳定的存在。与传统侦查方法已经形成的侦查正当性架构不同的是，大数据侦查蕴藏着实践上的差异性风险。

第一，大数据侦查较于传统侦查方法具有扩张性，存在对公民信息权造成侵害的风险。大数据侦查通过侦查逻辑分析不同结构的数据得出与案件相关的推测，进而引导下一阶段的侦查。长期的大数据侦查实践表明数据规模量级与推测的准确性成正相关，因而需要汇总和收集各类数据以提升推测的精准程度，这是大数据侦查自我升级的路径和内生的扩张动力源泉。信息数据不仅在侦破案件上有关键的作用，能够集成各类数据，形成信息综合平台，且拥有大数据侦查延伸出的犯罪预防功能，即对一定区域范围内的犯罪行为进行预警和阻断。[3] 目前，刑事诉讼法具有一定的滞后性，其宏观背景仍停留在前大数据时代的场景。大数据侦查缺乏法律法规上的明确规定和制约，导致公安机关拥有较大的自由裁量权，可以随时对服务其职能的业务开展工作，比如开展公民个人信息数据收集工作。一些公安机关容易为获取更为全面的信息数据而踏入违法收集、获取甚至交换个人信息数据的灰色地带。一旦公权力机关自身有权力扩张的倾向，那么权力机关所指向的公民的防御权利将会受到一定程度的破坏。同时，数据的能力使得大数据侦查可以对过往事件进行高度还原，对未来发展态势进行评估预警，二者都要建立在海量的数据量及深度的数据挖掘之上。无论在数据的初期获取还是对数据的深入分析方面，都可能会威胁当事人的合法权益。

─────────────

[1] 刘为军：《"法"与"方法"视角下的侦查学研究对象》，载《公安学研究》2019 年第 2 期，第 45~124 页。

[2] 马忠红：《刑事侦查学总论》，中国人民公安大学出版社，2009 年版，第 58 页。

[3] 蒋勇：《大数据时代个人信息权在侦查程序中的导入》，载《武汉大学学报（哲学社会科学版）》2019 年第 3 期，第 156~164 页。

第二，大数据侦查较于传统侦查方法具有不可知性，存在破坏侦查过程中制度和权利相对平衡的风险。传统侦查方法的内容已明确于刑事诉讼法以及部门规章之中，传统侦查方法对一般性社会个体具有明确的可知性，这既包括对于不利于个体的侦查手段的可知性，又包含对个体行为在侦查中产生的结果的可知性。当然，这种可知性并非全知性，社会个体存在认知能力差异，即有可能因自身知识阅历、智力水平、个人喜好或偏爱以及所处社会群体等因素而产生不同的认知能力，然而这不影响传统侦查方法面对社会个体时的"开放姿态"。传统侦查方法具备一定的可知性，然而公安机关依然会保留侦查策略和技巧，这些不为一般社会个体所知的职业技能同样会对其产生不利后果。即便如此，一般社会个体对传统侦查方法的认知程度远高于大数据侦查。

一方面，立法上的缺失强化了大数据侦查对社会一般个体的不可知性。当前，各地对公安大数据平台的管理采取内部管理的方式，因而对大数据侦查的规制依靠内部条令的行政逻辑，这造成行政逻辑过剩和司法逻辑不足的问题，蕴含了极大的司法风险。[1] 另一方面，大数据技术的复杂程度决定其难以成为一般社会个体所能掌握的知识。大数据侦查依靠大数据技术的智能算法，非专业技术人员很难彻底掌握技术的原理与应用。这种不可知性给社会一般个体的普遍使用设置了屏障，即便是应用大数据侦查的侦查人员，也难以说清大数据侦查的来龙去脉。技术上的"藩篱"给刑事诉讼制度带来了冲击，犯罪嫌疑人无法针对大数据侦查找到保护自身合法权利的路径，检察官侦查监督权的行使受到认知程度的限制，甚至法官在刑事审判时也无法对侦查合法性做出实质审查。两个方面的因素共同造成了一般社会个体对大数据侦查程序和措施的知情权被剥夺，因而其面对公权力行使防卫权的能力也被无形削弱了。我国刑事诉讼有重归"侦查中心主义"的风险。

三、构建大数据侦查正当性的适用原则

新型侦查方法能够拓宽侦查思路，与传统侦查方法获得的线索相互印证，提升侦查效率的同时防止冤假错案。因此，新型侦查方法在公安机关主导的刑事侦查领域更易获得认同。而大数据侦查的方法依托于对大数据的收集和运用，对大数据和应用技术的规制主要依靠行政部门而非司法机关，与公安

---

〔1〕 张可：《大数据侦查之程序控制：从行政逻辑迈向司法逻辑》，载《中国刑事法杂志》2019年第2期，第131~143页。

机关在具体事务中更容易形成合作与谅解。当大数据技术被运用于侦查之中时，无形之中让"信息数据"成为侦查权的又一来源，侦查效率的提升和单向性正面评价易掩盖大数据侦查当中蕴含的风险。实践中，评价机制和规制机制的割裂也导致了对大数据侦查理念上的分歧。在此背景下将大数据侦查置于超越其自身概念的广泛领域，重新审视其正当性问题并找寻与其本质特征相契合的适用原则显得十分必要。

侦查是刑事诉讼程序中的环节，大数据侦查方法服务于刑事诉讼，侦查正当性是程序法赋予大数据侦查的使命。[1] 在侦查阶段，惩罚犯罪与保障人权的两层内涵中，一是通过发现犯罪使真正实施犯罪的人受到法律的制裁，同时，通过控制犯罪减少或避免犯罪行为的发生；二是让与犯罪无关的人受到法律的保护。构建大数据侦查的正当性，首先，应当遵守正当程序原则，确保大数据侦查处于正义性整体架构之下；其次，应遵守比例原则，平衡诉讼手段与诉讼目的的二元性关系；最后，应遵守严格保密与合理保密相结合原则，防范多类风险的同时保障当事人的合法权益。

（一）正当程序原则

日本学者田口守一教授认为，确定某种程序是否属于正当程序（due process），必须视该程序重视人权保障的程度而定，因此几乎完全可以把人权保障与正当程序相提并论。[2] 刑事诉讼的完美观念形态是正义观念。其具体的目的是惩罚犯罪与保障人权的并重。但实践中却有着这样的现实：有时查明真实会侵犯人权，有时保障人权会妨碍查明真实。正当性的标准并非处于恒定状态，它的整体要求是追求权利保护与社会效益最大化之间的动态平衡。正当程序原则是一种抽象性原则，它的调控对象应是程序性规范而非具体的权利、义务。大数据侦查应受正当程序原则调控，而不能称为管控。法律的稳定性要求对新生事物进行充分的认识后才能在立法上的确认加以规制，大数据侦查受制于规制性程序的出现。因此，合理构建大数据侦查程序控制机制是在大数据侦查领域实现正当程序原则的途径。

大数据侦查的程序控制应当符合正当程序原则理念。一是遵循程序法定

---

〔1〕 此处的侦查正当性应当与行政法原则当中的正当原则加以区分。即使字面上"正当"的意思相同，但在刑事诉讼领域和行政法领域，"正当"的侧重点和内涵并不完全一致。正如文章中所述，评价侦查的机制在于刑事诉讼程序而非行政法。

〔2〕 ［日］田口守一：《刑事诉讼法》（第 7 版），张凌、于秀峰译，法律出版社 2019 年版，第 27 页。

原则，依法行使侦查权。这要求侦查的程序应是法律法规预先设置完善的，并由侦查机关依法履行程序，实现打击犯罪的目的的同时，夯实人权保障的基础，构建刑事诉讼的整体秩序价值。二是无罪推定的原则。大数据侦查存在预测型侦查模式，导致这一诉讼核心原则似乎与大数据侦查的实践成为悖论。事实上，大数据预测犯罪的根本目的是预防犯罪的发生，它的出现可以令"防止犯罪"的手段精细化，相对精确的认知当事人从事某种程度的犯罪的可能性后，应采用何种防止犯罪的手段加以干预。除非是对社会有严重危害的潜在犯罪，这种手段不能对当事人的权利产生实质性伤害，应是出于保护当事人和社会不特定多数个体利益的目的。三是坚持程序参与原则，保护犯罪嫌疑人的辩护权。大数据侦查的技术被动造成了犯罪嫌疑人发挥辩护权的实际困难。与此同时，犯罪嫌疑人在对此阶段应拥有个人信息权的保护途径，并以诉讼权利的形式与辩护权相结合，共同形成在侦查阶段的"防卫权"。

（二）比例原则

比例原则在大数据侦查中的重要地位，显得极为必要，也将发挥出侦查权力自身谦抑的作用。[1] 比例原则的是行政机关的基本原则之一。它要求达成行政目的的同时保护当事人的合法权益。一旦某种行为将可能对当事人造成侵害且这种侵害无法及时避免，应将这种不利影响限制在尽可能小的范围内，保持二者处于适度的比例。[2] 侦查中的比例原则主要涉及在侦查过程中，侦查路径和侦查方法的抉择，以及是否需要特殊性侦查措施介入等问题，这些决定了侦查过程的强度，也决定了当事人的权利将在多大程度上受到限制。

置于刑事诉讼情境之中，表现为平衡大数据侦查的收益与风险问题。首先，大数据侦查预期目标应受到比例原则中的适当性原则的调控。它要求在开展侦查活动之前，应对侦查目的应当进行事前的利益衡量，只有通过利益衡量，确认大数据侦查的应用对于实现刑事诉讼的目标价值是适当的，且可能取得的利益大于可能损害的利益。预期目标调控大数据侦查的启动条件，当大数据侦查的使用主体满足使用条件并获批准时，即意味着其通过了审批

---

〔1〕　彭俊磊：《大数据侦查的程序法治要义——以人权保障为基本视角》，载《人权研究》2019年第2期，第484~507页。

〔2〕　姜明安：《行政法与行政诉讼法》，北京大学出版社、高等教育出版社2005年版，第76页。

主体对侦查目的进行事前的利益衡量。被审核通过使用大数据侦查措施最终达成了预期目标时，证明大数据侦查的启动符合正当性要求。其次，大数据侦查方法的适用受到比例原则中的必要性原则的调控。德国学者希尔贝希贝格曾尝试用"炮击麻雀"[1]的形象比喻来阐述必要性原则的含义，即超过必要限度使用"武器"达到了"击中目标"的最终目的，手段的非必要性仍导致其不符合正当性标准。必要性原则要求在侦查活动中，当侦查行为会对当事人产生不利的影响时，只有认为采取大数据侦查的方法是必需的时候，才能实施。这与诉讼中对于"取保候审""拘留"与"逮捕"适用条件的严格区分相类似，大数据侦查的方法也存在对当事人适用强度上的差异。随着信息技术的发展，大数据侦查的方法会继续丰富，如何进行规范化分类和精细化管理将是今后面临的核心问题。依据必要性原则，可以将大数据侦查方法对当事人权利的影响程度按照低、中、高分类：将数据搜索定义为对当事人权利影响程度较小的低级别侦查方法，将数据碰撞、数据挖掘和数据画像定义为对当事人权利影响程度一般的中级别侦查方法，将网络关系分析和大数据预警作为对当事人权利影响程度较大的高级别侦查方法。与此相适，建立符合使用特点的适用标准和审批条件。最后，大数据侦查的结果评估应当受到比例原则中的均衡性原则的调控。侦查活动不能采取超过目的需要的过度的措施，而应尽可能减少侦查行为导致的损失。侦查结果的评估就是在事后审查业已终结的侦查过程，判断其是否是在多种方案中对当事人权益损害最小的方案。这里应当注意，一方面，评估主体可以是第三方。与大数据侦查启动和进程中的阶段不同，均衡性原则属于事后评估时的适用原则。该阶段的评估不论结果如何已经不会再影响侦查进程，由第三方对大数据侦查是否符合均衡性原则进行评估，能够提升评估的中立性和有效性。另一方面，诉讼后续各个阶段对于大数据侦查的评估均受到均衡性原则调控。在审查起诉、案件审理等环节中，均存在不同程度对大数据侦查结果进行审核的情形，其标准均应受到均衡性原则的影响，但会以不同的形式嵌入程序控制机制中。

（三）严格保密与合理保密相结合原则

侦查秘密是指在侦查过程中，不宜对外披露的机密、情报和信息的集合，具体包括不宜对外泄露的案件情况、嫌疑对象和相关人员的个人隐私、侦查力量的组织实施细节以及国家和各级组织的机密情况等。严格保守侦查秘密，

---

[1]　陈新民：《德国公法学基础理论》（下册），山东人民出版社 2001 年版，第 297 页。

不仅有利于保障调查取证、抓获犯罪嫌疑人的侦查活动顺利进行，还有利于起诉、审判等诉讼活动的顺利展开；不但有利于刑事侦查所涉及的当事人的合法权益，而且有利于保护侦查措施的有效性和侦查人员的人身安全。[1] 大数据侦查的保密原则与传统侦查的保密原则在两个方面存在不同。一是保密领域内的侧重点以及泄密后果存在一定差异。大数据侦查保密原则侧重点是保护大量基础信息数据以及其蕴藏的秘密。这些数据可以昭示当事人的工作、生活空间、兴趣爱好、消费能力甚至社交关系网络。一旦发生数据泄露，不仅影响侦查办案效果、侵害当事人的个人信息权和隐私权，甚至还可能被衍生的犯罪行为利用进而危及当事人的财产安全。如果发生大规模的数据泄露，严重的可能危害公共安全和国家安全。二是保密对象的范围不同。大数据侦查的保密原则要求侦查机关应在一定范围内对当事人披露数据并进行核对。从个人信息权保障的角度出发，侦查机关应保障当事人对本人信息所享有的基本权利。例如本人拥有对其活动产生的相关数据情况及其用途的知情权，同时本人或近亲属应有权要求对错误数据进行更正或对数据的用途、使用期限行使监督权。

因此，严格保密与合理保密相结合原则存在两层含义：

第一，严格遵守法律、法规，保护大数据秘密。在大数据的应用与发展过程中，多个部门出台过部门规章或者行业规定，对行业内部数据的收集、存储、加工、使用、管理等方面提出要求。2020 年 6 月 28 日，《中华人民共和国数据安全法（草案）》提请全国人大常委会审议，这是构建我国数据安全保护管理基本制度的初次尝试。该草案明确要立足数据安全工作实际，着力解决数据安全领域突出问题，落实数据活动[2]主体的安全保护义务与责任，维护公民、组织的合法权益。大数据侦查依托建设的大数据平台，在数据应用的各个环节中必须严格遵守法律和行政法规，这是大数据侦查保密原则的最低限度和基本边界。立足保护公共安全和国家安全的高度，数据平台管理主体依据管理制度对应用主体实施严格的授权审批和责任分工，一旦发生泄密或违法行为，相关责任主体应承担与其行为性质和行为后果相一致的责任。此外，要尊重社会公德和伦理。就运行过程中获取的个人隐私规模和

---

〔1〕 马忠红:《刑事侦查学总论》，中国人民公安大学出版社 2009 年版，第 80 页。

〔2〕 《中华人民共和国数据安全法（草案）》第 3 条第 2 款:"数据活动，是指数据的收集、存储、加工、使用、提供、交易、公开等行为。"

种类而言，大数据侦查与传统侦查相比显得过于庞大，导致侦查风险激增。与案件无关的信息数据应尽快封存或从案件记录中剔除，避免引发执法道德危机和公众信任危机。

第二，保障当事人的合法权益。多数学者认同将大数据侦查运行机制表述为"黑箱效应"的观点。实践中，侦查员往往倾向于使用大数据为侦查提供的情报和决策，并不关注大数据运算的过程。数据本身及其运算方法均仿佛置身于黑箱之中，除具备大数据专业能力的技术人员，即便是被记录数据的个体，也难以知晓黑箱内有哪些数据以及这些数据是否被正确应用。在大数据侦查过程中，知情权是核心权利，它是保护当事人个人信息权、自决权以及犯罪嫌疑人辩护权的先决条件。侦查机关一概以保护侦查秘密为由拒绝向当事人提供相关数据和算法显然是违反该原则的。反之，侦查机关一方面应通过告知程序保证当事人核实数据、知悉大数据算法的权利，确保大数据侦查的程序合法性和结论的准确性，另一方面应通过结案报告的形式固定大数据侦查过程和结论，确保后续诉讼阶段审核标准的连续性。

四、大数据侦查的程序控制体系

美国学者罗尔斯认为，即使在一个良序社会中，为了社会合作的稳定性，政府的强制权力在某种程度上也是必需的，[1] 即为了维护社会应有之秩序，在适应时代发展的背景下更新打击犯罪的手段，是符合社会正义观念的。然而，大数据侦查不应成为侦查机关随意使用的"利剑"，应对大数据侦查行为进行控制，其根本途径之一在于对"执剑人"培养，但此处主要对原则和程序性问题进行研究，不再对侦查人员的选拔和法治思维的培养展开。法治理念下，大数据侦查应置于法律程序控制之下，这种控制应来自多维度机制的约束，既包含行政逻辑层面的内部审批和监督，又包含司法逻辑层面的外部约束。

（一）行政逻辑层面的程序控制

《中华人民共和国数据安全法（草案）》明确了数据归口与管理问题，第 7 条第 1 款规定："各地区、各部门对本地区、本部门工作中产生、汇总、加工的数据及数据安全负主体责任。"公安机关对因履行职责产生、汇总、加工的数据进行管理，而同时对职责所涉及的大量社会数据负有安全监管责任。

---

[1] ［美］约翰·罗尔斯：《正义论》（修订版），何宏怀、何包钢、廖申白译，中国社会科学出版社 2009 年版，第 186 页。

公安机关的大数据业务依照法律法规进行管理，处于行政逻辑管控中；大数据侦查处于公安大数据业务的下游位置，属于"数据的收集、存储、加工、使用、管理"框架之内，行政逻辑的嵌入不可避免。大数据侦查本质上属于刑事司法活动的范畴。大数据侦查产生的数据证据和侦查结论，最终要转化为司法采纳的证据，方能实现其价值。大数据时代的公安机关兼具数据管理者和利用者的双重角色，行政逻辑下的程序控制包括三个方面：

首先，数据库的审查批准。一方面是建立数据库的审查批准。法律规定公安机关能够对职权范围内的数据加以收集和利用，但其职权涉及的数据较广，应由相关部门或者授权机关对该公安机关的运营管理能力和风险予以充分评估。另一方面是数据收集的审查批准。从侦查机关的角度出发，收集的公民信息数据越多则越有利于侦查工作；反之，越多的信息数据暴露在侦查机关手中，个人权利面临侵害的风险越大。《中华人民共和国数据安全法（草案）》第 7 条第 2 款规定，公安机关依照本法和有关法律、行政法规的规定，在各自职责范围内承担数据安全监管职责。公安机关既是大数据平台的建设者和使用者，又对职责范围内的社会数据安全承担监管职责。应在数据收集方式上严格审批，避免非法获取数据的现象。尤其，数据交易平台合法化后，经过清洗、建模和分析的数据可以进行市场化运作，即便底层数据的交易不被允许，但社会数据产品联通公安数据库后的收益与风险，仍需由相关部门或者授权机关评估审查后决定是否批准。

其次，大数据侦查措施的审查批准。从性质上讲，大数据侦查措施的性质与刑事司法活动中的侦查措施颇为相似，但审查批准的"节点"不同。立案是刑事诉讼的起点和先决程序，在正式立案之前的受案审查和初查不能称为刑事诉讼范畴内的侦查，所有强制性侦查措施必须经正式立案才能够实施。但大数据侦查措施则不同，它的侦查模式能够按照时间序列为标准能够分为回溯型侦查模式和预测性侦查模式。在回溯型侦查模式中，虽侦查活动多发生在立案之后，但数据碰撞和数据挖掘产生的线索，能够成为其他案件立案的依据；预测型侦查模式针对的是尚未发生的案件，或者是正在发生但较为隐蔽的案件，该模式下开展的侦查活动一般发生在立案之前。因此，立案不具备对大数据侦查进行阶段划分的"能力"，失去了对其控制的能力。[1] 当前侦查机关还未形成标准化的大数据侦查措施，在刑事诉讼法、司法解释和部门规章中均未明确相关内容。大数据侦查措施的审批和监督依靠公安机关内部规范，以"授权"的形式进行。公安机关内部主管数据库平台的机关根据职责需要，通过为向平级或下级单位开通使用权限的形式分配部分启动大数据侦查措施的权力。值得注意的是，这种审批是一种形式审批而非实质审批，具有一定的滞后性。审批机关采取事后监督的方式，因而无法获悉侦查过程中采取大数据侦查措施的目的，一旦发生数据泄露或权力滥用，只能通过技术手段倒查采取措施的责任人。伴随着大数据侦查措施的进一步发展，基于审查批准的控制技术需要进一步提升。

最后，告知以及陈述程序。利益主体参与程序并自主行使权利正是程序正义的灵魂所在。[2] 在刑事诉讼过程中，知情权是当事人作为诉讼主体的一项基本权利。根据知情权的内涵，国家不能秘密地将大数据决策机制用于涉及公民人身自由权益的程序中。[3] 如果当事人可能因大数据侦查措施的应用而被采取限制人身自由的强制措施时，侦查机关应当及时履行告知义务，在遵循严格保密原则的基础上，对信息数据采集、数据运用和大数据算法做一定程度的解释说明，同时听取当事人对所告知内容的陈述。两个层面的问题值得注意：一是这种告知相比于大数据侦查的启动具有滞后性。大数据侦查的决策机制建立在海量数据和核心模型算法的复杂系统之上，对所有被纳入运算过程的数据当事人进行告知不符合"保护大数据秘密"原则的要求，因而这种告知的时间应为确定犯罪嫌疑人之后而采取强制措施之前。二是公安机关的告知并不能取代第三方在收集当事人个人信息数据时的告知义务。当第三方收集公民个人信息数据时，出于保护公民个人信息权的目的，法律明确要求第三方应当经当事人同意，这是数据收集环节的许可；而侦查机关将信息数据用于案件侦查则属于数据应用的范畴，二者不能混为一谈，理应分别告知。

---

[1]　此处所说的"控制"指的是行政逻辑层面立案对于大数据侦查的控制，但司法逻辑层面的立案同样不具备该"能力"，因我国法律仅规定了对该立案而不立案的案件进行监督，而没有将不该立案而立案的案件纳入监督范围。

[2]　宋英辉等：《刑事诉讼原理》（第 3 版），北京大学出版社 2014 年版，第 24 页。

[3]　王燃：《大数据侦查》，清华大学出版社 2016 年版，第 173 页。

(二) 司法逻辑层面的程序控制

与行政逻辑层面不同，司法逻辑层面是一种来自外部的程序控制。有学者指出，"封闭的内部运行模式是各类侦查措施滥用的主要成因，因此加强外部监督与司法监督是确保侦查权依法运行的基本经验。"[1] 德日等国奉行"令状主义"原则，即非紧急情形下，所有强制性侦查措施都需取得法官签署的令状，以此实现对侦查的控制。事实上，居于审判席之上的法官在未对案件有全面认识的情形下，难以准确判断适用措施的合理性，更勿论对其的有效控制。因此，一味追求司法的事前控制未必能取得实质性效果。与此不同的是，我国设有法律监督机关，采用"分工负责，互相配合，互相制约"的诉讼原则，对立案和部分措施采用事前控制的方式，而对另一部分采用事后监督的方式。当前，就大数据侦查的控制而言，司法逻辑层面较于行政逻辑层面相对匮乏，理想状态下的控制存在于在事前、事后两类方法之中。

第一，事前控制。在侦查阶段，我国司法仅仅对逮捕这一项严重限制人身权利的强制措施采取了事前控制，而对大多数侦查措施均未如此要求。随着我国以审判为中心的刑事诉讼制度改革的推进，有学者建议扩大司法审查范围，将目前以事后监督、行政监督为主的多项强制性侦查措施变为在事前由司法机关审批[2]，但尚未能付诸实践。笔者认为目前阶段不适宜在司法逻辑层面采取事前控制。一是由于大数据侦查的全国性基础平台尚未真正建立，目前无法准确判断其内部运行逻辑和具体功能。考虑司法立法的稳定性，现在出台事前控制的相应规定与刑事诉讼法一贯做法不符，宜在过渡阶段通过提升行政逻辑层面控制技术和构建事后控制机制确保程序控制效果。二是大数据侦查在目前阶段造成权利损害风险仍逊于查询、冻结等侦查措施，而上述措施尚未进行事前控制。权衡大数据侦查的效益与风险间的利弊，宜采取积极的态度对待大数据技术创新带来的新生事物发展。但大数据技术仍处于高速发展之中，当大数据技术进一步打破既有的权利平衡状态时，比如标准化的大数据监控技术趋于成熟，应尝试采用事前控制作为更为严格的控制手段。

第二，事后监督。与事前控制相比，事后监督在三个方面存在不同：一

---

〔1〕 程雷：《大数据侦查的法律控制》，载《中国社会科学》2018 年第 11 期，第 156~207 页。

〔2〕 樊崇义 刘辰：《侦查权属性与侦查监督展望》，载《人民检察》2016 年第 Z1 期，第 41~47 页。

是事后监督机制是一种相对被动的模式，具有滞后性，针对大数据侦查结果进行审查和监督，控制强度弱于前者；二是事后监督机制具有更丰富的运作空间，事前控制机制主要听取被审查批准机关的意见，而事后监督能够以合适的机制兼听双方的意见，并给予大数据侦查对象辩护的机会；三是事后监督机制在平衡个人权利保护与侦查效率之间的关系上更具优势，在保障人权的基础上，能够更为充分的发挥大数据侦查在提升侦查效率、节约侦查成本，提升打击犯罪效果方面的特点。对大数据侦查进行事后监督的方式在立法上仍处于空白状态，这严重影响检察官行使侦查监督权以及法官行使司法裁判权的实际效果。司法层面的事后监督可以从三个方面进行尝试：一是尝试建立大数据侦查报告制度，侦查机关以定期或不定期的方式向司法机关报告大数据侦查措施的使用情况。定期报告的频次可与人民代表大会的召开频次相适，以年为周期；不定期报告旨在反馈异常情况和典型案例，典型案例包括违法违规使用大数据侦查措施的案例简介、侦查人员的履职情况、现有机制的保障与缺漏等内容。这种报告虽是形式审查，但依然会强化外部监督的效果，保障犯罪嫌疑人的合法权益。二是在结案报告中明确大数据侦查措施基本情况和使用情况。基本情况包括数据是否准确且经核实、数据来源是否合法、数据是否已过使用期限，具备条件的应附上简要的大数据措施的算法和原理说明。采取措施情况包括本次大数据侦查措施的审批程序，同时应当明确措施的实际使用期限以及实际操作是否符合事前提请的审批要求。三是建立针对大数据侦查的解释说明制度。检察机关行使侦查监督权时对大数据侦查报告内容存在疑问，侦查机关应当就案件侦查的情况负责解释说明其运行的规则和审批的流程。法院依法审理案件时，遇到类似情形可以参照人民警察出庭作证的相关规定。

五、结语

侦查的目的是查明案件事实，将犯罪嫌疑人缉拿归案，围绕这一核心目的必须收集充分的证据证明与犯罪相关的情况。但大数据侦查的适用仍存有两项障碍：

第一，传统侦查理念强调的是"因果关系"，而大数据侦查更注重"相关关系"。[1] 相关关系在解决复杂事物或者偶然性事件具有一定的作用，用以

---

〔1〕 胡铭、龚中航：《大数据侦查的基本定位与法律规制》，载《浙江社会科学》2019 年第 12 期，第 12~20 页。

解决因果关系不足时的侦查困境。但数据并不等同于证据，大数据侦查的相关关系导致其在拓展数据范围时的效率具备明显优势，而核实数据有效性和真实性的能力却明显不足。

第二，大数据侦查中的侦查偏见难以修正。目前，大数据技术并不能取代侦查员的智慧，机器算法仍有赖于侦查经验，公安机关将采集的各类异常行为信息加以分析、汇总，并根据经验及各种异常行为在案件发生中的权重和规则，构建积分模型。[1] 侦查经验会掺杂侦查人员的个体主观性认识，与侦查员的办案经历、知识背景甚至主观偏好有关，容易形成先入为主的观念性错误，最终形成选择性执法、执法偏见与歧视。[2]

上述两种现象同样会导致大数据侦查的"非正义"，应从实体正义理念视角下的规则加以调控，而非本文的程序正义理念视角。可以预见，未来大数据侦查的适用不仅需要程序规制，同样应关注侦查中的证据收集、固定等环节以及诉讼中的证据制度，这非本文重点故而未展开阐述。

大数据时代带给人类社会的不仅是技术进步的福利，还会有打破传统权利保护边界和机制的风险。当越来越快的节奏已经成为社会的常态，我们应当愈发清醒地意识到"快而有序"的状态才是社会经济运行、发展的最优模式。随着大数据技术的发展和日臻完善，有两个方面值得期待和研究：

第一，大数据侦查带来的侦查模式变革将对犯罪案件发案的种类和数量产生深远影响，比如传统犯罪案件将在新型侦查方法的打击下进一步减少，多发性侵财案件发案态势得到遏制并逐步下降。但与此同时，犯罪将会与新技术走向融合，走向犯罪防控的薄弱地带，犯罪手法随之更新迭代，比如大数据侦查无法整合数据的域外地区，常会聚集大量犯罪嫌疑人从事非接触式犯罪活动，因而犯罪的"攻防"博弈仍会持续。

第二，大数据侦查的发展与行政、司法机关当前改革的协同效果。党的十九届四中全会已将大数据技术的运用作为一项深化改革的重要目标，困扰大数据平台建设的数据结构化和数据壁垒问题有望得以解决。当前司法机关推动的审判为中心的改革，其目的旨在强化庭审和质证环节，大数据侦查产生的相关证据能否在司法改革中得到认可并形成助力，尚需进一步研究。

---

〔1〕 陈刚、李松岩：《对以异常行为信息为基础科学构建积分预警系统的思考》，载《北京警察学院学报》2013 年第 1 期，第 44~47 页。

〔2〕 程雷：《大数据侦查的法律控制》，载《中国社会科学》2018 年第 11 期，第 156~207 页。

论刑事缺席审判程序的诉讼模式

马婷婷*

摘　要：出席庭审是被告人的权利，但在案件进入审判阶段而被告人仍不出庭时，法庭可以作出缺席判决。被告人缺席的原因有：以逃匿、扰乱法庭等方式消极处分出庭权利；因身患重病或倍受诉讼压力而积极处分出庭权利；被告人已经死亡，但案件认定却可能存在错误。以开启缺席审判的目的为标准，这三种缺席状态分别对应三种模式：制裁型模式、程序有利型模式和实体有利型模式。缺席审判程序中，被告人不能亲自行使其诉讼权利，为保障审判的公正性，各模式具体应用时为程序规则仍值得深入探讨。

关键词：刑事缺席审判　制裁型模式　程序有利型模式　实体有利型模式

一、问题的提出

为加大反腐力度，顺应深化司法体制改革的趋势，2018 年 10 月 26 日，我国《中华人民共和国刑事诉讼法》（以下简称《刑事诉讼法》）完成了第三次修改。此次修改，在第五编第三章将刑事缺席审判规定为一种特别程序，并列举了三种适用缺席审判程序的情形。2019 年

---

*　马婷婷，北京航空航天大学法学院 2019 级硕士研究生（100191）。

12 月 30 日，新修改的《人民检察院刑事诉讼规则》已开始实施。根据我国《刑事诉讼法》的规定和学界研究，通说认为，我国的刑事缺席审判应指"在审判日，被告人本人未到庭，由法庭主持进行的开庭审理制度"。[1] 还有学者将刑事缺席审判程序定义为："在特定的刑事案件中对不在场的刑事被告人所进行的特殊审判，以解决其刑事责任问题。"[2]

从世界范围来看，刑事缺席审判程序目的不同，导致其概念和适用范围也有所不同。这种复杂形态为学界划分模式提供了较大空间。有学者以被告人出庭权的可放弃性和可限制性为前提，以被告人缺席状态的自愿性为标准，将刑事缺席审判程序分为"自愿缺席模式"和"非自愿缺席或自愿与否不明模式"；[3] 有学者以罪行轻重为标准，将刑事缺席审判的适用情形界定为"轻微罪缺席审判模式"和"所有案件缺席审判模式"；[4] 有学者以被告人缺席时点为标准，将刑事缺席审判程序划分为"完全缺席审判模式"和"部分缺席审判模式"；[5] 有学者根据具体庭审形态将缺席审判程序划分为"保全式审判模式""隔离式审判模式""试验性审判模式"和"宣告式审判模式"。[6] 以往的模式划分看似细致，但却掩盖了许多并非真正缺席审判的情形，主要表现为：将法庭主动允许被告人缺席的情形和根本未进入审判阶段的情形都纳入了缺席审判的范畴。就前者来说，法庭主动规定被告人无须到庭是出于效率价值的考量，适用缺席审判程序虽然也包含效率因素，但真正的缺席审判是被告人不到庭时法庭的无奈之举，而非单纯为提高审判效率而进行的缺席审理。就后者来说，在审判阶段缺席是刑事缺席审判程序的应有之义，如果被告人缺席不是在审判阶段，又如何称之为"缺席审判"呢？因此，一些还未进入审判阶段，但对未在场的被告人做出评价的程序，也非刑事缺席审判程序。基于上述两点，本文在模式化过程中，已将法律主动规定

---

〔1〕 参见陈卫东：《论中国特色刑事缺席审判制度》，载《中国刑事法杂志》2018 年第 3 期，第 15 页。

〔2〕 王敏远：《刑事缺席审判制度探讨》，载《法学杂志》2018 年第 8 期，第 43 页。

〔3〕 参见张吉喜：《论刑事缺席审判的适用范围——比较法的视角》，载《中国刑事法杂志》2007 年第 5 期，第 73 页。

〔4〕 参见邓思清：《刑事缺席审判制度研究》，载《法学研究》2007 年第 3 期，第 101~103 页。

〔5〕 参见杨宇冠、高童非：《中国特色刑事缺席审判制度的构建——以比较法为视角》，载《法律适用》2018 年第 23 期，第 13~15 页。

〔6〕 参见李贤华、喻伦泰：《域外刑事缺席审判制度》，载《人民法院报》2018 年 12 月 7 日，第 8 版。

被告人可以缺席的情形和并非审判的情形从缺席审判范围中剔除，因为只有这样，才能将缺席审判程序区别于其他无须被告人出庭的简易程序，也才能体现出缺席审判程序应落脚于审判阶段的本质。基于此，本文所界定的刑事缺席审判程序必须包含以下特征：①出席庭审是被告人的权利；②缺席审判是法庭因被告人不到庭而采用的被动手段。③案件必须已经进入审判程序。在此基础上，本文将刑事缺席审判程序定义为：法庭在被告人缺席情形下继续审判，以解决其刑事责任问题的一项特别程序。在此定义之下，本文将立足我国《刑事诉讼法》，结合域外制度构建，以法庭适用缺席审判的目的为标准，将这一程序划分为制裁型缺席审判模式、程序有利型缺席审判模式、实体有利型缺席审判模式。下文将对这三种模式的内涵、构成要素以及具体应用做详细论述。

二、制裁型模式

制裁型模式，是指在被告人故意藏匿、逃跑或自残以逃避出庭的情况下，法庭仍对其作出缺席判决的模式。在这一模式对应的案件中，被告人消极处分出庭权利，法庭认为在被告人诉讼权利已得到基本保障时，没有必要停止追诉，因而选择继续追诉缺席被告人，并依法作出刑事制裁。规定有这一模式的国家主要有法国、俄罗斯、日本、韩国、美国、中国等。

（一）制裁型模式的构成要素

1. 继续追诉以控制犯罪

制裁型模式的目的，就是在被告人缺席的情况下继续打击犯罪。在刑事诉讼中，被告人出席是常态，缺席是例外。被告人出席庭审为其行使诉讼权利奠定了重要基础。但在被告人无故缺席或者故意扰乱法庭秩序的情形下，法庭为继续打击犯罪，也会在尽可能保障被告人基本权利的基础上作出缺席判决。

在法国，重罪案件被告人如果拒绝出庭，法庭可以送达督促出庭通知书勒令其出庭。[1] 在轻罪案件中，如果传票也已经送达，而被告人拒绝出庭的，可以对席审判。[2] 我们可以得出，法国为控制犯罪，在保障被告人知情

---

[1]　《法国刑事诉讼法典》第319条。参见孙谦主编：《刑事审判制度：外国刑事诉讼法有关规定》（下），中国检察出版社2017年版，第847页。

[2]　《法国刑事诉讼法典》第410条。参见孙谦主编：《刑事审判制度：外国刑事诉讼法有关规定》（下），中国检察出版社2017年版，第881页。

权或辩护权后，将其实质意义上的缺席判决视为对席判决。这是因为对席判决的文书不易被推翻，而缺席判决所作出的裁判结果，被告人只要提出异议，先前的处分就被视为不曾作出，因此对席判决更为稳定。[1] 需要指明的是，在文章中我们将法国的缺席判决和被拟制为对席判决的情形都归为本文语境下的缺席判决。二者的最大区别在于异议后启动救济的难易，所以在缺席审判的范围界定上我们不做区分。俄罗斯规定被告人无权逃避调查、侦查和审判，通常都要求被告人必须亲自到庭。[2] 俄罗斯的制裁型模式适用于重度犯罪或极其重度犯罪，且被告人潜逃境外，这也体现出其控制严重犯罪的目的。[3] 各国的制裁型模式都有控制犯罪的因素，但正是因为缺席情形下打击犯罪对被告人基本诉讼权利具有较大侵害，所以各国在适用时大多秉持严谨态度。

2. 被告人消极处分出庭权利

在这一模式之下，被告人对待其出庭权利的态度是消极的。在讨论这一要素之前，我们需了解，学界对出席庭审是被告人的权利还是义务，还有一些不同看法。松尾浩也教授认为，原则上，在开庭审理当日被告人出庭才可以开庭。出庭是被告人的基本权利，同时也是义务。这是赋予被告人地位的唯一义务。但其也认同出庭是被告人的权利的说法，并认为被告人不出庭，不得开庭进行诉讼程序。一般而言，被告人在庭审上亲历程序的进行，与法官等其他关系人进行口头接触，这是第一审裁判所具有的本质性特征，也可以说是正当程序的要求。为了确保被告人出庭，法庭可以采取传唤等措施。但当被告人不行使其"权利"，而采取不出庭态度时，就出现了出庭义务的问题。法院在被告人没有正当理由无故不接受传唤，或者存在这种可能性的时候，可以签发拘传令命令被告人到庭。即可以通过强制的方式使被告人到庭。"权利"是以"义务"作保证的，这一义务性同时也体现在被告人没有裁判

---

〔1〕 《法国刑事诉讼法典》第 489 条。参见孙谦主编：《刑事审判制度：外国刑事诉讼法有关规定》（下），中国检察出版社 2017 年版，第 896 页。

〔2〕 参见［俄］К. Ф. 古岑科主编：《俄罗斯刑事诉讼法教程》，黄道秀等译，中国人民公安大学出版社 2007 年版，第 163、439 页。

〔3〕 《俄罗斯联邦刑事诉讼法典》第 247 条。参见孙谦主编：《刑事审判制度：外国刑事诉讼法有关规定》（下），中国检察出版社 2017 年版，第 746 页。

长的许可，不得随便退庭的情形。[1] 我们不否认被告人出庭所具有的义务属性，但纵览各国规定和国际公约，整体上，各国更倾向于采纳出庭权利说。[2] 因此，下文也将在出庭权利说的框架下展开。既然出庭是被告人享有的权利，就说明被告人可以处分这一权利，而其处分出庭权利的方式和目的直接决定了后续的诉讼程序。

在制裁型模式之下，消极处分出庭权利主要指，被告人在法庭已经充分告知出庭接受审判，且其自身可以出庭的情况下，仍无故缺席。具体情形有被告人以故意藏匿、逃避或自残的方式逃避庭审，有的则表现为擅自离席或被驱逐出庭。

第一种情形为被告人自始逃避出庭。如《法国刑事诉讼法典》规定，重罪被告人在逃或者不到庭，可以对其进行缺席审判。虽然具有惩罚性质，但是法国对重罪案件的缺席审判仍然较慎重。在重罪被告人无理由不到庭的情形下，缺席审判不是唯一的出路。法国规定，如果在此之前并未对被告人签发逮捕令，法庭也可以在签发逮捕令之后，对案件延期审理。[3]《日本刑事诉讼法》规定被告人在公审期日不到庭的，不能开庭审理。但是如果被羁押的被告人没有正当理由而拒绝到场时，法院可以在被告人不到场的情形下进行公审。[4] 在俄罗斯，即使是重度犯罪或者极其重度的犯罪，如果被告人在俄罗斯领域之外或者逃避出庭时，法庭可以对其缺席审判。俄罗斯这种对外逃人员所采用的制裁，与我国规定的情形类似。[5] 韩国规定，一般情形下，被告人不到庭就不能开庭审理。但是当法院认为被羁押的被告人无正当事由拒绝到庭且监狱官吏拘提不可能或明显困难的，可以在被告人不到庭的情形

〔1〕 参见［日］松尾浩也：《日本刑事诉讼法》（上卷），丁相顺译，中国人民大学出版社 2005 年版，第 245、247 页。

〔2〕 联合国《公民权利及政治权利国际公约》第 14 条第 3 项（卯）款，到庭受审，及亲自答辩或由其选任辩护人答辩；未经选任辩护人者，应告以此权利；法院认为审判有此必要时，立为其指定公设辩护人，如被告无资力酬偿，得免付之。

〔3〕 《法国刑事诉讼法典》第 379-2 条。参见孙谦主编：《刑事审判制度：外国刑事诉讼法有关规定》（下），中国检察出版社 2017 年版，第 861 页。

〔4〕 《日本刑事诉讼法》第 286 条。参见《世界各国刑事诉讼法》编辑委员会：《世界各国刑事诉讼法》（亚洲卷），中国检察出版社 2016 年版，第 342 页。

〔5〕 《俄罗斯联邦刑事诉讼法典》第 247 条。参见孙谦主编：《刑事审判制度：外国刑事诉讼法有关规定》（下），中国检察出版社 2017 年版，第 746 页。

下进行公审程序。[1]

另一种情形为被告人在庭审中途无故离席或被驱逐出庭后的缺席审理。在法国，若被告人扰乱法庭秩序，审判长可以将其驱逐出庭，交由公共力量看守直至庭审结束。[2] 美国规定，在法庭警告后，被告人仍坚持破坏行为的，法庭可将被告人驱逐出庭。[3] 德国会在衡量丧失参与权对被告人的影响后，作出无被告人的审判。但为保障被告人知悉权，法庭也会及时通知其庭审情况，并给予其充分表达意见的机会。[4] 俄罗斯也会在被告人被驱逐后继续审判，但法庭会在辩论结束后为其保留最后陈述的权利，但判决的宣读，仍然需要在被告人在场时进行，并需要被告人签字。[5] 我国法律赋予了法官这项权利，但未明确规定被驱逐出庭后的程序应当如何进行，究竟是选择休庭或者继续审判，留给法官较大的裁量空间。由于不知缺席作出的判决是否违法，法官也无法大胆行使这项权力。[6] 因此，我国尚未将被告人扰乱法庭秩序而被驱逐这一情形纳入缺席审判的范畴。

在上述两种情形下，被告人放弃出庭或在庭权利，放任后续的诉讼程序以任何形式展开，甚至不展开，这一行为是对其诉讼权利的消极处分。这也表明了在制裁型模式中，被告人消极处分出庭权利可能带来的不利后果。

（二）制裁型模式的具体应用

制裁型模式在我国的设立也具有控制犯罪的目的。建立此种模式的刑事缺席审判制度，"是加强反腐败境外追逃工作力度和手段、为国际追逃工作提供法律武器的必要措施"。[7] 但我国利用缺席审判打击犯罪的范围却较法国

---

〔1〕　《韩国刑事诉讼法》第 277 条。参见《世界各国刑事诉讼法》编辑委员会：《世界各国刑事诉讼法》（亚洲卷），中国检察出版社 2016 年版，第 256 页。

〔2〕　《法国刑事诉讼法典》第 322 条。参见孙谦主编：《刑事审判制度：外国刑事诉讼法有关规定》（下），中国检察出版社 2017 年版，第 848 页。

〔3〕　《美国联邦刑事诉讼规则》第 43 条。参见《世界各国刑事诉讼法》编辑委员会：《世界各国刑事诉讼法》（美洲卷），中国检察出版社 2016 年版，第 643～644 页。

〔4〕　《德国刑事诉讼法》第 231b 条。参见《世界各国刑事诉讼法》编辑委员会：《世界各国刑事诉讼法》（欧洲卷·上），中国检察出版社 2016 年版，第 294 页。

〔5〕　《俄罗斯联邦刑事诉讼法典》第 258 条。参见《世界各国刑事诉讼法》编辑委员会：《世界各国刑事诉讼法》（欧洲卷·上），中国检察出版社 2016 年版，第 469 页。

〔6〕　参见韩旭：《法庭内的正义如何实现——最高人民法院刑事诉讼司法解释中法庭纪律及相关规定》，载《清华法学》2013 年第 6 期，第 55 页。

〔7〕　参见王爱立主编：《中华人民共和国刑事诉讼法修改条文解读》，中国法制出版社 2018 年版，第 186 页。

与俄罗斯窄。因为该模式在我国的适用不仅有被告人潜逃境外这一前提条件，还有罪名和犯罪情节的限制。尽管如此，由于缺席审判制度是一种"天然"有缺陷的审判制度，对犯罪嫌疑人、被告人的权利也有较大损害，在适用时仍需要格外谨慎。[1] 尤其是制裁型模式，除了要严格筛选案件外，在事前、事中、事后都需要充分的权利保障。这主要表现在：缺席审判前需要充分告知被告人相关的庭审信息，在庭审中要充分保障被告人的辩护权，在庭审结束后也要给予被告人充分救济权利。

1. 适用的案件范围需有限

制裁型模式旨在尽快明确被告人的刑事责任，因此，在适用这一模式时需要谨慎。在法国，无论是重罪案件或是轻罪案件都可以采用这种模式，其并没有对特定罪名规定适用缺席审判。因此在案件筛选时，只需要考虑是否尽到告知义务，是否保障了被告人庭上的权利，或者事后的救济是否充分等问题。而在我国，准予适用此种缺席审判是为了有效的惩罚外逃贪官和严重危害国家安全的犯罪分子。那么在案件筛选上，是否只要涉及法律列举的三类案件就一定要适用缺席审判呢？答案是否定的。

我国为适用制裁型模式设置了众多前提。首先，危害国家安全犯罪和恐怖活动犯罪都必须达到"严重"的程度，且报经最高人民检察院核准，才可以启用。其次，适用这一模式时，包括贪污贿赂犯罪案件在内的三种案件都需要犯罪嫌疑人"在境外"。[2] 除此之外，还应当穷尽了其他可能使被告人到案的可能途径。如果采用"国际通缉令"便能将犯罪嫌疑人、被告人遣送回国，则没有适用缺席审判程序的必要。如果符合引渡条件，引渡国也同意将犯罪嫌疑人、被告人引渡的，可以先行请求引渡。这里旨在说明，制裁型缺席审判模式具有补充性，切不可在未尝试其他方法之前就适用缺席审判程序。此外，也有人认为对可能判处死刑的案件是否适用缺席审判程序还需进一步斟酌。我们认为对于可能判处死刑的案件不宜适用缺席审判程序，因为在国际法上判处死刑是拒绝引渡的条件之一，因此可能会影响到之后将被告人引渡回国的事宜。如此一来，既不利于国际司法协助的展开，也不符合限

---

　〔1〕　参见王敏远：《刑事缺席审判制度研讨》，载《法学杂志》2018 年第 8 期，第 43 页。

　〔2〕　参见王爱立主编：《中华人民共和国刑事诉讼法修改条文解读》，中国法制出版社 2018 年版，第 193~194 页。

制死刑适用的刑事政策，且必将会对缺席审判的适用增加阻力与不可操作性。[1]

因此，由于制裁型模式对被告人诉讼权利的潜在侵害过大，各国都持谨慎态度。在适用上必须注意划分情形，在不得已的情况下，才可以适用。如果这一模式造成滥用，不仅会增加刑事诉讼程序的不确定性，还会破坏《刑事诉讼法》保障人权的目的，在社会上也会造成一定程度的负面影响。

2. 被告人权利保障需严格

适用制裁型模式的案件都是在被告人缺席的情况下进行的，因此被告人的自行辩护权和质证权无法施展，为了保证审判结构不过于失衡，应当以其他方式确保犯罪嫌疑人、被告人的参与权，判决后的救济程序也不能缺席。

首先，需保障被告人的知情权。法庭尽到告知义务的前提是明确被告人的具体状态，即究竟为潜逃境外，或者藏匿于境内，又或者为失踪。如果被告人已经失踪，无法确定其具体位置，则不应该适用缺席审判。因为如果被告人失踪，则无法保障能够将传票准确送达，也不能确保被告人知晓审判事实，后续的权利保障措施也无法展开。关于法庭的告知义务，我国《刑事诉讼法》在第 292 条作出了规定，我国规定人民法院应当采取司法协助或其他可行的方法将法院的传票和检察院的起诉书副本送达被告人。送达之后若被告人没有按照要求到庭，可以对其缺席审判。[2] 在我国，将传票和起诉书副本送达被告人，就意味着已经将庭审信息告知了被告人。在这一前提下，才可以对符合其他缺席审判要件且犯有贪污贿赂犯罪、严重危害国家安全犯罪以及恐怖活动犯罪的犯罪嫌疑人、被告人进行缺席审判。对于在境内逃匿的犯罪嫌疑人、被告人，可以通过告知其近亲属、辩护律师等方式来确保其知悉。但对于潜逃境外的犯罪嫌疑人、被告人，目前可选择方式有：通过司法协助方式送达、通过外交或者领事机构送达、公告送达、向辩护人送达及其他受送达人接受的方式。[3] 所有这些告知方法都需要以犯罪嫌疑人、被告人知晓为标准。尤其是其中的"公告送达"，非不得已不应使用。多国也明文规定刑事缺席审判程序不可适用公告送达，如法国已经废止了缺席审判程序公

---

〔1〕 参见樊崇义：《腐败犯罪缺席审判程序的立法观察》，载《人民法治》2018 年第 13 期，第 45 页。

〔2〕 参见我国《刑事诉讼法》第 292 条。

〔3〕 参见黄风：《对外逃人员缺席审判需注意的法律问题》，载《法治研究》2018 年第 4 期，第 61 页。

告送达。[1] 德国的重罪缺席判决旨在保全证据，但也同样禁止使用公告送达。[2] 一般情况下，公告送达多用于涉及财产的案件，刑事缺席审判不仅涉及财产，还涉及犯罪嫌疑人、被告人刑事责任。因此，如果不能确保犯罪嫌疑人、被告人实际知悉，则不应使用公告送达。若别无他法，也应该设立配套措施，保障犯罪嫌疑人、被告人知悉。在知悉基础上，再判断犯罪嫌疑人、被告人是明确表示拒绝出庭，或以实际的逃避行为表示拒不出庭，对于拒不出庭者，才可以进行缺席审判。

其次，应充分保障被告人的辩护权。我国《刑事诉讼法》规定，在刑事缺席审判中犯罪嫌疑人、被告人拥有选任辩护人的权利，若被告人没有选任辩护人，允许其近亲属代为聘请辩护人。在二者都没有选任辩护人的情形下，法院应当为其指派法律援助辩护律师。这里需要注意的是，由于案件涉及三种严重犯罪，且被告人处于缺席状态，所以法律援助律师的指定应当注重律师的资历与专业性，尽量避免实习律师因经验不足而导致被告人权利无法充分行使。此外，缺席审判中辩护人的意见不能完全代表被告人的意见，辩护人需要在与被告人充分沟通的基础上才能发表辩护意见，并且需要按照被告人的意见全面收集无罪或罪轻的证据，以保护被告人的合法权益。[3]

最后，应当适用启动较为便宜的程序进行异议后的重新审理。我国《刑事诉讼法》对在庭审中或庭审后归案的被告人赋予了恢复庭审、提出异议等救济权利。对于被告人在裁判发生法律效力后到案且提出异议的，法庭如何重新审理，有两种备选方案：其一，如同法国对待缺席审判的态度，先前作出的裁决全不作数，必须按照一审程序重新进行审判。其二，适用审判监督程序进行审理。[4] 支持后者的学者认为，若采用"异议—重审"结构，将会冲击既判力学说。[5] 但我们认为，审判监督程序的启动涉及各作出裁判法院的院长、审判委员会，甚至有时关联到上级法院，在程序上较为烦琐，且被

---

〔1〕 参见《法国刑事诉讼法典》，罗结珍译，中国法制出版社2006年版，第387页。

〔2〕 参见《德国刑事诉讼法典》，宗玉琨译注，知识产权出版社2013年版，第189页。

〔3〕 参见杨宇冠、高童非：《中国特色刑事缺席审判制度的构建——以比较法为视角》，载《法律适用》2018年第23期，第24页。

〔4〕 参见张澎、姜金良：《论刑事缺席审判制度的具体构建——以〈刑事诉讼法（修正案）〉为基础》，载《中国社会科学院研究生院学报》2018年第6期，第102页。

〔5〕 参见万毅：《刑事缺席审判制度立法技术三题——以〈中华人民共和国刑事诉讼法（修正草案）〉为中心》，载《中国刑事法杂志》2018年第3期，第35、36页。

告人的异议内容不一定符合启动审判监督程序的条件。所以为使被告人获得充分且快速的救济，应当适用一审程序对被告人提出异议的案件进行重新审理。

综合来看，为保证被告人最基本的诉讼权利，在适用制裁型模式时，不只需要严格把控准入规则，还需在后续庭审中保证其知情权、辩护权和救济性权利。

三、程序有利型模式

程序有利型模式，是指法庭在被告人有正当理由不能出庭，或提出不出庭的申请后准许其不出庭，进而对被告人作出缺席审判的一种模式。这一模式需要法庭确知被告人没有出庭意愿或出庭能力，并在权衡价值损益后同意被告人缺席。这种"意愿"是对被告人积极行使处分权的肯定。而"出庭能力"一般则是指被告人的身体健康状况。在充分尊重被告人意愿，考量被告人身体状况后，选择作出缺席审判，是对被告人迅速审判权的保障。这一模式在法国、日本、俄罗斯、意大利、葡萄牙、韩国、中国都有体现。

（一）程序有利型模式的构成要素

程序有利型模式旨在强调：当被告人有正当理由不出庭或者申请不出庭时，按照缺席程序尽快完成审判是对被告人迅速审判权的保障。因此，在这种情形下缺席审判，是一种程序上有利于被告人的选择。采用这一模式的目的在于保障被告人的迅速审判权。在适用时，被告人对其出庭权利的处分是积极的。

1. 继续审判以保障迅速审判权

程序有利型模式主要针对积极放弃出庭权利和无能力出庭的被告人。这些被告人往往希望法庭尽快作出判决，以减轻因耗费太多时间而带来的诉讼上的压力。在这种情形下，一方面，身体状况往往使被告人出庭成为负担。此外，站在被告席上可能需要展示其不光彩的一面，于其人格尊严，也有所损害。另一方面，出席对被告人精力和费用的消耗也会对其带来损失。[1] 适用这一模式，很大程度上，被告人获得的是实体的制裁。但这种实体制裁，充分保障了被告人在刑事诉讼中的主体地位，尊重了被告人对自己出庭权利的积极处分，又使得被告人尽快摆脱诉累，保障了被告人的迅速审判权。我国也明确表示被告人因病不能出庭的缺席审判案件与前文制裁型模式下的缺

---

〔1〕 参见邓思清：《刑事缺席审判制度研究》，载《法学研究》2007年第3期，第97、98页。

席审判案件有很大区别。其中一点即为适用程序有利型模式的目的在于尽快了结案件，结束法律关系的不稳定状态。[1]

2. 被告人积极处分出庭权利

程序有利型模式与制裁型模式的一大区别，就是被告人处分出庭权利的主观心态不同。制裁型模式中，被告人对其出庭权利的处置表现出消极放任的态度。而程序有利型模式中，被告人在案，且对案情、证据情况以及不出庭导致的法律后果有充分认识，进而提出正当理由，积极主动放弃自己的出庭权利。被告人作为诉讼主体，根据其自由意志行使或放弃一些权利时，国家应当尊重被告人的选择。程序有利型模并非强制性的，而是给予了被告人选择的权利。任何法官主动采取措施进行缺席审判的情形，都不为本文语境下的缺席审判。具体来说，被告人积极处分其出庭权利主要有以下两种情况：

第一类是因身体因素而未出庭。此时被告人提出的缺席申请是对法庭提出的迅速裁判要求，可以为其减轻出庭负担。这一类型更侧重于对被告人客观状况的无奈。在域外，法国规定，在轻罪案件中，由于被告人健康状况而不能出庭，并且无法推迟案件审理时，法官可以进行缺席审判。但是为了保障被告人的辩护权，法庭需指派法官，在书记员的陪同下前往被告人住所或者羁押场所，听取被告人的陈述。在这种情形下，被告人可以获得律师的协助，法官也需要对讯问制作笔录。此外，法国还允许被告人以寄送信件的方式请求法庭在其不出庭的情形下进行审判。在这种情形下必须有辩护人出庭帮助被告人辩护，这一审判被认为是对席审判。[2] 日本规定，被告人由于病患或者其他事由不能到场时，需要按照规定提交医生的诊断书或其他材料，在法庭审核之后才可以进行缺席审判。[3] 葡萄牙规定，如果被告人无法应传或者基于年龄、严重疾病或在外国居住的理由而无法出庭的，被告人可以申请或者同意庭审在其缺席的情况下进行。但是凡在被告人未出庭的情况下进

---

[1] 参见王爱立主编：《中华人民共和国刑事诉讼法修改条文解读》，中国法制出版社 2018 年版，第 219 页。

[2] 《法国刑事诉讼法典》第 411 条。参见孙谦主编：《刑事审判制度：外国刑事诉讼法有关规定》（下），中国检察出版社 2017 年版，第 881 页。

[3] 《日本刑事诉讼法》第 278 条。参见《世界各国刑事诉讼法》编辑委员会：《世界各国刑事诉讼法》（亚洲卷），中国检察出版社 2016 年版，第 341 页。

行庭审的，被告人均由其辩护人代理其应当在庭审中的行为。[1]

第二类则是被告人单纯自愿放弃出庭权利，以减少出庭带来的精力损耗和心理压力。此则更侧重于对被告人处分权的尊重。俄罗斯规定，程序有利型模式在适用案件上仅限于轻度犯罪和中度犯罪刑事案件。在此范围内，如果受审人向法庭申请在其缺席情况下进行审理，法庭可以允许。[2]《意大利刑事诉讼法》规定，即使在被告人出庭受阻的情况下，只要被告人明确表示其放弃参加庭审，法官便可以进行缺席审理。[3] 美国也赋予被告人放弃继续到庭的权利，[4] 并认为如果在进行正当审判时，被告人主动在诉讼中缺席，法院则认为被告人在庭审开始时就已经丧失其宪法权利。当然，这一情况虽然符合宪法，但在一些地方法院，则可能不被允许。[5] 韩国则规定，在可能判处 3 年以下有期徒刑或拘役，500 万韩元以上的罚金或拘留的案件中，被告人请求不到庭的，法院认为被告人不到庭对其权利没有影响时，可以允许其不到庭。但是在认定审问和宣告判决的公审日期，被告人需要到庭。

（二）程序有利型模式的具体应用

在我国，这一模式的适用也需以患严重疾病而无法出庭为正当理由。这里主要指被告人因患严重疾病无法辨认、控制自己的行为，无法表达自己的真实意思，也包括出庭可能影响其生命健康等，而并非一患重病，就中止审理。[6] 此外，我国还规定了时间上的限制，即中止审理已经超过 6 个月，被告人仍然无法出庭，不仅使这一模式更具可操作性，也体现出尽管在程序上有利于被告人，但适用时仍需保持谨慎的态度。

〔1〕《葡萄牙刑事诉讼法典》第 333 条、第 334 条。参见《世界各国刑事诉讼法》编辑委员会：《世界各国刑事诉讼法》（欧洲卷·中），中国检察出版社 2016 年版，第 1265 页。

〔2〕《俄罗斯刑事诉讼法典》第 247 条。参见孙谦主编：《刑事审判制度：外国刑事诉讼法有关规定》（下），中国检察出版社 2017 年版，第 746 页。

〔3〕《意大利刑事诉讼法》第 420-2 条。参见《世界各国刑事诉讼法》编辑委员会：《世界各国刑事诉讼法》（欧洲卷·下），中国检察出版社 2016 年版，第 1702 页。

〔4〕《美国联邦刑事诉讼规则》第 43 条。参见《世界各国刑事诉讼法》编辑委员会：《世界各国刑事诉讼法》（美洲卷），中国检察出版社 2016 年版，第 643~644 页。

〔5〕参见〔美〕伟恩·R. 拉费弗、杰罗德·H. 伊斯雷尔等：《刑事诉讼法》（下册），卞建林、沙丽金等译，中国政法大学出版社 2003 年版，第 1202 页。

〔6〕参见王爱立主编：《中华人民共和国刑事诉讼法修改条文解读》，中国法制出版社 2018 年版，第 218 页。

1. 法庭需权衡被告人缺席的必要性

虽然程序有利型模式需要被告人和法庭的合意，但是这种合意并非无限制地"讨价还价"，而必须是在一定利益权衡后才展开。所以，对于被告人的缺席申请，法庭可以根据被告人所处状态或者申请，对案件所涉及的被告人法益进行权衡。这种权衡主要体现在对缺席理由的审查。若法庭认为公安或检察机关所采取的前置措施不足以保障被告人权益，则可以不准许开启缺席审判程序；若法庭认为缺席将对被告人法益造成无法弥补的损害，则可以延期审理或传唤被告人必须出庭。反之，若法院认为庭审前或缺席后被告人的权益可得到最大限度的保障，或者缺席对被告人法益侵害不大，则可以准许被告人的请求，决定对其缺席审判。此处可以看出当今《刑事诉讼法》虽然有当事人化的趋势，但还是保留有职权主义的色彩。

2. 法庭需审核被告人缺席的自愿性

程序有利型模式虽然尊重了被告人的处分权，也有利于保障被告人的迅速审判权，但其仍需要对被告人作出刑事处罚，仍然关系到被告人的刑身利益。在具体应用中，我们仍然需要一定准则来确保被告人权益不被肆意损害。因此我们认为，在适用程序有利型模式时，审核被告人请求缺席的自愿性是有必要的。

程序有利型模式要求被告人知晓与案件相关的事实和证据，并且知晓缺席审判对其权益的减损和可能带来的后果。由于缺席审判具有天然缺陷，所以在适用时需要特别注意被告人放弃权利的自愿性，而不能一味追求效率而违背被告人意愿进行缺席审判。当然，在一些情形下，被告人身患重疴，已经失去意识，但案件却久拖不决。这时，经过被告人法定代理人、近亲属的申请或同意，明确表示放弃法庭审理时的在场权的，法庭也可以进行缺席审判。确保被告人放弃权利的自愿性，再以知情权、辩护权和事后救济性权利相补充，才能使缺席审判程序本身更趋正当化。

需要注意的是，程序有利型模式是在被告人自愿情形下作出的，其严厉性低于制裁型模式，对于被告人权益的损害也相对较小。所以，程序有利型模式下的缺席判决较制裁型模式下的缺席判决稳定。被告人的异议不再是开启缺席审判的救济程序的"灵丹妙药"。

四、实体有利型模式

实体有利型模式是指在审判过程中或判决作出后，被告人死亡，法庭在有证据证明其可能无罪或检察院提起审判监督程序的情况下，对被告人作出缺席审判的情形。《刑事诉讼法》的目的之一是追究犯罪人的刑事责任，但如果犯罪人已经死亡，刑事责任也就无从追究。一般情况下，被告人在审判过程中死亡的，我国《刑事诉讼法》明确规定应当裁定终止审理。当然不排除发生案件虽然已经审理，但根据已认定的案件事实和证据，能够确认被告人无罪的情形。这一类案件，符合作出无罪判决的条件，若依法宣告无罪，更有利于保护公民及相关人员的权利。[1] 因此，有必要建立旨在纠正潜在实体错误的缺席审判程序。

规定有缺席审判制度的国家大多都设有制裁型模式和程序有利型模式，而实体有利型缺席审判模式由于其特殊性，少有国家采用。在我国，实体有利型缺席审判模式是指被告人已经死亡，但先前认定确有错误，法庭可以在被告人缺席的情况下，为死亡被告人昭雪。这一模式对被告人作出的是实体上有利的判决，这也是实体有利型缺席审判模式与前两种模式最本质的区别。由于这一模式是我国缺席审判程序的特色之一，因此，下文主要针对我国规定展开。

（一）实体有利型模式的构成要素

实体有利型缺席审判模式旨在改变先前的错误认定，在缺席情况下对被告人作出有利判决，其前提是被告人已经死亡，但案件有继续审理的必要。因此，这一模式的适用目的即为继续审判以纠正潜在的实体错误。而被告人在这一模式下的状态是出席不能，导致其无法行使其各项诉讼权利。

1. 继续审判以纠正潜在的实体错误

实体有利型缺席审判模式的目的为：即使被告人已经死亡，但实体认定可能存在错误的，需要继续审判以纠正错误。我国《刑事诉讼法》认为，被告人在审判过程中死亡，有证据证明其无罪，经缺席审理确认无罪的，应当判决宣告被告人无罪。在实践中，这种证据通常表现为：没有犯罪事实发生的证据、犯罪事实不是被告人所为的证据、被告人行为属于正当防卫、紧急避险等证据。当这些证据指向被告人无罪，而被告人已经死亡时，法庭则需要纠正先前的错误认定，对被告人作出无罪的缺席判决。需要注意的是，我国还规定，通过审判监督程序审理的案件，被告人死亡的，可以缺席审理。再审案件，是发现已经生效的裁判确有错误等法定原因而提起的。因此，缺

〔1〕 参见王爱立主编：《中华人民共和国刑事诉讼法修改条文解读》，中国法制出版社 2018 年版，第 224 页。

席的再审案件，需要根据案件审理的实际情况而作出判决，而并非一律判决无罪。[1] 这也是这一要素被称为"纠正潜在实体错误"的原因之所在。

2. 被告人出席不能

实体有利型模式之下之所以可以缺席审判，是因为被告人已经根本不可能参加庭审，即出席不能。这也是区别于前两种模式的要素之一。制裁型模式中的被告人虽然消极放弃出庭权利，但是理论上，被告人还是有进入法庭参与审判的机会，被告人诉讼权利的缺陷是有可能恢复的。程序有利型模式中被告人积极处分其出庭权利，但若被告人改变主意或疾病被治愈，其重返法庭的机会也没有丧失。如此比较来看，被告人出席不能使对席审判成为不可能，是实体有利型模式的显著特点。我国 2018 年修改的《刑事诉讼法》对实体有利型缺席审判模式的规定仅限于被告人已经死亡。被告人在审判阶段死亡，若有证据证明其无罪，应当缺席判决其无罪。在如今死刑还存在的背景下，被告人仍有可能因为严重刑事违法而被执行死刑。如果对被告人判处死刑是错误判决，而被告人已经被执行死刑，法庭面临的后续工作，则是纠正错误判决，还被告人清白。当然，被告人死亡并非仅有被执行死刑这一种情形。审判阶段被告人因病死亡，但实体认定确有错误的，与按审判监督程序提起诉讼，但被告人因病死亡的，同样适用实体有利型缺席审判模式。因此，在我国语境下，被告人死亡是开启这一模式的必要条件。但并非所有被告人死亡的案件都需要缺席审理，而应当根据情况分别处理。[2]

（二）实体有利型模式的具体应用

1. 启动程序的条件需多元

这一模式在我国的适用，存在两种情形：第一种为错误起诉，第二种为被误判有罪。对于第一种情形，我国规定需要以"有证据证明被告人无罪"为条件，第二种则需以审判监督程序提起为前提。这其中值得思索的是第一种情形的启动条件。我国《刑事诉讼法》规定，在一般的刑事诉讼程序中，

---

〔1〕 参见王爱立主编：《中华人民共和国刑事诉讼法修改条文解读》，中国法制出版社 2018 年版，第 228 页。

〔2〕 ①一般应当裁定终止审理；②根据已经查明的案件事实和认定的证据，能够确认被告人无罪的，应当判决宣告被告人无罪；③有证据证明被告人可能无罪，经缺席审理确认无罪的，应当判决宣告被告人无罪；④对于情节显著轻微、危害不大，不认为是犯罪的，也应当作出判决，宣告被告人无罪。参见王爱立主编：《中华人民共和国刑事诉讼法修改条文解读》，中国法制出版社 2018 年版，第 228 页。

判决被告人无罪的还有"证据不足"的情形。[1] 对应于实体有利型模式则表现为：公诉方的指控存在事实不清、证据不确实、不充分等应该按照疑罪从无宣告被告人无罪的情形，但被告人中途死亡。"有证据证明被告人无罪"对应的是冤案，如"亡者归来"的湖北佘祥林案、河南赵作海案，真凶再现的云南杜培武案。这类冤案都处于一种确定状态，即不仅不能证明被告人有罪，而且能够确定其无罪。[2] 根据我国《刑事诉讼法》，这类案件无疑是可以适用实体有利型模式开启缺席审判的。而对于作为疑案的聂树斌案来说，没有确切的证据证明被告人无罪，案件只是处于事实不清、证据不足的怀疑状态，是否也可以启动缺席审判呢？出于司法公正的考量，如果对这类案件的平反仍然按"有证据证明被告人无罪"的标准，那么平反的条件则显得过于严苛，启动这一模式的门槛也无疑显得过高。[3] 因此，在设计实体有利型模式时，为保障案件的平反顺利有效开展，启动的条件需要更加多元化，即还需将疑罪从无的情形也纳入这一模式下的缺席审判当中。

2. 平反结果需向社会公示

实体有利型缺席审判的目的是为被告人平冤昭雪，在此前，被告人可能因卷入案件而受到过羁押，甚至接受过有罪判决。经过一系列的刑事司法程序，不明真相的社会大众也会因这些司法措施而对被告人产生负面评价。如果被告人被平反后不向公众公示信息，先前对被告人的负面评价不会主动被推翻，这会使被告人的社会形象难以恢复。实体有利型缺席审判模式的平反不应仅停留在司法层面，更应该贯彻到社会层面，使被告人的社会形象也随这一缺席审判而得到平反。因此，此处所指的公示并非仅将裁判文书公布在裁判文书网上，而是指将相关被平反的案件公布在各大媒体报刊上，最大程度地让一般民众知悉。这样才能真正达到恢复被告人名誉的效果。

五、结论

本文提出的缺席审判模式建立在"出席权利说"基础之上，且摒弃了传统分类中脱离缺席审判本质的被告人缺席情形。文章所归纳的三种缺席审判模式功能各异，有的目的在于尽快对逃匿被告人作出制裁，有的目的在于尽

---

[1] 参见我国《刑事诉讼法》第 200 条。

[2] 参见胡云腾：《聂树斌案再审：由来、问题与意义》，载《中国法学》2017 年第 4 期，第 254~255 页。

[3] 参见王敏远：《刑事缺席审判制度探讨》，载《法学杂志》2018 年第 8 期，第 49 页。

快使无法出庭的被告人摆脱诉累，有的则致力于为已死亡的疑案、冤案被告人平反。各模式功能不同，对被告人和法院的要求也各不相同。在缺席被告人的权益保护方面，我国《刑事诉讼法》和《人民检察院刑事诉讼规则》都作了相关规定，但在这些规定的践行过程中，难免会出现法律解释上的歧义或具体操作上的懈怠，进而导致被告人权益减损。因此，本文在模式化的基础上，还对各种模式在具体应用时，在被告人权益保护方面可能遇到的问题一一进行了分析，期待能为刑事缺席审判程序在实践中的运用提供有价值的参考。

民事诉讼信息化协同构建论

杨　斌[*]

摘　要：随着信息技术在民事诉讼司法实践中的应用，传统民事诉讼制度已经不能适应信息化社会新形态和信息化社会民事诉讼的场景变化，需要协同构建与信息化社会场景相契合的民事诉讼理论和制度。在协同构建的方法上，需要将技术"工具理性"与制度"价值理性"相融合，发现信息化场景的变化和民事诉讼制度改进的可能；在协同构建的内容方面，可以基于民事纠纷解决电子化、智能化、数据化、网络化的特点，以民事诉讼理论体系为基础，从诉讼目的论、诉讼价值论、诉权论、基本原则、既判力等基础理论，以及管辖、送达、证据、审理程序等具体制度两个层面展开，对民事诉讼制度进行系统性的建构。

关键词：民事诉讼　信息化　协同构建

一、问题的提出：民事诉讼信息化协同构建之困

信息技术的快速发展，特别是互联网应用的大范围普及，逐步改变了人们的生活方式和交易习惯，越来越多民事纠纷从线下转移到线上，呈现出信息化、网络化、

---

*　杨斌，中国政法大学民商经济法学院民事诉讼法学2017级博士研究生，北京市高级人民法院机关团委书记。

在线化的趋势。当前，这种趋势已经受到学界和司法实务部门的关注，并在理论和司法实践中形成了一定的共识，即司法的电子化或将是一场司法方式的革命，并深刻地改变着司法的理念和国民的法律意识。[1] 认识来源于实践，信息化对民事诉讼的影响，首先体现在司法实践的应对。在实践发展方面，民事诉讼的信息化经历了从"阶段性"到"全程性"的过程。"阶段性"信息化伴随着各种信息技术手段的应用而产生，主要的司法样态是在网上立案、远程审判、网络直播、电子证据、电子送达以及执行案件信息系统等方面，将技术与传统诉讼规则结合，实现司法操作上的电子化、网络化。"全程性"信息化主要基于"网络强国""互联网+"战略和司法改革政策，依托于新设立的互联网法院，对传统诉讼程序和规则进行信息化改造，[2] 探索诉讼全流程在线审理模式，并对互联网法院的定位、专门性、设计理念、运行方式、域外经验等新问题进行研究。[3]

在理论研究方面，学界对民事诉讼信息化问题的研究可以从两方面考察：一方面是信息化对民事诉讼理论影响的整体讨论。研究的范围主要基于立法论的视角，从实践问题的立法应对，逐步转向民事电子诉讼本源性、制度性问题的思考。[4] 例如：对民事诉讼与信息技术之间关系的讨论、对信息化影

---

[1]　参见宋朝武：《电子司法的实践运用与制度碰撞》，载《中国政法大学学报》2011 年第 6 期，第 62~76 页。

[2]　例如：在诉讼规则方面，最高人民法院制定了《关于互联网法院审理案件若干问题的规定》的司法解释。

[3]　在互联网法院的定位方面，参见周翠：《互联网法院建设及前景展望》，载《法律适用》2018 年第 3 期，第 38~43 页；周强：《大力加强发展杭州互联网法院建设 探索互联网司法新模式 服务保障网络强国战略》，载《中国应用法学》2017 年第 5 期，第 1~4 页。在运行机制方面，参见王福华：《电子诉讼制度构建的法律基础》，载《法学研究》2016 年第 6 期，第 88~106 页；王福华：《电子法院：由内部到外部的构建》，载《当代法学》2016 年第 5 期，第 23~35 页；侯学宾：《我国电子诉讼的实践发展与立法应对》，载《当代法学》2016 年第 5 期，第 3~13 页；在域外经验方面：参见［英］布里格斯勋爵、赵蕾：《生产正义方式以及实现正义途径之变革——英国在线法院的设计理念、受理范围以及基本程序》，载《中国应用法学》2017 年第 2 期，第 47~55 页；周翠：《德国司法的电子应用方式改革》，载《环球法律评论》2016 年第 1 期，第 98~114 页；杨建文：《韩国民事电子诉讼制度的发展》，载《人民法院报》2013 年 5 月 3 日，第 8 版；［德］Peter Gilles：《德国民事诉讼程序电子化及其合法化与"E—民事诉讼法"之特殊规则》，张陈果译，载《民事程序法研究》第 3 辑，厦门大学出版社 2007 年版，第 308 页。

[4]　参见张兴美：《中国民事电子诉讼年度观察报告（2017）》，载《当代法学》2018 年第 6 期，第 48~157 页。

响的评估、对基本原则变化的探讨等。[1] 另一方面是诉讼程序信息化过程中的具体问题，主要体现为程序法理在民事电子诉讼中的运用，解决民事诉讼理论与时代演绎之间的反作用力，主要包括：立案、管辖、送达、证明等诉讼程序的电子化问题。[2]

虽然民事诉讼信息化已经受到学者的关注，但是对信息化与民事诉讼协同构建的场景、模式、方法等问题仍未形成体系和共识：一是研究对象的概念和边界不清。关于研究民事诉讼信息化协同的落脚点，仍然没有形成统一的共识，有的研究互联网法院、有的研究民事电子诉讼的制度构建、有的研究互联网案件审理程序和规则、有的研究司法与技术革新、有的研究域外的理念和经验等。对于研究对象缺少统一界定，不同研究对象的概念和内容存在交叉和重复。二是研究中缺少信息化的思维和理念。大部分学者的研究思路仍然立足于法学思维，忽视了对信息化思维的研究和把握。对信息技术的影响仍然停留在"工具论"而非"革命论"，认识角度主要是从法解释学基础上应对技术带来的变化，而缺少从技术未来发展的视角和场景来思考传统民事诉讼原理、规则、程序的改造和完善问题。例如：对于民事电子诉讼的认知主要停留在法本质层面，认为信息技术的工具性虽然能满足司法实用主义的需求，但不应在根本上改变诉讼的价值和结构，[3] 民事诉讼是本质、核心，"电子"是工具和方式。[4] 这种笼统的将技术与司法进行对比的方式，

---

〔1〕 参见徐骏：《智慧法院的法理审思》，载《法学》2017 年第 3 期，第 55~66 页；刘敏：《电子诉讼潮流与我国民事诉讼法的应对》，载《当代法学》2016 年第 5 期，第 14~22 页；郭烁：《司法过程的信息化应对——互联网时代法院建设的初步研究》，载《暨南学报（哲学社会科学版）》2017 年第 10 期，第 25~32 页；张勤：《信息技术与司法改革》，载《东南司法评论》2018 年第 0 期，第 1~6 页；侯猛：《互联网技术对司法的影响——以杭州互联网法院为分析样本》，载《法律适用》2018 年第 1 期，第 52~57 页。

〔2〕 参见冯琳：《电子法庭审判模式的法理学思考》，载《法治论丛》2008 年第 3 期，第 15~21 页；宋朝武：《民事电子送达问题研究》，载《法学家》2008 年第 6 期，第 125~130 页；郭翔：《涉网案件地域管辖规则修改问题刍议》，载《法学家》2011 年第 5 期，第 155~163 页；马登科、唐豪：《我国网上立案制度研究》，载《广西社会科学》2018 年第 2 期，第 93~100 页；肖建国、庄诗岳：《论互联网法院涉网案件地域管辖规则的构建》，载《法律适用》2018 年第 3 期，第 16~24 页；张兴美：《电子诉讼中的诉讼参与人真实性问题——基于外观主义的分析》，载《广东社会科学》2016 年第 4 期，第 249~256 页；曹书瑜、梁露、蔡葵：《电子送达方式下适用缺席判决的前提条件》，载《人民司法（应用）》2016 年第 19 期，第 108~111 页。

〔3〕 参见王福华：《电子诉讼制度构建的法律基础》，载《法学研究》2016 年第 6 期，第 88~106 页。

〔4〕 参见张兴美：《中国民事电子诉讼年度观察报告（2017）》，载《当代法学》2018 年第 6 期，第 48~157 页。

既未准确认识信息技术革命对社会制度带来的变革和影响，也没有充分认识到在信息社会中诉讼的环境和场景。三是研究的方法和研究手段不足。当前民事诉讼信息化的研究方法，主要通过法学原理、规则与信息化的场景和实践的结合，对比域外的经验，来探索诉讼电子化、信息化的制度改良方案。从研究的方法上看，仍然是以法教义学为基础的分析方法为主，缺少运用信息技术理论对民事诉讼信息化带来的场景变化和影响的分析。例如：通过信息论、系统论等研究方法，来认知民事诉讼未来发展可能。

本文基于上述认识展开研究，拟从理论上对信息化与民事诉讼协同构建问题进行梳理，以期形成清晰的研究进路。具体而言，分为三个部分：第一部分主要通过研究信息技术发展变化的规律和场景，明晰民事诉讼信息化协同构建的基础。第二部分从认识论的角度，通过分析科技场景变化与现代民事诉讼的基本理念，探寻民事诉讼信息化协同构建的基本方法。第三部分基于民事诉讼理论框架，从基础理论和具体制度两个层面进行考察，探索民事诉讼信息化改进内容和方向，尝试进行体系化构建。

二、协同构建之基础：基于信息化社会的民事诉讼场景

民事诉讼信息化构建，首先应当正确理解信息化的概念和本质，民事诉讼作为社会活动的组成部分，应当在信息化社会的场景和边界内加以构建，避免信息技术与民事诉讼制度的脱节。

（一）信息化概念和本质

"信息化"一词最早由日本社会学者梅棹忠夫在 1963 年提出，同时，他将以信息为中心的社会定义为"信息化社会"。[1] 经过几十年的发展，信息化的概念在全球得到广泛的认同和使用。1998 年联合国教科文组织在《知识社会》一书中指出："信息化既是一个技术的进程，又是一个社会进程。它要求在产品或服务的生产过程中实现管理流程、组织机构、生产技能以及生产工具的变革。"[2] 信息化不仅是一个技术进程，或技术应用的问题，更重要的是一个社会进程，即社会发展和演变的过程。信息化不仅仅具有生产力（生产技能与生产工具）发展的内涵；同时，更重要的，信息化意味着生产关

---

〔1〕 参见白根扎吉、黄晓勇：《日本信息化的动向》，载《日本问题》1987 年第 1 期，第 20~23 页。

〔2〕 "It refers to a social as well as to a technonlogical process. It requires changes in management process, organization, and skills as well as in the tools used in the production of goods and services." -Robin Mansell and Uta Wehn , *Koneledge Societies: Information Technology for Sustainable Development*, Oxford University Press, 1998.

系（管理流程和组织机构）的变革。[1] 根据恩格斯关于产业革命的定义，信息化可以定义为："利用现在信息技术对人类社会的信息和知识的生产进行全面的改造，并因而导致人类社会生产体系的组织结构和经济结构发生全面变革的一个过程，是一个推动人类社会从工业社会到信息社会转变的社会转型过程。"从本质上看，信息化不是目的，而是一个实现信息社会的过程。有学者根据信息化的过程，进行了理论构建：信息化将现实生活的物理世界（已经发生、正在发生的事物）通过同态映射将其变换为数字世界；同时又利用逆变换将数字世界转换为物理世界，成为认识和改造世界的工具。在同态映射中，主要利用的是信息技术产业和信息内容产业。信息技术产业（包括微电子、计算机、通信与软件产业等）主要进行信息的处理和传播。信息内容产业（包括新媒体、视频、新闻、素材等）主要产生数字内容。在逆变换过程中，主要依赖的是信息服务产业（网络平台、互联网应用、支付技术等）通过各种形式向用户提供需要的信息、内容、知识，使物理世界为用户服务。[2]（如图1所示）

信息化要实现的是由工业社会向信息社会的转变，这是一个庞大的社会工程，绝不仅仅需要技术人员就可以完成，而需要包括经济、社会各个领域（包括司法）的参与，将技术应用其中，实现本领域的现实世界与虚拟世界之间有效的同态映射和逆变换。

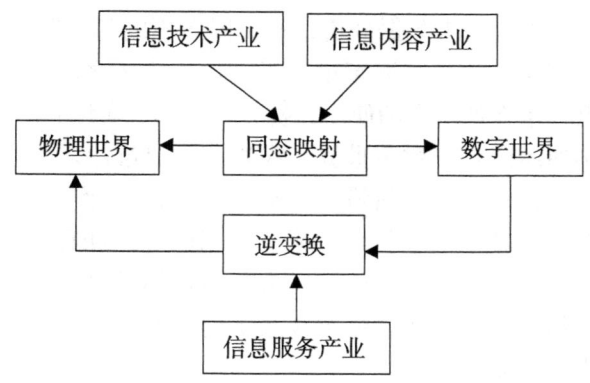

图1 数字世界与物理世界关系图

---

〔1〕 参见周宏仁：《信息化论》，人民出版社2008年版，第96页。
〔2〕 参见周宏仁：《信息化论》，人民出版社2008年版，第97页。

（二）信息化社会带来的民事诉讼场景变化

社会中必然有纠纷存在，为了解决民事纠纷，国家设立法院，从而使人们得以主张和实现民事权利。为了规范民事诉讼程序，国家又制定《中华人民共和国民事诉讼法》（以下简称《民事诉讼法》）。当前民事诉讼制度产生于传统的物理世界，其理论和实践的发展也基于物理世界的社会制度和观念。未来的信息化社会中，民事纠纷既产生于物理世界，也产生于数字世界。两个世界的民事纠纷是否适用相同的诉讼理论和规则进行处理，是信息化社会中司法必须要回应的问题。基于信息化的理论模型和当前的司法实践，民事诉讼的信息化存在三种场景变化：

第一，民事纠纷产生于数字世界，并在数字世界中解决。主要体现在数字世界中不同主体的权利冲突，秩序的维护以及诉讼制度的重构。在数字世界中，权利形态主要呈现为数字化的信息，对于诉讼主体、诉讼标的、诉讼的证明、诉讼程序等都会在虚拟的数字空间中发生变化。在数字世界与物理世界中的争议有何不同？诉讼是否是最为合适的争议解决方式？诉讼的标的发生什么样的变化？证明的标准和方法如何数字化？诉讼的程序如何数字化？等一系列问题需要对数字世界中民事诉讼理论进行信息化和体系化的构建。

第二，民事纠纷产生于物理世界，借助于数字世界的技术解决。主要体现在物理世界中的民事诉讼借助信息化的技术来提升诉讼的质效，以达到更好的诉讼效果。例如：在庭审中应用网络直播技术，更好的实现司法公开；借助技术对裁判文书进行大数据分析，避免同案不同判，保障裁判的既判力；将电子通信技术应用于送达和庭审中，提升诉讼主体之间的沟通效率；区块链、可信时间戳技术在证明中的使用，提升证据的真实性和时效性。

第三，民事纠纷产生于数字世界，在物理世界解决。主要是数字世界向物理世界逆变换过程中产生的纠纷。此类纠纷与数字世界和物理世界均发生联系，需要分析厘清其类别和特点，明确适用的理论和程序加以解决。电子商务的模式具有多样性，民事主体、民事行为在物质世界和数字世界之间反复作用时产生的纠纷，应当通过哪个场景下的民事诉讼制度加以解决，需要在理论上进行界定和厘清。

（三）场景变化对传统民事诉讼理论的影响

信息社会使民事诉讼场景正在发生重大的调整和变化，对传统民事诉讼产生着冲击，基于物理世界形成的民事诉讼理论已经不能适应数字世界发展的司法需求。

第一，传统民事诉讼理论形成的基础已经不能适应信息化社会新形态。当前的民事诉讼理论基于物理世界的纠纷解决的形态而建立，在发展过程中并没有考虑到信息革命带来的全新社会样态。传统诉讼中的案件事实，主要存在于物理世界。还原案件事实的主要方式是通过人和物所反映的信息进行心证和法律上的判断。可以概括理解为举证责任判断和通过心证"谁在说假话？谁交的是伪证？"由此，传统诉讼理论的事实基础是通过人和物来还原事实。而数字世界中，信息的流动主要通过网络进行传播，通过服务器进行储存。法律行为已经被电子化和虚拟化。事实基础不再是人和物的提供的信息，而转变为"记录法律行为的数据信息在哪里？应当由谁提供？如何判断信息的真实性？是否存在被篡改的可能？"等问题。显然，传统的民事诉讼理论对于解决这些问题已经无能为力，需要结合信息技术理论进行回应。

第二，司法的信息化实践创生出新的理论需求。智慧法院的建设和互联网法院的设立，开始了三种信息化场景的实践探索，必然会突破基于传统理论建立的制度规则，产生新的理论需求。例如，哪些案件应当由互联网法院审理，涉及管辖制度的变革；电子提交和送达的范围，是否可以涵盖判决书、调解书，需要对送达理论的改造；在线庭审和异步庭审等探索，对辩论主义和对审主义理论提出了新的挑战。信息化的场景对信息的安全性提出的新的要求，需要在理论上加以重视；民事行为的网络化、数字化，需要丰富和扩展电子证据和证明理论的形式和内涵。司法实践中的各种问题，必然会倒逼理论进行不断改进和完善。

第三，传统民事诉讼需要协同构建与信息社会相适应的理论和制度。信息社会的快速发展是大势所趋，并且已经传导到司法实践部门。近年来，司法机关正在通过设立互联网法院、创设互联网审理规则、推动智慧法院建设等一系列举措探索解决数字世界与物理世界之间产生的新类型纠纷，回应信息社会的司法需求。因此，对民事诉讼信息化问题进行研究，协同构建与信息化场景相适应的理论和制度已经成为必然。

三、协同构建之方法：基于"工具理性"与"价值理性"的融合

信息化社会的发展方向，确立了民事诉讼信息化的必要性。从技术与法律的关系看，科学技术是一种"工具理性"，是达成某一目的所应用的手段。进行理论和制度创新既不能盲目追求技术，放弃正当性和价值理念，也不能忽视技术带来的社会变化，拒绝吸纳自然科学和社会科学的成果，仅考虑所谓的"价值理性"把法律问题统统道德化，停留在虚无的思辨中。[1] 应当明晰信息化改造的趋势和现代民事诉讼应当秉持的理念，将"工具理性"与"价值理性"相融合，以适应民事诉讼在信息化场景下的需求的变化。

（一）"工具理性"视角下纠纷解决的场景转变

基于未来民事纠纷及民事诉讼场景的变化，法院中的纠纷解决在技术和途径方面将面临四个转变：一是电子化转变，即从物理环境转向虚拟（或半虚拟）环境。互联网法院和传统法院的电子化，逐渐削弱法院诉讼程序长久以来以物理和特殊空间为代表的标记，不再受限于时间和空间的约束。二是智能化转变，即从人类干预和决策转向自动化程序。通过使用自动化程序，降低诉讼成本，增强案件处理的能力，通过算法抑制人类的裁量，增加一致性并减少偏见，进而巩固"正义"及"正义实现的方式"。三是数据化转变，即从以保密性为价值追求的纠纷解决模型，转向以预防纠纷为目的收集、利用、再利用数据的纠纷解决模型。法院将更加依赖于数字技术和 ODR 程序，通过程序中的数据，分析预防纠纷，并持续完善司法系统。四是网络化转变，随着个人在线生活的不断发展，个人期待运用信息技术参与民事诉讼程序的意愿将会扩大。未来的诉讼程序将会呈现出更少的对抗性，以及更加灵活、透明、高效的特点。传统正义在实现方式、实现效率、实现的公平性上正在向"数字正义"转变。[2] 因此，民事诉讼理论改进的出发点，应基于电子化、智能化、数据化、网络化的视角检视，将传统理论与信息化的变化相融合，以构建适应新场景的民事诉讼制度。

（二）"价值理性"视角下民事诉讼秉持的基本理念

技术革新和理论改进，不能脱离民事诉讼的基本价值理念，经过长期发展，"正当程序保障"和"二元诉讼观"已经成为现代民事诉讼理论应当坚持的基本理念。具体而言："正当性"是权利、地位和制度等具有被相关人员和社会认同、信任、接受或支持的属性。民事诉讼的正当性，意味着民事案件审判在整体上为当事人及社会上一般人所承认、接受、信任的性质及其制

---

〔1〕 参见苏力：《法律与科技问题的法理学重构》，载《中国社会科学》1999 年第 5 期，第 57~71 页。

〔2〕 参见［美］伊森·凯什、［以色列］奥娜·拉比诺维奇·艾尼：《数字正义：当纠纷解决预见互联网科技》，法律出版社 2019 年版，第 244 页。

度性过程。[1] "法律的正当程序及其保障"已经成为国际人权法基本内容,[2] 在日本民事诉讼法学界,曾明确提出民事诉讼的正当性来自其程序正当而不是其结果正当,民事诉讼的目的在于"为实现当事人自律性的纠纷解决提供程序保障"。[3] 从我国民事诉讼理论研究情况看,主要包括三个方面的正当程序保障:一是民事诉讼"开始"的正当程序保障,主要体现在"不告不理""不得非法拒绝裁判",以及诉权的宪法化。二是民事诉讼"过程"的正当程序保障,主要体现在"程序公正"和"程序效率"两个基本价值。三是民事诉讼"结果"的正当程序保障,主要包括保障"实体公正"、实现"诉讼目的"以及"既判力"原则。"二元诉讼观"是指将从诉讼法学发展史的视角观察,经过从"实体法立场"认识和处理诉讼问题到从"诉讼法角度"理解和把握民事诉讼的理论、制度和具体概念的一元视角,发展为一方面应严格按照法定的诉讼程序有序进行,另一方面必须根据民事实体规范等做出裁判,作为公力救济处理民事纠纷和其他实体事项的"二元诉讼观"[4]。"正当程序保障"和"二元诉讼观"已经成为现代民事诉讼理论发展的基本遵循,民事诉讼的信息化的协同构建,也应当坚守的基本理念。

(三)"工具理性"与"价值理性"融合的基本方式

民事诉讼信息化构建,本质上是应用科技的力量来解决现代民事诉讼发展中的法律问题。科技一般来说只关心手段,它无法证明目的的"正当性",但是缺少可靠科学和实践研究支持的法律问题,更容易陷入没有结果的思辨性论证中。[5] 科技与法律的融合,应当遵循认识论的规律,从实践上升为理论,再用理论指导实践。一是从实践过程到理论发展的聚焦。基于现实信息化司法实践中遇到的问题,发现理论改进的区域。信息化带来的变化从司法应用开始,电子化、智能化、数据化、网络化技术应用于传统民事诉讼制度中,必然会对整个诉讼过程产生影响。将诉讼过程中存在问题进行梳理,把

---

〔1〕 王亚新:《民事诉讼与发现真实——法社会学视角下的一个分析》,载马俊驹主编:《清华法律评论》(第1辑),清华大学出版社1998年版,第208页。

〔2〕 参见《世界人权宣言》第10条,《公民权利及政治权利国际公约》第14条。

〔3〕 [日]井上治典:《程序保障的第三波》,载[日]新堂幸司编:《特别讲义民事诉讼法》,日本有斐阁1988年版,第81页。

〔4〕 邵明:《法律科学文库》,中国人民大学出版社第2004年版,第11页。

〔5〕 参见苏力:《法律与科技问题的法理学重构》,载《中国社会科学》1999年第5期,第57~71页。

实践问题升华到理论高度，分析信息化场景中理论演进、发展、改进的方向。二是从理论展望到实践应用的指引。通过信息化理论对现代民事诉讼法理论影响的研究，展望新技术场景下民事诉讼理论发展的趋势和边界，并对司法实践的发展和改进提出指引。三是基于"工具理性"的"转变"和'价值理性"的"坚持"。民事诉讼理论的信息化构建，应当将目光不停往返于信息技术的新场景变化和现代民事诉讼理论之间，发现民事诉讼基础理论在信息场景转变过程中存在的变化和改进的可能。

四、协同构建之内容：基于民事诉讼理论的体系化改进

科学的民事诉讼理论应当是对民事诉讼法制定、运用规律的认识和论述，是人们对长期以来民事诉讼实践活动的经验总结和概括。[1] 这些认识和论述如果不是体系化的，那么这些理论认识和论述就只能是一堆散沙，没有体系化的理论相互之间就可能是矛盾或冲突的。[2] 信息技术对民事诉讼具有全面性、整体性的影响。因此，民事诉讼信息化的协同构建，应当基于民事诉讼理论体系的分析，结合信息化司法实践运用场景，确立构建的范围和内容。

虽然我国的民事诉讼理论仍处在发展的"初级阶段"[3]，需要进一步完善并形成共识，但已有学者尝试进行体系化的构建，形成了初步的理论框架。邵明教授以现代正当程序和现代诉讼观为研究视角构建了民事诉讼"基石"理论（诉讼目的论、诉讼价值论）—"启动"理论（民事诉权论）—"客体"理论（诉讼标的论）—"安定和过程"论（诉讼安定论、诉讼关系论、诉讼行为轮）—"终结"理论（既判力论）的理论体系；[4] 任重教授按照从基础理论到应用理论的结构进行了四个层次的划分：第一层为诉讼目的、诉权；第二层为民事诉讼基本原则。第一层和第二层分别回答了为何以及如何在总体上构建民事诉讼的问题。第三层为"中间层"，是基础理论与应用理论的衔接的理论层次，包括诉讼标的和既判力等理论；第四层为应用理论层包括：管辖、送达、证明等具体诉讼制度。同时指出，在分析具体问题时，

---

〔1〕 参见张卫平：《法学研究与教育方法论》，法律出版社 2017 年版，第 3 页。

〔2〕 参见张卫平：《我国民事诉讼法理论的体系建构》，载《法商研究》2018 年第 5 期，第 105～116 页。

〔3〕 参见张卫平：《我国民事诉讼法理论的体系建构》，载《法商研究》2018 年第 5 期，第 105～116 页。

〔4〕 邵明：《现代民事诉讼基础理论——以现代正当程序和现代诉讼观为研究视角》，法律出版社 2011 年版，第 1 页。

将目光不停往返于基础理论、应用理论以及司法实践，应是我国民事诉讼法学贯彻的研究方法。[1] 本文研究的重点不是民事诉讼理论体系构建的问题，而是在民事诉讼信息化场景下，对理论制度改进的内容和方向进行体系化和系统化分析。因此，民事诉讼信息化构建的内容体系，在两位学者理论分析的结构上进行了简化，主要从基础理论和具体制度两个层面展开。

（一）基础理论的改进

基础理论的改进重点是对诉讼目的论、诉讼价值论、诉权论、基本原则、既判力理论等进行分析，明晰民事诉讼基础理论在信息化场景下改进调整的内容和方向。

1. 诉讼目的论的改进

民事诉讼目的是民事诉讼的基础理论，主要讨论民事诉讼为什么存在的问题。民事诉讼目的论为具体制度设计提供基本理念，为立法论和解释论提供指导，具有前提性和基础性的地位。在不同的社会历史背景下，民事诉讼目的经过私权保护说、私法秩序维持说、纠纷解决说、程序保障说、利益保障说等代表性一元学说发展为多元价值和立场下的多元学说。每一个学说都产生于一定的社会历史阶段，必然受当时政治因素、经济因素以及社会理念的影响，即都带有某一特定历史时期的印记，表明了人们在某一特定历史阶段对民事诉讼的期待。[2] 互联网的普及和应用，突破了时间和空间的限制，线上行为以一种纷繁复杂的形式快速扩张，纠纷形态发生着重大变化：一是纠纷数量的增加。随着互联网创新和使用人数的增长，每当交易增加、关系增多时，争议的数量就会增加。[3] 二是纠纷种类变化更快。纠纷往往是创新活动的副产品，随着互联网中不断创新的商业模式和形式，使纠纷形态更加多样。三是纠纷影响更加广泛。同传统纠纷相比，网上纠纷具有高度的重合性，一个个案的处理往往影响到一个群体的权利，影响范围更广。

因此，民事诉讼的目的在新的场景下，应当赋予新的内涵：一是更加注重纠纷解决。通过及时快速地化解网上纠纷，实现虚拟空间中社会的安定性。二是更加注重促进实体法发展。互联网创新产生的纠纷类型新、变化快，需

---

〔1〕 参见任重：《反思民事连带责任的共同诉讼类型——基于民事诉讼基础理论的分析框架》，载《法制与社会发展》2018 年第 6 期，第 137~156 页。

〔2〕 江伟、邵明主编：《民事诉讼法学关键问题》，中国人民大学出版社 2010 年版，第 17 页。

〔3〕 参见 [美] 伊森·凯什、[以色列] 奥娜·拉比诺维奇·艾尼：《数字正义：当纠纷解决预见互联网科技》，法律出版社 2019 年版，第 9 页。

要发挥通过诉讼来创造实体法规范的功能，确认和保护新型的正当的民事利益弥补成文法滞后性的缺陷。三是更加注重维护社会秩序。互联网不是法外之地，民事诉讼信息化不仅是为了实现个案的正义和私权的保护，还应当成为国家网络治理的组成部分。

2. 诉讼价值论的改进

民事诉讼的价值是指民事诉讼对诉讼主体合理需要的积极满足或正面满足。[1] 民事诉讼价值是法律价值在民事诉讼领域的具体体现，是整个民事诉讼所追求的理想目标，包括程序价值和实体价值两个方面。[2] 在信息化背景下的场景变化，对民事诉讼价值的内涵和评价标准亦会产生影响。

程序价值的变化和影响，主要体现在程序公正和程序效率的价值两个方面。在程序公正方面：一是程序参与程度进一步强化，形式更加多样。当事人通过在线方式进行诉讼，保障诉讼知情权和听审权已经存在技术上的可能性和较为强烈的现实需要。在线审理突破了时空限制，争讼程序的"对审性"将受到冲击，电子送达中如何保障诉讼知情权需要进一步研究。二是当事人平等性的内涵更加丰富。在网上纠纷中，互联网企业占有着数字资源和技术优势，在与个体消费者之间的诉讼中，应当更加注重"实质平等"而非"形式平等"。不同主体之间是否具备电子诉讼的能力和条件，需要基于平等原则进行深入考量。三是程序公开性更易实现。互联网技术已经可以实现网上庭审公开、审判信息公开、裁判文书公开、电子卷宗公开。但公开相关信息的同时，应当注重与当事人隐私权的平衡。在程序效率方面，互联网的普及使当事人运用信息化方式参加诉讼的期待越来越高，同时信息技术在民事审判中的应用可以显著提升诉讼效率、降低诉讼成本、减少当事人诉累，程序效率价值将会更加突显。

实体价值的变化和影响，主要体现在认定事实真实和适用法律正确、权利人实现法院判决等名义所确定的实体权利。其中，特别强调和遵守"相似案件作相似处理"的公正标准。[3] 虚拟世界的行为与现实相比，其行为被数

---

〔1〕　邵明：《现代民事诉讼基础理论——以现代正当程序和现代诉讼观为研究视角》，法律出版社 2011 年版，第 56 页。

〔2〕　邵明：《现代民事诉讼基础理论——以现代正当程序和现代诉讼观为研究视角》，法律出版社 2011 年版，第 59 页。

〔3〕　邵明：《现代民事诉讼基础理论——以现代正当程序和现代诉讼观为研究视角》，法律出版社 2011 年版，第 92 页。

据记录，可以实现行为的可追溯和可回放。因此，技术场景的应用将改变法院事实认定的形式和规则。裁判文书数据的公开和使用，一方面，有利于法官更加便捷的寻找适用的法律，参考同类案件作出裁判，提升法律适用的准确性。另一方面，利用大数据辅助法官裁判，算法对裁判的公正性是否会产生影响，有待进一步研究和论证。

3. 诉权论的改进

民事诉讼权是指当事人享有的请求国家基于民事诉讼保护的权利。[1] 现代民事诉讼发展中，其实际构成要件主要包括：当事人适格和诉的利益。[2] 在民事诉讼信息化的背景下，将进行三方面的调整：一是形式当事人范围应进一步扩展。互联网行为影响广泛，实体法上权利义务争议的主体外的主体也会受到影响和牵连。应当从"直接利害关系人"向"一般利害关系人"理论转变。二是诉的利益判断标准应进一步调整。在数字世界中，新的权利类型不断生成，能否进入诉讼程序，需要具体研究。三是诉权的滥用需要进一步规制。民事诉讼的信息化，提升诉讼的便捷性，同时诉权滥用的形态也会更加多样。需要进一步明确滥用诉权的行为，填补制度漏洞。

4. 基本原则的改进

民事诉讼基本原则是对民事诉讼基本属性或基本原理的制度性抽象表述。[3] 在数字世界的场景下，人与人之间的信息交互方式发生了根本变化，必然会影响民事诉讼基本原则的事实基础，需要对原则的内涵进行调整和丰富。一是辩论主义的削弱和职权探知主义的扩张。网上行为具有可追溯的特点，当事人的行为信息记录储存在服务器中，当事人存在难以调取、保存、出示的困难，如果严格按照辩论主义，法院只对当事人提出的证据进行审查，必然会产生因未能还原事实而导致的不公。因此，应结合网络纠纷证据特点，适度扩张职权探知的范围。二是对审主义和直接言辞主义的形式变化。在线审理案件的过程中，诉讼主体通过电子诉讼平台参加庭审，从"面对面"审理到"屏对屏"审理，降低了法官对庭审的可控性，需要在机制上予以弥补。此外，应当充分考虑当事人是否具备电子诉讼的能力和条件，合理确定电子

---

〔1〕 邵明：《现代民事诉讼基础理论——以现代正当程序和现代诉讼观为研究视角》，法律出版社 2011 年版，第 113 页。

〔2〕 张艳丽、于鹏、周建华：《民事诉讼理论与制度》，法律出版社 2017 年版，第 52 页。

〔3〕 邵明：《民事诉讼法学》（第 2 版），中国人民大学出版社 2016 年版，第 25 页。

审理的方式。三是集中审理主义的削弱。互联网行为突破了时间与空间的限制，当事人之间可能天各一方，集中审理可能会导致极高的诉累。适应互联网特点的异步审理模式正在发展的探索，必然会对集中审理的诉讼模式削弱。

5. 既判力理论的改进

在大陆法系，既判力是指确定判决对诉讼标的之判断对法院和当事人等所产生的约束力，主要体现在两个方面：一是既判力的消极效果即"禁止反复"，当事人等对既判的案件不得再为争执。二是既判力的积极效果即"禁止矛盾"，法院在处理后诉时应受到前诉确定判决的拘束。[1] 总之，对于既判力的消极效果，强调的是一事不再理的理念和意义，而对于既判力的积极效果，则强调判决具有拘束后诉判决的积极作用。

在信息化场景下，既判力的积极效果和消极效果都应在技术条件下得以进一步彰显和强化。首先，在技术的帮助下，判决可以通过数字化方式进行收集和储存，形成裁判信息数据库。当事人在进行诉讼前，可以进行数据比对，识别出重复起诉的情形，避免多个具有管辖权法院之间，由于信息沟通不畅导致的重复诉讼情况。其次，可以对裁判文书数据库进行数据挖掘，提炼出裁判规则和尺度，在后诉判决形成之前，与数据库中的先诉判决进行比对，对突破先诉规则的情形进行提示和预警，避免矛盾判决的发生。最后，从人工智能发展的视角，运用自动化的方式对已决判决进行分析，识别出纠纷发生的趋势和模式，有助于预防纠纷，维护国家法律和法院判决的正当权威，提高诉讼效率。

（二）具体制度的改进

具体制度的改进重点对管辖、送达、证据、审理等民事诉讼制度进行分析，梳理信息化对具体诉讼制度的影响和改进调整的方向。

1. 管辖制度的改进

管辖制度是指各级法院之间和同级法院之间受理第一审民事案件的分工和权限。[2] 关于"为何需要有管辖制度"这个问题，有一个简洁却含义丰富的回答，就是为了"方便当事人、方便法院"。不过，停留在这样一种虽然不

---

〔1〕 邵明：《民事诉讼法学》（第 2 版），中国人民大学出版社 2016 年版，第 222 页。

〔2〕 江伟、邵明主编：《民事诉讼法学关键问题》，中国人民大学出版社 2010 年版，第 96 页。

错却是口号式的回答上，尚不能完整地说明何为管辖的一般原理或基础。[1]民事管辖制度设立的原理主要为了实现以下几方面的目的：一是在法院体系内有必要对案件负担的均衡分布进行事务上的管理，实现方便法院之目的。二是在当事人之间尽可能公平合理地分配诉讼的成本及负担。三是尽量保证案件处理的实体内容不致因受理及进行审理的法院不同而受到影响。数字世界与现实世界中的行为形态存在较大差异，对传统民事诉讼管辖制度的原理带来一定冲击，需要对基于信息化场景下管辖制度的价值进行分析：

第一，审慎区分案件类型。网络空间既独立于物理空间又与物理空间具有牵连性。在"互联网+"背景下，互联网技术和产品已深度嵌入社会经济生活各个层面，人民法院受理的各类民商事纠纷，或多或少都带有一定"互联网色彩"，为了应对纠纷形态的"互联网化"，我国已经在杭州、北京、广州设立三家互联网法院，同时，各地在开展智慧法院建设过程中，也在不断探索通过电子法庭、移动法庭等电子化的审理形式，将传统案件的审理电子化。传统案件的互联网化，对案件类型的判断标准带来冲击。哪些案件应当由传统法院审理，哪些案件由互联网法院审理，需要确立更为清晰具体的区分标准。最高人民法院《关于互联网法院审理案件若干问题的规定》基于"依托互联网发生，证据主要产生和储存于互联网，适合在线审理"的目标确立了13类由互联网法院集中审理的案由。[2]可见，实践中基于互联网法院功能定位和探索，确立的范围是较为审慎的。从实践运行的效果看，由于网络行为的多样性，对这13类案由如何区分，也存在着较大的争议和分歧。传统的管辖标准还不能及时区分出数字世界中快速变化的纠纷类型，管辖制度在理论上仍需要与信息化场景的属性进一步结合。

第二，与传统地域管辖规则衔接。基于网络空间与物理空间的牵连性，传统管辖中的连接点在网络空间中出现难以适用的情况，特别是数字世界削弱了物理世界中位置的重要性。一般管辖中当事人的位置存在模糊性，通过位置确定管辖可能不利于当事人诉讼成本的公平负担；在特殊地域管辖的合

---

〔1〕 参见王亚新：《民事诉讼管辖、原理、结构及程序的动态》，载《当代法学》2016年第2期，第145~160页。

〔2〕 因此，将互联网购物、服务合同纠纷，互联网金融借款、小额借款合同纠纷，互联网著作权权属和侵权纠纷；互联网域名纠纷，互联网侵权责任纠纷，互联网购物产品责任纠纷，检察机关提起的互联网公益诉讼案件，因对互联网进行行政管理引发的行政纠纷，上级人民法院指定管辖的其他互联网民事、行政案件等案件交由互联网法院管辖。

同案件中，当事人在数字世界中达成合意、履行合同。合同签订地、合同履行地在某些环境下将失去确定管辖连接点的意义；在特殊地域管辖的侵权案件中，"网络侵权行为不仅涉及多个侵权环节，而且在多个网络设备中发生了相应的影响（存储或复制）。因此，在网络侵权案件中，确定侵权行为发生地、发生时间以及结果地、侵权结果发生时间，变得十分困难。"[1] 此外，网络化的案件审理方式，将削弱地域对诉讼成本的影响，应当在价值考量的基础上，进一步将网络纠纷管辖规则与传统案件地域管辖规则相衔接。

第三，进一步构建涉及互联网案件的管辖规则。信息化背景下新型案件管辖规则的构建，既应当符合管辖制度的一般原理，也应当达到实践中的可操作性，需要结合信息化的场景进行修正和调整。具体应当从以下四个方面进行重构：其一，从适用对象上看，应明晰哪些类型的案件适用于新的管辖规则，哪些类型案件仍然适用于传统规则。其二，要明晰新管辖规则应当根据数字世界行为特点进行单独创设，还是在传统诉讼规则上进行改进。其三，基于传统的管辖原理对新的管辖规则和案件类型进行检视，应当符合管辖制度的一般原理。其四，还应当从实践层面分析规则适用的可行性，确保规则既符合管辖制度的一般原理，也可以适应信息化的司法实践场景。

2. 送达制度的改进

送达制度的基本功能是使当事人和其诉讼参与人接收到诉讼文书所传递的诉讼信息，由此联结起法院、当事人和其他诉讼参与人之间的诉讼行为，最终保障诉讼程序各个环节的顺利对接。同时，送达制度还体现了正当程序原则和程序效率的保障。一方面，送达制度作为保护当事人权益的重要制度，为审判的合法性和正当性奠定了一定基础。另一方面，科学设置送达制度能够发挥确保诉讼主体之间沟通顺畅，树立司法权威，合理分配诉讼成本风险的作用。我国送达制度受大陆法系影响，职权主义色彩浓厚，送达制度的构造和运行立足于法院本位的职权送达模式。但随着经济社会发展，案件数量的增加、人口流动性增强等因素，加剧了法院与当事人之前权责关系和权利义务分配的不均衡。电子通信技术的发展，极大提高了信息沟通的效率，降低了信息传递的成本。随着越来越多民事法律行为依托于信息通信技术开展，电子送达的作用将在送达制度中逐渐凸显。电子送达方式的合理运用，将极

---

〔1〕 参见肖建国、庄诗岳：《论互联网法院涉网案件地域管辖规则的构建》，载《法律适用》2018 年第 3 期，第 16~24 页。

大提高送达效率、降低送达成本，有利于更好的保障当事人权益。我国民事诉讼法及司法解释确认了电子送达的新型送达方式。[1] 电子送达与传统送达制度的衔接，仍有以下几方面问题需要进一步研究和改进：

第一，电子送达的范围。当前民事诉讼制度将电子送达的范围进行了区分，传统法院审理的案件，经受送达人同意，可以进行电子送达，但判决书、裁定书、调解书除外。由互联网法院审理的案件，除了诉讼文书及当事人提交的证据等材料可适用电子送达外，在充分告知当事人权利义务、并征得其同意的前提下，对判决书、裁定书、调解书也可以电子送达。电子送达的范围以及是否需要征得受送达人同意，关系到电子送达的司法效率和当事人的权利保障两种司法理念之间的冲突，应当结合电子信息技术应用的程度，寻找中间的平衡。

第二，电子送达的形式。由于通信技术的快速发展和迭代，电子送达的形式和工具更加多样。民事诉讼法规定形式主要包括：传真、电子邮件、手机号、即时通讯账号等即时收悉的特定系统。实践中还包括通过专门诉讼平台送达、"弹屏"短信送达[2]、电子公告送达等新类型的送达形式。多样的电子送达方式有助于提升送达的质效，方便当事人诉讼，帮助当事人及时知悉诉讼信息，维护其诉讼权利。同时，也限制了逃避送达的空间。在鼓励创新送达方式的同时，还应做好理论上的规制，防止侵犯当事人的合法权益。

第三，电子送达的效力。主要涉及不同民事电子诉讼方式的程序保障，需要针对不同的送达方式，完善适用条件。评估技术运用的环境和条件，确定具体送达的前提、送达方式、有效送达的条件，清晰合理分配法院和当事人之间的权利义务，保障送达的公正和效率。

3. 证据制度的改进

证据是裁判的基础，证据制度是诉讼制度的基石。民事证据制度大体上可以分为两大部分——证据规制与证明规制。[3] 在信息技术不断扩张的背景

---

〔1〕 参见《民事诉讼法》第 87 条；2015 年最高人民法院《关于适用〈中华人民共和国民事诉讼法〉的解释》（已被修改）第 135 条、第 136 条；最高人民法院《关于互联网法院审理案件若干问题的规定》第 16 条、第 17 条之规定。

〔2〕 一种将短信直接呈现在当事人手机屏幕上，当事人在未阅读状态下，无法通过触摸手机屏幕来操纵手机，以提高送达效率，帮助当事人知悉诉讼信息的技术。

〔3〕 张卫平：《民事诉讼法修改与民事证据制度的完善》，载《苏州大学学报（哲学社会科学版）》2012 年第 3 期，第 34~42 页。

条件下，证据信息化的趋势深入社会生活的各个方面，给诉讼中当事人的举证、法庭对证据的庭审调查带来了新的挑战。电子数据在越来越多的民商事活动中扮演起信息载体的角色，成为一种颠覆传统理解与认知的证据类型。与一般民事案件中的物理性证据相比较，电子证据不仅不具有一般物理性证据那样有形及具体的外貌体相，且其收集、存取、提交、开示等方式亦相当独特，在客观上极易被修改、湮灭或毁损。这些独到之处，皆使得对电子数据的收集、保全、固定、提交、开示等在程序和方式上，较之传统的民事证据显得其复杂性倍增，且极具专业性要求。在技术层面，这种情形表明，传统的证据规则对电子证据的调整与应对，已显得力不所逮。[1] 需要结合电子数据的特点对证据制度进行改进。

一方面，在证据规制上进一步明晰电子数据的类型。电子数据是 2012 年《民事诉讼法》（已被修正）增加的一种新的证据形式。2015 年最高人民法院《关于适用〈中华人民共和国民事诉讼法〉的解释》对于电子数据的含义作了原则性、概括性规定。为解决审判实践中的操作性问题，2019 年修正的最高人民法院《关于民事诉讼证据的若干规定》在第 15 条对电子数据范围作出比较详细的规定，在第 16 条、第 25 条规定了当事人提供和人民法院调查收集、保全电子数据的要求，在第 93 条、第 94 条规定了电子数据审查判断规则，完善了电子数据证据规则体系。当前，电子数据在诉讼中的运用呈现出两种发展样态：一是将电子数据视为以电子形式存在、借助适当的载体感知或将信息表现出来。甚至可以将已经存在的物理证据进行电子化处理，进行举证。在互联网法院审理的案件中，组织在线证据交换时要求当事人立当将在线电子数据上传、导入诉讼平台，或者将线下证据通过扫描、翻拍、转录等方式进行电子化处理后上传至诉讼平台进行举证证明自己的主张。二是大数据证据，即将海量证据凝练而成的规律性认识，通过分析报告的方式呈现出来，用以证明具体的案件事实。[2] 随着大数据和机器学习技术的发展，通过对大量数据进行聚合，通过技术算法分析数据规律，还原案件事实已经成为新的可能。将司法证明方式提升到一个新的层次。需要对两种类型的电子数据进行具体研究，明确其证据体系中的法律地位。

另一方面，在证明规制上进一步构建电子数据的审查方式和证明程序。

---

〔1〕 毕玉谦：《民事诉讼电子数据证据规则研究》，中国政法大学出版社 2016 年版，第 3 页。
〔2〕 参见刘品新：《论大数据证据》，载《环球法律评论》2019 年第 1 期，第 21~34 页。

认定规则需要涵盖对电子数据生成、收集、储存、传输等各个环节的真实性认证；在审查内容上，需要覆盖电子数据的生成平台、存储介质、保管方式、提取主体、传输过程、验证形式等方面；在认定方式上，需要对电子签名、可信时间戳、哈希值校验、区块链等技术手段中进行固定、收集、留存和提取的程序进行规制。此外，对电子数据真实性审查判断的标准，对于从第三方平台调取电子数据的程序和效力，证人通过在线视频方式作证的程序和要求，电子数据生成、收集、存储、传输的标准和要求等，都需要结合电子数据在司法中的应用场景进行系统化的研究，形成更具操作性的电子数据证据适用规则。

4. 审理机制的改进

随着技术的发展和革新，信息化技术将深度融合于司法运行的过程中，基于在线方式开展的审判模式，将对传统的审理程序产生影响，特别是新冠肺炎疫情期间，在线审理成为民事诉讼的主要方式，进一步放大了这种影响的结果。在理论上，应当基于信息化社会发展和民事司法改革的方向，分析民事审理程序的模式。改革开放以来，我国民事审判程序改革集中体现为从职权干预型向当事人主导性诉讼模式的转变。转变的初衷主要是适应社会经济发展带来的"案多人少"问题，提升诉讼效率，但从形式上逐步体现出当事人主义的特点，在民事法律关系中，当事人的作用更加凸显。然而，从实质上看，当事人的程序权利仍需要得到制度上的尊重。[1] 职权主义、当事人主义、协同主义究竟哪条道路更适合社会经济发展的国情、社情，仍是民事诉讼学界一直在研究和讨论的问题。在信息化背景下民事审理程序原理，仍以提高诉讼效率、方便当事人诉讼为主要目的，以适应数字世界中虚拟化、快捷化、个性化的纠纷解决需求。从法院的角度看，电子化的审理模式，削弱了诉讼过程的亲历性，与实现当事人在线行为的可控性之间存在一定冲突。因此，需要结合技术的发展条件和信息化的诉讼环境，对当事人主体身份的确认、庭审纪律的维护、法庭旁听的规则等都要进行改进，确保审判权不因信息化的改进而受到影响。从当事人角度看，在理论上电子诉讼的诉讼促进功能与当事人诉权之间仍存在的紧张关系，应保障当事人具备参与电子审理程序的能力，处理好当事人电子诉讼程序选择权与民事诉讼信息化适用之间

---

[1] 参见任重：《改革开放 40 年：民事审判程序的变迁》，载《河北法学》2018 年第 12 期，第 11~41 页。

的矛盾。运用技术手段，进一步合理安排法院与当事人之间的分工，调和个人正义与社会正义的关系，满足信息化社会背景下日益增长的纠纷解决新需求。

五、结语

随着智慧法院建设如火如荼地进行，信息化社会司法需求将不断倒逼民事诉讼理论发展和民事诉讼制度的创新。信息化社会中民事诉讼制度的构建需要基于信息技术的场景，在技术边界内，不断调整和重构传统民事诉讼的概念、原则、制度规范和价值考量。本文探索了协同构建的基础、方法和具体理论制度改进的可能性趋势。未来民事诉讼能否适应信息化发展节奏，仍需要精雕细琢，实现理论设想、司法实践、技术场景的相互契合。笔者认为，需要对技术的发展秉持开放和包容的态度，才能在技术变革中取得主动。借助技术赋能，进行理论和实践上的改进和探索，或许将成为加速实现我国民事诉讼现代化发展的一条新道路。

跨国司法对话在追索流失文物中的作用研究

荣　煜*

　　摘　要：在国际文物纠纷中，法院须解决国内法律效力的地域限制与文物纠纷利益主体、文物跨国流动之间的矛盾。法院不仅能够决定纠纷双方的权利与义务，还以传导性与渐进式的方式影响着文物追索与返还领域的国际规则。跨国司法对话既表现为人员交往，也表现为一国法院在司法实践中对他国司法实践的态度。[1] 发挥法院在解决国际文物纠纷中的跨国司法治理权，是通过国际司法交流与合作解决国际文物纠纷、构建国际文物返还新秩序、扭转当前国际文物保护与返还领域国际规则由西方国家主导制定的局面的一个重要途径。鉴于此，须在追索流失文物中重视跨国司法对话的作用，增进文物来源国与文物市场国之间的相互理解，为双方寻求利益的平衡点，减少各国之间文化立场的对立，从而建立文物保护与返还领域的国际共识。

　　关键词：国际文物纠纷　文物追索　跨国司法对话　跨国司法治理权

---

　　* 荣煜，中国政法大学国际法学院 2018 级博士研究生（100088）。
〔1〕 蔡从燕：《中国崛起、对外关系法与法院的功能再造》，载《武汉大学学报（哲学社会科学版）》2018 年第 5 期，第 134 页。

引　言

文物是一国国家历史和民族文化见证与传承的载体，反映了文明被传承与被保护的历史脉络。文物的归属与国家的经济利益、文化主权和民族情感息息相关，因流失文物归属而引发的纠纷涉及了法律、道德、历史、文化与民族情感等因素。随着国际社会对文物返还问题的关注[1]，近年来以法国、德国为代表的欧洲国家对文物返还的态度发生了积极的转变[2]，文物纠纷解决方式日益成为文物追索领域研究的重点。从研究现状来看，学界侧重于从国际层面建立专门的国际司法机构来探讨国际文物纠纷的解决途径[3]，而鉴于国际文物纠纷的特殊性与复杂性和各国法律、政治与文化基础的差异，采用单一的纠纷解决方式处理国际文物纠纷从目前来看是不现实的。因此，如何在充分利用文物纠纷现有解决途径的基础上，探索出一个新的路径成为当前国际文物纠纷解决中面临的主要问题。

在全球化背景下，国内法院审理的国际纠纷呈迅速增长之势。21 世纪以来，国内法院，尤其是大国的国内法院，更常因审理国际纠纷成为全球焦

---

〔1〕 联合国教科文组织（UNESCO）、国际博物馆协会（ICOM）、国际统一私法协会（UNIDROIT）、世界海关组织（WCO）、国际刑警组织（INTERPOL）等国际组织和机构一直关注文物返还的问题，致力于推动有关国际公约和道德规范的建设。《关于发生武装冲突情况时保护文化财产的公约》及其议定书、《关于禁止和防止非法进出口文化财产和非法转让其所有权的方法的公约》（1970 年公约）、《国际统一私法协会关于被盗或者非法出口文物的公约》、《国际博物馆协会博物馆职业道德准则》及其他相关决议、宣言等文件的颁布实施，奠定了解决返还文物问题的基础。

〔2〕 2018 年，法国总统马克龙委托撰写的《归还非洲文化遗产——迈向一种新的关系伦理》（*The Restitution of African Cultural Heritage. Toward a New Relational Ethics*）报告中建议大规模归还藏于法国公立博物馆的非洲殖民时期流失的文物。See *The Restitution of African Cultural Heritage Toward a New Relational Ethics*, http：//restitutionreport2018.com/sarr_savoy_en.pdf, last retrieved on May 20, 2020 同年，德国联邦政府发布了《联合执政协议》、德国博物馆联盟发布了《殖民背景相关文物的处理与收藏指南》，均明确表示了应积极处理纳粹掠夺文物及殖民时期文物的相关返还。See Die Bundesregierung, *Koalitionsvertrag*, https：//www.cdu.de/system/tdf/media/dokumente/koalitionsvertrag_2018.pdf, last retrieved on May 20, 2020; See *Guidelines on Dealing with Collections from Colonial Contexts*, https：//www.museumsbund.de/wp-content/uploads/2019/10/dmb-guidelines-colonial-context.pdf, last retrieved on May 20, 2020.

〔3〕 See Ann P. Prunty, *Toward Establishing an International Tribunal for the Settlement of Cultural Property Disputes：How to Keep Greece from Losing Its Marbles*, 72（3）Georgetown Law Journal 1155－1182; See B. W. Daly, *The Potential for Arbitration of Cultural Property Disputes：Recent Developments at the Permanent Court of Arbitration* in B. T. Hoffman, ed. Art and Cultural Heritage, Law, Policy and Practice 465（Cambridge University Press 2006）.

点。[1] 在此背景下，法院处理对外关系出现了一种新形势——跨国司法对话。[2] 跨国司法对话既表现为人员交往，如不同国家法官之间的对话，也表现为一国法院在司法实践中对他国司法实践的态度，如一国法院在对审理特定案件时赞成或反对他国法院的相关司法意见。[3] 在这一过程当中，法官从对方的经验和推理中获益，彼此之间进行合作以解决特定的争端，并在国际或国内层面上将自己视为能够独立行动的角色。在国际文物纠纷中，法院须解决国内法律效力的地域限制与文物纠纷利益主体、文物跨国流动之间的矛盾。同时，国内法院不仅决定国际文物纠纷利益主体的权利与义务，还以传导性与渐进式的方式影响着文物追索与返还领域的国际规则。在新时代背景下，国内法院之间、国内法院与国际法院之间如何通过跨国司法对话以国际规则应对国际文化法律问题、如何解决文物流失国与文物市场国之间在文物追索领域的分歧，并达成文物保护与返还的国际共识，成为当前文物追索领域急需解决的问题。本文通过对文物追索的现有途径进行分析，指出各种机制面临的问题，从而提出文物追索的一种新路径——跨国司法对话，对其在文物追索中的作用进行分析，为我国追索流失文物提供理论基础。

一、文物追索的现有途径

多年来，国际社会在文物保护与返还领域做出了不懈努力，国际公约的签署与实施、大量跨国诉讼的实践、谈判与仲裁等诉讼外纠纷解决机制的运用与发展为国际文物纠纷的解决发挥了积极的作用。然而实践中，各种机制自身的缺陷限制了其有效性的发挥。本文通过分析文物追索现行解决机制的不足，为探索新的解决路径提供现实的必要性。

（一）国际公约机制

二战结束以后，国际社会在文物保护与返还领域制定了一系列国际公约，主要包括：《关于发生武装冲突情况下保护文化财产的公约》、1970年联合国教科文组织制定的《关于禁止和防止非法进出口文化财产和非法转让其所有权的方法的公约》与1995年《国际统一私法协会关于被盗或者非法出口文物的公约》等，为打击文化财产非法流转以及文物原属国追索流失文物发挥了

---

〔1〕 霍政欣：《论全球治理体系中的国内法院》，载《中国法学》2018年第3期，第270页。

〔2〕 Anne-Marie Slaughter：*A New World Order* 65-100, Princeton University Press, 2004.

〔3〕 蔡从燕：《中国崛起、对外关系法与法院的功能再造》，载《武汉大学学报（哲学社会科学版）》2018年第5期，第134页。

积极的作用，它们的制定与实施标志着国际文物的法律体系向着更加公平正义的方向发展。然而，实践中公约的效力较为有限，利用现有的国际公约追索文物主要面临条约无溯及力、约束力有限等难题。

首先，公约约束力和强制力有限。依据国际法的基本原则，国际公约只对缔约国有效，而作为主要文物流失目的国的发达国家出于自身利益的考量，不愿加入关于文物保护与返还的国际公约，从而限制了国际公约的实际约束力；其次，现有国际公约无溯及力。由于大量文物的流失发生在国际公约生效之前，或一国加入国际公约之前，根据"法不溯及既往"的国际法基本原则，公约无法适用于其生效前被盗或非法出口的文物，尤其对于历史年代久远的流失文物来说，无法依据现有的公约提出返还请求；再次，在公约缔结过程中为协调各国之间的分歧，导致公约在关键条款上普遍存在措辞含糊、主要用语界定晦涩等缺陷；最后，由于国际法素有"软法"之称，国际公约制定后，其执行主要依靠成员国的自主行为，从而极大地影响了公约的执行。

（二）国际民事诉讼机制

国际文物纠纷涉及了复杂的利益需求，"既要协调文物所有人与善意取得人之间的关系，又要充分考虑文物来源国和文物所在地国各自的法律和政策利益"。[1] 国际民事诉讼作为国际文物纠纷解决的一种重要方式，在实践中得到了广泛的应用。与其他国际文物纠纷解决机制相比，国际民事诉讼机制具有以下优势：其一，通过跨国诉讼的方式能够对对方当事人在法律、心理和舆论方面形成压力，促进双方当事人达成和解；[2] 其二，诉讼程序启动后，原告可以申请采取诉讼保全措施，防止对方在法院作出判决前对标的进行转移、藏匿或毁坏；其三，通过跨国诉讼的方式有利于原告获取证据。许多国家的法律均有证据公开或披露规则，诉诸法院能够从对方当事人处获取对其不利、而对己有利的证据[3]；其四，在大多数文物追索诉讼中，原告选择在文物所在国法院提起文物返还请求之诉，因此，法院作出的判决有国家

---

〔1〕 参见高升：《国际法视野下中国追索非法流失文物的策略研究》，载《湖南科技大学学报（社会科学版）》2008 年第 6 期，第 49 页。

〔2〕 See Beat Schonenberger, *The Restitution of Cultural Assets* 5-20, Sämpfli Publishers Ltd, 2009.

〔3〕 参见［美］弗里德里希·K. 荣格：《法律选择与涉外司法》（特别版），霍政欣、徐妮娜译，北京大学出版社 2007 年版，第 2 页。

强制力为保障，具有较强的执行力[1]；其五，在普通法国家，根据"因循先例"的原则，胜诉后该判例能够产生法律约束力，从而对今后在该国追索流失文物提供判例法上的支持。[2]

尽管国际民事诉讼机制在国际文物纠纷领域有许多成功的实践，但同样面临诸多难题。由于国际文物纠纷在利益主体、法律关系及法律冲突问题等方面具有较大的复杂性，从国内层面来看，各国国内立法对于善意购买人权利的界定、时效、补偿权等问题进行了不同的规定，导致诉讼结果无法预测。两大法系关于被盗文物所有权转移的规则存在较大的差异，英美法系国家规定"盗窃不转移所有权"的原则，优先保护原所有人的利益，而大陆法系国家则倾向于对善意购买人的保护。从国际层面来看，各国对于文物出口管制法的承认与执行、"物之所在地法"的确定等方面存在着分歧。因此，通过国际民事诉讼追索流失文物，不但需要克服诉讼主体适格、诉讼时效、证据充分、外国法的承认等法律上的障碍，同时还面临着语言障碍、成本高昂、耗时较长等现实问题，以至于许多案件最终以庭外和解告终。在一些国际文物纠纷案件中，请求方所花费的诉讼费用甚至超过了争议文物本身的经济价值。此外，通过民事诉讼的方式也不利于以友好的方式解决文物纠纷，往往使双方陷入对立的局面，不利于今后建立合作关系。最后，由于许多国家的法官缺乏对文物特殊性与重要性的了解，或缺少必要的历史或考古学知识，从而导致许多文物纠纷诉讼的判决结果并不理想。[3]

（三）诉讼外争议解决机制

诉讼外争议解决机制（Alternative Dispute Resolution），即替代传统诉讼途径的争议解决方式。[4] 主要包括谈判与协商（negotiation and consultation）、调停（mediation）、调解（conciliation）、斡旋（good office）、调查（inquiry）、仲裁（arbitration）等方式。

国际争端解决中一直提倡诉讼外纠纷解决机制，如《联合国宪章》第33

---

〔1〕 参见霍政欣、刘浩、余萌：《流失文物争夺战——当代跨国文物追索的实证研究》，中国政法大学出版社 2018 年版，第 13 页。

〔2〕 霍政欣：《追索海外流失文物的国际私法问题》，载《华东政法大学学报》2015 年第 2 期，第 113 页。

〔3〕 See Alessandro Chechi, *The Settlement of International Cultural Heritage* 144, Oxford, Oxford University Press, 2014.

〔4〕 参见黄进主编：《国际私法》（第 2 版），法律出版社 2005 年版，第 584 页。

条规定联合国安理会在和平解决国际争端时应先通过谈判、调查、调停、和解等和平手段。[1] 近年来，诉讼外争议解决机制在文物纠纷中得到了广泛的发展和运用。2010年"促进文化财产归还原属国或返还非法占有文化财产政府间委员会"（ICPRCP）制定了《ICPRCP调停与调解议事规则》；2011年，国际博物馆协会与世界知识产权组织（WIPO）联合制定了《ICOM-WIPO调停规则》，这些规则的制定反映了诉讼外争议解决机制在文物纠纷中的兴起。许多国际文物纠纷具有一定的政治敏感性，使得双方通常倾向于通过谈判与协商等方式解决纠纷。与国际民事诉讼机制相比，诉讼外争议解决机制避免了大量人力与资金的投入，对于证据方面没有较高的要求，从而极大地提高了纠纷解决的效率。同时，诉讼外争议解决机制能够使当事方的立场由对抗转向合作，有利于文物的返还。因此，诉讼外争议解决机制由于其具有更低的争端解决成本、更强的自主性与保密性，在国际文物纠纷解决领域具有显著的优势。

尽管通过诉讼外纠纷解决机制解决国际文物纠纷拥有诸多优势，但它的适用仍存在较多的问题。首先，诉讼外纠纷解决机制的适用是以纠纷双方自愿为前提，然而实践中，文物纠纷的利益双方可能无法就纠纷解决的方式达成一致意见；其次，诉讼外纠纷解决机制无法保证文物返还的最终结果。由于诉讼外争议解决机制具有非拘束性，除仲裁和拘束性专家建议外，其他诉讼外争议解决过程中当事方可能无法达成最终和解协议，即使达成和解协议，由于缺乏执行此类协议的机制，后续也可能出现其他事由阻碍争议文物的最终返还；再次，由于国际上缺乏基础的、统一的文物纠纷解决的规则，不同的纠纷解决机构对于同一概念的界定不同常常导致适用不一致的判断标准。目前欧洲五国的文物纠纷解决机构已经出现了相同案件适用不同解决方案的情况；[2] 最后，各国对于流失文物的认定、公共利益的考量、是否遵循先例和在适当的救济措施等方面尚未达成共识。

二、文物追索的一种新路径——跨国司法对话

基于上述解决机制当中存在的问题，本文提出文物追索的一种新路

---

〔1〕 参见《联合国宪章》第六章第33条。

〔2〕 See Charlotte Woodhead, *Implementing Recommendation 3 of the 2017 Conference Action Plan*, March 2019（revised October 2019）, https: //assets. publishing. service. gov. uk/government/uploads/system/uploads/attachment_data/file/862067/Woodhead_Recommendation_3_FINAL_report_October_2019. pdf, last retrieved on 20 May 2020.

径——跨国司法对话。通过在国际文物纠纷中发挥法院的跨国司法治理权能够实现以下两个相互关联的目标:其一,促进文物保护与返还领域国际规则的改革与完善,构建国际文物返还的新秩序;其二,有助于克服法官在国际文物纠纷审判过程中遇到的"知识碎片化"的问题,通过扩大法官可适用的解释性参数提高纠纷解决的质量。[1]

(一)跨国司法对话解决国际文物纠纷的理论依据

从 20 世纪 90 年代起,专门的国际法院和法庭数量显著增加,这一现象被称为国际法院和法庭的"扩散"。产生这种现象的原因是国际规范的数量不断增多且愈加复杂,需要相应增加实施这些规范的机构数量并寻求更有效的纠纷解决方式。[2] 然而,国际法院和法庭的扩散并没有产生一个与国内法院系统相同的全面的、按层级划分的并具有强制力的争议解决制度,这种扩散现象使得现有法院之间缺乏协调与统一,从而导致管辖范围重合、平行诉讼、已决案件再诉、司法资源浪费与冲突判决。在国际文物纠纷解决领域,国际上尚未建立专门的国际司法机构,对于这类纠纷大多诉诸文物市场国的国内法院,由此引发了两个主要问题:其一,各国法院之间关于应给予哪些保护性规范和目标优先考虑等方面仍存在较大的分歧;其二,无论是国家还是国际法官,在缺乏正式联系的情况下,以不同的方式解决国际文物纠纷,会带来判决冲突、法律发展不一致、同一法律问题适用不同规则解决以及解释分歧等问题。从司法实践来看,法官在解决国际文物纠纷中缺乏相关的经验,忽视了文化财产的特殊性,未能与法律、政治、伦理道德和历史发展保持一致,是一个更为严重的问题。

经济全球化带来了诉讼全球化,从传统意见上来看,通常以建立一个全球性的专门司法机构来解决国际纠纷、制定各个国家法院应当遵守的国际法准则。然而,随着国际纠纷的日益复杂,在全球化背景下出现的许多法律问题难以在民族国家内部得到有效的解决。鉴此,法院之间须进行越来越深入的交流与合作。20 世纪 90 年代以来,法院处理对外关系出现了一种新形势,即跨国司法对话。[3] 美国学者安妮-玛丽·斯劳特(Anne-Marie Slaughter)

---

〔1〕 See Alessandro Chechi, *The Settlement of International Cultural Heritage*, Oxford, Oxford University Press, 2014, pp. 249-250.

〔2〕 See Y. Shany, *The Competing Jurisdictions of International Courts and Tribunals 2-4*, Oxford, Oxford University Press, 2003, pp. 2-4.

〔3〕 See Anne-Marie Slaughter, *A New World Order*, Princeton University Press, 2004, pp. 65-100.

认为，"跨国司法对话是国内法院集体参与制定国际法律规范的过程，从而确保这些国际法律规范为国内法律规范带来预示和指导性作用"。[1] 跨国司法对话既表现为人员交往，如不同国家法官之间的对话，也表现为一国法院在司法实践中对他国司法实践的态度，如一国法院在对审理特定案件时赞成或反对他国法院的相关司法意见。[2] 这种全球司法实体之间的对话预示着一个全球共同体的纠纷解决机制，在这个机制中，法官在解释和适用法律方面可各尽所能。[3] 跨国司法对话不是基于共同的历史或法律传统，也不是基于任何正式的、条约基础上的组织结构或等级制度[4]，其最重要的特征是对"司法"这一身份的变革性影响。从某种意义上说，世界各地的法官无论隶属于国家还是国际法院，都将自己视为一项司法共同事业的参与者，不仅将对方看作某一政府或政治组织的代表，同时也是操持同一种跨越国境职业的同事。在此背景下，法官从对方的经验和推理中获益，彼此之间进行合作，以解决特定的争端，在国际或国内层面上将自己视为能够独立行动的角色。圭多·卡拉布雷西法官（Guido Calabresi）指出："这是国际社会裁决机构之间正在进行的对话。"[5] 首席大法官威廉·轮奎斯特（Wiliam Rehnquists）鼓动所有美国法官参与国际司法交流，并指出，"不同国家的法官和司法人员交流意见、分享信息、互相理解、学习彼此的司法体制"是非常重要的。[6] 世界各国的法官通过会议、司法组织和互联网等方式，在言论自由、隐私权、死刑等一系列共同关心问题上越来越多地通过相互参考或援引彼此的判决的方式进行积极对话，这些对话中的观念在许多司法审判中成了实际的法律，即各国法院在最终裁决中互相援引对方的判决意见。这些被借鉴的判决与其说构

---

〔1〕 See Anne-Marie Slaughter, *A Typology of Transjudicial Communication*, 29 U. RICH. L. Rev. 99, 101, 1994.

〔2〕 蔡从燕：《中国崛起、对外关系法与法院的功能再造》，载《武汉大学学报》2018 年第 5 期，第 134 页。

〔3〕 ［美］安妮-玛丽·斯劳特：《世界新秩序》，任晓等译，复旦大学出版社 2010 年版 第 76 页。

〔4〕 ［美］玛丽莎·A. 沃特斯：《规范协调与角色选择：跨国司法对话在制定与施行国际法中的作用》，沈维敏译，知识产权出版社 2020 年版，第 12 页。

〔5〕 See Anne-Marie Slaughter, *A New World Order*, Princeton University Press, 2004, pp. 71-75.

〔6〕 See https://www.supremecourt.gov/publicinfo/speeches/viewspeech/sp_04-08-02a, last retrieved on 20 May 2020.

成了有约束力的先例，不如说是说服性权威。[1] 在欧洲层面，国内法院与多国法院之间形成了一个复杂且多层面的对话机制。法官通过这种日益增长的司法交流还与国际组织中的同行进行建立了"垂直"关系的司法对话。欧洲法院、欧洲自由贸易联盟法院与欧洲人权法院之间的合作，为跨国司法对话提供了一个成功的范例。[2]

在文化财产领域，由于文化财产的特殊性与复杂性，国际文物纠纷不仅涉及一国的法律问题，还涉及了道德、历史等问题，法院须解决国内法律效力的地域限制与文物纠纷利益主体、文物跨国流动之间的矛盾。在此背景下，发挥跨国司法对话在解决国际文物纠纷中的作用具有现实必要性。通过跨国司法对话的方式能够增进文物来源国与文物市场国之间的相互理解，为双方寻求利益的平衡点，减少各国之间文化立场的对立，同时对于建立文物保护与返还领域的国际共识来说具有重要的意义。

（二）跨国司法对话解决国际文物纠纷的方式

第一，法官在国际文物纠纷的审判过程中通过比较分析方式，即援引外国法院或国际司法机构的判例解决国际文物纠纷。各国国内法院之间相互参考或援引是"横向"跨国司法对话的典型例子，同时也是普通法系的法院进行司法对话的重要手段。近年来，许多大陆法系国家与国际法院和法庭也逐渐将外国司法裁决视为裁判过程中的重要资源。在这种方式下，同等地位的法院将外国的司法裁决看作是具有价值的资源，从而帮助其解决当前的案件，并为相似的问题提出新的解决方案。在"伊朗政府诉巴拉卡特画廊案"[3]中，英国上诉法院根据"美国诉舒尔茨案"[4]的裁决和爱尔兰最高法院首席法官在"韦伯诉爱尔兰案"中的裁判意见，承认伊朗政府依据其文物保护法对争议文物所享有的所有权，支持伊朗政府的文物返还请求。

第二，法官在解决国际文物纠纷中通过承认外国法院判决或基于司法礼

---

〔1〕　［美］安妮-玛丽·斯劳特：《世界新秩序》，任晓等译，复旦大学出版社 2010 年版，第 88 页。

〔2〕　See E. -U. Petersmann, *Do Judges Meet Their Constitutional Obligation to Settle Disputes in Conformity with "Principles of Justice and International Law"*? Vol. 1, *European Journal of Legal Studies* No. 2, 26 - 30 (2007).

〔3〕　Govenment of the Islamic Republic of Iran v. The Barakat Galleries Ltd. ［2007］EWHC 205 QB.

〔4〕　*United States v. Schultz*, 178 F. Supp. 2d445（S. D. N. Y. 3 January 2002）, aff'd, 333 F. 3d 393 ［2nd Cir.（NY）10 June 2003］.

让参与横向司法对话。司法礼让为法官在解决国际文物纠纷案件中的跨国司法提供了框架和规则，体现了本国法院对外国法院的尊重，将外国法院视为同行，尊重其解决争端、解释和运用法律的能力。同时，司法礼让承认不同国家的法院各自对文物纠纷拥有一定的管辖权，既作为平等的伙伴关系在全球共同执行司法任务，也作为实现地方利益的工具各自处理在本国领域内的争端。斯卡利亚大法官（Justice Scalia）指出，司法礼让是拒绝对"在其他地方被裁定更为合适的案件"之管辖权。法院可依据"积极礼让"（positive comity）与其他法院进行直接对话，以解决国际文物纠纷案件的管辖权问题。在全球范围内国际文物纠纷的判例法体系不够充分的情况下，使得比较分析无法作为一种有效的司法沟通方式。在此背景下，国内法院通过对司法礼让的创造性适用和对其管辖权的新颖解释，从而做到在实体法问题上与其他法院进行沟通。

第三，国家法院之间或国家法院与国际法院之间通过"面对面"的交流方式进行跨国司法对话。例如，通过法官之间交流访问、开展研讨会、国际会议或法官论坛等方式，解决国际社会在文物保护与返还领域共同面临的问题。世界范围内法官之间"面对面"交流日益频繁，且具有多种多样的形式，这种司法交流方式日益制度化。从 20 世纪 80 年代初开始，各西欧国家宪法法院的法官们每两年或三年会面一次，出版它们的会议记录。[1] 普通法国家每年举行两次这样的会议，在拥有类似法律制度的国家之间，以促进它们的司法机关多多接触和对话[2]，不但有助于教化与良性互动，同时拓宽了参与交流的法官视野，为参与的国家形成了共同追求的事业。

第四，国内法院对在司法实践中作出的具有标志性和示范性的国际文物纠纷判决进行翻译后向国际社会发布，供外国法院在处理相同或类似的案件时参考或援引。通过这种方式能够向国际社会贡献本国的司法智慧，为外国法官参考或援引本国法院的判决提供重要途径，从而提高本国司法在国际文物纠纷解决领域的国际话语权。具有标志性和示范性的判决能够以直接、生动的方式体现各种法律解释方法在国际文物纠纷解决中的运用方式并被外国

---

〔1〕　e. g., VI Conferencia de Tribunales Constitucionales Europeos, Tribunales Constitucionales Europeos y Autonomas Territoriales, 1985.

〔2〕　*Justices, Judges from Common Law Countries Meet in Williamsburg and Washington*, 1 International Judicial Observer 1, 1995.

法官所认知和认可。

第五，国家法院之间或国家法院与国际法院之间通过开展法官研修班、法官培训等方式进行跨国司法对话。消除隔阂是当今国际社会的共识，在国际文物纠纷领域，各国在文化背景、历史传统和法律制度等方面存在一定的差异，通过法官之间交流经验、集思广益，能够提高法官在文化财产领域的专业能力与审理国际文物纠纷的水平，深化国家之间的司法合作并达成文物保护与返还领域的各项共识和约定。

（三）跨国司法对话解决国际文物纠纷的优势

第一，跨国司法对话能够促进文物保护与返还的国际法律文件的实施，如果这些国际法律文件在关键问题上包含不确定性，或对条约解释提供有限的指导，或不具有约束力。跨国司法对话可能与跨国法律程序理论高度相关。跨国法律程序包括相互作用、解释与内化的三个过程："一个或多个跨国行为者触发与另一行为者的相互作用（或一系列相互作用），这促使对适用于该情况的国际规范的解释或阐述。"[1] 由于目前关于文物保护与返还的国际公约在关键条款上普遍存在措辞含糊、主要用语界定晦涩等缺陷，法官通过参考或援引外国法院对国际公约或国际规范的解释或阐述，不但能够为其判决提供有力的支持与合理的依据，而且对文物保护与返还领域国际法律文件在具体案件当中的应用起到积极的促进作用。

第二，跨国司法对话能够指导法官在解决国际文物纠纷过程中，通过比较法的视角审查本国的法律制度，必要时，敦促立法改革。国际和国内法律规范之间实际上是一种共构（co-constitutive）或协同（synergistic）的关系，是国内法院积极参与发展国际法的动态过程。国际法律规范不仅塑造了相应的国内法律规范及文化，其自身的形成也受到了后者极大程度的影响。参与司法对话的国内法院作为国际和国内法律制度之间的调节者发挥着越来越重要的作用。国内法院不仅是国际规范的内化者，同时也是国际法律规范的创造者[2]。在国际文物纠纷中，法官通过类似的视角审视特定的问题，促进本国的法律制度与文物保护与返还领域的规范标准和国际社会在该领域的发展相融合，通过比较法分析和修改国内规范的方式，解释此项法律规范并将其

---

[1] Harold Hongju Koh, "Why Do Nations Obey International Law?", 2599 *YALE L. J.* 246, 1997.

[2] ［美］玛丽莎·A. 沃特斯：《规范协调与角色选择：跨国司法对话在制定与施行国际法中的作用》，沈维敏译，知识产权出版社 2020 年版，第 6 页。

内化为本国法律体系，从而促进文物保护的法律规范在世界范围内趋同。

第三，跨国司法对话在提高文化财产领域法律的稳定性的同时，对国际公约解释的演进也起着重要的作用。国内法院通过参与跨国司法对话，成为国际法与国内社会和本国文化之间的重要协调者。法院"推动国内规范发展为新兴国际社会基本结构的部分准则"，同时也确保这些渗透到国际层面的准则能够融入国内法律和政治进程中。[1] 法官通过借鉴外国法院的判例或与外国法官通过国际法官会议等方式，能够了解文物保护与返还领域的最新发展动态，使其在国际文物纠纷的审判实践中对国际公约作出的解释与社会发展保持一致，促进有关文物保护与返还国际公约解释的演进。

第四，跨国司法对话能够在各国之间建立文物保护与返还的国际共识，以便处理共同的问题。世界各地的法官越来越多地就文物保护与返还的问题彼此交流想法和互相援引，这一现象的逐渐增加能够使得在文物保护与返还领域出现明显的国际共识，而国际共识本身反过来就具有令人信服的分量。"如果一个想法被人看作是一个新兴的国际共识，那么就有可能在国际上发挥更大影响力。"[2] 因此，相对于就某一特定的答案或立场进行讨论来说，世界各地的法官共同就国际文物纠纷问题进行商讨更容易达成国际共识。

第五，跨国司法对话能够提高法官在解决国际文物纠纷中所作出的判决的质量，提高法庭解决国际文物纠纷的能力。跨国司法对话可被视为法官扩大其在文化财产领域的司法思维，使之超越法官所在国的法律理论、法律趋势和决策结构的重要方式。通过借鉴外国法院解决国际文物纠纷的判例，法官能够增强其对文化财产特殊性与重要性的了解，从而更有创造性地更深入地处理国际文物纠纷。

第六，跨国司法对话的实践——从被动的形式到最积极的对话，转变了以往"改变国际文物纠纷领域的争端解决机制是唯一的解决方式"这一观点。从国际社会来看，许多学者提出建立专门的国际司法机构解决国际文物纠纷，但实践中由于受到国家主权的影响，使得这种提议在当前不是一种现实的选择。大多数现代民主国家中的国内司法机构在政治和文化基础上存在的差异，使得纠纷无法通过建立一个中央法院在国际层面进行调整。在国际层面，利

---

〔1〕　Harold Hongju Koh, *Transnational Legal Process*, 75 Neb. L. Rev. 199, 1996.

〔2〕　Schauer, Frederick, *The Politics and Incentives of Legal Transplantations*, pp. 258-259, Washington, D. C.: The Brookings Institution, 2000.

益分歧比国家内部更大。[1] 跨国司法对话能够在充分协调各国多元化的法律制度的基础上，以沟通交流的方式取代强求一致，以辩论与合理的分歧取代必须服从。[2]

（四）跨国司法对话在国际文物纠纷中的作用

第一，跨国司法对话能够提高文物流失国在国际上的话语权，促进国际规则的改革与完善。目前，制定国际规则的主导权由西方文物市场国掌握，文物流失国通过现有国际条约途径追索流失文物面临着诸多的困难。文物市场国凭借其强大的国家实力与国际影响力主导了缔约过程，导致公约约文明显偏向维护文物市场国的利益，在很大程度上牺牲了文物流失国的正当需求。[3] 文物流失国法院在国际文物纠纷中，通过积极行使国际民事审判权作出标杆性与示范性的判决，将其进行翻译后向国际社会公布，为外国法院参考或援引文物返还的成功判例提供有效的途径，提高文物流失国在国际上的话语权，促进文物保护与返还领域国际规则的改革与完善。

第二，跨国司法对话能够在文物流失国之间形成凝聚力，促进文物保护与返还领域的合作。从目前来看，文物流失国在追索流失文物领域处于单打独斗的状态，尚未形成合力，而文物市场国借助联合的力量通过多种途径集体发声，抵抗文物流失国的文物返还请求。在此背景下，文物流失国法院之间可通过主办或参与国际法官论坛等方式促进文化财产领域的交流互鉴，从法律层面推进国家之间关于防止盗窃、盗掘和非法进出境文化财产的合作文件的签署，形成文物流失国之间的凝聚力，增强各国在文物保护与返还领域的合作。

第三，跨国司法对话能够在文物流失国与文物市场国之间形成文物保护与返还的国际共识，构建国际文物返还新秩序。从当前国际社会来看，越来

---

〔1〕　Posner E. , *The Perils of Global Legalism*, Chicago, University of Chicago Press, 2009, pp. 166 - 167.

〔2〕　参见［美］安妮-玛丽·斯劳特：《世界新秩序》，任晓等译，复旦大学出版社2010年版，第90页。

〔3〕　参见霍政欣：《追索海外流失文物的现状、难题与中国方案》，载《法律适用（司法案例）》2017年第20期，第106页。

越多的国家对文物返还持友好合作的态度。例如，在"尼日利亚铜像案"[1]中，德国法院的判决体现了文物返还领域日益显现的国际共识；2018 年，德国发布的《联合执政协议》指出将以互惠原则作为对华合作的宗旨，以维护自身即欧洲利益。[2] 因此，一国法院可通过援引文物返还的成功判例对文物返还请求予以支持，或通过对文物返还的裁决予以承认或执行的互惠方式，逐渐形成文物保护与返还的共识，构建国际文物返还的新秩序。

第四，跨国司法对话能够促进本国法律的完善与文物保护与返还领域国际公约的实施。目前，大多数文物流失国在文物保护领域的法律机制尚不健全，为追索海外流失文物带来了巨大的挑战。通过参考外国法院在解决国际文物纠纷时对文物返还请求予以承认或拒绝的法律依据，文物流失国能够发现本国法律存在的不完善之处，促进本国法律的完善，必要时，敦促立法改革。此外，当前包括"1970 年公约"在内的国际公约大都存在条款措辞模糊、含义不明确等缺陷，法院可参考外国法院对公约的解释与适用，在审理国际文物纠纷时予以借鉴，从而提高公约含义的明确性，克服公约语义含糊等缺陷。

第五，跨国司法对话能够提高法官审理国际文物纠纷的水平，从而提高司法质量。加拿大最高法院法官拉弗瑞斯特（G. V. La Forest）指出，"（如果法院想）作出更好的裁决，（那么）更多地运用外部资源，就能为其提供额外的资料来源和工具……我认为，如果所有国家的法官和律师都能更多地运用外部资源，那么他们的效率和水平将会得到提高。"[3] 从近年来的案例来看，许多国家的法官在解决文物纠纷时适用规定普通财产的法律，忽视了文物的特殊性与重要性，导致许多文物纠纷的最终判决并不理想。法官通过参考或援引外国法院在国际文物纠纷中作出的标杆性和示范性的判例，能够为其判决带来更强的说服力与更多的国际认同。同时，法官通过参加文化财产领域

---

〔1〕 在该案中，尼日利亚公司和德国公司签订了文物海运保险合同，在合同生效前尼日利亚已经颁布了禁止文物出口的法令并且已签署"1970 年公约"，尽管在案件审理时公约尚未生效，且德国未加入"1970 年公约"，但德国法院认为"1979 年公约"反映了各国都有保护其文化财产权利的基本信念，该合同违反了"国际公共政策"。德国法院为维护国际文物合法贸易，对违反原属国禁令出口文物的行为不予以私法上的保护，从而否定了合同的效力。See L. V. Prott and P. J. O'Keefe, *Law and the Cultural Heritage: Vol. III Movement* 659 (Butterworths, London 1989).

〔2〕 Die Bundesregierung, Koalitionsvertrag 2018, https://www.bundesregierung.de/breg-de/themen/koalitionsvertrag-zwischen-cdu-csu-und-spd-195906, last retrieved on 1 May 2020.

〔3〕 *The Use of American Precedents in Canadian Courts*, 46 Maine Law Review 216, 1994.

的研修培训与国际论坛等方式，能够更加深入地了解本国和其他国家的文化财产法律和文物保护与返还领域的国际公约，从而在解决国际文物纠纷中充分考虑到文物的特殊性，避免在司法实践中不加批判地适用规定普通财产的法律解决国际文物纠纷，做出更加公平合理的判决。

三、跨国司法对话对我国追索流失文物的启示

中国作为拥有悠久文明历史的文化大国，由于战争劫掠、非法盗掘、走私等原因，大量具有悠久文化与历史价值的文物流失海外。在流失文物追索与返还的国际形势向着有利于文物流失国方向转变的新时代背景下，我国应当充分发挥跨国司法对话在文物追索中的积极作用，尊重文物保护与返还领域国际公约的精神，履行国际法律义务，为文物保护与返还提供中国智慧，提高中国在文物返还领域的国际话语权。

（一）援引国际司法机构判例，提高中国司法在文物返还领域的公信力

使用具有说服性的权威能够帮助法官更好地在国内进行工作，从而使法官对某一特定问题加以考虑时更有创造性或洞察力。国际司法机构审理案件时对国际法原则、规则和制度的认证和确定，不但能够为各国国内法院在今后审理案件时所援引，而且在一般国际实践当中也受到尊重。大量具有影响力的国际司法判决能够促使国际法中许多重要的法律原则和规则得到明确的重申，一些新兴的国际法原则和规则在此过程中得以确立和不断发展。在文物返还领域，国际司法机构能够根据该领域的新发展和实际需要对相关的国际规则予以澄清、完善、解释和创新。因此，我国法院可通过援引国际司法机构的判例，为判决提供有力的支持与合理的依据，提高我国司法在文物返还领域的公信力。

（二）积极主办和参与国际法官论坛，提高中国在文物返还领域的国际话语权

近年来，为加强与其他国家之间的司法合作，中国积极主办和参与了多个国际性法官论坛。但从目前来看，这些论坛重点关注经贸合作领域，对文化财产领域的关注度相对不足。因此，我国应当通过国际法官论坛的方式与各国开展文物保护与返还领域进行交流与合作，借鉴外国法院在解决国际文物纠纷中的有益经验，向国际社会贡献中国智慧，树立中国作为文物大国的形象、阐释中国在文物返还领域的立场，加强世界各国对中国文化财产法律的了解，增进国际社会对中国法院解决国际文物纠纷的司法认同，增强中国在国际文物返还领域的话语权。

（三）多语言公布解决国际文物纠纷的典型案例，增强中国司法的国际影响力

人民法院在文物追索领域发挥着不可替代的作用，尤其在涉及国际敏感度较高的国际文物纠纷中，由法院作出具有代表性的判决，在司法实践中积累有利于文物追索的先例，能够产生更大的国际影响力。从当前司法实践来看，语言问题是我国法院发挥跨国司法治理权解决国际文物纠纷的一个主要障碍。目前，我国在海事和海商领域已经形成了多语言公布法院判例的司法实践。中国已从过去单纯的文物流失国成为兼具文物资源大国与文物市场大国的双重身份，同时肩负追索我国流失海外文物与保护其他国家文物的责任，我国法院应当在依据中国法律和公约义务解决国际文物纠纷的同时，向国际社会多语言公布我在文物追索领域的标杆性和示范性的判决，彰显我国积极履行国际公约、促进文物回归原属国的大国形象，为他国树立典范，提高中国司法的国际影响力。

（四）积极开展法官研修，为解决国际文物纠纷提供司法保障

近年来，我国通过举办法官研修班、联合培养等方式，为加强与其他国家的司法交流、增进司法互信构筑了一个平等开放的司法合作平台。从目前来看，我国的法官研修主要围绕刑事、民事、行政和经贸领域，对文化财产领域的关注度相对不足。实践中，许多国家的法官由于缺乏对文化财产的特殊性与重要性的了解，通常适用规定普通财产的法律解决国际文物纠纷，从而导致最终判决结果并不理想。因此，我国应当积极开展文化财产领域的法官研修，增进各国对彼此文化财产法律的了解，提高我国法官审理国际文物纠纷的水平。

结　语

在全球化背景下，发挥法院在国际文物纠纷中的跨国司法治理权，是通过国际司法交流与合作解决国际文物纠纷、构建国际文物返还新秩序、扭转当前文物保护与返还领域的国际规则由西方国家主导制定这一局面的重要途径。我国法院应当充分发挥跨国司法对话在追索流失文物中的作用，尊重文物保护与返还领域国际公约的精神，履行作为文物大国的国际法律义务，为文物保护与返还提供中国智慧，协同各国共同促进文物追索与返还领域国际规则的改革与完善。同时，在文物追索实践中，我国法院应当积极行使国际民事审判权，作出一系列具有标杆性和示范性的司法判决，增强我国司法在文物返还领域的国际影响力，促进流失文物早日回归祖国。

案外人何以排除执行

陈国欣*

摘　要：我国学者和最高人民法院认为，判断案外人能否排除执行，其方法是比较案外人和申请执行人的权利；而案外人排除执行的标准，则是案外人的权利优先于申请执行人的权利。该观点的逻辑基础是：案外人和申请执行人之间，存在权利冲突。从权利冲突理论的视角分析可发现，案外人和申请执行人之间的权利冲突，只是偶发的权利冲突。因此，比较案外人和申请执行人的权利，并不是妥当的方法。从强制执行的正当性角度看，被执行人和案外人之间的权利冲突，才是案外人异议之诉中固有的必然的权利冲突。因此，法院在判断是否排除执行时，应比较案外人和被执行人的权利；而案外人排除执行的标准，则是案外人权利的存在，使得被执行人不能合法处分执行标的。

关键词：案外人异议之诉　权利冲突　责任财产　排除执行

引　言

在案外人异议之诉中，案外人需要享有足以排除执行

---

*　陈国欣，中国政法大学民商经济法学院 2018 级硕士研究生（100088）。

的权利才能排除执行。这一排除执行，本质是权利之间的冲突和取舍。亦即，在两个权利相互冲突时，优先保护何者？[1] 从案外人异议之诉以申请执行人为被告来看，发生冲突的权利似乎是申请执行人和案外人的权利。最高人民法院和我国部分学者持这一观点。[2] 然而，这一判断真的成立吗？

如果是案外人的权利与申请执行人的债权发生冲突，那排除执行的判断就很简单了，因为实体法理论针对民事权利的冲突已经设定了明确的规则。[3] 至少，在一般情况下，物权强于债权是无争议的。按此逻辑推演，享有物权的案外人均可排除执行。但事实上，这一判断在我国并不适用。例如，案外人的抵押权等担保物权能否排除执行，在我国是存在争议的问题。[4]

就此可以发现，我国当前案外人异议之诉的理论和实践中，存在一个逻辑矛盾：一方面，理论和实践认为申请执行人和案外人之间存在权利冲突；另一方面，在确定案外人排除执行的标准时，却又不按照实体法的规则对案外人和申请执行人的权利进行比较。这一逻辑矛盾涉及的是"案外人何以排除执行"的问题。本文的目的，即是解决这一问题。"案外人何以排除执行"，并非探讨案外人提起异议之诉的事由，而是探讨在案外人提起异议之诉后，法院是否应排除执行的问题。

案外人何以排除执行？回答这一问题，有两方面意义：其一，只有明确案外人何以排除执行，才能使排除执行的标准在兼顾现有权利的同时，对未来可能产生的权利具有兼容性。其二，只有明确案外人何以排除执行，才能实现程序法和实体法的有序衔接。对于案外人异议之诉中的实体权利的冲突，原则上执行法采用的规则应与民法一致，如需有例外做法，应进行充分的正当性论证。这一论证须以明确案外人何以排除执行为前提。

就逻辑言，本文的论证思路如下：首先，对现行规范、实践和理论的相关见解进行梳理和检讨。其次，从权利冲突理论的角度，论证在判断案外人

---

〔1〕 参见汤莉婷：《关于离婚协议能否排除执行的案外人执行异议之诉审查标准解析》，载《法律适用》2019 年第 10 期，第 33 页。

〔2〕 法院观点参见（2018）最高法民申 3511 号民事裁定书。学者观点参见肖建国、庄诗岳：《论案外人异议之诉中足以排除强制执行的民事权益——以虚假登记财产的执行为中心》，载《法律适用》2018 年第 15 期，第 11 页。

〔3〕 参见常鹏翱：《物权法上的权利冲突规则——中国法律经验的总结和评析》，载《政治与法律》2007 年第 5 期，第 105~110 页。

〔4〕 参见百晓锋：《论案外人异议之诉的程序构造》，载《清华法学》2010 年第 3 期，第 142~143 页。

能否排除执行时，不能以比较案外人和申请执行人的权利为判断方法。再次，从强制执行的正当性的角度，论证案外人排除执行的标准。最后，以基于金钱债权提起的案外人异议之诉为例，补充论证本文观点。

一、现行规范、案例与理论见解之检讨

《中华人民共和国民事诉讼法》（以下简称《民事诉讼法》）第 227 条虽然搭建了"异议前置——案外人申请再审/案外人异议之诉"的制度架构，但并未明确案外人如何才能排除执行。《最高人民法院关于适用〈中华人民共和国民事诉讼法〉的解释》（以下简称《民诉法解释》）第 311 条和第 312 条第 1 款，亦仅仅是规定，案外人应对其享有足以排除执行的民事权益承担证明责任。笔者认为，"案外人享有足以排除执行的民事权益"不能作为案外人排除执行的标准，这样的主张就像"四足动物有四条腿"的说法一样，只是正确但空洞的套套逻辑罢了。

除此之外，《最高人民法院关于人民法院办理执行异议和复议案件若干问题的规定》（以下简称《异议复议规定》）第 24 条规定了案外人异议之诉中法院应审查的内容，从该条规定看，《异议复议规定》将《民诉法解释》规定的案外人排除执行的事由范围，从"民事权益"缩小为"权利"。而《异议复议规定》第 27 条则明确指出了，在案外人异议之诉中，案外人的权利和申请执行人的权利存在冲突。在现行规范中，明确涉及排除执行标准的是《最高人民法院关于适用〈中华人民共和国民事诉讼法〉执行程序若干问题的解释》（以下简称《执行程序解释》）第 15 条。该条设定的排除执行标准是：案外人对执行标的享有所有权或者有其他足以阻止执行标的的转让、交付的实体权利。细究之下，该规定的适用有以下疑点：

首先，案外人对执行标的的享有所有权，就一定能排除执行吗?[1] 其次，案外人享有的权利，阻止的是谁转让或交付执行标的的? 从执行标的的权利归属来看，所谓的转让或交付执行标的，应该是被执行人的行为。然而在强制执行中，被执行人基本上处于消极被动的状态，"执行程序的运转通常也并不需要债务人（被执行人）的积极配合，他所承担的只是一种容忍执行的义

---

〔1〕 我国有学者主张，所有权并非必然能够排除执行。参见刘学在、朱建敏：《案外人异议制度的废弃与执行异议之诉的构建——兼评修改后的〈民事诉讼法〉第 204 条》，载《法学评论》2008 年第 6 期，第 139 页。

务。"[1] 从权利对抗的角度看，如《异议复议规定》第 27 条的规定，案外人和申请执行人之间存在权利冲突，因此应当是阻止申请执行人转让或交付。然而，申请执行人对执行标的并不享有可以转让或交付的权利。应当说，《执行程序解释》第 15 条虽然比其他规则都要具体，但是该条本身的含义并不明确。最后，从新旧规则比较的角度看，《执行程序解释》之后出台的司法解释均未采用"所有权或其他足以阻止执行标的转让或交付的实体权利"的说法，而仅仅代之以"足以排除强制执行的民事权益"。虽然最高人民法院并未明确废止《执行程序解释》，但是从其上述做法来看，是否意味着已经事实上放弃了《执行程序解释》的细致标准，而如学者所言采用宽泛的标准?[2]

与前述规则的模糊状态相反，我国的司法实践，对案外人异议之诉中的权利冲突以及案外人何以排除执行，有相当清晰的阐述。以（2018）最高法民申 3511 号民事裁定书为代表的法院观点认为，判断执行标的的能否执行，需查明案外人就执行标的是否享有民事权益，以此确定案外人所享有的权利，在效力上是否优先于申请执行人的权利，以排除强制执行。[3]

概言之，在最高人民法院看来，在案外人异议之诉中，案外人和申请执行人的权利存在冲突，因此在判断案外人能否排除执行时，应以比较案外人和申请执行人的权利为判断方法，而案外人排除执行的标准，则是案外人的权利比申请执行人的权利强——效力上优先。值得注意的是，前述裁判观点大多是法官对《民诉法解释》第 312 条第 1 款的解释。然而从该条司法解释的文意来看，似乎难以直接在"足以排除强制执行的民事权益"和"案外人享有的权利在效力上优先于申请执行人的权利"画上等号。因此，前述法院观点虽然清晰明确，但是作为规则的解释而言，仍然比较牵强。

在学说上，我国部分学者也认为，案外人异议之诉中申请执行人和案外人的权利发生冲突。其中比较典型的表述是："案外人异议之诉本质上是审查

---

〔1〕 赵秀举：《论民事执行救济——兼论第三人执行异议之诉的悖论与困境》，载《中外法学》2012 年第 4 期，第 839 页。

〔2〕 唐力教授主张在规范上设定一个概括性的标准，再由司法实践进行具体化的工作。参见唐力：《案外人执行异议之诉的完善》，载《法学》2014 年第 7 期，第 150–151 页。

〔3〕 参见（2018）最高法民申 3511 号民事裁定书。类似观点还可参见（2019）豫 11 民终 787 号民事判决书；（2019）豫 11 民终 788 号民事判决书；（2019）粤 20 民终 4520 号民事判决书；（2019）辽 12 民终 824 号民事判决书；（2019）辽 12 民终 825 号民事判决书；（2019）鄂 12 民终 1337 号民事裁定书；（2019）新 7101 执异 2 号执行裁定书；（2015）中一法执异字第 55 号执行裁定书。

案外人对执行标的是否享有某种民事权益，以及该民事权益能否对抗申请执行人执行债权发生的基础权利的诉讼。"[1] 在这一观点之外，亦存在虽然模糊但仍可算是相反的见解——"案外人异议之诉的事由并不直接对抗或否定执行债权本身。"[2] 虽然从数量上看，认为案外人和申请执行人存在权利冲突的观点占多数，但是，持这一观点的学者，在其文章中并未对此观点进行充分的论证，往往只是以此为前提展开其他相关论述。此外，还有学者虽然有意指出案外人异议之诉中的权利冲突，但表述并不清晰。[3]

总的来说，关于案外人何以排除执行的问题，我国的规范、实践和理论初步形成一定的意见——"案外人异议之诉中，案外人（原告）和申请执行人（被告）之间存在权利冲突"，因此判断案外人能否排除执行，应比较案外人和申请执行人的权利，在案外人的权利强于申请执行人的权利时，排除对执行标的的执行。然而，这一观点的论证并不充分，规范表述不清且关系混乱；法院观点比较牵强，解释力不足；学者观点论证不足，尚无通说。

二、权利冲突视角下的申请执行人和案外人

既然案外人能否排除执行的判断，涉及案外人异议之诉中的权利冲突，那么权利冲突理论应是检视——"案外人异议之诉中，案外人（原告）和申请执行人（被告）之间存在权利冲突"这一命题的妥当视角。

（一）何为权利冲突？

据学者观察，在权利冲突一词意义的合理范围内，目前学界主要在以下三种意义上使用权利冲突一词：①将应然权利冲突称为权利冲突；②将应然权利和法律（实在法、实证法）权利之间的冲突称为权利冲突；③将法律（实在法、实证法）权利之间的冲突称为权利冲突。[4]

因本文讨论的案外人的权利和申请执行人的权利，均为实证法明定的权利，因此，本文在前述第三种意义上使用"权利冲突"一词。亦即，本文语境下的权利冲突，是指"两个或者两个以上同样具有法律上之依据的权利，

---

[1] 肖建国、庄诗岳：《论案外人异议之诉中足以排除强制执行的民事权益——以虚假登记财产的执行行为中心》，载《法律适用》2018 年第 15 期，第 11 页。

[2] 张卫平：《案外人异议之诉》，载《法学研究》2009 年第 1 期，第 12 页。

[3] 参见吴婷：《论我国的案外人异议制度——对我国〈民事诉讼法〉第 204 条的理解与适用》，载《法律适用》2012 年第 9 期，第 72 页。

[4] 参见王克金：《权利冲突研究中需要进一步澄清的问题》，载《法制与社会发展》2010 年第 5 期，第 29~30 页。

因法律未对它们之间的关系做出明确地界定所导致的权利边界的不确定性、模糊性，而引起的它们之间的不和谐状态、矛盾状态。"[1] 进一步说，由于案外人异议之诉是就执行标的实体权属问题发生争议，[2] 故而，案外人异议之诉中的权利冲突，是民事权利的冲突，更进一步说，主要是物权法上的权利冲突。[3]

按德国法学家卡尔·拉伦茨的说法，权利之所以会发生冲突，是因为其界限具有开放性和流动性的特点，进而其效力范围无法自始确定。[4] 进一步说，权利的冲突，表现为权利效力的冲突，即两项权利无法同时实现。根据现有研究，权利发生冲突的条件有以下四点：权利客体（对象）同一；权利主体相异；权利具有合法性；权利相互抵触。当这四个条件同时具备时，权利冲突就有可能发生。[5] 不过，若一方或双方当事人放弃行使权利，则不会发生冲突。[6]

（二）申请执行人与案外人的关系

以前述权利冲突理论检视"案外人异议之诉中，案外人（原告）和申请执行人（被告）之间存在权利冲突"这一命题，可以发现该命题并不正确。

根据申请执行人对被执行人的权利的客体不同，可以将强制执行大致分为以下三种类型：第一类是申请执行人对被执行人享有以金钱为客体的债权。第二类是申请执行人对被执行人享有以行为为客体的债权。例如赔礼道歉、排除妨碍等。第三类是申请执行人享有以被执行人的特定财产为客体的权利，并要求被执行人就该特定财产为交付或变价。例如申请执行人对被执行人主张特定物交付请求权，或者申请执行人对被执行人享有基于对特定财产的担

---

〔1〕 王克金：《权利冲突论——一个法律实证主义的分析》，载《法制与社会发展》2004 年第 2 期，第 45 页。

〔2〕 吴婷：《论我国的案外人异议制度——对我国〈民事诉讼法〉第 204 条的理解与适用》，载《法律适用》2012 年第 9 期，第 72 页。

〔3〕 "物权法上的权利冲突，主要表现为物权与债权的冲突以及物权与物权的冲突"，参见常鹏翱：《物权法上的权利冲突规则——中国法律经验的总结和评价》，载《政治与法律》2007 年第 5 期，第 105 页。

〔4〕 参见［德］卡尔·拉伦茨：《法学方法论》，陈爱娥译，商务印书馆 2019 年版，第 279 页。

〔5〕 参见王克金：《权利冲突论——一个法律实证主义的分析》，载《法制与社会发展》2004 年第 2 期，第 46 页。

〔6〕 参见彭诚信、苏昊：《论权利冲突的规范本质及化解路径》，载《法制与社会发展》2019 年第 2 期，第 83 页。

保物权而产生的变价求偿权，但不享有基础债权。

在此需要指出的是，被执行人以自己的财产为自己的债务设定担保，和被执行人以自己的财产为他人的债务设定担保并不相同。如申请执行人对被执行人仅仅享有担保物权而不享有基础债权，那么执行机关对被执行人的执行，只能局限于对担保财产采取执行措施，而不得涉及被执行人的其他财产；如申请执行人对被执行人不仅享有担保物权，还享有基础债权，那么执行机关对被执行人的执行，就可以及于被执行人的全部财产。[1] 事实上，如申请执行人对被执行人既享有担保物权又享有基础债权，应属于前述第一类情形。

在第一种类型中，因申请执行人的权利和案外人的权利，并非指向同一客体，因此两者并不冲突。具体来说，申请执行人的权利指向的客体是抽象的金钱；而案外人的权利，指向的则是特定的财产。申请执行人的权利仅仅是要求被执行人给付特定金钱，被执行人如何获得金钱则在所不问。即使案外人的权利排除了对特定财产的执行，执行机关仍然可以对被执行人的其他财产采取变价措施，申请执行人的权利一样可以得到实现。[2] 概言之，在第一种类型中，申请执行人与案外人的权利，在效力上并不存在冲突，并非不能同时实现，因此两者不存在冲突。

值得注意的是，民法上的债，不论是以金钱、特定物还是行为为给付内容，在发生争议后，都会由于债务人的不履行而转化成给付金钱的损害赔偿之债。因此，"强制执行主要是财产执行。"[3] 考虑到在债权债务发生争议时，实践中更多的诉讼结果是支付金钱而非继续履行。[4] 因此，大多数强制执行应属第一种类型。

在第二种类型中，诸如赔礼道歉和排除妨碍等行为给付，并不涉及对特定财产的处分，不会发生损害案外人权利的问题。因此，第二种情形下，根本不会有案外人异议之诉的发生。而在第三种情形中，由于申请执行人的请

---

〔1〕 这背后的法理基础是，这两种情形下的责任财产范围不同。在前者，责任财产仅仅是担保财产，而在后者，债务人的所有财产都是其债务的责任财产。参见常廷彬、王虹：《论强制执行对象的有限性》，载《法学杂志》2011年第1期，第54页；中野贞一郎·下村正明『民事執行法』（青林书院，2016年）276页参照。

〔2〕 参见赖来焜：《强制执行法总论》，元照出版有限公司2007年版，第645~646页。

〔3〕 江必新主编：《强制执行法理论与实务》，中国法制出版社2014年版，第120页。

〔4〕 就规范而言，《中华人民共和国合同法》（已失效）第109条和第110条分别规定了金钱债务的违约责任和非金钱债务的违约责任。通过检索实践中适用这两条的案例可以发现，以支付价款或报酬为结果的裁判文书远远比以继续履行的裁判文书要多。

求直接指向被执行人的特定财产，在案外人也对该财产主张权利时，就有可能发生权利冲突。

本文前述的分类或许有不够周延的疑虑，不过，本文凭借前述分析所欲指出的仅仅是：只有当申请执行人的权利直接指向被执行人的特定财产时，申请执行人与对同一财产主张权利的案外人，才有可能发生权利冲突；而在申请执行人的权利并没有具体指向被执行人的特定财产时，申请执行人和案外人就不会发生权利冲突。因此，"案外人异议之诉中，案外人（原告）和申请执行人（被告）之间存在权利冲突"这一命题是错误的。正确的表述是："案外人异议之诉中，申请执行人和案外人之间，有可能发生权利冲突。"甚至，考虑到大多数强制执行的给付，是前述第一类的金钱给付，这一命题还可以进一步修正为："在绝大部分案外人异议之诉中，申请执行人和案外人之间，并没有权利冲突。"如此，比较案外人和申请执行人的权利，就不是判断案外人能否排除执行的妥当方法了。

三、强制执行的正当性与案外人排除执行

强制执行是法律例外认可的公权力干预公民私有财产的情形。在法律认可的正当范围内，即使私主体的权利受损，亦应忍受执行；反之，如执行机关的行为超出正当性的范围，则案外人无忍受义务，此时如权利受到损害，案外人可依法声请救济。因此，在判断案外人权利是否应被救济（是否排除执行）之前，首先应明确强制执行的正当性及其范围。

（一）强制执行的正当性

所谓强制执行，是指"国家执行机关（主体）基于统治关系，在债务人不履行一定义务时，经债权人之声请，依据执行名义，利用国家强制力，强制义务人履行义务，以实现或确保债权人对于债务人私法上请求权之民事程序。"[1]

在强制执行程序中，执行机关基于执行权，有权控制并处分被执行人的财产，而被执行人则有忍受执行机关强制执行的义务。[2] 此处所谓的强制，是指在全面履行生效法律文书确定的义务之前，债务人对其财产的处分权受到限制，即债务人不得自由实施可能引起责任财产的实物形态和对物权变动

---

〔1〕 赖来焜：《强制执行法总论》，元照出版有限公司2007年版，第4页。类似见解，内田义厚『執行関係訴訟の理論と実務』（民事法研究会，2016年）2頁参照。

〔2〕 参见《民事诉讼法》第242、243、244条。

的行为。[1] 进一步说，执行机关并非执行标的的实体权利人，却可以处分执行标的，是因为法律赋予其行为合法性。不过，法律仅仅是在形式上认可执行机关执行行为的合法性，而非认可执行机关是执行标的的权利人。执行机关处分执行标的的实质正当性，系建立在被执行人是执行标的的权利人的基础上。[2] 亦即，执行标的是被执行人的责任财产。[3] 概言之，执行机关只能对被执行人的责任财产进行限制和处分，否则即为不当执行。[4]

那么，被执行人对财产享有何种权利，执行机关对其财产的处分才具有实质正当性呢？对这一问题的回答，须得返回到债务的自然履行状态中去考察。所谓债务的自然履行状态，是指债务人无须执行机关介入，即自觉履行债务的状态。在这种状态下，债务人履行债务的行为，是对其财产的处分行为。不论债务人是直接向债权人支付金钱、交付财产，还是在变卖财产取得价金后，再对债权人履行给付义务，都需要债务人对其特定财产有处分权。如果债务人本身不能对特定财产进行合法处分，那么其就无法将该财产直接用于清偿或变价之后用所得的价金清偿。因此，如果被执行人本身不能合法处分执行标的，那么执行机关处分该执行标的就不正当，因为强制执行只是对债务人自觉履行债务的"替代"而非"超越"。

从实体法角度看，被执行人不能合法处分执行标的，有两种情形：一是被执行人并非执行标的的所有权人，例如执行标的是被执行人代为保管的案外人的财产。二是被执行人虽然对执行标的享有所有权，但是因他人的合法权利的存在，使得被执行人不能合法处分该财产。例如《中华人民共和国民法典》第44条的规定，出质人将其知识产权出质给质权人以后，出质人未经质权人同意，不得转让或者许可他人使用该知识产权。在此情形下，质权人的权利的存在，使得出质人不能根据其意思自由处分其知识产权。如此，即使执行机关想要强制处分该知识产权，也必须征得质权人的同意，如质权人不同意，就只能排除对该知识产权的执行。这两种被执行人不能合法处分执

---

[1]　参见谭秋桂：《论限制债务人高消费的法理基础及其制度完善》，载《时代法学》2011年第6期，第23页。

[2]　参见杨与龄编著：《强制执行法论》，三民书局2007年版，第229页。

[3]　内田義厚『執行関係訴訟の理論と実務』（民事法研究会，2016年）88頁参照。

[4]　参见张登科：《强制执行法》，三民书局2018年版，第184页；中野貞一郎＝下村正明『民事執行法』（青林書院，2016年）276頁参照。

行标的的情形，与学者归纳的异议之诉的提起原因一致。[1]

概言之，被执行人对执行标的的权利与案外人的权利的冲突，是案外人异议之诉中固有的必然的权利冲突，被执行人想要处分其财产（或执行机关基于被执行人的权利想要处分财产），以对申请执行人履行债务，而案外人权利的存在，使得被执行人不能合法处分该财产。因此，在判断案外人能否排除执行时，应比较案外人和被执行人的权利，只有在案外人的权利使得被执行人不能合法处分执行标的时，案外人才能排除执行。

（二）案外人排除执行的标准

如前所述，案外人排除执行的标准，是案外人的权利使得被执行人不能合法处分执行标的。然而，这一描述依然是不够清晰的。因为"处分'并非法律明定的概念，而是学理概括出来的概念。因此，要想明确案外人排除执行的标准，就必须首先界定清楚何为民法上的处分，然后才有可能具体探讨案外人的权利如何可以阻止被执行人合法处分执行标的。

据民法学者解释，"处分权就是对既有权利发生变动的权利，包括使既有权利消灭的权利；在既有权利上设定限制的权利；转移既有权利的权利。"[2]就此可以有以下两点阐释：

第一，处分权的本质在于使权利内含的利益减少、丧失或转移。例如：所有权人就其动产设定质权，需要将动产转移给质权人占有，此时，所有权人便转移了对动产的占有权能。也正因如此，法律才限制被执行人对其财产的处分权。"凡是涉及行使处分权并可能导致责任财产变化的行为，包括生产、生活消费的事实处分行为和抛弃、转移所有权以及在一定时空范围内出让物的使用价值的法律处分行为，都在受限制之列。"[3]

第二，权利人对于权利的处分有消灭、限制和转移三种方式。就此，在具体判断案外人的权利如何限制被执行人的处分时，应具体明确案外人权利限制的是何种方式的处分。如案外人的权利仅仅限制以上三种方式之一种，那么被执行人仍得为其余两种方式的处分。

就此而言，案外人的权利能否发生阻止被执行人处分执行标的的效果，

---

[1] 中西正＝中岛弘雅＝八田卓也『民事執行・民事保全法』（有斐阁，2010 年）92-93 頁参照。

[2] 田士永：《出卖人处分权问题研究》，载《政法论坛》2003 年第 6 期，第 95 页。

[3] 谭秋桂：《论限制债务人高消费的法理基础及其制度完善》，载《时代法学》2011 年第 6 期，第 23 页。

原则上应具体就案外人的权利，以及执行机关对执行标的具体处分方式分别判断。在民事执行中，执行机关对被执行人财产的处分，主要有两种方式：一是将被执行人对于执行标的享有的权利，转移给申请执行人，例如申请执行人请求被执行人交付动产；二是执行机关将被执行人对执行标的的权利，转让给第三人以获得对价，这主要发生在申请执行人对被执行人享有金钱债权的情形。概言之，在执行程序中，执行机关对于执行标的的处分，主要是权利的转移。

因此，判断案外人能否排除执行，应判断案外人的权利是否能够阻止被执行人转让财产权利。在比较法上，德国学者对此亦有相同见解。[1] 值得注意的是，在日本和我国台湾地区，有部分学说还要求案外人在法律上无忍受执行程序侵害的理由。[2] 笔者认为，案外人如在法律上有忍受侵害的理由，那么其权利本身应存在限制或瑕疵，不具有阻止被执行人转让财产权利的"力量"。因此，无法律上忍受侵害的理由，直接融入案外人权利的判断即可，无须单独列举。也正因如此，日本和我国台湾地区才没有将"在法律上无忍受侵害的理由"作为判断标准的一部分，而仅仅规定为第三人（即我国语境下的案外人）享有阻止执行标的转让或交付的权利。[3] 进一步说，我国的《执行程序解释》第15条规定的阻止转让或交付，是案外人阻止被执行人转让或交付。[4]

行文至此可以发现，《执行程序解释》第15条设定的案外人排除执行的标准，是十分妥当的。可惜的是，在该条颁布以后，我国部分学说和司法实践，对案外人何以排除执行的问题，在理解上出现了偏差，以至于后来颁布

〔1〕 德国学者穆泽拉克在论及第三人异议之诉时，亦明确指出，第三人可以排除执行的权利，是指"使得债务人转让执行标的的行为成为对第三人权利领域违法侵犯"的权利。参见［德］汉斯·约阿希姆·穆泽拉克：《德国民事诉讼法基础教程》，周翠译，中国政法大学出版社2005年版，第415~416页。类似见解，亦可参见［德］奥拉夫·穆托斯特：《德国强制执行法》，马强伟译，中国法制出版社2019年版，第266页。
〔2〕 参见张登科：《强制执行法》，三民书局2018年版，第188页；内田義厚『執行関係訴訟の理論と実務』（民事法研究会，2016年）94頁参照。
〔3〕 日本和我国台湾地区的排除执行的标准，与《执行程序解释》第15条一致。参见杨与龄编著：《强制执行法论》，三民书局2007年版，第233~240页；中野貞一郎＝下村正明『民事執行法』（青林書院，2016年）283~297頁参照。
〔4〕 日本学者亦明确指出：所谓"所有权或其他足以阻止标的物转让或交付的权利"的含义是，债务人如果转让执行标的物，那么对于享有正当权利的第三人来说，就构成违法。内田義厚『執行関係訴訟の理論と実務』（民事法研究会，2016年）93~94頁参照。

的司法解释，没有严格遵循《执行程序解释》第 15 条确定的标准。

四、标准之检验：针对账户资金的案外人异议之诉

根据前述，在判断是否排除执行时，"案外人的权利优先于申请执行人的权利"的标准（以下简称"最高院标准"），并不能适用于所有的案外人异议之诉，且不符合案外人排除执行的法理。而"案外人的权利使得被执行人不能合法处分执行标的"的标准（以下简称"本文标准"），则与案外人排除执行的理论基础一致。然而，二者在实际适用上有何差异，仍需通过案例来说明。

"因账户资金无须变现，与其他执行标的相比，其具有无可比拟的优越性，往往成为申请执行人的首选，因此，大量执行异议之诉案件系针对账户资金提起的。"[1] 如下例：申请执行人甲基于其对被执行人乙（房地产商）享有的普通金钱债权提起强制执行，执行机关据此冻结了乙名下的多个银行账户，其中包含乙名下的商品房预售资金账户。后乙的债权人丙（工程建设公司），基于其对被执行人的工程价款请求权，提出案外人异议，要求解除对乙名下的商品房预售资金账户的冻结，并排除对该账户的执行。

对于是否应支持案外人丙的请求，实践中有肯定说[2]和否定说[3]两种观点。笔者认为，从结果妥当性的角度看，肯定说在结果上更具有妥当性。理由是：在实体法层面，《中华人民共和国城市房地产管理法》第 45 条限制了商品房预售资金的使用范围；在程序法层面，如果认可一般债权人对商品房预售资金的强制执行，则可能导致房地产开发商与他人串通共谋，伪造债权并通过强制执行，变相支取商品房预售资金。

具体来说，如果在本案中适用"最高院标准"，则首先应判断案外人丙对被冻结的商品房预售资金账户是否享有权利，然后再判断丙对该账户的权利是否强于申请执行人的权利。在本案中，案外人丙并非商品房预售资金账户的所有权人，其对于被执行人也仅仅是基于合同而享有普通金钱债权。这一债权并没有指向特定的标的物（商品房预售资金），被执行人完全可以用其他资金来清偿这一债权。如此，案外人对被执行人名下的"商品房预售资金账户"并无任何权利，其债权与申请执行人的权利，也无明显的强弱之别。就

---

〔1〕 王毓莹：《执行异议之诉中账户资金的排除执行问题》，载《人民法院报》2017 年 11 月 1 日，第 7 版。

〔2〕 参见（2017）皖 05 执异 12 号执行裁定书。

〔3〕 参见（2019）湘 12 执复 29 号执行裁定书。

此，"最高院标准"在此类案件中无法得出一个明确的妥当的结论。

相反，如在本案中适用"本文标准"，便可以得出明确的妥当的结论。按《中华人民共和国城市房地产管理法》第45条，商品房预售所得款项，必须用于有关的工程建设。如此，只要工程建设应支付的价款没有支付完毕，换言之，只要施工方仍然对被执行人享有建设工程价款请求权，那么作为开发商的被执行人，对商品房预售资金的处分权，就仅限于将其用于支付建设工程价款，而不得将商品房预售资金挪作他用（例如清偿非基于建设工程产生的债权）。概言之，案外人对被执行人的工程价款请求权的存在，使得被执行人不能在法定用途之外，合法处分商品房预售资金，因此，案外人的权利可以排除执行。[1]

从以上案例分析可以发现，在实际应用上，"本文标准"比"最高院标准"更具有妥当性。另外还有一点值得注意，当前我国《民诉法解释》和学说均将案外人可以排除执行的权利，理解为案外人对执行标的享有的权利。[2] 然而从前述案例看，案外人可以排除执行的权利，并不必然是针对执行标的的权利，也可以是其他权利。易言之，案外人的权利只要可以使得被执行人对执行标的的处分不合法，不论该权利是否以执行标的为客体，都可以排除执行。从这一点看，相比《民诉法解释》第311条和第312条，《执行程序解释》第15条的表述——"案外人对执行标的主张所有权或者有其他足以阻止执行标的的转让、交付的实体权利"，有更加灵活的解释空间。

结　论

《执行程序解释》第15条设定的排除执行的标准具有妥当性，其背后的法理是：执行机关强制处分执行标的的实质正当性，建立在被执行人对执行标的有处分权的基础上。更进一步说，则是因为案外人和被执行人之间的权利冲突，是案外人异议之诉中固有的必然的权利冲突。与此相反，我国学者主张的"申请执行人和案外人之间的权利冲突"只是偶发的权利冲突，因此，（2018）最高法民申3511号民事裁定书所主张的，在判断能否排除执行时，应当比较案外人和申请执行人的权利的观点，并不正确。

---

〔1〕　最高人民法院亦有支持这一结论的裁判。综合分析（2016）最高法执复33号和（2016）最高法执复42号两份执行裁定书可以发现，对于商品房预售资金的执行，最高人民法院的态度是：商品房预售资金依法应保障专用于工程施工建设，工程进度款债权申请执行的，法院可依法执行；而普通债权申请执行的，原则上执行法院不得冻结、划扣。

〔2〕　参见唐力：《案外人执行异议之诉的完善》，载《法学》2014年第7期，第150~151页。

行政公益诉讼诉前程序运行检视

赵德金*

摘　要：诉前程序是公益诉讼案件化解的主渠道。2017 年修改的《行政诉讼法》正式确立了检察机关提起行政公益诉讼制度，并且明确规定人民检察院需经诉前程序才可提起行政公益诉讼。通过对检察机关办理行政公益诉讼案件的实践进行考察，诉前程序化解案件的数量占到行政公益诉讼总案件量的七成以上，诉前程序能有效促使行政机关自我纠错和履职尽责，也为后续提起诉讼起到了重要的筛选作用，可谓行政公益诉讼的核心程序。因此，有必要在理清诉前程序的性质、价值的基础上，分析行政公益诉讼诉前程序运行过程中的不足之处，寻找与之相恰的完善路径，从而促进检察机关与行政机关、审判机关的良性互动，最后保障我国行政公益诉讼制度得以健康持续发展，实现公益实质性保护的立法旨趣。

关键词：行政公益诉讼　诉前程序　检察建议　调查取证

自党的十八届四中全会通过的《中共中央关于全面推进依法治国若干重大问题的决定》中提出探索检察机关

---

* 赵德金，中国政法大学法学院 2018 级博士研究生（100088）。

提起公益诉讼制度以来，公益诉讼制度的设计与试点逐渐展开。2015 年 7 月 1 日，第十二届全国人大常委会第十五次会议通过《关于授权最高人民检察院在部分地区开展公益诉讼试点工作的决定》，明确授权检察机关在部分地区开展公益诉讼工作试点，最高人民检察院也出台了相应的试点工作规范与办法，使得检察机关提起行政公益诉讼工作得以落地生根。纵观 13 个试点地区检察机关开展的公益诉讼运行状况，主要涉及环境保护、食品药品监督、国有资产保护等领域，承办了相当数量的案件，进一步积累了实践经验。[1] 2017 年 6 月 27 日，全国人大常委会对《中华人民共和国行政诉讼法》（以下简称《行政诉讼法》）予以修正，从法律层面正式确立了检察机关提起行政公益诉讼制度。可以说，从制度雏形设计到试点探索和经验积累，再到法律文本的吸收补充，检察机关提起公益诉讼的方式都在不断走向成熟，相关的配套措施也不断趋于完备。按照《行政诉讼法》第 25 条第 4 款和《最高人民法院、最高人民检察院关于检察公益诉讼案件适用法律若干问题的解释》（以下简称《检察公益诉讼解释》）第 21 条的规定，检察机关在提起行政公益诉讼之前，应当履行诉前程序，即先行向特定的行政机关发送检察建议书，督促其纠正违法行政行为或依法履行职责；行政机关应当在收到检察建议书后两个月内依法履行职责，并将办理情况及时书面回复，此为诉前程序的法定前置要求和内在结构组成。如果行政机关不依法履行职责，则由检察院提起诉讼，此为诉前程序与诉讼程序的衔接和转换。作为行政公益诉讼制度的必经程序，在前期试点中，诉前程序便是主要的办理方式和有效结案的主要形式，[2] 正式入法后的实践运行中也表现出案件化解数量大、纠正违法行政行为效果好的特点。因此，有必要在深刻领会诉前程序立法本意的基础上，结合司法实践，对诉前程序进行理论探讨，不断优化制度设计，保障行政公益诉讼得到更好的实施。

一、诉前程序运行规则的规范分析

行政公益诉讼有别于私益诉讼，是为了纠正公共性不当行为，维护公共利益，就与提起诉讼的主体的权利及法律上利益无直接利害关系的事项，对

---

〔1〕 参见《习近平主持召开中央全面深化改革领导小组第三十五次会议》，载新华网，http://www.xinhuanet.com//2017-05/23/c_1121023088.htm，最后访问日期：2019 年 5 月 10 日。

〔2〕 参见胡卫列、迟晓燕：《从试点情况看行政公益诉讼诉前程序》，载《国家检察官学院学报》2017 年第 2 期，第 32 页。

行政机关作出的违法行为提起的诉讼，具有客观诉讼的属性。[1] 在对诉前程序展开论述时，必须围绕这一基本定性推进。此外，何为诉前程序，较之于诉讼程序有何优势，扮演着何种角色，处于何种制度定位，也都必须回到原点展开理论分析。

（一）诉前程序的性质与功能

1. 诉前程序的性质

诉前是较之于诉讼中的相对称谓。诉前程序是指为解决行政争议，在当事人向法院提起行政诉讼之前必须或者可能经过的一个程序。[2] 诉讼规则的设计和完善固然重要，但是对于诉前程序的理论分析和制度优化也不可或缺，诉前程序属于检察机关提起公益诉讼必经的一项法定前置程序，具有强制性、审慎性、限权性、独立性的特点。通过诉前程序的有效运转，能够纾解大量的争议矛盾。依照《行政诉讼法》的规定，在行政公益诉讼程序开启之前，应当先由具有管辖权的检察机关进行调查研判，向特定的行政机关发出检察建议，督促其纠正违法行政行为或依法履行职责，给予其反思和纠错的机会。

首先，在我国，对行政行为的监督通常分为内部监督和审判机关对行政行为进行合法性审查的外部监督，上述两种监督方式各有特点。行政机关的内部监督通过科层制下"上级领导、指挥下级"行政权力的运行模式而实现，例如行政复议、行政备案、绩效评估、行政问责等，具有监督成本低、纠正违法行为速度快的特点。审判机关作为外部监督力量，具有中立、终局性优势，但是在审查行政行为合法性时，伴随着成本高、速度慢的缺陷。检察机关提起行政公益诉讼的制度设计旨在恢复和保护公共利益，因此，检察机关应坚持"谦抑审慎原则"，充分尊重行政机关的职能分工和在社会治理中的独特作用，通过诉前程序这种方式督促行政机关及其工作人员认真履职尽责，能够在一定程度上施压行政机关改正或者有效作为，提高检察监督效益，避免过多案件进入诉讼程序，从而有效节约司法资源。

其次，基于保护国家和社会公共利益的考量，检察机关行使行政公益诉权必然涉及对行政行为合法与否的审查。在公共利益维护的责任设置上，我

---

〔1〕 马怀德：《行政诉讼法的时代价值——行政诉讼三十年：回首与前行》，载《中国法律评论》2019 年第 2 期，第 26 页。

〔2〕 林莉红：《行政诉讼诉前程序研究——基于行政纠纷解决机制系统化理论》，载《湖北社会科学》2013 年第 9 期，第 144 页。

国应主要依赖行政机关履行职责，行政机关应为公共利益的首要维护者，与此同时，再辅以对违法或怠于履行职责的行政机关提起行政公益诉讼。[1] 检察机关不宜直接冲到第一线，不能代替行政机关履行职责，而应该扮演依法督促其全面有效履职的角色。因此，为了保障权力行使的正当性和权力之间的均衡，提起行政公益诉讼的权力行使也应遵守法定规则。诉前程序的制度设计能够很好地完成这一任务，从程序上保证检察行政公益诉权不可随意行使。

2. 诉前程序的功能

诉前程序前置既有司法权谦抑与程序经济之考量，亦可让检察权作为监督权先行自行发挥作用。[2] 通过设置"诉前程序"，司法资源可以得到更为有效的利用，避免浪费，从而促进行政部门加强自我约束，促进社会的和谐、稳定与发展进步。[3] 具体而言：其一，诉前程序是检察权、司法权对行政权予以尊重的体现。诉前程序虽是检察权的体现，但其并不直接引起实体裁判，不能代替行政机关履行职责，毕竟行政公益诉讼的目的在于"督促执法"[4]；其二，诉前程序是促使行政机关自我纠错、履行职能的有效手段。行政权在我国的行政法中具有基础地位，也是传统意义上的行政规范内容，通过有效方式保护公共利益是其基本目标。[5] 在公共利益的保护上，行政机关更具专业性、及时性、主动性，与行政诉讼相比，诉前程序使行政机关的上述优势予以彰显。行政公益诉讼主要涉及环境保护、资源保护领域，行政机关行使的行政权的高效性，在环境行政执法中尤为凸显。此外，检察建议方式更具柔性，从而能够有效规避行政机关与检察机关的冲突，使得社会更加稳定，权力运作更为和谐。其三，通过"诉前程序"，提升检察机关的职能，让司法资源得到合理分配，不至于陷入权力冲突与混乱。[6] 在我国的公益诉讼试点

〔1〕 参见林莉红：《论检察机关提起民事公益诉讼的制度空间》，载《行政法学研究》2018 年第 6 期，第 55 页。

〔2〕 王万华：《完善检察机关提起行政公益诉讼制度的若干问题》，载《法学杂志》2018 年第 1 期，第 103 页。

〔3〕 参见应松年：《行政公益诉讼试点亟待解决的几个问题》，载《人民论坛》2015 年第 16 期，第 10 页。

〔4〕 参见叶俊荣：《环境政策与法律》，中国政法大学出版社 2003 年版，第 249 页。

〔5〕 ［日］南博方：《行政法》（第 6 版），杨建顺译，中国人民大学出版社 2009 年版，第 5 页。

〔6〕 参见湛中乐：《正确厘清行政公益诉讼四个方面认识》，载《人民检察》2015 年第 14 期，第 66~67 页。

过程中，就显现出诉前程序具有的分流效果。需要指出的是，公益救助也需要花费资源与成本，这一点应当在相关的制度设计中加以体现，且应遵守成本与效益原则。

（二）诉前程序的运行规则

通过整合《行政诉讼法》第 25 条第 4 款的原则性规定和《检察公益诉讼解释》第 21 条的具体实施规则，可知检察机关在向法院提起行政公益诉讼前，需要经过立案受理和诉前程序两个法定阶段。故此，有必要结合办案规程来分析诉前程序的内部分工和运行路径。

在案件线索来源上，检察机关在履行批准或者决定逮捕、审查起诉、控告检察、诉讼监督、公益监督等职责的过程中，发现生态环境和资源保护、食品药品安全、国有财产保护、国有土地使用权出让等领域负有监管职责的行政机关违法行使职权或者不作为，致使国家利益或者社会公共利益受到侵害，将案件线索及有关材料及时移送公益诉讼案件办理部门。公益诉讼案件办理部门收到案件线索后进行初步审查评估，主要审查线索的真实性、可查性和风险性。经过审查，如果认为线索事实符合行政公益诉讼立案条件，应当报请检察长决定立案。

立案后案件进入诉前程序，该程序分为调查、审查、终结审查或提出检察建议三个步骤。调查主要围绕"行政机关的法定职责、权限，行政机关不依法履职的事实，国家利益或者社会公共利益受到侵害的事实及状态"进行取证。之后由检察官办案组对上述证据进行审查，审查终结后制作《诉前审查报告》并明确提出是否发出检察建议或终结审查的处理意见，经集体讨论形成意见，报检察长或检委会决定。终结审查的情形包括：不存在行政机关违法行使职权或者不作为，造成国家利益或者社会公共利益受到侵害的情形；行政机关在检察机关向其提出检察建议前已依法履行职责，国家利益或者社会公共利益已经得到有效保护；其他应当终结审查的情形。如果发现生态环境和资源保护、食品药品安全、国有财产保护、国有土地使用权出让等领域负有监督管理职责的行政机关违法行使职权或者不作为，致使国家利益或者社会公共利益受到侵害的，则应当向行政机关提出检察建议，督促其依法履行职责。

行政机关应当在收到检察建议书之日起两个月内或者紧急情形下的十五日内依法履行职责，并将办理情况及时书面回复检察院。检察机关收到行政机关书面回复的，应当及时对行政机关纠正违法行为或者依法履行职责的情况，以及国家利益或者社会公共利益受到侵害的情况跟进调查。回复期满后，行政机关没有回复的，检察机关应重点围绕检察建议的内容，对行政机关是否依法全面履行职责，国家利益或社会公共利益是否得到有效保护进行调查。如果行政机关没有纠正违法行为或者没有依法全面履行职责，或者没有回复，致使国家利益或者社会公共利益持续处于受侵害状态，检察机关应以公益诉讼起诉人的身份提起行政公益诉讼。省级检察院可以根据本地情况，建立拟起诉案件审批、备案制度。对于重大、疑难、复杂的公益诉讼案件，可以按照《人民检察院案件请示办理工作规定（试行）》的相关规定向最高人民检察院请示。

二、诉前程序运行规则的实然审视

（一）诉前程序运行现状观察

在制度推行的试点期间，《检察机关提起公益诉讼改革试点方案》和《人民检察院提起公益诉讼试点工作实施办法》（已失效）均规定在诉前程序中，沿用在检察实践中广泛运用的检察建议的方式，与检察机关日常工作中使用的检察建议相比，作为行政公益诉讼诉前程序的检察建议，在实践中表现出"回复更及时、采纳率更高、实际效果更好"的新变化。

根据最高人民法院检察院公布的数据，从行政公益诉讼试点开始，直到2015年底，共有212起案件进入诉前程序，获得纠正的共118件，没有在有效期限内回复的约60件，超过期限没有得到纠正或者有效履行的只有30件。[1] 行政机关在诉前程序中的自我纠错率达到79.7%。在2016年，相关数据表明，检察机关所处置的近1000件案件中，除去没有得到有效回复的案件，违法行为最终获得行政机关纠正或者依法履行职责的约为800件，占比达到近九成。[2] 在试点了一年半之后，通过检察机关督促而得到有效纠正违法行为与履行职责的，大约为3000件，在诉前程序中行政机关自觉化解或纠正的占到约75%。[3] 由此可见，诉前程序促使行政机关自觉、积极地纠正违法行为或履行职责。

〔1〕 参见彭波：《试点半年，最高检首晒成绩单——公益诉讼：好做法，拟立法》，载《人民日报》2016年1月7日，第11版。

〔2〕 参见周斌：《检察机关提起公益诉讼试点一年多办案1710件：已判案件检方起诉意见均获法院支持》，载《法制日报》2016年11月3日。

〔3〕 参见彭波：《试点一年半，检察机关办理案件4378件，提起诉讼495件——公益诉讼促依法行政》载《人民日报》2017年1月5日，第11版。

在行政公益诉讼诉前程序的个案办理中成效显著。例如，福建南安市行政机关，在接受了检察机关的建议以后，在两个月的时间内便及时催缴了2700 多万元的资金。[1] 汕头市检察机关对澄海区水务部门提出检察建议之后，水务部门也通过积极整改，化解了困扰排污问题的多处违法建筑。[2] 吉林检察院采用诉前程序的方式，积极督促相关的行政机关恢复林地与湿地共 8 万公顷，对多家违法排放、污染环境的企业给予行政处罚，从而有效挽回国家的损失。贵州省检察院通过诉前程序，积极推动行政机关恢复林地近六万亩，挽回国家经济损失 7 亿多元。[3]

需要注意的是，诉前程序为何能在行政公益诉讼中取得如此积极的效果。有学者指出，检察机关较之于不特定的个人或团体，在优化司法资源配置、保证诉讼公平效率等方面具有优势，从而促进相关问题得到权威、有效的化解，能最大程度地维护国家、社会和相关群体的利益。[4] 但笔者认为，诉前程序能取得如此效果，还有其他因素：

首先，离不开中央的高度重视。在全面推进依法治国的决定中，公益诉讼制度的探索迈出新步伐，检察机关的公益诉讼制度得到了肯定。其作为中央的一项重大决策部署，各级党委和政府以及相关国家机关都对此予以足够的重视和关注。

其次，各种因素促使行政机关积极转变。中央推进全面从严治党，构建一系列约束机制，行政机关主动履职的主动性大为提高。同时，在国家积极推进公益诉讼的大环境下，行政机关一旦成为行政公益诉讼的被告，要面临各方压力及潜在败诉的风险。此外，贵州省等地方相继出台了有关环境生态保护的法律规范，进一步明确了环境公益维护中相关部门与领导的职责。[5] 如在锦屏县检察机关对环保部门提起行政公益诉讼之后，该县在短时间内就

〔1〕　参见刘子阳：《试点一年检察机关提起公益诉讼 30 件，发现案件线索 1942 件》，载《法制日报》2016 年 8 月 16 日。

〔2〕　参见占文平、韦磊：《我省在全国率先完成相关领域试点改革任务，公益诉讼九成被告为行政机关》，载《南方日报》2017 年 1 月 13 日，第 A08 版。

〔3〕　参见周斌：《检察机关提起公益诉讼破解环境污染没人管难题——岁尾年初公益诉讼爆发式增长》，载《法制日报》2017 年 1 月 14 日。

〔4〕　参见马怀德：《行政公益诉讼制度，从理论走向现实》，载《检察日报》2015 年 7 月 3 日，第 3 版。

〔5〕　参见朱邪：《最严问责护绿最美贵州——生态环境保护"两个问责办法"解读》，载《贵州日报》2015 年 4 月 24 日，第 3 版。

免去了环保部门党委书记、监察队长、环保局长等人的职务。一旦有人在履职过程中存在偏误，便要承受不利的法律或者政治等方面的后果。[1] 如此，行政机关及其工作人员能够受到较大约束，从而积极作为。

再次，在地位与职责上的特殊，让检察机关能够有效给行政机关施压。在我国，检察机关履行法律监察的职责。根据法律授权，一旦有行政机关没有履行职责，那么检察机关便可以依法提出监督，通过公益诉讼的方式让其承担败诉风险和不利后果。在实践过程中，检察机关拥有配套的制度作为支撑，可以有效发挥诉前程序的规范作用。如检察机关可以对行政机关的履职进行监督，在掌握了相关证据之下，进行立案侦查。立案之后，通过调查与证据的相关收集工作之后，可以与被调查机关进行联系。在锦屏县检察院对县环保局提起的诉讼中，2014 年检察院发出检察建议书，要求对涉事企业进行核查与整改。在 2015 年 4 月，检察院通过回访，了解到相关涉污企业并未得到充分整改，因而在多次交流与建议之后没有效果，最终提起行政公益诉讼。[2]

最后，新闻媒体的监督。新闻媒体对公益保护领域持续关注，在行政公益诉讼诉前程序工作开展中发挥着重要的促进作用。在相关的试点过程中，社会公众对此给予较大关注，新闻媒体的报道也屡见不鲜。此外，在网络交流与社交媒体的发展下，公益诉讼案件得到了更加广泛的关注，因此增加了行政机关的压力。

（二）诉前程序运行过程中的困境揭示

1. 行政机关是否履职的标准不够明确

在判断行政机关履行职务时，并没有一项明确具体的标准可以加以评断。尤其是针对行政机关中部门履职的内容，如发送检察建议后被无限期拖延甚至不履行的行为，检察机关怎样对其施加规范？当国家与社会的公共利益受到侵害之时，如何加以评价？如何确认其状况是否得到改观？诸如此类的问题，都困扰着对行政机关履职的评判，也给诉前程序与诉讼程序带来困扰。

---

〔1〕 参见郝迎灿：《贵州省黔东南苗族侗族自治州锦屏县"官告官"——县检察院为何告了环保局》，载《人民日报》2016 年 5 月 14 日，第 10 版。

〔2〕 参见郝迎灿：《贵州省黔东南苗族侗族自治州锦屏县"官告官"——县检察院为何告了环保局》，载《人民日报》2016 年 5 月 14 日，第 10 版。

2. 公益诉讼诉前调查程序不完善

在行政公益诉讼实践中，存在着诉前调查取证困难的情况。随着国家监察体制改革的推进，检察机关的职务犯罪侦查部门被剥离，调查取证难度将会进一步加大。从法律层面看，尽管全国人大常委会已经通过修改法律，授予检察机关开展公益诉讼工作，但对于检察机关在公益诉讼工作中如何调查取证，没有作出具体的授权规定，制度层面上也缺乏相应的保障，当事人、有关机关不配合调查取证的情况时有发生，又没有强制性手段予以保障，导致实践中的调查取证难度不小。从现实层面看，检察机关对公益诉讼领域的有关专业性事务，不可能做到完全熟知，因此，调查取证的专业性有待提高，还需要行政执法机关予以配合。此外，视听资料、电子证据自行调取存在困难，大量的鉴定、评估、审计等类似的专门性问题，还需要相关部门和机构予以配合。无论是进行委托鉴定、评估、审计，还是咨询相关专业人士，都意味着大量时间和经济成本的付出。上述事宜能否得到顺畅实现，仍然需要采取措施加以解决。

3. 诉前检察建议刚性不足

检察机关制发检察建议后，对行政机关后续的跟踪监督、跟进调查重视不够。对于行政机关表面应付、整改不彻底、不依法履职、不及时纠正违法的行为，没有有效进行跟踪监督、跟进调查、及时督促，导致部分检察建议流于形式。在跟踪监督行政机关履职上有畏难情绪，影响了诉前程序的效果。加上久拖不决的诉前程序已经满足不了人民群众对保护国家利益和社会公共利益实效性的期待。同时由于检察建议过于原则和宽泛，缺乏针对性和可操作性。比如仅提出"建议依法改进工作""强化监管职责""加大宣传力度"等建议，没有准确指出解决问题的关键点和切入点，这不利于让行政机关主动纠正自身存在的不足。与此不同，行政公益诉讼中的诉讼请求，其对象必须是针对行政机关的违法行为和怠于履职行为，如果诉前检察建议没有与诉讼请求相匹配，将导致公益诉讼不符合条件。仅仅是"建立……机制""增强……意识"等这种建议，就会变成"堵漏建制型"的检察建议，无法反映出诉前程序的本质特征。行政公益诉讼的诉前检察建议必须是指明行政机关应该如何纠正违法行为，对怠于履职的行政机关，检察建议不仅仅只是要求行政机关采取有效措施，还应该明确指出应当作出哪种具体行政行为。

三、完善行政公益诉讼诉前程序的路径

诉前程序作为维护公共利益、保护国家和社会公益的有效举措，还能附带起到监督和纠偏的效果。[1] 那么如何保证诉前程序实现较好的法律效果和社会效果，遵守行政公益诉讼制度设定的初衷，如下路径应是完善方向。

（一）行政机关履职的判断标准

针对行政机关履职与否的判断标准，需要落脚在具体的公益诉讼中。当检察院欲启动诉前程序时，应该认真考虑该违法行为是否停止、行政机关有没有穷尽法律手段以及行政机关是否存在正当理由等角度进行考量。[2] 在判断该行政机关的履职状况时，应该采用整体标准，从而有效地将该案件从诉前程序纳入到诉讼程序之中，也就是说如果行政机关没有采取积极作为阻止相关危害行为，并且给社会公共利益带来损害，或者使之处于受损害的潜在威胁中。在现阶段，建立有效的从诉前程序到诉讼程序的相关具体指标，存在一定的困难，因而在具体认定时，可从行政机关的履职回复期限、违法行为是否依然存在以及是否采取有效措施等方面综合加以认定。

（二）规范调查取证，建立配套机制

在诉前程序中，为了更好地履行监督职责，检察机关除了向行政机关调取证据外，还有必要自行调查收集证据。行政公益诉讼调整的是国家机关之间的关系，检察机关在诉前程序中向行政机关发出检察建议时应当有充分的证据证明其关于行政机关行政违法、公共利益因此遭受损害的结论成立，这也是行政机关需在两个月内予以答复的正当性所在。[3] 基于调查取证的结论情况，检察机关才能有效开展相关的公益诉讼。因而，有必要在法律层面予以明确，建议在《行政诉讼法》或者《中华人民共和国人民检察院组织法》中明确规定检察机关在公益诉讼中的调查取证权，并建立配套制度予以保障。

第一，建立健全检察院办案方式的一体化。也就是说，在检察机关内部建立相对统一的办案机制，从而能有效发挥相应的技术手段与优势，针对环境保护案件进行有效侦查。检察机关可以与拥有技术措施的相关部门合作，尤其是环保林业渔业等行政部门，通过灵活多变的方式进行交流与互助，例如案件咨询、联席会议等方式，从而建立完善的信息交流共享、情报及时传

---

〔1〕 参见沈开举、邢昕：《检察机关提起行政公益诉讼诉前程序实证研究》，载《行政法学研究》2017年第5期，第46页。

〔2〕 冯庆俊、路漫：《如何在诉前程序中判断行政机关不履行法定职责》，载《江苏法制报》2017年3月6日，第A07版。

〔3〕 参见王万华：《完善检察机关提起行政公益诉讼制度的若干问题》，载《法学杂志》2018年第1期，第105页。

递、案件有效移送的制度模式。

第二，进一步保障检察机关的调查权。在公益诉讼中，收集相关证据是检察机关监督的前提，所以应该保障检察机关的调查取证权，并要求相关部门积极予以配合，否则便可以施加国家强制力，为检察机关的调查取证带来便利。

第三，建立检察机关调查核实的救济机制。检察机关作为公益诉讼的主体，积极要求行政机关配合检察机关的调查工作，对于不配合的单位及个人，上报其上级部门，从而能够通过行政级别施压的方式，保障检察机关能够有效地调查核实相关情况。如果涉及违法或者犯罪，检察机关可以采取建议方式先行要求行政机关自觉改正，在建议无效时，依据法律规范，还可以要求上级检察机关的介入与支持，从而对行政机关形成监督合力，共同服务于公益诉讼。

第四，加强与中立单位的合作，有效开展评估。在行政公益诉讼过程中，所涉及的企业大部分具有较强的经济实力，因而对其调查监督，需要具备相应的财会与管理知识。此时，仅仅依靠作为法律监督机关的检察机关单独行动，时常心有余而力不足。那么，可以考虑将具有专门性的调查问题委托给相关鉴定或评估机构。因此，需要进一步完善鉴定评估制度，制定鉴定评估工作流程，建立鉴定评估单位的资源库、专家库，借助更专业的机构和单位以及相关专业领域专家的力量，强化调查取证能力。

（三）强化检察建议刚性，注重跟踪监督

检察建议是诉前程序中的核心装置，也是充分显现检察机关意思表示和指引行政机关改正方向的重要载体。因此，要保障检察建议的权威性，既要满足法律的要求，使得检察建议的内容有事实与证据支撑，也要符合可接受性与可操作性的要求。[1] 为避免诉前检察建议流于形式，确保检察建议在监督中达到预期的效果，可采取以下措施。

第一，建立检察建议协商机制。检察院积极深入相关单位，进行评估与调查，是检察机关发出建议的应有前提。就一些专业性问题同被建议单位交流，得到相关帮助，这样不仅可以降低被建议单位的抵触情绪，还有利于提升检察机关的建议效果，使得相关的检察建议更加高效。并且，检察机关通过及时与行政机关交流，阐明检察建议的内容，更好地帮助行政机关认识到

---

[1] 张锋：《检察环境公益诉讼之诉前程序研究》，载《政治与法律》2018 年第 11 期，第 157 页。

自身存在的不足，促进检察建议的效果，改善部分被建议机关对检察机关的误解。如果接受检察建议的机关，存在履职困难，也可以积极向检察机关反映，寻求该问题得到最有利化解的方法。此外，行政公益诉讼情况应该纳入到行政机关年度考核体系，行政机关在该年度被检察机关提起行政公益诉讼案件的数量以及败诉情况应作为考核指标之一，被提起的数量多且行政机关败诉的，应该受到不利的处理。[1]

第二，推进检察建议说理制度。只有促进检察建议发挥实效，才能确保检察建议的功能得以实现。因此，检察建议的内容应充分阐明案件事实及法律依据，证据分析透彻，就事实和法律进行说理论证，提出的措施具有针对性和可操作性，避免检察建议过于僵化，从而提高检察建议的质量，修复或者维护受损的国家利益和社会公共利益。

第三，建立检察建议督促落实机制。为了避免检察建议成为一纸空文，在发送给行政机关之后，需要采取多种形式、运用多种渠道来跟踪督促，确保整改到位，获得实际效果。如果相关行政机关对检察建议不予重视，采取忽视的方式不予回复，那么检察机关应该用书面方式向其提出回复的要求或要求其说明不予以回复的理由，行政机关需在一定期限内回应。为了避免检察机关的建议发出之后，无人关心，应该注重对落实情况的督查与跟踪，了解被建议单位在实现检察建议时的困难和问题，并在职能范围内，协助被建议单位解决相关问题，共同推动检察建议的落实。检察机关可以根据被建议单位的需要，开展具有警示作用的案例分析，提升被建议机关对检察建议的重视程度，促进行政机关能够认真对待检察建议，在内部提升管理水平，为检察机关的建议发挥实效奠定基础。

第四，建立检察建议公开制度。为增强检察监督的透明度，应推行检察建议文书公开制度。即除了涉及国家秘密、商业秘密或者个人隐私外，其他的检察建议均应在人民检察院法律文书公开网上公开，接受社会监督。检察建议法律文书公开，无形中会给行政机关一定的压力，促使行政机关依法履职，有利于诉前程序目标的实现。

第五，建立检察建议报告机制。为增强检察建议的刚性，应探索建立向人大常委会报告检察建议制度，推动检察建议与人大监督的有效联系，从而相互配合，共同促进检察机关在公益诉讼中的作用。如行政机关没有正当理

---

〔1〕 王春业：《行政公益诉讼"诉前程序"检视》，载《社会科学》2018 年第 6 期，第 103 页。

由，并且对检察建议不理睬或者不重视的情况下，为了避免国家与社会的公共利益受到更多的损害，化解潜在的安全危机与危害，检察机关可向本级人民代表大会常务委员会上报，利用人大的质询与监督权，促进检察建议的效果。此外，如果被建议机关在接到检察建议之后，没有积极的作为或者纠正违法行为与及时履行职责的，也没有给检察机关回复或提出正当理由的，此时检察机关可以将案件情况抄送给上级政府或监察机关，通过有效的监督程序，对被建议机关进行调查和问责。

结　语

纵观行政公益诉讼督促行政机关依法履职和保护公共利益的实践活动，可以发现诉前程序在整个行政公益诉讼中占有重要地位，应该成为化解公益诉讼案件的主渠道。诉前程序既能够兼顾法律与社会效果，也能推进公益案件得到便利、有效的处理，使行政公益诉讼形成既有保持司法谦抑性的"诉前程序"检察建议，又有通过"提起诉讼"的刚性监督的新局面。面对实践中出现的行政机关履职与否识别难度高、检察机关诉前调查程序机制不健全和诉前检察建议实效性保障不足等运作困境，为了更好地维护公益，应该尽快制定出一部具有中国特色的《公益诉讼法》，通过专门法的形式对公益诉讼的内容进行全面界定，形塑充分满足办案机关需求的操作规范，确保作为公益诉讼客体的公益得到最大程度的保护。

"驳回原告其他诉讼请求" 判项的二审改判规范

傅　勇[*]

摘　要：裁判文书是审判权行使的外在表现形式，集中展现了审判过程和法官逻辑思维。本文从二审改判视角，以一审"驳回原告其他诉讼请求"判项的处理为基点，对五种处理模式进行实证分析和理论探究，检讨司法实务中二审判决结果与一审判项及当事人诉讼请求之间不周延等问题，并从法律语境、逻辑安排等方面提出了重构二审对"驳回原告其他诉讼请求"判项处理的规则、规范表达方式的建议。

关键词：判项　驳回原告其他诉讼请求　二审处理模式　改判规则

原告提起民事诉讼后，法官仅对原告的部分诉讼请求予以支持时，在一审判决书中会出现两个以上判项，其中一个或最后一个为"驳回原告其他诉讼请求"，这是法院在司法实务中为避免产生裁判遗漏所采用的惯常方法。二审法院在部分改判时如何处理一审"驳回原告其他诉讼请求"判项，立法未予明确，学者以及审判实务中

---

*　傅勇，中国政法大学民商经济法学院 2019 级应用型法学博士研究生（100088）。

的讨论也多未能深入到此处。然而，判决主文文字表达的规范性和精准性不但体现法官的司法语言表达能力，更为重要的是会直接对当事人的权利义务产生影响。考虑到立法上的缺失、理论研究中的语焉不详和审判实务中的乱象，有必要对这个看似简单的问题加以研究和讨论。

一、司法实践中不同二审改判模式的展示与差异

（一）二审改判的不同模式

对一审"驳回原告其他诉讼请求"判项，二审改判实务中多种裁判方式并存。具体检视，在"中国裁判文书网"上发现至少有五种二审改判处理的模式。

1. 维持模式

包括两种情形：一是维持"驳回原告其他诉讼请求"一项或包括该项在内的部分判项后，对其他判项予以改判、撤销或变更。例如天津市高级人民法院（2019）津民终118号上诉人天津市西青区瀚锦福食品商店与被上诉人中粮集团有限公司侵害商标权纠纷一案的二审民事判决：①维持天津市第一中级人民法院（2018）津01民初609号民事判决第一项、第三项（即驳回中粮集团有限公司其他诉讼请求）；②变更天津市第一中级人民法院（2018）津01民初609号民事判决第二项为……其中典型的案例是仅维持"驳回原告其他诉讼请求"判项，而对其他所有判项均予以改判、撤销或变更。有的甚至在一审仅有两个判项的情况下也如此处理。二是对一审判决所有判项全部维持后再加判其他判项。例如宁夏回族自治区高级人民法院（2017）宁民终199号上诉人赵某某、中石化第四建设有限公司与被上诉人宁夏石油化工建设有限公司建设工程施工合同纠纷一案的二审民事判决：①维持宁夏回族自治区银川市中级人民法院（2016）宁01民初524号民事判决第一、二项（即驳回赵晓东的其他诉讼请求）；②中石化第四建设有限公司在欠付宁夏石油化工建设有限公司工程款范围内对赵某某承担责任。

2. 改判模式

将一审"驳回原告其他诉讼请求"判项"改判"为支持原告部分具体诉讼请求，然后再判决"驳回原告其他诉讼请求"，即在处理一审"驳回原告其他诉讼请求"判项时用了"改判"这个法律术语。例如最高人民法院（2018）最高法民终54号上诉人新疆投资发展（集团）有限责任公司、金石财富投资有限公司与被上诉人叶某某、海峡石化工贸有限公司合同纠纷一案二审民事判决：①维持新疆维吾尔自治区高级人民法院（2016）新民初81号

民事判决第一项；②改判新疆维吾尔自治区高级人民法院（2016）新民初 81
号民事判决第二项［即驳回新疆投资发展（集团）有限责任公司的其他诉讼
请求］为……；③驳回金石财富投资有限公司的上诉请求；④驳回新疆投资
发展（集团）有限责任公司的其他诉讼请求。

3. 撤销模式

包括两种情形：一是二审认为一审所有判项均为错误，判决撤销包括
"驳回原告其他诉讼请求"判项在内的整个一审判决，然后另行判决；二是二
审法院认为一审判决部分错误，判决撤销一审的"驳回原告其他诉讼请求"
判项后，在一审判决基础上另行加判或减判，或变更金额，并重新判决"驳
回原告其他诉讼请求"。上述两种情形在处理一审"驳回原告其他诉讼请求"
判项时均使用了"撤销"这个法律术语。例如河北省高级人民法院（2019）
冀民终 730 号上诉人江苏南通六建建设集团有限公司与被上诉人石家庄中信
恒基房地产开发有限公司建设工程施工合同纠纷一案的二审民事判决：①维
持石家庄市中级人民法院（2016）冀 01 民初 549 号民事判决第二项、第四
项；②撤销石家庄市中级人民法院（2016）冀 01 民初 549 号民事判决第一
项、第三项（即驳回原告江苏南通六建建设集团有限公司的其他本诉请求）；
③……；④驳回江苏南通六建建设集团有限公司的其他诉讼请求。

4. 变更模式

在改判其他判项的基础上，将一审"驳回原告其他诉讼请求"判项"变
更"判决为"驳回原告其他诉讼请求"。即在处理一审"驳回原告其他诉讼
请求"判项时用了"变更"这个法律术语，但"变更"前后的一二审法院的
判决主文文字并无变化。例如北京市高级人民法院（2017）京民终 701 号上
诉人夏某与被上诉人陈某等民间借贷纠纷一案的二审民事判决：①维持北京
市第三中级人民法院（2016）京 03 民初 61 号民事判决第一项、第二项、第
三项；②变更……；③变更北京市第三中级人民法院（2016）京 03 民初 61
号民事判决第五项（即驳回夏某的其他诉讼请求）。

5. 其他模式

二审既不维持也不改判、撤销或变更一审"驳回原告其他诉讼请求"判
项，在对一审判决除"驳回原告其他诉讼请求"判项外的其他判项进行处理
后，直接另行加判"驳回原告其他诉讼请求"。例如最高人民法院（2018）
最高法民终 206 号上诉人交通银行股份有限公司日照分行与被上诉人山东万
宝贸易有限公司等金融借款合同纠纷一案的二审民事判决：①维持山东省高

级人民法院（2017）鲁民初 27 号民事判决第一项、第二项、第四项、第五项、第六项、第七项；②改判山东省高级人民法院（2017）鲁民初 27 号民事判决第三项为……；③驳回交通银行股份有限公司日照分行其他诉讼请求。其中山东省高级人民法院（2017）鲁民初 27 号民事判决书第八个判项"驳回交通银行股份有限公司日照分行的其他诉讼请求"在二审判决主文中未有涉及。

从"中国裁判文书网"检索结果看，有两点特别值得注意：一是最高人民法院和各高级人民法院均有包含维持一审"驳回原告其他诉讼请求"判项内容的改判判决实例，且不是仅见、罕见或偶发；二是即使在同一高级人民法院审判辖区内，对一审"驳回原告其他诉讼请求"判项，多种二审改判模式并存。如天津市高级人民法院的（2019）津民终 118 号民事判决书的维持模式、（2019）津民终 238 号民事判决书的撤销模式和（2019）津民终 195 号民事判决书的其他模式。

（二）二审改判模式之间的差异

根据《中华人民共和国民事诉讼法》（以下简称《民事诉讼法》）法及其解释的相关规定，结合司法实务，二审法官对一审判决的处理一般限于维持、撤销、改判、变更、发回重审、准许撤回上诉和直接驳回原告起诉等方式。如果是部分改判，则二审法官的可选择项更少，多限于前四种方式。前述对含有"驳回原告其他诉讼请求"判项的一审判决的五种二审处理模式中，改判模式、撤销模式和变更模式均是以对一审"驳回原告其他诉讼请求"判项的否定为前提，这三种模式对一审该判项的态度并无本质的区别，只是法官基于自身对法律术语的理解，在具体行文时选择了"改判""撤销"或"变更"。与上述三种模式不同，维持模式的前提是支持一审该判项，只是对该判项的维持仅是停留在文字的表面意义层次上，实际上二审判决对该判项的态度仍是否定。在二审判决文字的表面意义与判决内容的实质意义存在差异这一角度，其他模式与维持模式存在相似之处。其他模式并不以判决内容的文字是否支持该判项为前提，从二审判决内容的整体分析角度，可以得出二审对原告的诉讼请求均已回应的结论，但在二审判决内容的具体文字中，找不到对一审"驳回原告其他诉讼请求"判项支持与否的明确意见，即二审直接忽略了一审"驳回原告其他诉讼请求"判项。二审法官选择不同的处理模式，其结果也将不同。究其原因，上述五种模式中，改判模式、撤销模式和变更模式对"驳回原告其他诉讼请求"判项的否定态度清晰明确，涉及的只是二审判决行文的取舍、规范和统一的问题，判决结果并没有明显的错误，而维持模式与其他模式，则不仅与判决行文的规范性有关，由于二审各判项之间附带的自相矛盾，更是涉及二审判决正确与否的根本问题。

二、二审对"驳回原告其他诉讼请求"判项改判模式的欠缺

（一）二审判决对诉讼请求不周延导致当事人权利范围模糊

从判决结果与诉讼请求的关系来看，判决结果对诉讼请求应当周延。简单化假设，原告诉讼请求所指向的权利总和在数学上的集合是 x，x 包括 a、b、c 三项诉讼请求，当一审判决"支持原告的 x 诉讼请求中的 a 部分请求，驳回原告其他诉讼请求"时，被驳回的那部分诉讼请求可以概括表达为（x-a）。从文字表面上看，虽然这种表达方式没有明确"其他诉讼请求"是什么，只表达"其他诉讼请求"不包含 a，但实际上，"其他诉讼请求"也可以表达为（b+c）。换个角度，虽然从判决书的行文顺序上，二审部分改判的，应先写明维持的原判判项及其内容，再写明撤销的原判判项，最后写明判决的内容，[1] 但如抛却顺序规范，"支持原告的 x 诉讼请求中的 a 部分请求，驳回原告其他诉讼请求"与"驳回原告 x 诉讼请求中的（b+c）诉讼请求，支持原告'其他'（即 a）诉讼请求"完全等义。无论如何表述，判决结果与诉讼请求两者的关系为（a+b+c）= x，两者是周延的。考察一个维持模式的典型案例，原告要求被告归还借款 15 万元，一审法院基于原告仅提供了 10 万元的借条作出判决："①被告归还原告借款 10 万元；②驳回原告其他诉讼请求"。由于出现了被告曾归还过 2 万元的新证据，二审法院改判："①维持一审法院判决的第二项即'驳回原告其他诉讼请求'；②撤销原判决第一项；③判决被告归还原告 8 万元"。二审判决第一个判项表明原告要求归还其中 5 万元的诉讼请求未得到支持，第三个判项表明被告需归还原告 8 万元。结合一二审法院判项的内容，生效的二审判决对原告的诉讼请求没有完全覆盖，有 2 万元的空白空间。上述一二审判决内容的变化过程清晰地展示了二审判决对诉讼请求的不周延。

从判决后的权利归属来看，当二审法院采用维持模式时，原告与被告的权利有一部分是重合的，至少有一项权利二审法院既通过对其他判项改判的方式明确列举式地判给了一方当事人，也通过维持一审"驳回原告其他诉讼请求"判项的隐藏方式概括性地判给了另一方当事人。如前例举，用数学集

---

〔1〕 应勇主编：《裁判文书制作指南》，人民法院出版社 2007 年版，第 109 页。

合的方式来表达，如果二审"撤销'支持 a'，改为'支持（a+b）'"，同时维持了一审"驳回原告其他诉讼请求"判项，即维持了"驳回（b+c）"，此时，诉讼请求 b 处于既被支持又被驳回的状态。与此同理，在某些判决中，比如二审支持的诉讼请求比一审少时，也会出现原告的部分诉讼请求既未被支持也未被驳回的空悬状态。

（二）对一审判项回应不完整导致二审裁判结果不规范

从二审监督功能看，二审判决结果对一审判项应当周延。尽管"一审法院与二审法院……两者身处一个重复的动态的博弈之中"，[1] 但二审对一审的监督和纠错的功能是明确的。有两种模式不符合二审判决结果与一审判项周延的要求：一是维持模式中，维持一审"驳回原告其他诉讼请求"判项之后，又另行加判其他判项，实际上是二审判决对一审不同判项的矛盾表态、继而对原告的某部分诉讼请求做出了两次不同的回应。二是其他模式中，一审的"驳回原告其他诉讼请求"判项既不在二审判决维持项下，也不在二审改判、撤销和变更项下，实际上二审法院没有对一审"驳回原告其他诉讼请求"判项做出明确的回应，即忽略了对一项一审判项的处理或表态。二审不对一审"驳回原告其他诉讼请求"判项表明立场，径行另行加判的模式显然存在不可回避的二审监督空白问题。上述两种模式，对一审判项一者遗漏，一者重叠。从逻辑角度看，二审通过"维持""改判""撤销"和"变更"等形式表达的判决结果，对一审判项未形成周延。

（三）"其他"等泛指用语的使用失范映射出裁判文书用语不精细

在使用"其他"一词时，必须参照一个特定的人或事来判断其指向的人或事，具体到"其他诉讼请求"也是如此，参照物的变化会带来"其他"含义的变化。法官在拟写裁判文书时，一些与"其他"类似的、含义无法准确界定的非法律术语词汇无法回避，对涉及具有数量意义和范围意义的词语，在二审赋予与一审不同定义的同时，相关内容应同步调整。比如在人身损害赔偿案件中，二审对一审"被告承担主要责任"的具体比例进行调整——例如从 80% 调整为 70%——但仍然是"主要"责任，判决理由中应说明调整的原因，并关注对其他判项的影响。又比如，一审判决："乙对甲所负之上述债务承担连带责任"，当二审对甲所负之债务金额予以变更时，乙承担连带责任

---

[1] 李杰：《博弈下的合作——民事二审发回重审与改判的实证研究》，载《法律适用》2013 年第 11 期。

的"上述"金额应该随之调整，但却对"乙对甲所负之上述债务承担连带责任"判项予以维持。正确的做法是对此类用语予以特别关注并在具体判项文字中予以体现。例如，最高人民法院（2018）最高法民终 206 号上诉人交通银行股份有限公司日照分行与被上诉人山东万宝贸易有限公司等金融借款合同纠纷一案二审民事判决："维持山东省高级人民法院（2017）鲁民初 27 号民事判决第一项、第二项、第四项、第五项、第六项、第七项（但第四项、第五项、第六项、第七项中表述的'对上述第一、二、三项债务'中的第三项债务数额应依据本判决主文第二项认定）。"二审通过括注但书的方式明确了对"上述"债务数额责任的调整。司法实践中，一方面，语义模糊的词语在裁判文书中广泛使用（见表 1）；另一方面，法官对此类词语的使用较为粗放，从前述案例对"其他诉讼请求"不同样态的处理可见一斑，导致裁判文书用语精细度和规范度方面的欠缺，在维持模式中这个问题更为突显。

表 1   相关泛指用语在民事判决书中的使用情况[1]

关键词	民事判决书数量（篇）	占民事判决书的比例
"判决结果"中含"其他"	7 869 220	29.27%
"判决结果"中含"其他诉讼请求"	6 908 972	25.69%
"判决结果"中含"上述"	4 465 959	16.61%
"判决理由"中含"主要责任"	675 741	2.51%

（四）处理模式选择的随意性影响类案类判

《民事诉讼法》第 170 条为二审对一审判决或判项的否定提供了三种选项：改判、撤销或者变更。在否定一审法院判决的大前提下，二审对"驳回原告其他诉讼请求"判项再予维持显然已不是正确的选项，法官后续需要面对的是，在不能采用维持模式时如何处理这个问题。对错误的一审"驳回原告其他诉讼请求"判项，正确的二审态度应该是撤销模式、改判模式还是变

----

[1]   2020 年 5 月 27 日在"中国裁判文书网"http：//wenshu. court. gov. cn/website/wenshu/1810
29CR4M5A62CH/index. html 上依次以"判决结果"含"其他""其他诉讼请求""上述"等关键词，
判决"理由"含"主要责任"关键词的民事判决书情况进行检索的结果。上述关键词在同一篇判决书
中可能存在交叉重合。裁判文书网上与检索同期的民事判决书的总数为 26 889 369 篇。

更模式，抑或是其他？从前文二审对"驳回原告其他诉讼请求"判项改判模式的实证列举分析可知，"撤销""改判"和"变更"判决等多种处理模式并存。尽管每个案件都有其特殊之处，但对"驳回原告其他诉讼请求"判项的处理已可脱离个案而被视为一个共性法律问题，对相似的法律问题以不同方式做出处理，裁判文书、裁判方式与裁判结果的不统一、不规范直接影响了司法裁判的权威性。

三、二审改判模式规范化建构的考量因素

（一）准确把握特定法律语境中"其他"的含义

第一，从语义分析上看，"其他"所指代范围的语义内容可以是确数，也可以是概数。[1] "其他"有两种语义：一种是某一无限集合事物中除某类以外的所有事物，此时"其他"是无法完全列举的兜底性表达，其外延是不明确的。如法律条文中的"其他"作为一种兜底条款，能够防止法律的不周延性，为法律提供弹性的解释空间。[2] 另一种是在一个有限集合内，对已明确列举事物之外的、能够完全列举出来但出于行文简洁的需要而无须列举的概括性表达，其外延是明确的。即"其他"短语具有全括性，语义上总是定指。[3] 具体到一个案件中，由于原告的诉讼请求总是有限且确定的，一审判决中被驳回的"其他诉讼请求"不是泛指而是内容已被特定化的诉讼请求。该部分——无论是一项还是多项——特定的诉讼请求只是以简略行文的方式用"其他"两字指代并折叠起来，当它延展开来的时候，其内容是明确而特定的，比如前文所述的诉讼请求（b+c）。

第二，"其他"这一泛指用语的含义可以通过上下文而被锁定。一二审法院对同一纠纷使用同一表达用语的含义是否相同，需要在该词句以外，从上下文之间找寻答案。如果二审法院直接沿用了一审的词句，如无特别说明，可以认定该词句在两个审判程序中的含义一致。二审撤销一审"驳回原告其他诉讼请求"判项后，重新作出"驳回原告其他诉讼请求"判项，尽管判项用词完全相同，但二审判决的"其他"两字在上下文的配合下已经有了与一

---

〔1〕 王洪梅：《"其他、另外、别的"之管见》，载《徐州师范大学学报（哲学社会科学版）》1997 年第 1 期，第 76 页。

〔2〕 于梅欣、王振华：《我国法律语言中"其他"一词的语篇语义分析》，载《当代修辞学》2017 年第 6 期，第 23 页。

〔3〕 金晶、石定栩：《句法、语义和语用的互动——从"另外""其他"与"other""another"的对比谈起》，载《外语教学与研究》2015 年第 2 期，第 207 页。

审判决不同的新的内涵，并无产生歧义的空间。究其原因，在特定的判决语境中，其外延通过上下文的文字表达已经被锁定。

第三，二审可通过明示的方式对一审"其他诉讼请求"重新定义。二审可以沿袭，也可以不沿袭一审判决书中用词的语义。二审如判决"维持一审'驳回原告其他诉讼请求'判项"，应同时接受并沿袭一审法院对"其他诉讼请求"的定义，不应以维持之名行变更之实，对"其他诉讼请求"做出二次定义。由于"其他诉讼请求"的含义在一审已经被界定，虽然使用了一种概括性兜底式的表述方式，但是在此时此处，它的含义是明确的，即"其他诉讼请求" = （x-a） = （b+c），如果二审不沿袭而重新定义"其他"的含义，则必须使用"撤销"等否定性用语以明示的方式表达，以免产生理解上的错误或困惑。

（二）体现二审监督和纠错的功能定位

从监督角度，我国二审实施的是事实审和法律审结合的审理机制，让案件再次得到不同审判组织的审核，能够增强公众对司法救济的信心，也能够为上一级法院审判监督提供制度上的机会。五种不同的改判模式都是二审监督的具体外化形式，只是改判路径选择的不同。改判、撤销和变更这三种模式的基础都是一审判项存在错误，维持模式则有所不同。从判决维持的对象看，维持判决维持的是判决主文，是判决结果，[1] 而非判决理由或其他。在一审判决书所限定的特定场景中，判决主文的文字、词汇和句子自有其内在含义，所以，维持模式下二审维持判项最终指向的是原告的某项具体权利，而不是某个没有内在含义的句子本身，透过一审判项达到当事人诉讼请求这个深度才能发挥二审的监督作用。在其他模式下，由于没有对一审"驳回原告其他诉讼请求"判项表达意见，二审监督功能未能得到充分的体现。

根据《最高人民法院关于适用〈中华人民共和国民事诉讼法〉的解释》第 323 条，二审围绕当事人的上诉请求进行审理。即使上诉人未就"驳回原告其他诉讼请求"判项提出上诉，二审仍可对此进行审理，这是将部分上诉请求拟制为附带上诉效果的纠错功能体现。从诉讼请求之间的关系上看，"其他诉讼请求"与另外判项中的诉讼请求之间的关系是一个整体中此消彼长、

---

〔1〕 沈德咏主编，最高人民法院修改后民事诉讼法贯彻实施工作领导小组编著：《最高人民法院民事诉讼法司法解释理解与适用》，人民法院出版社 2015 年版，第 881 页。"我们认为，维持原判应是对整个判决主文即判决结果的维持。"

随动而动的互补关系。由于一审判决中"其他诉讼请求"采用了权利隐藏式的特殊表达方式，无论上诉人有无就"驳回原告其他诉讼请求"判项提出明确的上诉请求——实际上，司法实践中笔者从未听说有上诉人单独或专门就"驳回原告其他诉讼请求"判项提出上诉请求——只要对一审判决的任何一部分做出改变，"驳回原告其他诉讼请求"判项的内容必然需要调整，以保证二审纠错功能的实现。

（三）确保二审对一审判项和诉讼请求的完整回应

一审判决是对原告诉讼请求的回应，而二审裁判是基于上诉人的上诉请求对一审判决的回应，但其最终指向仍然是当事人的诉讼请求。基于以下理由，笔者认为，二审不可以对一审判决的某个判项保持沉默，以确保对诉讼请求回应的完整性。

1. 判决对诉讼请求回应的必要性

从《民事诉讼法》第 200 条、《最高人民法院关于适用〈中华人民共和国民事诉讼法〉的解释》第 326 条和第 392 条等条文可知，在二审和再审程序中，发现原判决遗漏诉讼请求时的价值判断和处理原则都是一致的。[1] 如前所述，被驳回的"其他诉讼请求"与已被明确支持的诉讼请求是在一个有限集合内此消彼长的互补关系，只要一方当事人提出上诉，其上诉请求必然牵连到一审法院所驳回的"其他诉讼请求"，回避对"驳回原告其他诉讼请求"判项的回应是不现实的。无论是一审还是二审的生效裁判文书，如果原判决、裁定遗漏或超出诉讼请求既侵害了当事人的诉讼权利，也侵害了当事人的实体权利……应裁定进入再审，以实现审判监督程序的纠错功能。[2] 因此，无论是对整个案件（所有诉讼请求）的拒绝裁判还是对其中某一个或某几个具体诉讼请求的裁判遗漏，不论是对可分诉讼请求的裁判脱漏而导致的裁判内

---

〔1〕 沈德咏主编，最高人民法院修改后民事诉讼法贯彻实施工作领导小组编著：《最高人民法院民事诉讼法司法解释理解与适用》，人民法院出版社 2015 年版，第 1037 页。"如果当事人申请再审不服的是一审生效判决、裁定，则需审查裁判是否遗漏或超出了一审原告的诉讼请求。如果当事人申请再审不服的是二审生效判决、裁定，主张一审、二审裁判存在遗漏或超出诉讼请求问题的，则既需审查裁判是否遗漏或超出了一审原告的诉讼请求，也需审查裁判是否遗漏或超出了上诉人的上诉请求。"

〔2〕 最高人民法院民事诉讼法修改研究小组编著：《〈中华人民共和国民事诉讼法〉修改条文理解与适用》，人民法院出版社 2012 年版，第 452 页。

容的不完整，还是对不可分的诉讼请求的少判而导致的裁判内容的不正确，[1] 二审如未对一审的所有判项表达维持与否的意见，将会产生类似于裁判遗漏的效果，应该认定为错误。

2. 判决对诉讼请求回应的完整性和协调性

尽管，对诉讼请求表明态度在某些情况下既可以在裁判理由中，也可以在裁判主文中，[2] 但是对一审的判项，二审的意见要么是实体上的维持、改判、撤销或变更，要么是程序上整体地发回重审或驳回起诉，民事诉讼法既没有赋予二审法院对诉讼请求的沉默选项，也不允许对当事人的诉讼请求做出矛盾回应。我国现行立法在裁判遗漏救济程序上采取的是"以上诉后二审先行调解，调解不成发回重审以及直接申请再审为原则"的模式，[3] 具体到未对一审"驳回原告其他诉讼请求"判项表态这一情况，对当事人诉讼请求的回应就存在空白。考虑到与上诉人处分权高度关联的上诉请求与二审法院的审理范围之间界限模糊，更多的时候难以区分，同时，"第二审法院作出形成判决时，必须对第一审的诉讼标的（实体法上的权利或法律关系）进行审理"，[4] 即二审法院在当事人没有处分或放弃其权利时，必须对当事人的诉讼请求进行审理并做出回应。否则，由于一审判决并没有生效，意味着二审生效判决既没有对一审的判项完整发表意见，对原告的诉讼请求也没有完整回应（如其他模式），或者做出重复且矛盾的回应（如维持模式）。

四、对二审处理"驳回原告其他诉讼请求"判项的规范化建议

（一）以适用撤销模式为原则

"撤销"和"变更"是 2012 年修正的《民事诉讼法》（已被修改）新增的裁判方式，《民事诉讼法》第 170 条虽然设定了相同的"认定事实错误或者适用法律错误"的适用条件，但从将"改判、撤销与变更"归于同一位阶的

---

〔1〕 胡夏冰：《民事漏判及其救济》，载张卫平主编：《民事程序法研究》（第 6 辑），厦门大学出版社 2011 年版，第 162~163 页。"当案件中存在两项以上诉讼标的或诉讼请求，并且法院仅对其中部分事项进行了审理和裁判，而对其余事项没有作出裁判，才可能出现裁判脱漏现象。""如果法院将不能相互独立的、不可分割的裁判事项遗漏裁判，那么其结果就不是裁判的不完整，而是裁判内容的不正确。"

〔2〕 沈德咏主编，最高人民法院修改后民事诉讼法贯彻实施工作领导小组编著：《最高人民法院民事诉讼法司法解释理解与适用》，人民法院出版社 2015 年版，第 1039 页。

〔3〕 张靖波、郑磊：《民事裁判遗漏救济程序的重整与优化》，载《人民司法·应用》2014 年第 9 期，第 102 页。

〔4〕 李龙：《民事诉讼标的理论研究》，法律出版社 2003 年版，第 174 页。

立法例来看，三者应该各有其适用的范围。法律并没有明确规定"撤销"与"变更"这两种处理模式的适用范围和应用场景，在《民事诉讼法》和《最高人民法院关于适用〈中华人民共和国民事诉讼法〉的解释》中，"改判"一词既用于与"撤销与变更"同一位阶，[1] 有时也用于与"发回重审"同一位阶的更高位阶，[2] 实践中更多的是后者。[3]

从宏观的学理解释的层面来看，有人认为，"改判"的对象应当遵循经验与共识，界定为"在改变一审判决结果的前提下，对事实或法律错误的纠正"。"撤销"纠错对象相对明确，主要是针对裁判结果。当二审"以裁定方式对一审裁判结果予以撤销，重新作出裁判"时，即为撤销裁判。"变更"的纠错对象需与自身的功能定位相统一，并与改判撤销相衔接，填补改判、撤销纠错的遗漏，其主要对象应包括：①一审裁判结果正确时的事实错误或法律错误；②因情势变更而导致的一审不当裁判结果；③不宜补正或未能补正的一审主文瑕疵。[4] 也有人认为，《民事诉讼法》第 170 条增加"变更"这一裁判方式，主要是为了应对裁判理由有误而裁判结果正确的情形。[5] 最高人民法院认为"撤销或变更"主要是针对裁定提起的上诉，[6] 立法机关人员也持相似的观点。[7]

但从微观的司法应用层面来看，情况并非如此。审判实务中，撤销某个具体的判项后另行判决已经是二审法院一个重要的改判行文方式或传统，说

---

〔1〕 《民事诉讼法》第 170 条第 1 款第 2 项和《最高人民法院关于适用〈中华人民共和国民事诉讼法〉的解释》第 407 条。

〔2〕 《民事诉讼法》第 170 条第 1 款第 3 项和《最高人民法院关于适用〈中华人民共和国民事诉讼法〉的解释》第 411 条。

〔3〕 例如《广东省高级人民法院关于民事案件改判和发回重审若干问题的指导意见（试行）》、《北京市高级人民法院关于民商事上诉案件改判和发回重审若干问题的意见（试行）》、《深圳市中级人民法院关于统一民事案件改判和发回重审标准的若干意见》等。

〔4〕 李承运：《民事二审"变更"裁判方式的价值体认与实践构想》，载《法律适用》2015 年第 2 期，第 74 页。

〔5〕 陈杭平：《民事第二审审理范围及其例外》，载《国家检察官学院学报》2018 年第 4 期，第 169 页。

〔6〕 最高人民法院民事诉讼法修改研究小组编著：《〈中华人民共和国民事诉讼法〉修改条文理解与适用》，人民法院出版社 2012 年版，第 373 页。

〔7〕 全国人大常委会法制工作委员会民法室编著：《2012 民事诉讼法修改决定条文释解》，中国法制出版社 2012 年版，第 236 页。"对判决的上诉，认定事实或适用法律错误的，第二审人民法院以判决方式直接改判。对裁定的上诉，认定事实或适用法律错误的，第二审人民法院以裁定方式撤销或者是变更。"

是司法实务中的现状也不为过，而"变更"裁判的应用范围相对较窄。2012年《民事诉讼法》修正增加"变更判决"方式之前，在最高人民法院1992年印发的《法院诉讼文书样式（试行）》（已失效）中曾出现过"变更判决"的表述，仅限于金钱债务数额上的变动，[1]而最高人民法院2016年印发的《民事诉讼文书样式》对如何适用"变更"判决未作明确规定或说明。尽管司法实务中存在不同的操作，但"变更"方式多见于二审对一审某个判项中支付、赔偿或补偿的具体金钱债务数额、份额或比例进行的调整。

数据实证分析的结果也可以佐证这一点："撤销"方式的适用不止限于对裁定的上诉且应用较为广泛。在"中国裁判文书网"上以"判决结果"含"改判""撤销"或"变更"关键词的二审民事判决书情况进行检索，含"改判"的检索反馈结果为5555篇，含"撤销"的检索反馈结果为497 671篇，含"变更"的检索反馈结果为203 757篇。[2]尽管"中国裁判文书网"系统检索反馈的结果未必精准，但基本反映了在改变一审判决内容的二审判决书中适用"改判""撤销"和"变更"三种不同方式的大概状况：即"撤销"方式适用最广，"改判"方式适用最少。

考虑到撤销某项判项并重判的方式被司法实务界广泛接受，且并无引发歧义之处，而目前司法实践中变更判决一般与"金钱债务数量的调整"有关（实务中此类情况也大量适用"撤销"改判方式），撤销判决多与"权利性质方面的调整"有关，比如多个当事人中某一当事人是否应承担责任、是否承担连带责任、合同是否有效以及合同是否应当继续履行等。故当需要对一审"驳回原告其他诉讼请求"判项中一部分内容予以调整时，更多侧重的是当事人的权利属性的内容或范围，而非局限于金钱债务数额、份额或比例。笔者以为，此时以撤销并重判"驳回原告其他诉讼请求"的方式更为合适。

---

〔1〕 1992年6月20日《最高人民法院关于试行法院诉讼文书样式的通知》（已失效）中《法院诉讼文书样式（试行）》"样式53的说明"第2条第4项："如果原判在认定事实上和适用法律上均无错误，二审根据该案具体情况，只对原判某一项确定的具体数额有所变动的，可不采取先撤销再改判的写法，而直接写'变更×××人民法院（××××）×民初字第××号民事判决第×项的……为……'即可"。

〔2〕 2019年12月27日在"中国裁判文书网"http：//wenshu.court.gov.cn/website/wenshu/181029CR4M5A62CH/index.html上依次以"判决结果"含"改判""撤销"和"变更"关键词的二审民事判决书情况进行检索的结果。上述关键词在同一篇判决书中可能存在交叉重合。裁判文书网上与检索同期的二审民事判决书的总数为3 434 867篇。

（二）明确二审的具体处理规则

综上所述，基于二审判决结果对一审判项及当事人诉讼请求周延、一二审对同一词句定义一致性以及改判模式选择的分析，参考《民事诉讼文书样式》第二审程序"民事判决书"（部分改判用）的说明："二审对一审判决进行改判的，应当对一审判决中驳回其他诉讼请求的判项一并进行处理，如果驳回其他诉讼请求的内容和范围发生变化的，应撤销原判中驳回其他诉讼请求的判项，重新作出驳回其他诉讼请求的判项"，[1] 可以归纳出对一审包含"驳回原告其他诉讼请求"判项判决的简要改判规则：

（1）二审法院改判时必须对一审"驳回原告其他诉讼请求"判项予以明确回应，确保二审判决对一审判项的周延。

（2）二审法院不能作出包含"维持'驳回原告其他诉讼请求'判项"内容的改判判决，避免二审判决对当事人诉讼请求的不周延或判决结果的自相矛盾。

（3）对一审"驳回原告其他诉讼请求"判项予以否定时，应采用"撤销"的方式，以统一对该判项改判的行文方式。

（4）二审改判后仍未支持原告所有诉讼请求时，判决撤销一审"驳回原告其他诉讼请求"判项的同时，应另行判决"驳回原告其他诉讼请求"，以防产生裁判遗漏。

（三）设定二审不同改判情形的书写范式

具体而言，涉及一审"驳回原告其他诉讼请求"案件的改判，应区分不同类型，遵循以下规范：

（1）当二审法院认为除"驳回原告其他诉讼请求"判项外，其他判项均有错误时，应撤销整个判决，全案改判。具体范式为"一、撤销××××法院××（字号）民事判决；二、判决……"。

（2）当一审判决至少有一个判项正确，二审认为原告的诉讼请求可以得到完整支持时，应维持一审正确的判项，将应改判的判项与"驳回原告其他诉讼请求"一并撤销，然后改判。具体范式为"一、维持××××法院××（字号）民事判决第×项；二、撤销××××法院××（字号）民事判决第×项，即'驳回原告其他诉讼请求'……；三、判决……"。

（3）当一审判决至少有一个判项正确，但二审仍未完全支持原告诉讼请

---

〔1〕 沈德咏主编：《民事诉讼文书样式》，人民法院出版社 2016 年版，第 410 页。

求的，应撤销包括"驳回原告其他诉讼请求"判项在内的不当判项后改判，再重新作出"驳回原告其他诉讼请求"判项。具体范式为："一、维持××××法院××（字号）民事判决第×项；二、撤销××××法院××（字号）民事判决第×项，即'驳回原告其他诉讼请求'；三、判决……；四、驳回原告其他诉讼请求"。

结　语

判项，是人民法院对当事人之间诉争的权利义务关系做出的实体性处理结果，是对当事人诉讼请求最直接的回应。判项必须具体明确、表述规范、逻辑严密。二审改判，行使的是法律赋予的监督纠错功能，体现在裁判文书上，即为二审对一审判项的修正。本文以"驳回原告其他诉讼请求"判项的二审改判方式为切入口，细化改判标准及判项的表述语言，反思司法实务中存在的不足并提出建议，突出对判项规则的完善和治理。唯如此，裁判文书才能通过其特有的严谨和规范来展示法官职业的专业性，体现司法的严肃性和权威性，才能让民众最直观地感受到司法正义和法律精神，这在当下司法体制改革和法治中国建设的大背景下具有重要的意义。

理论法学研究

浅谈"封建"概念的制度本质

宋 鸽*

摘 要：长久以来，"封建"概念的内涵与外延之间始终存在着名实不符、指称不明的尴尬。这主要缘于早期学者刻意泛化"封建"的概念以求其能适应相关的西方理论体系。事实上，"封建"与"feudalism"是独立产生于中西方各自学术背景中的概念，直到早期学者将其相互对译为止，二者都未能有所关联。而在其各自存在的语境中，二者在语义上都与土地有关，并且均被用于指称国家制度。而东西方在采纳相应制度时，都面临着疆域超出统治能力的问题，而双方不约而同地选择采用封建制度解决此问题。因此，从制度层面上看，"封建"与"feudalism"的概念核心均指向一种保持领土凝聚力的国家组织形式。同时，从制度层面入手对概念进行解析，也将有助于解决长期困扰学者们的因法律移植而导致的概念、制度层面上的混乱问题。

关键词：封建 制度 概念 移植 比较

近代以来，随着一系列与西方国家战争的失败，清王朝的闭关锁国政策最终趋于弛坏。在此背景之下，知识

---

* 宋鸽，中国政法大学司法文明协同创新中心 2017 级博士研究生（100088）。

分子也纷纷得以"开眼看世界"。方是时，西方科学知识、社会理论大量涌入，并为近代学人争相追捧。受到救国图强思想的影响，有识之士对于西方政治理论给予了更多的关注，逐渐有意识地借鉴西方理论观察、认识、反思中国的社会问题。正是在此环境中，"封建"与其他重要概念一起被学者们发现，并被给予了高度的重视。而围绕这一概念的研究与讨论也越来越激烈。近百年间的学者们较之历史上的文人士大夫更加热衷于研究此问题。可惜的是，尽管相关研究成果层出不穷，但在意识形态、翻译讹误等因素的影响之下，不同学者围绕"封建"概念所进行的解释始终存有争议。

术语的厘定是学科形成与发展的重要前提。对于作为规范学学科的法学来说，术语可谓是一切研究的起始与灵魂。面对"封建"这一概念，法学界通常只是在必要时简单地借用其他专业的研究成果。这种"拿来主义"的处理方式很难满足法学领域的研究需要。

因此，法学学者有必要将法学的学科视角带入到有关"封建"的研究当中，并与其他学科的学者一起，共同完善相关的研究成果。在此过程中，有意识地将东西方的"封建"概念进行比较，并在比较过程中寻找存在于二者间的规范学意义上的通约，是值得每一个理论法学研究者为之付出的重要工作。

一、误译引发的学术困境

语言是人类交流、交往的重要工具。对于最初接受西方思想的东方学者来说，阅读、翻译西方理论著作是"开眼看世界"的重要方式。东西方文化在他们的译作中碰撞出了许多思想的火花。"封建"与"feudalism"之间的联系最早就出现在翻译领域，依照现今通行译法，与汉语"封建"相对应的英语词汇是"feudalism"[1]。回顾二者的对译过程，其中颇有值得今人深思之处。

---

[1] 与汉语词汇由偏旁部首构成不同，英语单词由词根词缀构成。在英语中，"feudal"与"feudalism"等单词在表示"封建"这一核心语义之外，彼此间仍存在着包括词性、专业背景等方面在内的诸多微小的语义差异。所以，在不同语境中需要使用不同的单词表达最为确切的"封建"含义。而在汉语中，"封建"一词可以良好的承担不同语境下的语义表达功能。也就是说，"封建"一词在不同语境中需要翻译为不同的英语单词。为了简化术语使用，也为了避免因概念对译的失准造成新的误解，在不影响理解的情况下，后文在翻译作为一般术语出现的"封建"一词时，统一译作"feudalism"，只在具有特殊含义的场合有针对性地译作其他单词。

（一）"feudalism" 在近代日本的翻译历程

在汉文化圈中，最早将"feudalism"译为"封建"的国家当属日本。而此译名在近代日本的确立过程也并非一蹴而就。

1. 译名的确立

日本学者最初将西方封建制度称为"藉土之制"，此译法或最早见于津田真一郎所译的《泰西国法论》。该书以译者在荷兰留学时所做的荷兰语笔记为底本，故当时的翻译应是以"藉土の制"对译荷兰语"feodaal"，其相应的英文为"feudalism"。不久之后，津田真一郎在不变换含义的前提之下将"藉土之制"修改为"籍土之制"。后者一经问世即获得认可，并为人所采用，进而还衍生出了"籍制""籍土之法"等术语。〔1〕

在同一时期，"feudalism"的另一译名"封建"也产生了。在铃木唯一所译的《英政如何》与加藤弘之所撰的《立宪政体略》中都有将"feudalism"译为"封建"的用例。在这一时期，"封建"与"籍土"处于短暂的混用阶段。直到黑田行元著《政体新论》，二者混用阶段归于结束，译名"封建"最终确立。〔2〕

2. 相似的封建制度

虽然相对过程比较曲折，但日本在对译"feudalism"时并未遇到太多的理论困境。这主要缘于日本与西方在政治制度方面具有高度的相似性。

从平安时代到镰仓幕府，日本陆续经历了天皇主政、摄关政治、院政政治、武人掌权几个阶段，最终在镰仓幕府时期正式进入封建时代。随后的室町幕府、江户幕府时代也都沿用了这种制度。在这几个世纪中，政府的实际首脑一直是征夷大将军。而在德川幕府时期，征夷大将军受封于天皇并统辖藩主，这种制度与周代的封建状态非常相似，以至于德川幕府及其学者常以"封建"指称其所行制度。〔3〕 然而，这种制度终究并不等同于周代"封土建国"的制度。所以，必须注意到，即使日本使用"封建"指称其施行的由世袭军事贵族分享权力的制度，也只是借用了汉字"封建"作为称谓，并未使

---

〔1〕 参见聂长顺、傅克：《近代日本"feudalism"译名的厘定》，载《武汉大学学报（人文科学版）》2011 年第 6 期，第 34~35 页。

〔2〕 参见聂长顺、傅克：《近代日本"feudalism"译名的厘定》，载《武汉大学学报（人文科学版）》2011 年第 6 期，第 36~38 页。

〔3〕 冯天瑜：《"封建"考论》（修订版），中国社会科学出版社 2010 年版，第 115 页。

用该词的周代原意。[1]

而在近代，随着西方与日本的不断接触，西方观察者与日本学者在比较本国与对方的政治制度时，都发现二者之间具有很多的"自在性类同"。[2] 作为使用"feudalism"表述日本社会制度的第一人，欧卢柯库在其著作《大君之都》中提出日本社会制度与欧洲"feudalism"具有高度的相似性。[3] 在此之后，也有日本学者敏锐地发现了二者的相似。福田德三在德国留学时即发现日本的历史与欧洲的历史在经济史层面上颇为相似，而在其著作《日本经济史》中就这种相似性进行了专门论述。

美国学者埃德温·奥·赖肖尔在其著作中将日本与西欧的社会制度进行了如下比较：[4]

12 世纪，日本的历史进程开始进一步背离东亚的发展模式，这就是封建制度的发展。在此后的 7 个世纪，日本封建制度的各个发展阶段与 9 世纪到 15 世纪期间的西欧封建社会的历史有许多惊人的相似之处。这些共同性不能归结为相互的影响，因为两者毫无往来。

承接近代百余年比较史学的端绪，日本封建制与西欧"feudalism"具有高度相似性的论断已成定论。学者们对此所进行的多方阐说无一不在证明着以"封建"对译"feudalism"是一项非常正确的选择。

简而言之，在历史上，日本使用"封建"所指称的社会制度与欧洲使用"feudalism"所指称的社会制度之间具有高度的相似性。"封建"与"feudalism"的对译完全发生在概念内涵相对应的基础之上。因此，不论是西方学者还是日本学者，在对译这两个概念时都没有遇到很大的困惑。应当说，这是一种基于相似的制度事实而获得的学术层面的便利。但是，并非每一个国家和时代都如此幸运地能够享有这种便利。

（二）"feudalism"在近代中国的翻译困境

在中国，"封建"与"feudalism"之间互译的现象至迟已在晚清出现。关于究竟是谁最先将二者互译这个问题，学界前辈多有考证。迄今为止，学界关于此问题主要有三种观点：第一种观点认为此译法是严复首创，持此观点

---

〔1〕 参见陈明远：《封建制、封建主义质疑》，载《社会科学论坛》2010 年第 17 期，第 87 页。

〔2〕 冯天瑜：《"封建"考论》（修订版），中国社会科学出版社 2010 年版，第 137 页。

〔3〕 参见冯天瑜：《"封建"考论》（修订版），中国社会科学出版社 2010 年版，第 141 页。

〔4〕 ［美］埃德温·奥·赖肖尔：《当代日本人——传统与变革》，陈文寿译，商务印书馆 1992 年版，第 42 页。

者有晁福林先生、李根蟠先生等学者。[1] 第二种观点认为此译法是对日本学者翻译方式的借鉴,周振鹤先生即持此观点。[2] 还有一种观点系由冯天瑜先生所主张,其认为最早将二者对译的当属"开眼看世界"的中国士大夫林则徐、魏源等。[3] 依照其观点,严复的译法既非首创、也非承袭,而是直接从英语对译而来、独立进行的创造。[4] 近年来,亦有学者提出了对上述观点的驳难,认为由丁韪良撰写、汪凤藻翻译的《中国古世公法论略》才是在名、实两层面将"封建"与"feudalism"进行对译的起始。[5] 从学术界对此问题的激烈探讨中可以看出,近代中国在接触西方文明之初即已经开始尝试使用"封建"对译"feudalism"。但是,相比于日英对译,中英对译的过程更加坎坷。

1. 严复的困惑

作为早期从事中英翻译的杰出学者,严复在翻译"feudalism"的过程中可谓用心良苦。为了企及"信、达、雅"的翻译标准,严译著作中的术语译法常常会经历从音译到意译的转变,而"feudalism"即是如此。在翻译《原富》时,严复通过音译的方式将"feudal"译为"拂特"。此译法在其翻译《群己权界论》时仍得沿用。而在翻译《社会通诠》时,严复第一次将"feudalism"译为"拂特封建制"与"封建制"两种译法,但在此书中,音译译

〔1〕 关于此观点,晁福林先生指出:"本世纪初(即 20 世纪初——引者注),严复于 1903 年翻译爱德华·詹克斯(即甄克思——引者注)《政治制度史》(1900, Edwad Jenks A History of Politics)(译名为"社会通诠")一书时正式采用'拂特封建'和'封建'之词来对译 Feudalism。"李根蟠先生认为:"最早把西欧'feudalism'译为'封建'的是日本学者,而最早运用'feudalism-封建'这一概念分析中国社会的则是严复。"此外,其还提出:"严复把西欧的'feudalism'与中国固有的'封建'对译,从此,'封建'被视为在世界各地都经历过的一种社会形态,而不仅仅我国古代的一种政治制度。"(参见晁福林:《论封建》,载《社会科学战线》2000 年第 2 期,第 149 页;李根蟠:《中国"封建"概念的演变和"封建地主制"理论的形成》,载《历史研究》2004 年第 3 期,第 150 页;李根蟠:《"封建"名实析义——评冯天瑜〈"封建"考论〉》,载《史学理论研究》2007 年第 2 期,第 25 页。)

〔2〕 对于此观点,周振鹤先生认为:"'历史'、'经济'和'封建'三词虽然都是中国所固有,但应用在今天,却完全是日本译语的意思,而非其本来的意义。"而"以'封建'译'feudal',当然也是从日本接受过来的。"(参见周振鹤:《十九、二十世纪之际中日欧语言接触研究——以"历史"、"经济"、"封建"译语的形成为说》,载《传统文化与现代化》1996 年第 6 期,第 48 页。)

〔3〕 参见冯天瑜:《"封建"考论》(修订版),中国社会科学出版社 2010 年版,第 169~170 页。

〔4〕 参见冯天瑜:《"封建"考论》(修订版),中国社会科学出版社 2010 年版,第 178 页。

〔5〕 参见聂长顺、王淑贞:《近代中国译名"封建"新探》,载《河北师范大学学报(哲学社会科学版)》2013 年第 2 期,第 63~64 页。

法"拂特"仍获沿用。从译名选取的过程来看，严复似乎对于应当如何翻译"feudalism"一词颇为疑惑，而其也将这种疑惑如实地记录了下来。

在为《社会通诠》所作的《译者序》中，严复虽以"封建"一词并称中西方的封建制度，但其仍然困惑于二者的巨大差异。通过考察，其发现欧洲封建制度"进之锐"，而中国封建制度则"延缘不去"。[1] 面对此问题，"思想正被纳入甄克思社会演进图式"[2] 的严复感到难以自圆其说，于是遂有以下记述：[3]

> 欧、亚之地虽异名，其实一洲而已，殊类异化并生其中，苟溯之邃古之初，又同种也，乃世变之迁流，在彼则始迟而终骤，在此则始骤而终迟，固知天演之事，以万期为须臾，然而二者相差之致，又不能为无因之果，而又不能不为吾群今日之利害，亦已明矣。此不佞移译是编，所为数番掷管太息，绕室疾走者也。

不论是否首创或独创，严复对于"feudalism"的译法可谓深思熟虑。其学贯中西的学术背景使其认识到了古文"封建"与英文"feudalism"所蕴含概念的不同，并为此而困扰不已。以至于其在选取译名时尚属迟疑。

2. 理雅各的谨慎

与严复相似，英国汉学家理雅各（James Legge）对于"feudalism"的使用也非常慎重。虽然并不排斥"feudalism"的使用，[4] 但其在翻译中国古典文献时十分谨慎，并未直接将"封建"与"feudalism"进行对译。具体来说，他将《诗经·商颂·殷武》中的"封建厥福"译为"and his happiness was made grandly secure"；[5] 又将《左传·僖公二十四年》中的"封建亲戚"与

---

〔1〕 ［英］甄克思：《社会通诠》，严复译，商务印书馆 1981 年版，第 IX 页。

〔2〕 参加侯建新：《"封建主义"——概念错位的原委及应对》，载《历史教学》2006 年第 1 期，第 6 页。

〔3〕 ［英］甄克思：《社会通诠》，严复译，商务印书馆 1981 年版，第 X 页。

〔4〕 尽管也如有些学者指出的，理雅各在著作中并未完全抛弃使用"feudalism"这一概念，但这些用例多出现在对经典文献进行说明的部分，而非翻译的部分。因此，只能将这些用例视作理雅各对于中国古代社会所进行的描述，而非其已将作为学术概念的"封建"与"feudalism"视为一物。［参见聂长顺、王淑贞：《近代中国译名"封建"新探》，载《河北师范大学学报（哲学社会科学版）》2013 年第 2 期，第 63 页。］

〔5〕 ［英］理雅各：《中国经典》（第 4 卷），华东师范大学出版社 2011 年版，第 645 页。

"故封建之"分别译为"to raise the relatives of the royal House to the rule of States"及"and advanced them to the rule of States"。[1] 很明显，此三处涉及"封建"的内容都未与"feudalism"对译。这表明在早期西方汉学家眼中，中国古代的"封建"与西欧历史上的"feudalism"并非是一组天然对应的概念。[2] 在分析过理雅各的翻译后，东北师范大学的日知（林志纯）先生甚至提出"封建"与"feudalism"之间的互译是一种误译。[3]

可见，近代学者在对译"封建"与"feudalism"时已经意识到了二者之间所存在的差异，并且对此苦恼不已。对于这一困扰，严复、理雅各等人都采取了谨慎、保守的态度。这种态度也最大程度上保证了学术概念内涵的严谨性。

（三）学术隐患的肇端

严复的困扰与理雅各的谨慎都表明，在内涵上，"封建"与"feudalism"之间存在着难以调和的差异。在面对这种差异时，二人都体现出了一丝不苟的学术精神。然而，后世学人对此问题的处理远不如前人审慎。

最早将"封建"概念推向含混的学人当属陈独秀。由于多次往返日本，其深受日本学术氛围的影响，并接受了日本"反封建"的命题。回国后，其更是将这种"反封建"的风潮移植到了中国学界。在其笔下，"封建"成了"前近代"的代名词，成了表达"落后"含义的恶谥，以至于形成了"封建=前近代=落后"的公式。[4] 在这一过程中，陈独秀有意识地泛化了"封建"的含义，以便使这一概念适应近代民主运动的"反封建"主旨。随着新文化运动的开展，陈独秀的"封建"说对后世产生了巨大的影响，以至于其所创造的"反封建短语"延及后世。从陈独秀泛化"封建"这一概念的动机来看，最为重要的因素在于此种泛化有利于契合其所倡导的政治运动的主旨。为了达到这一目的，这位新文化运动的倡导者不惜改造"封建"概念的内涵。

从另一个角度来说，陈独秀这种泛化"封建"概念的事实恰恰说明了"封建"与"feudalism"二者之间的差异。而在移植日本"反封建"风潮时，

---

〔1〕 ［英］理雅各：《中国经典》（第5卷），华东师范大学出版社2011年版，第192页。

〔2〕 参见侯建新：《"封建主义"——概念错位的原委及应对》，载《历史教学》2006年第1期，第5~6页。

〔3〕 参见日知：《"封建主义"问题（论FEUDALISM百年来的误译）》，载《世界历史》1991年第6期，第40页。

〔4〕 参见冯天瑜：《"封建"考论》（修订版），中国社会科学出版社2010年版，第192页以下。

陈独秀并没有实事求是地看待中国与日本历史状况中存在的差异。具体而言，就是中国社会并不具备那种导致欧洲与日本社会相似性的特征。这背后并非是严谨治学的过程，而是为社会运动铺以理论准备的过程。以此为滥觞，为了适应进一步革命运动的需要，陈独秀之后的论者进一步削足适履地泛化"封建"概念，以期使其满足特定的政治理论。而在日后"泛封建观"漫长的发展过程中，始终都能找到这种政治需求的影子。

不容否认，"封建"概念泛化与"泛封建观"都是特定学者妄将中国史学概念应用于政治理论中的产物。这直接导致在日后有关"封建"问题的讨论过程中，学术纷争的外衣之下始终裹挟着政治理论与意识形态的内容。直至今日，这一现象都未扭转。

简而言之，近现代以来一切有关"封建"用语的混乱与封建理论的分歧都源于"封建"与"feudalism"两个概念之间的衔接。在正常情况下，这种概念的衔接并不会造成学术领域的混乱。但是，由于"封建"概念经历了基于政治话语主导的泛化过程，故关于其内涵的梳理始终无法避免来自政治力量的压力，也无法抵御特定史观对研究的影响。这也成为导致该概念至今含混的肇端，为长久以来的学术研究埋下了隐患。

二、"封建"一词的土地义项

为了拨开笼罩在"封建"概念之上的层层迷雾，重新建立二者间比较的基础，有必要溯源式的考察其本来含义。

在《现代汉语词典》中，"封建"词条之下共有三种解释，分别为："一种政治制度""封建主义社会形态"和"带有封建社会的色彩"。[1] 除此以外，《现代汉语词典》中还收录了"封建主义""封建社会""封建制度"等以"封建"概念为核心的词汇。在日常生活中，"封建 X"这个"20 世纪大半个世纪的流行贬义词集群"[2] 仍然被人们有意无意地使用着。作为一个简单的双音节词，"封建"所表达的含义显然没有那么简单。对于今日的研究者来说，若想透过这些混杂的语义认识"封建"概念的本质，其难度不亚于大海捞针。幸运的是，这种混淆概念的现象只是从近现代才开始出现，只要能够探寻到"封建"一词的起源与本义，并且梳理其含义的变化过程，仍然有

〔1〕 中国社会科学院语言研究所词典编辑室编：《现代汉语词典》，商务印书馆 2012 年版，第 391 页。
〔2〕 冯天瑜：《"封建"考论》（修订版），中国社会科学出版社 2010 年版，第 210 页。

可能妥当地理解"封建"的本质。

在中国传统文化中,"封建"是一个具有悠久历史与明确内容的概念;同样,在西方世界,"feudalism"也是一个具有连贯语义及严格内涵的术语。早在东西方世界相融通以前,这两个词汇就已经在各自所处的环境中被世人创造与使用了。在惜字如金的古代,每一个文字、词语的背后都存在着与之相对应的事物与概念。所以,在"封建"与"feudalism"这两个独立产生的概念背后,自然应当存在着两个不同历史文化传统背景之下的"封建"概念。所以,有必要独立地分析中国的"封建"与西方的"feudalism"所分别表达的传统含义。

(一)汉语词汇"封建"的传统含义

近代以来的学术界早已模糊了"封建"这一概念的含义,大多数学者都是在"日用而不辨"的状态下使用这一术语。不过,在诞生之初,此术语原本具有十分明确的含义。而这种清晰的传统含义始终被古代文人所公认及使用,直到西学东渐的近代。

1. 与土地有关的"封建"本义

早在文字初创时期,"封""建"二字就已经出现,并且散见于甲骨文、金文之中。考古发现,"封"字已经存在于甲骨文之中。也就是说,最晚在殷商时期,"封"字已经广泛地被使用。《甲骨文字典》中收录了六例,其字形大抵写作"丰",该字属象形字,"象封土成堆,植木其上之形"。[1] 与此同时,"封"字也存在于金文当中。其字形除衍生出了"𡊏"的写法外,仍保留了类似于甲骨文的"丰"的写法。[2] 综观甲骨文与金文的字形,"封"字整体上所表达的是一片"种植有树木的土地"的形象。[3] 早期文献中对于"封"字的使用,也大多与土地有关。例如,在《周礼》中,即有"封人"这一职位,其职责为"掌设王之社壝,为畿封而树之。凡封国,设其社稷之

---

〔1〕 徐中舒主编:《甲骨文字典》,四川辞书出版社 2006 年版,第 689 页。

〔2〕 容庚编:《金文编》,中华书局 1985 年版,第 690 页。

〔3〕 冯天瑜先生认为,"封"字底部的"𠬞"象征"两只合围拢土的手"的形状。但据《甲骨文字典》的解释,此形"象土形"。此外,甲骨文中本即有"凵"字,为"坎陷"之义。而"坎陷"原本与土有关。故冯天瑜先生此说失准。[参见冯天瑜:《"封建"考论》(修订版),中国社会科学出版社 2010 年版,第 8~9 页;徐中舒主编:《甲骨文字典》,四川辞书出版社 2006 年版,第 549 页、第 689 页。]

壝，封其四疆。造都邑之封域者亦如之。"[1] 这是与土地的管理有关的工作。而这一职位本身又规定在"地官"一章当中，足见"封"字所表达的含义与土地密切相关。

现存最早的"建"字始见于金文当中，[2] 其字形写作"𝄞"[3]。对于该字的解释，许慎释为"立朝律也"。段玉裁作注时认为此说即为古义，并进一步指出"凡树立皆为建"，但同时其也提出许慎之说"今未考出"。[4] 今日学者谈及"建"字本义时亦多直接引用历代笺注者的观点而乏于严谨考证。[5] 可见，虽然历代文人皆认可"建"字为"立"的含义，但这一观点的依据始终不为知晓。造成这种现象的原因或许是由于"建"字的字形在流传抄写过程中讹误较多，以至于难以非常确切地断定其本义。但若要更进一步地探索"建"字的本义，则必须回归到字形结构层面进行分析。

"建"字的金文字形可以析分为三个部分，分别为"ᒣ""ᚶ"和"ᒣ"。在古文字中，"ᒣ"为"又"字，象征"手"；[6]"ᚶ"为"巾"字，象証"编

---

〔1〕　李学勤主编：《十三经注疏·周礼注疏（上、下）》，北京大学出版社 1999 年版，第 311 ~ 312 页。

〔2〕　裘锡圭先生在《释"建"》一文中认为，甲骨文中即已经出现了"建"字。其例收于《甲骨文合集》之中，字形为"ᚶ"。冯天瑜先生在《"封建"考论》第 2 版及修订版中均收录此观点。但据《甲骨文合集释文》，该字释为"陷"。另，2006 年 9 月出版的由徐中舒主编的《甲骨文字典》第 2 版中亦未收录"建"字。可见，对于该字能否径直释为"建"字，学界尚有争议。故此处采取保守之说，认为"建"字始见于金文。[参见裘锡圭：《释"建"》，载《古文字论集》，中华书局 1992 年版，第 353 页；冯天瑜：《"封建"考论》（第 2 版），武汉大学出版社 2007 年版，第 14 ~ 15 页；冯天瑜：《"封建"考论》（修订版），中国社会科学出版社 2010 年版，第 11 ~ 12 页；郭沫若主编，胡厚宣总编辑：《甲骨文合集》（第 12 卷），中华书局 1982 年版，第 4592 页；胡厚宣主编：《甲骨文合集释文》，中国社会科学出版社 1999 年版，第 1829 页。]

〔3〕　"建"字在《金文编》中另有一字形"ᒣ"。裘锡圭先生在《释"建"》一文中认为此字本非"建"字。另据笔者考证，此字或为"律"字。相关考证过程与本文相距甚远，故此处不赘述。（参见容庚编：《金文编》，中华书局 1985 年版，第 790 页；裘锡圭：《释"建"》，载《古文字论集》，中华书局 1992 年版，第 353 页。）

〔4〕　（汉）许慎撰、（清）段玉裁注：《说文解字注》，上海古籍出版社 1981 年版，第 77 页。

〔5〕　如冯天瑜先生即认为"'建'字是动词，其本义为'立'，有'设立'、'设置'之意。"[参见冯天瑜：《"封建"考论》（修订版），中国社会科学出版社 2010 年版，第 12 页。]

〔6〕　容庚编：《金文编》，中华书局 1985 年版，第 139 页。

织品";〔1〕 "㐷"为"舟"字"㐷"的省讹。〔2〕 综观"建"字的整体字形，则应属会意字，意为"手执巾乘于舟上"。舟行于江河之中，而江河水流又常常被视为天然的疆域边界。因此，"建"字的本义中应当包括"巡察疆土"的含义。可见，"建"字本身也应当与"土地"有关。

由于"封""建"二字的本义均与"土地"的含义有关，则二字连用所构成的"封建"一词的含义自然也应与土地有关。

"封建"一词始见于《诗·商颂·殷武》，其文如下：〔3〕

> 天命多辟，设都于禹之绩。岁事来辟，勿予祸适，稼穑匪解。天命降监，下民有严。不僭不滥，不敢怠遑。命于下国，封建厥福。

东汉经学家郑玄将其中的"封建"一词注为"大立"。〔4〕 虽然古人注经时或有所本，但此说仍不失为东汉人依其自身理解而附会的解释，与该词本义已相去甚远。基于民歌采撷加工而成的《诗经》在创作上遵循"六义"的规则，而"赋"即是其中一种平铺叙事的手段。〔5〕 作为"诗之所用"，〔6〕 "赋"这一创作手法很明显地贯穿于《殷武》全诗当中。通观全诗，上述引文乃全文的第三章与第四章，其内容即是在叙述"告晓荆楚"之辞。〔7〕 其核心内容在于劝诫荆楚服膺天命、勤勉耕作、谨于政事，并且指出如此行事的"下国"可以获得"福"。在此出现的"封建"一词，也可视为一种福的来

---

〔1〕 容庚编：《金文编》，中华书局 1985 年版，第 435 页。

〔2〕 容庚编：《金文编》，中华书局 1985 年版，第 481 页。

〔3〕 李学勤主编：《十三经注疏·毛诗正义（上、中、下）》，北京大学出版社 1999 年版，第 1463~1465 页。

〔4〕 李学勤主编：《十三经注疏·毛诗正义（上、中、下）》，北京大学出版社 1999 年版，第 1465 页。

〔5〕 《毛诗序》中说："故诗有六义焉：一曰风，二曰赋，三曰比，四曰兴，五曰雅，六曰颂。"其中，"赋"为"铺陈今之政教善恶"。［参见李学勤主编：《十三经注疏·毛诗正义（上、中、下）》，北京大学出版社 1999 年版，第 11 页。］

〔6〕 孔颖达认为："赋、比、兴为诗之所用。"［参见李学勤主编：《十三经注疏·毛诗正义（上、中、下）》，北京大学出版社 1999 年版，第 13 页。］

〔7〕 孔颖达认为："经六章，首章言伐楚之功，二章言责楚之义，三章、四章、五章述其告晓荆楚，卒章言其修治寝庙。"［参见李学勤主编：《十三经注疏·毛诗正义（上、中、下）》，北京大学出版社 1999 年版，第 1461 页。］

源。早在商代，农业即已经是古人生存的依靠。[1] 古人的生存质量离不开农业活动，而稼穑等农业活动都离不开土地，这形成了土地和古人所期待的福祉之间天然的联系。所以，"封建"作为一个与福祉有关的事物，其含义与土地有关也就成了理所当然之义。

由于表示"土地"之义的名词数量很多，所以古人在使用"封建"一词时，更多的并不是使用其本义，而是使用围绕这一核心语义产生的引申义。

2. 与国家制度有关的"封建"引申义

分用的"封""建"二字，在大多数的经典文献中用为动词。围绕着"土地"这一核心语义，其自然地演变出了"确定、划分土地"的含义。

《周礼·地官》在论及大司徒的职责时，集中使用了"封""建"二字：[2]

> 大司徒之职，掌建邦之土地之图与其人民之数，以佐王安扰邦国。以天下土地之图，周知九州之地域广轮之数，辨其山林、川泽、丘陵、坟衍、原隰之名物；而辨其邦国都鄙之数，制其畿疆而沟封之，设其社稷之壝而树之田主，各以其野之所宜木，遂以名其社与其野。

上述引文对大司徒的职责进行了详细的叙述，简单概括来说，就是要确定国土的范围。其中"封""建"二字的含义均与"划分、确定土地范围"有关。

而合用的"封建"一词，则在"划分、确定土地范围"含义的基础上，更进一步地引申出了"授予土地，建立邦国"的含义。《左传·僖公二十四年》中即使用了这一含义，其文一处为："昔周公吊二叔之不咸，故封建亲戚，以蕃屏周。"[3] 另一处为："周之有懿德也，犹曰莫如兄弟，故封建

---

〔1〕 钱穆先生提出："甲骨文中提及'黍'字最多，商代占卜守城好坏，甲骨文中多有'求黍'及'求黍年'等字句。……因黍比较粗生粗养，容易钟，为商代人之农业主要作物。"可见，商代人不仅已开始有目的地进行农业生产，更将其视为重要的生活来源。（参见钱穆讲述，叶龙记录整理：《中国经济史》，北京联合出版公司 2014 年版，第 6 页。）

〔2〕 李学勤主编：《十三经注疏·周礼注疏（上、下）》，北京大学出版社 1999 年版，第 241～242 页。

〔3〕 李学勤主编：《十三经注疏·春秋左传正义（上、中、下）》，北京大学出版社 1999 年版，第 418 页。

之。"〔1〕可见，最迟至《左传》成书时期，史官已在 "封邦建国" 的含义上使用 "封建" 一词。"封建" 词义的演变过程客观上说明，封邦建国的方式在当时人的眼中已经不再是新鲜事。在词语背后已经有了明确的指代对象，即作为一种国家制度的行为方式。

因此，汉语中的 "封建" 是一个在本义上与 "土地" 之义有关的词语，而其被后人广泛使用的语义则是 "以土地封人使之建国"〔2〕之义。在近代以前，这构成了 "封建" 概念的传统含义。

（二）英语单词 "feudalism" 的含义

对于单词 "feudalism" 来说，其 "存在本身就表明，人们已经本能地承认了这个词语所表示的这个阶段独特性质。"〔3〕尽管马克·布洛赫只是 "借助这个不很合适的旧名称，开展对那段历史的研究"，〔4〕但仍不能否定，在西方学术界使用 "feudalism" 称呼 "封建主义" 这个阶段的特征已经被学者们普遍接受。〔5〕虽然从严格意义上讲，"语源学上的正确性不是一个历史概念最终的检验者"，〔6〕但若要探寻关于 "封建主义" 的概念史，则无论如何不能回避对于 "feudalism" 词源的考察。

1. 与土地有关的 "feudalism"

通过考证，学者们普遍认同 "feudalism" 一词系由通俗拉丁文 "feudum" 演化而来的观点。在拉丁语中，"feudum" 起初拼写为 feo 和 feu，后来多以 fevum 或 feodum 等形式出现，通常可以译为 "封地"。该词的使用最早可追溯到公元 8 世纪晚期的圣加利（St. Gall）特许状中，为 "年地租" 之义；后频繁地出现在卢卡主教特许状和勃艮第南部等地的文献中，表达土地、礼物、

---

〔1〕 李学勤主编：《十三经注疏·春秋左传正义（上、中、下）》，北京大学出版社 1999 年版，第 421~422 页。

〔2〕 杨伯峻、徐提编：《春秋左传词典》，中华书局 1985 年 11 月版，第 457 页。

〔3〕 ［法］马克·布洛赫：《封建社会》，张绪山译，商务印书馆 2012 年版，第 33 页。

〔4〕 倪世光：《 "封建制度" 概念在西方的生成与演变》，载《世界历史》2014 年第 5 期，第 86 页。

〔5〕 冯天瑜先生指出："直至近代初期，西欧诸国逐渐以由拉丁文 feodum（封地，或译采邑）演化而来的 feudalism 一词指称中世纪社会。" 而 "以 feudalism 指称西欧中世纪制度，二十世纪以来大体成为通用的说法。"［参见冯天瑜：《 "封建" 考论》（修订版），中国社会科学出版社 2010 年版，第 98 页、第 103 页。］

〔6〕 ［法］马克·布洛赫：《封建社会》，张绪山译，商务印书馆 2012 年版，第 25 页。

赏金、报酬等含义。[1] 在这些含义当中，与"土地"有关的含义最为传统，也是对于该词含义的通常理解。上溯到 17 世纪，可以发现该词具有明确的"与采邑相关"的含义。直至今日，词根"feu"仍表示与"土地"有关的含义。因此，"feudalism"的基本含义也应当与"土地"有关。

在 12 世纪以前，"feudum"并不仅仅指"以服兵役为条件从领主处获得的一份土地"，而是包含着十分宽泛的内容，其所指的对象也较为复杂。一般来说，其内容包括三大类：其一，"凡能够带来收益的财产"；其二，"指以服役为条件每年获得固定的货币收入"；其三，"某些权力或一份职务"。所以，"feudum"的含义并不单一，"其所指代的对象除了土地外还有其他各种类型的实物财产"。这说明，在词语演化过程中，"feudum"已经获得了非常丰富的含义。从本质上说，所谓采邑就是"一种经济利益来源形式，也可谓是作为效力回报的酬饷"。[2] 而土地则是这些酬饷中的一种重要形式。

2. 引申为财产制度的"feudalism"

"土地"也是一种财产。当这些包括"土地"在内的财产被统称为"feudum"的时候，它们在事实上都被划归到了"采邑"的范畴之内。而土地也成为一种最重要的"采邑"形式。而"采邑"本身并不是一种纯粹静态、独立的财产概念，在其之上还有相伴而生的人际关系。在词语的演变过程中，"feudalism"笼统地承袭了"feudum"的诸多含义。在狭义层面上，"feudalism"以"采邑"为核心语义，与"土地"有关的含义也更加贴近其本义；而在广义层面上，"feudalism"则将视野扩展到了财产之外，涵盖了以此为基础的各种社会关系与国家关系。而后者也进而引申出了更为广泛的含义。

相较于狭义层面，"feudalism"在广义层面上走得更远，以至于人们在提及它时大多已经忽略了其原本的含义。但是，在研究中时刻对其与"土地"含义有关的"采邑"含义保持关注，会有利于作出更加客观的分析。

简而言之，在词语含义层面，"封建"与"feudalism"之间存在着一种若即若离的关系。二者在"土地"这一含义的范围内基本一致，且各自引申出一套不同的语义体系。但是，万变不离其宗，不论是"封土建国"还是"采

---

[1] 参见冯天瑜：《"封建"考论》（修订版），中国社会科学出版社 2010 年版，第 102 页；倪世光：《"封建制度"概念在西方的生成与演变》，载《世界历史》2014 年第 5 期，第 77 页。

[2] 参见倪世光：《"封建制度"概念在西方的生成与演变》，载《世界历史》2014 年第 5 期，第 79 页。

邑","封建"与"feudalism"都与土地有着不解之缘。

三、解决领土问题的手段

概念之间的比较往往涉及其所指称的具体内涵。如前文所述,从封建概念最初所使用的语境来看,"封建"用于天子封臣列土,"feudalism"用于有关土地的法律术语。所以,不论是在东方还是在西方,"封建"都是被用于社会整体管理领域的概念。而结合"土地"这一核心内容,这种比较本质上就是在对比观察东西方对于"土地"问题的解决方式。进一步说,这个比较的过程实质上就是比较东西方解决领土问题的过程。

凯尔森曾说:"国家,既经被人设想是一个实际的社会统一体,似乎也就意味着一个地理上的统一体:一个国家——一片领土。"[1] 在其国家理论中,土地是构成国家的基本要素之一,"人们推定国家占有某一限定的领土是国家的实质"。[2] 人是社会动物,所以人们通常需要组成一个组织来过群居的生活。在漫长的人类发展过程中,尤其是人类社会进入到地缘联合体阶段之后,国家长期地扮演着这种群居的组织。[3] 但在国家形成以前,人们的聚居单位主要是部落。而不同的部落也各自管理着属于自己的领地。任何一个组织都有扩大生存空间的需求,而这种扩张通常会导致不同部落、国家之间的冲突。当冲突平息,胜利者将可以获得失败者所掌握的包括土地在内的一切财富。但不论胜利者多么强大,其都不能将无法移动的土地带回自己的领地。所以,胜利者需要一种能够管理其新获得的土地的手段,从而扩张自己的国家。中西方的征服者在战争结束后都面临这一问题,而他们所选择的做法颇为相似。

(一)领土扩大后的选择

"封建"并非周人所创,但却为周人所广泛使用,这其实是周人面对当时社会状况所做出的选择。

---

〔1〕 〔奥〕凯尔森:《法与国家的一般理论》,沈宗灵译,中国大百科全书出版社1996年版,第233页。

〔2〕 〔奥〕凯尔森:《法与国家的一般理论》,沈宗灵译,中国大百科全书出版社1996年版,第233页。

〔3〕 关于此问题,摩尔根曾论述说:"按时间顺序说,先出现的第一种方式以人身,以纯人身关系为基础,我们可以名之为社会。这种组织的基本单位是氏族……第二种方式以地域和财产为基础,我们可以名之为国家。这种组织的基础或基本单位是用界碑划定范围的乡或区及其所辖之财产,政治社会即由此而产生。"(参见〔美〕路易斯·亨利·摩尔根:《古代社会》,杨东莼等译,商务印书馆1971年版,第6页。)

1. 周人入主天下时的社会情况

中华文明在上古时代的主线是沿着东西方向展开的。所有曾于上古时代统治中原地区的王国都起源于或东方或西方的部落系统之中。[1] 最早的东西对峙发生在夷夏之间。方是时，处于西方的诸夏与位于东方的九夷交互取胜。[2] 在此之后，发源于东方的商代继夏代而起，建立了自己的王国。然而，周人"仍循夏人形势，东侵征服殷人"，[3] 尚鬼之殷商终被尚文之周人所灭。参详传说、史籍与考古证据，上古时代之历史梗概基本如此。随着三代更迭，王国之规模日益扩大。武王伐纣后，"把黄河东、西两部更紧密的绾合起来，造成中国古史上更灿烂、更伟大的王朝"。[4]

俗话说，"大有大的难处"。三代皆兴起于氏族部落，部落的扩张则引发争斗，而势力扩张的行为实质上就是入侵原本属于对手的土地。在三代嬗递这一过程中，虽然后起者在经济水平与军事力量上占有优势，却也并非每次均可彻底地征服、剿灭前代残部。这就意味着，统治者占有一片新土地时，必须一并接受该土地之上"非我族类"的原住民。毫无疑问，如何管理这片土地就成了一道摆在统治者面前迫待解决的难题。由于"商人所建之帝国，盛时武力甚大，败后死而难僵"，[5] 故商周交替之际，周人"并不能将殷人势力彻底铲除"。[6] 基于此，武王必须采取一种妥当的办法来维持新生王国的安定。

2. 寻求国家安定的政治选择

"周人乃一种极长于实际政治上争强之民族"，针对上述问题很快便拿出了解决方案。这个方案就是施行封建制度。而这一制度，正是源于周代以前

---

〔1〕 傅斯年先生在《夷夏东西说》一文中指出："在三代时及三代以前，政治的演进，由部落到帝国，是以河，济，淮流域为地盘的。在这片大地中，地理的形势只有东西之分，并无南北只限。历史凭借地理而生，这两千年的对峙，是东西而不是南北。现在以考察古地理为研究古史的一个道路，似足以证明三代及近于三代之前期，大体上有东西不同的两个系统。这两个系统，因对峙而生争斗，因争斗而起混合，因混合而文化进展。夷与商属于东系，夏与周属于西系。"关于东西之分，钱穆先生亦有论述："虞、夏出颛顼，殷商出帝喾，本属东、西两系统。"（参见傅斯年：《民族与中国古代史》，河北教育出版社 2002 年版，第 3~4 页；钱穆：《国史大纲》，商务印书馆 1994 年版，第 25 页。）

〔2〕 在此时期，"东西互胜，夷曾一度灭夏后氏，夏亦数度克夷，但夏终未尽定夷地"。（参见傅斯年：《民族与中国古代史》，河北教育出版社 2002 年版，第 57 页。）

〔3〕 钱穆：《国史大纲》，商务印书馆 1994 年版，第 29 页。

〔4〕 钱穆：《国史大纲》，商务印书馆 1994 年版，第 37 页。

〔5〕 傅斯年：《民族与中国古代史》，河北教育出版社 2002 年版，第 23 页。

〔6〕 钱穆：《国史大纲》，商务印书馆 1994 年版，第 39 页。

统治者的实践经验。

三代之时，天下共主的传统由来已久，[1] 而争当天下共主是所有强大民族的共同追求。对于周武王来说，其面临的是一个农业国，只要能够坐稳天下共主的位置，则四方就足以安定。在周代以前，谋求天下共主的方法可粗略划为两种思路，一为排斥之法、一为吸纳之术。前者多用于虞夏之时，如舜放"四凶"[2] "启益争统"[3] 皆是通过排斥其他对手的方式，达到独尊的目的。后者则多见于商代，如在周人灭殷前，殷、周之间"已显如后代中央共主与四方侯国之关系"。[4] 相比之下，吸纳的方法更为温和，省去了征伐之祸。

对于周初的统治者来说，在领土扩张之后，其自身实力的不足导致其无法完全将殷商旧部排除出去。因此，其只能选择怀柔之术吸纳曾经的对手。在形势逼迫之下，西周进行了第一次封建。[5] 在此次分封中，商代遗民被封于殷，周人又另设"三监"以便就近监督。实际上，周人封武庚之地，即是殷人之故土。在此制度之下，除了必须臣服于周人之外，殷人在其领地内仍然享有自治的便利。此后"三监"叛乱，周公于平叛后重行分封，即为西周第二次封建。此时周人仍然不能完全宰制殷代遗民，故封其贤者于宋；又另建东都置殷顽民，[6] 以此来维护其统治。在殷人之外，还有许多在西周之前即已存在的城邦之国。"西周亦无法将之除灭，便任其和平共存；这些小城邦

---

〔1〕 钱穆先生指出："自禹、启以来，中国古史上已有中央共主传世相承千年之久，虽王朝有夏、商之别，政治演进，则仍是一脉相沿。"（参见钱穆：《国史大纲》，商务印书馆1994年版，第35页。）

〔2〕 事见《尚书·舜典》，其文曰："流共工于幽洲，放驩兜于崇山，窜三苗于三危，殛鲧于羽山，四罪而天下咸服。""四凶"皆为不服舜之统治者。舜为维系部落联盟，将"四凶"或杀或流，最终保证了自己部落联盟首领的地位。（参见李学勤主编：《十三经注疏·尚书正义》，北京大学出版社1999年版，第65~66页。）

〔3〕 事见《孟子·万章上》："禹荐益于天，七年，禹崩。三年之丧毕，益避禹之子于箕山之阴，朝觐讼狱者不之益而之启，曰：'吾君之子也。'讴歌者不讴歌益而讴歌启，曰：'吾君之子也。'"依孟子所述，启、益二人乃为相让之色，然而抛开伦理化的背景，则可见启、益相争之状。不论实情如何，益被启排除出统治核心，应为不争之事实。（参见李学勤主编：《十三经注疏·孟子注疏》，北京大学出版社1999年版，第258页。）

〔4〕 钱穆：《国史大纲》，商务印书馆1994年版，第32页。

〔5〕 亦有学者认为，"周文王开始重视在王畿内用分封制扩展周人占有土地和扩张势力"，故西周的第一次封建应在周文王时期。然而，文王时周人尚未战胜殷商，西周亦未建立，故将此视为西周第一次封建思维并不妥当。钱穆先生在《国史大纲》亦未将此视为首次封建。（参见杨宽：《西周史》，上海人民出版社2003年版，第374页。）

〔6〕 参见钱穆：《国史大纲》，商务印书馆1994年版，第41~42页。

无法与西周匹敌，便承认西周为共主，遂以天子之礼侍奉之。"[1] 可见，封建制度亦能妥当地维系周天子对这些城郭之国统治。[2]

由此可以看出，周人分封之目的正如《左传》中所载，系"封建亲戚，以蕃屏周"。为了更好地发挥其效果，周公还通过"制礼"活动创制出了一套与此制度相配合的思想体系，进而在立法层面上将封建制度固定了下来。

从效果上讲，西周的封建制度确实成功地维系了一个幅员空前辽阔的王国的安宁。同时，这一制度也使西周的国土得以持续地扩张。西周时代的封建制度，也可以被视为"一种耕稼民族的武装开拓与垦殖"制度。[3] 除了防范内部的不臣者之外，封建制度还为防范游牧人的入侵提供了良好的抵御能力。根据其制度设计，每一片土地上都存在一个奉周天子为共主的实际统治者。对于西周统治者来说，这个本属无奈之举的办法反而成了一个低成本的国家管理与扩张手段。

因此，封建制度维系了天下共主的传统，并在缺少其他国家组织办法的上古时代扮演着至关重要的角色。

（二）制度融合中的妥协

与上古时代的中国相似，欧洲的封建制度亦诞生于不同民族彼此侵略的过程之中。这一过程就是蛮族的入侵，发生在罗马人与日耳曼人之间。

1. 充满战争与混乱的欧洲

战争将罗马人与日耳曼人聚集在了边境地区，也将二者各自的制度置于同一空间内，导致其彼此紧密地结合在了一起。与罗马人致力农耕不同，日耳曼人更擅长畜牧。后者的农业一直处于较为落后的状态，社会组织也处于

---

[1] 钱穆讲述，叶龙记录整理：《中国经济史》，北京联合出版公司 2014 年版，第 13 页。

[2] 除殷遗民外，武王还对其他先王之后进行了分封。杨宽先生认为："武王这样分封先代之后为诸侯，称为'三恪'，用来表示对先代君王的尊敬，用来团结有势力的异姓贵族，从而巩固周朝的统治基础。"而分封有功劳的异姓贵族，也是为了"使他们能够进一步为巩固周朝的统治而出力"，从而达到维护周朝统治的目的。（参见杨宽：《西周史》，上海人民出版社 2003 年版，第 122 页。）

[3] 钱穆讲述，叶龙记录整理：《中国经济史》，北京联合出版公司 2014 年版，第 13 页。

较为原始的状态。[1] 当日耳曼人闯入罗马帝国西部时，"他们都还不知道持久的领土国家为何物"，也"很少有人拥有清楚或稳定化的财产体制"。面对与自己"水平"差距过大的文明，"日耳曼人各部落本身不能以一种新的或有凝聚力的政治统一体来取代它"。因此，"必须有人为的一系列联结方式将它们联合起来"。[2] 好在，问题并不是无法解决。从民族大迁徙时代开始，罗马和日耳曼人的社会结构就已经在边境地区长期共存。双方社会长期的融合使二者之间的差距逐渐缩小。[3] 在融合过程中，一方面"曾经是罗马帝国基石的奴隶制生产方式的瓦解"，另一方面日耳曼人原始的生产方式出现扩张和转型，"这两个根本不同的世界在古典时代的后几个世纪中缓慢地瓦解，并互相渗透"，最终形成了"封建生产方式的双重的祖先"。[4]

"feudalism"在欧洲最初所指的是一种法律制度。而这一制度的内容实际上就是土地制度。入侵者在战场上获胜后，就要在经济上处置土地。而其所采取的方式通常是"实行以较早时期罗马人特别为日耳曼人士兵所熟悉的惯例相接近的模式"。[5] 每个人类群体都想发展自己的法律传统。[6] 而凭借习惯法所天然具有的传统性特征，各个民族的法律进一步得以融合。这种做法进而体现出了一种制度系统上的二重性。本质上看，造成这种特征的深层原因就是两种制度的妥协。在这种妥协之下，"两种瓦解中的先前生产方式，即

---

〔1〕 关于日耳曼人的经济情况，可参考如下叙述。"当罗马军团在恺撒时代首次与日耳曼人部落遭遇时，他们是定居的农民，畜牧经济占主要地位。一种原始的公社生产方式在他们中间通行，没有听说过私人土地所有制。"而后，"到塔西佗的时代，土地已不再由部族分配，而是直接分配给个人，再分配也不是那么经常性的了。耕作仍然是经常轮作的，周围是无人的森林地带，因此部落没有大的领地固定性；这种农业体制鼓励了季节性的战争，并使经常的大规模迁徙成为可能。"（参见［英］佩里·安德森：《从古代社会到封建主义的过渡》，郭方、刘健译，上海人民出版社2001年版，第105~106页。）

〔2〕 参见［英］佩里·安德森：《从古代社会到封建主义的过渡》，郭方、刘健译，上海人民出版社2001年版，第112页。

〔3〕 参见［英］佩里·安德森：《从古代社会到封建主义的过渡》，郭方、刘健译，上海人民出版社2001年版，第108~109页。

〔4〕 参见［英］佩里·安德森：《从古代社会到封建主义的过渡》，郭方、刘健译，上海人民出版社2001年版，第7页。

〔5〕 参见［英］佩里·安德森：《从古代社会到封建主义的过渡》，郭方、刘健译，上海人民出版社2001年版，第113页。

〔6〕 参见［法］马克·布洛赫：《封建社会》，张绪山译，商务印书馆2012年版，第106页。

原始的方式和古代的方式的灾难性碰撞，最终产生了遍布欧洲的封建秩序"。[1] 封建主义也作为一个历史综合体得以诞生。

2. 调和传统的政治设计

在中世纪早期，罗马高度的中央集权和无组织的蛮族团体之间的联合产生了各种各样的政治体制。而在法兰克诸王国里，克洛维（Clovis I）的继承者们利用罗马的制度和法兰克的传统这两种遗产，试图去控制而不是简单的统治。[2] 加洛林王朝是幸运的，由克洛维所创建的墨洛维王朝统辖着罗马和日耳曼社会的组合体留给了他们一个塑造新的欧洲的机会。[3]

在封建主义诞生前，法兰克帝国实际上已处在异族的层层包围之中，[4] 而"封建主义就产生于这个灾难深重的时代，并且在一定程度上就是这些灾难的产物"。[5] 各族的入侵持续了几代人的时间。"摆脱了最后各次入侵造成的混乱状态之后，西欧已是遍体鳞伤。"[6] 混乱的气氛依旧笼罩在欧洲大陆上空。

在掠夺活动结束之时，阿拉伯人基于一个"开明的农业体系"过上了"复兴的城市生活"；[7] 匈牙利人"最终放弃了以前从事的狂暴的劫掠活动，而把自己限定在此后范围固定的耕地和牧场内"；[8] 诺曼的首领们更是逐渐习惯了"比较规则的生活"。[9] 可以说，在充满掠夺与反抗的历史进程中，欧洲用文明改变了入侵者，后者基本上完成了由游牧者向定居农耕者的转变。

---

〔1〕 参见［英］佩里·安德森：《从古代社会到封建主义的过渡》，郭方、刘健译，上海人民出版社2001年版，第130页。

〔2〕 参见［美］马克·凯什岚斯基等：《西方文明史：延续不断的遗产》（第5版），孟广林等译，中国人民大学出版社2014年版，第169页。

〔3〕 参见［美］马克·凯什岚斯基等：《西方文明史：延续不断的遗产》（第5版），孟广林等译，中国人民大学出版社2014年版，第170页。

〔4〕 对于当时的欧洲来说，"加洛林王国被陌生而又经历充沛同时有着潜在威胁的邻居们包围着"。在其四周，"西方是盎格鲁-撒克逊英格兰，东方是斯拉夫和拜占庭世界。斯堪的纳维亚人盘踞在北方，安达卢西亚人威胁着南方。"参见［美］马克·凯什岚斯基等：《西方文明史：延续不断的遗产》（第5版），孟广林等译，中国人民大学出版社2014年版，第179页。

〔5〕 ［法］马克·布洛赫：《封建社会》，张绪山译，商务印书馆2012年版，第37页。

〔6〕 ［法］马克·布洛赫：《封建社会》，张绪山译，商务印书馆2012年版，第93页。

〔7〕 参见［美］马克·凯什岚斯基等：《西方文明史：延续不断的遗产》（第5版），孟广林等译，中国人民大学出版社2014年版，第178页。

〔8〕 ［法］马克·布洛赫：《封建社会》，张绪山译，商务印书馆2012年版，第93页。

〔9〕 参见［法］马克·布洛赫：《封建社会》，张绪山译，商务印书馆2012年版，第91页。

在拥有了相对固定的土地之后，曾经的掠夺者开始了殖民的过程，他们仍然与欧洲保持着联系。而后，随着加洛林王朝的崩溃，暴力因素成了时代和社会制度的突出标记。[1] 崩溃后的帝国被查理曼的继承者瓜分。但继承者们无一能够达到查理曼当年所建立的和平与公共控制程度。军队不足以对抗周边外族人的袭扰，国王只得通过认可贵族领地的形式寻求贵族们的支持。[2] 虽然具有妥协性，但这种帝国的控制方式还是将王朝的生命延续了很久。

法兰克帝国虽已远去，但它留下了深刻而持久的遗产。在中世纪的开端，许多日耳曼王国尝试使用一系列的方式"来协调蛮族和罗马传统"，但"只有法兰克人找到了将罗马和日耳曼社会联合在一起的长久的方式"。[3] 这种方式即是"封建主义"的方式，"其由中央和地方要素组成的行政体系为后来英格兰和大陆的中世纪政府提供了模型"。[4]

总之，欧洲的封建主义产生于罗马人与日耳曼人之间的战争。日耳曼人虽然获胜，却仍要妥协地利用罗马人的制度改造自己民族的制度。罗马和日耳曼传统的妥协性融合缔造了西方的封建主义。随后的法兰克帝国则沿袭了这一传统，使封建主义成为改变欧洲面貌的重要因素。

简而言之，与"封建制度"有关的土地是一个国家的领土。东西方在早期国家扩张的过程中，都面临随领土扩张而出现的疆域范围超出统治能力的问题，也都面对着一个实力与自己不分伯仲的对手。尽管具体的情况不尽相同，但东西方的统治者却做出了相似的选择。这个选择就是施行封建制度。由此而言，东西方封建制度的诞生过程之间也存在着高度的相似性。归根结底，封建是早期征服者在面对领土问题时所采取的解决办法。

四、结论

"封建"与"feudalism"原本产生于不同的社会历史背景，并分属于两个不同的学术体系。在二者相互对译后，两个原本独立的学术体系开始了以此为结点的互动，围绕二者所进行的比较研究对中西方的相互了解起到了重要

---

〔1〕 参见〔法〕马克·布洛赫：《封建社会》，张绪山译，商务印书馆2012年版，第657页。

〔2〕 参见〔美〕马克·凯什岚斯基等：《西方文明史：延续不断的遗产》（第5版），孟广林等译，中国人民大学出版社2014年版，第179页。

〔3〕 参见〔美〕马克·凯什岚斯基等：《西方文明史：延续不断的遗产》（第5版），孟广林等译，中国人民大学出版社2014年版，第180页。

〔4〕 参见〔美〕马克·凯什岚斯基等：《西方文明史：延续不断的遗产》（第5版），孟广林等译，中国人民大学出版社2014年版，第180页。

的推动作用。遗憾的是，由于近代以来的"封建"概念日趋混乱，相关的比较研究始终处在较为混乱的状态之中。

（一）制度是比较东西方"封建"概念的通约

有关"封建"概念的混乱源于学者在比较"封建"与"feudalism"时未能搭建起一个恰当的比较平台。在互译与比较的过程中，以往的理论研究者总是寄希望于某个既有的理论体系，认为只有在特定的理论框架内才能弥合东西方"封建"理论之间存在的差异。从坚持"社会演进图式"的严复到倡导"社会形态学说"的早期革命者，其在分析"封建"与"feudalism"的联系时始终以特定的西方理论为背景。但是，就如前文所分析的那样，"封建"与"feudalism"是分别产生于独立体系之下的概念，任何源于单一体系背景的理论都无法兼顾二者各自的特征。而为了将"封建"与"feudalism"同时纳入到特定理论之中，分析者往往不得不曲解"封建"的概念。在此过程中，"封建"概念不断被解说，也不断被赋予新的内涵，最终不可避免地导致了学术界的纷争。[1] 而学界不同流派有关"封建"的争论至今未能有所缓解。

因此，若想妥当地比较东西方的"封建"理论，必须脱离既有的学术纷争，重新搭建比较平台。而判断一个平台恰当与否的首要标准，就是考察其是否同时兼顾了"封建"与"feudalism"各自所具有的本质因素。而二者的本质因素就蕴藏在其相似的原始含义之中，并且指向特定时期的特定制度设计。这种能够同时涵盖待比较内容之间共同性的制度设计就是恰当的比较平台。正是在此平台上，才能找到二者在概念比较中存在的相似本质，才能弥合长久以来学界存在的纷争。

推而广之，在比较产生于不同学术环境中的古今概念、中外概念时，盲目依赖某种特定理论体系往往会导致对概念的扭曲，甚至会招致对于概念的损害。谨慎且不失为恰当的方法应当是寻找到概念所代表的原型，并且凭借可具化的内容搭建能够同时承载双方的比较平台。对于法学这个规范学学科来说，其概念也多与制度有关。而任何与制度有关的概念，都必须回归到制度层面，才能找到其彼此间的通约。

为了构建恰当的比较平台，应当给予待比较对象更多含有还原性思考的

---

〔1〕 近代以来，与"封建"有关的学术论战中最为重要的就是"中国社会性质论战"与"中国社会史论战"。但是，这两场论战并未能在学术层面上取得关于中国封建社会问题的共识。学者们关于中国封建社会定义、分期的观点层出不穷，导致了学术话语力量的分散与弱化。

考察与分析。这主要体现在以下两个方面。

第一，将待比较对象还原到制度层面，并且以更为宏观的视角观察待比较对象背后的制度设计。在此方面，孟德斯鸠的论述非常简明。他指出，"看似相反的法律可能源于同一精神"，而"看似相同的法律有时其实不同"。[1]因此，在比较两种不同的法律时，"不能仅仅两相对比，而要通盘考虑，通盘比较"。[2]而法律在大部分时候都以制度为表现形式，是社会控制的一种形式，[3]本质上可视为一种"高度专门形式的社会控制"。[4]因此，在比较法学领域的概念时，应该首先将其还原到制度层面，再以社会控制的观念进行综合性的分析。

第二，将待比较对象还原到文化层面，考察其诞生时所处时代的特定情况。孟德斯鸠曾强调，"不应该将法律与其制定时的情况分开"。[5]此处论及的情况既包括其所处的特定时代的情况，也包括特定地域的情况。在以往的理论研究中，学者们过于倾向使用在"西方中心论"下所产生的理论框架进行探索。这导致学者们往往将西方法律概念和法学理论用作裁断中国法律史的准绳。[6]同时，亦有学者从中国传统出发，将中国的情形套用在西方身上，产生了同一错误的另一表现形式。很多学者都期待通过比较研究获得比较对象之间存在相似内容的结论。但是，不能为了取得这样的结论而削足适履地适用原本不适的理论体系。只有在充分尊重客观情况的前提下才有可能真正收获求同存异的结果。因此，在比较中西方概念时，必须使双方均等地获得相互对照的机会，结合特定文化情境进行比较。

做好上述两点，即可以基本构建起一个妥当的比较平台，为法学领域中的概念比较奠定一个良好的基础。

对于"封建"与"feudalism"这对概念来说，正是基于这种带有还原性的分析，才得以构建起沟通、比较二者的桥梁，进而找到其概念之间的通约。

---

〔1〕 参见［法］孟德斯鸠：《论法的精神》，许明龙译，商务印书馆2012年版，第688～690页。

〔2〕 ［法］孟德斯鸠：《论法的精神》，许明龙译，商务印书馆2012年5月版，第688页。

〔3〕 罗斯科·庞德认为："社会控制的主要手段是道德、宗教和法律。"（参见［美］罗斯科·庞德：《通过法律的社会控制》，沈宗灵译，商务印书馆2010年版，第11页。）

〔4〕 ［美］罗斯科·庞德：《通过法律的社会控制》，沈宗灵译，商务印书馆2010年版，第25页。

〔5〕 参见［法］孟德斯鸠：《论法的精神》，许明龙译，商务印书馆2012年版，第692页。

〔6〕 参见徐忠明：《中国法律史研究的可能前景：超越西方，回归本土?》，载《政法论坛》2006年第1期，第14页。

（二）"封建"是保持领土凝聚力的国家制度

在创立之初，"封建"与"feudalism"在中国与西方各自的历史语境中都有着明确的含义。在本义层面上，二者均与"土地"含义有关。而在东西方各自形成的学术体系中，二者都属于内涵与外延清晰明确的概念。作为各自学术体系中的核心概念，二者之间原本并无联系，更不存在概念对应之间的混乱。

随着近代以来东西方文化交流的日益深入，学术之间的交流也愈发频繁、深入。在译介西方理论著作的过程中，中、日、欧三方学者逐渐确立并认可了"封建"与"feudalism"互译的定例。自此，二者之间的联系被正式确立了下来。但是，必须注意到，这种语言对译的盛行客观上体现了学者们对中、日、欧三地前现代化社会独有特征认识不足的现实。对译并非建立在充分了解中国封建制度、日本幕藩体制与欧洲"feudalism"之间异同的基础上，而是基于不同学术体系之间的简单映射。这种对译方式为此概念的名实分离埋下了隐患。

此后，基于一个并不严谨的概念对译，学者们围绕"封建"这一概念及其所代表的制度展开了广泛的探讨。但是，学者们并未机敏地注意到该概念本身已经失去了严格的内涵与外延范围，而且还继续进行着概念的发散。因此，在以往的研究中经常可以发现不同学者在差异迥然的语义上使用"封建"概念，这严重违背了学术研究过程中应当遵循同一律的逻辑要求。而在此过程中，泛化封建论的形成更是将关于"封建"主题所进行的研究陷入混乱。在政治因素的影响下，学术界难以翔实地界定其内涵，更难以充分地进行争论，以至于"封建"的含义被逐渐泛化，进而发展成一个难以被准确概括的概念。在"封建"一词背后，承担了太多的含义，其本义早已被人淡忘。而在此背景下，"封建"概念愈发不堪重负，最终导致了学术领域"语乱天下"的无奈后果。

在以往的研究中，罕见理论法学领域、特别是法律史领域对"封建"概念进行研究的成果。这导致了规范学视角在此问题研究中的缺失。而从规范学视角入手，结合概念背后的制度设计进行分析即不难发现，东西"封建"都与国家扩张过程中解决疆域过大问题的制度设计有关，而维护国家完整、安全、和平是这一制度的东西方设计者所共同追寻的重要目标。通过对于制度产生过程所进行的探源性分析与比较，"封建"与"feudalism"之间的逆约应是保持领土凝聚力的国家组织形式。

　　在我国法学学科飞速发展的时期，国内学者介绍、引入、移植了大量的西方法学概念。同样的现象也发生在同属社会科学领域的其他学科当中。受到泛科学化研究思维的影响，这些新引入的概念往往要与我国传统学术体系中业已存在的某些概念相联系。然而，并非所有新概念都能找到恰当的本土概念与之对应。为了满足特定理论体系的自洽性，有些概念之间往往通过非常生硬甚至是牵强附会的方式进行对应，给学术研究带来了非常严重的负面影响。在以讹传讹的状态下，很多原本清晰准确的概念被迫沦为含混泛化的概念。这是一个令人扼腕叹息的现实。

　　概念是学术研究的基础，每一个研究者都应当秉持着严谨的态度对待每一个概念。对于那些含义已经模糊且涉及制度层面的概念，可以尝试通过采取制度回归的方法重新发掘其本义，并且在此过程中寻找概念之间制度层面上的通约。这还将有助于解决长期困扰学者们的因法律移植而导致的概念、制度层面上的"水土不服"问题，更有助于通过使用中国法律传统资源"纠正近年来完全偏向移植西方的形式主义主流法学的倾向"。[1] 如果每一个研究者能秉持这种严谨的精神进行研究，学界就足以更好地避免这种发生在"封建"概念身上的"语乱天下"现象。

---

　　〔1〕　〔美〕黄宗智、尤陈俊主编：《历史社会法学：中国的实践法史与法理》，法律出版社 2014 年版，第 23 页。

法律人格视域下的人工智能著作权保护[*]

杨　洁[**]

　　摘　要：随着人工智能的发展，人工智能生成物的不断产生，由此带来了人工智能生成物能否受到著作权法保护的法律问题。人工智能虽然在著作权主体、客体和权利归属等方面对现行著作权法律制度带来挑战，但是基于民法法律人格理论和主客体二元论，以及现阶段的人工智能发展状况研判，当前既不宜对法律制度进行颠覆性变革，也不宜赋予人工智能法律主体资格。而应当在既有法律制度基础上，进行兼容性和调试性适用。对于人工智能辅助生成物，其作者应为创作或组织创作的公民、法人或其他组织，其作品应以独创性为认定标准。对于人工智能独立生成物，应标识由人工智能软件或智能机器人自动生成，其作品的认定宜采取"超出细微差别"的标准。对于人工智能生成物的权利归属，在开发者、所有者、使用者为不同主体且没有约定的情况下，宜归属于使用者。

　　关键词：人工智能生成物　法律人格　主客体二元论

---

　　*　本文完稿于 2020 年 8 月，故文中相关法律文件为当时有效内容。
　　**　杨洁，中国政法大学国际法学院 2016 级博士研究生（100088）。

一、问题的提出

"人工智能"（Artificial Intelligence，简称 AI）最早由美国计算机科学家约翰·麦卡锡及其同事马文·明斯基等人在 1956 年的达特茅斯会议上提出，"让机器达到这样的行为，即与人类做同样的行为"可以被称为人工智能。[1] 人工智能作为计算机学科的一个分支，因其迅速发展并广泛应用，已经成为独立的科学分支，被认为是 21 世纪三大尖端技术之一（基因工程、纳米科学、人工智能）。[2]

随着人工智能技术向更广度和深度的方向发展，其定义的内涵和外延亦被不断完善。人工智能是一组技术的统称，包含大量子领域的全部术语，涉及广泛的应用范围。目前理论界对人工智能的定义如下：人工智能是研究、开发用于模拟、延伸和扩展人的智能的理论、方法、技术及应用系统的一门新的技术科学。[3]

人工智能的飞速发展，使其在文学、艺术、科学领域得到了广泛的应用，主要体现在音乐、电影、小说、诗歌、绘画、新闻作品等方面。随着人工智能"创作"的生成物不断产生，有关人工智能生成物的法律纠纷不断，故对人工智能生成物的著作权法保护的呼声也日益强烈。在司法实践中，人工智能生成物的著作权问题大致集中于三个问题：人工智能的法律主体地位、人工智能生成物的作品认定与人工智能生成物的权利归属。这三个问题很明显地体现于如下两个案例中。

案例一：北京菲林律师事务所诉北京百度网讯科技有限公司侵害署名权、保护作品完整权、信息网络传播权纠纷案。[4] 在该案中，北京菲林律师事务所（以下简称"菲林律师事务所"）在自己的公众号上发表了一篇名为《影视娱乐行业司法大数据分析报告——电影卷·北京篇》的文章。在文章发布的第二天，网民"点金圣手"在北京百度网讯科技有限公司（以下简称"百度公司"）经营的"百家号"平台上也发布了前述文章，并删除了该文章的署名及收尾段。

菲林律师事务所由此认为，百度公司未经许可在其经营的"百家号"平

---

〔1〕 孙建伟、袁曾、袁苇鸣：《人工智能法学简论》，知识产权出版社 2019 年版，第 3 页。

〔2〕 孙建伟、袁曾、袁苇鸣：《人工智能法学简论》，知识产权出版社 2019 年版，第 4 页。

〔3〕 孙建伟、袁曾、袁苇鸣：《人工智能法学简论》，知识产权出版社 2019 年版，第 4 页。

〔4〕 一审文书：北京互联网法院（2018）京 0491 民初 239 号民事判决书。二审文书：北京知识产权法院（2019）京 73 民终 2030 号民事判决书。

台上发布涉案文章，侵害了其对文章的著作权。而作为被告的百度公司则主张，涉案文章是采用法律统计数据分析软件生成的，不具有独创性，不属于著作权法的保护范围。

该案的一审法院认为，法律统计数据分析软件——威科先行法律信息库（以下简称"威科先行库"）自动生成的分析报告具有一定的独创性。但是，具备独创性并非构成文字作品的充分条件，根据现行法律规定，自然人创作完成仍应是著作权法上作品的必要条件。

上述分析报告的生成过程并未传递软件研发者（所有者）的思想、感情的独创性表达，亦不宜认定为使用者创作完成。分析报告系威科先行库利用输入的关键词与算法、规则和模板结合形成的，某种意义上可认定威科先行库"创作"了该分析报告。由于分析报告不是自然人创作的，不是著作权法意义上的作品，不能认定威科先行库是作者并享有著作权法规定的权利。而涉案文章的文字内容并非威科先行库自动生成，而是原告独立创作完成，具有独创性，构成文字作品。涉案文章是原告主持创作的法人作品。被告百度公司未经许可通过信息网络提供涉案文章的行为构成侵权。[1] 故判决百度公司在百度百家号（baijiahao.baidu.com）平台首页上连续 48 小时刊登道歉声明，为菲林律师事务所消除影响；百度公司向菲林律师事务所赔偿经济损失1000 元及合理费用 560 元。

案例二：深圳市腾讯计算机系统有限公司诉上海盈讯科技有限公司著作权权属、侵权纠纷、商业贿赂不正当竞争纠纷案。[2] 在该案中，Dreamwriter是原告深圳市腾讯计算机系统有限公司（以下简称"腾讯公司"）关联企业腾讯科技（北京）自主开发的一套基于数据和算法的智能写作辅助系统。2018 年 8 月 20 日，Dreamwriter 智能写作助手创作完成了《午评：沪指小幅上涨 0.11% 报 2671.93 点通信运营、石油开采等板块领涨》财经报道文章并发表于腾讯证券网站上。文章末尾注明"本文由腾讯机器人 Dreamwriter 自动撰写"。文章发表后，上海盈讯科技有限公司通过其经营的"网贷之家"网站向公众传播。腾讯公司认为上海盈讯科技有限公司的行为侵害了其对文章的著作权，诉至法院。

该案的法院经审理认为，涉案文章的生成过程主要经历数据服务、触发

---

〔1〕 北京互联网法院（2018）京 0491 民初 239 号民事判决书。
〔2〕 广东省深圳市南山区人民法院（2019）粤 0305 民初 14010 号民事判决书。

和写作、智能校验和智能分发四个环节。在上述环节中，原告主创团队对数据输入、触发条件设定、模板和语料风格的取舍上进行了安排选择，属于与涉案文章具有直接联系的智力活动。从整个生成过程来看，Dreamwriter 软件的自动运行并非具有自我意识，其自动运行的方式体现了原告的选择。如果仅将 Dreamwriter 软件自动运行的过程视为创作过程，将计算机软件视为创作的主体，这与客观情况不符，也有失公允。

因此，涉案文章的表现形式是由原告主创团队相关人员个性化的安排与选择所决定的，其表现形式并非唯一，具有一定的独创性，满足著作权法对文字作品的保护条件，属于文字作品。涉案文章是由原告主持的多团队、多人分工形成的整体智力创作完成了作品，体现了原告对于发布股评综述类文章的需求和意图，是原告主持创作的法人作品。[1] 被告未经许可使用原告作品构成侵权，故判决上海盈讯科技有限公司赔偿腾讯公司经济损失 1500 元。

通过上述两则案例可以看出，人工智能生成物想要获得我国著作权法的保护，人工智能的法律主体地位、人工智能生成物的作品认定、人工智能生成物的权利归属都是解决问题的关键。现行著作权法律制度能否承认人工智能的主体地位、人工智能生成物能否构成作品、人工智能生成物的权利归属问题，都是人工智能对著作权法律制度带来的挑战。

二、人工智能对著作权法律制度的现实挑战

（一）人工智能对著作权主体的挑战

著作权是大陆法系的概念，原意为"作者权"（author' right）。[2] 传统大陆法系的著作权法律制度中，著作权的主体是作者，著作权是作者人格的延伸。《法国知识产权法典》第 1 条规定："作者的权利既有反映作者智力和精神性质的特征，也有财产性质的特征"。[3] 《德国著作权法》认为，著作权是对满足特定条件的人类之间沟通交流的保护权。著作权为文化、科学、艺术领域中创作作品的作者提供保护。它以一个自然人（作者）所进行的个人精神创造为前提，他的人格利益与财产利益通过狭义的著作权获得保护。[4] 《德国著作权法》第 1 条规定："文学、科学、艺术著作的著作权人对其著作

---

〔1〕 广东省深圳市南山区人民法院（2019）粤 0305 民初 14010 号民事判决书。
〔2〕 王迁：《著作权法》，中国人民大学出版社 2015 年版，第 2 页。
〔3〕 王迁：《著作权法》，中国人民大学出版社 2015 年版，第 2 页。
〔4〕 ［德］图比亚斯·莱特：《德国著作权法》（第 2 版），张怀岭、吴逸越译，中国人民大学出版社 2019 年版，第 13 页。

依本法享有保护。"[1]《德国著作权法》第2条第2款[2]通过简短的定义将作品的范围限制在个人智识创作的作品。《德国著作权法》不承认法人为著作权人，认为其不可能直接实施创作行为，坚持著作权主体必须是进行智力创作的人。《中华人民共和国著作权法》（以下简称我国《著作权法》）第11条第2款规定："创作作品的自然人是作者。"这也体现了我国著作权法对于自然人是著作权权利的主体的肯定。

在英美法系国家（地区）中，与"著作权"这个法律术语相对的是"版权"。版权更注重保护作者的财产权利。《英国版权法》第9条作品的作者身份规定：本编中与作品相关之"作者"，是指创作作品的人。

1886年签订的《保护文学和艺术作品伯尔尼公约》（以下简称《伯尔尼公约》）第2条第6款规定："本条所提到的作品在本同盟所有成员国内享受保护。此种保护系为作者及其权利继承人的利益而行使。"[3]

由此可见，无论是英美法系国家（地区）、大陆法系国家（地区）还是国际公约，均对受著作权（版权）保护的主体作了明确的规定，即作者系享有著作权（版权）权利的主体，作者为进行创作的自然人。

人工智能对于传统著作权（版权）主体的挑战，主要体现为人工智能不是"人"，不具有自然人的情感和意志。尽管在现阶段，人工智能通过大数据的深度学习，已经能够不依赖于人类的作品，独立完成在内容上与人类创作作品相媲美的成果，但是人工智能依然不具备人类的生物属性。按照民法的"主客体二元论"，人是主体，具有法律人格，是法律关系的主体。物是客体，不具有法律人格，是由人支配和使用的。如将人工智能等同于和"人"一样的生物，不符合人类的特征和人工智能发展的客观实际；如认为人工智能虽然不能等同于人，但是可以在人类之外，赋予人工智能"法律人格"，则会对著作权法理论乃至民法理论带来重大突破，对整个民事法律制度的根基和适用将产生颠覆性的影响；如认为根据现行法律理论和制度，不应当承认人工智能的法律主体地位，则是否应当给予人工智能生成物著作权保护？以上问题，均是人工智能对著作权主体提出的挑战。

---

[1]　《十二国著作权法》翻译组：《十二国著作权法》，清华大学出版社2011年版，第147页。

[2]　《德国著作权法》第2条第2款规定："本法所称著作仅指个人的智力创作。"

[3]　《伯尔尼公约》第2条第6款："本条所提到的作品在本同盟所有成员国内享受保护。此种保护系为作者及其权利继承人的利益而行使。"

（二）人工智能生成物对著作权客体的挑战

人工智能生成物能否满足作品独创性的构成要件，是人工智能生成物对著作权客体的挑战的主要体现。

著作权保护的客体是文学、科学、艺术领域具有独创性的作品。

《美国版权法》（亦称《美国知识产权法》《美国著作权法》，下文不再赘述）上的独创性，是指有关作品是由作者独立创作的，来自于某一个作者或者某些作者。[1]《德国著作权法》第 2 条对受保护文学、科学与艺术作品的范围进行了规定。该法第 2 条第 1 款通过简短的定义将作品的范围限制在个人智识创作的作品。据此，《德国著作权法》第 2 条意义上的作品产生以及获得著作权法保护的前提是：某人在文学、科学、艺术领域进行了智识性的创造。

《中华人民共和国著作权法实施条例》（以下简称《著作权法实施条例》）第 2 条规定："著作权法所称作品，是指文学、艺术和科学领域内具有独创性并能以某种有形形式复制的智力成果。"因此从这些立法来看，独创性（Originality），是作品获得著作权法保护的必要条件。

独创性强调作品具有一定程度的智力创造（Intellectual Creations）。大陆法系国家（地区）的著作权与作者的精神权利密切相连，是作者人格的延伸，故其对作品创造性的要求要高于英美法系国家（地区）。大陆法系国家（地区）强调作品的创造性要体现作者的智慧与个性。《德国著作权法》中的"创作"是指一种包含特定质量的内容，意即产生特定创设高度的创设过程。[2] 对独特性的必要程度作如此描述：即"充分的创设性的个性程度"。所创造的成果必须呈现特定的"设计高度"，也称为创作高度或者作品高度。[3]

我国著作权法认为受到著作权保护的作品，应当体现作者独特的智力判断与选择、展示作者的个性，具有一定程度的"智力创作性"。[4]

因此，无论是大陆法系国家（地区）还是英美法系国家（地区），人的

〔1〕 李明德：《美国知识产权法》，法律出版社 2014 年版，第 243 页。
〔2〕 ［德］图比亚斯·莱特：《德国著作权法》（第 2 版），张怀岭、吴逸越译，中国人民大学出版社 2019 年版，第 26 页。
〔3〕 ［德］图比亚斯·莱特：《德国著作权法》（第 2 版），张怀岭、吴逸越译，中国人民大学出版社 2019 年版，第 26 页。
〔4〕 王迁：《著作权法》，中国人民大学出版社 2015 年版，第 27 页。

主体因素，成为作品独创性判断的必要条件。著作权保护的是作者独创性的表达，表达是人类思想感情的外化体现，蕴含着人类的思想和情感。只有能够表现出人类在创作作品时的不同的思想表达的作品，才具有独创性。

在现行著作权体系下，对于非自然人创作的作品，除法律规定和合同约定外，均直接从主体上予以否定，而不是从作品本身出发判断其是否符合独创性的要求。非自然人不具备自然人的心智和意志，不能像自然人一样行使著作权所包含的人身权利和财产权利以及承担相应的义务和责任，也就无须考虑其是否满足独创性的要求。法律制度如此构建，保持了传统著作权体系的稳定。

对于人工智能生成物，如何判断其是否构成作品，成为现行法律运用的难点。如果按照现行著作权法律制度，人的主体因素成为"独创性"判断的必要条件。如前所述，是否应当赋予人工智能"法律人格"，仍是目前理论和实践中争议和探讨的疑难问题。在人工智能法律主体问题悬而未决的情况下，判断人工智能生成物仍然适用"独创性"标准，似乎成了无源之水、无本之木。如果弃"独创性"标准不用，则人工智能生成物在什么条件下，可以获得著作权法的保护？是否应当创设新的法律规则，来解决人工智能生成物的著作权客体问题？

（三）人工智能生成物的著作权归属

作品的著作权归属是指一部作品创作完成后，符合著作权法的独创性标准，应当由谁享有并行使著作权。

著作权是基于创作行为产生的，创作作品的自然人是作者，享有对作品完整的著作权。但是作者与著作权人并不是等同的概念，作者之外的自然人、法人和其他组织，可以根据合同约定或者法律规定成为著作权人。法人和其他组织通过对作品创作和传播的组织、投资，成为著作权法意义上的著作权人。

大陆法系国家（地区）的著作权法，作品被视为作者人格和精神的反映，只有具备人格和思想的自然人才能成为作者。法人因不具备人格与思想，不能视为作者，法人只能通过受让著作权中的财产权利成为继受著作权人。《日本著作权法》第 15 条的标题为"职务作品的作者"，其规定："按照法人或者其他使用者的提议，从事该法人等的业务的人在职务上创作的（计算机程序除外）、以该法人等自己的名义发表的作品，只要该作品创作时的合同、工作规章没有特别规定，则该法人等为该作品的作者。"〔1〕《意大利著作权法》第11条规定："由国家、省、城市承担经费并以其名义发明的创作作品，著作权归国家、省、市镇享有。非营利的私法团体、学术团体和其他公共文化机构将其文集和出版物汇集出版的，非营利私法团体、学术团体和其他公共文化机构享有著作权，但是与作者有相反约定的除外。"〔2〕《法国知识产权法典》第L.111-1条明确规定："智力作品的作者，仅仅基于其创作的事实，就该作品享有独占的及可对抗一切他人的无形财产权。……除本法典规定的特殊情形外，订有或订立劳务合同或雇佣合同，不影响智力作品的作者享有第一款规定的任何权利。"〔3〕这项规定表明，雇员为了完成雇主所交付的任务而创作的作品，雇员是该作品的著作权人。雇主能够根据法律规定或者合同约定行使或受让著作财产权，但不可能被视为作品的"作者"。

英美法系国家（地区）与大陆法系国家（地区）对作品的内涵理解不同，英美法系国家（地区）版权法中，作品是作者的财产性权利，可以通过法律规定将投资和组织创作作品的法人视为作者。《美国版权法》第201条第（b）款规定："根据本法，作品为雇佣作品时，作品为特定主体创作的，该主体或雇主视为作品的作者，享有构成著作权的所有权利。但各方当事人共同签署书面文件，明确约定作品归属的除外。"〔4〕

我国在借鉴两大法系立法时，不但规定了视法人（其他组织）为原始著作权人的情形，还规定了视法人（其他组织）为作者的情形。我国《著作权法》第16条第2款中规定，有下列情形的职务作品，作者享有署名权，著作权的其他权利由法人或者其他组织享有，法人或者其他组织可以给予作者奖励：①主要是利用法人或者其他组织的物质技术条件创作，并由法人或者其他组织承担责任的工程设计图、产品设计图、地图、计算机软件等职务作品；②法律、行政法规规定或者合同约定著作权由法人或者其他组织享有的职务作品。该条款是我国《著作权法》关于"特殊职务作品"的规定，该条款将法人或其他组织直接视为原始著作权人。

同时，我国《著作权法》第11条第1款规定："著作权属于作者，本法

---

〔1〕《十二国著作权法》翻译组：《十二国著作权法》，清华大学出版社2011年版，第370页。

〔2〕《十二国著作权法》翻译组：《十二国著作权法》，清华大学出版社2011年版，第281页。

〔3〕《十二国著作权法》翻译组：《十二国著作权法》，清华大学出版社2011年版，第63页。

〔4〕杜颖、张启晨译：《美国著作权法》，知识产权出版社2013年版，第110页。

另有规定的除外。"第 2 款规定："创作作品的公民是作者。"第 3 款规定："由法人或者其他组织主持，代表法人或者其他组织意志创作，并由法人或者其他组织承担责任的作品，法人或者其他组织视为作者。"根据该规定，法人或者其他组织"视为作者"。

确定人工智能生成物的著作权归属，是一个事实认定和法律适用存在双重困难的难题。一方面，人工智能生成物产生过程中，参与主体众多。以人工智能机器人为例，人工智能机器人的开发者、生产制造商、使用者，往往分别为不同的自然人或法人、其他组织，当人工智能机器人在最终用户（使用者）的使用过程中，生成了在内容上与人类创作作品相媲美的作品，其著作权归属是依据人工智能的深度学习技能归属于智能机器人？还是依据对智能开发做出贡献归属于人工智能机器人的开发者，或依据资金投入归属于人工智能的生产制造商？抑或是依据使用者对人工智能生成物的独立选择安排，将人工智能生成物的著作权归属于使用者？另一方面，我国《著作权法》规定了著作权归属于公民、法人和其他组织，亦规定了法人和其他组织视为"作者"和视为"原始著作权人"。在人工智能机器人、开发者、制造者、使用者等多方参与的情况下，如何适用上述法律规定确定人工智能生成物的权属，是人工智能带来的又一个挑战。

上述人工智能对著作权法律制度带来的挑战，即人工智能生成物的著作权主体、客体和权属问题，解决问题的关键在于是否应当赋予人工智能法律人格，使人工智能具有法律主体地位。如赋予人工智能法律人格的制度设计不具有现实可行性，则应当在现有的法律制度框架内探讨人工智能生成物的著作权保护。如经济科技的发展使得赋予人工智能法律人格成为必然，则应当大胆突破现有法律制度的藩篱，设计符合人工智能著作权保护的新的法律制度。

三、法律人格理论下的人工智能法律主体问题

（一）人工智能法律人格争论的学术观点

当前，对人工智能应否赋予法律人格，学术上有三种观点：第一，肯定说。肯定说认为人工智能的实施主体——人工智能机器人具有法律人格。在民法理论中，民事主体的范围不是一成不变的，是随着经济社会的发展不断扩展的。最早的民事主体是自然人，只有自然人才具备法律人格。法人通过法律的拟制成为法律上的"人"，具有民事权利能力和民事行为能力。在我国，不仅自然人和法人是民事主体，而且法律规定非法人组织也具有民事主

体地位。随着人工智能技术的快速发展，人工智能所拥有的"智能"程度越来越高，与人类的差别越来越小。智能机器人可以通过法律人格拟制的方式获得法律主体资格。[1]

第二，否定说。即智能机器人是模拟人脑的机器，并非有生命力、有思想情感的自然人，也不是由法律赋予人格的法人，智能机器人不具备人类智慧，其完全是基于人类对算法规则的预设进行工作，自身不具备任何主观意志，智能机器人所拥有知识的完备程度完全取决于人类信息的输入。[2] 因此，不能将智能机器人简单等同于自然人或法人等民事法律主体。

第三，折中说。该学说认为，既不能完全肯定智能机器人的人格，也不能完全否定，法律可以通过赋予智能机器人一定的权利和义务而确立其"电子人格"的法律地位，使其在一定范围内具有自主权。[3]

（二）赋予人工智能法律人格与传统民法理论背离

知识产权主体即民事主体。民事主体在法律上具有法律人格。法律人格，是指法律认可的一种享受权利、承担义务的资格。[4] 法律人格是法律主体享有权利、履行义务的基础。法律人格的形式包括自然人主体、法律拟制主体两种。对于自然人，法律人格伴随自然人终身。对于法律拟制主体的人格，需要符合法律规定的条件获得。

法律人格一词来源于拉丁语 persona，原指戏剧中的假面具，进而意味着扮演剧中角色的演员。[5] 根据罗马法，persona 在广义上指所有具有血肉之躯的人；在狭义上仅指自由人，即最起码拥有自由权的人。[6] 始于罗马法的人

---

〔1〕 杨立新：《人工类人格：智能机器人的民法地位——兼论智能机器人致人损害的民事责任》，载《求是学刊》2018 年第 4 期，第 86 页。

〔2〕 杨立新：《人工类人格：智能机器人的民法地位——兼论智能机器人致人损害的民事责任》，载《求是学刊》2018 年第 4 期，第 86 页。

〔3〕 在 2017 年 2 月 16 日欧洲议会对"欧盟机器人民事法律规则"提出的建议第 59 条第 f 项，明确提出了应当为机器人创造一个法律地位，即"电子人"身份。从该立法建议条文可以得出，"电子人"身份既不属于法律客体，亦不同于现有法律体系中任何法律主体，它是独立于自然人和法人之外的第三种被重新创造的法律主体。参见贺栩溪：《人工智能的法律主体资格研究》，载《电子政务》2019 年第 2 期，第 104 页。

〔4〕 袁曾：《人工智能有限法律人格审视》，载《东方法学》2017 年第 5 期，第 52 页。

〔5〕 杨立新、朱呈义：《动物法律人格之否定——兼论动物之法律"物格"》，载《法学研究》2004 年第 5 期，第 86 页。

〔6〕 杨立新、朱呈义：《动物法律人格之否定——兼论动物之法律"物格"》，载《法学研究》2004 年第 5 期，第 86 页。

格理论，其重要特点在于人与人格的分离。作为权利主体的人，除了是人以外，还要满足"自由民"和"市民"两项条件。完全丧失"自由权"的人为奴隶。[1]

随着人类文明的进步，罗马法建立在人与人不平等基础上的法律人格制度受到质疑与批判。1800 年在拿破仑的主持下法国开始了民法典的制定，1804 年《法国民法典》通过并正式颁布。《法国民法典》抛弃了人格概念并以能力概念来代替。[2] 1804 年《法国民法典》第 8 条规定"所有法国人均享有民事权利"，意指一切自然人均具有同等的法律人格。[3] 该法典的制定，废除了罗马法上法律人格不平等的制度，正式确立了人格平等。

在《法国民法典》的基础上，《德国民法典》提出了权利能力和行为能力的划分，从而彻底完成了人格在近代民法上的演变。[4] 在近现代民法中，权利能力与法律人格的概念基本等同，所以有学者认为："堪为权利主体之地位或资格，谓之'权利能力'，亦曰'人格'"。[5]

随着法律人格制度的日臻完善，自然人被平等赋予法律人格，成为民事法律制度的主体。人类社会与自然界的关系，形成了人与物的关系或者主体与客体的关系。人是主体，物是客体，人支配物，主体支配客体。

法律人格理论和主客体二元论乃是近代民法中法律关系和法律制度的基础。人有内在的意志自由，有法律人格或法律主体地位，享有法律权利并承担法律义务；物没有内在的意志自由，不享有法律人格，不具有法律权利和法律义务。

随着 20 世纪 90 年代后半期搜索引擎的诞生和互联网的扩张，计算机基于大数据的"深度学习"带来了人工智能的迅速发展，人工智能迎来了第三次浪潮——大数据驱动的多层神经网络算法阶段。由算法、算力、大数据技术的协同发展，推动了人工智能在语音识别、图像识别、语言处理等智能领

---

〔1〕 尹田：《论自然人的法律人格与权利能力》，载《法制与社会发展》，2002 年第 1 期，第 122 页。

〔2〕 马京平、王小玲：《近代民法对罗马法之法律人格理论的反思——兼评"无财产即无人格"》，载《法学杂志》2008 年第 3 期，第 140 页。

〔3〕 尹田：《论自然人的法律人格与权利能力》，载《法制与社会发展》，2002 年第 1 期，第 123 页。

〔4〕 马京平、王小玲：《近代民法对罗马法之法律人格理论的反思——兼评"无财产即无人格"》，载《法学杂志》2008 年第 3 期，第 141 页。

〔5〕 郑玉波：《民法总则》，三民书局 1959 年印行，第 66 页。

域的巨大进步。计算机基于大数据的深度学习能力，从海量数据里面找到规则和特征。新一代人工智能的突破发展，推动经济社会向智能化加速飞跃。

根据人工智能的技术应用水平，可以将人工智能分为弱人工智能和强人工智能。

弱人工智能（Artificial Narrow Intelligence，简称 ANI），也称狭义人工智能，是指人工系统实现专用或特定技能的智能，如人脸识别、机器翻译等。迄今为止大家熟悉的各种人工智能系统，都只实现了特定或专用的人类智能，属于弱人工智能系统。[1]

强人工智能（Artificial General Intelligence，简称 AGI），也称通用人工智能，是指达到或超越人类水平的、能够自适应地应对外界环境挑战的、具有自我意识的人工智能。[2] 强人工智能可以独立思考问题并制定解决问题的最优方案。强人工智能有和生物一样的情感和需求，有自己的价值观和世界观体系，在某种意义上可以看作一种新的文明。

综观全球人工智能的应用现状，无论是智能机器人、自动驾驶，还是智能投顾、智能医疗、虚拟现实（VR）技术，人工智能的研究和应用均处于特定的智能领域。深度学习技术会在各个领域深耕细作，深度发展，但是通用型人工智能不是产业界主流的研究和开发方向，强人工智能时代尚未到来。现阶段的人工智能，仍处于工具型弱人工智能阶段，人工智能无法产生与人类相同的"自主意识"和"情感"。而我国人工智能技术的发展，只是身处本轮人工智能浪潮的初始阶段，人工智能技术的发展与美国、日本等国家存在差距。强人工智能时代因此尚且路远迢迢。

笔者认为，研究人工智能的法律人格问题，应当从人工智能发展的历史、发展现状及可预测的未来出发，以人工智能的实证分析为研究起点。回归我国人工智能的发展阶段，考证人工智能的发展现状，应是我们选择法律规制模式的根基所在。

现阶段的人工智能不具备人类的自主意识和情感，人工智能"类人"但不是人类。按照民法主客体二元论的基本理论，人类是主体，人工智能是

---

〔1〕　高文、黄铁军：《人工智能带领人类——从信息社会迈向智能社会》，载《人民日报》2020 年 2 月 18 日，第 20 版。

〔2〕　高文、黄铁军：《人工智能带领人类——从信息社会迈向智能社会》，载《人民日报》2020 年 2 月 18 日，第 20 版。

"物"，是客体。如果法律超越人工智能发展的现状，赋予没有自主意识的人工智能以法律人格，则人工智能既无行使权利的自主意识，亦无承担责任的行为能力，便会造成经济社会和法律制度的混乱。赋予人工智能法律人格，违背了民法主客体二元论的法律基础，既无现实可行性，亦无现实必要性。

（三）赋予人工智能法律人格与民法立法目的背离

经济的发展和社会的进步，使得人们为从事经济社会生活的便利，自发地形成了团体。团体的蓬勃发展，使得法律人格的主体，有了进一步的扩展，由自然人扩展到团体。

1900 年制定的《德国民法典》确立了法人法律人格制度。[1] 在理论上法人法律人格又被称为团体法律人格或拟制法律人格。之所以被称为拟制法律人格，是因为萨维尼提出了著名的"拟制说"。[2] 所谓拟制说，是指法人不具有伦理属性，法人的权利能力来自国家的赐予，其私法上的权利能力范围亦受国家的特别限制，即仅限于取得财产。[3] 萨氏认为，法人的本质属性在于"权利主体不在于其成员，而在于观念上的总体"。[4] 法人法律人格是一种法律技术机制，是一种模式，一种方式，借此开展各种法律关系，以达到某一集体目的。[5]

法人不具有自然人的属性以及人格性的利益，但是法律人格的赋予是基于社会现实的需要。法人都是自然人的组织体，自然人作为法人团体成员进行社会活动时，某些团体成员共同的人格利益需求，就必然要以法人的人格利益形式表现出来。通过法律上的拟制，借助于法人的主体独立性，使法人成为其成员人格性利益的承载者和有效的保护者。这样的主体资格使法人以自己的名义主张权利，实际上就达到了对团体性的人格利益进行保护的目的。

由此可见，法人法律人格的产生，是人类因社会经济生活需要，形成利益需求不同的团体，是团体内大多数成员共同意志和需求的结果。通过赋予法人法律人格，使法人能够在一定范围内享有独立人格，代表团体内大多数成员行使权利，履行义务，维护团体的利益。非法人组织法律人格的拟制，

---

〔1〕 胡明星：《人工智能法律人格问题研究》，湖南师范大学 2019 年硕士学位论文，第 12 页。

〔2〕 胡明星：《人工智能法律人格问题研究》，湖南师范大学 2019 年硕士学位论文，第 12 页。

〔3〕 黄佳慧：《非自然人法律人格存在之法理基础》，吉林大学 2008 年硕士学位论文，第 7 页。

〔4〕 龙卫球：《民法总论》，中国法制出版社 2001 年版，第 322 页。

〔5〕 ［葡］Carlos Alerrto da Mota Pinto：《民法总论》（中译本），林炳辉等译，澳门法律翻译办公室、澳门大学法学院 1999 年版，第 100 页。

其现实基础和法律基础同上，不再赘述。

然而由人工智能的发展现状研判，人工智能既非具有自主意识的人类，也不是"法人"或"非法人组织"，不能成为其团体成员利益的承载者和保护者。通过法律拟制的方式赋予人工智能法人法律人格，不符合法人法律人格发展的历史和制度设立的目的，亦不具有现实可行性和必要性。

四、我国人工智能生成物著作权保护的建议

民法的法律人格理论和主客体二元论，是民事法律制度的基础。现行的著作权法律制度，亦是以人类为中心构建的。我国现阶段的人工智能，不应当被赋予法律人格，现行著作权法律制度，亦不具有颠覆性变革的必要。对于人工智能生成物的著作权保护，应当在既有法律制度基础上，进行兼容性和调试性适用。笔者结合我国著作权法的相关规定，对于人工智能生成物的法律保护，提出如下具体建议：

（一）人工智能生成物的法律主体

我国《著作权法》第2条规定："中国公民、法人或者其他组织的作品，不论是否发表，依照本法享有著作权。外国人、无国籍人的作品根据其作者所属国或者经常居住地国同中国签订的协议或者共同参加的国际条约享有的著作权，受本法保护。外国人、无国籍人的作品首先在中国境内出版的，依照本法享有著作权。未与中国签订协议或者共同参加国际条约的国家的作者以及无国籍人的作品首次在中国参加的国际条约的成员国出版的，或者在成员国和非成员国同时出版的，受本法保护。"

我国《著作权法》第9条的规定："著作权人包括：（一）作者；（二）其他依照本法享有著作权的公民、法人或其他组织。"同时《著作权法》第11条规定："著作权属于作者，本法另有规定的除外。创作作品的公民是作者。由法人或者其他组织主持，代表法人或者其他组织意志创作，并由法人或者其他组织承担责任的作品，法人或者其他组织视为作者"。

由此可见，公民、法人或其他组织依照法律规定均可以成为作者。公民依其情感和自由意志产生创作行为，成为作者。法人或者其他组织不能产生自主的创作行为，通过对作品创作和传播的组织、投资，法律将其"视为作者"。

人工智能生成物根据其生成过程是否存在人的干预因素，可分为人工智能辅助生成物和人工智能独立生成物。对于人工智能辅助生成物，因其创作产生是基于公民或法人、其他组织的意志和选择，人工智能仅仅作为工具从事辅助性工作，故人工智能辅助生成物的作者，为公民、法人或其他组织。

同时，由于人工智能辅助生成物的生成过程中，参与主体众多，人工智能的研发者、所有者、使用者均对人工智能辅助生成物的产生做出贡献，何者可以成为"作者"，尚无定论。

笔者认为，我国《著作权法》上的"作者"确定的事实依据，是自然人的创作行为和法人、其他组织对作品创作和传播的组织投资。故人工智能辅助生成物"创作"过程中，对于生成物形式和内容的选择、编排、取舍具有决定性作用的主体，应当为人工智能辅助生成物的作者。至于该主体为研发者、所有者还是使用者，抑或该主体为公民、法人还是其他组织，在所不问。

对于人工智能独立生成物的著作权保护，目前有两种观点：一种观点认为，人工智能独立生成物不依赖于人的因素，完全由计算机或智能机器人基于深度大数据驱动的多层神经网络算法独立生成，为了促进人类对新技术新产品的利用，不应当对其进行著作权保护，应当将其纳入公有领域供全社会使用。另一种观点认为，尽管人工智能独立生成物的产生没有人的干预因素，但是否认其可版权性，不利于激励创新和人工智能产业的发展。

笔者认为，人工智能生成物的著作权保护问题，应取决于技术创新和产业发展的利益诉求。人工智能产业和技术的发展，需要巨大的资本和人力投入，人工智能独立生成物的产生，正是深度大数据驱动的多层神经网络算法发展和成熟的产物。给予人工智能独立生成物著作权保护，不但有利于激励人工智能产业的发展和创新，也能够引导公众有偿合理的使用人工智能独立生成物，防止竭泽而渔。

人工智能独立生成物具有可版权性，其著作权主体成为理论和实践中最大的难题。鉴于现阶段计算机软件或智能机器人独立完成生成物时，一般系利用输入的关键词与数据、算法、规则和模板结合形成，计算机软件或智能机器人尚不具备主动创作的"自我意识"，不宜认定计算机软件或智能机器人具有"创作"行为。笔者建议，可以从保护公众知情权、维护社会诚实信用和有利于文化传播的角度出发，在人工智能独立生成物中添加生成软件或智能机器人的标识，标明系该软件或智能机器人自动生成。应当注意的是，该标识不具有著作权法上署名的意义，不能据此认为计算机软件或智能机器人为著作权法上的民事主体。人工智能独立生成物的法律主体，可以通过出台司法解释的方式，确定人工智能独立生成物的著作权人，并将该著作权人作为承担人工智能独立生成物权利义务的法律主体。

需要指出的是，我国现行《著作权法》的主体为公民、法人或其他组织，与现行有效的《中华人民共和国民法总则》和已经颁布的《中华人民共和国民法典》规定的民事主体不一致，[1] 难免有一般法与特别法适用不统一的情况。

2020 年 4 月 26 日至 29 日，第十三届全国人大常委会第十七次会议对《中华人民共和国著作权法（修正案草案）》进行了审议，并向社会公布征求意见。根据《中华人民共和国著作权法（修正案草案）》的内容："一、将第二条、第九条、第十一条、第十六条、第十九条、第二十一条、第二十二条中的'公民'修改为'自然人'，'其他组织'修改为'非法人组织'。"

此次修正草案规定的享有著作权的法律主体为自然人、法人和非法人组织。笔者期待我国修改后的《著作权法》对于著作权法律主体的规定，可以实现一般法与特别法的统一。

（二）人工智能生成物的作品认定

著作权保护的客体是文学、艺术、科学领域具有独创性的智力成果。人工智能生成物能否构成作品，应当按照我国著作权相关法律法规予以确定。根据《著作权法实施条例》第 2 条规定："著作权法所称作品，是指文学、艺术和科学领域内具有独创性并能以某种有形形式复制的智力成果。"基于这条规定，对于人工智能生成物能否构成作品，可以分成两种情况来确定：一是对于人工智能辅助生成物，因其创作完成系由自然人、法人或其他组织的意志决定，不存在创作主体的法律障碍，故应当根据《著作权法实施条例》第 2 条的规定，适用独创性的标准，判断该生成物能否构成作品。对于能够体现作者独特的判断、选择与取舍的，可以认定为著作权法意义上的作品。二是对于人工智能独立生成物，如前所述，由于人工智能独立生成物是智能机器人或软件利用大数据、算法自动产生的，未体现自然人、法人或其他组织的意志，故对其作品认定时，可以对现行法律规定的"独创性"标准进行调试性的适用，即不考虑"独创性"标准的主体因素，从人工智能独立生成物的表达内容、表现形式等客观特征入手进行对比分析，只要人工智能独立生成物与其他在先作品相比较，在区别程度上构成超出细微差别，即具备独创性。

---

〔1〕 《中华人民共和国民法总则》第 2 条规定："民法调整平等主体的自然人、法人和非法人组织之间的人身关系和财产关系。"《中华人民共和国民法典》第 2 条规定："民法调整平等主体的自然人、法人和非法人组织之间的人身关系和财产关系。"

（三）人工智能生成物的著作权归属

人工智能从研发到应用过程，需要诸多人员参与并投入大量的时间、技术和资金。故人工智能生成物的产生，与人工智能的研发者、所有者以及使用者密切相关。

人工智能的研发者对特定应用领域人工智能进行程序设计和数据输入，通过多层神经网络算法对人脑进行模拟，通过对大量数据进行反复训练得出规律，逐步构建人工智能的逻辑算法规则。人工智能的所有者对人工智能投入大量资金并利用平台和市场将人工智能研发成果应用到特定的产业领域，以期获得巨大的利益商业回报。人工智能的使用者对人工智能生成物的最终产生，做出了脑力和体力上的贡献。人工智能的使用者根据其对生成物的形式和内容的要求，选择、搜索、整理所需数据或文字、图形、视频等资料，向人工智能技术载体（智能机器人或计算机）发出特定的指令要求，并对人工智能依据指令和逻辑算法规则产生的生成物进行筛选、整理，形成最终的作品。此种情况下，人工智能生成物著作权归属的确定，情况复杂又尤为重要。

笔者认为，当人工智能研发者、所有者和使用者为同一民事主体时，人工智能生成物的著作权归属于该主体。当人工智能所有者和使用者相同，所有者与研发者为不同的民事主体时，权利归属应坚持"约定优先"原则，在有约定的情况下依约定，没有约定的情况下，人工智能生成物的著作权应当归属于所有者。当人工智能的研发者、所有者和使用者均为不同民事主体时，人工智能生成物的著作权应当属于使用者。此种制度安排，既兼顾了人工智能所有者对人工智能研发应用的商业投入应当获得经济性回报，又能够发挥著作权法对于人工智能使用者的激励创新作用。人工智能使用者被赋予权利，会不断提高人工智能的创作效率和作品的水平，产生更高质量的人工智能生成物，增进人类社会的福祉。

结　论

知识产权法律制度设立之目的，在于激励创作、创新和促进产业发展，增进人类社会福祉。人工智能时代的知识产权保护，自然人仍是最核心的法律主体，自然人以外的法律主体和制度设计，都必须服务于人类的利益需求。[1] 从当前我国人工智能发展的阶段来看，赋予人工智能法律人格，明显违背了民法法律人格和主客体二元论的法理基础。同时，现行著作权法律制度尚可以处理人工智能生成物著作权保护的部分问题。因此，对于人工智能生成物的著作权保护，应当在既有法律制度基础上，进行兼容性和调试性适用，而无进行颠覆性变革的必要。

---

[1] 孔祥俊：《人工智能知识产权保护的若干问题》，载《上海法学研究集刊（2019 年第 13 卷总第 13 卷）——上海市法学会互联网司法研究小组论文集》，第 38 页。

人工智能在司法审判中的适用限度及规制

史　馨[*]

　　摘　要：人工智能的兴起掀起了人类科技革命的新浪潮，逐渐发展并蔓延到社会生活的方方面面。人工智能引入司法领域更是引发了热议，人们在充分肯定其司法实践价值的同时也陷入了认知和应用困境。这主要表现在人机司法裁判地位的变化、工具理性与司法理性之间形成的张力以及人工智能的法律规制等方面。司法权的行使是整个司法程序的核心，因此人工智能在司法实践中应用的关键也体现在司法审判领域。探究人工智能在司法审判中的适用范围并逐步实现制度化和规范化就成为问题本质所在。本文立足于该问题，试图解证人工智能在司法审判中具体的适用限度和范围，并尝试实现框架性法律规制和制度准备。

　　关键字：人工智能　法院审判　裁判文书　同案同判　工具理性

一、问题的由来

　　人工智能（Artificial Intelligence）引入司法审判领域是当下我国司法实践的热门话题。2016 年 1 月 29 日，在

---

　　*　史馨，中国政法大学法学院 2019 级博士研究生（100088）。

最高人民法院信息化建设工作领导小组第一次全体会议上,最高人民法院院长周强首次提出"智慧法院"的概念。《国家信息化发展战略纲要》《"十三五"国家信息化发展战略纲要》《新一代人工智能发展规划》和《人民法院信息化建设五年发展规划》等纲领性文件将"智慧法院"的建设列为重要事项。[1] 2020 年 4 月 1 日,最高人民法院印发《关于人民法院贯彻落实党的十九届四中全会精神推进审判体系和审判能力现代化的意见》,贯彻落实党的十九届四中全会精神推进审判体系和审判能力现代化。[2] 经过几年的发展,人工智能在司法系统不断建立并逐渐发挥作用。人工智能的司法实践价值主要体现在:①助力审判独立,预防冤假错案;②规范办案流程,提高审判效率;③优化资源配置,减缓"案多人少"矛盾;④提升司法服务,预防司法腐败。[3] 但是,人工智能在司法适用中也面临着理论困境和实践桎梏。例如,工具理性与司法理性之间的鸿沟问题、立法抽象性与司法具体性之间的矛盾以及人工智能的法律规制和价值定位问题,等等。其中,最本质/核心的问题是人工智能在司法领域到底应当扮演怎样的角色,即人工智能在法律中应当具有何种地位。对此,学界有两种声音:一种是支持人工智能在司法领域全面适用,该观点相信 AI 通过不断发展可以完成司法裁判的证成,从而获得司法裁判的主体资格,[4] 可以成为"主角";另一种则是主张人工智能在司法审判中仅应当起辅助作用,只能扮演"配角","发展 AI 旨在增强人类而非替代人类",而且以人的价值为导向的方法论是 AI 设计的核心,[5] 在司法适用中的价值应当界定为"智能辅助办案系统"。[6] 这也是目前学界大多数文献资料所持观点。基于 AI 的"辅助"价值定位,学界围绕其表现方式、实现步

---

〔1〕 高一飞、高建:《智慧法院的审判管理改革》,载《法律适用》2018 年第 1 期,第 58~64 页。

〔2〕 最高人民法院:《关于人民法院贯彻落实党的十九届四中全会精神推进审判体系和审判能力现代化的意见》,载 http://www.court.gov.cn/zixun-xiangqing-224471.html,最后访问日期:2020 年 4 月 15 日。

〔3〕 马治国、刘宝林:《人工智能司法应用的法理分析:价值、困境及路径》,载《青海社会科学》2018 年第 5 期,第 135~141 页。

〔4〕 李飞:《人工智能与司法的裁判及解释》,载《法律科学(西北政法法学学报)》2018 年第 5 期,第 32~41 页。

〔5〕 于海防:《人工智能法律规制的价值取向与逻辑前提——在替代人类与增强人类之间》,载《法学》2019 年第 6 期,第 17~30 页。

〔6〕 涂永前、于涵:《司法审判中人工智能的介入式演进》,载《西南政法大学学报》2018 年第 3 期,第 48~52 页。

骤和路径选择等问题展开了论述，也指出了 AI 在法律系统研究中存在的难点和面临的挑战。其中，笔者认为最关键的问题在于如何精准定位 AI 在司法审判中的"辅助作用"以实现其价值功能。但是，针对该问题的研究未能得到细化，还停留在概念阶段，尚缺乏可行的实操标准和整体的制度架构。

故根据已有研究成果，本文核心要诠释的问题是人工智能在司法审判领域中的具体应用范围，即 AI 的司法适用边界问题，旨在进一步细化和落实人工智能在司法审判中的细则，并在此基础上实现制度性框架构建。在此之前，我们需要明确一个问题，即对人工智能的探讨必须既要立足于当下实况又要面向未来。因此，意欲厘定人工智能在司法审判中的应用范围，首先应当框定人工智能（可能）的实现程度和范围。

二、人工智能的界定

"人工智能"概念的提出要追溯至 1956 年的达特茅斯会议（Dartmouth Conference），又可称为机器智能或计算机智能，是一种由人工手段模仿的人造智能。根据人工智能的功能发展可分为三个阶段：第一阶段，弱人工智能（Artificial Narrow Intelligence），主要体现在法律信息检索系统（Retrieval System）和法律专家系统（Legal Expert Systems）；第二阶段，强人工智能（Artificial General Intelligence），AI 可以运用推理和知觉这些通用功能（语言、创造力和情感）进行类人的推理和判断；第三阶段，超人工智能（Artificial Super Intelligence），AI 的智能超过人类，可以自我复制实现数量的增值和提高自我智识。[1] 第一阶段是目前我国司法领域中常见的存在形态，第二、三阶段是人们对 AI 的预测。这里涉及两个问题：一是第二、三阶段的 AI 在技术领域是否真的能实现？二是即使技术可以实现，是否可以直接介入司法领域？第一个问题是自然科学领域的范畴，非本文所能及，故不探讨。但是，对第二个问题的深入有利于厘清 AI 在司法领域，尤其是在司法判决中的价值定位，因而需要沿着假设成立而展开。

即使人工智能可以发展到和人类具有相同，甚至超人的语言识别能力、理性判断能力和逻辑思维能力，司法审判是否可以不加限制地直接引入适用？答案是否定的。不可否认，强/超人工智能的应用可以从根本上解决目前司法实践中存在的大量问题，如案件积压的问题、同案不同判的问题、法律适用

---

〔1〕 周尚君、伍茜：《人工智能司法决策的可能与限度》，载《华东政法大学学报》2019 年第 1 期，第 53~66 页。

分歧的问题以及司法腐败的问题，等等。但是，强/超人工智能在解决问题的同时将引发更大的问题：首先，大量司法工作人员将可能面临失业的风险。这些具有法律知识和丰富实践经验的法律人如果失业或者面临失业的风险则可能诱发社会矛盾或者带来不确定的风险因子。我国目前就业形势严峻已是不争的事实，在此种情形下如果人的岗位大量地被人工智能所替代，则将会引发更深层次的社会纠纷和矛盾，这就违背了司法"定纷止争"的根本任务，与引入强/超人工智能的目的南辕北辙。其次，司法责任制将成一纸空文。司法责任制是司法审慎的艺术，[1] 行为主体如果没有责任后果的约束将会失去制衡和束缚。AI 法官如果做出的解决结果被证明是错案或者冤案，其能承担的最大责任是被取消裁判资格或者停止司法工作，这样的责任承担方式是受害人、被害人和其他利害关系人绝不可能认可和接受的，这必然破坏司法形象和司法权威。再次，AI 的价值观判断取代人的价值选择。人的行为是司法审判的关键要素，也是法律规制的核心宗旨。人的行为必然是受价值判断的驱使和支配，法律规制的目的也在于为人们的行为方式提供价值判断和指引。无论是法律人还是社会一般大众，对于法教义的学习和司法实务的认知都不可避免地来自生效的裁判文书，裁判文书的中心在于裁判观点的制作。裁判观点是裁判主体在基于证据所呈现的案件事实基础上寻找与法律规范之间的因果联系，这就必然会涉及裁判主体对案件事实的认定和法律规范的解释。这正是目前司法实践中存在的"同案不同判"现象的症结所在。如果 AI 作为裁判主体，必然会在裁判观点的制作中融入自己的价值选择和立场判断，并且潜移默化地影响并根植于人们的观念中，逐渐淡化甚至放弃自我价值导向。最后，可能导致新型法律适用分歧。强/超人工智能具有类人的知觉和推理能力并且可以自我复制实现智识的增长，远超于人类的知识储备和推理判断会让人们陷入诸多难以识别和辨识的困局。人们所设想的 AI 法官形象应当是公正廉明的，这是因为机器是没有感情和欲望的，而人时时会为自己的感情和利益所左右。这就出现了一个悖论：正是因为机器没有人的情感和欲望才不会偏私，但没有人的情感、知觉和推理又不可能具有法官审案的能力和资格。换言之，AI 如果具有司法权主体资格就必须具备类人的资质，这样的 AI 也会有类人的情感和立场。那么，AI 法官是否和其他法官一样可能存在认知分歧

---

〔1〕 郭富民：《正确判断"智慧法院"的司法定位》，载《人民法院报》2017 年 8 月 10 日，第 2 版。

和选择偏好？如果答案是肯定的，则基于同样的数据库资料和相同的算法法则未必会运行出相同的结果或者最优结果；如果答案是否定的，则证明 AI 还不能算是已经达到了类人的能力，问题从根本上瓦解了。

综上，遑论人工智能能否达到第二、三阶段，即使在科学技术层面不是神话，在司法实践领域也不能不加限制地适用。目前司法实践领域对人工智能的运用还停留在第一阶段，就其功能性质而言仅能实现司法辅助的作用。即使在司法辅助的层面，人工智能还尚在起步阶段。人工智能目前在司法审判中的应用存在诸多短板：①基础数据库资料收录不齐全；②数据搜索引擎不完善；③算法规则的制定不健全；④具备相关知识背景的人才短缺；⑤规范人工智能的法律法规严重匮乏。以上原因导致人工智能在我国司法实践领域的发展举步维艰，还难以完成第一阶段的司法预设目标和任务。但是，对人工智能的探讨既要立足于当下的实际情况，又要面对科技会不断进步的未来。法律作为上层建筑应当起到规范和引领的作用，而本文的要旨既是立足于当下又面对未来人工智能的发展，提出其在司法实践领域的适用范围和可能实现的价值。笔者认为，人工智能的未来发展可能是无限量的，但当其应用到司法审判领域就必须有限度，这个限度就是人工智能在司法实践领域能够适用的范围和程度。

三、人工智能的司法适用范围

人工智能在司法实践领域的适用不仅关涉科学技术发展的问题，更是法律自身内部的问题。人工智能在司法领域的适用应当围绕辅助法官办案这个基本价值设定而展开，一切科技和工具的发明应当都是人的延伸而非相反。[1] 这也是本文的基本价值预设。因此，人工智能在司法实践领域的适用也应当是在此基本预设的前提下展开的。鉴于人工智能在司法领域的应用现况已有颇丰研究成果，故本文研究的主要内容仅限定于人工智能在司法审判阶段过程中的适用范围。

（一）人工智能的管辖权范围

随着人工智能技术的发展，其在辅助法官承办案件中的优势逐渐显现，主要表现在基于数据库资料的计算、搜索和统计上。目前人工智能在法院审理过程中的作用主要运用于类案检索制度中，通过对类案检索结果的分析和

───────────────

[1] 郭富民：《正确判断"智慧法院"的司法定位》，载《人民法院报》2017 年 8 月 10 日，第 2 版。

引用以最大限度地实现"同案同判"。那么，随着人工智能的完善，AI 是否可以替代法官成为司法裁判的主体？如前文所述，答案是否定的。但是，这并不必然意味着 AI 不能在法官裁决的过程中发挥作用。根据案件的不同情况，AI 可以在案件审理过程中发挥不同的作用。

1. 人工智能可以发挥主导作用的案件类型

人工智能可以在如下案件中发挥主导作用：①类型化案件。此类案件可以依照"案由"进行分类，如交通事故纠纷、劳动纠纷、借贷纠纷等。此类案件案情的处理一般具有较为固定的模式和较为完整的处理程序，并且 AI 所具有的高效率可以尽快解决案件，明确争议双（多）方当事人的权利义务，消弭纠纷。让人工智能在此类案件中发挥主导作用可以节省法官的办案时间、降低司法成本。②案情简单、适用法律无异议的案件。司法实践中的很多案件的案情简单，并且有可直接适用的法律法规，不存在适用分歧。此类案件在经过法官初步筛选和审查后可交由 AI 按照程序运行。③程序化的案件。如宣告自然人失踪、死亡的案件以及适用公示催告程序、督促程序的案件等。此类案件更多适用的是法律程式化的规范，更具司法程序/流程的特点，因而让 AI 发挥主导作用更能发挥其效率高的优势，还可以减轻承办法官的程序性事务。上述三类案件中，虽然人工智能在处理案件中能够发挥主导作用，但并不具有裁判主体的资格。其主导地位仅指具体案件的承办中所承担的任务和发挥的作用，最终案件的裁判文书必须经由承办法官的确认和签发才具有法律文书的效力。易言之，未经承办法官的确认和签发，AI 制作的任何法律文书不具有司法裁决的效力。由此可知，法官依然是承办案件的直接负责人。因此，法官对 AI 形成的任何法律文书都应当履行勤勉尽职的审查义务，审慎地确认和签发经手的任何法律文书。

2. 人工智能可以起辅助作用的案件类型

人工智能原则上在绝大多数案件中都可以起到辅助的作用，在以下类型的案件中发挥的辅助作用尤为明显：①新兴（型）案件。此类案件由于缺少办案经验和可供参考的范例，承办法官可以运用 AI 庞大的检索功能和计算功能搜集可资借鉴的裁判文书，参考 AI 的检索结果进行裁决。②涉及（跨）专业知识背景的案件。此类案件通常涉及跨专业的知识背景或者专业技能知识，AI 可以协助承办法官解决由于专业知识的限制而导致的认知盲区和误区，帮助法官在查清案件事实的基础上作出裁决。③疑难复杂案件。案件之所以疑难复杂，究其原因可分为以下几种：一是案件所涉及的法律关系错综复杂，导致案件事实难以厘清；二是案情重大或者涉及利益面广，裁决过程和结果可能引起较大社会反响；三是案件事实难以找到直接对应适用的法律法规或者案件事实可以对应多个相异的法律法规，适用不同的法律规范会导致不同的权利义务分配；四是适用法律条款存在解释分歧，选择何种解释为尤存在分歧。由于上述原因导致此类型案件的审理过程迂回曲折，人工智能可以运用庞大的数据库资料和算法规则计算出可资借鉴的案例和裁判观点，并且根据所得资料内容进行数据分析和类比，寻找潜在可能的最优解法，为辅助承办法官解决疑难复杂案件提供质料和参考。④被上级法院发回重审的案件。发回重审的案件一般存在三方面的瑕疵或者错误：一是案件事实认定不清，证据不足；二是审判程序有瑕疵或者错误，可能影响案件的审判；三是适用法律有误。法官重审此类案件时可以寻求人工智能的辅助，通过人工智能的搜索引擎以及类比功能发现案件存在的瑕疵或者错误，在修正原有裁判观点后重新作出裁决。⑤需提交审判委员会决议的（其他）案件。我国司法裁判的目标和任务不仅要实现司法的法律效果，还要实现政治效果和社会效果。司法裁判必须以实现法律效果、政治效果和社会效果的统一为最高目标。因此，一些案件（除上述几类可能提交审委会裁决的案件外）仍需提交审委会讨论决议。在此类案件中，人工智能可以协助承办法官搜集资料和数据，并对运用计算法则对可能出现的不同情形加以分析和判断，预测各种情形下可能产生的连锁反应和社会反响，为决策者提供备选方案以及推测最优选择。在上述五种类型的案件中，人工智能的辅助作用可以更充分地发挥。在司法实践中，人工智能具有人脑难以企及的知识和信息储备、高效的搜索引擎以及强大的运算能力，在此基础上完成的信息检索、数据统计和类比分析可以为司法裁决过程提供有效协助，辅助法官尽可能公正高效地审结案件。

3. 人工智能难以适用的案件类型

对于涉及国家和当事人秘密的案件不能借助人工智能的帮助。主要包括：①涉及国家安全和国家秘密的案件。此类案件事关国家的安全和稳定，人工智能尽管可能会发挥一定的积极作用，但相较于该类型案件所保护的法益而言，国家安全和稳定高于一切，因而人工智能不能在此类案件中适用。②涉及商业秘密的案件。此类案件不同于一般的民商事纠纷，所承载的是商业主体未来进行时的利益，其关键核心在于"保密"。只有"保密"，其所保护的法益才有价值，即使案件审结保密义务也不因此终结，故人工智能很难在此类案件中发挥作用。③涉及个人隐私的案件。公民的个人隐私是法律所保护的重要法益，因此除了承办法官外任何人不能获知案件的信息，即使承办法官也负有保密义务。因此，建基在大数据和云计算之上的人工智能增加了泄露个人隐私的可能和风险，故人工智能在此类案件中不能也不应当适用。我国司法裁判原则上采取公开审理的方式，裁判文书除特殊情况外一律公开。上述三类案件就是原则之下的例外。究其根本，在于涉及国家安全和国家秘密、商业秘密和个人隐私的案件，基于法律所保护的特殊法益，故不具有公开性。即使承办法官也负有保密义务，并且保密义务并不随着案件的审结而终止。人工智能的数据库里就不可能也不应当有此类型案件的基础质料，更谈不上搜索和计算。因此，人工智能在此类型案件中不能适用。

（二）人工智能的审级范围

人工智能在司法审判领域的适用从审级范围上划分，大致遵循一个基本规律，即人工智能的适用范围与审判级别成反比，与案件数量成正比。我国司法审判采取的是"两审终审制"，国内管辖权划分为地域管辖、级别管辖和专属管辖。一般情况，各地基层人民法院承办了本辖区范围内的绝大多数案件。根据案件性质、涉案标的和案件事实，人工智能在不同的审级适用的范围也有所不同。

首先，基层法院的一审案件应当充分利用人工智能。司法实践中绝大多数的案件都要经过这个阶段，基层一审案件数量庞大，"案多人少"的矛盾主要集中于此，也是"同案不同判"痼疾的所在。人工智能在基层一审法院可以适用于以下五个方面：①辅助法官实施类案检索。人工智能可以对检索结果进行类比和分析，不仅能够限制法官自由裁量权的恣意行使，还可以为法官提供裁判参考，为保证同案同判的实现提供有效支持。②辅助法官处理类型化、程序化案件。如上文所述，人工智能可以有效处理类型化和程序化案件，这两类案件的一审几乎全是在基层法院进行的，故采用人工智能不仅可以减少法官的承办案件数量和程序性争务，还可以高效明确当事人之间的权利义务关系。③辅助法官开展普法宣传和教育工作。普法宣传和教育工作是基层司法工作人员的一项重要日常工作，引入人工智能可以大大提高基层司法工作人员普法工作的效率和质量。人工智能可以为社会大众提供更全面的法律咨询和优质的法律服务，提升普法的力度和广度。④辅助法官开展业务学习和专题研讨，提升专业技能和法律素养。社会生活不断朝着多元化和多样性发展，社会新兴法律关系层出不穷，对法官的专业技能和职业水平提出了更高的要求。在化解社会纷繁复杂的矛盾和纠纷面前，基层一审法官最

"接地气"。因此，法官需要人工智能庞大的数据库资料和搜索引擎来开拓认知。⑤可以帮助法官减少案件的发回重审率和改判率。发回重审率和改判率是考核基层法官的业绩的两项重要指标，关乎法官的职业生涯。人工智能在信息资源共享和优化资源配置的前提下，可以为法官裁判观点的制作提供数据支持和理论论证，从而减少承办案件的发回重审率和改判率。上述五方面说明，人工智能在基层一审法院中能够发挥较大作用。因此，人工智能在司法审判领域的适用重点应当是在基层一审法院。

其次，中级人民法院和高级人民法院的承办案件可以参照基层一审法院适用。上述法院承办的案件主要包括：本辖区范围内具有较大影响的案件、标的额较大的案件、由上级法院指定管辖的案件以及上诉案件。人工智能在上述案件中亦可发挥相同或相似的作用，因此可以参照基层一审法院适用，但仍有所区别。在下述诸情形中，人工智能的适用应当有所限制：①涉及处分公民生命权和政治权利的案件。此类案件处分重大法益，裁决结果不仅关乎当事人最核心的权益，还可能引起政治效果和社会效果的连锁反应。因此，此类案件在选择进入人工智能数据库前应当有所甄别，检索此类案件的主体也应当设置权限限制。②涉及本辖区范围内影响重大的案件。此类案件的处理结果可能在一定区域范围内引起社会关注，并且各地区的民族传统、风俗习惯和人文历史不尽相同，因此在尊重一般审判原则的基础上还应当结合当地实际情况实现因地制宜。法官在参照人工智能所提供的类案检索和数据分析后，还应当结合当地实际情况作出裁决，以此兼顾重大案件的法律效果、政治效果和社会效果。③上诉案件。二审法官应当在尊重一审法院自由裁量权的基础上对上诉案件进行全面审查。如果一审案件查明的事实清楚，适用法律正确并且无实质性程序瑕疵，则二审法院不应当以人工智能提供检索结果裁量的差异而改判或者发回重审。简言之，二审法官不能仅以人工智能检索和计算的裁量结果作为衡量一审裁量的尺度。人工智能在中级人民法院审判案件中仍然可以发挥重要作用，但是法官在上述三类案件的处理过程中应当审慎适用。

最后，最高人民法院适用人工智能的范围应当有所限缩。这主要是基于最高人民法院在司法审判中的地位。据此，人工智能在最高人民法院司法裁判过程中的适用范围应当有以下限缩[1]：①最高人民法院的法官在制作裁判文书时应当尽可能地发挥自身的专业优势和职业素养。这主要是因为最高人民法院的法官在目前我国的司法队伍中普遍具有较高的专业技能和职业素养，其制作的裁判文书具有较高的指导意义和参照价值。因此，最高人民法院的法官在制作裁判观点的过程中应当充分发挥主观能动性释明裁判观点，而不应当以人工智能的检索结果和数据分析作为自己裁决案件的决定性依据。②由于最高人民法院发布的指导性案例和其他裁判文书在类案检索中的参照等级最高，具有示范性效力。人工智能运用工具理性做出的推理和预测的基础是数据库资料的持续输入和算法规则的不断升级，它不可能超越其上作出判断。故最高人民法院在司法审判中应当引领人工智能检索的价值取向和参照标准，而非相反。③最高人民法院在解决法律适用分歧上应当尽可能地结合我国当下的实际国情和不断发展变化的社会生活需求而做出解释和决议，不应以人工智能的工具理性计算结果作为判断依据。法律适用出现分歧，通常涉及对法律的解释和对行为性质的定性，这必然关乎价值观念以及司法理念的判断和选择。因此，最高人民法院在处理法律适用分歧中应当依据基本国情和社会诉求作出判断，人工智能只能提供质料上的支持和可行性方案的预测。

（三）人工智能的辅助范围

人工智能在司法审判的整个过程中始终扮演者"辅助者"的角色，也可以将其界定为"智能辅助办案系统"[2]，只是在不同审判级别和不同案件类型中所发挥的辅助作用有所不同，这是核心的价值定位。综观人工智能在司法审判领域中的适用范围，其辅助作用主要体现在三个方面，在具体实践中的适用还应当确立权限设置和应用范围。

第一，集中体现在可公开法律文书和司法信息的检索、分类和整合上。人工智能所具有的庞大且持续更新的数据库和不断优化升级的计算规则为法官类案检索和信息筛查提供了极大便利。在推进同案同判以及类案检索制度等司法制度改革方面发挥了举足轻重的作用。但是，事物普遍具有双面性，

---

[1]　此处所称"限缩"，仅限定在最高人民法院司法审判权的行使范围内，其他程序性事务以及办公智能化不受此限。——笔者注

[2]　涂永前、于涵：《司法审判中人工智能的介入式演进》，载《西南政法大学学报》2018年第3期，第48~52页。

在享受科技带来便捷的同时还要警惕司法的信息安全问题。司法信息关乎涉案自然人和法人的切身权益，尤其是涉及当事人重大利益的处分案件，保护司法的信息安全也是维护当事人合法权益的表现之一。随着人工智能的不断发展，该问题变得尤为突出和紧要。因此，在选择司法信息入库前应当根据信息的性质和种类分等级、分层次、分情况地输入，对不同司法信息的查询条件应当根据查询者身份设置不同的权限限制。法官利用人工智能检索和查询被设置权限的信息应当全程留痕，并对获取的信息承担保密义务。

第二，还体现在利用数据库质料和算法规则进行推理和预测。人工智能的思维一般分为五步：①利用设计者嵌入的语言处理能力理解"问题"所涉及的语法和文本，找出问题本身和解决的关键；②接下来，人工智能针对识别出来的"问题"评估其可能涉及的各种含义（内涵及边界）；③根据算法规则推理出可能的解决方案，或者从数据库中检索出可能的解决方案；④对所有的可能性方案进行评估和甄选；⑤根据适用规则进行排名，根据顺序选定可能的最优解决方案。[1] 在推理和预测方面，人工智能确实有着一般人脑难以企及的全面和高效。但是，工具理性的推理与人的理性判断之间还存在诸多差异。如对语言实质内涵和语义射程的理解、关于法律解释的模拟以及启发式程序的研究，等等。由此导致人工智能推理判断的结果和提供的备选方案可能与承办法官的认知存在些许偏差，故人工智能的工具理性应当仅为司法审判提供方法论意义上的启示和思想实验的方法[2]，而非替代人的理性思维判断和预测。司法实践中，司法裁判观点和裁判文书的制作还应当以法官的认知和判断为准，尤其是审级越高的法院法官在案件审理过程中越应当积极发挥主观能动性，引导/指引司法裁判的基本方向和价值取向。人工智能的工具理性始终应当服务于司法理性和人的理性，这是人工智能旨在增强人类而非替代人类的基本价值取向和逻辑前提。[3]

第三，在节省司法成本、提高司法效率以及减轻法官办案压力方面施展优势。不可否认，司法审判中人工智能的引入和深度参与极大缓解了诉讼爆炸所引发的"案多人少"的顽疾，这在一定程度上缓解了司法公正和司法效

---

〔1〕 盛学军、邹越：《智能机器人法官：还有多少可能和不可能》，载《现代法学》2018 年第 4 期，第 74~82 页。

〔2〕 张保生：《人工智能法律系统的法理学思考》，载《法学评论》2001 年第 5 期，第 11~21 页。

〔3〕 闫坤如：《人工智能的道德风险及其规避路径》，载《上海师范大学学报（哲学社会科学版）》2018 年第 2 期，第 40~47 页。

率之间的紧张关系。但是，人工智能的过度参与可能会导致司法工作人员逐渐形成对智能科技的依赖从而抑制司法人员技艺的发挥和提升。[1] 长此以往，司法人员对智能科技的依赖可能会滋生惰性，从而降低司法裁判的专业性和靶向性。人本应当是机器的操控者，可人在享受科技带来的便捷和高效时会潜移默化地形成技术依赖，滋生惰性，成为实质上的被操纵者。故人工智能的适用应当尊重自然规律和人的本性在司法规律中的体现，才能增强司法审判能力，才能有效应对人工智能时代的司法需求。[2] 因此，人工智能在横向扩展和纵向深入司法审判的过程中，应当注意协调人机之间的工作分工和责任划分。

综上三点，人工智能在提升司法审判质量、实现司法价值等方面发挥着越来越重要的作用。但"科技是把双刃剑"，尤其在司法审判领域中适用更应当对其保持高度的警觉。英国著名物理学家斯蒂芬·霍金曾说过："人工智能的成功可能是人类文明史上最大的事件。但是人工智能也有可能是人类文明史的终结，除非我们学会如何避免危险。"[3] 因此，制定人工智能在司法审判领域的适用规则将成为司法避免危险的唯一途径。

四、人工智能在司法审判中适用的框架性规制

"机器智能化法律问题的实质是数字化时代的人机关系在法律上的投射，发轫于计算机，兴盛于网络。"[4] 探究人工智能在司法审判领域的法律规制，其本质在于规范人机之间的关系，即法官与智能机器之间的关系，核心目的是促进以司法审判为中心的裁决过程有序开展，维护司法的秩序和权威。那么，人工智能在司法中的适用规则涉及以下五个方面的内容。

（一）根本任务和价值预设

人工智能的根本任务是辅助法官审结案件，为法官的司法裁判提供精准、便捷、高效的法律信息，减少法官的程序性事务，降低司法成本。人工智能在司法审判领域的价值主要体现在"增强人类"的司法审判能力，弥补人类

---

〔1〕 原新利、綦圆圆：《人工智能对司法领域的"正负"双重功能》，载《广西社会科学》2018年第10期，第100~106页。

〔2〕 邓恒：《人工智能技术研发与智慧法院建设》，载《人民法院报》2018年3月2日，第2版。

〔3〕 盛学军、邹越：《智能机器人法官：还有多少可能和不可能》，载《现代法学》2018年第4期，第74~82页。

〔4〕 于海防：《人工智能法律规制的价值取向与逻辑前提》，载《法学》2019年第6期，第17~30页。

法官的不足，而非"替代人类"获得审判权。[1] 这是人工智能在司法审判领域适用的价值预设，也是逻辑前提。任何科学技术的发展和智能机器的研发都应当是人的延伸，人是一切发明和技术的主宰，既是起点，也是归宿。如果违反这个基本价值预设，智能机器的发展超过了必要限度，则对人而言，对司法审判而言，都将是一场灾难。因此，对于人工智能技术的发展可以给予更多的期待和更广阔的应用。但是，司法审判是一门审慎的艺术，必须警惕人工智能技术这一工具理性的"紧箍咒"。

（二）责任主体和归责原则

司法审判的责任主体只能是承办案件的法官。根据我国现行的"法官终身责任制"，法官应当对其所承办的案件全权负责，人工智能不具备承担司法责任的资格。即使错误的判断是由人工智能做出的，如果其观点或者建议被法官采纳作出错误裁决，该责任原则上应当由案件的承办法官承担。由此可知，归责原则可表述为：机器不承担责任，"谁负责，谁承担"。但是，以下几种情况法官可免责：①人工智能的设计存在缺陷，法官履行勤勉调查和审慎的义务仍不能发觉的；②人工智能的运行出现错误或者重大瑕疵，法官根据一般经验难以克服的；③基于算法规则的改变而导致案件出现差异化裁决的；④人工智能录入的数据库质料的真实性、合法性和正当性存在错误或者重大瑕疵的。上述四种情形下，法官可免除责任的承担，但应当承担举证责任。对举证确实存在技术困难或者受权限限制的，法官可向具备条件的主体（机关）提供协助。法官因上述情形被免责的，案件应当由具体事项和环节的负责人承担相应法律责任，即"谁有错，谁承担"。此归责原则不仅可以监督司法人员在应用人工智能的同时审慎地行使司法权，还能够督促其他相关人员谨慎地履行人工智能可能涉及的各个环节和各种事项，以保证司法裁判的公正与权威。

（三）运行规则及原则

根据人工智能在司法审判领域发挥的主要作用和适用范围，其运行规则主要应当遵循一个基本规范，即根据我国现行法律法规的规定和设定的算法规则进行智能化运作，为操作者提供所需信息。换言之，就是人工智能的所有操作及运行不得超过设置的规则。如上文述，这里所称"信息"包括但不

---

〔1〕　周尚君、伍茜：《人工智能司法决策的可能与限度》，载《华东政法大学学报》2019 年第 1 期，第 53~66 页。

限于：需经法官确认签发的法律文书、类案检索的案例、可能性备选项目以及合理的预判方案，等等。人工智能得出的上述信息必须符合如下要求才具有被参照资格：首先，录入的信息必须是具有法律效力的裁判文书或者获得主体授权的信息；其次，信息入库应当严格按照法定程序；最后，算法规则的确立、变更和废止都应当符合法律规定并且能够经受得起司法实践的检验。人工智能从信息入库的资质审查到程序设定都应当严格按照法律规定进行，并且对负责人的输入、更改或者消除记录全程留痕，以实现司法责任的落实。因此，人工智能在司法领域中的适用亟待实现法律框架性构建以及完善的立法制度予以规制。

（四）主要内容（客体）

在司法审判领域中，人工智能的主要内容包括如下六个方面：一是根据数据库资料和算法规则完善类案检索，并且对筛选案例进行类比和辨识后进行综合分析，提出可能的解决方案或者备选方案；二是根据获得的质量进行分析判断，对不同的解决方案进行数据分析和方案预判，进而给出各个解决方案可能实现的不同目的和效果；三是在法律适用分歧中，可以根据现行法律法规和学说理论开展详细解析和论证，并对比各个观点之间的异同，进而筛选具有可能性的最优方案；四是根据录入规则和程式输入规范文本或者按照设定程序输出法律文书或者信息；五是运用工具理性给案件提供方案论上的启示或者思想实验的手段，模拟还原案件事实或者案发过程，辅助查明案件事实情况；六是补充或者完善法官（跨）专业知识背景、法律规范及法律解释以及法学前沿理论。上述六项是人工智能在司法审判领域工作的主要内容，也是人工智能的功能研发和法律规制的主要内容。当然，这不仅是一个法律问题，也是一个技术问题。算法规则与法治规则不可避免地将并行不悖参与并贯穿于上述六项主要内容的具体运作过程中，故如何强化算法规则与法治规则的融合与协调将是立法必须解决的核心问题之一。

（五）评价机制

人工智能确实在司法实践的诸多方面发挥了积极作用，但如果不设评价机制就存在被滥用的风险。故，人工智能在司法审判中的适用效果的评价机制应围绕以下三方面展开：①法官利用人工智能办案的质量评估；②人工智能提供辅助服务的质量评估；③人机关系的协作程度评估。其实，"人的要素"是评价一切的核心，建立评价机制的目的也在于衡量人工智能在司法审判实践中发挥的实效，并且根据实际效果调整、更改和完善相应的功能，从而提升人工智能的服务质量，优化资源配置并且调整输入规则以适应不断发展变化的社会生活和司法需求。人工智能在司法审判适用中的评价机制核心是人机之间的关系，关键还在于设计者和操作者。所谓价值，是客体对于主体的满足程度。司法审判领域中的人工智能，主体必然是人，客体是智能机器。人工智能在司法审判领域所能发挥的价值取决于人工智能对于人所设定或者追求的目标的实现/满足程度。人既是评价机制的主体，也是客体。因人工智能不具备责任主体资格，针对智能机器的测评是为了调试和修正以更好地辅助司法裁判，目的在于监督和完善人工智能在司法领域中的适用。设置评价机制的本质还在于规制和评判人的行为。因此，评价机制的制度设计应当囊括奖励制度和惩罚制度，并且将评价结果列为司法工作人员绩效考核的标准之一，以此为防止司法权的滥用增添一道安全屏障。

五、结论

人工智能引入司法领域已成为不可逆转的趋势，并且在司法实践中逐渐扮演着不可或缺的角色。人工智能究竟能在司法领域发挥多大的作用则是近些年来一直热议的话题。不可否认，人能智能的引入在一定程度上缓解了当下司法实践中的诸多矛盾和顽疾。但是，在智能科技为司法带来福利的同时，我们应当警醒的是，司法是一门审慎的艺术，尤其是审判权的行使更应如此。如果不对人工智能在司法审判领域的范围有所限制和规制，则后果可能是难以想象且无法挽回的。本文的论证基础既是立足于目前人工智能已经达到的程度，又建基于其未来可以预测实现的水平之上。这是本文对人工智能的基本定位。由此，笔者认为，人工智能在司法审判中的适用必须限制在一定范围之内，并且人工智能不可能成为司法裁判的主体，这是基本逻辑前提。首先，根据案件类型和性质划分。人工智能在类型化、程序化案件以及简单案件中可以发挥主导作用，在其他案件中应当发挥辅助作用，但在涉及国家安全/秘密、商业秘密和个人隐私等性质的案件中应当被禁用或者慎用。其次，根据审级划分。人工智能的适用应当与审级成反比，即审级越高的裁决对人工智能的利用越应当有所限缩。因为审级越高的法院法官在审判过程中越应当积极发挥主观能动性，引领司法裁判的价值选择和法律解释。最后，人工智能的辅助范围也应当有所限制。人工智能固然在司法审判的诸多方面具有优势地位，但如若不加以限制则可能导致司法信息泄露、滋生司法惰性等问题。因此，人工智能在司法审判中的辅助范围必须设置在合理的范围内，否则可能会陷入"物极必反"的困局。

　　事实证明，人工智能在司法实践中必将大有作为，但离真正实现制度化建构还"道阻且长"。人工智能在司法领域中的适用必须用法律制度进行规制才能具有持久生命力，因此人工智能在司法审判中的立法规制成为解决上述问题的必由之路。笔者围绕人工智能在司法审判领域适用中的根本任务和价值预设、责任主体和归责原则、运行规则及原则、主要内容（客体）、评价机制五方面，搭建了法律规制的框架结构。当然，这也仅是一个初步尝试，离实现（立法）制度建设还相去甚远。但是，任何进步都需要时间的积淀和实践的检验，本文的框架性规制构想也未尝不是一次有益的尝试。

个人信用信息何以应由宪法保护?

——一个制度论证的进路

李　艺[*]

摘　要: 我国正在建设一个庞大的社会信用本系,在此背景下,对个人信用信息的保护呈现出两个特点:其一,缺乏统一的社会信用法对社会信用体系进行规制,以致个人信用信息权益的保护缺乏相应的规范;其二,在社会信用体系构建过程中,个人信用信息权益面临的威胁主要来自于公权力机关。基于此,宪法有必要对当前个人信用信息的保护做出回应:一方面,个人信用信息的宪法保护能够为统一的社会信用立法提供宪法基础;另一方面,个人信用信息的宪法保护能够有效预防社会信用体系建设过程中国家对个人信用信息的侵害。个人信用信息中蕴含有经济利益和人格利益的双重属性。而宪法财产权不仅具有经济利益的价值内涵,更重要的是具有经济利益背后的人格价值的内涵,即宪法财产权事实上是一种为了保障公民有尊严地生活、实现自我价值的物质基础的权利。在这个意义上,宪法财产权可以作为当前个人信用信息保护的宪法基础,实现对个人信用信息中人格利益与经济利益的一体保护。未来的社会信用立法,对于个人信用信息的保护问题,应当构建一个财

---

* 李艺,中国政法大学法学院 2019 级博士研究生 (100088)。

产权的保障模式。

关键词：个人信用信息　经济利益　人格利益　宪法财产权　权利保障

以"中国知网（CNKI）"为信息检索平台，在"高级检索"功能项下，以"文献"为检索范围，以"全文"为检索条件限制，以"个人信用信息"为布尔逻辑检索词进行检索，可得 21 355 条结果。大致浏览检索结果后发现，该主题项下论文的探讨以个人征信管理机制、个人信用信息的使用与流转机制、个人信用信息民法保护、个人信用信息刑法保护等为主，很难见到宪法语境下的相关研究。我们再以相同检索设置，以"个人信用信息 and 宪法保护"为布尔逻辑检索词进行检索，仅命中 206 篇文献，且多数直接关涉"宪法保护"的结果是在"个人信息"的层面上展开讨论的，几乎没有聚焦于"个人信用信息宪法保护"的研究。从这二者的存在实态上看，"个人信息"的概念与"个人信用信息"的概念自然是包含与被包含的关系，个人信息的侵害泛化局面促使法律学者讨论其宪法保护自然得当；而仅作为其具体类型之一的"个人信用信息"，似乎无法与宪法保护的"根本性"要求相匹配。不过，社会信用体系建设成为一个新的"变量"，它促使制度设计者展开迥异于上述的"反向思考"，即不再囿于个人信用信息保护能否匹配宪法，而是何种法制能够适配个人信用信息保护的严峻形势——其宪法保护呼之欲出。于是，我们的问题意识便导向了"个人信用信息是否应由宪法进行保护"。一般而言，解决这类问题的思路有二，一种是制度实证进路的，另一种则是权利逻辑进路的。前者以功利主义为哲学基础，往往从制度的功能性维度切入，将其与待适用/保护对象所蕴含的利益、所遭遇的困境、所欲求的价值等作因果衔接论证，从而揭示出适用相应制度保护相应对象的必要性和可能性；后者以理性主义为哲学基础，即以证成待保护对象所蕴含的法益系保护工具体系中的某一权利实存（权利符合论证）为要，具体到该问题上，便是证成"个人信用信息权益是宪法权利"。这两种进路间的关系并非非此即彼、相互排斥的，而是可以协同导向论证目标。笔者认为，就"个人信用信息是否应由宪法进行保护"这一问题而言，其肯定答案既可因具备制度必要性和可能性而得以证成，又因个人信用信息权益确属宪法权利而本该如此。本文即是在前一个向度上展开的工作。具体来看，文章第一部分"社会信用体系建设背景下个人信用信息宪法保护的必要性"旨在通过刻画保护危机的严重性证成以宪法保护个人信用信息的必要性；文章第二部分、第三部分则旨在通过说明个人信用信息权益属宪法权益保护的制度范畴，论证以宪法为保护工具是客观且可行的；两个面向的论证相合，便可从制度实证视角得出"个人信用信息应由宪法保护"的结论。

一、社会信用体系建设背景下个人信用信息宪法保护的必要性

在社会信用体系建设的大背景下，个人信用信息宪法保护的必要性是由其危机样态反向证成的。或者说，在此情境下，其遭遇的危机如若不由宪法出面，则很难得到化解。通过考察当前我国的社会信用立法及个人信用信息保护实践，不难发现，个人信用信息保护存在着规则弥散、权力扩张、工具异化等三重困境，宪法保护则是统一立法、限制权力、矫治异化的最佳选择。

（一）社会信用体系建设背景下个人信用信息面临的保护危机

根据《社会信用体系建设规划纲要（2014—2020 年）》，到 2020 年我国应当基本完成对社会信用体系的建立。在这个体系之中，信用信息的范围十分广泛，涉及政务、商务、社会、司法公信等各个方面，不仅包括个人信用信息，也包括企业、政府、社会组织等非自然人主体的信用信息。在整个社会信用体系中，个人的信用信息无疑是最根本的，它的数量最为庞大，遍布社会信用体系的各个领域；与此同时，个人信用信息也是最为脆弱的，同企业、政府、社会组织等其他信用信息主体相比，个人仅仅具有非常有限的能力可以抵御第三方主体对其信用信息的过度采集、非法处理。因此，与其他主体的信用信息相比，个人的信用信息更容易遭受来自各方的威胁。尤其是在致力于构建一个巨大、庞杂的社会信用体系的过程中，公共公开信息和非公共公开信息的界分模糊，传统的属于政府信息公开的内容，和征信、社会信用等一系列概念混同之后，极易引发出个人信用信息保护的危机。[1] 从当前我国社会信用体系建设的实践来看，个人信用信息权益的保护存在以下几方面的危机：

首先，我国社会信用体系的建设存在规范供给不足的问题，信用信息范围不明确、信用信息的采集与分享规则不统一等都会导致对信用信息主体权益保护的失败。根据《社会信用体系建设规划纲要（2014—2020 年）》的规定，到 2020 年，我国应当要基本建立起"社会信用基础性法律法规"。但从我国目前社会信用立法的现状来看，国家层面的统一的社会信用法律尚未出

---

〔1〕 参见汪路：《"社会信用体系建设部际联席会议"制度十年利弊分析》，载 https：//baijiahao. baidu. com/s?id=1586590989598759531&wfr=spider&for=pc，最后访问时间：2020 年 3 月 19 日。

台，只在地方展开了一系列社会信用立法的尝试。湖北、上海、河北、浙江等地先后出台了与社会信用相关的地方性法规，[1] 深圳等地通过了相关的政府规章，[2] 还有更多地方正在紧锣密鼓地推进立法。但各地对信用法理的理解参差不齐，导致各地政府出台的信用相关规范不统一，甚至很多地方出台的地方性法规、政府规章本身也存在一定的违法、违宪危机。无论是政府部门还是市场领域，在缺乏统一的信用法律规范的指引和规制，建设社会信用体系的过程中行事具有随意性的情况下，潜藏着大量侵害个人信用信息权益的风险。

其次，各级政府、部门表现出无限扩张个人信用信息范围的趋势。由于我国正在建立的社会信用体系是一个超越传统征信金融领域而涵盖了道德、司法、行政、商务等社会各个领域的综合的信用信息共享系统，可以被纳入该系统的信用信息的范围就十分广泛了。目前并没有相关规范对我国信用信息的范围进行界定，在实践操作中，各级政府表现出了无限度扩大信用信息范围的倾向，将许多与公共秩序相关但事实上与公民个人信用联系并不紧密的行为也纳入到了社会信用体系的范围内。比如，2019 年，西安市出台《西安市生活垃圾分类管理办法》（已失效），其中也明确规定，"将生活垃圾分类管理纳入物业服务企业的信用管理体系"[3]。2019 年 11 月，国家卫生健康委办公厅等 11 个部门联合印发《关于进一步促进无偿献血工作健康发展的通知》，建议各地将无偿献血纳入社会征信系统中，引发了广泛的争议。[4] 2020 年 2 月 7 日，上海市通过《上海市人民代表大会常务委员会关于全力做好当前新型冠状病毒感染肺炎疫情防控工作的决定》，明确隐瞒新冠病毒疫情

---

〔1〕 2017 年 3 月，湖北省出台了《湖北省社会信用信息管理条例》；2017 年 6 月，上海出台了《上海市社会信用条例》；2017 年 9 月，河北省出台了《河北省社会信用条例》；2017 年 9 月，浙江省出台了《浙江省公共信用信息管理条例》；加上 2011 年陕西省出台的《陕西省公共信用信息条例》，有五个省市出台了有关信用的地方性法规。其中《上海市社会信用条例》属于全国首部社会信用综合性地方法规。

〔2〕 《深圳市公共信用信息管理办法》于 2017 年 10 月 1 日起实施。《上海市公共信用信息归集和使用管理办法》已经于 2016 年 3 月 1 日起施行，于 2018 年修正。

〔3〕 《西安市生活垃圾分类管理办法》，载 http：//xa. wenming. cn/gonggaolan/201908/t20190815_6004800. html，最后访问时间：2020 年 3 月 19 日。

〔4〕 《无偿献血，能与社会征信系统挂钩吗？》，载 https：//baijiahao. baidu. com/s？ id = 1651224256119816231&wfr=spider&for=pc，最后访问时间：2020 年 3 月 19 日。

将会被列入征信黑名单中。[1] 事实上，上述行为是否应当被纳入个人信用信息的范围是值得商榷的。如果无限度地扩大公民信用信息的范围，所导致的最直接的后果就是那些原本不应当被纳入征信系统的公民信息也会被作为个人信用信息而被采集，在这种情况下，公民个人信息被过度收集就不可避免。当这些被过度采集的信息被作为个人信用评级的依据，必然会对个人信用状况产生极大影响，这些影响或好或坏，但是在信用经济时代，这种信用评级无疑已经成为个人的第二身份，对个人生活的方方面面产生的影响是不可忽视的甚至会起到决定性作用。

最后，当前的社会信用体系建设表现出过度关注失信惩戒机制而忽视个人信用信息权益保护的特点。《社会信用体系建设规划纲要（2014—2020年）》第五部分明确提出，要"完善以奖惩制度为重点的社会信用体系运行机制"。奖惩机制是社会信用体系建设的重点，而这其中通过威慑以期促进社会信用整体提高的失信惩戒机制则成为重中之重。就失信惩戒机制的构建而言，国家层面已经出台了不少专门的顶层设计文件，比如，中共中央办公厅、国务院办公厅印发的《关于加快推进失信被执行人信用监督、警示和惩戒机制建设的意见》（2016）、国务院印发的《关于建立完善守信联合激励和失信联合惩戒制度加快推进社会诚信建设的指导意见》（2016）、国务院办公厅印发的《关于加快推进社会信用体系建设构建以信用为基础的新型监管机制的指导意见》（2019）。各地也纷纷出台了地方性法规，推动建立以失信惩戒为特色的信用管理制度。以上海为例，上海作为全国范围内社会信用体系建设的典范城市，在其"信用中国（上海）"官方网站上，自2019年以来发布的一系列规范性文件都与失信惩戒相关，遗憾的是，该网站上并未涉及任何一部与个人信用信息权益保护相关的制度规范。与此同时，由于各级政府都存在无限度扩大信用信息范围的趋势，因而被纳入失信惩戒范围的信息也在无限扩张。有媒体将目前失信惩戒机制的建立总结为"大错小错都算失信"，[2]最终导致的后果是人人自危。无论是中央还是地方，在社会信用体系建设过程中，都存在过度关注对个人失信行为的惩罚，而忽视了对个人信用信息权

---

〔1〕 《上海：个人隐瞒疫情将列入征信黑名单》，载 http://www.news100c.com/2020/cj_0210/3088.html，最后访问时间：2020年3月19日。

〔2〕 《大错小错都算"失信"？失信惩戒机制不能搞得人人自危》，载 https://baijiahao.baidu.com/s? id=1642188400466703904&wfr=spider&for=pc，最后访问时间：2020年3月19日。

益保护的问题。从根本上说，这种忽视来源于对个人信用信息权益的认识不足，各级政府、相关行政执法官员，都没有意识到个人基于信用信息享有的权利问题。

（二）个人信用信息宪法保护的必要性

从当前个人信用信息保护面临的一系列危机来看，当前对个人信用信息的保护呈现出两个特点：其一，缺乏统一的社会信用法对社会信用体系进行规制，以致个人信用信息权益的保护缺乏相应的规范；其二，在社会信用体系构建过程中，个人信用信息权益面临的威胁——积极侵害与消极照护（过分重视信用惩戒而忽视信用信息权益保护本身）——主要来自于公权力机关。基于此，宪法有必要对当前个人信用信息的保护做出回应：

一方面，宪法保护是统一社会信用立法的根本要求。从当前的实践来看，中央以及各地政府在推进社会信用体系的建设过程中暴露出的一系列潜在的危害个人信用信息权益的行为，都可以追溯到规范层面的供给不足上。正是因为对信用信息的范围、个人信用信息权益、失信奖惩等方面的内容的模糊不清，才导致中央以及地方政府在推进社会信用体系建设过程中行为的随意性。那么，规范层面的问题如何解决？切实可行的路径是进行社会信用立法。目前，社会信用法立法已经被纳入十三届人大常委会的立法规划之中。[1] 如何进行社会信用立法？厘清信用信息相关的理论基础是关键。具体到个人信用信息的保护问题上，从宪法上明晰个人信用信息权益的权利属性是根本，以此才能为信用立法提供统一的价值指导，明确个人信用信息权益保护的意义和价值，确定个人信用信息权益的保护规则，最终构建具有宪法基础的统一的社会信用法律体系。

另一方面，宪法保护是防御国家侵害、矫正工具异化的必由之路。如前所述，我国社会信用体系的构建是一个政府主导的工程，在这个过程中，公权力机关掌握着的公民个人的信用信息数量最为庞大，同时，公权力机关也是最大的个人信用信息收集、使用者，公权力机关的行为对个人基于信用信息的权益影响最大。这就意味着，相比来自私人主体的侵害，我们更应该警惕国家权力对个人信用信息的威胁。事实上，国家对于个人信用信息权益的

---

〔1〕《社会信用法呼之欲出》，载 http://finance.sina.com.cn/wm/2020 - 06 - 10/doc - iircuyvi77 24053. shtml，最后访问时间：2020 年 6 月 11 日。

侵害，更加难以察觉也更难以防御。[1] 上文已经列举出了国家对于个人信用信息的潜在的诸多威胁，同私法的探讨不同，宪法层面讨论对个人信用信息的保护，主要就是为了防止国家对于个人信用信息权益的不当干预，使个人信用不因国家公权力行为而遭受减损，也要杜绝国家对于个人信用的恣意评级，规范国家对于个人信用信息的收集、储存、使用、公布等行为。除对抗国家的不当干预与不法侵害外，宪法保护还能够帮助国家清醒认知个人信用信息的权利属性，矫正前文所述的个人信用信息工具性异化现象；即其作为社会治理工具的机能被过分强调，这才导致失信惩戒畸重于个人信用信息保护机制的建构，而宪法在游刃于"权利宣示（保障）"[2] 与"社会治理"[3] 两种取向时所展现出的价值平衡功能[4]，便可有效调适失信惩戒与个人信用信息保护机制间的协同关系。

二、个人信用信息中蕴含宪法权益

只有明确了个人信用信息中蕴含的可以被宪法权利所保护的利益，才可以进一步明确对个人信用信息权益进行宪法保护的路径。因此，对个人信用信息中蕴含的宪法权益的分析是后文探讨个人信用信息保护路径的前提和基础。在本部分，我们将首先对个人信用信息中蕴含的利益展开分析，在此基础上，再进一步讨论为什么个人信用信息中蕴含的这些利益应当被纳入到宪法权利的保护范围，即为什么这些权益可以被称为宪法权益。

（一）个人信用信息中蕴含有经济利益

在信用经济时代，个人信用信息对于企业而言具有经济利益价值当无异议。所谓信用经济，就是信用关系作为一种资源配置方式对一个地区、一个国家经济的发展起着持久的、决定性的作用的经济。[5] 信用经济的最明显的

---

〔1〕 参见赵宏：《从信息公开到信息保护：公法上信息权保护研究的风向流转与核心问题》，载《比较法研究》2017 年第 2 期，第 35 页。

〔2〕 关于宪法"权利宣示（保障）"功能的相关论述可参见秦小建：《宪法为何列举权利？——中国宪法权利的规范内涵》，载《法制与社会发展》2014 年第 1 期，第 89~100 页。

〔3〕 关于宪法"社会治理"功能的相关论述可参见韩大元：《宪法实施与中国社会治理模式的转型》，载《中国法学》2012 年第 4 期，第 15~25 页。

〔4〕 这种价值衡平功能实际是一种"二阶功能"，它可以与权利宣示（保障）功能一道发挥作用。参见杨平：《宪法在国家治理现代化中的价值引领、功能定位及实现路径》，载《兰州学刊》2015 年第 9 期，第 148~157 页。

〔5〕 参见石淑华：《关于信用经济的几个理论问题》，载《福建师范大学学报（哲学社会科学版）》2004 年第 1 期，第 46 页。

一个特征就是，信用成为经济增长的动力机制，[1] 而作为信用的基础，信用信息本身也可以成为一种资本积累而推动经济的增长。一个公司或者企业掌握的信用信息越多，对该公司或企业的收益将会越有利；相反，如果一个公司或者企业的信用信息流失越多，那么该公司或企业的收益很可能会为负。因此，对于企业而言，持续不断的信用信息的积累和经营就成为经济发展水平和企业核心竞争力的重要标志。尤其对于征信机构而言，其掌握的信用信息的数量将直接决定其经营效益（这些信用信息既包括企业的信用信息也包括个人的信用信息，由于本文探讨的是个人信用信息的保护，因此此处也主要探讨个人信用信息对于企业而言的财产价值）。征信业是市场经济中提供信用信息服务的行业，而征信机构则是提供信用信息服务的企业，它是以营利为目的的。征信机构首先会对个人的信用信息进行采集，然后运用数据算法技术对收集到的信用信息进行分析、处理，形成关于个人的信用报告，再将这一报告有偿提供给经济活动中有需求的信息使用者。若要提供优质的信用信息服务，掌握大量的个人信用信息是前提。大数据时代区别于小数据时代的一个重要特点就是数据量上的巨大优势，对于数据挖掘算法而言，其所分析处理的数据量越大，其得出的结果将会越精确。因此，在大数据时代，如果征信机构掌握的个人信用信息越多，意味着它最后得出的关于个人的信用报告就会越准确，它能提供给信息需求第三方的信用信息服务将会越高质量。在这个过程中，征信机构所掌握的个人信用信息的数量直接决定了征信机构的产品质量，并最终影响到企业的经济收益，个人信用信息无疑已经成为征信机构的重要资产。

事实上，在信用经济时代，个人信用信息对于个人而言同样具有十分重要的经济利益价值。人类社会尚未进入到计算机时代以前，信用就已经具有重要性。它对于个人最重大的影响就是人际交往。那个时代，对于信用的建立或者评级都较为缓慢，它依托于同伴之间日积月累的了解，并且需要时间才能慢慢扩散。信用因此而作为一种对个人的道德评价标准而存在，对于个人的经济利益可能只在最低程度上存在影响。但是，当我们进入到大数据时代，对于信息的收集、存储都变得更加便捷、低成本时，信用以互联网上的数据为载体，就更容易被发现、被评价，最终扩散开来。在这种情况下，信

---

〔1〕 参见石淑华：《关于信用经济的几个理论问题》，载《福建师范大学学报（哲学社会科学版）》2004 年第 1 期，第 46 页。

用所辐射到的范围就不仅仅是个人的人际交往领域，它决定了你能找到什么样的工作甚至是能否找到工作，它决定了你能获得多少的贷款额度甚至是能否获得贷款，它决定了你在商品服务市场中能够得到什么样的服务，它决定了你是否会成为公安机关侦查怀疑的对象，等等。而这一切都直接或者间接影响到了你在这个社会所能获得的经济利益，你的收入、住房、购买的商品等都关涉到你的财产。甚至是公安机关是否将你纳入犯罪嫌疑人行列，也影响着你的经济利益，你可能会因此损失财产（你必须付出时间和精力配合调查），你可能因此失去获取财富的资格（如果被定罪，你将被判刑，就算刑满释放，你的犯罪记录会大大降低你的信用评分，你可能很难找到一份好的工作，申请到满意的贷款，等等）。在信用经济时代，个人信用是个人能否获得以及能够在多大程度上获得经济物质基础的关键。

（二）个人信用信息中蕴含有人格利益

所谓人格利益，是与个人自身及其身份相关的利益，它是一个人能成为独立的、有尊严的个体的关键。[1] 人格利益包含的范围十分广泛，包括生命、身体、健康、姓名、名称、肖像、名誉、荣誉、隐私，等等。[2] 个人信用信息中蕴含有大量的人格利益，这就意味着，个人信用信息与个人及其身份密切关联。

首先，个人信用信息与个人名誉密切关联。个人信用信息是与个人信用相关的信息，它能够反映个人信用状况。从本质上讲，信用是对一个人是否信守诺言的道德评价，如果一个人的信用评价较高，那么他往往能够因此具有良好的名誉；如果一个人的信用评价较低，那么他的名誉可能会因此而遭受败坏。2020 年 5 月 28 日通过的《中华人民共和国民法典》（以下简称《民法典》）也将信用作为了名誉的重要组成部分。[3] 既然信用本身就属于名誉的重要组成部分，那么能够反映出个人信用状况的信用信息中也就当然蕴含有诸多能够反映出个人名誉状况的信息。在这种情况下，个人信用信息与个人名誉密切相关。

其次，个人信用信息与个人隐私密切相关。根据《民法典》的定义，隐

---

〔1〕　See Pearce Henry, *Personality, Property and Other Provocations: Exploring the Conceptual Muddle of Data Protection Rights under EU Law*, 4 European Data Protection Law Review (EDPL) 190, 193 (2018).

〔2〕　参见杨立新:《人格权法》，法律出版社 2015 年版，第 149~280 页。

〔3〕　《民法典》第 1024 条第 2 款规定:"名誉是对民事主体的品德、声望、才能、信用等的社会评价。"

私是指自然人的私人生活安宁和不愿为他人知晓的私密空间、秘密活动、私密信息。社会信用体系的构建需要以个人信用信息的公开、流通为前提，但这并不意味着，个人信用信息就毫无私密性可言。对于个人而言，个人信用信息中可能蕴含有大量私密信息，这些信息往往是个人不愿意被公众知晓从而被任意扩散开的。我国社会信用系统的建设是一个颇具"野心"的工程，当前社会治理各个领域所面临的问题，例如，环境污染问题、政治腐败问题、食品安全问题等，都可以被归纳为信用问题，于是"信用"被政府作为了一种社会治理和管控的工具。这样一个系统庞大、辐射领域广泛的社会信用系统，实质上是将每一位公民置于了政府全面监控的环境之中，一切关涉到公民信用的信息（某些信息可能与公民信用仅仅具有潜在的联系）都难以逃脱被收集、记录、储存甚至是公布、暴露的风险。在这样一个功能强大的社会信用系统之中，公民对于其自身的信用信息实质上已经失去了控制。为了政府公共管理的需要，公民无法决定其信用信息应当被收集的范围、时间、地点等；也无法决定其信用信息应当被公开共享的程度。征信业的发展，致使公民个人信用信息的隐私也面临着来自私主体侵害的危机。数据挖掘算法致使一切个人信息都具有了转变为与个人信用相关信息的可能性，在这种情况下，个人在互联网上所留下的一切足迹，都被收集、保留，并被分析、处理，最后甚至被出售、贩卖，而这一切都显得那么神不知鬼不觉。在大数据技术加持下的社会信用系统中，个人对于其信用信息无疑是失控了，信用信息被过度消费、曝光，个人已经无隐私可言。从本质上说，这种隐私危机其实是由于信用信息被分享、流通所造成的。而社会信用体系的建设，是以信用信息的共享为前提、以服务于市场经济的发展为目标的，在这个过程中，不可避免会侵犯到个人的隐私利益。

无论是名誉还是隐私，个人信用信息中蕴含的这一系列人格利益都表明，对于个人而言，其信用信息与个人能否在这个世界有尊严地生活密切相关。一个具有较高信用的人，可以较为容易地参与、融入社会生活的方方面面，尽情追逐自己的梦想，努力实现自身价值；相反，一个具有较低信用的人，则很有可能在社会中处处遭受排挤，最终被排挤出社会之外。可以说，个人信用信息中的人格利益价值其实就是个人能否有尊严地生活、能否实现自我价值、能否自主追求幸福等方面的价值。

（三）个人信用信息利益实现与国家义务履行是"一体两面"的关系

宪法权利区别于法律权利的一个重要特点在于，宪法权利是一项个人或者全体公民针对国家或国家立法机关而言的一项权利。[1] 根据霍菲尔德的权利概念，权利区别于特权（previliges）、权力（power）、豁免（immunities）这三个概念，在本质上是一项要求权，这项要求权以他人负有为某事的义务或者不为某事的义务为前提。[2] 霍菲尔德按照相关关系和相反关系对上述概念进行了分组，其中，权利和义务之间具有相关关系，而具有相关关系的双方则必然共存。[3] 也就是说，存在权利，必然就存在与之相应的义务。于是，宪法权利是一项个人或者全体公民针对国家或国家立法机关而言的一项权利事实上就意味着国家成为与宪法权利相对应的义务主体。当个人向国家提出一项要求时，国家有义务满足；当个人向国家行使其自由权利时，国家有义务不干涉。[4] 对于个人信用信息的经济利益和人格利益而言，如果其利益的实现，需要国家履行相应的义务，那么个人信用信息的经济利益和人格利益就有必要纳入到宪法权利范畴，获得宪法层面的保护。

在构建社会信用体系的背景下，个人基于其信用信息而享有的经济利益和人格利益的实现是需要国家履行相应的义务的，或者更为形象地说，它们之间是"一体两面"的关系。如前所述，我国的社会信用体系是一个政府主导的涵盖社会各个领域的国家信用监管体系，在这个体系中，个人若提出要实现其基于信用信息享有的经济利益以及人格利益的要求，与之相对应的，绝不仅仅是平等主体的义务，更重要的是国家的义务。我们可以把国家对于宪法权利的义务分为三个层面：宪法权利的国家尊重义务、宪法权利的国家保护义务、宪法权利的国家实现义务。[5] 国家的尊重义务意味着国家必须要对宪法权利秉持着尊重的态度，不得通过立法限制这一权利；国家的保护义务意味着国家必须要防止宪法权利遭受侵害或者在遭受现实侵害的情况下能够提供救济；国家的实现义务则是指国家要承担最低限度的责任以确保某一

---

〔1〕 参见马岭：《宪法权利与法律权利：区别何在?》，载《环球法律评论》2008 年第 1 期，第 69 页。

〔2〕 See Wesley Newcomb Hohfeld, "Some Fundamental Legal Conceptions as Applied in Judicial Reasoning", 23 *The Yale Law Journal* 16, 16–59 (1913).

〔3〕 参见亚瑟·L. 科宾：《法律分析与术语》，牛犇译，载朱振、刘小平、瞿郑龙等编译《权利理论》，上海三联书店 2020 年版，第 140 页。

〔4〕 参见杜承铭：《论基本权利之国家义务：理论基础、结构形式与中国实践》，载《法学评论》2011 年第 2 期，第 31 页。

〔5〕 参见杜承铭：《论基本权利之国家义务：理论基础、结构形式与中国实践》，载《法学评论》2011 年第 2 期，第 34~37 页。

权利的实现能够达到一个最低限度的水平。其中,国家的尊重义务和保护义务可以针对几乎所有性质的宪法权利;而国家的实现义务则主要局限于社会权利。对于个人信用信息利益的实现而言,国家至少应当承担以下两个层面的义务:

首先,个人信用信息的经济利益和人格利益的实现要以国家的尊重义务为基础。一般而言,国家对宪法权利的尊重义务的首要履行者是立法机关。[1] 若宪法已经明确了某一权益的重要性以及保护的必要性,那么立法机关就不得在立法中随意限制、侵害该项权益,甚至要主动立法明晰这一权益的范围以及具体的保障路径。对于个人信用信息蕴含的利益而言,国家的尊重是其利益价值得以实现的前提。如果不能在宪法层面明确个人基于其信用信息享有的利益的重要性以及保护的必要性,[2] 那么立法层面将缺乏统一的价值指导,一方面可能会导致立法对个人信用信息利益的漠视,致使原本应当受到尊重的价值得不到应有的重视;另一方面可能会导致立法无法确定恰当的个人信用信息利益保护路径。

其次,排除个人信用信息的经济利益和人格利益在当前面临的侵害需要国家履行其保护义务。一项权益应当受到国家的尊重并不意味着在实践中该项权益就一定不会遭受任何被侵害的危险,因为国家的尊重义务往往是从应然层面确立一项权益的被保护的重要性,但从实然层面,由于受到多种现实因素的影响,该项权益仍然可能遭受公权力机关或者私主体的侵害。[3] 国家的保护义务的履行就是指宪法权利在可能会遭受侵害或者面临着现实的侵害的情况下,国家应当如何预防这种潜在的侵害或者应当如何对已经造成的损害提供救济。对于个人信用信息利益而言,一方面,由于我国社会信用体系的构建要以公权力机关对大量信用信息的收集、存储为基础,一旦公权力机关过度采集公民个人信用信息并对其过度分析处理,就很有可能导致对公民个人信用信息中经济利益以及人格利益的侵害;另一方面,由于在实践中还

---

〔1〕 参见上官丕亮:《论国家对基本权利的双重义务以生命权为例》,载《江海学刊》2008 年第 2 期,第 150~155 页。

〔2〕 值得一提的是,从宪法层面明确信用信息权益重要性的方式很多,可以通过修宪的方式在宪法中明确规定信用信息权利,也可以通过宪法解释的方式对既有宪法权利进行解释从而将信用信息权益纳入宪法权利保障范围。一般情况下,我们优先使用宪法解释的方式,只有在宪法解释无法达到保护目的的情况下,我们才会选择修宪的方式。本文采取的路径恰是宪法解释的路径。

〔3〕 参见李建良:《宪法理论与实践(一)》,学林文化事业有限公司 1999 年版,第 68~70 页。

存在大量征信机构需要对公民的信用信息进行采集、分析、处理并且最终形成征信报告出售获益，一旦征信机构非法采集公民信用信息或者其他组织、个人将公民征信信息进行非法出售，同样会导致公民个人信用信息中经济利益以及人格利益的损害。面对这些来自国家的以及私主体的侵害，国家保护义务的履行就在于通过一系列制度设计以防止个人信用信息可能遭受上述威胁或者在已经遭受到损害的情况下可以向国家提起赔偿请求。

综上，在构建社会信用体系的过程中，个人信用信息中的经济利益以及人格利益的实现不仅仅需要第三方平等主体义务的履行，更重要的是需要国家履行相应的义务。在当前，个人信用信息的利益不仅仅面临着来自平等主体的侵害，更面临着来自公权力机关的威胁，在这一情况下，与个人信用信息权益相应的义务主体就不能仅仅局限于平等主体，否则无法实现对其的有效保护。既然个人信用信息中经济利益以及人格利益的实现都必须依赖国家相应义务的履行，那么个人信用信息中的利益就可以被视为宪法权益而应当纳入到宪法权利的保护范围。

三、宪法财产权能够成为个人信用信息权益宪法保护的基础

既然个人信用信息中的经济利益和人格利益都属于宪法权益应当被纳入到宪法权利的保障范围，那么，应当通过哪一项权利来实现对个人信用信息中利益的保护呢？本部分将以宪法财产权的内涵作为切入，认为宪法财产权本身就蕴含着保护经济利益和财产利益的双重价值属性，恰与个人信用信息中的经济利益和人格利益契合。基于此，本部分将详细论证，以宪法财产权作为保护个人信用信息权益的路径的可能性以及可行性。

（一）宪法财产权：范畴与功能

如何来理解宪法意义上的财产权？德国联邦宪法法院的做法可以给我们一定启示。联邦宪法法院对宪法财产权的功能进行区分，认为宪法财产权的首要功能是保护"财产所有者作为道德个体或政治个体的地位的非经济利益的财产价值"，其次才是财产的经济利益，事实上，在很多情况下，德国联邦宪法法院对于财产增长的价值是不给予保护的。[1] 在著名的 1968 年"汉堡洪水控制案"中，联邦宪法法院运用目的解释的方式对宪法中的财产权的功能进行了定义："为保障财产权的基础性宪法权利之地位，必须将之置于维护

---

〔1〕　G. S. Alexander：《财产权是基础性权利吗？——以德国为比较项》，郑磊译，载谢立斌编：《中德宪法论坛 2014》，社会科学文献出版社 2014 年版，第 384 页。

个人自由的关系中进行审视。在宪法权利的一般体系中，财产权的功能在于通过维护权利人的经济自由，从而实现其自我统治。"[1] 当然，联邦宪法法院对于财产的功能的解释并不是一成不变的，而是随着所处时代环境的不同，在个案中做出不同的解释。但是其解释的方法和原则是一致的，那就是通过目的解释的方式来探寻财产权在特定的时代、特定的案件中所具有的维护人格和道德性的功能。德国联邦宪法法院的这种做法，其实是将宪法上的财产权的保护功能与民法上的财产权的保护功能进行了严格的区分。事实上，在中国宪法语境下，已经有学者同样提出了类似的观点，那就是要区分宪法上的财产权和民法上的财产权，应当从人在社会中的自治地位的角度来理解宪法上的财产权，宪法上的财产权是个人自治、自主、自决追求幸福的权利、而不是追逐经济利益、谋求财富积累的权利。[2]

如果我们回归到中国宪法文本，同样可以对中国宪法语境中财产权的保障目的进行如上解读。《中华人民共和国宪法》（以下简称《宪法》）第33条第3款规定："国家尊重和保障人权。"人权以人的尊严和自由为核心价值体系，[3] 这意味着对于一切有助于实现人的尊严和自由的权利，国家都应给予尊重和保障。事实上，宪法文本中列举出的一切基本权利都是有助于实现人的尊严和自由的，即有助于实现人权的。《宪法》第33条位于基本权利章节第一条的位置，这也从侧面反映出该条款在公民基本权利保障中的统领作用。毫无疑问，人的尊严和自由的实现一定是需要一定物质基础的。对于这一物质基础的满足，可以说宪法是从两个方面来进行规定的。首先，宪法财产权[4]的保护是必然的，因为财产权直接提供了公民在一个国家内有尊严地生活并且享有基本自由的物质基础。只是，宪法财产权提供的是一种防御功能，它确保了公民生存的基本物质基础和自由不受到国家的干预。其次，国家还应当履行一种积极的保护义务，那就是主动为公民提供满足其有尊严地生活的基本物质基础。《宪法》第14条和第45条规定的社会保障制度，就为国家设定了这样一种需要积极履行的义务。由此我们可以发现，同德国《基

---

[1] BVerfGE 24.

[2] 参见李累：《论宪法上的财产权——根据人在社会中的自治地位所作的解说》，载《法制与社会发展》2004年第4期，第61页。

[3] 参见韩大元：《宪法文本中"人权条款"的规范分析》，载《法学家》2004年第4期，第10页。

[4] 尽管财产权不在基本权利章节，但我们仍将其视为一项基本权利。

本法》一样，我国宪法中的财产权事实上也是一种为了保障公民有尊严地生活、实现自我价值的物质基础的权利，如果没有财产权提供物质保障，个人很难实现自治、自主、自决的幸福。

因此，我们有必要对宪法上的财产权与民法上的财产权进行界分。如果一项权利中蕴含有大量的经济价值，并且在实践中可以自由流通，那么该项权利是完全可以被纳入民法财产权的保障范围。但是一项权利若仅仅具有经济上的利益价值，则并不足以被纳入宪法财产权的保障范围。因为民法上财产权保护的目的是通过鼓励财产的交易以达到财富积累的目的，该项权利中蕴含的经济利益价值越大，就越值得保护。[1] 但是宪法财产权保护的目的并不是追求财富最大化的经济目的，而是依附于财产背后所具有的更深层次的人格价值，即个人的发展、自我价值的实现，或者个人的尊严、个人的隐私保护，等等。

（二）宪法财产权：个人信用信息经济与人格利益的一体保护

上文论述表明，宪法上的财产权保障的不仅仅是财产的经济利益价值，更重要的是经济利益价值背后所蕴含的人格利益价值。可以说，宪法上的财产权是一项具有人格权属性的财产权，具有保护个人信用信息中的经济利益以及人格利益的可能性。如果把个人信用信息中的经济利益和人格利益统称为个人信用信息利益的话，那么个人信用信息利益就应当被纳入到宪法财产权的保障范围内。

那么，宪法财产权如何实现对个人信用信息中经济利益和人格利益的一体保护呢？答案就是赋予个人对其信用信息的控制权。这一控制权本身就属于宪法财产权内涵的应有之义，可以从以下两个层面理解宪法财产权中"控制权"的内涵：其一，对作为财产权客体之"物"的控制，这种控制表现为对财产权客体的占有、使用、转让等一系列排他的权利，通过这一系列权利的行使以保障其个人既有的或潜在的财产不致减损（这种减损有可能是公权力机关导致也可能是私主体导致）抑或是保障其财产价值的增加；其二，对作为财产权客体之"物"背后所蕴含的自我人格的控制，这种控制表现为个人将其自身的人格意识作用于其掌握的物质之上，以表明个人在社会上生活、发展以及自我实现的价值追求，这种追求属于个人自主、自治、自决的范围，

---

〔1〕 参见李龙、刘连泰：《宪法财产权与民法财产权的分工与协同》，载《法商研究》2003 年第 6 期，第 40~47 页。

是个人对自身人格、意志的控制,具有排斥公权力干预的意蕴。具体到个人信用信息利益的保护中,"控制权"将从以下两个层面实现对个人信用信息经济利益和人格利益的保护:

首先,个人可以基于对其信用信息的控制实现保障个人信用信息中经济利益的目的,这是宪法财产权中"控制权"具有的第一层含义。财产权对经济利益的保护是题中应有之意。通过赋予权利主体一系列占有、使用、转让的权利,可以保障财产所有人持续享有其财产客体中已经具有的或潜在的经济利益。对于个人信用信息经济利益的保护而言,个人通过对信用信息行使占有权、使用权甚至是转让权,可以保护其基于信用信息所享有的经济利益或者保障其未来将享有的经济利益不因此遭受减损。这一系列权利都可以被称为个人基于宪法财产权而享有的对其信用信息的控制权。个人对信用信息的采集应当具有控制权,第三方私主体对于个人信用信息的非法收集以及国家对个人信用信息的过度采集可能会导致个人在信用经济时代基于信用而享有的经济利益遭受减损。私主体尤其是征信机构对个人信用信息的过度收集可能导致的是对个人信用信息经济利益的直接侵害,因为在这种情况下,信用信息本身就可以被视作是财产;而国家对其信用信息的过度采集可能导致的是对个人信用信息经济利益的间接侵害,在这种情况下,个人可能会由于过重的甚至是不必要的失信惩戒处罚以至于其经济行为能力遭到不必要限制。基于控制权,个人有权决定其信用信息能否以及在多大程度上被收集,从而避免个人基于信用信息享有直接的或间接的经济利益受到减损。个人对于信用信息的使用也应当具有足够的控制权,第三方私主体以及国家都存在过度分析、处理个人信用信息或者是不当披露个人信用信息致使个人经济生活受到不良影响的可能性。例如,非法出售个人信用信息的行为可以视为是对个人信用信息财产的侵害;国家单方面决定生成公民个人信用报告的基础信用信息范围事实上很有可能导致公民负面信用报告的结果,致使公民在信贷、购物等领域的经济利益遭受限制。基于控制权,个人有权排除他人或者国家对其信用信息的非法或者不当使用导致对其经济生活的不良影响,从而保障其在信用领域正常的经济利益。

其次,个人可以基于对其信用信息的控制彰显个人信用信息中蕴含的与个人信用相关的个人意识,以实现个人在信用领域以及由此衍生的其他领域内的自主、自治、自决,这是宪法财产权中"控制权"具有的第二层含义。前文已经表明在当前社会体系建设过程中个人信用信息人格利益可能会遭受的危机。当个人信用信息被毫无节制地采集、过度地曝光，它所影响到的不仅仅是个人的经济生活，更涉及个人在这个社会上自我发展以及自我实现的人生目标和价值追求的实现。个人可能会因为其所展示出的良好信用而获得良好的社会反馈，比如，能够得到好的工作、能够顺利晋升、能够获得他人的尊重等，从而能够从容、自主地进行人生规划，以对其生活拥有自治、自主、自决的权利；个人可能会因为其所展示出的较差的信用，而得到恶劣的社会后果，比如，可能会失业、可能会遭人唾弃等，这无疑会对个人自我价值、自我目标的实现构成阻碍；个人可能会因为其信用信息被不当暴露而致使其原本安宁的生活受到不当打扰，其原本的信用生活可能会受到来自他人或者国家的干涉、干预，从而阻碍个人独立自主地生活、决定。总之，个人信用信息面临的过度采集、使用不当甚至是遭受泄露的威胁，不仅仅会危害到个人基于信用信息的经济利益，也会影响到个人在社会上自主、自治、自决生活的人格利益。防范这种潜在威胁的有效路径就是赋予个人对其信用信息更强的控制力，以促使个人可以采取有效措施，防止那些不具有相关性的信用信息免遭来自公权力机关以及私人企业的侵害。[1] 一旦个人掌握了对其信用信息的控制力，那么个人将能够决定其信用信息在什么情况下可以被采集、被利用以及在多大的范围内他的信用信息可以被公布，而这事实上意味着个人能够对其自身的特性、人格、身份等特征享有控制力。[2] 而这种控制力完全可以通过赋予个人信用信息财产权来得以实现。

四、代结语：构建个人信用信息权益保护的财产权模式

社会信用立法在我国已经在逐步推进。而信用信息主体权益的保护问题，恰是社会信用立法的重要组成部分。立法需要基础规范作为指导，作为基础规范的宪法当然应当对信用信息主体权益的保护做出回应。个人信用信息中蕴含有经济利益和人格利益的双重属性，宪法上的财产权不仅保障财产的经济利益价值，更重要的是保障与经济利益紧密相关的人格利益价值，因此，宪法财产权能够为个人信用信息权益的保护提供宪法基础。在这种背景下，构建一个以宪法财产权理论为基础、以民法的财产规则保障为中心的统一的

---

〔1〕 See Kang Jerry，"Information Privacy in Cyberspace Transactions"，50 *Stanford Law Review* 1193，1205（1998）．

〔2〕 See Pearce Henry，"Personality，Property and Other Provocations：Exploring the Conceptual Muddle of Data Protection Rights under EU Law"，4 *European Data Protection Law Review*（*EDPL*）190，197（2018）．

关于个人信用信息的财产权利保障模式就是切实可行并且有必要的。

　　未来社会信用立法中信用信息主体权益保护的方向是构建一个对个人信用信息权益保护的财产权模式。这个模式从整体角度关注个人信用信息面临的风险与安全威胁，侧重于从宏观层面为系统保护个人信用信息提供基本法律框架：宪法对个人信用信息的保护提供了一种财产权保障的基本价值和方向，同时切实关注政府信息行为对个人信用信息安全的威胁，侧重于通过公法方式优先解除个人信用信息的安全威胁；民法则是对个人信用信息宪法基本权利保护的具体落实，它为个人信用信息的保护提供了具体的财产规则，从私法的角度保障个人对其信用信息的占有、使用甚至转让、收益的权利。这样一个统一的权利保护模式的优点在于：首先，宪法的基本权利理论尤其是财产权理论为我国统一的个人信用信息保护立法提供价值理论基础，这是我国个人信用信息的体系化保障甚至是个人信息的体系化保障的前提；其次，避免纠结于个人信用信息在权利属性界定上的人格权、财产权困境，代之以个人信用信息权益称谓，将对个人信用信息的关注点置于其蕴含的经济利益与人格利益中，将财产权作为对其经济利益与人格利益进行统一保护的路径。

论行政黑名单制度的法治化[*]

付小彦^{**}

　　摘　要：当前，我国行政黑名单制度面临规范位阶过低、黑名单列入有效期规定较为混乱、惩戒措施与失信行为之间缺乏合理关联、救济机制不健全的困境。而行政黑名单制度的法律定性不明晰是造成上述困境的根本原因。行政黑名单制度由两个阶段的行为构成：第一阶段是列入黑名单行为，其在法律性质上属于行政确认；第二阶段是惩戒行为，其法律性质根据惩戒措施种类的不同而分属于不同的具体行政行为。这两个阶段的行为在时间上相继作出，在内容上相互关联，二者构成多阶段行政程序。在明晰行政黑名单制度法律性质的基础上，应当针对两个阶段的行为分别提出法律控制机制。列入黑名单行为的规制重点在于规范设定权和明确列入期限。惩戒行为的规制重点在于合理确定惩戒措施与失信行为之间的关联性、司法审查中有限度地承认违法性继承。

　　关键词：行政黑名单　多阶段行政程序　行政确认惩戒措施

　　* 基金项目：国家社会科学基金重大委托项目"创新发展中国特色社会主义法治理论体系研究"（项目编号：17@ ZH014）；2018 年北京社科基金研究基地一般项目"北京市行政执法方式创新与变革研究"（项目编号：18JDFXB001）。
　　** 付小彦，中国政法大学法学院 2018 级博士研究生（100088）。

引　言

当前我国社会正面临着严重的诚信危机，要有效治理社会诚信危机，除了要在道德教育中强化诚信理念之外，更重要的是要通过完善法律制度来建立起一个能有效遏制社会失信行为的诚信体系。[1] 2014 年，国务院发布《社会信用体系建设规划纲要（2014—2020 年）》，强调失信惩戒机制是社会信用体系运行的核心机制，要强化行政监管性约束和惩戒，健全失信惩戒制度，建立各行业黑名单制度。[2] 所谓行政黑名单制度，是指行政机关以及法律、法规授权的具有管理公共事务职能的组织，依据一定的标准和程序将存在严重失信行为的相对人列入黑名单[3]并由相关部门采取惩戒措施对其行为或权利予以限制。

实践当中，行政黑名单制度深受行政机关推崇，被广泛应用于诸多监管领域，陷入了泛化与滥用的泥沼。有学者指出，"似乎谁都可以设立黑名单，谁都有权将别人列入黑名单；设立黑名单制度不需要有法律依据，上黑名单也无须经过正当程序，黑名单制度大有被滥用的可能和趋向"。[4] 因此当务之急是，我们应当在全面客观认识行政黑名单制度的基础上探讨如何实现其法治化建构，以破解行政黑名单制度泛化与滥用的困境，将权力关进制度的笼子里。为此，本文首先从规范层面考察行政黑名单制度的现状，对行政黑名单制度所存在的问题及其成因进行分析，并指出行政黑名单制度存在诸多问题的根本原因在于对其的法律性质认知不清。而后，本文会对行政黑名单制度的法律性质予以研讨。在厘清问题、明确法律性质的基础上，本文最后将有针对性地提出行政黑名单制度的法治化路径。

一、行政黑名单制度面临的困境及其成因

准确认识行政黑名单制度存在的制度困境及其成因是探讨其法治化路径的前提与基础。有鉴于此，笔者基于对规范文本的分析，总结行政黑名单制度存在的困境，并探索其成因。

（一）行政黑名单制度面临的困境

第一，设定黑名单的规范位阶过低，难以切实保障相对人的权利。目前

---

〔1〕　王青斌：《社会诚信危机的治理：行政法视角的分析》，载《中国法学》2012 年第 5 期，第 48 页。

〔2〕　参见《社会信用体系建设规划纲要（2014—2020 年）》（国发〔2014〕21 号）。

〔3〕　黑名单在实践中又被称为严重失信主体名单，为了表述简洁，本文统一使用黑名单。

〔4〕　胡建淼：《"黑名单"不能黑列》，载《北京日报》2016 年 2 月 1 日，第 14 版。

我国的行政黑名单相关规范以规范性文件为主，规章以上行政立法较少，呈现出位阶过低的现实状况。[1] 许多规范性文件直接规定相对人存在某一失信行为的应当被列入黑名单，如《沈阳市排污单位黑名单管理办法》，在法律位阶上属于地方规范性文件，其列举的应当被列入黑名单的情形多达 14 种，导致排污单位动辄即会被列入黑名单。[2] 由于被列入黑名单会对相对人的权利产生较大的不利影响，因此将黑名单的设定权赋予规范性文件不利于相对人的权利保障。

第二，黑名单列入有效期的规定较为混乱，违背了平等对待原则。黑名单列入有效期是指将相对人列入黑名单的期限，在此期限内，相对人的多种权利将会持续受到约束和限制。因此，黑名单有效期的确定对于相对人权益保护至关重要。现行行政黑名单规范对有效期的规定不尽一致，有 1 年、2 年、3 年、5 年，有的规范甚至没有规定有效期，而是将有效期的确定权赋予黑名单的认定机关。[3] 如此一来造成的结果就是，相对人因性质相近的失信行为被列入黑名单的，受到的惩戒期限却不尽相同。而行政法上的平等对待原则要求同等情况同等对待，现行长短不一的列入期限显然不符合平等对待原则的要求。

第三，惩戒措施与失信行为之间缺乏合理关联，违背了不当联结禁止原则。不当联结禁止原则，指行政机关行使公权力、从事行政活动，不得将不具事理上关联的事项与其所欲采取的措施或决定相互结合，尤其行政机关对人民科以一定的义务或负担，或造成人民其他的不利益时，其采取的手段与所欲追求的目的之间，必须存有合理的联结关系。[4] 该原则不仅是行政法上的基本原则，也具有宪法位阶，不仅行政机关受其拘束，连立法亦应受此拘束。[5] 以此原则检讨当前的立法会发现，大部分惩戒措施与失信行为之间都欠缺合理的关联性。如对存在慈善捐赠失信行为的相对人，有关部门将其计入科研诚信记录，[6] 慈善捐赠失信与计入科研诚信记录二者之间明显不具有

---

[1] 王瑞雪：《政府规制中的信用工具研究》，载《中国法学》2017 年第 4 期，第 167 页。

[2] 参见《沈阳市排污单位黑名单管理办法》（沈环发〔2019〕63 号）第 4 条。

[3] 参见《厦门经济特区社会信用条例》第 24 条、《河南省社会信用条例》第 37 条等。

[4] 李建良：《行政法上不当联结禁止原则》，载《月旦法学杂志》2002 年第 3 期，第 20 页。

[5] 参见李惠宗：《缴清罚锾才能换行照吗?》，载《台湾本土法学杂志》2002 年第 1 期，第 3 页。

[6] 参见《关于对慈善捐赠领域相关主体实施守信联合激励和失信联合惩戒的合作备忘录》（发改财金〔2018〕331 号）。

关联性。

第四，现行规范对行政黑名单制度救济机制的规定不健全。行政权的行使若侵害公民的自由权利，公民只有拥有救济途径，才能实际享有其自由权利受宪法保障的法律地位。[1] 现行规范对相对人不满被列入黑名单或不满后续惩戒措施的救济途径要么没有作出具体规定，要么仅规定相对人可以提出书面异议[2]或者向主管部门投诉[3]，只有少部分规范肯定了相对人可以通过行政复议或行政诉讼寻求救济。异议和投诉虽然也属于权利救济途径，但其受理机关仍为原行政行为的作出机关，公正性缺乏保障。另外，对于列入黑名单的救济和惩戒措施的救济二者之间是否存在某种关联性，其中一行为被撤销后相对人是否能够请求撤销另一行为，现行规范尚未提及。

（二）问题的成因分析

从制度因素看，我国目前缺乏高位阶统一信用立法，没有对黑名单的设定权作出统一规范，行政机关通过大量的规范性文件创设黑名单，导致黑名单陷入了泛化和滥用危机。除了少数有限的省级地方性法规外，行政黑名单更多地被创设于各层级政府及其职能部门发布的规范性文件中。各地区、各部门制定的相关法规范对黑名单的设定难免存在不一致甚至冲突的问题，导致同一性质的行为在不同地区会受到完全不同的法律评价，这将有损于法制的权威和尊严。

从观念上看，行政执法实践中过分重视行政黑名单制度的工具性与实效性，忽视对相对人基本权利的尊重与保障，由此导致黑名单列入期限设置随意，行政机关采取措施限制被列入黑名单的相对人的权利且不给予其充分的救济途径。作为一种新型社会治理手段，黑名单具有确保行政义务有效履行、实现监管模式精准优化、形成社会共治监管格局的制度功能。[4] 然而，任何治理手段效用的发挥都必须以保障相对人的基本权利和自由为前提。公民权利与自由的实现是检验一个制度好坏的重要标准，对相对人权利保障的忽视正是导致当前行政黑名单制度存在上述种种问题的原因之一。

从根源上看，行政黑名单制度的法律定性不明是其存在问题的根本原因。

---

〔1〕 参见陈敏：《行政法总论》，新学林出版有限公司2019年版，第1288页。

〔2〕 参见《文化市场黑名单管理办法（试行）》（办市发〔2016〕1号，已失效）第12条；《快递业信用管理暂行办法》（国邮发〔2017〕105号）第28条。

〔3〕 参见《测绘地理信息行业信用管理办法》（国测管发〔2015〕57号）第16条。

〔4〕 参见袁文瀚：《信用监管的行政法解读》，载《行政法学研究》2019年第1期，第22~23页。

黑名单应当由何种位阶的法律规范予以设定、应当给予相对人何种救齐途径，这些本应随着行政行为性质的确定而明朗化的问题，在行政黑名单领域却变得如此扑朔迷离。将相对人列入黑名单并对其实施惩戒措施是行政机关实施的一种行政行为，所有行政行为都应当被纳入到法治的框架当中，而纳入法治框架的前提是要明确行政行为的法律性质。行政行为的法律性质决定了其应当被归属于何种行为形式类型，[1] 而行政行为形式理论承载着行政法治的功能。由于行政黑名单制度在现实中所呈现出的多样性和复杂性，学界和实务界对于其法律性质目前并没有形成统一的认知，很难将其归属于既有的某一特定行为形式类型，由此导致了黑名单制度的规范困境。

性质乃认识事物之根本，在上述原因中，法律性质不明晰是导致行政黑名单制度存在种种问题的根本原因。因此，厘清行政黑名单制度的法律性质是探讨其法治化路径的前提与基础。

二、行政黑名单制度的法律性质厘定

黑名单制度的性质与内涵直接关系到整个制度的系统性构造与关联法律关系的安排，从根本上影响其信用体系建设功能的发挥。[2] 法律性质不明晰既是导致行政黑名单制度现存问题的根本原因，也是影响其未来完善发展的关键因素。因此，在探讨行政黑名单制度法治化的具体路径之前有必要从理论上明晰其法律性质。

（一）现有学说的局限性

第一，行政处罚说。有学者认为黑名单制度基本可归类于行政处罚行为，在类型上一般属于声誉罚或资格罚。[3] 而对于处罚种类，有学者则认为"行政处罚所包括的精神罚、财产罚、资格罚和人身罚等处罚功能，'黑名单'行为都兼而有之"。[4] 行政处罚说强调黑名单制度的整体性，将其统一定性为行政处罚，而忽视了黑名单制度的复合性。黑名单制度其实是由复数行政行为构成的制度综合体，其中不乏某些惩戒行为具有行政处罚的制裁性特征，

---

〔1〕 参见赖恒盈：《行政法律关系论之研究：行政法学方法论评析》，元照出版公司 2002 年版，第 59~60 页。

〔2〕 徐晓明：《行政黑名单制度：性质定位、缺陷反思与法律规制》，载《浙江学刊》2018 年第 6 期，第 74 页。

〔3〕 参见赵旭东等：《黑名单制度》，中国法制出版社 2018 年版，第 8~9 页。

〔4〕 胡建淼：《"黑名单"管理制度——行政机关实施"黑名单"是一种行政处罚》，载《人民法治》2017 年第 5 期，第 83 页。

但若据此将整个制度定性为行政处罚，难免会一叶障目、以偏概全。

第二，类型化说。有学者主张运用类型化思维分析黑名单制度的法律性质，其将黑名单分为公开的、限权的黑名单和不公开的、不限权的黑名单，其法律性质分别属于法律责任和防范措施。[1] 类型化说着重将黑名单作为一个制度整体来定性，却忽视了黑名单制度其实是由失信认定行为、惩戒行为等构成的复杂过程。现实的黑名单实施过程具有层次性、阶段性的特征，每一阶段所表现出的行为样态不同，有必要将其拆解为各个行为分别考察定性。

第三，行政过程论说。有学者提出以行政过程论的视角来认识行政黑名单制度的法律属性，其将行政黑名单制度划分为"拟列入行为""列入行为""公布行为""惩戒行为"四种过程行为，这四种行为分别属于准备行为、具体行政行为、行政事实行为和行政处罚。[2] 将行政黑名单实施过程划分为四个阶段并不十分恰当，不会对相对人权利产生直接影响的"拟列入行为"以及"公布行为"是否有必要单独划分有待商榷。另外，构成行政过程的复数行政行为之间并非毫无关系，而是具有一定的关联性，以这种关联性为基础，各种行为构成作为整体的行政过程。[3] 已有研究只注重对行政黑名单的动态分解，而忽略了对各阶段行为之间关系的阐释。

上述有关行政黑名单制度法律性质的观点都在一定程度上反映了黑名单制度的特性，但却各有其局限性。因此，我们有必要借助其他理论来更加客观准确地认识行政黑名单制度的法律性质。

（二）多阶段行政程序理论的引入

多阶段行政程序，通常又被称为行政程序之阶段化、阶段式行政程序，由德国行政法学界提出，后为我国台湾地区所继受。我国台湾地区关于多阶段行政程序比较有代表性的定义为："行政程序之阶段化，指将复杂之行政程序细分，渐进地分配；亦即将行政程序之复杂决定过程，分解成多数独立之部分行为，这些独立之部分行为均为行政处分整体之决定客体，由渐进地或

---

〔1〕 参见张家宇：《经济法语境下黑名单制度滥用的法律规制——基于案例的整理与研究》，载《中南大学学报（社会科学版）》2016年第4期，第63页。

〔2〕 参见范伟：《行政黑名单制度的法律属性及其控制——基于行政过程论视角的分析》，载《政治与法律》2018年第9期，第98~101页。

〔3〕 参见江利红：《行政过程论研究：行政法学理论的变革与重构》，中国政法大学出版社2012年版，第202页。

阶段式地进行，或者分配地部分地来实现。"[1] 多阶段行政程序具有如下基本特征：一是前阶段与后阶段程序均为独立的行政程序，前后阶段行政程序逐次进行；二是每一阶段的行政程序均以行政机关作出一定的行政行为而告终；三是前阶段行为与后阶段行为的作出机关既可以是同一行政机关，也可以是不同的行政机关；四是前后阶段行政程序具有内容上的关联性，相互配合共同实现行政目的。对于行政机关而言，其可以通过多阶段行政程序将复杂问题予以划分，更精确地锁定于部分问题，而使其决定更明确、更具有可预估性与正确性。[2]

与行政过程论相比，多阶段行政程序理论除了主张对行政活动进行动态考察外，其进一步以行政过程中作出的行政行为是否产生对外法律效果为界分点，将行政过程划分为前后具有关联性的若干个独立阶段，并分别对其予以法律规制。由于行政黑名单的实施涉及不同行政机关之间的关系、行政机关与行政相对人的关系以及行政机关与社会公众的关系，具有相当的复杂性，因此运用多阶段行政程序理论将复杂的行政黑名单实施程序予以划分，一方面可以对各阶段行为及其之间的关系，以及各阶段行为在整体行政程序中的作用有更加细致的认识；另一方面也有助于从整体上勾勒行政黑名单制度的全貌。

（三）基于多阶段行政程序理论的性质界定

行政黑名单的实施由一系列过程性行为构成，而只有"列入黑名单行为"和"惩戒行为"才会对相对人的权利义务产生直接影响，因此可以将整个黑名单实施程序划分为列入黑名单程序和惩戒措施实施程序前后两个阶段。下文将分别分析前阶段行为与后阶段行为的法律性质，并阐释二者之间存在的关联性。

1. 前阶段行为：列入黑名单

列入黑名单在性质上属于行政确认。所谓行政确认，是指行政机关依职权或依申请，对法律上的事实、性质、权利、资格或者关系进行甄别和认定，以法定方式予以宣告的具体行政行为。[3] 列入黑名单并非传统的行政确认表

---

[1]　陈春生：《行政法之学理与体系（一）——行政行为形式论》，三民书局 1996 年版，第 68 页。

[2]　傅玲静：《论环境影响评估审查与开发行为许可间之关系——由德国法"暂时性整体判断"之观点出发》，载《兴大法学》2010 年第 7 期，第 248 页。

[3]　马怀德主编：《行政法与行政诉讼法》，中国法制出版社 2015 年版，第 194 页。

现形式，因此其能否被定性为行政确认，需要从两方面进行探讨：一是列入黑名单是否为具体行政行为。将相对人列入黑名单是行政机关依据自身职权作出的，符合具体行政行为成立的主体要件和权能要件；行政机关通过作出列入决定告知特定相对人其被认定为失信主体，能够直接产生外部法律效果，具备法律效果要件，因此其属于具体行政行为。二是列入黑名单是否符合行政确认的本质特征。需要考察的关键点在于其是否属于行政机关对相对人法律上的事实、性质、权利、资格或关系的确认。行政机关将相对人列入黑名单，并未直接创设、改变或消灭相对人的权利义务或者行政法律关系，而是通过对相对人的信用信息进行分析和判断后，形成了对相对人没有遵守法定义务或履行约定义务这一法律事实的确认，属于行政确认的范畴。

2. 后阶段行为：实施惩戒措施

通过梳理法规可以发现，惩戒措施表现为形式各异的行政行为，因此其性质不可一概而论，应当分类予以讨论。向社会公开失信黑名单，即将相对人存在失信行为这一事实公之于众。有研究指出公布违法事实行为应当定性为具体行政行为，因为公布的目的在于对被公布方进行规制，满足具体行政行为中"以发生法律效果为目的的意思表示"这一要件。公布行为作为一种单纯的制裁手段，目的在于动员社会力量对违法行为人的名誉施加责难，在性质上属于行政处罚。[1] 因此，公开失信黑名单会对相对人的名誉权及其他精神权益造成不利影响，具有制裁性，属于行政处罚中的声誉罚。限制从业、限制开展生产经营活动以及限制申请行政许可，这类惩戒措施的目的在于禁止失信主体从事特定活动，是对其行为自由的限制，符合行政处罚制裁性的特征，在性质上应当归为行政处罚中的行为罚。[2] 限制获得表彰奖励、撤销已获得的表彰奖励，实质上是拒绝给予失信主体物质或精神上的鼓励，在性质上可以归为行政奖励。限制获得社会保障，实质上是拒绝给予失信主体一定的物质权益或与物质有关的权益，在性质上可以归为行政给付。限制出境是对公民人身自由的约束，其目的在于防止失信主体通过出境逃避履行义务，以避免失信行为造成的损害进一步扩大，因此在性质上可以归为行政强制

---

〔1〕 参见施立栋：《论行政机关公布违法事实行为的法律性质》，载姜明安主编：《行政法论丛》（第 17 卷），法律出版社 2014 年版，第 167~168 页。

〔2〕 参见熊樟林：《行政处罚的种类多元化及其防控——兼论我国〈行政处罚法〉第 8 条的修改方案》，载《政治与法律》2020 年第 3 期，第 89 页。

措施。

3. 前阶段行为与后阶段行为之间的关系

在程序方面，列入黑名单行为与实施惩戒措施行为二者构成多阶段行政程序。据前文分析，两个阶段的程序均以作成一定的具体行政行为而告终，前一阶段的列入行为其法律性质属于行政确认，后一阶段的惩戒行为依其内容分属于不同性质的具体行政行为。根据现行的黑名单制度法规，相对人存在失信行为的，行政机关应当首先作出列入决定将其列入黑名单，然后再对被列入黑名单的相对人实施惩戒措施，即后一阶段惩戒措施的实施以前一阶段列入黑名单为前提。[1] 二者在内容上息息相关，共同实现对失信者进行惩戒的法律目的。故二者不仅为独立的行政程序，亦构成多阶段行政程序。

在实体方面，前阶段列入黑名单行为在生效以后对后阶段实施惩戒措施行为产生构成要件效力。所谓构成要件效力是指，行政行为作出机关以外的对该行政行为没有撤销权的国家机关（行政机关或法院），应当承认及尊重该行政行为，并以之作为其本身行为及决定之基础。[2] 由于前阶段列入行为与后阶段惩戒行为在内容上密切相连，其目的均为对失信行为进行法律规制，前阶段行为当然会对后阶段行为产生"构成要件效力"。后阶段行为的作出机关有义务接受前阶段行为的内容，将其作为自身决定的基础，不得偏离前阶段行为的规制内容或与之相矛盾。[3] 由此产生的问题是，一旦前阶段列入黑名单行为被撤销，是否会影响后阶段惩戒措施的效力，相对人的权益如何才能得到更加有效的保障。

综上所述，多阶段行政程序理论为我们认识行政黑名单制度的法律性质提供了另一种视角，而行政黑名单制度法律性质的明确为其法治化建构指明了方向：应当根据列入行为和惩戒行为性质，分别探讨二者的法律控制措施，以实现行政黑名单制度的法治化。

三、行政黑名单制度的法律规制

行政黑名单制度具有较大的侵益性，唯有将之纳入法治化的轨道，才能在信用治理的过程中更好地保障相对人的合法权益。由于行政黑名单制度是

---

〔1〕　如《河南省社会信用条例》第 28 条规定了将失信主体列入失信联合惩戒对象名单及其列入程序，第 34 条规定，对列入失信联合惩戒对象名单的信用主体，应当依照法律、行政法规的规定采取惩戒措施。

〔2〕　参见陈敏：《行政法总论》，新学林出版有限公司 2019 年版，第 407~408 页。

〔3〕　参见王世杰：《论行政行为的构成要件效力》，载《政治与法律》2019 年第 9 期，第 73 页。

由列入行为和惩戒行为两个阶段性行为构成的多阶段行政程序，因此其法治化建构应当针对两个阶段的行为分别提出法律控制机制。

（一）列入黑名单行为的法律规制

根据前文分析，列入黑名单行为在性质上属于行政确认，行政机关实施惩戒措施要以相对人被列入黑名单为前提，并且受到列入黑名单行为的拘束。因此，行政黑名单制度法治化的建构应当以规制列入黑名单行为为先。对属于行政确认的列入行为提起行政诉讼并无疑问，因此对其的法律规制重点不在于法律救济方面，而在于设定权、列入期限这两个方面。

1. 以统一信用立法规范黑名单的设定权

列入黑名单行为属于行政确认，虽然我国目前并没有行政确认的统一立法，哪一层级的法律规范可以设定行政确认并不明晰，但是这并不意味着任一层级的法律规范都可以设定黑名单。黑名单设定权实质上为立法权，在我国的法律规范位阶体系中，不同立法主体享有不同的立法权限形式。[1] 若如当前实践中的情形，由大量的规范性文件设定黑名单，不仅有损于国家法制的统一，也不利于相对人的权利保障。因此，应适当提升黑名单的立法位阶，在中央层面，法律、行政法规均可以设定黑名单；在地方层面，虽然赋予设区的市立法权是必然趋势，但也容易出现法治碎片化现象，给国家的法治统一，甚至给一个省级区域的法治统一带来巨大挑战，[2] 因此应当将黑名单的设定权赋予省级地方性法规。未来，应当以法律的形式制定统一的社会信用法，对行政黑名单的设定权作出明确规定，以在全国层面构建统一的社会信用制度。

2. 明确列入期限

相对人被列入黑名单后通常将会受到各种惩戒，如果不对黑名单设置一定的有效期，则意味着相对人的权利受到约束和限制的期限是不确定的，这不仅会导致相对人的权利保障化为乌有，也有违行政法中的比例原则。黑名单的列入期限类似于刑事处罚中自由刑的刑期，在刑法中，刑期的设定应当遵循罪刑法定主义原则。罪刑法定主义产生的思想理论基础之一为三权分立

〔1〕 立法权限形式是指立法主体以何种方式行使立法职权及其结果的表现形式。由于立法表现形式的不同，构成了以位阶关系组合的法律体系。参见李林：《关于立法权限划分的理论与实践》，载《法学研究》1998 年第 5 期，第 61 页。

〔2〕 参见王春业：《论赋予设区市的地方立法权》，载《北京行政学院学报》2015 年第 3 期，第 113 页。

论，该理论认为"建立自由的，仅仅是法律，只有这样，才能保障个人的自由，避免法官的擅断。在刑事裁判上，犯罪与刑罚必须预先以法律加以规定，法律没有规定为犯罪的，法官不能论罪，也不能处罚"。[1] 罪刑法定主义否定绝对的不定期刑，主张法官在法定刑期限内根据个案的具体情况裁量刑罚。为了保障相对人的权利，黑名单的列入期限也应当由法律规范予以明确，而不应完全交由行政主体判定。未来，应当通过统一的社会信用立法将黑名单的列入期限限定为一至三年，具体的列入期限由行政主体根据相对人的失信情况裁量决定，既保障了列入期限的法定主义，也兼顾了行政活动的灵活性。

（二）惩戒行为的法律规制

惩戒行为依其种类不同在法律性质上分属于行政处罚、行政强制措施、行政给付、行政奖励等，其设定权和实施程序遵循既有的法律规定即可。惩戒行为处于行政黑名单制度的第二阶段，其实施以第一阶段列入黑名单为前提，目的在于通过各种措施限制相对人的权利。因此，对其的规制重点在于理清对某一失信行为可以实施何种惩戒措施，如何从司法审查层面为相对人提供更为完善的法律救济。

1. 合理确定惩戒措施与失信行为之间的关联性

不当联结禁止原则要求惩戒措施与失信行为之间应当具有合理的关联性。该原则的出发点是考量人民与国家之间的地位并不完全平等，国家如具无限制地结合各种武器对付人民，则人民的地位将毫无保障。[2] 因此，应当首先保证立法对惩戒措施的设定符合不当联结禁止原则。

判断法律规范内容是否符合不当联结禁止原则需要考量的要素是法律规范的假定和制裁部分，假定指实施何种行为可以适用法律规范，制裁指行为人违反法律规定时应当承担何种法律责任。判断标准是法律规范的适用行为与法律责任之间是否具有合理关联，而所谓"合理关联"是指"二者的意旨相同或类似"。[3] 具体到行政黑名单制度法律规范，需要考量的是规范失信行为的目的与惩戒措施的意旨是否相同或类似。如《关于对重大税收违法案件当事人实施联合惩戒措施的合作备忘录（2016 年版）》规定，相对人因欠

---

〔1〕 马克昌：《罪刑法定主义比较研究》，载《中外法学》1997 年第 2 期，第 34 页。

〔2〕 翁岳生编：《行政法》（上册），中国法制出版社 2009 年版，第 173 页。

〔3〕 参见李建良：《行政法上不当联结禁止原则》，载《月旦法学杂志》2002 年第 3 期，第 20～21 页。

缴税款而被列入黑名单的，有关部门据此限制其从事互联网信息服务。该规范适用于欠缴税款的行为，其应承担的法律责任是不得从事互联网信息服务。对欠缴税款的行为予以规制是为了维护国家的税收制度、保障国家税收收入，而通过许可或备案限制不符合条件的相对人从事互联网信息服务其目的是为了促进互联网信息服务健康有序发展，二者的目的并不相同或相似，因此这一规范即违反了不当联结禁止原则。目前政府宣传的"一处失信、处处受限"的口号并不准确，只有在具有关联性的行政事项中，才可适用联合惩戒。[1]今后无论是立法机关制定有关黑名单制度的法律或地方性法规，还是行政机关制定行政法规或规章，都应当根据失信行为的性质合理确定相应的惩戒措施，以使法律规范的内容符合不当联结禁止原则。

2. 司法审查中有限度地承认违法性继承

惩戒行为无论是属于行政处罚，还是行政强制措施，抑或是行政给付，其都是能够对相对人权利义务产生直接影响的具体行政行为，故相对人当然可以通过行政诉讼的途径向法院寻求救济。然而问题的关键点在于，法院在司法审查中遵循何种规则才能更好地维护相对人的合法权益。由于列入黑名单行为与惩戒行为二者构成多阶段行政程序，前阶段的列入行为会对后阶段的惩戒行为产生构成要件效力，在这种情形下，法院应否允许相对人在后续惩戒行为的诉讼程序中主张列入黑名单行为违法，并要求法院据此撤销惩戒行为。这一情况在学理上则被称为"行政行为的违法性继承"，[2]即前阶段列入黑名单行为无法争诉后，如果相对人对后阶段惩戒行为提起行政诉讼，法院能否审查前阶段列入黑名单行为的合法性，并以列入黑名单行为违法为由确认惩戒行为违法或撤销惩戒行为。我国法院对于是否承认违法性继承态度不一，最高人民法院在 2018 年 "郴州饭垄堆矿业有限公司与中华人民共和国国土资源部等国土资源行政复议决定再审案"[3] 判决中认同了违法性继承问题的存在。而之所以能在一定程度上肯定违法性继承，是因为法安定性并非法的唯一目的或最高目的，司法需要在法安定性、合目的性与正义性之间

---

[1] 沈毅龙：《论失信的行政联合惩戒及其法律控制》，载《法学家》2019 年第 4 期，第 129 页。

[2] 关于行政行为违法性继承的讨论，可参见王贵松：《论行政行为的违法性继承》，载《中国法学》2015 年第 3 期；成协中：《行政行为违法性继承的中国图景》，载《中国法学》2016 年第 3 期；何兵：《行政行为的违法性继承——最高法院"饭垄堆案"判决释评》，载《行政法学研究》2019 年第 6 期。

[3] 参见最高人民法院（2018）最高法行再 6 号行政判决书。

做出适当权衡。[1] 因此，如果相对人对后阶段的惩戒行为提起诉讼，法院应当根据个案的情况在法安定性与权利救济的必要性之间进行权衡，认为权利救济有必要的，确认可在后续惩戒行为的诉讼程序中审查先行列入黑名单行为的合法性，承认违法性继承，并判决确认惩戒行为违法或撤销惩戒行为。惩戒行为的作出机关应当将判决结果和理由告知列入黑名单行为的作出机关，列入黑名单行为的作出机关应当尊重法院判决的拘束力，撤销其作出的列入黑名单行为。

四、结语

我国社会信用体系法律制度的建立与完善必将是一个漫长而艰难的过程。行政黑名单制度是社会信用体系运行的核心机制，其在行政执法实践中呈现出的泛化与滥用危机，迫切需要我们对其的法治化路径进行深入探讨，以将其实施纳入到行政法治的轨道上。合法性只是行政黑名单制度建立与运行的最基本要求，如何实现行政黑名单的合理性以使其内嵌于我国的法律文化体系之内才是我们应该追求的更高目标。社会信用体系的建设当然需要依靠制度因素，而对自古以来诚信美德的继承弘扬和社会信任文化的培养更是推动社会信用体系日益完善的原动力。

---

〔1〕 王贵松：《论行政行为的违法性继承》，载《中国法学》2015 年第 3 期，第 115 页。

我国被遗忘权研究十年：演变、主题、特点及展望

程玲玲 *

　　摘　要：欧盟法院正式确认"被遗忘权"之后，"被遗忘权"的相关研究开始在我国兴起。作为互联网时代的新兴权利，人们对被遗忘权的认识呈逐步加深之势，研究成果呈现多角度、多领域、跨学科、全过程等特点。同时，也存在私法领域研究多，公法角度研究少；法理方面研究不足；一些专题性研究缺乏等不足。
　　关键词：被遗忘权　删除权　隐私权　个人信息保护

　　互联网、大数据技术的发展，极大地提升了人类存储和处理个人信息的能力，信息传播的速度前所未有地变快，信息传播范围前所未有地变广，人们在享受其便捷的同时，也不得不面对个人信息及隐私保护问题。被遗忘权的提出正是回应了这样的问题和需求。我国是新兴的互联网大国，被遗忘权的研究也随着互联网和大数据的发展而逐渐兴起。自 2009 年"被遗忘权"被正式提出始，我国有关的研究领域不断拓展，研究角度不断创

　　*　程玲玲，中国政法大学人权研究院 2018 级博士研究生（100088）。

新，研究成果不断增多，研究层次不断提升。本文通过收集研究 2009 年以来 600 多篇重要期刊文章和学位论文，运用内容分析法，归纳整理出我国"被遗忘权"研究聚焦的历史梳理、基本概念界定、权利证成研究、构成要素分析、权利性质研究、域外研究、本土化构建等七方面主要研究成果，并在分析这些研究成果的共识与争议的基础上，对我国"被遗忘权"研究当中存在的不足进行了简要阐述，以期有助于我国"被遗忘权"研究的未来进展。

一、我国被遗忘权研究的演变

"被遗忘权"最早在欧洲被提出。2009 年法国上院提出的名为"有关在数字世界隐私权利的保障强化"的法案解释中，记载了"被遗忘权"（Droit à l'oubli）一词，但是该项法案并未成立。[1] 同年，牛津大学网络学院教授维克托·迈尔-舍恩伯格（Viktor Mayer-Schonberger）在其 *Delete：The Virtue of Forgetting in the Digital Age* 一书中率先提出"遗忘权"问题。被遗忘权立法可以溯至欧盟 1995 年颁布的《关于保护个人数据和此类数据的自由流动的指令》，但是真正引起人们广泛关注的还是 2014 年欧洲法院判决的"谷歌诉西班牙数据保护局"一案。2015 年我国也出现了第一起被遗忘权诉讼，[2] 更多的国内学者开始关注被遗忘权，有关的研究成果不断出现，被遗忘权的讨论在我国学界形成了一个新的热点。

笔者在超星发现系统[3]中以"被遗忘权"为关键词进行了检索，共检索到 845 个结果（截至 2019 年 12 月）；其中，期刊论文 480 项，学位论文 162 项，会议论文 6 项，报纸 123 项，与被遗忘权关联度较强的图书 1 项，其余为信息资讯或专利等。按年份这些检索结果的分布为 2019 年（149 项）、2018 年（221 项）、2017 年（157 项）、2016 年（146 项）、2015 年（75 项）、2014 年（67 项）、2013 年（6 项）、2012 年（4 项）、2011 年（4 项）、2010 年（1 项）、2000—2009 年（3 项）。从这个年代分布及研究成果数量可以清晰地看

---

〔1〕 参见肖文昊：《网络信息时代"个人信息删除权"法律保护研究》，湖南师范大学 2018 年硕士学位论文，第 7 页。

〔2〕 2015 年，原告任某某与北京百度网讯科技有限公司人格权纠纷一案中，当事人首次援引被遗忘权的相关理论来支持己方的主张。尽管法院最终没有支持其诉讼请求，但此案的示范意义重大，是对现有法律体系下，如何判决被遗忘权这一尚未被我国法律承认的新兴权利的相关纠纷的一次较为被认可的司法实践。同时，此案对我国被遗忘权研究也起了很大的推动作用，被遗忘权的本土化研究在司法实践的刺激下进一步深入推进。

〔3〕 超星发现系统整合了超星期刊、万方、CNKI、维普等多个数据库资源，为更全面搜集被遗忘权有关研究成果，尽量避免遗漏，笔者采用了超星发现来检索数据资源。

出，我国的被遗忘权研究以 2014 年、2016 年为界分为三个阶段：

（一）研究起步阶段（2009—2013 年）

此阶段我国学界相关研究很少，以关注《2012 年欧盟草案》及欧盟数据保护改革和谷歌案为主，主要以报纸资讯等形式介绍"被遗忘权"这一"新生事物"。学术研究成果主要出现在 2013 年，研究领域主要集中在被遗忘权的基本内涵、隐私保护与言论自由的平衡、被遗忘权存在之必要性上，还有一些研究是以保护被遗忘权为出发点讨论网络相关专业技术改进的。其中，邵国松教授的文章《"被遗忘的权利"：个人信息保护的新问题及对策》，阐述了被遗忘权的法理渊源和主要内容，探讨了该项权利对言论自由的影响，以及将其移植到我国会遇到的问题和对策，此文在以后的相关研究中获得了很高的引证率。伍艳撰写的《论网络信息时代的"被遗忘权"——以欧盟个人数据保护改革为视角》一文对"被遗忘权"的具体内容、争议焦点及其对我国立法的启示也进行了较早较全面地介绍及探讨。范为则从谷歌案入手，重点分析了谷歌作为"信息传播媒介"是否具备欧盟数据保护指令意义上的"控制者"地位，以及信息主体在何种情况下可以行使权利等问题，文章也获得了较多的关注和引证。[1] 李文曾则从言论自由与隐私保护的博弈角度分析了被遗忘权的实践意义和适用限制。[2]

（二）全面研究阶段（2014—2015 年）

此阶段有 14 篇硕士学位论文以被遗忘权为选题，2 篇硕士学位论文和 1 篇博士学位论文选题涉及被遗忘权研究。期刊论文 88 篇，其中 45 篇都被不同程度地引证过，还出现了几篇引证率很高的文章，如杨立新、韩煦撰写的《被遗忘权的中国本土化及法律适用》，彭支援撰写的《被遗忘权初探》，吴飞撰写的《名词定义试拟：被遗忘权（Right to be Forgotten）》，郑志峰撰写的《网络社会的被遗忘权研究》，郑文明撰写的《个人信息保护与数字遗忘权》和《互联网时代的"数字遗忘权"》，陶乾撰写的《论数字时代的被遗忘权——请求享有"清白历史"的权利》，郑远民、李志春撰写的《被遗忘权的概念分析》，夏燕撰写的《"被遗忘权"之争——基于欧盟个人数据保护

---

〔1〕 参见范为：《由 Google Spain 案论"被遗忘权"的法律适用——以欧盟数据保护指令（95/46/EC）为中心》，载《网络法律评论》2013 年第 2 期，第 247~267 页。

〔2〕 参见李文曾：《"被遗忘权"：言论自由与隐私自主的博弈与衡平》，载《网络法律评论》2013 年第 2 期，第 268~276 页。

立法改革的考察》等。从这些研究成果的选题就可以看出，这一阶段的研究注重被遗忘权的全面解读，其中又以被遗忘权的概念解析、权利属性研究、本土化研究等为重点。

（三）深入研究阶段（2016 年至今）

从 2016 年开始，相关研究呈现陡增之势，2016 年的成果几乎是 2015 年的 2 倍。笔者分析，这与 2015 年国内出现第一起被遗忘权诉讼、美国加州"橡皮擦"法案正式生效，以及 2016 年《通用数据保护条例》（简称 GDPR）正式被欧盟委员会及欧盟议会通过、《中华人民共和国网络安全法》出台等事件有关。国内外被遗忘权的研究与实践为学者提供了丰富的研究内容和视角，也使被遗忘权迅速成为研究热点并一直延续至今。在这一阶段，相关研究领域不断扩展，研究角度不断创新，研究成果不断增多。

表 1　我国被遗忘权研究阶段简表

研究阶段	年　份	关注度高的研究领域	引证率较高的研究者
研究起步阶段	2009—2013 年	被遗忘权的基本内涵、存在之必要性、隐私保护与言论自由的平衡、	邵国松、伍艳、范为、李文曾
全面研究阶段	2014—2015 年	被遗忘权的全面解读，重点是被遗忘权的概念解析、权利属性研究、本土化研究等	杨立新、彭支援、吴飞、郑志峰、郜文明、夏燕
深入研究阶段	2016 年至今	综合性研究，研究领域进一步拓展	更多新的学者加入

二、我国被遗忘权研究的主题

我国的被遗忘权研究是一个逐步深入——既有全面梳理，也有重点探讨——的过程。相关研究成果主要涉及历史发展梳理、基本概念界定、权利证成研究、构成要素分析、权利性质分析研究、域外被遗忘权研究、本土化构建等七个方面主题。学者们对于这七个主题的研究，既有观点趋同的方面，也有存在分歧的地方。

（一）被遗忘权发展历史的梳理

几乎所有的被遗忘权研究成果都或多或少地涉及其历史发展进程的梳理，

或简洁扼要，或全面详细，总在介绍这一"新兴权利"（是否以权利定位，是否定位为新兴权利仍有争论）从何而来的基础上展开自己的讨论。多数研究者将被遗忘权的起源追溯至舍恩伯格的"数字遗忘权"概念，也有上溯至更早的法国法案，并强调了欧洲大陆深厚的人权保障意识积淀对"被遗忘权"最终在欧盟确立所起的重要作用。在历史梳理中，欧盟相关立法进程的回顾总结是重点，同时也穿插了美国的相关理论研究与立法实践进展，也有一些研究者在欧美之外关注了俄罗斯、德国、英国、日本、韩国、墨西哥等国涉及"被遗忘权"的研究。这其中，有学者以分年代分阶段的方式对被遗忘权历史沿革进行了较详细梳理，但在划分的依据和标准上，又各有不同。较早的研究以传播媒介的变化为依据，也有以"被遗忘权"在理论和实践上的重要事件节点为依据划分发展阶段的。

（二）被遗忘权的概念界定

被遗忘权的概念界定是每位研究者都必须首先解决的问题。我国学者对被遗忘权的定义，从最初的分析欧盟法律文本界定，到根据权利保护必要性及保护手段来界定，再到从权利确立必须明确的主、客体等方面界定，经历了一个日渐严谨的过程。关于被遗忘权的概念界定存在以下三个特点：

第一，概念的"标签化使用"问题突出。正如李汶龙所说，就是不对制度进行微观分析和语境探讨，而只是借鉴表层的语义。[1] 不同学者往往在不同的语境下来使用"被遗忘权"这一概念，有的是广义上的被遗忘权，有的是狭义被遗忘权，还有的在传统被遗忘权与现代数字被遗忘权之间来回穿梭，不加区别地论述。[2] 仅从"被遗忘权"这个极端标语化的名字上，无法看出它的法律渊源和实践影响。[3] 这也导致被遗忘权的研究不得不花费大量篇幅去分析解读它与其他权利，例如删除权、遗忘权、忘却权、信息权等的关系，同时也导致被遗忘权权利属性的不确定，甚至权利定位抑或权能定位的不确定。

第二，2015 年之前的研究多从信息保护、隐私保护的角度对被遗忘权进行概念界定，且存在与删除权等同、混用的情况。笔者认为原因在于被遗忘

---

〔1〕　参见李汶龙：《大数据时代的隐私保护与被遗忘权》，中国政法大学 2015 年硕士学位论文，第 5 页。

〔2〕　参见段卫利：《被遗忘权的概念分析——以分析法学的权利理论为工具》，载《河南大学学报（社会科学版）》2018 年第 5 期，第 17~24 页。

〔3〕　参见郑志峰：《网络社会的被遗忘权研究》，载《法商研究》2015 年第 6 期，第 50~60 页。

权萌芽在欧洲，其最初的目的也是出于严格隐私保护的考虑，只是随着互联网技术发展，保护范围不再局限于传统的隐私概念，扩大至排除例外之后的个人信息保护，且欧盟被遗忘权与删除权也未有清晰的区分。而我国刚刚开始对被遗忘权的全面研究，对其含义的理解自然会受到欧盟"被遗忘权"概念的影响。

第三，2015 年之后的被遗忘权概念研究就开始更为严谨，会注重从权利客体的限定、例外情况的排除、权利行使方式等角度界定概念。近一两年的被遗忘权概念界定，在充分吸收借鉴前面研究成果的基础上，表现得更为全面和确切。有研究者就通过对被遗忘权的根本目的、主体、客体、内容进行厘清而界定其概念。[1]

（三）被遗忘权的证成研究

被遗忘权虽然早有源起，但却是伴随网络技术、大数据时代才受到关注的"新兴权利"。如何才能证明被遗忘权是真正的"权利"，而不是权利泛化中制造出来的"权利名目"？这一权利的证成，对被遗忘权能否在我国成为法律权利？如果能，又将以何种形式进入我国的法律体系等问题的回答都是基础和前提。刘小平博士根据 Alon Harel 的理论提出，在新兴权利的具体证成中，内在理由是关键。如果一项要求提供的是内在理由，那么就可以视为一项权利；反之，则该新兴权利不能成立，对这个内在理由的探究是一个更加深层的对权利的道德基础的探寻和建构。[2] 依照此标准，分析我国被遗忘权证成研究的内容，笔者也将其分为内在理由研究和外在理由研究。

能将被遗忘权成立的理由或者论证其值得保护的理由提升至内在理由层次的研究者，大多秉持被遗忘权是基于保护基本人权，或者更具体为人格权而成立的观点。有人认为，"被遗忘权"与"删除权"是增强数据主体对个人数据的控制力，保护公民基本人权的必要手段，也是大数据时代公民基本的生存权与发展权。[3] 有人认为，提出被遗忘权是对网络人格的人格尊严的

---

〔1〕 参见刘必云：《论大数据时代的网络"被遗忘权"》，苏州大学 2017 年硕士学位论文，第 13 页。

〔2〕 参见刘小平：《新兴权利的证成及其基础——以"安宁死亡权"为个例的分析》，载《学习与探索》2015 年第 4 期，第 66~72 页。

〔3〕 参见王茜茹、相丽玲：《被遗忘权的演化进程研究》，载《现代情报》2015 年第 9 期，第 160~164 页。

保障。[1] 也有人在注意到，被遗忘权是当代解决数据隐私危机最前沿且重要的制度的同时，也是未来十年表达自由的最大威胁。[2]

研究者提供的被遗忘权作为权利存在的外在理由表现为对被遗忘权重要性和应受保护的必要性的阐述，但具体表述又各有侧重。主要集中在以下四点：一是强调被遗忘权对信息主体维护"清白历史"的权利的保护作用；二是强调被遗忘权对个人信息保护的作用；三是强调被遗忘权有助于改变信息主体与网络巨头的力量悬殊，维护正常的删帖秩序；四是强调被遗忘权对维护国家信息主权的重要性。

也有研究者另辟蹊径，从其他角度对被遗忘权进行权利证成。比如从研究数据隐私理论的变迁入手，推论出被遗忘权存在的必要性，即数据隐私理论中语境保全原则的体现。[3] 也有认为被遗忘权的正当性应建立在信息合理流通与具体场景中各方合理期待的基础上，被遗忘权应是一种由个人提起而由社会界定的社会遗忘权，而不应是一种建立在个人信息控制权之上的权利[4]。

（四）被遗忘权的权利性质研究

被遗忘权是一项"表里不一"的权利：表面是强制遗忘，实质是信息价值回归；表面是信息控制权，实质为人格利益保护。[5] 到底将其定位为一项独立的权利，还是将其归属于某项权利之下作为一项权能？如果被遗忘权是一项权利，那它应该属于带有宪法意义的人格权，还是作为民事权利的个人信息权，又或是隐私权？关于被遗忘权权利性质的研究开始最是莫衷一是，有主张信息自决权属性的，有认同独立人格权范畴的，有主张个人信息权性质的，还有主张隐私权范畴的。但近两年大家的观点开始出现趋同，从历史溯源、理论研究、立法现实和救济途径等考虑，很多学者主张被遗忘权不宜

---

〔1〕 参见肖亦舒：《论大数据时代下我国被遗忘权的确立》，辽宁大学2018年硕士学位论文，第4页。

〔2〕 参见李汶龙：《大数据时代的隐私保护与被遗忘权》，中国政法大学2015年硕士学位论文，第1页。

〔3〕 参见李汶龙：《大数据时代的隐私保护与被遗忘权》，中国政法大学2015年硕士学位论文，第16页。

〔4〕 参见丁晓东：《被遗忘权的基本原理与场景化界定》，载《清华法学》2018年第6期，第94~107页。

〔5〕 参见满洪杰：《被遗忘权的解析与构建：作为网络时代信息价值纠偏机制的研究》，载《法制与社会发展》2018年第2期，第199~217页。

作为独立人格权，而应该归属个人信息权。目前的分歧在于，有的学者认为"被遗忘权"内容可以被个人信息权所涵盖，没有必要单独列出这个权利；也有学者认为，"被遗忘权"应作为个人信息权的权能之一存在。

笔者认为，这个从分歧到趋同的过程最能体现我国被遗忘权研究的逐渐深入，从最初概念化地引用国外研究，到结合背景语境的深入分析，随着域内外隐私权、人格权等相关概念的比较与澄清，我们对被遗忘权的诉求实质、目的追求有了更清晰的认识，于是对其权利定性也更为贴近本质。正如雷闪闪、郭小安的分析，被遗忘权法律性质之争实质是个人信息保护制度应选择英美法系的隐私权模式还是大陆法系的具体人格权模式，即英美法和大陆法之间的博弈。而实际上，前一种模式是对隐私权扩张解释的结果，美国的隐私权制度在一定程度上等于欧洲大陆的人格权制度。英美法系国家对个人信息的保护多是采用隐私权模式，而几乎所有的大陆法系国家采用的都是具体人格权模式。我国可以借鉴大陆法系的权利体系，在民法部门中设立具体的人格权——个人信息权，将被遗忘权作为个人信息权的自决权能。[1]

（五）被遗忘权构成要素分析

构成要素研究是被遗忘权研究的重要内容之一，学者们从欧盟关于被遗忘权的法律规定中提炼总结出被遗忘权的主要构成，并在此基础上进行深入探讨，在通常权利主体、义务主体、权利客体、权利内容等要素分析的同时，也对被遗忘权个案适用中可能会涉及的特殊的审查主体做了进一步研究。

1. 权利主体分析

学者们对于被遗忘权权利主体的研究，在以下两点有着较为一致的看法：一是都认为权利主体应该包括自然人，即能通过直接或间接手段被识别的自然人；二是都注意到几类特殊权利主体的例外情况或限制情况，如死者的近亲属、罪犯、未成年人的监护人以及公众人物。研究者都对公众人物的被遗忘权行使持有限享有的观点。[2]

但学者们的分歧也是明显的，主要体现在以下四个方面：一是对自然人的具体称谓不同，有的称为信息主体，有的称为数据主体，这可能是因为大

---

〔1〕 参见雷闪闪、郭小安：《关于被遗忘权法律性质的再思考》，载《西南民族大学学报（人文社科版）》2018年第3期，第94~100页。

〔2〕 参见杨立新、韩煦：《被遗忘权的中国本土化及法律适用》，载《法律适用》2015年第2期，第24~34页。

家语境不同，对网络信息、网络数据的理解及强调重点不一所致。二是对法人或非法人组织能否成为被遗忘权权利主体有分歧。绝大多数研究者认为法人或非法人组织不应成为被遗忘权权利主体，但也有研究者认为可以将法人列入权利主体范围。拟制化的法人人格权可以作为法人享有被遗忘权的理论依据，这对于保护小微企业商业信誉、商品声誉有利，从诉讼经济和诉讼效率的角度讲，也更有利于节约司法资源和减轻法院案件压力。[1] 三是研究者在支持自然人成为被遗忘权权利主体的原因上也存在分歧。有的研究者认为被遗忘权具有人格权属性，属于个人信息人格权。按照我国目前的规定，个人信息权的权利主体也仅包括自然人，因此将被遗忘权的权利主体设置为自然人，有利于其更好地融入我国立法和法学理论体系。[2] 四是研究者在死者近亲属、罪犯等是否享有被遗忘权上存在分歧。关于死者近亲属，有学者认为其不应当享有被遗忘权，因为被遗忘权的最终目的是保护信息主体本人的人格尊严和自由。但也有学者认为，在满足被遗忘权行使条件的情况下，死者近亲属有权作为被遗忘权的主体主张权利，以减少负面的网络信息给他们所带来的二次伤害。[3] 对于罪犯，应将涉及国家安全、性犯罪和重大贪污贿赂等犯罪的排除在被遗忘权适用之外，而其他案件只要不涉及公共利益，就应当享有在网络上被遗忘的权利。[4] 也有人认为，罪犯的纯粹私人信息如身体隐私等必须得到保护，在其行刑完毕后经过一段时间，不再有社会危害性时，允许其行使被遗忘权，删除新闻报道中的姓名信息。[5]

2. 义务主体分析

从"社交网站和搜索引擎"，到"网络服务提供者""信息收集、使用者"，再到"信息控制者"，被遗忘权义务主体的界定，有一个明确和扩展过程。目前，研究者大多认同信息控制者的定位，即除信息主体之外的处理个人信息的自然人、法人、公共权力机构或组织。并且研究者一致认为应该将传统的非互联网领域内的信息控制者排除在外。但也有研究者认为义务主体

---

〔1〕 参见杨杰：《被遗忘权的明晰及本土化探究》，载《重庆邮电大学学报（社会科学版）》2018年第4期，第67~78页。

〔2〕 参见薛艺：《被遗忘权性质刍议及其本土化构建》，山东大学2018年硕士学位论文，第33页。

〔3〕 参见任彤彤：《"被遗忘权"研究》，西北大学2016年硕士学位论文，第18页。

〔4〕 参见刘帅丹：《大数据背景下我国设立被遗忘权的法理分析》，中央民族大学2018年硕士学位论文，第13页。

〔5〕 参见任彤彤：《"被遗忘权"研究》，西北大学2016年硕士学位论文，第17页。

不应是除信息主体之外的所有信息处理者。被遗忘权的义务主体是信息的发布者或传播者，仅仅储存信息并不会构成对信息主体被遗忘权的侵犯，只有将这些信息公之于众，使他人容易浏览的情况下，才构成对信息主体被遗忘权的侵犯。[1]

在对信息控制者进行具体分析时，研究者们一般依据收集信息的目的对其进行划分。在义务主体的认定上，研究者关注最多的是搜索引擎等网络运营商和社交网站。对于原始信息发布者以及网络第三方用户是否也应被认定为被遗忘权的义务主体，目前存在一定争议。但实际生活中，信息原始发布者的行为往往会侵犯到信息主体的其他权利，可以运用其他法律进行规制，且举证信息发布者和第三方用户侵犯信息主体被遗忘权存在较大困难。所以可以不将这两者纳入被遗忘权所规制的义务主体范围。[2]

很多研究者都注意到了被遗忘权对互联网企业的负面的影响。低成本信息模式下，商业公司习惯了其带来的高回报，一旦被遗忘权体系正式构建，信息使用将产生巨额成本。[3] 被遗忘权的实施对个体而言是一种保护，而对互联网企业而言是一种事后删除的巨大成本。[4] 这种负面影响还包括法律风险的增加和权利救济困难等。[5]

3. 权利客体分析

研究者对被遗忘权权利客体的界定基本持两种观点：一是认为权利客体是特定的个人信息或者个人数据；二是认为权利客体是个人信息上所承载的某种利益或民事权利，主要指人格利益，既包括人格尊严、人格自由利益，也包括个人信息背后的人格形象发展的利益。

赞同被遗忘权权利客体指向个人信息（数据）的研究者，在个人信息的具体界定上也存在着分歧。有的认为此处的"个人信息"应该是与个人有关

---

〔1〕 参见刘雪斌等：《被遗忘权的构成要素研究》，载《长治学院学报》2016 年第 4 期，第 12~15 页。

〔2〕 参见肖亦舒：《论大数据时代下我国被遗忘权的确立》，辽宁大学 2018 年硕士学位论文，第 15 页。

〔3〕 参见夏添：《从网络空间个人隐私规制角度浅析被遗忘权》，载《今传媒》2017 年第 5 期，第 32~34 页。

〔4〕 参见朱烨：《新媒体时代的"被遗忘权"研究》，载《新媒体研究》2018 年第 7 期，第 115~117 页。

〔5〕 参见吕加岭、刘阳：《被遗忘权全球执行对互联网企业的消极影响及对策研究》，载《海南金融》2017 年第 8 期，第 67~73 页。

的一切信息。有的研究者却提出个人信息的界定不能太宽泛，而应具备一定特征和标准。有的研究者认为个人信息主要指网络信息和纸质信息。因为复印、拍照、上传等技术的普及也增加了人们对纸质信息遗忘的难度。[1] 也有研究者认为个人信息应该特指公开的个人信息。删除尚未公开的个人数据是让机器遗忘，而不是让人遗忘。被遗忘权所要达到的目的是通过增加检索的难度来弱化记忆。[2] 而有的研究者则特别强调个人信息应是真实的历史信息。

学者们对被遗忘权客体的研究也有一些是针锋相对的结论。有的认为，已经发布在网络中但仅为特定人可见的信息无权适用被遗忘权。[3] 有的却认为"特定人"的标准无法明确，且不论特定人是多少，与被遗忘权的初衷都相矛盾。还有学者提出，Cookies 数据、用户网络痕迹等隐性的信息也属于被遗忘权所保护的客体，这些隐性信息往往会曝光更多的个人信息，且更具经济价值，对这些数据进行监控、整理会带来更严重的危害。[4] 而另有学者认为隐性数据在目前尚不可以成为被遗忘权的客体。[5]

4. 审查主体分析

在被遗忘权构成要素分析中，研究者所持的一般思路都是权利主体依据权利向义务主体提出权利保障要求，义务主体或者履行义务满足权利主体要求，或者拒绝权利主体要求，此时，权利主体可依法提起诉讼以维护自己的权益。但也有研究者提出，在被遗忘权个案的申请审查、执行和保护中，如果单纯依赖搜索引擎服务商和最后的司法途径，会存在以下弊端：一是私人营利性质的搜索引擎服务商在均衡利益冲突时，难免有所偏颇，而司法途径的监督又是一种事后监督，难以及时的保障信息主体的利益。二是可能产生大量诉讼，给现有司法体系带来巨大的压力。所以，此过程中应有较为中立

---

〔1〕 参见李倩：《被遗忘权在我国人格权中的定位与适用》，载《重庆邮电大学学报（社会科学版）》2016 年第 3 期，第 44~50 页。

〔2〕 参见段卫利：《论被遗忘权的法律保护——兼谈被遗忘权在人格权谱系中的地位》，载《学习与探索》2016 年第 4 期，第 74~80 页。

〔3〕 参见杨立新、韩煦：《被遗忘权的中国本土化及法律适用》，载《法律适用》2015 年第 2 期，第 24~34 页。

〔4〕 参见肖亦舒：《论大数据时代下我国被遗忘权的确立》，辽宁大学 2018 年硕士学位论文，第 15~16 页。

〔5〕 参见孙成蛟：《论我国网络环境下被遗忘权的立法构建》，广东财经大学 2015 年硕士学位论文，第 26 页。

的第三方的参与和监督。

但在这个第三方机构的属性、监督方式、监督结果的效力设计上，研究者们还存在明显分歧。有的认为第三方机构应为官方机构，如我国信息和工业化部的下设机构信息通信管理局，应由这样的信息主体和信息控制者之外的中立机构，对何种信息符合适用被遗忘权的情形进行审查。[1] 也有的研究者认为第三方应是非政府非营利机构，且具有一定的强制手段。还有的研究者认为第三方应以审查建议权为主，不宜采取强制手段。比如在数据主体、数据控制者之外应该有类似欧盟的"数据保护机构"（DPAs），这个机构只具有审查建议权。

5. 权利内容分析

被遗忘权的内容一般包括权利主体的权利、义务主体的义务、义务履行的方式等。权利主体的权利包括决定是否分享和如何分享个人信息、随时查询与己有关的信息并请求更正或注销或删除个人信息、要求义务主体承担义务等。义务主体的义务包括接收权利主体申请、依据一定标准审查申请、处理申请、告知、答复等。义务的履行方式最主要的就是删除。

不同的研究者对被遗忘权内容研究也各有侧重。有的强调信息主体的权利，比如可随时查询个人信息的处理理由、用途、范围、方式、期限等事项，发现违法或违反约定情况，可随时请求更正、注销、删除个人信息。[2] 有的强调权利内容包括删除权和保护数据清洁的权利。有的强调遗忘权权利行使时，请求删除的通知，这一类似于前置的程序。有的强调被遗忘权的救济性和防御性，认为应该根据"实际损害"和"危险预期"两种原则，保证数据主体遭受现实损害时得到救济，并且可在实际损害发生之前，阻却不良后果的发生。[3] 有的关注被遗忘权适用当中存在的问题与局限，认为数据控制者的超级权限，可能导致"被遗忘权"被滥用，从而妨碍公民的表达自由和知

---

〔1〕 参见丁晓东：《被遗忘权的基本原理与场景化界定》，载《清华法学》2018 年第 6 期，第 94~107 页。

〔2〕 参见彭支援：《被遗忘权初探》，载《中北大学学报（社会科学版）》2014 年第 1 期，第 36~40 页。

〔3〕 参见姜男：《大数据视域下隐私的法律问题研究》，北京化工大学 2016 年硕士学位论文，第 26 页。

情权。[1] 有的强调删除手段的终极性和谦抑性，认为被遗忘权的核心不在删除，而是将信息与其关联的主体脱钩。[2]

（六）对域外被遗忘权的研究

我国对域外被遗忘权的研究，重点围绕欧盟和美国展开，也涉及日本、韩国、墨西哥、阿根廷等其他国家。关注的内容主要有对被遗忘权所持的主流态度、被遗忘权在其境内的发展，以及相应的比较研究等。

各国和地区对被遗忘权的态度主要有三种派别，即以欧盟为代表的激进支持派、以英美为代表的保守反对派及其他国家地区的中立观望派。与此对应，学者将被遗忘权实践模式也分为三种，即严格模式、宽松模式和无限制条件模式，严格模式的典型代表是欧盟，宽松模式的典型代表是美国，无限制条件模式主要包括虽然也实施了类似被遗忘权的法律，但可能并未完全考量被遗忘权的限制条件、公共利益、主体范围等的一些国家。[3]

（七）被遗忘权的本土化构建

权利某种程度上可以解释为需要借助国家力量和手段保护的重要利益。被遗忘权作为一种起源于西方的新兴权利，若要融入我国的法律体系，必须寻求其本土化的根基，同我国法律文化相融合。被遗忘权的本土化构建是学者们研究的重点之一，他们都不赞同照搬照抄欧盟的被遗忘权立法，支持选择性借鉴，循序渐进地构建。学者们提出的本土化进路大致有三：一是理想方式，制定个人信息保护法，在其中明确界定被遗忘权；二是务实方式，在民法体系中，利用现有的法律法规，对被遗忘权进行保护；三是过渡方式，在个人信息保护法还不具备制定条件的情况下，通过完善行政法规及规章，丰富司法解释的方法解决被遗忘权的保障和实施问题。

司法实践中，在我国尚无明确的被遗忘权请求权基础的情况下，研究者们有的认为可以运用比例原则对被遗忘权保护的"利益正当性"与"保护必

---

〔1〕 参见周丽娜：《大数据背景下的网络隐私法律保护：搜索引擎、社交媒体与被遗忘权》，载《国际新闻界》2015 年第 8 期，第 136~153 页。

〔2〕 参见满洪杰：《被遗忘权的解析与构建：作为网络时代信息价值纠偏机制的研究》，载《法制与社会发展》2018 年第 2 期，第 199~217 页。

〔3〕 参见刘旭灿：《国际图联被遗忘权声明：读者隐私保护新动向》，载《图书馆杂志》2017 年第 12 期，第 91~95 页。

要性"问题进行具体判断；[1] 有的认为，当事人在利益诉求无法通过隐私权等现有类型化权利保护的情况下，应以"一般人格权"为案由通过"正当法益"主张侵权保护，但须证明与利益的直接利害关系、利益的正当性及应受法律保护的必要性。[2]

但也有学者对我国引入被遗忘权，特别是现阶段引入被遗忘权提出了异议。被遗忘权的执行是一个动态复杂的平衡过程，重心是其与公共表达自由之间的冲突协调，如果无法对表达自由提供充分的法律保护，被遗忘权本土化问题需持谨慎态度。[3] 中国没有个人数据立法传统，在隐私权保护体系尚处于理论研究的情况下，若急于将尚处于一般人格利益的被遗忘权视为可以类型化的具体人格权予以本土化，不管是在理论还是实践上都面临着"空中花园"般的尴尬。[4] 即使在欧洲内部的立法和司法实践中，被遗忘权的行使边界也不是十分清晰的，而中国又处在亟须鼓励互联网创新和保护新闻舆论监督等社会发展的关键阶段，不顾实际地移植被遗忘权并不是最优选择。[5]

三、我国被遗忘权研究的特点

如果说对被遗忘权主要研究领域的成果进行总结对比分析是较为微观的工作的话，那么在此基础上，我们可以进一步发现被遗忘权研究的一些中观层次的特点。被遗忘权研究的成果呈现多角度、多领域、跨学科、全过程等特点。

第一，在法学范畴内，学者们从宪法、民法、刑法、经济法、国际法等多角度对被遗忘权展开研究。因为学者们对被遗忘权私法性质认同较多，所以民法领域的成果最多。这一点从学者们关于被遗忘权性质（个人信息权也好，人格权也罢，都是民法规范的范围）、被遗忘权与我国现行法律体系有效融入的方法（不论是理想的信息立法，还是务实的现实选择，大多学者还是比较认同民法框架下的被遗忘权本土化选择）等问题的通常看法，就能很清

---

〔1〕 参见张建文、李倩：《被遗忘权的保护标准研究——以我国"被遗忘权第一案"为中心》，载《晋阳学刊》2016 年第 6 期，第 127~133 页。

〔2〕 参见陈昶屹：《现有法律体系下"被遗忘权"案件的审理思路及保护路径——从我国"被遗忘权"第一案说起》，载《法律适用（司法案例）》2017 年第 2 期，第 41~46 页。

〔3〕 参见李汶龙：《大数据时代的隐私保护与被遗忘权》，中国政法大学 2015 年硕士学位论文，第 30~33 页。

〔4〕 参见高俊：《被遗忘权的适用范围问题研究》，西南政法大学 2017 年硕士学位论文，第 46 页。

〔5〕 参见丁宇翔：《被遗忘权的中国情境及司法展开——从国内首例"被遗忘权案"切入》，载《法治研究》2018 年第 4 期，第 27~39 页。

晰地得到印证。又因被遗忘权起源于国外刑法领域，所以国际法和刑法角度探讨的成果也较多。国际法角度的研究，既有专题研究某国的被遗忘权的，也有对比研究两国或几国被遗忘权的，将我国与其他国家进行对比性研究的，多是以综合对比研究为主，很少有选取某一个研究领域进行更深入的对比研究的。大数据时代，信息、数据即是资源，牵涉经济利益愈多，从经济法角度研究被遗忘权也有不少成果。比如，研究被遗忘权对互联网企业的消极影响，研究医药公司、纳税人等在被遗忘权保护中受到的影响等。

第二，作为与个人信息权益密切相关的新兴权利，被遗忘权也因信息的无处不在，而在各个领域牵涉日广，相关的研究也呈现多领域特点。如个人征信、商业涉密、言论自由、线上商场、自媒体、网络暴力、医药卫生、涉老信息等领域，都有与被遗忘权相关的研究话题。例如，从分析失信被执行人名单信息制度存在的主要缺陷入手，提出弥补这些缺陷最简单、最易操作的方式就是引入"被遗忘权"理论。[1]

第三，人类从信息饥渴时代骤然过渡到信息过剩时代，如何面对信息潮流的冲击，回答这一问题并不仅仅是法学工作者的任务。[2] 除了法学，新闻学、传播学、政治学、金融学、数据学等学科都有学者从自己专业的角度出发，对被遗忘权开展跨学科研究。尤其是新闻学和传播学，因为言论自由、公众知情权等内容与被遗忘权研究密切联系，成了仅次于法学的被遗忘权研究成果较多的学科。例如，从传播学理论视角，用"镜中我"理论分析被遗忘权；[3] 研究网络群体性事件的个人信息保护；[4] 研究智能手机的内容规制[5]等，都从各自的角度阐释了被遗忘权在其中的作用。

第四，学者们不仅研究被遗忘权的历史、概念、权利性质，也研究被遗忘权的立法实践、司法问题，以及相关的法学理论，内容可以说涉及此权利

---

〔1〕 参见梁子琦：《"老赖"的"被遗忘权"——失信被执行人名单信息制度的改革思路》，载《濮阳职业技术学院学报》2018 年第 6 期，第 52~57 页。

〔2〕 参见梅夏英：《论被遗忘权的法理定位与保护范围之限定》，载《法律适用（司法案例）》2017 年第 16 期，第 48~54 页。

〔3〕 参见徐莉程：《从被遗忘权现象重新思考"镜中我"理论》，载《新闻传播》2017 年第 18 期，第 109~110 页。

〔4〕 参见张思渊：《网络群体性事件中的个人信息保护——基于"被遗忘权"的视角》，华中师范大学 2016 年硕士学位论文，第 11~13 页。

〔5〕 参见李亚玲：《我国智能手机媒体内容规制探究：变革、继承与实践》，华中科技大学 2015 年博士学位论文，第 91~93 页。

的方方面面。如陈昶屹就从不同角度对我国的被遗忘权第一案进行了专题研究，梅夏英、姜野等都对被遗忘权进行了法理分析和研究。

四、我国被遗忘权研究的展望

我国的被遗忘权研究已走过了十年，展望未来，在目前已有的领域中做更有深度的发掘研究，同时有针对性地弥补研究的不足及空白，不失为今后被遗忘权研究发展的两条路径。

在目前司法实践领域涉及不多的背景下，被遗忘权能否作为一项新兴权利实现本土化还是未知数，类似权利性质的一些基础问题也处于莫衷一是的状态中。此时，做一些植根于法理角度的研究，将根本性问题研究清楚，就显得尤为重要了。而这方面的研究成果较少。学者们关注被遗忘权内容、立法司法、本土化等实践性的研究，对相关法理研究重视不够。然而，正是针对欧盟信息权与美国隐私权的法理研究的推进，才使国内被遗忘权研究从隐私权与信息自决权的概念化争论泥沼中解脱出来，进而在被遗忘权的权利属性这一根本问题上逐渐达成共识。目前，尚未形成对被遗忘权进行法理研究的有分量的成果，这项基础性研究的不足，是被遗忘权这一新兴权利研究的重大缺陷，对其能否成为法定权利有着极为重要的影响。

公法领域的相关研究可以继续拓展，一些敏感话题还可深入涉及。目前被遗忘权研究局限于私法领域的居多，而从国家保护角度全面考量，从公法视野分析被遗忘权适用当中的权利冲突和解决路径的研究还不充分。虽然有学者关注到了被遗忘权的公法保护，比如也强调行政监管，认为应该发挥行政机关的作用，但只是提出了一个大致路径，缺乏真正从行政法角度的具体研究成果。对于公权力介入有可能带来的类似寒蝉效应等的负面影响，学者们也都点到为止，没有更进一步地分析。这些都有可能成为今后研究的努力方向。

一些基础性理论，比如人权理论，与被遗忘权研究的结合还有更多可以推动的部分。其中，人权理论在被遗忘权证成及适用中的作用研究就明显不足。虽然多数学者在论证被遗忘权性质归属时，都会提到其人格权的宪法性属性，但并未再向上溯及人权。被遗忘权体现的"自决"理念是包括《世界人权宣言》《公民权利及政治权利国际公约》等人权条约都作为基础价值重点保护的。人权属性的证成对被遗忘权主体的范围有重要意义。[1] 这方面没有更深入的研究成果，如果能有进一步推动，其对被遗忘权正当性的证明会是极为有力的支持。

司法领域涉及被遗忘权的案例不多，从个案角度研究"被遗忘权"的也较少，我们在法律实际应用上能够汲取的经验也很少，这对被遗忘权的研究有一定制约，会直接影响被遗忘权本土化研究。但随着人们对个人信息保护的认识和重视，相关案例会增多，具体司法实践领域研究的也会随之不断深化。这些都可作为以后可供扩展的研究方向。法律的滞后性也给被遗忘权个案研究提供了足够的时空范围，这方面的研究成果也会对被遗忘权本土化的方法路径产生起到极为重要的推动作用。

关注特殊群体被遗忘权的专题研究也会是今后研究可以深度推进的方向。如未成年人的被遗忘权保护，多数在综合研究的例外情形中提及，没有专题研究。其他如公众人物、老年人、病人、妇女等的被遗忘权没有专题的研究成果出现。这些研究空白也给我国的被遗忘权研究提供了更多延展的空间，也会是新的研究成果的重要突破口。

我国的被遗忘权研究十年，各方面的研究成果也算丰富，应该说到了一个可以回顾过去，总结梳理，展望未来的时候，但各方面原因的影响，目前还没有有关专著出现，甚至对这个领域有关研究的专家的认同共识也没有形成，学者们对被遗忘权的研究大都浅尝辄止，没有持续性研究的动力和成果，这也说明我国的被遗忘权研究还需要继续提升，直至水到渠成，出现有关的研究专著。

结　语

2019 年 5 月，国家网信办就《数据安全管理办法（征求意见稿）》公开征求意见，其中有关于公众隐私安全的表述，该征求意见稿的第 8 条规定了收集使用规则应突出个人信息主体撤销同意，以及查询、更正、删除个人信息的途径和方法。第 21 条规定：网络运营者收到有关个人信息查询、更正、删除以及用户注销账号请求时，应当在合理时间和代价范围内予以查询、更正、删除或注销账号。有报道就认为，《数据安全管理办法》有可能拉开中国

---

〔1〕　参见李汶龙：《大数据时代的隐私保护与被遗忘权》，中国政法大学 2015 年硕士学位论文，第 7 页。

人行使"被遗忘权"的序幕。[1] 网络生活越来越让人们感觉须臾难离。数据信息无处不在，再普通的人都有可能借助网络成为万众瞩目者，被遗忘权的保护会与每个人的利益相关。我们总结被遗忘权已有的研究成果，展望今后的研究方向，期待为被遗忘权的保护寻找更好的途径和方法。

---

〔1〕 参见梦舞清愁：《中国版的"被遗忘权"来了，硬盘数据销毁即将成为刚需》，载 https：// feng. ifeng. com/c/7nD7gmM0kN5，最后访问时间：2019 年 6 月 6 日。

政治与社会

国际法上解决领土争端的新模式

——以布尔奇科仲裁案为例

陈　苏[*]

　　摘　要：布尔奇科地区领土争端是波黑战争最后的矛盾焦点，关系到整个巴尔干地区能否摆脱波黑长期战争的影响。布尔奇科仲裁案是《代顿协议》创立的波黑战后和平体系重要组成部分。在仲裁审理中，《代顿协议》原则与有关国际法原则共同作为处理实体问题的适用法律，《代顿协议》建立的军事、民事机制为分阶段仲裁裁决提供保障，有效缓解双方紧张关系、避免矛盾激化。20 多年实践表明，这种政治解决方案与仲裁裁决相互结合的解决领土争端新模式，对实际解决领土争端、维护地区和平起到了积极作用，对当代其他国家或地区领土争端解决具有非常重要的借鉴意义。

　　关键词：领土争端　代顿协议　布尔奇科　仲裁

　　1995 年 11 月 21 日，在美国主持下，波黑战争三方，即波什尼亚克族（简称"波族"）、克罗地亚族（简称"克族"）和塞尔维亚族（简称"塞族"）三方达成《波黑和平总体框架协议》（简称《代顿协议》）。1995 年 12 月 14 日，该协议在巴黎正式签署，结束了长达 3 年

　　* 陈苏，中国政法大学国际法学院 2017 级博士研究生（100088）。

半的波黑战争。布尔奇科仲裁案（简称"本案"）是《代顿协议》确立的波黑战后和平计划的重要组成部分，自 1996 年仲裁庭组成并开始审理，至 1999 年 3 月 5 日作出最终裁决，决定在布尔奇科建立波黑共和国直辖特区。[1] 该仲裁裁决一直执行至今已有 20 多年。实践表明，仲裁裁决为布尔奇科地区提供的长效国际监督与治理方案，有效缓解了民族矛盾激化的紧张局势，实现了领土争端和平解决，防止了波黑战争重演，对维护巴尔干地区和平具有积极意义。2020 年正值《代顿协议》签署 25 周年之际，回顾布尔奇科仲裁案开创的解决领土争端新模式，对当代其他国家或地区解决领土争端问题具有借鉴意义。

一、布尔奇科领土争端关系到整个巴尔干地区和平

（一）波黑战争威胁巴尔干地区和平

巴尔干半岛位于欧洲东南部，地处欧、亚、非三大洲之间，该地区最大特点是面积小、民族和国家众多。历史上，因奥斯曼和奥匈两个帝国衰败而出现大量领土和居民变动，在列强的干预和操纵下，巴尔干国家的领土一再被重新划分造成了巴尔干各国之间普遍存在边界争端和领土纠纷。[2] 复杂多样的历史、地缘政治、经济、宗教、文化以及对外政策导致该地区战争频发，历来有"欧洲火药桶"之称，而 20 世纪该地区所发生的历史事件，都直接或间接同民族主义有关。[3] 特别是冷战后，南斯拉夫地区的民族主义全面抬头，不同民族之间对领土的归属、治理存在分歧，引发了斯洛文尼亚内战、克罗地亚内战、波黑内战、科索沃战争、马其顿危机等一系列国际热点，对巴尔干地区乃至全世界事务都造成了影响和冲击。[4]

波黑战争是第二次世界大战结束以来规模最大的地区性冲突，持续时间长达 40 个月，造成约 20 万人死于战乱，200 万人流离失所。[5] 有学者将波黑战争影响下的巴尔干地区局势称为"巴尔干化"，即处在地缘政治敏感区域的国家行为体，因其民族和宗教矛盾不断升级，出现包括领土争端在内的各

---

〔1〕 Arbitral Tribunal for Dispute Over Inter-Entity Boundary in Brcko Area: The Federation of Bosnia and Herzegovina v. the Republika Srpska (final award), 38 International Legal Materials 534, 538 (1999).

〔2〕 马细谱：《巴尔干国家的民族政策及其问题》，载《世界民族》2004 年第 4 期，第 30 页。

〔3〕 马细谱：《巴尔干纷争》，北京大学出版社 1999 年版，第 1 页。

〔4〕 参见余建华：《南斯拉夫民族问题国际化与冷战后国际关系》，载《世界经济研究》2003 年第 6 期，第 30 页。

〔5〕 马细谱：《波黑内战透析》，载《世界历史》1996 年第 3 期，第 110 页。

种冲突，致使地区安全环境恶化，国际格局面临挑战，成为地区安全结构中的一种普适形态。[1] 从波黑内部来看，其尖锐的民族矛盾体现在境内波族、克族、塞族三大民族之间在政治地位、建立单一民族国家等方面的分歧，波族、克族主张建立独立共和国并获得克罗地亚支持，而塞族则愿意继续留在南联邦并获得了南斯拉夫人民军的支持，[2] 根深蒂固的民族矛盾使武装冲突难以停止，并存在随时可能蔓延到波黑以外的风险。从外部看，波黑战争造成大批难民向周围国家流动，给周边国家及欧洲各国带来沉重的经济和社会负担，引起了欧共体（欧盟）及联合国难民署等国际组织的关注。从波黑战争爆发开始，以联合国维和行动、欧共体调停、北约军事介入等为代表，以消除战争、维持和平为宗旨的国际干预行动也在持续进行，先后出现"万斯－欧文计划""欧文－斯托尔滕贝格计划""波黑联邦协议和五国和平新方案"等和平方案，[3] 但每次都以看到和平希望时战火又重新燃起而告终，使巴尔干地区难以恢复和平。

（二）布尔奇科领土争端阻碍波黑战后和平进程

各方就布尔奇科地区的领土争端，集中体现了波黑战争中的民族主义、战争胜败等各种矛盾。布尔奇科争端不解决，波黑战后和平就难以实现，这是由布尔奇科地区在地理、历史、政治、人口等方面的特殊性决定的。

1. 布尔奇科地区所处地理位置十分重要

布尔奇科位于波斯尼亚和黑塞哥维那（简称"波黑"）、克罗地亚共和国和塞尔维亚交界处，在萨瓦河沿岸建有港口和铁路枢纽，历史上一直是巴尔干各民族和国家之间的交通要道。在波黑战争中，布尔奇科地区的位置对冲突各方都具有重要战略意义：对波黑塞族来说，其管控领土分为互不连接的东、西两部分，而布尔奇科地区正是两部分之间唯一的连接通道；对波黑联邦一方来说，布尔奇科是其在波黑中部与克罗地亚共和国唯一的交界，波黑北部与克罗地亚之间的边界主要处于塞族控制区域。

2. 多民族混居与尖锐的民族矛盾

布尔奇科地区的多民族人口分布状况，也集中体现了波黑各民族混居复

---

〔1〕 参见朱新光、王世峰：《论冷战后国际格局的角色转换》，载《上海对外经贸大学学报》2014年第6期，第86页。

〔2〕 参见李志鸿：《浅析波黑战争与和平的转化》，载《国际问题研究》1996年第2期，第18页。

〔3〕 参见马细谱：《巴尔干纷争》，北京大学出版社1999年版，第377~398页。

杂的特征，这一特征决定了难以按种族来划分布尔奇科地区的管控权力。布尔奇科地区人口包括塞族、克族、波族及其他少数民族。据 1991 年统计，在布尔奇科地区，布尔奇科镇人口分布情况为波族 56%、塞族 20%、克族 7%、其他少数民族 17%，而布尔奇科镇以外区域人口分布情况为波族 44%、塞族 21%、克族 25%、其他少数民族 10%。[1]

布尔奇科是最先受波黑战争影响的地区之一，民族矛盾十分尖锐。早在 1991 年底，受克罗地亚与塞尔维亚武装冲突影响，波黑塞族准军事部队进入布尔奇科镇（Brcko Grad）并招募和训练当地塞族志愿者，而驻布尔奇科地区的南斯拉夫人民军则收缴了当地波斯尼亚领土保卫部队的武器。后来，1992 年 4 月 7 日欧共体承认波黑共和国，塞族拒绝接受并宣布建立波黑塞族共和国，4 月 30 日，由南斯拉夫人民军和塞族准军事部队组成的塞族军队攻占布尔奇科镇及其西南周边区域。此后，塞族军队开始驱逐和逮捕当地波族和克族居民，并在布尔奇科镇建立集中营，集中营内生活条件恶劣并存在迫害行为，仅一个集中营就有数千名波族和克族居民被杀害。波族和克族居民被迫逃往其军队控制的地区，而塞族居民也迁移到塞族军队控制的地区。

3. 布尔奇科争端对《代顿协议》签署构成障碍

领土管控划分问题是波黑冲突各方的矛盾焦点。1995 年《代顿协议》谈判时，布尔奇科地区领土中，塞族实际控制 48%（约 225 平方公里，包括布尔奇科镇及其周边区域），波黑联邦实际控制 52%（约 239 平方公里）。[2] 由于各方无法就布尔奇科地区的管控问题达成一致，在布尔奇科地区内部，也难以像波黑其他地区那样确定"实体间边界线"，因此危及《代顿协议》签订及波黑整体和平进程。

二、《代顿协议》开启了和平解决领土争端之门

《代顿协议》确立了"一个国家、两个实体"的波黑国家基本架构，即波黑和下属两个自治实体——波斯尼亚和黑塞哥维那联邦（简称"波黑联邦"）和塞族共和国。在此基础上，波黑与两个实体达成《代顿协议》附属

---

〔1〕 Arbitral Tribunal for Dispute Over Inter-Entity Boundary in Brcko Area: Award in the Republika Srpska v. the Federation of Bosnia and Herzegovina (Control Over the Brcko Corridor), 36 International Legal Materials 396, 411 (1997).

〔2〕 Arbitral Tribunal for Dispute Over Inter-Entity Boundary in Brcko Area: Award in the Republika Srpska v. the Federation of Bosnia and Herzegovina (Control Over the Brcko Corridor), 36 International Legal Materials 396, 414 (1997).

协议二，约定将两实体之间就布尔奇科地区实体间边界线问题争端提交仲裁解决，从而开启了和平解决领土争端的进程。对于布尔奇科领土争端来说，长期处于武装冲突敌对状态的双方，能就提交仲裁达成协议并不容易，《代顿协议》附属协议二不仅解决了争端双方协商一致的问题，而且还就仲裁庭组成、仲裁规则、仲裁期限等做出了有预见性的安排，为仲裁庭的组成和管辖权的确立奠定基础。

（一）仲裁事项安排充分考虑双方对立状态

《代顿协议》附属协议二第5条对仲裁庭组成、仲裁规则、仲裁期限等事项做出了详细安排，推动了仲裁审理及时有序进行。

1. 关于仲裁庭的组成

按照《代顿协议》附属协议二第5条规定，仲裁庭由三名仲裁员组成，自《代顿协议》生效之日起六个月内，波黑联邦与塞族共和国各分别指定一名仲裁员，此后30日内由双方分别指定的仲裁员协商确定第三名仲裁员，如协商不成则由国际法院院长指定，由第三名仲裁员作为首席仲裁员。这项安排充分考虑到波黑联邦与塞族共和国之间的对立立场，导致可能无法协商产生第三名仲裁员。实际情况表明这种考虑是必要的，1996年7月15日，国际法院院长为本案指定了首席仲裁员。

2. 适用仲裁规则的灵活性

《代顿协议》附属协议二第5条规定，仲裁程序适用《联合国国际贸易法委员会仲裁规则（1976年）》（简称《贸易法委员会仲裁规则》）。按照《贸易法委员会仲裁规则》第1条，一般情况下，在双方约定将有关争端按该仲裁规则提交仲裁时，应适用该仲裁规则进行仲裁，但是如双方当事人另有约定对该仲裁规则进行变更，则从其约定，为当事双方及仲裁庭灵活运用仲裁规则奠定了基础。

本案的三份仲裁裁决均只有首席仲裁员签署，但仲裁裁决的效力没有受影响，这是对《贸易法委员会仲裁规则》灵活适用的结果。本案中，通过双方事后补充约定的方式，将《贸易法委员会仲裁规则》第31条规定的"仲裁庭的裁决或其他决定应由仲裁员的多数做出"，修改为"如仲裁员无法达成多数一致则同意以首席仲裁员意见为准"，选择允许双方约定变通规则的"贸易法委员会仲裁规则"，体现出《代顿协议》起草者对当事双方严重对立立场的考虑。

3. 规定审理期限防止久拖不决

争端解决的过程中，双方之间争议点过多容易导致久拖不决，布尔奇科争端如长期无法解决，则可能导致波黑和平再生变数。针对这一点，《代顿协议》附属协议二第 5 条规定，仲裁庭需在《代顿协议》生效后一年内即 1996 年 12 月 14 日前作出裁决，对仲裁庭审理效率提出了较高的要求。但是，仲裁庭组成后一段时间内，塞族共和国拒绝接受管辖并试图撤回指定仲裁员，而塞族共和国指定的仲裁员也拒绝参加庭前会议，直到 1996 年 10 月，塞族共和国才同意参加审理，并要求将审理期限延长至 1997 年 2 月 15 日，仲裁庭在征得波黑联邦同意后准许，仲裁庭首次裁决于 1997 年 2 月 14 日做出。

（二）依据《代顿协议》对仲裁条款进行补充性解释

在审理过程中，双方对仲裁庭管辖事项提出了不同的主张，分别是：波黑联邦主张本案争议为布尔奇科地区管控权归属于双方中的哪一方，根据《代顿协议》附属协议二第 5 条仲裁条款，仲裁庭有权审理布尔奇科地区归属或其未来管控安排问题；而塞族共和国则主张，《代顿协议》附属协议二第 5 条仅授权仲裁庭处理布尔奇科地区"实体间边界线"最终位置问题，按照《代顿协议》谈判时各方意思表示，不包含将塞族共和国实际控制区域转移给波黑联邦这种可能性，且塞族共和国控制波黑领土面积未达到《代顿协议》规定的 49%，故仲裁庭仅有权裁决将"实体间边界线"向南移动，而无权改变布尔奇科镇等塞族共和国控制地区的归属。[1]

对于双方的主张，仲裁庭均未予认同。仲裁庭认为，仲裁事项不仅限于确认布尔奇科地区归属于任何一方管控或者必须划定"实体间边界线"，而是指更广泛的管辖权限，因为《代顿协议》附属协议二第 5 条及附录地图均未清晰界定布尔奇科地区及其内部"实体间边界线"的准确位置，表明仲裁条款规定存在不明确之处，需按照《维也纳条约法公约》第 32 条进行补充性解释。在进行补充性解释时，仲裁庭回顾了《代顿协议》谈判时的相关情况：《代顿协议》缔约宗旨是缓解双方之间的紧张局势，并未限定仲裁庭解决争端的具体措施；《代顿协议》签订后，塞族共和国拒不履行，实际上排除了将布

---

〔1〕　Arbitral Tribunal for Dispute Over Inter-Entity Boundary in Brcko Area: Award in the Republika Spska v. the Federation of Bosnia and Herzegovina (Control Over the Brcko Corridor) , 36 International Legal Materials 396, 406-407 (1997).

尔奇科地区全部或部分由一方单独管控的可行性。[1] 同时，按照《维也纳条约法公约》第31条，结合《代顿协议》整体内容及其缔约目的与背景，考虑到联合国安全理事会通过第1031（1995）号决议、第1088（1996）号决议敦促各方履行《代顿协议》，仲裁条款应善意解释为，仲裁庭有权要求国际社会及当事方为《代顿协议》履行提供支持，以保障布尔奇科地区和平与安全、消除紧张局势以及实现居民返回和重建家园。综上，仲裁庭得出，双方之间关于布尔奇科地区的争端明确存在，仲裁条款及地图中未具体标示或界定布尔奇科地区范围，仅可能影响争端问题的复杂程度，但不会否定争端本身存在。本案仲裁事项应包括布尔奇科地区有关领土管控权的归属、边界线位置以及解决争端的方式，仲裁庭不仅可以划定"实体间边界线"，而且可以基于推动《代顿协议》履行而另行提出解决方案。

三、《代顿协议》与国际法原则共同适用于本案

本案实体问题是布尔奇科地区管控，仲裁庭对此问题的处理结果完全突破了"实体间边界线"的概念。1997年的首次裁决中，暂时维持双方实际控制区域但没有明确"实体间边界线"，中间经历了两年的临时监督期后，到1999年最终裁决中，仲裁庭取消了"实体间边界线"的概念，将布尔奇科地区设为波黑特区，不再由双方管控。在仲裁庭讨论布尔奇科管控有关实体问题的过程中，《代顿协议》确立的原则与有关领土的国际法原则一起作为适用法律，《代顿协议》的目的、宗旨与履行情况也在适用公平原则调整仲裁结果的过程中发挥作用。

（一）结合《代顿协议》阐述"不承认"原则

对于布尔奇科地区由双方分别实际管控的现状，仲裁庭适用了国际法上的"不承认"原则，结合《代顿协议》关于建立波黑的有关规定，对双方领土主张予以评判，最终得出双方均无权主张独立管控布尔奇科地区的结论。

"不承认"原则是指违反国际强行法规则的行为不产生法律效果，其内容主要有三方面：对违反国际法取得的权益消极地不承认；对造成不法权益事实的国际法主体采取积极的制裁措施，包括外交、经济甚至军事制裁，以争

---

〔1〕 Arbitral Tribunal for Dispute Over Inter-Entity Boundary in Brcko Area: Award in the Republika Srpska v. the Federation of Bosnia and Herzegovina (Control Over the Brcko Corridor), 36 International Legal Materials 396, 431-433 (1997).

取恢复原状；对遭受侵害的国际法主体采取积极的援助措施。[1] 按照该原则，鉴于联合国安全理事会第 819（1993）号决议已认定 1992 年至 1995 年期间塞族准军事部队攻占波黑领土的行为违法，[2] 而塞族共和国实际管控的布尔奇科地区部分领土正是基于此种违法行为而产生，故塞族共和国无权主张独立管控布尔奇科地区。波黑联邦也援引"不承认"原则上述含义，主张塞族共和国应恢复原状并归还违法占有的领土，即塞族共和国退出布尔奇科地区，从而该地区由波黑联邦单独管控。对此，仲裁庭结合《代顿协议》阐述了"不承认"原则有关法律后果和救济措施：塞族共和国违法行为危害的是波黑领土，即便根据"不承认"原则归还领土，其归还对象不应是波黑联邦而是波黑共和国，而《代顿协议》已确认布尔奇科地区属于波黑领土，实质上构成"不承认"原则的救济措施，[3] 因此仲裁庭认为波黑联邦也无权主张单独管控布尔奇科地区。

（二）通过解释《代顿协议》条款确认领土管控比例不具有约束力

关于《代顿协议》是否规定双方按比例管控波黑领土的问题，也是影响本案实体问题裁决的焦点之一，因为塞族主张，《代顿协议》规定双方对波黑领土管控比例为塞族共和国 49%、波黑联邦 51%，目前地图中"实体间边界线"划给塞族共和国面积少于 49%，故本案仲裁结果不应使塞族共和国管控面积再减少。

仲裁庭认为，塞族共和国对《代顿协议》的理解是错误的，《代顿协议》并未规定有约束力的双方领土管控比例。虽然《代顿协议》序言规定各方遵守《解决波黑问题基本原则》，该文件中有关于 49% 和 51% 比例的规定，但这份文件同时还规定双方可另行协商更改此比例。《代顿协议》附属协议三关于"实体间边界线"划分，实际上也未遵从该比例，再结合《代顿协议》附属协议二第 5 条仲裁条款约定将布尔奇科地区"实体间边界线"作为有待仲裁裁决的问题，表明双方实际上已协商变更了该约定，49% 和 51% 这个比例并

---

〔1〕 马新民：《试论国际法上的不承认原则》，载《宁夏社会科学》1993 年第 5 期，第 55 页。

〔2〕 See Security Council Resolution 836, U. N. Doc. S/RES/836（1993）. See also Legal Consequences for States of the Continued Presence of South Africa in Namibia（South West Africa）notwithstanding Security Council Resolution 276（1970）, Advisory Opinion, 1971 I. C. J. Rep. 16（Namibia Case）.

〔3〕 Arbitral Tribunal for Dispute Over Inter-Entity Boundary in Brcko Area：Award in the Republika Srpska v. the Federation of Bosnia and Herzegovina（Control Over the Brcko Corridor）, 36 International Legal Materials 396, 422（1997）.

不具有法律拘束力，布尔奇科地区的管控方式仍有待裁决。

（三）适用《代顿协议》两项基本原则排除塞族共和国管控

保障各族居民返回重建家园和自由通行，是《代顿协议》规定的两项重要基本原则，其内容包括：保障被驱逐的布尔奇科地区各族原居民返回和重建家园，保障居民有权收回财产和获得赔偿，并有权自由选择迁移和居住。仲裁庭在考察双方提交的履行《代顿协议》计划时，主要基于上述两项原则进行衡量，认为如果仲裁裁决维持现有控制局面，在塞族共和国管控地区将无法实现自由通行和原居民返回重建，认定塞族共和国未来难以履行《代顿协议》，不具备管控布尔奇科地区的条件，而如果裁决重划布尔奇科地区"实体间边界线"，将塞族共和国实际管控地区改由波黑联邦管控，并不违背《代顿协议》原则和仲裁条款。

仲裁庭认定塞族共和国预期难以履行《代顿协议》原则，主要基于以下原因：一方面，在评估原居民返回重建原则履行问题时，仲裁庭邀请了来自联合国难民署和美国部队（原多国执行部队）的两位专家作为证人，两位专家都确认这项原则是实现波黑战后和平的基础。而按照塞族共和国庭审陈述和提交计划，对于返回其控制区域内的居民，仅可能提供赔偿而不提供支持其重建家园的措施，在经济重建计划中，也不允许波族、克族参与萨瓦河沿岸港口的建设，体现出维持塞族人口分布纯正性的意图，明显违背了《代顿协议》关于保障原居民返回重建、恢复战前人口分布的规定，根本无法落实《代顿协议》关于居民返回重建的原则。另一方面，仲裁庭从自由通行原则的角度评估了塞族共和国提交的治理计划。仲裁庭考察了当地交通环境，整个布尔奇科仅在塞族共和国管控区域内有一条公路可通往克罗地亚边境走廊地带，在到达萨瓦河时，唯一能通往克罗地亚的公路桥仅允许行人通过，根本无法实现《代顿协议》规定的从布尔奇科到欧洲其他国的自由商业通行。

（四）基于《代顿协议》履行情况调整法律推理结果

本案裁决并非基于法律原则直接得出，而是仲裁庭适用公平原则调整后的结果。在领土争端中，适用公平原则通常指司法机构结合相关事实背景对各方利益进行平衡，结合政治、经济、历史、地理特征等因素，对结果公平性予以评估和调整。本案中，仲裁庭认为，基于《代顿协议》原则及有关国际法原则的推论为，出于消除塞族共和国违法行为后果、防止拒不履行《代顿协议》，可将布尔奇科地区都划归波黑联邦管控，但后来仲裁庭并未以此作为裁决结果，而是适用公平原则对其进行调整，主要基于以下因素：

一方面，仲裁庭依据《代顿协议》基本原则，考察了双方的事实情况与价值诉求。对波黑联邦而言，迫切需要实现在对方管控区内自由通行。因为在波黑联邦管控区内，波黑战争期间涌入大量波族、克族居民，这些居民需要返回对方实际控制区域，而且波黑联邦未来与欧洲及世界各国的合作，需要保持布尔奇科地区通往欧洲的有效通道，而塞族共和国的行为和计划都表明无法满足波黑联邦上述需求。对塞族共和国而言，布尔奇科地区的自由通行也至关重要，因为塞族共和国管控领土分为东、西两部分，两部分之间互不相连，布尔奇科地区位于连通塞族共和国东、西两部分之间的唯一走廊，在军事、交通、战略等方面对塞族共和国意义重大，需要全方位的通行自由，如果波黑联邦单独管控，同样很难满足塞族共和国的需求。

另一方面，仲裁庭基于《代顿协议》原则及其履行情况，考察了由波黑联邦单独管控这一法律推理结果的公平性：考虑的第一个因素是，布尔奇科地区塞族难民的处境，波黑战争期间，原本居住在波族、克族控制区域的塞族居民成为难民涌入布尔奇科镇，如果布尔奇科镇再改由波黑联邦管控，意味着这些难民可能要再次陷入无家可归的境地，不利于落实原居民返回重建原则。仲裁庭考虑的第二个因素是有利于维持战后和平，这也是《代顿协议》缔结的根本目的。仲裁庭认为，如波黑联邦单独管控布尔奇科地区，易导致双方"战胜方与战败方"的心理效果，不利于缓解双方本来就非常紧张的关系，不仅浪费国际社会为争取波黑战后和平稳定已投入的大量人力、物力资源，[1] 而且可能导致国际社会未来需进一步加大投入，不利于《代顿协议》履行，[2] 因此在仲裁裁决中对该结果进行了调整。

四、《代顿协议》促成分阶段裁决并缓解紧张局势

（一）基于《代顿协议》履行情况而调整的三阶段裁决结果

本案仲裁庭于1999年确立了布尔奇科地区作为波黑直辖特区的地位，但该结果并非一次裁决而达成，而是经历了一个两年多的过程，仲裁庭从1997年至1999年先后三次作出裁决，分别是1997年2月14日的首次裁决、1998年3月15日的补充裁决以及1999年3月5日的最终裁决。

---

〔1〕 参见张鹏：《欧盟援助西巴尔干政策评析》，载《欧洲研究》2014年第2期，第84页。

〔2〕 Arbitral Tribunal for Dispute Over Inter-Entity Boundary in Brcko Area: Award in the Republika Srpska v. the Federation of Bosnia and Herzegovina (Control Over the Brcko Corridor), 36 International Legal Materials 396, 427-431 (1997).

在 1997 年的首次裁决中，仲裁庭设置了保障《代顿协议》有效履行的临时监督机制，在《代顿协议》设立的国际社会驻波黑高级代表制度基础上，由波黑高级代表办公室在布尔奇科地区设立监督官办公室，由副代表担任监督官，对布尔奇科地区履行《代顿协议》进行为期至少一年的监督，并推动当地民主机制建设进程，监督官会同波黑高级代表、和平执行委员会理事会、多国稳定部队共同制定具体的履行方案。如临时监督期内，有关安排存在阻碍《代顿协议》履行和波黑民主化建设的情形，一方可请求仲裁庭变更裁决，仲裁庭将根据届时情况决定将布尔奇科确立为波黑特区，在特区内直接适用波黑和特区地方立法机构制定的法律。[1] 在 1998 年的补充裁决[2]中，仲裁庭确认继续执行首次裁决所建立的临时监督机制，并对塞族共和国实际未履行《代顿协议》及不配合监督官的情况表示关注，确定仲裁庭将于 1999 年初作出最终裁决，裁决结果取决于双方履行《代顿协议》的情况。

在 1999 年的最终裁决中，仲裁庭决定将布尔奇科地区设立为波黑的一个直辖特区，原因在于临时监督期内塞族共和国根本不履行《代顿协议》和仲裁裁决，波黑联邦履行也不充分。裁决中明确了布尔奇科特区独立于两个实体且不受其管控的地位，特区内不再划定"实体间边界线"。裁决还巩固了 1997 年设立的国际监督机制，将布尔奇科特区履行《代顿协议》方案作为裁决附录，特区监督官有权对附录履行中出现的任何问题做出决定，有权发布命令对不履行裁决或《代顿协议》的行为进行处理。裁决后，仲裁庭仍将继续存在，如任何一方不履行仲裁裁决，仲裁庭将会再次调整仲裁结果，不排除将布尔奇科特区改由另一方控制；当波黑高级代表确认双方已充分履行仲裁裁决且布尔奇科特区有关常设机构和机制已设立并有效运行，并经布尔奇科监督官向仲裁庭通报后，仲裁庭才告终止。[3]

从三份裁决内容可以看出，裁决结果的内容是被逐步添加和调整的，其依据都是《代顿协议》履行情况。1997 年首次裁决规定，如一方存在阻碍

---

〔1〕 Arbitral Tribunal for Dispute Over Inter-Entity Boundary in Brcko Area: Award in the Republika Srpska v. the Federation of Bosnia and Herzegovina (Control Over the Brcko Corridor), 36 International Legal Materials 396, 433 (1997).

〔2〕 Christoph Schreuer, The Brcko Supplemental Award of 15 March 1998, 11 Leiden Journal of International Law 493, 494 (1998).

〔3〕 Arbitral Tribunal for Dispute Over Inter-Entity Boundary in Brcko Area: The Federation of Bosnia and Herzegovina v. the Republika Srpska (final award), 38 International Legal Materials 534, 539 (1999).

《代顿协议》履行的情形，则另一方可申请仲裁庭裁决设立布尔奇科特区。[1] 1998 年补充裁决[2]内容主要是关于继续执行 1997 年裁决确立的临时监督机制，但其中特别提到了塞族共和国不履行《代顿协议》及不配合监督官的情况，敦促双方注意其履行情况可能影响仲裁庭后续裁决结果，并明确将于 1999 年初作出最终裁决。1999 年 3 月 5 日的最终裁决将结果调整为设立布尔奇科特区，主要基于塞族共和国拒绝履行《代顿协议》；不仅如此，仲裁庭还规定，如后续任何一方不履行《代顿协议》或仲裁裁决，则仲裁庭仍可能将仲裁结果调整为一方单独管控等情形，[3] 也就是说，《代顿协议》履行情况作为仲裁结果的调整因素，将伴随仲裁庭一直存在。

（二）三阶段裁决有效避免民族矛盾激化，实现和平解决争端

仲裁庭用两年时间做出三阶段裁决，渐进式地调整仲裁结果，从两个方面有效缓解冲突双方的紧张关系，避免了民族矛盾激化：

1. 设置临时监督期有助于冲突双方逐渐适应仲裁结果

1997 年 2 月是仲裁裁决的期限，但此时冲突双方各自控制布尔奇科部分地区，对管控问题持完全对立的立场，甚至将布尔奇科地区归属视为战争胜利或失败的判断标准，再加上 1996 年 9 月第一次波黑大选后暴露出民族分歧严重、选举缺乏民主、民族主义政党占绝对优势等诸多问题，都表明当时难以实现"民族和解"。[4] 在这种情况下，如果仲裁庭直接确定由其中一方管控布尔奇科地区或者在双方之间进行分配，不仅难以执行，而且可能导致认为结果对自己不利的一方放弃仲裁而诉诸武力。因此，在首次裁决中，仲裁庭提出了临时监督方案，暂时维持了双方对布尔奇科地区各自管控的现状，但增加了履行《代顿协议》、建立国际监督机制等监督措施，以争取缓和双方之间紧张关系，裁决还提到了未来可能调整为"建立布尔奇科直辖特区"的可能性，为双方接受后续仲裁结果奠定基础。

---

〔1〕 Arbitral Tribunal for Dispute Over Inter-Entity Boundary in Brcko Area: Award in the Republika Srpska v. the Federation of Bosnia and Herzegovina (Control Over the Brcko Corridor), 36 International Legal Materials 396, 433 (1997).

〔2〕 Christoph Schreuer, The Brcko Supplemental Award of 15 March 1998, 11 Leiden Journal of International Law 493, 494 (1998).

〔3〕 Arbitral Tribunal for Dispute Over Inter-Entity Boundary in Brcko Area: The Federation of Bosnia and Herzegovina v. the Republika Srpska (final award), 38 International Legal Materials 534, 539 (1999).

〔4〕 戴为民：《尚未擦干血迹的一次握手——析波黑大选结果及其发展前景》，载《今日东欧中亚》1997 年第 1 期，第 18~19 页。

在首次裁决确定的临时监督期内，民族主义政党之间存在严重分歧，导致波黑内部民主建设进展缓慢。1997 年 12 月 9 日至 10 日，在德国举行的和平执行理事会年会同意给予波黑高级代表更多监督权限，[1] 但其效果在短期内无法显现，难以对双方履行《代顿协议》的情况下结论，故 1998 年 3 月补充裁决将临时监督期延至 1999 年。在波黑高级代表推动下，1999 年初波黑在国籍立法、国旗、邮政、边检、建立统一的警察和军队等方面初步实现整合，波黑内部的民族矛盾比 1997 年初得到很大程度的缓解和控制，布尔奇科地区国际监督官制度也已实际运行。在这种情况下，1999 年最终裁决时，排除双方对布尔奇科的管控权并强化监督机制，也不致引发战争重演。

2. 仲裁裁决内容体现了促进民族和解的理念

从内容上，仲裁裁决提出的方案及其调整过程，也反映出避免民族矛盾激化、促进各族居民返回和重建家园的宗旨。波黑战争使许多地方的人口分布由多民族混居变成了单一民族，各族居民或难民返回重建家园是《代顿协议》规定的一项基本原则。在审理过程中，仲裁庭就要求双方就各族居民返回提交计划，在 1997 年首次裁决中也将双方履行居民返回重建的情况作为临时监督期的一项指标，但在后来的两年监督期内，双方的难民返回进展都很缓慢，塞族共和国的计划甚至明确体现出排斥异族难民的意图，波黑联邦尽管没有完全排斥塞族难民，但如果波黑联邦单独管控，又可能造成战争期间进入塞族控制区内的塞族居民再次成为难民，这种困境迫切需要打破。于是，在 1999 年的最终裁决中，仲裁庭决定建立布尔奇科直辖特区，在该特区实施恢复多族混居与和平共处的监督机制，并加强了特区监督官在执行难民返回重建方面的职权，体现出仲裁庭的价值理念为，基于种族划分领土难以控制战争爆发，而任何一方管控布尔奇科地区领土时，都难以对异族居民返回采取积极行动，所以维持和平的最佳选择是，在承认波黑共和国的基础上恢复各族混居并通过国际监督确保和平共处。

（三）《代顿协议》机制为仲裁裁决执行提供保障

本案的分阶段仲裁裁决，为处理多种族国家解体后的种族与领土问题，提供了一种新的范例，而这种新模式得以具备可行性的基础，则是《代顿协议》创建的各项机制：

---

[1] 高歌：《波黑政治转型初探》，载《俄罗斯东欧中亚研究》2015 年第 6 期，第 2 页。

1. 仲裁裁决创建临时监督机制以《代顿协议》民事部分为基础

《代顿协议》民事部分的国际监督机制是指，由五大国际组织即联合国、世界银行、欧安会、北约和欧共体（后为欧盟）共同监管以确保波黑局势安全与国家稳定，并建立国际社会驻波黑高级代表处。[1] 在民事部分国际监督机制已开始履行并初步建成的基础上，1997年的首次裁决建立布尔奇科地区监督官制度，使国际社会更易于介入布尔奇科地区各项战后重建，从而更为有效地控制和缓解该地区民族矛盾，并为仲裁庭在1999年裁决中确立布尔奇科地区直辖特区地位、扩大布尔奇科监督官职权范围奠定基础。

2. 《代顿协议》军事部分为民事部分提供执行保障

在双方刚刚停火且民族矛盾尖锐的环境下，无论是仲裁庭提出的布尔奇科地区临时监督机制，还是《代顿协议》民事部分设立的波黑高级代表制度，由双方主动执行都是难以实现的，离不开《代顿协议》军事安排的保障。《代顿协议》军事部分安排主要是指，以北约为首的执行《代顿协议》多国部队进驻波黑，接替联合国维和部队，监督各方停止敌对行动。在本案审理期间，即《代顿协议》签订后的三年多时间里，以北约为首的多国部队一直驻在波黑，[2] 其宗旨就是为《代顿协议》履行提供军事保护和支持。正如第一任布尔奇科地区监督官法兰德（Robert William Farrand）指出，对于波黑战后重建来说，虽然在某种程度上民事监督优先于军事监督，但民事部分的履行离不开军事力量创造的"安全而稳定的环境"，在没有军事保障的情况下仅开展民事监督是行不通的。[3]

3. 《代顿协议》的长效性是本案仲裁裁决得以维持的基础

1999年最终裁决确定了仲裁庭长期存续并可能调整仲裁结果的原则，并设置了仲裁庭退出的条件——双方已充分履行本案裁决、特区已建立有关常设机构和机制并有效运行，该方案起到了制约冲突双方贸然打破仲裁结果的

---

〔1〕 王泽胜：《波黑局势新发展及其前景》，载《国际问题研究》2010年第3期，第47页。

〔2〕 1995年12月联合国安全理事会第1031（1995）号决议设立了多国执行部队，为期大约一年协助执行《代顿协议》附件1-A中的领土条款和其他军事条款；1996年12月第1088（1996）号决议决定设立多国稳定部队接替多国执行部队，在18个月内继续执行《代顿协议》附件1-A和附件2规定的任务；1998年6月第1174（1998）号决议将多国稳定部队工作期限延长一年，并决定后续根据《代顿协议》执行情况和波黑局势可进一步延长该期限。

〔3〕 Robert William Farrand, Lessons from brcko: Necessary Components for Future Internationally Supervised Territories, 15 Emory International Law Review 529, 551 (2001).

作用。自 1997 年设立布尔奇科监督官制度以来，直至 2012 年 8 月 31 日，波黑高级代表才决定撤销其设在布尔奇科地区的办公室，监督官也停止行使其职权。在布尔奇科监督官制度运行的 15 年里，监督官推动了当地难民返回、经济重建、建立多种族机构以及教育体制建设等方面的进程。监督官中止履职时，高级代表尚未通知仲裁庭终止条件已成就，故仲裁庭继续存在，监督官机制也仍存在必要时重新启动的可能性。时至今日，高级代表仍然在波黑共和国监督履行《代顿协议》和战后重建工作，并且每年向联合国安全理事会提交报告。可见，《代顿协议》在波黑建立的长效机制，为本案仲裁裁决得以长期履行创造了持续、稳定的外部环境。

五、结语

适用国际法解决领土争端的司法判例中，大部分是采取一次性终局裁决的方式，对领土归属或相关权利义务分配做出裁断，相比之下，布尔奇科仲裁案为适用国际法和平解决领土争端提供了一种新的模式——政治机制与司法裁判相互推动。一方面，本案仲裁庭先后做出三份裁决，从第一份裁决到第三份裁决之间，经过了两年临时观察期，并根据临时观察期内当事方履行裁决的情况，在后来的裁决中调整先前裁决结果，既充分照顾到当时波黑战后各方关系紧张的局势，又为各方履行《代顿协议》提供了更为具体可循的规则。另一方面，《代顿协议》创建的政治机制，包括民事国际监督机制和军事安排，为仲裁庭在两年多期间内、分三阶段裁决提供了相对稳定的外部环境，避免单次裁决彻底划分权责导致冲突双方矛盾激化，同时也起到督促各方执行裁决的作用。因此，虽然本案裁决中所提供方案被质疑政治因素影响多过法律，但结合当时的波黑政治环境，仲裁结果可以说是最为理性的一种选择。[1]

虽然本案争端双方是波黑国内的两个政治实体，但本案适用法律为国际法，仲裁程序也是按照《贸易法委员会仲裁规则》开展，具备国际仲裁的特征，所以本案对于国际法上解决领土争端仍然具有以下借鉴意义：其一，对于领土争端当事方来说，在决定是否选择通过仲裁解决领土争端时，需要充分评估仲裁条款及仲裁规则中可能存在的不确定性。本案仲裁庭组成后对仲

---

〔1〕 Miroslav Baros, The Arbitral Tribunal's Award for the Dispute over the Inter-Entity Boundary in the Brcko Area: A Devastating Blow to the Principle of Consensuality or an Ephermeral Adjudicative Episode, 3 Journal of Conflict and Security Law 233, 261 (1998).

裁事项及管辖权问题进行了解释，得出与当事双方主张及仲裁条款表述不一致的结果，这在国际仲裁中并非特例，因为国际法院、法庭或仲裁庭本身有权对其审理事项及管辖权进行解释。同时，还要注意评估仲裁规则中关于双方协商一致变更、仲裁庭自行决定变更程序性规则等可能导致仲裁规则发生变化的规定。其二，"不承认"原则是适用于领土争端的重要法律原则，本案对该原则的解析中，特别值得关注的是该原则的救济措施——领土归还，仲裁庭确认权利人的基础为违法行为发生时领土所属国，明确了一国之内的政治实体不具备这样的权利。对于其他领土争端当事方而言，如依据该原则主张权利，也许确认其作为领土所属国或具备必要关联。其三，领土争端往往牵涉历史积怨、民族矛盾甚至武装冲突，在司法审判过程中，这些因素会成为"公平原则"的衡平因素，即裁判结果体现出避免矛盾激化和破坏和平，而对于政治协商解决领土争端来说，在设计方案时考虑这些因素同样重要。最后，从实际执行的角度来看，仅依靠司法裁判往往很难实际、根本地解决领土争端，如争端各方能谈判达成政治解决方案并建立执行机制，则不仅能为裁判结果的执行提供保障，而且能让法庭或仲裁庭的裁判更具可操作性。

美国住房租赁制度体系研究

王德强*

　　摘　要：本课题以美国为研究对象，通过文献研究、统计分析及对美国的实地调研，对其住房租赁现状、制度与政策进行研究。研究发现：①在美国，对租赁住房的投资需求和消费需求都客观存在，并自发地产生了市场化的住房租赁。②美国的经验表明，金融体系能否为租赁住房投资经营者提供资金成本合理的长期资金，是影响租赁住房市场供给的关键；将租赁住房投资经营的正常成本纳入经营者收入税税基扣减项目，对于吸引社会资金投资经营租赁住房具有非常明显的正面效应。③美国非常注重运用法律手段来规范住房租赁市场，或在一些通用法律或住房/土地法律中专门设置针对住房租赁的部分，或针对住房租赁进行立法。③美国住房租赁发展状况与其政府在住房政策和相关法律法规上表现出来的认识程度与态度倾向有非常明显的对应性特征。本文归纳美国住房租赁市场的以上特点并加以分析，以期从中提取可供我国借鉴的经验与教训。

　　关键词：住房租赁　穿透性税收　市场机制

---

　　*　王德强，中国政法大学中欧法学院博士研究生（100088）。

近年来，北京、上海、深圳等特大城市，住房租赁市场日益活跃，在住房限购、限贷等调控政策的背景下，正成为这些城市在住房买卖市场之外一个不容忽视的住房供给渠道，同时也吸引了越来越多的资本进入。但是，住房租赁市场交易不规范、缺乏系统、完善的监管制度与体系、交易双方（特别是承租方）的权益不能得到有效保护、租赁住房供需结构失调、住房租金上涨过快等问题也困扰着这个市场上的各类主体，并引发了相关社会问题。为此，本文对美国住房租赁发展现有制度建设情况开展研究，以期从中提取可供我国借鉴的经验与教训。

一、美国住房租赁基本情况

（一）居民住房形式

居民住房形式可以分别从住户类型结构（业主与承租户）和住房占用形式（tenure）结构（业主自住、承租等）两方面来看。

从住户类型结构看，美国的住房自有率从2004—2005年的历史最高点68%降到2015年的63%[1]，承租住户户数从2004年的不足3400万户一路快速上升为2015年的超出4200万户。[2] 据美国住房和城市开发部有关专家估计，美国住房自有率每降低1%，大概就有120万人进入租房市场。

从全部住房存量的占用看，2014年，租赁住房在全部住宅存量中占比为31.2%，在全部在用住宅中占比为35.6%（表1-1）。

表1-1 2014年美国在用住宅存量占用结构

	住宅单位数（Unit Nomber）	百分比（%）	百分比（%）
总　　和	132 741 033	100.0	
在用住宅（occupied units）	116 211 092	87.5	100.0
自住（owner-occupiedunits）	74 787 460	56.3	64.4
承租（renter-occupied units）	41 423 632	31.2	35.6
空置住宅（vacant units）	16 529	12.5	

数据来源：U.S. Census Bureau, selected housing characteristics, 2010-2014 American Community Survey 5-year Estimates。

---

〔1〕 John Center for Housing Studies of Harvard University, America's Rental Housing, Expanding Options for Diverse and Growing Demand.

〔2〕 Occupied housing units.

（二）租赁住房供应主体情况

根据各类租赁住宅享受政府租赁补助的情况看（图 1-1），2013 年，88.1%的租赁住宅单元未享受政府租赁补助，而占总量 11.9%的享受政府租赁补贴的租赁住宅单元中，还有许多也并不是由政府投资、运营的公共住宅，而是由私人（包括个人或企业）持有并经营的市场化租赁住宅[1]（其租赁补贴采取承租人享受住房券、房东享受各类税费减免等形式），因此，即使采取保守估计态度，全美租赁住宅中，市场化运营的单元占比应在 90%以上。可见美国租赁住宅的市场化程度非常高。

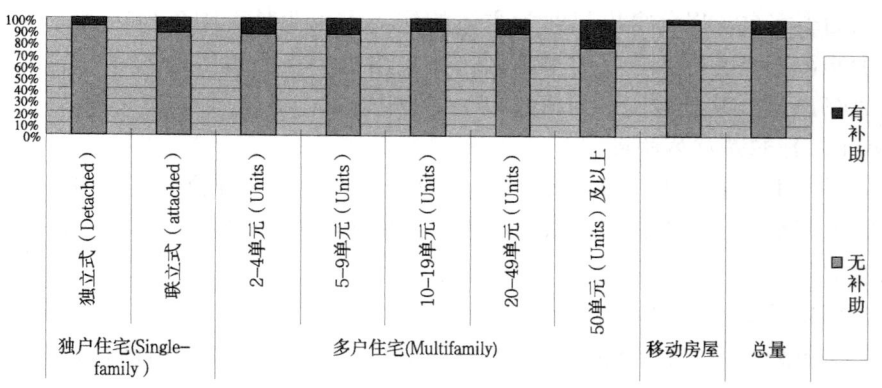

图 1-1　2013 年美国各建筑类型细类租赁住宅政府租赁补助情况

数据来源：根据 John Center for Housing Studies of Harvard University, America's Rental Housing, Expanding Options for Diverse and Growing Demand. TableA-2 数据制作。

租赁住宅的供应集中于大都市地区[2]（Metro-Area），且以多户住宅为主体，这与美国非大都市地区住宅以独立式为主的情况有很大差异。小规模的多户租赁住宅主要由居民家庭持有或以有限合伙形式持有并对外出租，中型和大型的多户住宅由住宅租赁企业持有并对外出租。从全国看，由居民家庭持有或以有限合伙形式持有并对外出租的住宅是租赁住宅中数量最多的。

---

〔1〕　数据来源：John Center for Housing Studies of Harvard University, America's Rental Housing, Expanding Options for Diverse and Growing Demand. TableA-2。

〔2〕　包括中心城市及其郊区。

在中心城市，由住宅租赁企业持有并对外出租的大型公寓住宅（50 套以上）也是非常主要的租赁住宅，数量占比居第二位。可见美国租赁住宅供给已呈规模化态势。

长期以来，在各类租赁住房的供给主体中，专业化的公寓[1]出租企业是最重要的，它们也是住房出租业[2]的主体。从全国总体看，按行业营业收入占比计，公寓出租业占住房出租业总体的 90% 以上[3]。根据目前可得到的最新数据，尽管不同地区的情况有一定差异，但在大部分地区公寓出租业占住房出租业的比例都在 60% 以上，可见美国租赁住宅供给的专业化程度非常高。这也在一定程度上提高了租赁住宅供给的集中度。从营业收入占比来看，前 50 位最大的住宅租赁企业占美国住宅租赁业的比重为 22.3%[4]。另一个值得注意的事实是：以公寓出租业为主体的住房出租业是美国各地区房地产业中一个非常重要的行业，在很多地区，住宅出租业在当地房地产业中的占比都在 20% 以上，某些地区达到 80% 以上甚至 100%。

（三）租房群体构成

近二十年来，美国住宅承租户的构成一直处于变化之中，在年龄结构、家庭类型结构、受教育程度结构等方面，近十年（2005—2015 年）更有显著的变化。

1. 40 岁以上承租户占一半以上

在年龄结构方面，50~74 岁年龄段的承租户在最近十年内增长特别显著，其中尤以 65~74 岁年龄段的巨大反转型增长（该年龄段租户量在 1995—2005 年是减少的）最引人注目（表 1-2）。至 2015 年，40 岁以上承租户占承租户总户数已超过 50%，50 岁以上承租户占承租户总户数已超过 30%。

----

〔1〕 在美国，公寓（apartment）一般是指由一个业主整体持有一幢（或以上）住宅楼的产权而将其中的不同单元（unit）分租给不同承租户的集合式住宅。

〔2〕 指以住宅出租为主营业务的企业所构成的行业。

〔3〕 参见崔裴：《中美房地产业比较研究：内涵、属性与功能》，光明日报出版社 2010 年版，第 89 页。

〔4〕 参见崔裴：《中美房地产业比较研究：内涵、属性与功能》，光明日报出版社 2010 年版，第 103 页。

表 1-2 1995、2005、2015 年美国住房承租户分类型户数及变动

租户类型	住户数(千户)			增长(1995—2005 年)		增长(2005—2015 年)	
				数量(千)	速度(%)	数量(千)	速度(%)
年 龄							
年 份	1995	2005	2015				
<25 岁	4477	5084	5041	606	13.5	−43	−0.8
25~29 岁	5580	5255	6258	−325	−5.8	1003	19.1
30~34 岁	5414	4463	5729	−951	−17.6	1266	28.4
35~39 岁	4407	3804	4558	−603	−13.7	755	19.8
40~44 岁	3333	3503	3984	171	5.1	480	13.7
45~49 岁	2480	2968	3548	488	19.7	579	19.5
50~54 岁	1734	2402	3488	667	38.5	1086	45.2
55~59 岁	1318	1792	3023	474	36	1231	68.7
60~64 岁	1166	1287	2494	121	10.3	1208	93.8
65~69 岁	1195	1054	1871	−141	−11.8	817	77.5
70~74 岁	1126	963	1263	−163	−14.5	300	31.2
>75 岁	2385	2453	2759	67	2.8	306	12.5
家庭类型							
年 份	1995	2005	2015				
已婚未育	5137	4718	6301	−418	−8.1	1582	33.5
已婚有育	6745	5626	6762	−1120	−16.6	1137	20.2
单 亲	5717	5812	6891	95	1.7	1079	18.6
其他家庭	2240	2653	3906	412	18.4	1254	47.3
单 身	11 645	12 648	15 502	1004	8.6	2854	22.6
其他非家庭	3132	3570	4654	437	14	1084	30.4

续表

租户类型	住户数（千户）			增长（1995—2005 年）		增长（2005—2015 年）	
				数量（千）	速度（%）	数量（千）	速度（%）
收入水平							
年　份	1995	2005	2015				
最低收入组	11 265	11 594	14 182	329	2.9	2588	22.3
中低收入组	8732	9264	11 101	532	6.1	1837	19.8
中等收入组	7062	7174	8718	112	1.6	1544	21.5
中高收入组	4873	4532	6181	−341	−7	1649	36.4
最高收入组	2684	2462	3834	−222	−8.3	1372	55.7
教育水平							
年　份	1995	2005	2015				
低于高中	8277	7551	7091	−726	−8.8	−460	−6.1
高　中	11 146	10 927	12 810	−218	−2	1882	17.2
大　学	8788	9451	13 299	663	7.5	3848	40.7
学士以上	6406	7098	10 817	692	10.8	3719	52.4
出生地							
年　份	1995	2005	2015				
本土出生	29 819	28 146	35 042	−1674	−5.6	6897	24.5
国外出生	4797	6881	8974	2084	43.5	2092	30.4
种族/宗教							
年　份	1995	2005	2015				
白　人	22 542	19 767	22 995	−2775	−12.3	3228	16.3
黑　人	6446	6722	8680	276	4.3	1958	29.1
西班牙	4250	6094	8710	1844	43.4	2616	42.9
亚洲及其他	1379	2444	3631	1065	77.3	1187	48.6

数据来源：John Center for Housing Studies of Harvard University, America's Rental Housing, Expanding Options for Diverse and Growing Demand。

2. 单身承租户总量大，但各类非单身承租户总体占比逾6成

长期以来，单身承租户一直是承租户中总量及占比最大的群体。但 2005—2015 年，已婚承租户（包括未育和有育）数量有很大幅度增长，其中，已婚未育组增幅更大（33.5%），结合 30~39 岁[1]承租户比例有较快增长的情况分析，对这一情况的可能解释是：青年人结婚后仍承租住房渐趋普遍[2]，买房年龄进一步推迟[3]。"其他类型家庭"则成为增长幅度最大的一类（增幅达 47.3%）（表 1-4），这可能与美国社会对"同性恋"日趋宽容有关。非家庭类承租户也有较大幅度增长，这与"合租"的日渐流行有关。由于各类非单身承租户在承租户总量中的总和占比（64.8%）大大超过单身承租户（35.2%）[4]，因此全美承租户的户均人口（2.52 人）仅稍逊于住房自有住户户均人口（2.70 人）[5]。

3. 中低收入和最低收入群体近六成，但最高、中高收入群体已逾两成

长期以来，承租户中有近六成住户属于最低收入和中低收入组。但 2005—2015 年以来，这类住户虽然在户数量上仍有明显增加，但在住房承租户总体中的占比在下降。与此同时，中高收入组和最高收入组承租户在承租户总数中的占比大幅增长，增长率分别为 36.4% 和 55.7%（表 1-2）。至 2015 年，这两个收入组的承租户在承租户总数中的占比已超过 20%。

4. 受过高等教育的承租户持续增长，占五成以上

自 1995 年以来，受教育水平在大学以上的承租户在承租户总数中的比重持续增大，在 2005—2015 年，大学（collage）以上和学士及以上两组的增幅分别为 40.7% 和 52.4%（表 1-2）。至 2015 年，这两组承租户占承租户总数的比例已逾 50%。

---

[1]　在美国这是较为常见的结婚年龄。

[2]　已婚未育组中有更多的新婚家庭。

[3]　这一推测得到 2015 年纽约市一项调查的印证。该项调查显示，年轻人推迟购房的意愿更大，平均推迟 5 年左右，之前通常在 26~27 岁买房，现在大概 31 岁左右开始买房。如果当前所租住的学区不错，也不非常渴望买房。

[4]　2015 年数据，根据 John Center for Housing Studies of Harvard University, America's Rental Housing, Expanding Options for Diverse and Growing Demand. Table A-1 相关数据计算。

[5]　数据来源：U. S. Census Bureau, selected housing characteristics, 2010-2014 American Community Survey 5-year Estimates.

5. 本地出生人士是承租户的主体，白人承租户占一半以上

从出生地构成看，美国本土出身人士长期占据承租户的主体地位，但自1995年以来，国外出生的承租户（特别是亚裔和西班牙裔[1]）数量增长明显（表1-2），至2015年已逾20%。在种族构成方面，白人长期占据承租户的中的最大比例，但近二十年特别是近十年来，非白人（包括西班牙裔）承租户数增长显著（表1-4），至2015年，其占总承租户数的比例已接近50%。

以上承租人构成的各方面特征综合表明，美国的租赁住房已不仅仅是中低收入家庭在无力买房情况下被迫选择的安身之所，而是可以满足多种居住需求偏好的住宅类型。

（四）租金/收入比与租金/售价比

美国租赁住房租金水平差异较大，但2013年相关调查显示，54.5%的租赁住房月租金处于400美元~999美元之间（表1-3）。

表1-3 2013年美国租赁住宅租金水平

月套均租金水平（美元）	占租赁单元总量比（%）
<400	11.7
400~599	18.1
600~799	21.0
800~999	15.4
≥1000	27.2
非现金	4.0
其他及非月付	2.5

数据来源：JCHS tabulations of US Department of Housing and Urban Development, 2013 American Housing Survey。

在美国，房租及水电等其他居住费用占承租户收入的比重，是政府借以判断承租户支付困难程度的主要依据。政府将住房支出（包括房租及水电等居住费用）超过同期收入30%的承租户定义为"中等支付困难户"（Moderately cost-burdened households）、将住房支出超过同期收入50%以及收入为零

―――――――――

[1] 特指来自南美洲西班牙语国家的人士。

或负数的承租户定义为"严重支付困难户"（severely cost-burdened households）。2014 年美国社区调查[1]显示，全美中等支付困难的承租户为 985.4 万户，严重支付困难的 1141.8 万户，分别占承租户总数的 22.8% 和 26.4%。在情况最严重的加利福尼亚州，这两类承租户的比例分别为 25.2% 和 30.0%。在严重程度稍次的纽约，这两类承租户的比例分别为 22.7% 和 29.8%。可见，目前全美住房承租户中约有一半处于房租支付困难的状态，其中严重支付困难者接近 30%。

从房租与房价的比值看，目前绝大多数租赁住房的年租金/房价比处于 3.4%~8.2% 区间（表 1-4）。

表 1-4　2010—2014 年美国不同租金水平与自有住房中位房价比

月租金（美元）	500	600	700	800	900	1000	1200
年租金/房价（%）	3.4	4.1	4.8	5.5	6.1	6.8	8.2

数据来源：月租金按表 1-2，去除小于 400 美元档，其他 1000 美元以下各租金水平档取其中位数，大于 1000 美元档分别按 1000 美元和 1200 美元计；房价取 2010-2014 American Community Survey 5-Year Estimates，DP04，Selected Housing Characteristics 给出的自有住房价值中位数估价值（175 700 美元）计，Source：U. S. Census Bureau。

（五）租赁住房税收情况

租赁住房作为不动产，业主要缴纳不动产税（property tax），同时，房租收入要并入业主的总收入，业主要缴纳收入税（Income tax），但可以扣减相关租赁经营的费用（物业费，房地产税，基本维修，水电费及折旧[2]）。企业经营的租赁住房还会扣除开发贷款担保费用、物业维护费等。

二、美国住房租赁制度体系

（一）相关法律法规名称

《美国统一住房租赁法》（Uniform Residential Landlord And Tenant Act）。这是美国住房租赁方面的最权威法律，其宗旨是：修订与住房租赁相关的法

---

〔1〕　2014 American Community Survey. 资料来源：JCHS tabulations of US Census Bureau，2014 American Community Survey。

〔2〕　这些项目并非来源于可靠的一手资料，而是参考了中国国内网络有关中国人在美国买房出租所提供的一些咨讯。

律，使之简明、清晰、现代化；促使出租人、承租人保持、提升住房的品质；促进各州住房租赁法的统一。

《住房与城市发展部租房券和承租资格认定计划》（Section 8 rental voucher and rental certificate programes）。这是美国联邦政府针对低收入者、老年人、残疾人，意在资助他们能在住房租赁市场上租到适当、安全、卫生的住房的一部主要的法规。

（二）出租人、承租人权益保护方面的规定

《美国统一住房租赁法》有对出租人、承租人权益保护的一系列规定，尤其是该第四章"救济措施"分设了"对承租人的救济""对出租人的救济"和"周期性租赁、逾期占有、滥用进入权"三节，对各种具体情况下出租人、承租人的权益保护进行了详细规定。如：

第一节"对承租人的救济"第4.104条（不提供热、水等必需的供应）规定：

若出租人违反租赁合同的约定或本法第2.104条的规定，故意或过失不提供热、水或其他必需的供应，那么承租人可以书面通知出租人陈述其违约的具体情形，还可以采取如下措施之一：

（1）采取合理、合适的措施确保热、水或其他必需的供应，并可从租金中扣除为此所实际花费的合理的费用。

（2）主张赔偿损失。

（3）寻找替代住房，在出租人违约期间，承租人无须支付租金。

第一节"对承租人的救济"第4.107条（出租人违法驱逐承租人或减少服务）规定：

若出租人违法驱逐承租人或通过停止供应热、水、电、气等措施故意降低服务标准，承租人有权要求返还租赁房屋或终止租赁合同，并有权要求不超过3个月的租金或实际损失的3倍作为赔偿，且有权要求出租人支付合理的律师代理费。若租赁合同终止，出租人应向承租人返还押金以及预付的租金。

第二节"对出租人的救济"第4.201条（违反租赁合同的约定；未支付租金）规定：

（1）除非本法另有约定，若承租人实质性违反租赁合同的约定或违反本法第3.101条的规定以至于实质性影响到健康或安全，则出租人有权书面通知承租人陈述其违约的具体情形，并告知承租人，若承租人未在接到通知后

14 天内采取有效的补救措施，该合同将会终止（终止的具体的时间由出租人确定，但至少是承租人接到通知后 30 天）。若承租人在通知规定的时间内通过修理、赔偿损失或其他措施对其违约进行了充分的补救，则该租赁合同不因承租人的违约而终止。如果承租人的违约行为在 6 个月内重复发生，则出租人有权书面通知承租人陈述其违约的具体情形，并告知承租人该合同将终止（终止的具体的时间由出租人确定，但至少是承租人接到通知后 14 天）。

（2）若承租人未支付租金，出租人可催告承租人支付租金，并告知承租人若其未在接到通知后 14 天内支付租金则该租赁合同终止。

（3）除非本法另有规定，若承租人违反了租赁合同的约定或违反本法第 3.101 条的规定，则出租人有权主张赔偿实际损失以及申请强制令。如果承租人故意违约，则出租人可以要求承租人支付合理的律师费。

第二节"对出租人的救济"第 4.202 条（未能妥善保管租赁房屋）规定：

如果承租人违反本法第 3.101 条的规定以至于实质性影响到健康、安全，且可以通过修理、替换、清洁等方式得到补救，而承租人未能立即采取补救措施（紧急情况下）或未能在接到出租人通知后 14 天内采取补救措施，则出租人可进入租赁房屋自行采取相关措施并将详细的清单送达给承租人。出租人采取相关措施的费用由承租人负担，该费用应在下一期租金到期时支付，若租赁合同已经终止，则承租人应立即支付该费用。

（三）群租管理方面的规定

有些地方法典对住房出租条件的设置包括对租赁房屋中居住者人数的限制，如《美国德克萨斯州财产法典》第 92.010 条第 1 款规定："除非本法另有规定，租赁房屋中允许居住的人数最多为卧室数的三倍。"

从总体看，群租现象在美国可能并不严重。2014 年美国社区调查显示，被占用住宅（包括业主自住和租赁）中，平均每个房间居住人数在 1 人及以下的单元占总量的 96.7%。可见美国是一个住房条件宽裕的国家，从总体上看，少有群租的情况（但不排除在少数城市中的特定地区存在群租现象）。

（四）对其他房屋改造为租赁住房的相关规定

美国有一系列有关建筑和住房的法典（包括法律、法令、行政规章），以对任何有关建筑物、住房的可居住性、结构、养护、经营、占有、使用以及外观等进行规范。同时，《美国统一住房租赁法》也对出租人在房屋养护方面的义务进行了规定，如第 2.104 条（出租人养护租赁房屋）规定，出租人应当：

（1）遵循建筑法、住房法中有关健康、安全方面的规定；

（2）对房屋进行维修或采取其他必要措施使之处于可居住的状态；

（3）确保公共场所整洁、安全；

（4）确保电力、管道、卫生、供暖、通风、空调、电梯等设施、设备正常、安全运行；

（5）适当设置垃圾容器并及时对垃圾进行清理；

（6）全天候供应自来水、适量的热水，从每年的 10 月 1 日至次年的 5 月 1 日还应适当供应暖气，除非相关法律不作这项要求或者供应热水、供应暖气的设施完全由承租人掌控并由公用事业单位直接向承租人供应热水、供应暖气。

其他房屋改造为租赁住房必须符合有关建筑和住房的各相关法典及《美国统一住房租赁法》。

三、美国住房租赁鼓励政策

（一）金融鼓励政策

1. 对混合住房和可支付住房的金融支持

政府作为合作方，跟开发商合作兴建各类型出租住房，如建造 mixed-income 住房和可支付租赁住房。

美国住房和城市发展部（HUD）通过美国家庭投资合伙人计划（HOME investment partnership program）向以各形式兴建可支付住宅的私人开发商或社会非盈利群体提供支持。其支持形式包括提供低于市场利率的贷款（具体利率因项目而不同，最低可为零利率）、贷款担保［依据 HUD section 221（d）（4）条款，住房和城市发展部对多户可支付住宅开发项目的贷款进行担保］。

2. 房地产投资信托对包括住房租赁在内的房地产租赁的支持

住房租赁经营需要长期占用大量资本金，因此，美国政府另一项对住房租赁的支持就是自 1960 年开始实施并逐步完善的房地产投资信托制度。这一制度使得住房租赁及其他各类房地产租赁经营企业得以在资本市场上获得长期投资资金。

目前，在各类上市 REITs 中，公寓类 REITs（REITs-apartments）构成美国权益类 REITs 的重要组成部分，2014 年，该类型的 REITs 有 36 支，占比权益类 REITs 的支数比例为 15%。2014 年，在美国 10 家市值最大的权益型 REITs 中，最大的公寓租赁经营企业 EQR（Equity Residenti）市值名列第五位，红利收益率名列第二位。

表 1-5　2014 年美国权益型房地产投资信托基金（Equity REITs）分类情况

REITs 类型	数量（支）	占比（%）
权益类（Equity）	248	-
多元组合类（1-Diversified）	57	23
工业/写字楼类（2-Industrial/office）	53	21
零售类（3-Retail）	48	19
住宅公寓类（4-Residential）	36	15
酒店/度假类（5-Lodging/resorts）	23	9
健康保健类（6-Health care）	17	7
自助式仓储类（7-Self storage）	5	2
林场类（8-Timber）	5	2
基础设施类（9-Infrastructure）	4	2
抵押类（Mortgage）	30	-
合　计	278	-

数据来源：根据 NAREITS 官网的 Searchable Directory 整理而得。

（二）税收鼓励政策

有关住房租赁的税收鼓励政策可分为两类：针对低收入群体的租赁住房税收鼓励政策和房地产投资信托（主要涉及市场化租赁住房）的税收鼓励政策。

1. 针对低收入群体的租赁住房税收鼓励政策

1986 年开始实施低收入住房退税政策（Low Income Housing Tax Credit，LIHTC）。依据这一政策，国内税务署（Internal Revenue Service，IRS）每年向各州住房信贷机构（HCA）分配税务返还额度，并由后者向符合要求的住宅开发商发放。开发商可将税务返还额度卖给银行及各类投资机构从而获得资金，各类机构则以此来降低自己的税赋。享受 LIHTC 政策的项目必须符合以下两个条件之一：至少 20% 的住宅单位是向收入在城市收入中位线 50% 以下的住户供应，且房租是可支付的（affordable，即不超过其收入的 30%）；至少 40%的单位向收入在城市收入中位线 60%以下的住户供应，且房租是可支付的。税务返还额度按以下公式计算：

税务返还额度=成本×低租金住房单位的面积占项目总住房单位的面积的比例×返还率[1]

2. 针对房地产投资信托的税收鼓励政策

美国关于房地产投资信托基金的一系列法律给予房地产投资信托特别的税收优惠，起到了鼓励包括市场化租赁住房在内的各类房地产投资租赁经营的成效。

美国房地产投资信托基金的设立主要由《证券投资法》和有关的税法所决定。房地产投资信托基金除了要符合 1933 年的《证券投资法》和各州的相关法律外，其最主要的法律条件来自于针对房地产投资信托基金的税法。由于房地产投资信托基金在税收方面享受优惠，因此相关税法演变是决定房地产投资信托基金结构、发展和演变的主要因素。美国 REITs 作为免税主体，必须在组织方式、投资内容、收益来源与收益分配等方面符合一系列严格规定：

◆组织结构：必须是公司、商业信托或视同公司课税主体之协会等其他类似机构，并且必须由董事会或基金托管人管理；

◆资产要求：在资产组合（portfolio）中，至少有 75%的资产是房地产、抵押贷款、其他 REITs 证券、现金或政府证券，且持有某一个发行人的证券不得超过 REITs 资产价值的 5%；不得持有超过某一发行人的具有显著投票权的证券的 10%，可以包括在 section 856（c）（5）（B）5%范围内的有价证券除外。资产中包含应征税的 REITs 的子公司的股票不得超过 20%（对具有纳税主体资格的下属单位的股权投资不超过总资产的 20%）。

◆收入要求：至少 75%的毛利必须来源于自房地产租金、房地产贷款的利息、出售房地产收入、拥有其他 REITs 证券的利息、房地产节税收益、贷款承诺费等。不得有超过 30%的毛利来自于出售持有不足 6 个月的股票或证券，或持有不足 4 年的房地产（丧失抵押品赎回权的和非自愿变卖或拍卖的除外）。

◆股东人数：REITs 股份必须完全可转让，至少有 100 个股东，且股权结

---

[1] 有 4%、9%两种，因具体项目情况而定。

构应该分散化；在税收年度的下半年，不得有少于 5 人的股东拥有 50% 以上的股份，单个股东持股比例不超过 9.8%（退休金除外）。

◆红利分配：将不低于房地产投资信托基金应纳税收入的 90% 的利润作为红利分配给股东。

◆资金来源：发行股票，由机构投资人和社会公众认购；从金融市场融资，如银行借入、发行债券或商业票据等。

◆其他：对于证券的投资不得超过总资产的 25%，可以包括在 section 856（c）（5）（B）75% 范围内的有价证券除外[1]。

取得 REITs 资格的公司可以从企业应纳税收入中扣除付给股东的股息。因此，大多数 REITs 将至少 100% 的应纳税收入移交给股东，所以没有企业收入税。股东要按收到的股息和资本收益付税。美国大多数的州都遵从这项联邦条约，也不要求 REITs 缴纳州所得税。

表 1-6　美国 REITs 制度概要

机构要求	资产要求	收入要求	分配要求	相关法律	税收条例	外国投资
1. 必须是公司、商业信托、或类似机构。 2. 由董事会或受托人管理。 3. 非银行或金融机构。 4. 由一个以上的受托人或董事管理。 5. 必须是一个可以按公司纳税的美国企业实体。 6. 股份必须完全可转让。 7. 至少有 100 个股东。	1. 至少 75% 的资产是由地产、现金或现金等同物，或政府发行的证券组成。 2. 所持有的下属子公司的应征税资产不超过总资产的 20%。 3. 所持有的任何一家公司的证券（政府和下属公司除外）的价值不得超过总资产的 5%。 4. 所持有的任何一家公司的证券（政府和下属公司除外）的价值或投票权不得超过该公司总价值或投票权的 10%。	1. 至少 75% 的毛利来自房地产或有关的收入；租金或房地产贷款的利息收益。 2. 至少 95% 的毛利来自房地产或有关的收入加上被动收入，如利息和红利等。	1. 房地产投资信托基金每年将不低于 90% 的利润作为红利分配给股东。 2. 对剩余、未分配的利润征收公司税。	1960 年由艾圣豪威尔总统签署的使 REITs 享受作为利润传递者的特殊税收条例（pass - through tax treatment）。	I. R. C. 850 -860	1. 对外国投资者的红利分配的税率为 30%（除非有两国免征税协议）。 2. 外国投资者所获的红利若来自于地产出售后的增值部分，根据 Foreign Investment in Real Property Taxes Act 所规定的 35% 征税。

资料来源：根据相关文献整理。

---

〔1〕　原文是：own no more than 10% of the outstanding voting securities of any one issuer, other than securities includible under the 75% test.

税收优惠是 REITs 得以发展的主要驱动力。美国 REITs 所享受的穿透性税收优惠（pass-through tax treatment），是指企业的收益与损失可以冲抵企业持有人的个人所得税应税收入，从而避免了双重征税。国会创立这种税收优惠的目的在于：让所有的美国投资者都可以有机会投资大型的综合的房地产项目。

（三）住房租金补贴政策

针对低收入群体的住房租金补贴政策是可支付住房（Afordable Housing）政策的一个重要组成部分。

20 世纪 30—50 年代，美国政府先后采取为中低收入人群购房提供贷款担保、直接投资建设公共住房（public housing）方式向国民提供可支付住宅。但这些政策产生了一些负面效应：由于低收入群体的过度集聚，可支付住宅区逐渐出现许多社会问题（如治安困难、社会阶层固化等）。

20 世纪 60—70 年代，美国政府改变策略，以租金补贴支持低收入群体的住房问题。1973 年开始实施的租金证明计划（Section 8 Rental Certificate Program）明确对低收入家庭（收入不超过所在地区平均收入的 50%）、62 岁以上孤老及残障人士、无家可归者提供房租补贴。具体做法如下：符合申请条件的住户向地方住房管理机构申请，获得租金证明（Rent Certificate），然后在市场上租住符合联邦住房和城市发展部（HUD）规定质量和租金限额以内的住房，地方住房管理机构负责界定客户所选的区位，协助租户与房主进行租金谈判，并对超出其收入 30%部分的租金直接向房主支付。1984 年，美国政府又提出了"租金优惠券计划"（Rent Voucher Program），参与该计划的住户可自主选择租住住房的区位、档次，如租住低于市场租金的住房，没有花完的优惠券（按市场租金计算）可留待以后使用，如租住高于市场租金的住房，多出的费用须自行解决。1998 年，上述两种房租补贴计划合并为"住房选择优惠券计划"（Housing Choice Vouchers 或 Section 8 Voucher），地方住房管理机构据此对符合标准的住户补贴其收入的 30%与所设定的租金支付标准（可为地方市场房租的 90%~110%）之间的差额。

2008 年金融危机之后，一方面，美国政府感到在支持低收入群体购房方面承受了过多风险，于是通过增加购房首付（目前已提高到 10%）和担保来减轻自身负担和风险（目前市场化购房首付 20%，但不需要更多的保险）；另一方面，如前文所述，目前全美住房承租户中有近一半面临中等甚至严重支付困难，在一些大都市地区（如洛杉矶、纽约），快速上涨的住房租金正在产生对低收入甚至中等收入承租户日益加强的排挤效应，由此产生一系列连带负效应[1]也正在显现。因此，可支付住房政策进一步向租房倾斜，转向以向低收入家庭提供租金补贴为重心。

目前，美国住房和城市发展部每年的预算是 500 亿美元[2]，其中超过50%用于租金补贴。与用于社会住房维护及解决低收入群体聚居区域各种社会问题解决所需要的资金相比，用于租金补贴的资金不仅在解决低收入群体的居住方面更有效率，而且还能撬动更多社会资金投入租赁住房供给。

现行住房租金补贴办法是：

（1）租金补贴的算法：区域（整个城市量级，不是小区这个量级）的平均租金减去住户家庭收入的1/3。

（2）租金补贴根据区域最低工资的40%（贫穷线）来画线以设置最低门槛。

（3）HUD 每年投入 3000 万美元~4000 万美元做地方租金调查，根据 section 8 法案进行，便于精确地计算租金补贴。

（4）HUD 采用同时给租客和开发商补贴的办法来促进租赁住房的供应。分别设置针对项目（Project Base）的补贴办法和针对租客（Tenant Base）的补贴办法。

针对项目的计划（HUD Project based program）是由当地的公共住房管理局（Public housing agency）对其辖区内的特定居住项目的申请者，补贴其家庭收入30%与项目净租金之间的差额。

针对租客的计划（HUD tenant based program）主要针对低于地区中等收入水平50%的极低收入家庭和其他一些最高达到地区中等收入水平80%的家庭，补贴其家庭收入的30%与公共住房管理局决定的支付标准或家庭净房屋

---

〔1〕 如由于支付困难导致出现更多的无家可归者，增加了警察、监狱等司法方面的支出；低收入群体因居住困难导致卫生、健康问题频出，引致国家医疗保险费用支出增大；等等。

〔2〕 目前，除了联邦政府每年拨给的预算经费外，美国住房和城市发展部还通过吉利美的担保业务开辟了一项可观的收入来源，为其实施包括住房补贴在内的相关住房政策提供了补充资金。GINNIE MAE 是 HUD 直属公司，主要业务是对住房贷款证券化提供担保，与两房有所不同。该项业务收入平均每年增长 8 亿美元~9 亿美元。2015 年，GINNIE MAE 担保总额为 2.6 万亿美元，以 0.06%保险保费计算，年净收入 12 亿美元。而且，此项业务收入风险很低，只有在发债公司倒闭之后才需要赔付，因此，每年的赔付几乎没有。

租金之间的差额。

两者的区别在于，针对租客的补贴随着个人移动，受补贴家庭可以将补贴带到其他租住的单元中；针对项目的补贴只涵盖该项目中的租客家庭。

在一些地方，政府还将房租补贴政策与其他住房租赁支持政策相结合，以便充分利用住房租赁市场的力量来解决某些需要政府着力解决的住房问题。如洛杉矶住房与社区投资部的"英雄之家"（Home for Hero）计划，专门针对当地众多退伍老兵的房租支付困难（甚至有许多成为无家可归者）情况，广泛募集市场化的租赁住房用于向经审核的退伍老兵出租，退伍老兵只要将自己收入中某一比例（由洛杉矶住房与社区投资部核定）向房东支付房租的自付部分，其余部分由政府直接向房东支付，当退伍老兵连核定的自付部分都未按时支付时，政府会先行向房东代为支付，随后通过保险公司获得赔付。在此计划中，政府还专门组建了一支专业化的租赁顾问队伍，负责定期与房东和退伍老兵进行联系，协助沟通双方在一些问题上的分歧，及时了解退伍老兵的就业、收入、房租支付状况，必要时帮助退伍老兵获得更好的就业职位，以便其能按时支付其房租自付部分。该计划虽然缘于对退伍老兵的居住关怀，但在客观上也对当地的住房租赁市场起到了一定的支持作用。

本课题以美国为研究对象，通过文献研究、统计分析及对美国的实地调研，对其住房租赁现状、制度与政策进行研究。得出以下结论：

（1）住房租赁发展程度受政府认识程度和基本态度影响很大。

（2）住房内在特性和居民结构内在差异，是市场化住房租赁发展的始因。

（3）金融与税收，是促进住房租赁市场发展的关键抓手。

（4）法律是发展、规范住房租赁市场的基础。

基于美国住房租赁制度体系发展的研究，总结经验与教训，本人认为：

第一，遵循市场规律，发展住房租赁市场，是解决国民居住问题的有效途径。由于房地产商品的特殊性，房地产市场是由一系列子市场构成的市场体系，诸多相互关联子市场之间的互动，是房地产市场自我调节机制中极其独特而重要的一类。房地产市场的体系结构有一个从简单到复杂的逐渐发育过程，相对于住房买卖市场而言，住房租赁市场是较晚发育的市场。但是，住房租赁市场不仅仅是一个消费市场，它还直接与房地产投资市场相关联。一个发达、成熟、规范的住房租赁市场，可与住房买卖市场相互制衡，形成住房买卖市场价格受租金进而受人口制约而相对稳定或周期性循环的机制，有助于住房市场高效运行，更好地解决国民的居住问题。

第二，规范住房租赁市场应避免干扰租赁市场本身的运行机制。相关国家的实践表明：过于严格地限制租金，会影响租赁住房的供给量和供给品质，而且最终也不能有效地控制租金。而让租金更主要地根据市场供求变化，同时向市场提供充分的市场信息，则可避免破坏住房租赁市场的运行机制，从而对规范市场产生实质性成效；过于强调保护承租人利益而忽略出租人权益的法规与政策，会影响出租人提高、改善供给的意愿，而且出租人仍可通过相关租赁合同条款来规避或减轻相关法规、政策对自己的不利影响，从而削弱法律法规的实际效力，并最终产生不利于承租人的效应。因此，规范住房租赁市场应主要通过相关制度设计来引导出租人、承租人双方顺应市场机制，规范住房租赁行为。

在此基础上，建议政府和社会各界应深入理解发展住房租赁市场的重要意义：发展住房租赁市场，是推动住房制度改革、将保障公民的住房权作为新一轮改革重点的切实抓手，是促进形成住房租买选择机制，完善住房市场自我调节功能的关键，是推动中国房地产开发业转型升级，增强房地产业的服务业属性的核心。政府相关部门应尽快落实促进住房租赁发展的具体措施：

第一，开拓租赁住房投资资金来源。短期内，首先推动住房公积金跨城市、跨省区流动，在全国层面建立一个类似于银行间拆借市场的跨城市公积金流通市场。其次，允许并鼓励人寿保险资金投资于租赁住房开发、持有经营。从长期看，应加快房地产投资信托（REITs）立法，建立中国的房地产投资信托市场。

第二，保障新建租赁住房的土地供应。首先，各类城市应在每年新增住宅出让土地中规定一定比例和区位特征的土地作为新建租赁住房专用土地，仅用于出租住房的开发和持有经营。其次，鼓励存量工业用地和农村集体建设用地，在暂不转变土地性质的前提下，用于租赁住房开发建设、持有经营。

第三，促进各类存量房屋转化为租赁住房。针对各类城市中以及城市之间存在着大量住房与住房使用需求的错配现状，采取建立统一市场、充分运用市场机制配置资源的思路，鼓励各类投资者将各类存量房屋改造、转化为专业化出租的租赁住房，与此同时，加快我国医疗和社会保障制度的改革，打破医疗保险、养老保险等社会保障资金的空间隔离，在全国范围内形成各类保障资金的统一收支体系，扫清各类人口在广阔地域范围内长期性流动的制度障碍。形成具有中国特色的以房地产出租业为核心的房地产服务业，向国民提供具有不同功能和特色的住房及相关房地产产品，满足我国人民对住房和相关房地产空间的多层次需求，促进房地产市场流通，减少房地产空置，同时带动养老、养生、旅游、生态农业等相关产业的发展，促进中小城市和农村地区产业结构的升级和社会经济发展。

第四，向住房租赁投资经营企业提供税收、行政审批等方面的优惠和便利。将租赁住房的折旧、维修、管理、投资利息、火灾保险等经营费用纳入各类住房租赁投资经营企业所得税税基扣除项目，并适当提高折旧率、缩短房屋折旧年限。对于利用存量工业厂房、经济酒店等原非住宅用房改建为长租租赁住房的，提供一站式审批服务。调整其水、电等公用事业费收费标准，向普通居民住宅标准看齐。

第五，落实住房承租户社会福利待遇的公平化。给予承租住房的住户在户籍管理、子女中小学入学、养老等方面与自有住房居民同等待遇。

新时代大学生政治社会化的路径与动力机制研究

马玉宁*

　　摘　要：政治社会化是人们通过多种途径的政治学习与实践，从而接受一定的政治态度、政治信仰与政治价值观的过程，并进而形成较为稳定的政治人格。大学生政治社会化的过程，本身也是国家主流价值观传播的过程，特别是家庭、学校、朋辈群体、大众媒体等社会化渠道直接影响了大学生对国家的政治认知与政治认同。在新时代大学生政治社会化过程中，应立足当代大学生的政治心理特征，了解大学生政治社会化的路径与方式，把立德树人作为中心环节，构建立体化思想政治教育体系，使得学校、家庭、社会三者之间形成协同效应，把大学生培养成符合新时代要求的合格政治公民。

　　关键词：政治社会化　思想政治教育　价值观

一、政治社会化理论

　　所谓政治社会化，就是指个人通过多种途径的政治学习与社会实践，形成以社会政治文化为基本特征的政治态度、政治信念、政治准则和政治价值观的过程。在这

---

　　*　马玉宁，中国政法大学光明新闻传播学院博士研究生（100088）。

一过程中，政治社会化既有个体学习政治知识和政治技能的要素，也呈现出政治文化的代际传播与变迁的特点。国外学者戴维·伊斯顿和杰克·丹尼斯认为政治社会化是人们习得其政治倾向和行为模式的发展过程[1]；肯尼斯·兰顿把政治社会化界定为一个社会对政治文化代代相传的过程[2]；弗雷德·格林斯坦则认为政治社会化是正式教育机构对政治知识、政治习惯和政治价值观进行灌输的过程[3]；阿尔蒙德和鲍威尔则把政治社会化解释为政治文化形成、维持、变迁的过程[4]。国内学者也有从政治文化传承、个体学习的双重视角来观察政治社会化，王沪宁同志在其早期的作品中就指出："政治社会化指的是一个政治共同体内部传播政治文化的过程……一方面，政治共同体的每个成员在一定的历史-社会-文化条件中获得政治态度、政治观念、政治情感和政治信仰；另一方面，政治共同体传播自己的政治文化，使新一代成员进入有关政治生活的思维和行为的传统模式。"[5] 由此，王沪宁同志强调政治社会化的双重过程：个体学习的过程与政治文化传播的过程。

事实上，一个社会的成员只有在经过政治社会化之后，才能成为一个合格的政治人。政治社会化作为社会成员在政治互动与政治实践活动中逐步获取政治知识、形成政治态度和塑造政治人格的过程，也可以说是政治文化的代际传播过程[6]。政治社会化作为政治共同体自我延续的必要条件，不仅是政治体系在结构和功能领域正常运转的基础，也是政治共同体与社会成员进行政治互动的重要方式。政治共同体通过政治体系把政治知识、政治价值、政治规范等进行广泛传播，进而把其认可的政治态度传递给一代又一代社会成员，而社会成员通过个体学习和实践获得有关政治体系的知识、价值、规则和规范，成为具有一定政治认知、政治情感、政治倾向和政治信仰的社会政治人。具体说来，在个体政治社会化的过程中，主流社会需要一定的渠道和媒介来向他们传递政治信息、传播政治价值与观念。一般而言，这些渠道

〔1〕　David Easton and Jack Dennis, *Children in the Political System-Origins of Political Legitimacy* 2-5, McGraw-Hill press, 1969.

〔2〕　Kenneth P. Langton, *Political Socialization* 4, Oxford University Press, 1969.

〔3〕　[美] 格林斯坦、波尔斯比：《政治学手册精选》（下册），商务印书馆 1996 年版，第 2~3 页。

〔4〕　[美] 加布里埃尔·A. 阿尔蒙德、小 G. 宾厄姆·鲍威尔：《比较政治学：体系、过程和政策》，曹沛霖等译，上海译文出版社 1987 年版，第 91 页。

〔5〕　王沪宁：《比较政治分析》，上海人民出版社 1987 年版，第 181~182 页。

〔6〕　王琳媛：《当代中国大学生政治社会化进程研究》，上海人民出版社 2017 年版，第 1 页。

包括以下六种：

（一）家庭

家庭是一个人最初的、影响最为直接的政治社会化渠道。从个体角度来看，一个人从出生受到最直接的教育来自家庭，包括父母、亲戚潜移默化的影响，并开始一个相对漫长的学习政治知识和技能的过程。家庭对个体政治心理和政治意识的逐渐塑造，使其完成从一个自然的人转变为政治社会的人。与其他渠道相比，家庭在对大学生的人格塑造，人生观、价值观、世界观形成等方面都发挥着特别重要的作用。尤其是，家庭教育中会传递关于政治体系的知识、价值、规则和规范，这对政治文化的传播、政治信任的维持、政治价值的传递都有着至关重要的影响。

（二）学校

政治社会化不仅是培养政治人的过程，也是政治文化和政治价值的传递过程。赫斯特和托尼就指出，政治社会化是社会团体或教育机构教导新一代社会成员学习，掌握有关价值、态度、行为的过程[1]。学校通过各种教育活动传递国家核心价值观，并将社会主导的政治文化传播给大学生，培育大学生的爱国主义情感、集体责任意识，实现大学生对政治制度和主流政治价值的认同。可以说，学校作为社会个体离开家庭后进入的第一个专门化社会机构，通过接受小学、中学、高中、大学一系列的学校教育，对其人生观、价值观、世界观的形成有着重要的影响，这也是把大学生塑造成为合格公民的关键一步。

（三）朋辈群体

朋辈群体是由兴趣、爱好、价值观和行为方式大体相同的个体自由选择组成的一种非正式群体[2]。在大学生政治社会化的过程中，朋辈群体可以划分为血亲型、学习型、亲密型、松散型四种类型[3]，这些拥有大致相当社会地位且年龄相近的一群人，构成了大学生与社会连接的重要节点与关键纽带。尤其是，朋辈群体往往基于较为接近的教育背景、彼此相近的经济水平、爱好相似的社团组织，甚至受同一种社会思潮影响，朋辈群体的观点或行为对青少年的观念、态度的形成影响重大，其对大学生政治社会化进程的影响更

---

〔1〕 马起华：《政治社会学》，大中国图书公司1985年版，第239页。

〔2〕 卢勤：《个人成长与社会化》，四川大学出版社2010年版，第129页。

〔3〕 王琳媛：《当代中国大学生政治社会化进程研究》，上海人民出版社2017年版，第60页。

为深刻。事实上，一个社会得以正常运转，不仅有一整套制度安排作为刚性保障，也有类似朋辈群体这种由个体联系起来的社会交往网络，通过一种分层的、多维度的社会系统把社会成员串联起来。因此，如果说制度对社会运行和政治社会化起到了基础性作用，那么朋辈群体则建立了大学生政治社会化的"强纽带联系"。

（四）工作场所

工作场所不仅是个人职业社会化的起点，也是政治社会化的正式渠道。工作场所作为个人与社会发生互动的场所，可以获得与职业角色相关的知识、技能、规范、价值观，并进而产生特定的政治文化与价值倾向。因此，政治社会化的印记也深切地体现在个体的工作实践之中。事实上，一个人要想获得某种职业升迁或较高的社会地位时，就会有意识地践行与职业和社会地位相契合的政治价值与观念。

（五）大众媒体

大众媒体主要包括广播、电视、报刊、书籍、电影、网络等载体，对规范公民政治信仰、深化公民理性教育、引导公民政治参与都具有重要作用，其通过专业化的传播技术手段向为数众多的社会公众传递政治信息。特别是，大众媒体借助议程设置功能，对特定政治人物与政治事件设定认知的框架与解释的模板，进而可以塑造公众思考政治事务的方式与路径。同时，随着社交媒体（social media）成为社会成员参政议政和表达政治意愿的重要平台，极大地增强了人们利益表达的自由度和利益聚合的力度和速度，它可以让具有共同兴趣、持有相同政治观点的网民，在较短时间内结成兴趣小组、汇聚利益相关主体、进而形成强大的舆论压力[1]。从这个意义上看，社交媒体所拥有的快速传播、社会动员与集结能力，使得公民的政治参与效能和公民意识得到一定提高。

（六）政治参与

政治参与是普通公民通过各种法定方式参与政治生活，并影响政治体系的构成、运行方式、运行规则和政策过程的行为[2]。它不仅包括行动者本人自发的影响政府决策的活动，而且包括行动者受他人影响而采取的影响政府决

---

〔1〕　付宏：《基于社会化媒体的公民政治参与》，国家行政学院出版社 2014 年版，第 9 页。

〔2〕　王浦劬：《政治学基础》，北京大学出版社 1995 年版，第 366 页。

策的活动[1]。政治参与既包括制度化的政治参与行为、也包括非制度化的政治参与行为，其中制度化的政治参与主要指公民个人通过法定方式参与公共政治生活，包括选举、投票、竞选、集会等；非制度化的政治参与则指公民个人通过国家法定之外的方式参与公共生活，包括组织抗议、罢工、游行示威等。政治参与是现代国家政治体系运行的重要组成部分，也是普通公民参与政治实践的主要方式之一。公民通过一系列政治参与活动，可以提高自身的政治知识与政治技能，通过实践形式完成政治社会化过程。与传统的政治参与途径相比，互联网以其便捷性和匿名性，一定程度上推动着政治参与向数字化、虚拟化、社区化的方向发展，其表现形式也呈现"虚拟"与"现实"、"线上"与"线下"交互融合的特征。也正因为此，大学生才有可能对公共事务表达政治诉求和观点，其参与评价政治事务、了解公共政策、表达政治见解的行为，也是激发自身的政治主体意识、培育公民责任感、塑造政治人格、推动政治社会化的重要过程[2]。在这一过程之中，大学生接受和认同主流政治价值观，更有助于他们自觉维护政治系统和促进社会政治稳定[3]。

上述六种政治社会化渠道，对当代中国大学生而言，影响比较大的主要是其中四种渠道：第一是家庭，第二是学校，第三是朋辈群体，第四是大众媒体。由于大学生还没有参加工作，所以工作场所并不适用。同时，大学生政治参与的机会与渠道也比较少，所以本文也暂不做讨论。因此，笔者选取上述四种渠道研究政治社会化对大学生价值观的影响机制，并进而探讨如何完善大学生思想政治教育体系，引导大学生树立起对社会主义核心价值观的真诚信仰。

二、研究方法简介

本文运用定量研究的方法，通过数据分析来勾勒我国当前大学生的政治价值观、政治社会化的路径以及思想政治教育的现状，为今后相关工作提供参考建议。使用的数据库来自于卢春龙教授在 2019 年 8 月围绕大学生不同媒介使用情况开展的一次问卷调查，卢春龙教授主持的调查随机抽取北京市部

---

〔1〕 ［美］塞缪尔·P. 亨廷顿、琼·纳尔逊：《难以抉择——发展中国家的政治参与》，汪晓寿、吴志华、项继权译，华夏出版社 1989 年版，第 7 页。

〔2〕 董文芳、郭秀萍：《网络政治的兴起、概念及研究意义》，载《理论学刊》2013 年第 11 期，第 82~85 页。

〔3〕 李斌：《基于网络的政治社会化问题研究》，人民出版社 2019 年版，第 92 页。

分高校在校不同学段和性别的本科生进行问卷发放，调查内容包括学生的基本情况、不同媒介使用情况与政治价值观、政治社会化的途径与渠道、高校思想政治教育的现状等维度，涉及学生价值取向、政治态度、社交活动、媒介使用等方面，共回收了有效问卷 2094 份，问卷有效回收率达到 98%。

在收到的 2094 份问卷中，男生有 691 人，占比 33%；女生有 1403 人，占比 67%，这基本符合当前北京市大学在校大学生的男女性别比例。其中大二学生人数最多，为 701 人，占比 33.5%；大三学生次之，为 665 人，占比 31.8%；大一学生为 525 人，占比 25.1%；大四学生最少，为 203 人，占比 9.7%。在户籍方面，70.8% 的学生上大学之前来自城市，29.2% 的学生来自农村，这也基本符合北京市大学生城乡来源的分布比例，来自城市的大学生居多，来自农村的大学生相对偏少。在政治面貌方面，共青团员居多，高达 61%，已是入党积极分子和中共党员的学生次之，共占比 36.4%。

在 2094 份问卷中，没有担任过任何学生干部的人数最多，为 603 人，占比 28.8%；担任过院级和校级部门学生干部的人次之，均为 500 多人；担任过校级干部的学生最少，为 435 人。面对众多的校内学生组织，有 50% 以上的学生选择参加学生会、社团联合会等学生自治组织或者依个人兴趣自主参与、管理灵活的学生社团，三分之一的学生选择参加志愿服务类型的公益组织，较低比例的同学选择参加没有制度约束、没有固定活动周期的读书会类型的学习组织。

在 2094 名调查对象中，有 45.7% 的学生认为思想政治教育在学习和生活中的影响比较大，28.8% 的学生认为影响非常大，只有四分之一的学生认为思想政治教育的影响力不大。可见，大部分大学生感受到思想政治教育对其价值观、政治信仰的影响力。此外，将近 82% 的学生表示和朋友在一起的时候会偶尔谈起思想政治理论课的教育内容与话题，经常谈论和一点也不谈的学生都比较少，可见思想政治理论课对学生的日常生活产生了一定影响。

三、研究主要发现

政治社会化所具有的德育功能、引领功能、塑造功能、传播功能，直接决定了青年一代能否成为国家所期待的合格公民，这也最终影响了一个国家的意识形态和价值理念能否得以传承[1]。与传统政治社会化路径不同的是，

---

〔1〕 姜国锋：《社会转型时期青年政治社会化趋向的分裂与整合》，载《前沿》2010 年第 15 期，第 22~24 页。

新时代的政治社会化又具有了一些新的特征：诸如"虚拟交往与真实社交""时间多维与空间流动""主体自觉与个性凸显"，这就使得新时代的大学生具有与众不同的政治社会化实现路径[1]。新时代意味着新的时代背景，纷繁复杂的政治价值变迁、不同社会思潮纷涌和媒介环境急剧变化这些都是新的时代背景。我们需要重新审视家庭教化影响、学校思想政治教育、朋辈群体交往、大众传播引导规范等政治社会化的渠道与实现路径，这对深刻理解大学生政治社会化的动力机制，并最终理解大学生政治价值观的形成，都具有重要的意义。

（一）不同政治社会化渠道对大学生政治价值观的影响

我们在调查中让大学生比较几种不同的政治社会化渠道对自己政治价值观形成的影响程度，从而重点观测政治社会化的不同渠道对大学生认知政治生活与制度、形成政治信仰所施加的影响。我们使用下面这个陈述来进行测量："以下不同渠道，会影响你政治价值观的形成吗？①父母；②身边优秀的同学；③一直很钦佩的师兄或师姐；④思想政治理论课教师；⑤辅导员；⑥学校里熟悉的专业课教师（非思想政治理论课）；⑦网络大 V；⑧基于移动端的官方媒体 APP。"

表1 不同政治社会化渠道对大学生政治价值观的影响程度

	影响非常大	影响比较大	影响一般	不太影响	不影响
大众媒体渠道					
网络大 V	7.1	17.5	51.9	9.5	14.1
基于移动端的官方媒体 APP	20.1	44.9	29.7	2.6	2.7
学校渠道					
学校里熟悉的专业课教师	18.5	51.5	27.0	1.1	1.9
辅导员	11.8	38.5	40.9	3.5	5.3
思想政治理论课教师	13.3	42.8	38.0	2.6	3.2

〔1〕 张林：《"微时代"青年政治社会化的嬗变及规制》，载《当代青年研究》2016 年第 1 期，第 22~27 页。

续表

	影响 非常大	影响 比较大	影响一般	不太影响	不影响
朋辈群体渠道					
一直很钦佩的师兄或师姐	15.6	49.3	30.3	1.7	3.0
身边优秀的同学	14.3	46.7	33.3	2.4	3.4
家庭渠道					
父母	27.0	41.8	26.9	1.4	2.3

如表 1 所示，四种政治社会化渠道都发挥了不同程度的影响：

第一，家庭作为政治社会化最重要的渠道和第一场所，调查显示，在大学生政治社会化的诸多影响因素中，父母对大学生的价值观影响作用非常巨大。的确，家庭一直被视为子女政治社会化的源始，也是个体政治社会化的关键要素，相关学者的研究也证实了父母在子女政治社会化进程中的重要性。黄希庭、郑涌研究发现，重大政治事件和家庭熏陶是影响大学生政治观形成的最主要因素[1]。王琳媛调研认为，父母通过与子女日常情感、事务的互动，将其政治观、政治兴趣、政治参与情况进行传递，对子女的政治态度产生潜移默化的作用，并能产生鲜明的"政治遗传"[2]。事实上，家庭在政治社会化过程中，家庭成员直接向大学生个体灌输政治知识，家庭成员的政治态度、政治情感、政治身份等都会对大学生个体的政治心理成长产生非常重要的影响。

第二，大学生可以通过大众传播媒介获取政治信息、表达政治诉求、介入公共事务，这对促进大学生个体政治社会化有积极正向的作用。作为新一轮信息技术革命代表性产物，以网络和手机移动端为代表的社交媒体逐步取代传统媒体，其对政治社会化进程的影响也日益显而易见。一种观点认为，新媒体的勃兴为大学生参与公共事务、讨论政治议题带来了新空间，相较于传统媒体在传播时效滞后、场景单一、严肃说教，其更容易在大学生群体中

---

〔1〕　黄希庭、郑涌等：《当代中国青年价值观研究》，人民教育出版社 2005 年版，第 85 页。

〔2〕　王琳媛：《当代中国大学生政治社会化进程研究》，上海人民出版社 2017 年版，第 166 页。

迅速形成广泛的政治传播影响。比如，凯特·肯斯基认为社交媒体讯息便捷廉价，内容鲜活、多样、即时，且支持双向互动，极大调动了对政治冷漠的青年人的政治兴趣和热情。[1] 巴伯则认为"在规模庞大的社会中面对面的交流受到限制的情况下，大众传媒的新形式能够为大众社会中的强势民主提供便利"[2]。马小娟更是认为，借助社交媒体公民随时可以就与自身密切相关的公共问题发表意见和建议，对具体的政策问题形成影响。[3] 另一种观点持相反立场，互联网充斥着大量情绪化表达和真伪未经证实的信息，大学生群体也缺乏必要的媒介素养训练，其政治参与行为存在一定的随意性、随机性，容易催生新的政治冷漠和媒体抑郁，从而影响大学生政治社会化进程。我们的调查发现，基于移动端的官方媒体 APP 对于大学生的政治社会化产生了非常重要的影响，这些官方媒体客户端可以引导大学生对公共事务的关注，理性合法地参与讨论、表达诉求和主张权利，逐步树立起政治参与意识和社会责任感。与此同时，网络大 V 作为网络意见领袖，对于大学生的政治社会化影响非常一般，这与一些学者所预期的影响有着显著的差异。由此可见，网络大 V 尽管在网络上非常吸引眼球，但其对大学生的影响却非常一般。

第三，学校渠道对于大学生政治社会化的作用显著，特别是有针对性的思想教育引导发挥了非常重要的作用。立德树人是大学教育的根本任务[4]，所谓立德就是要帮助大学生形成稳定的政治人格，坚定正确的政治方向，形成对社会主义核心价值观的忠诚信仰。其中，思想政治理论课教师、辅导员、专业课教师是三支非常重要的队伍，需要三者协同发挥作用，产生协同效应。尤其值得注意的是，专业课教师对学生的思想政治教育起到的作用是这三者之中最为重要的。美国心理学家罗森塔尔和雅格布森提出的皮格马利翁效应（Pygmalion Effect）表明，人们会不自觉地接受自己喜欢、钦佩、信任和崇拜的人物的影响或暗示[5]。这就意味着专业知识过硬、教学水平高超、品德高

〔1〕 Kate Kenski, Bruce Hardy, Kathleen Jamieson. : *The Obama Victory*: *How Media*, *Money and Message Shaped the 2008 Elections*, 251-287, Oxford University Press 2010.

〔2〕 ［美］本杰明·巴伯：《强势民主》，彭斌、吴润洲译，吉林人民出版社 2006 年版，第 6 页。

〔3〕 马小娟：《论社交媒体对公民政治参与的影响》，载《中国出版》2011 年第 24 期，第 22~25 页。

〔4〕 潘宛莹：《政治社会化视域下大学生社会主义核心价值观培育研究》，载《思想理论教育导刊》2018 年第 6 期，第 83~86 页。

〔5〕 陈敏编著：《皮格马利翁效应》，北京工业大学出版社 2005 年版，第 84 页。

尚的教师，如果积极参与思想政治教育、校园文化建设等拓展性教学活动，对大学生进一步内化社会主义核心价值观、外塑政治行为，全方位锻造政治人格具有非常重要的作用。2016 年底，习近平总书记在全国高校思想政治工作会议上指出，所有课堂都有育人功能，不能把思想政治工作只当作思想政治理论课的事，其他各门课程都要守好一段渠、种好责任田。中共中央国务院《关于进一步加强和改进大学生思想政治教育的意见》指出，以教师为本整体构建高校思想政治教育课程体系，重点布局高校思政课和其他各类课程对大学生思政教育过程中应该承担的功能定位和建设路径，实现各类课程与思政理论课同向同行、协同效应的总体要求。

第四，朋辈群体对于个体成长具有不可或缺的作用，朋辈对大学生完成政治社会化的重要性也不言而喻。朋辈群体作为非正式的首属群体或初级群体[1]，由于群体年龄、社会地位相近，朋辈的群体意识、群体行为会影响成员个体价值取向和行为模式[2]。我们的调查数据显示，高年级的大学生（很钦佩的师兄或师姐）对于低年级的大学生有着非常重要的影响。这也就意味着大学生朋辈群体间成员关系越亲密，相互影响程度就越大。事实上，追求获得被更优秀的朋辈所接纳或认同，这一动机不仅能促进大学生个体去完善政治情感与政治价值观，还能帮助个体突破原有信息局限、刻板认知等认识论上的束缚。

（二）大学生遇到思想困惑时的渠道选择

笔者在调查中还设计这样一道题来测量大学生在遇到思想或心理方面的困惑时，首先求助的渠道有哪些？

"在日常生活中，如果你产生了思想或者心理方面的困惑，你会倾向于：（限选三项并排序）①上网查询相关知识，争取自己想明白；②向专业教师求助，如思想政治理论课教师、心理咨询师等；③向辅导员、班主任老师求助；④向亲人、朋友、同学倾诉；⑤通过积极参与文体活动，转移注意力；⑥通过购物、聚会等来发泄；⑦闷在心里，用时间来淡忘；⑧通过社交网络倾诉，比如发朋友圈或者贴吧留言；⑨其他。"

---

〔1〕 杨德广、晏开利主编：《中国当代大学生价值观研究》，上海教育出版社 1997 年版，第 86 页。

〔2〕 王琳媛：《当代中国大学生政治社会化进程研究》，上海人民出版社 2017 年版，第 69 页。

表2　大学生遇到思想困惑时的渠道选择

	自身渠道（%）	学校渠道（%）		家庭与朋辈群体渠道（%）
		向专业教师求助，如思想政治理论课教师、心理咨询师等	向辅导员、班主任老师求助	向亲人、朋友、同学倾诉
第一选择	49.2	8.6	5.1	28.3
第二选择	8.5	17.4	11.1	28.5
第三选择	9.0	6.5	12.5	15.4

如表2所示，大学生在遇到思想或心理方面的困惑时，首先尝试自己解决，上网查询相关知识，争取自己想清楚、弄明白；其次就是家庭与朋辈渠道，向自己的家庭与亲人倾诉，向自己的朋辈倾诉，寻求意见或建议；最后就是学校渠道，向专业教师求助，如思想政治理论课教师、心理咨询师等，或者向辅导员、班主任老师求助。

事实上，随着中国信息化进程加快，大学生获取信息的途径也变得更加多元化，特别是互联网深刻改变了信息生产与传播的方式，因此对大学生政治社会化动力机制也产生了很大影响。政治社会化的第一个过程，表现为个体学习的过程；政治社会化的第二个过程，表现为政治文化的传播过程[1]。可以说，大学生遇到思想和心理方面的困惑，通过自主学习、家庭与朋辈的帮助、学校教育引导，某种程度上也是参与社会政治生活、了解我国政治文化范畴，在此过程中接受政治文化教化、内化政治规范、完善政治人格。

四、结论与进一步的讨论

笔者使用政治社会化理论，探讨大学生政治价值观形成的影响因素，并进而在此基础之上得出结论，探究如何进一步完善大学生的思想政治教育体系。由于笔者使用的是一个基于随机调查获得的大学生样本，我们力图把其中的一些发现推广到全国的大学生群体，在这里我们把一些重要的发现重申如下：

---

[1]　王沪宁：《比较政治分析》，上海人民出版社1987年版，第182页。

第一，在四种政治社会化渠道中，家庭影响是第一位的，因此大学生思想政治教育体系一定要重视学校与家庭之间的联动，努力形成学校与家庭之间的协同效应。大学生在遇到思想或者心理的困惑时，最重要的求助对象也是自己的家庭和亲人。事实上，家庭、学校、社会共同构成了大学生政治社会化的复杂体系，它们共同作用于大学生的政治学习、政治发展和政治社会化进程。理想状态下，家庭、学校、社会需要相互协调、共同合作，推动大学生形成健康向上的政治人格与政治价值观。在新时代，我们要挖掘中华传统文化中重视家训家风的优秀元素，激活家训家风的积极作用，寻找与社会主义核心价值观的最佳契合点[1]。但我们也需要注意，家庭政治价值观的多元性和主流政治价值观的一元性、家庭政治文化对主流政治文化的解构与重构都存在着明显的不协调。很多大学生在政治价值观上的问题，在本质上就是其家庭的政治价值观存在问题。对于这一点，我们要保持清醒的认知。

第二，在学校教育中需要构建立体化的思想政治教育体系，辅导员、思想政治教育课教师、专业课教师三者事实上也是一个完整的体系，三者之间一定要形成协同效应。特别是专业课教师，要注重课程思政建设，让每一门专业课也承担起思想教育、价值引领的功能。可以说，大学生政治社会化具有显著的政治意义，它既是国家主流价值观在教育领域的反映，也是教育价值取向在大学生个体身上的具体呈现，其中，国家政治认同培育应是大学生政治社会化的核心内容。阿尔蒙德认为政治参与具有累积性效果，一个人参与的领域越多，他的政治效能感越高[2]。因此，我们需要建构立体化思想政治教育体系，通过课堂教学活动培养大学生政治责任意识与社会管理能力，同时，要注意理论性与实践性相结合，充分发挥第二课堂的作用，帮助大学生把其所学政治知识、政治情感、政治认同外化为政治参与行为，更多引导其参与所在高校学生管理和内部治理事务[3]。

第三，大学生特别容易受到朋辈群体的影响，年轻人之间的价值观是相互影响的，我们一定要高度重视年轻人之间的互动效应，通过树立优秀的标杆来影响大学生群体。事实上，任何政治文化不会脱离当下的社会政治生活

---

〔1〕 周海生：《家训中的孝道及其价值意蕴》，载《理论学刊》2019年第5期，第160~169页。

〔2〕 ［美］加布里埃尔·A. 阿尔蒙德、西德尼·维巴：《公民文化——五国的政治态度和民主》，马殿君等译，浙江人民出版社1989年版，第47页。

〔3〕 卞靖懿、娄淑华：《国家治理现代化视域下大学生有序政治参与意识与习惯培养》，载《思想理论教育导刊》2019年第1期，第135~139页。

而独立存在，它必然与特定时期的政治文化、社会思潮、意识形态相互交织在一起。具体而言，我们要关注大学生群体对社会政治思潮的阐释与重构，重视社会现实与大学教育价值观的潜在冲突，重视利用好大学生之间的朋辈互动。为此，要关注大学生个体对于社会政治思潮和现实的理解，更要关注大学生朋辈之间的互动是如何扩散个体理解并进而建构群体理解。

第四，大众传媒催化大学生政治社会化的进程，这就需要加强自媒体规制引导。我们的研究证实，官方媒介渠道对于大学生价值观的影响存在着显著的正面影响。但随着网络新媒体的兴起，尤其自媒体时代的到来，不同形态的媒体对大学生价值观产生的影响和作用还有待进一步观察。特别是，在社交媒体每一个用户都可以自主生产内容的模式之下，虚拟传播空间呈现出把关人缺失、身份淡化等诸多特征，这就使得大学生突破了传统媒体环境下信息接受者的巢窠，自己可以成为原创内容的生产者。这一新的时代背景带来了大学生政治社会化范式"从单向主导向多元互动"转型[1]，这就需要我们重新审视政治信息交互、传播过程简化、互动方式"在线化"等新时代的社会交往方式，以及思考如何规制和引导社交新媒体平台。

我们需要特别注意的是，在新时代，所有政治社会化的过程都不可避免地受到网络新媒体的塑造[2]。互联网的即时性、开放性、交互性，有助于各类政治信息的加速流动与传播，一定程度上为大学生政治社会化开辟了新的空间。与此同时，我们也需要高度警惕网络新媒体的负面效应。大学生群体已经全面进入数字化"社交时代"，社交媒体一方面固然能够引领大学生群体的政治文化发展方向，但是，其技术的激进性也可能威胁到政治文化的一致性，其在传播过程中固有的不在场特征甚至会解构既有政治文化的表达[3]。与此同时，当前我国意识形态领域一些社会思潮活跃，它们利用社交媒体所具有的把关人缺失、身份淡化等特征，试图解构、消解主流认同，进而达到

〔1〕 魏晓冉、平章起：《转型与革新：网络对大学生政治社会化的影响》，载《当代青年研究》2017 年第 5 期，第 5~10 页。

〔2〕 ［英］曼纽尔·卡斯特：《网络社会的崛起》，夏铸九等译，社会科学文献出版社 2006 年版，第 64 页。

〔3〕 李娟：《政治文化视野下的网络社交媒体功能》，载《苏州大学学报（哲学社会科学版）》2015 年第 2 期，第 32~36 页。

重塑主流价值观方向的目的，对主流意识形态产生了一定的负面影响[1]。凡此种种都会弱化国家对个体政治思想和行为的影响，降低大学生对主流政治文化的认同感，同时还可能导致其价值观的混乱与政治认同的危机。为此，我们需要积极适应大学生政治社会化的新趋势，加强主流网络政治文化传播的力度，构建健康的网络政治社会化环境，加强对大学生政治社会化的引领，优化高校思想政治教育的功能[2]。我们对社交媒体政治传播的后果需要理性地审视、辨识和引导[3]，深入研究大学生群体社交媒体接触政治信息的影响机制，避免破坏国家政治认同的政治价值观趁虚而入、进而对政治权力结构和传播话语体系造成冲击。

---

〔1〕　谢向波：《政治社会化视域下高校思想政治工作探究》，载《学理论》2019 年第 9 期，第 169~171 页。

〔2〕　贾亚君：《自媒体语境下优化高校思政课政治社会化功能的对策探讨》，载《现代教育科学》2014 年第 1 期，第 114~116 页。

〔3〕　周凯、刘伟、凌惠：《社交媒体、"沉默螺旋"效应与青年人的政治参与——基于 25 位香港大学生的访谈研究》，载《现代传播》2016 年第 5 期，第 143~148 页。

中国与东盟国家合作关系的博弈分析

韦政伟*

摘　要：2020 年中国与东盟国家双方已经互为第一大贸易伙伴国。为研究双方深入合作的机制和相应策略，采用仅考虑中国东盟国家的双方博弈，考虑美国作为参与者的三方博弈，对其中的合作机制进行了深入研究，由此提出政策建议。

关键词：中国　东盟　美国　博弈

一、引言

博弈，英文对应的单词是 Game。游戏对应到博弈，强调既定规则下的策略选择。博弈论主要研究用数学模型模拟理性决策者之间的竞争与合作，揭示为获得最大偏好满足（收益）的策略选择的本质规律。简而言之，博弈论是决策理论，是关于个体的不确定性行为分析。博弈参与者之间的决策和行为是相互影响的，所以一个参与者的决策必须考虑其他参与者的反应。正是由于这个原因，2005 年诺贝尔经济学奖获得者罗伯特·奥曼（Robert J. Aumann）将博弈论定义为研究互动决策的理论。也就是说，竞争与合作的结果依赖于所有参与者的策略选择，所以每个理性决策者都试图预测其他人可能

---

*　韦政伟，中国政法大学商学院博士研究生（100088）。

的最优策略，进而确定自己的最优决策，以达到实现自身最大收益的目的。于是，为了获得最大收益，探寻和运用最优策略、预测竞争与合作的均衡局面，就是博弈论的主要任务，此外，也应该考虑参与者的主观能动性，研究参与者的策略性行动甚至进行博弈设计（game designing）。

博弈论的渊源历史悠久。早在 2000 多年前，我国战国时期就有的"齐威王田忌赛马"，1500 年前巴比伦犹太教法典中的"婚姻合同问题"，都反映了古代人们对具有策略相互依存特点问题的决策智慧。现代博弈论的诞生的标志是约翰·冯·诺依曼（John von Neumann）和奥斯卡·摩根斯特恩（Oskar Morgenstern）1944 年出版《博弈论与经济行为》（The Theory of Games and Economic Behavior)[1]。1950 年，约翰·纳什（John Nash）提出"纳什均衡"（Nash equilibrium）概念和证明纳什定理，成为非合作博弈的基础理论。

一个博弈的构成要素至少包括四个方面，博弈的主体即参与者（players）、各参与者的策略（strategies）或行动（actions）、参与者的收益（payoffs）和参与者行动的次序（orders）等。按照纳什的定义，在完全信息静态博弈中，对于 n 个参与者标准型博弈 $G = \{S_1, \cdots, S_i, \cdots, S_n; u_1, \cdots, u_i, \cdots, u_n\}$，如果策略组合 $(s_1^*, \cdots, s_i^*, \cdots, s_n^*)$ 满足对每一参与者 i（$i = 1, 2, \cdots, n$），s_i^* 是（至少不劣于）他针对其他 n-1 个参与者所选策略 s_{-i}^* 的最优反应策略，则称策略组合 $(s_1^*, \cdots, s_i^*, \cdots, s_n^*)$ 是该博弈的一个纳什均衡（Nash Equilibrium)[2]。即 $u_i(s_i, s_{-i}^*) \leq u_i(s_i^*, s_{-i}^*)$，对 $\forall s_i \in S_i$ 都成立，亦即 s_i^* 是以下最优化问题的解：$\max\limits_{s_i \in S_i} u_i(s_i, s_{-i}^*)$。

本文主要考虑中国与东盟国家的博弈关系和相应策略分析。首先采用仅考虑中国和东盟国家的两个参与者的双方博弈分析，然后考虑由于美国印太战略因素导致中国、美国和东盟国家的三方博弈分析。

二、双方博弈

从参与者个数角度，双方博弈就是只考虑中国和东盟国家两个参与者之间的博弈关系，而不考虑周边甚至是世界其他有影响的主要国家。

---

〔1〕 John von Neumann and Oskar Morgenstern. The Theory of Games and Economic Behavior, Princeton: Princeton University Press, 1944.

〔2〕 John Nath, Non-Cooperation Games, Annals of Mathematics 54 (1951), 286-295.

（一）非合作博弈模型

1. 模型假设

两个参与者中国和东盟都是理性的，都要在内外约束条件下追求自身利益最大化；双方具备完全信息；各自策略为寻求合作和等待；两个参与者地位不对等，即从收益角度看该博弈为双方非对称博弈。

2. 模型构建和求解

该博弈中的参与者是中国和东盟国家，策略是合作和等待，即双方谋求主动合作，或者等待观望对方策略。收益可用各方的利益表示，考虑到中国是世界第二大经济体，而东盟国家经济体量较小。这样博弈可用双变量矩阵表示为图1：

图1 中国东盟合作博弈

从理性人假定出发，中国没有优势策略，也没有严格劣势策略。但是东盟有优势策略，当然也有严格劣势策略。东盟是理性的，它会消去严格劣势策略合作，选择优势策略等待。理性人假定也保证了中国知道东盟是理性的，会选择等待，于是中国会消除严格劣势策略等待，做出最优选择合作。这样，（合作，等待）是该博弈的唯一均衡结果。该博弈的结果从双方收益看，是一个多劳少得、少劳多得的均衡。也就是说，东盟国家作为小国参与者，有搭便车的天然优势；而作为大国的中国，必须担负主动寻求的合作的责任。

考虑到双方收益的不确定性，中国在合作中的收益也可能更大，这样，如果将收益数据略作调整，各种情形下的收益如图2所示。

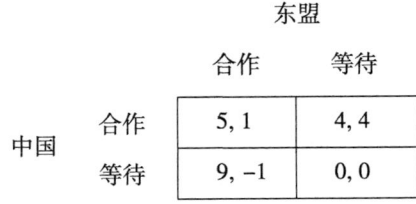

图 2　中国东盟合作博弈

该博弈还是东盟有严格劣势策略的博弈，理性人假定预设了中国知道东盟是理性的，会消去严格劣势策略按钮，选择优势策略等待，于是，中国也会消除此种局面下的严格劣势策略等待，而选择最优策略合作，双方形成（合作，等待）的均衡局面。中国、东盟各得到收益 4 个单位。这是一个多劳少劳所得相同的均衡。所以，中国与东盟博弈关系中，虽然需要中国主动寻求合作，但是对于双方而言，确实是互利互惠的。

类似地，还可以通过规则设计改变双方收益，形成多劳多得、少劳少得的均衡。这就是所谓机制设计（mechanism design）。该博弈蕴含着博弈双方强弱差异较大的局面下，强者行动，弱者等待的深刻道理，基本符合中国和东盟产业合作的实际情况。

一般地，考虑双方收益的如图 3 所示：

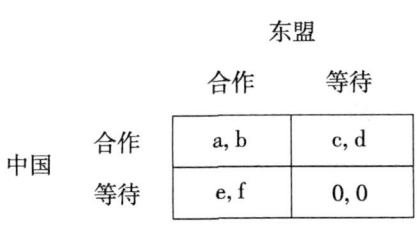

图 3　中国东盟合作博弈

双方都主动寻求合作时收益分别为（a, b）；中国寻求合作，而东盟采取等待策略，则双方收益分别为（c, d）；中国采取等待策略，东盟主动寻求合作，双方收益分别为（e, f）；双方都采用等待策略，则收益都是 0。

（1）当 $d > b$，$f < 0$ 时，等待是东盟的优势策略，此时，只需 $c > 0$，也就是说，中国寻求合作时有收益，中国就应该采取合作策略。这是一方行动，一方搭便车的一般化模型。它给出一个一般规律：对于地位不对等双方而言，只要对强势一方，合作有收益，就应该采取主动寻求合作的策略，而弱势一方采取等待策略，本质上就是搭便车行为。所以，在中国与东盟产业合作关系中，应该主动作为，寻求合作。

（2）当 $f > 0$ 时，也就是说东盟主动寻求与中国合作，东盟也会有正收益，那么，由于 $d > b$，且 $e > a$，$c > 0$，这时有如图4所示结果：

东盟

		合作	等待
中国	合作	a, b	c̱, ḏ
	等待	e̱, f̱	0, 0

图 4　中国东盟合作博弈

即，（等待，合作）和（合作，等待）是双方混合纳什均衡。

进一步，考虑双方策略的概率。设中国以 p 的概率选取"合作"策略，以 $1-p$ 选择"等待"策略，而东盟以 q 的概率选取"合作"策略，以 $1-q$ 选择"等待"策略，则

$$pb + (1 - p) f = pd \qquad (1)$$

由此，得

$$p = \frac{f}{d - b + f}$$

类似地，有

$$qa + (1 - q) c = qe$$

由此，得

$$q = \frac{c}{-a + c + e}$$

由于式（1）可以表示为

$$pb + (1 - p) f = pd + (1 - p) 0$$

所以，中国选择"合作"策略的概率

$$p = \frac{f - 0}{(d - b) - (0 - f)}$$

这样，前者可以解释为中国选择"合作"策略的概率，与东盟选择"合作"策略同时中国选择"等待"策略时的净收益成正比，与中国采取"合作""等待"两个策略时，东盟选择"等待"策略的净收益之差成反比。该结果正好博弈论中经典的"激励悖论"，即对方采取"合作"策略收益越小，自己越选择"合作"策略；对方采取"等待"策略净收益越大，自己越不愿意采取"合作"策略。

这个结论能够很好地解释中国与东盟有时进行产业合作，有时不进行产业合作的状态。

博弈论更多的是非合作博弈，所以在非合作博弈论基础上讨论的分散独立决策是否是最优的？合作是否优于分散决策呢？这里参照李景华（2018）构造一个合作收益模型加以探讨。

（二）合作收益的理论模型

第一，假设对于两个信息对称的国家（该假设只是为了简化问题，非对称信息并不影响分析结果）1 和 2，由于双方互相依赖关系，决策结果 Y_1 和 Y_2 不仅取决于两国的各自单独的决策 x_1 和 x_2，也取决于另外一国的决策。即

$$Y_1 = f(x_1, x_2)$$
$$Y_2 = g(x_1, x_2)$$

其中 Y_1、Y_2 和各自决策 x_1、x_2 都是 n 维向量。

国家决策者的目标是本国社会福利 $U_i(Y_i)$ $(i = 1, 2)$ 最大化，$U_i(Y_i) = \nu_i(x_1, x_2)$，$i = 1, 2$。两国各自独立决策时，决策者在对方决策给定的情形下使 $\nu_i(x_1, x_2)$ 最大化。

第二，由

$$\max_{x_i} \nu_i(x_1, x_2), \quad i = 1, 2$$

一阶条件为

$$\frac{\partial \nu_i(x_1, x_2)}{\partial x_i} = 0, \quad i = 1, 2 \tag{2}$$

也就是说，每个国家的最优决策不仅取决于自身的决策，也取决于其他国家。式（2）的反应函数为

$$x_i = F_i(x_j), \quad i = 1, j = 2; \quad i = 2, j = 1$$

这两个反应函数的交点就是非合作博弈的纳什均衡。但是，该均衡并不是一个帕累托优势均衡（Pareto Dominant Equilibrium），因为帕累托优势均衡满足

$$\max_{x_1, x_2} \nu_1(x_1, x_2)$$
$$s.t.\, \nu_2(x_1, x_2) \geq \nu_{20}$$

其中，ν_{20} 是给定的另外一国的效用水平。

相应的拉格朗日函数

$$L(x_1, x_2, \lambda) = \nu_1(x_1, x_2) + \lambda(\nu_2(x_1, x_2) - \nu_{20})$$

最优化的条件是

$$\frac{\partial \nu_1(x_1, x_2)}{\partial x_i} = -\lambda \frac{\partial \nu_2(x_1, x_2)}{\partial x_i}, \quad i = 1, 2 \tag{3}$$

式（3）与式（2）的区别是，式（3）实际上是对 $\nu_1(x_1, x_2) + \lambda \nu_1(x_1, x_2)$，而不仅仅是对 $\nu_1(x_1, x_2)$ 最大化。也就是说，独立决策没有实现最优，合作才可能实现帕累托优势均衡。

为实现合作，可以通过双边谈判形成有约束力的协议，以应对合作伙伴国之间的摩擦与争端，防止一国政策制定与实施对他国经济发展的冲击和消极影响。

三、三方博弈

由于二战以来的世界，实际上形成了以美国为首的西方国家主导的格局。无论是奥巴马（Barack Hussein Obama）时期的亚太再平衡战略（Asia Pacific rebalancing strategy），还是唐纳德·特朗普（Donald Trump）的印太战略（Indo-Pacific Strategy），美国都是中国与东盟国家关系中绕不过去的有影响力的国家。这里考虑建立有美国参与的中、美、东盟三方博弈模型，能够更深刻

的刻画中国与东盟国家的合作关系。

实际上，运用类似双方博弈的表示和分析方法，就可以处理三方有限策略博弈。但是，三方博弈中可能出现两方联盟对抗第三方，这种情形在双方博弈中就不可能发生。因此，三方博弈分析更为复杂。

（一）按照博弈论标准假定，三方地位对等情形下的博弈模型

首先考虑按照博弈论基本假定，假设中国、东盟国家和美国三方博弈地位对等。实际上，在国际关系的许多方面，确实是国家不分大小，基本权力是相对平等的。考虑在中国对东盟国家的策略选择是主动寻求与东盟国家的合作（C）和等待（W），东盟国家策略也是，主动寻求与中国的合作（C）和中立（W）。美国的策略是强硬（Hard）或者软弱（Soft），前者指美国以强硬态度或手段进入亚太，逼迫东盟选边站队，后者指美国态度柔软，不在乎东盟与中国的关系。再考虑现实情况下，各种策略组合情形下各方的收益，可以将建立中、美、东盟三方博弈的标准型表示为如图5所示：

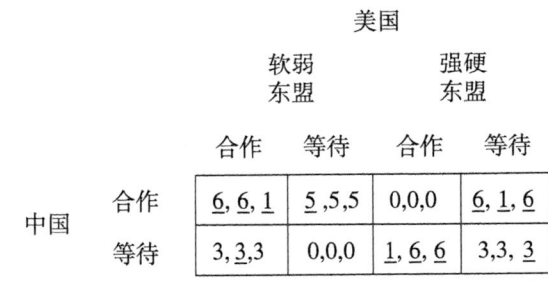

图5　中国、东盟和美国三方博弈

中国与东盟形成联盟，美国怀柔，收益受损，即策略组合为（C，C，S），对应收益为（6，6，1）。

在该三方博弈中，容易求出存在3个纳什均衡，即（C，C，S）、（W，C，H）和（C，W，H）。这3个纳什均衡，分别代表其中形成了中国、东盟联盟，东盟、美国联盟和中国、美国联盟。

三方结成大联盟的策略组合（C，W，S），能使得总收益最大，具有帕累托效率，但是却不是纳什均衡。

从这个三方博弈模型可以得到的结论是：

（1）这是一个存在多重纳什均衡的博弈问题，现实中会出现哪一个是不能确定的。当然，两国之间制定联盟条约将有助于均衡点的产生。

（2）这里不存在三方联盟。如果不存在强制机制，三方联盟就不太可能存在，所以两国联盟对于各方利益而言就显得特别重要。

（二）考虑政经关系实际情况，三方地位不对等情形下的博弈模型

在经典三方博弈中，有一个搅局者（spoiler）模型。所谓搅局者，是指自己地位较低或实力较弱，在另外两强竞争之间不可能获胜却可能阻止其他人获胜的参与者。美国作为当今世界唯一超级大国，实力强大，但是在亚太地区，虽有强大影响力，但是毕竟中国、东盟国家地缘上更接近，另外这里主要考虑中国东盟国家的关系，于是考虑美国作为三方博弈中的搅局者。

经典搅局者模型的例子是 2000 年美国大选中的纳德、戈尔和布什的博弈。在四个候选人中，共和党的布什和民主党的戈尔是真正旗鼓相当的竞争者。民意测验表明，他们的支持率几乎不相上下。改良党的布坎南无足轻重，但是绿党的纳德却有一定的号召力，他成了戈尔的隐患，充当了该博弈中的搅局者。

对这次大选中的三方博弈标准型可以表示为如图 5 所示：

图 6 2000 年美国总统大选博弈

各参与者的收益用获得的普选票数表示。戈尔的参选存在的不利因素是，他获得的普选票数必须超出其他竞选者 1%才有机会赢得大选。当然，获得的普选票数越多，候选人在后续的选举中地位就越有利。

在该博弈中，对纳德而言，参选是优势策略。布什也存在优势策略，同情心。戈尔没有优势策略。

该博弈的纳什均衡是（同情心，中立，参选），收益为（46，47，3）。

实际上，美国、中国无论在政治、经济、军事等各方面都在世界上处于领先地位，而东盟虽然集中了东南亚 10 国力量，却还是无法与中美对抗。可以考虑在没有美国加入时本质上是一个东盟搭便车模型，而有美国参与时，会改变博弈收益情况。于是，考虑这个特殊博弈中两强一弱（中美强东盟弱）或者两弱一强（中国强，东盟弱，美国在地理上远离东南亚地区，影响力弱）的实际情况，有三方博弈标准型可以表示为如图 7 所示：

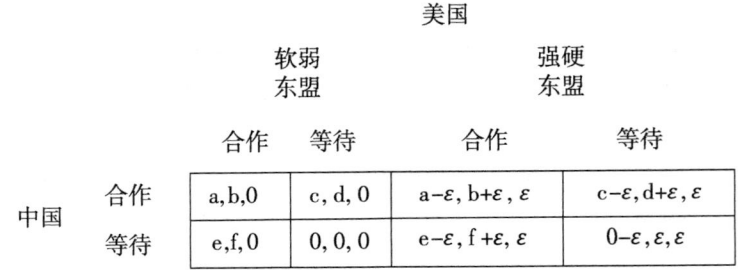

图 7　考虑中美强、东盟弱的三方博弈

该博弈中，美方采取强硬策略的收益 $\varepsilon_i > 0$，$i = 1，2，3，4$。至于在美方该策略下，东盟的收益不同于经典的搅局者模型，实际上东盟在大国平衡战略之下的收益是普遍增加的。而中国的收益应该普遍有所减低。虽然东盟的增量，中国的减量与美国的收益不尽相同，但差异不至于影响策略的选取，为表达方便，各方收益如图 7 所示。这样，该博弈的纳什均衡是（C，W，H），也就是中国主动寻求与东盟合作，东盟等待，美国力求影响两者的合作，东盟由此收益增加，中国收益降低。

四、结论

2020 年以来随着中国与东盟双方经贸关系的发展，2020 年中国与东盟国家双方已经互为第一大贸易伙伴国。

为研究中国和东盟管家双方深入合作的机制和相应策略，采用仅考虑中国、东盟国家的双方博弈，考虑美国作为参与者的三方博弈，对其中的合作机制进行了深入研究，结论是中国应该主动担当大国责任，无论美国在亚太还是印太战略中如何行动，中国都应该进一步发挥"一带一路""海上丝绸之路"等倡议的作用，主动寻求与东盟国家的经贸合作，不断拓宽双方产业合作的领域，将双边合作不断推向深入，这对双方甚至全球关系都将产生重要影响。

当代中国价值虚无主义的根源、危害及克服路径

解科珍 *

　　摘　要：价值虚无主义作为一种重要的虚无主义样态，它僭越现存的民族与国家价值目标、否认既定的社会价值共识、混淆已有的个人价值判断，在本质上属于唯心主义价值观，导致民族与国家整体意义的消解、社会价值理性的丧失、个人意义世界的萎缩。当代中国克服价值虚无主义，必须以价值信仰、价值理想、价值目标和价值自觉为着力点，坚定马克思主义信仰，坚守共产主义远大理想和中国特色社会主义共同理想，践行社会主义核心价值观，培育主体的价值自觉。

　　关键词：虚无主义　价值虚无主义　现代性　危机

　　当今世界正经历百年未有之大变局，社会思想观念日益多样，社会价值取向日趋多元，价值虚无主义作为一种错误的社会思潮持续蔓延。习近平同志指出，价值问题是"事关国运兴衰、事关文化安全、事关民族精神独立性的大问题"[1]，也是当前意识形态工作的重要内

---

　　* 　解科珍，中国政法大学马克思主义学院博士研究生（100088）。

　　〔1〕 习近平：《习近平谈治国理政》（第二卷），外文出版社 2017 年版，第 349 页。

容。在思想活跃、观念碰撞、文化交融的社会转型时期，我们要科学认识、正确研判价值虚无主义，粉碎价值虚无主义妄图解构民族与国家信仰、消解社会主流价值观、弃置个人意义世界、推翻西方价值理念的图谋，坚定价值信仰、坚守价值理想、遵守价值规约、培养价值自觉，与价值虚无主义作斗争，已经成为我们必须面对和解决的现实问题。

一、价值虚无主义的根源与演进

价值虚无主义的形成有深刻的历史渊源、理论基础和现实土壤，中国特色社会主义进入新时代，在我国发展新的历史方位，厘清价值虚无主义的深刻根源和演进趋势，是诊断价值虚无弊病、澄清价值认识误区、实现价值理性回归的前提和基础。

（一）传统价值虚无思想

价值虚无主义具有较强的西方根源性，但是中国的价值虚无主义并非完全移植于西方，中国自古就有价值虚无的古典形态和历史传统。早在西周时期，中国就产生了关于虚无主义和价值虚无主义的思想，《诗经》中出现否定传统宗教和天的合理意志的诗句；春秋战国时期，老庄"无为而治"的主张，出世与超越的思想，"独与天地精神相往来"的观念；汉代董仲舒"罢黜百家，独尊儒术"，推动了"价值相对主义"的发展；魏晋之士，率性而为、慷慨任情的自我放逐，及时行乐、扪虱而谈的自我标榜；唐代引自西域，主张禁欲和浸礼的"摩尼教"，兴盛一时之后，因"诳惑黎元"遭明令禁止，反映了当时社会的价值信奉危机；宋明理学深受佛教和道教影响，无论是提倡"理"先于天地而存在的客观唯心主义，还是坚持"宇宙便是吾心"的主观唯心主义，都有明显的价值虚无意蕴。

西方古代价值虚无思想也由来已久，古希腊文明以柏拉图为代表，通过划分感性世界和超感性世界，将世界的终极意义指向超验理念世界和"至善"价值世界；古希伯来文明时期的基督教文化，把柏拉图悬设的"最高价值"投射向上帝，从此以神的意志为表征的崇高价值，褫夺了人作为价值主体的自由和尊严，天国世界、极乐世界方能体现世界的终极性；文艺复兴时期，人们不满教会禁欲主义对精神世界的控制，提倡以人文主义精神，揭露基督教道德体系虚假性，解构超验世界，贬黜最高价值，追寻受世俗化挤迫、被世俗化蚕食的价值，"人的发现"以"神的退场"为前提，隐含深刻的价值虚无主义精神；在宗教改革运动中，标新立异的诺斯替主义，妄图通过充满敌意的、反神明的、泯灭人性的极端路线挑战神的权威，清除古代文明的道德遗产，带有反宇宙的价值虚无意蕴；启蒙运动时期，提倡"理性崇拜"，呼吁以理性之光驱散愚昧的黑暗，期间，"理性"虽然挣脱"神性"的束缚获得独立，但是人们也渐次远离了"神性"所承载的生命终极关怀和超越视野。总而言之，传统价值虚无主义是绝对价值权威的超验的神、理念或天道对人的存在及其价值的否定，带有鲜明的观念论色彩，具有脱离崇高、走向颓废的思想倾向，在徐复观先生看来，传统价值虚无主义经历了"上升的虚无主义"向"下坠的虚无主义"的演变。

（二）近代价值虚无理念

近代中国的价值虚无理念主要集中于新文化运动时期和五四运动期间。1915 年，陈独秀创办《新青年》，并刊载提倡民主与科学、反对封建文化的文章，揭开新文化运动的序幕，这场由受过西方教育的知识分子发起的"反传统、反孔教、反文言"的思想文化革新运动，动摇了封建思想的统治地位，使人们的思想获得空前解放，但同时批判孔子、在一定程度上有否定中华古典文学之嫌。"五四"前后，中国先进的知识分子在向西方学习的过程中，大量学习和引进西方的社会思潮和理论学说。20 世纪初，无政府主义思潮由留日留法学生传入中国，当时，革命派的《民报》和改良派的《新民丛报》均介绍过无政府主义的基本主张，《新世纪》还刊发和出版了一系列关于无政府主义的文章与出版物，表达对封建专制制度的不满之情和抵抗情绪。1914 年前后，刘师复在上海组建"无政府共产主义同志社"，反对强权和专制独裁，主张个人绝对自由的反政府言论，曾一度遭到资产阶级革命派的强烈反对。随后，从无政府主义中分化出了新虚无主义思潮，该思潮不仅反对政府、法权，还认为天地就是一种强权，主张用最彻底的革命，将宇宙间的一切组织都推翻，此时的虚无主义主要体现为革命与破坏，否定世界一切事物的存在，新虚无主义把无政府主义的理论推向了极端。

自德国哲学家弗里德里希·H. 雅可比首次使用虚无主义一词以来，近代西方哲学意义上的虚无主义主要指价值论和存在论上的虚无主义，其中，尼采与海德格尔的观点颇具影响力。尼采从价值论视角考察虚无主义，具有价值虚无主义的倾向。在尼采看来，"虚无主义意味着什么？即最高价值的自行贬黜"[1]，虚无主义源于形而上学对超感性世界及最高价值的虚构，正是因为将超感性世界设定为价值源泉，才导致人的价值维系于上帝、道德法则、

---

[1] ［德］尼采：《尼采文集》，楚国南等译，改革出版社 1995 年版，第 679 页。

理性权威等外在力量之上，一旦人们发现作为"真实世界"的超感性世界只是哲学家虚构的人的生命意志被宰制的虚假世界，"超感性世界没有作用力了"[1]，绝对真理、最高价值和终极目将自行贬值，为此，他试图将权力意志确立为最高价值，以权力意志超越传统形而上学，通过重估和否定一切价值，重新创造所有的目的、价值和意义。海德格尔从存在论视角理解虚无主义，蕴涵价值虚无主义的导向。他认为尼采通过权力意志建立的价值绝对性，是极端主体的形而上学，并未从根本上超越传统形而上学，在海德格尔的观念中，虚无是与存在相对应的，现代人的无根处境源于形而上学对存在的遗忘，形而上学"自始就让存在本身的真理处于未被思考的状态……把存在预先设定为一种由强力意志所设立起来的价值……存在作为意志显现出来"[2]。囿于虚无主义的本质在于存在的缺席，他强调虚无主义的问题就不是价值问题，而是存在问题，于是，他反对重新设定最高价值，提倡回到古希腊的自然理念，探寻本源、究极存在，以新形而上学走出虚无主义泥沼。

（三）现代价值虚无土壤

价值虚无主义植根于现代性的生长过程，现代性是孕育价值虚无主义的温床。现代性由西方肇始并主导，与资本主义密切相关，"价值虚无之所以成为时代的特色，根本上是现代性本身出了问题"[3]。首先，资本主义私有制下的资本逻辑和物化逻辑是价值虚无主义产生的物质基础。随着生产力的发展，人类从农耕文明步入工业文明，资本主义私有制对资本逻辑和物化逻辑的内在强制成为独特的现代化路径抉择，从理性化到世俗化的进程，打断了传统社会垄断的政治权威、社会规范、人生意义一体化价值供给方式，形成了以经济为中心的多元现代社会。在马克思看来，资本逻辑具有价值虚无化的本性，而价值虚无化的最根本的现实逻辑是资本，以资本为基本建构原则，将人的一切，包括尊严都变成了交换价值，致使由政治中心支撑的神性秩序与终极价值，在强大的"经济冲动力"的冲击之下轰然倒塌，以交换价值为根本原则的资本逻辑导致价值的"被虚无"。

其次，资本主义制度的强制推行是价值虚无主义蔓延的政治根源。伴随

---

〔1〕 [德] 海德格尔：《林中路》，孙周兴译，上海译文出版社 2008 年版，第 199 页。

〔2〕 [德] 海德格尔：《海德格尔选集》（下），孙周兴选编，上海三联书店 1996 年版，第 816 页。

〔3〕 [美] 丹尼尔·贝尔：《资本主义文化矛盾》，赵一凡、蒲隆、任晓晋译，生活·读书·新知三联书店 1989 年版，第 56 页。

传统形而上学的隐退，一些西方政治家将资本主义制度与"普世价值"相捆绑，认为资本主义制度致力于建立一个对所有人皆有效的理论体系，企图以此左右人们的价值思维，资本主义国家对内整合多元价值，去蔽诸非统治阶级的价值，完善民主国家体系，极力维护建立在资本主义经济基础和政治法律制度基础上的意识形态，构建表面和谐的社会共同体和表面正义的伦理制度，以绝对价值巩固政治统治、钳制民众思维、规范民众行为，挤压多元价值的公共空间，妨碍公民价值选择自由；资本主义国家对外宣扬所谓的"普世价值"，极力演变与自身价值观不同的民族与国家，力图使包括中国在内的后发展国家遵循资本主义的现代发展逻辑，弱化民族性、群体性价值对抗，以西方价值观重塑世界面貌。

最后，现代性价值与传统价值激烈碰撞产生的社会文化危机是价值虚无主义扩张的直接原因。在社会转型时期，由于前现代陈旧的价值与思维并未真正退场，现代性价值体系也未真正落实，在社会新旧价值更替之际，传统价值信条因论证理据的失效而失去合理性，导致传统价值构建的失效与形式合理性对实质合理性的僭越。"现代性"的权威理论家哈贝马斯不否认文化现代性面临的困境，但也指出这不过是现代性社会化的后果，主要是文化自身发展出现了问题，现代性不应为此负责。就中国而言，当代中国"文化认同危机产生的最深层根源就是对中国人赖以理解世界的历史观和宇宙观的彻底颠覆"[1]，传统价值伦理颠覆之后，将面对价值的多元性、矛盾性、不稳定性问题。

二、当代中国价值虚无主义的表现与危害

随着世界的祛魅和形而上学的崩溃，以理念、宗教和理性为最高价值的一元论渐趋式微，以价值多元主义和价值相对主义为代表的价值虚无主义逐渐盛行。价值虚无主义刻意虚无精神世界、蓄意僭越崇高价值、解构社会基本价值、否定人的自身价值，反映现代社会所面临的深刻精神危机，在本质上属于唯心主义价值观，是资产阶级意识形态的本质体现。若任其发展，必将导致民族与国家整体意义的解构、社会价值秩序的紊乱和个人意义世界的疏离，最终遗失"对于目的的回答"[2]，使"一切坚固东西都烟消云散，一

---

〔1〕 潘维、廉思主编：《中国社会价值观变迁 30 年（1978—2008）》，中国社会科学出版社 2008 年版，第 2 页。

〔2〕 ［德］尼采：《权力意志》，张念东、凌素心译，商务印书馆 1991 年版，第 280 页。

切神圣的东西都被亵渎了"[1]，甚至人的"无家可归的状态变成了世界命运"[2]。

（一）解构民族与国家整体意义

近现代以来，价值虚无主义突破了历史和文化的价值观念防线，消解并吞噬传统和现代的精神价值，在民族与国家层面产生严重危害。

一是消解民族历史和民族精神。民族历史和民族精神是价值追求的动力源泉，价值虚无主义者通过虚无历史和解构崇高占领历史和文化的高地。他们妄图任意抹杀历史的发展逻辑，否认历史的连续性和继承性，肆意剪裁历史，"最高的永恒价值和意义消解了，遗留下来的一切不过是历史性、时间性和相对性的东西"[3]。长此以往，这将从根本上切断中华民族的历史文化根基，将民族引向精神消逝和价值消亡的不归路。

二是阻碍民族团结和民族凝聚。价值虚无主义会错误地推动民族涣散和民族分裂。价值虚无主义者甚至否定"多元一体"的民族格局，从反传统到反民族，打击了中华民族的自尊心和自信心。

三是质疑社会主义的制度精神。制度是维护价值权威、体现价值伦理的重要工具。价值虚无主义者从产生之日起就依附于西方思想理论体系，标榜个性至上的西式自由与西式民主。

（二）破坏社会价值共识

渗透到社会生活各个方面的价值虚无主义，常态化的消解道德文化的社会根基，造成社会价值理性的丧失和公共价值认同的弱化，导致社会价值秩序紊乱、伦理道德危机盛行、社会信任缺失，使人们处于价值真空的社会之中。

一是导致社会价值秩序紊乱。在现代化的过程中，价值虚无主义者主张价值多元，他们一方面肯定普遍价值和先在价值，认为"正义""宽容""幸福"等符合一般需求的共同价值是社会价值秩序和个人价值抉择的依据；另一方面又提出价值的不可比较性和不可衡量性，因此无法设定价值序列或价值阶梯，无法论证普遍价值高于其他价值的合理性，更无法裁决诸价值之间

---

〔1〕　中共中央马克思恩格斯列宁斯大林著作编译局编译：《马克思恩格斯文集》（第一卷），人民出版社 2009 年版，第 35 页。

〔2〕　［德］海德格尔：《海德格尔选集》（上），孙周兴选编，上海三联书店 1996 年版，第 363 页。

〔3〕　［美］格奥尔格·G. 伊格尔斯：《德国的历史观》，彭刚、顾杭译，译林出版社 2006 年版，第 333 页。

的矛盾和冲突。这就导致只有价值平行，没有最高价值，人们对事物终极意义的判断只能凭借私人信仰的自我抉择。于是，价值观的社会属性日益被私人属性所掩盖，价值抉择的私人领域与价值共生的公共领域的矛盾，使人们在精神上莫衷一是，陷入经久不息的观念争论与价值冲突，致使社会公共秩序乱象丛生。

二是引发社会伦理道德危机。在社会生活中，主观性绝对放大的价值多元，必然走向价值相对。价值虚无主义者认为是与非、对与错、美与丑、真理与谬误都是相对主观的标准，"是与非各异，皆自是而非人"，价值的相对性导致价值标准无法辨明且难以求同。这种"诡辩的相对主义"引导人们无原则的否定"自由""平等""公正""法治"等维持社会生活秩序的价值共识。于是，一些人怀疑真善美，轻信假恶丑，做事情"不讲对错，不问是非，不知美丑，不辨香臭，浑浑噩噩，穷奢极欲"[1]；一些人对一切价值明码标价，连良心、人格和尊严等内容都折价出售，甚至依据价格表来思考，什么是值得的？什么是可敬的？什么是真实的？若任其发展，丰厚的物质文明大厦为超验价值的瓦砾与虚无遮蔽，主流价值和崇高价值的生存空间受到挤压，社会道德逐渐矮化，文明肌体遭到侵蚀，仅余冰冷的精神沙漠。

三是致使社会信任基础坍塌。诚信是社会信任的基础，是社会和谐的基石。当代中国社会面临的突出价值问题集中表现为政府与民众、市场利益主体、社会成员之间的信任危机。此外，失信作为一种隐常态，常以情绪感染的形式，蔓延到其他领域，腐蚀甚至吞噬正确价值观，可见，社会信任的坍塌是价值虚无主义最直接的危害。

（三）疏离个人意义世界

价值是人生力量的源泉、生命的支撑和美好生活的基础。当前，物质增长的繁荣与壮丽，未能有效地为人们提供生活的意义与生命的价值，对人生意义和生命价值的虚无是价值虚无主义的又一显著危害。

一是陷入"庸俗的消费主义"。随着现代化进程的加快，价值虚无主义者唯消费是从，背离了"满足生存和发展所需"的本真价值，不断产生新的无止境的消费欲求，将一切都消费化，甚至用物质代替精神。"庸俗的消费主义"在本质上是一种拜物主义，主要表现为在"消费优先"的价值观引领下，

---

[1] 中共中央文献研究室编：《习近平关于社会主义文化建设论述摘编》，中央文献出版社2017年版，第8页。

一些人的理想、信仰、道德步步退却，追逐不劳而获的幸福捷径，荣辱观念颠倒、是非观念迷失，"'什么东西有价值'的问题越来越被'值多少钱'的问题所取代"[1]，如果庸俗的消费主义成为普遍的生活方式、群体选择甚至社会风尚，人的价值向度就会从精神价值转向感官满足，真理和价值将被淹于世俗琐事，导致物质上富有、精神上空虚、体质上孱弱。

二是堕入"功利的实用主义"。价值虚无主义者将狭隘的个人利益、露骨的利己主义、极端的个人主义视为个人行为的主要动机，他们将"效果"作为评价一切的标准，注重主观目的而非客观实际，关注利益结果而非行动准则，于是，价值就成了包裹利益的外衣与争名夺利的遮羞布，呈现出明显的工具主义特征；他们往往只顾眼前、不顾长远，不择手段、一味索取，背离道义、忽视责任，沉迷短期效果、计较局部利益、裹足一己得失，因而，利己观念逐渐替代集体主义价值观，无私奉献、助人为乐、公而忘私等高尚品德反而遇冷遭弃。在现代性境遇下，功利化的价值追求，促使人的异化和单向度的发展，正在逐渐颠覆人的全面发展的内在逻辑，使一些人错误地认为眼前的利益是最可靠的，其他一切都无所谓，都可有可无，人性出现扭曲和畸变。

三是呈现"极度的悲观主义"。当人们内心遭遇"苦闷"又无法解决之时，就会呈现明显的悲观失望、痛苦无助甚至消极厌世的情绪，消极情绪则不断催化对生命价值的悲观思考，加快价值虚无观念的传播。价值虚无主义者对世俗的虚伪、平庸、污秽愤懑不满，讥诮嘲讽、激烈抨击、挖苦讽刺现实，抑或自我厌恶、内心恐慌，与生活格格不入；他们相信"世纪末日"的论调和"地球毁灭"的传言，认为朝生暮死是一种价值常态，也常用"人生来在痛苦和无聊之间像钟摆一样来回摆动"来自我催眠、自我麻痹[2]，要么安于享乐、玩物丧志、自甘堕落，年纪轻轻便暮气沉沉，要么谶纬宿命论，屈从于宗教神学，逃避现实、虚掷韶华、蹉跎度日，甚至不仅放逐自己的生命，还肆意剥夺他人生命。

三、当代中国价值虚无主义的批判与克服

当代中国价值虚无主义必须予以坚决抵制。批判与克服当代中国价值虚无主义，要以价值信仰、价值理想、价值目标和价值自觉为着力点，坚定马

---

〔1〕 ［德］西美尔：《金钱、性别、现代生活风格》，顾仁明译，学林出版社 2000 年版，第 9 页。
〔2〕 ［德］叔本华：《叔本华人生哲学》，李成铭等译，九州出版社 2003 年版，第 261 页。

克思主义信仰，坚守共产主义远大理想和中国特色社会主义共同理想，践行社会主义核心价值观，培育主体的价值自觉。

（一）以马克思主义抵御信仰危机

马克思主义既是科学理论，又是理想信仰，坚定马克思主义信仰是辨析和抵御价值虚无主义的重要理论武器。

一是坚定马克思主义信仰。自马克思主义引入中国以来，中国共产党就逐渐确立了马克思主义信仰，以辩证唯物主义和历史唯物主义驳斥唯心主义价值观，带领中国人民在革命、建设、改革的进程中取得了辉煌成就，只有始终如一的坚持马克思主义信仰，才能摆脱所谓的"无信仰时代"或"后信仰时代"，有效抵御价值虚无主义侵蚀。

二是树立崇高信仰。马克思主义信仰不同于宗教信仰，马克思主义者是无神论者，他们以人民为中心，以全人类解放为己任，以实现"每个人自由而全面的发展"为目标，心存大爱、胸怀天下，这是价值理想应当具备的终极意义和终极关怀；宗教信仰者则靠宗教道德劝善拒恶，建立在轮回或因果报应的信念之上，迫于对天堂的向往和对地狱的恐惧而行善，两者根本不在同一层次之上，我们要确立的是为人类解放、为共产主义事业而奋斗的崇高信仰。

三是坚持与时俱进的信仰。马克思主义是根据时代变化、社会发展、实践需要不断与时俱进的理论，它不可战胜的力量不在于包含了所有问题的现成答案，而在于始终能为观察和解决新的问题提供科学的基本理论和方法，这就决定了它没有过时，也不会过时，坚定与时俱进、拥有强大生命力的马克思主义信仰是对马克思主义"过时论""变质论""退步论"等质疑的有力回应。此外，我们还要警惕和防范"边缘化"马克思主义的倾向，避免马克思主义被边缘化、空泛化、标签化，在学科中'失语'、在教材中'失踪'、在论坛上'失声'等现象，既要认识到马克思主义的历史价值，也要清醒地认识到马克思主义的当代价值和未来价值。

（二）以远大理想和共同理想抵御理想危机

理想动摇是当代中国价值虚无主义的主要内容。理想信念集中体现各民族、国家和政党的价值追求，坚定共产主义远大理想和中国特色社会主义共同理想，把握好最高理想和阶段性理想的关系，是走出价值虚无主义阴霾的前提。

一是明确可望亦可及的远大理想。自马克思、恩格斯改组和领导共产主义者同盟开始，共产主义理想遵循马克思主义的科学逻辑体系，不依靠抽象的力量，也不指向空洞的神秘，以现实的人及其物质生产实践活动为基础，世界共产主义运动一百多年的历史进程和中国共产主义运动近百年的伟大实践，早已证明，共产主义理想并非"乌托邦之梦"，它不仅是未来的目标，也是切切实实地发生在社会生活中的现实运动，抵御理想危机就要坚持存在于未来更属于脚下的共产主义远大理想。

二是追求符合国情的中国特色社会主义共同理想。我们要认识到，共产主义理想的实现需要经历漫长曲折的历史过程，需要一代又一代人接力奋斗，不可能一蹴而就，中国特色社会主义共同理想是实现共产主义理想的阶段性目标，并非"共产主义的失败"或"共产主义的倒退"，符合中国社会主义初级阶段的国情，我们要将共产主义远大理想和中国特色社会主义共同理论与实践统一起来，辩证看待理想与现实的关系，在崇高理想的指引下，在中国共产党的坚强领导下，坚定不移地走符合中国国情、顺应时代潮流、代表人民利益、经过实践检验的中国特色社会主义道路，坚持中国特色社会主义道路自信、理论自信、制度自信和文化自信。

（三）以社会主义核心价值抵御价值观危机

价值观缺失是当代中国价值虚无主义的直接体现。当代中国"比较突出的一个问题就是一些人价值观缺失"问题，"现在社会上出现的种种问题病根都在这里"[1]，培育和践行社会主义核心价值观就成为廓清价值虚无主义迷雾的重要路径。

一是维护社会主流价值。每个民族、每个国家、每个社会都有自己的价值观，价值的"为我性"决定具体价值形态的多样性，"关于什么被允许，什么不被允许，有一个清楚明白的标准，这个标准由特定的历史的共同体（既是道德的又是认识论的）决定"[2]，而不应用某种单一的标准来统摄。坚持社会主义核心价值观，就是对从中华民族的历史和社会主义实践中提炼出来的全民族共同价值信仰和精神追求的遵循，就是对西方国家标榜的"人类共同之善""拯救全人类的福音"的"普世价值"的抵制，就是对和谐稳定的社

---

〔1〕　中共中央文献研究室编：《习近平关于社会主义文化建设论述摘编》，中央文献出版社 2017 年版，第 8 页。

〔2〕　［美］凯伦·L·卡尔：《虚无主义的平庸化——20 世纪对无意义感的回应》，张红军、原学梅译，社会科学文献出版社人文分社 2016 年版，第 170 页。

会秩序、向好向善的社会道德风尚、义利并举的社会情怀的最好维护。

二是发展社会公共理性。一些人"观念没有善恶，行为没有底线，什么违反党纪国法的事情都敢干，什么缺德的勾当都敢做"的重要原因[1]，在于缺乏契约观念和法治精神。抵御价值虚无主义，一方面要增强公民契约意识，弘扬社会公序良俗，尊重社会价值共识，捍卫伦理道德底线，发展社会公共理性，铸牢共同体意识；另一方面要弘扬法治精神，尊崇法治、敬畏法律、捍卫法律，保障公平正义，维护人民权益，惩戒违法乱纪行为，整治社会不良现象，"让败德违法者受到惩治、付出代价"[2]，营造全社会都讲法治、守法治的文化环境；还要完善监督管理机制，防范形式主义、官僚主义作风，防止滥用权力、贪污腐败行为，维护政府公信力。

（四）以主体价值自觉抵御道德危机

精神困顿是当代中国价值虚无主义的重要方面。个人作为价值追求的主体，只有将马克思主义信仰、共产主义远大理想和中国特色社会主义共同理想、社会主义核心价值观，转化为自身的情感认同和行为习惯，才能解决"为什么"活着以及"如何"活着的人生根本问题。

一是回归生命本位，消解物欲对人的遮蔽。构建拥有自由人格的价值主体是超越价值虚无主义的终极向度，要摆脱消费主义、拜金主义、物质主义、功利主义、悲观主义等对人们价值观的侵蚀，要求我们重建"自由自觉"的生命价值观，提升人的精神力量，将生命独立性、全面性、丰富性的超验价值建立在对生产方式与社会关系的规律性认知基础之上，时常省悟人生价值与意义，审视自己的生命状态。

二是培养理性思维，摆脱诡辩的相对主义。通往真理的道路从来不止一条，但真理与谬误，是与非，对与错，美与丑，是有客观标准的，宽容不等于是非不分，自由也不是毫无边界，当一切都被"相对"时，"相对"走向极致也就成了另一种"绝对"。批判价值虚无主义，要求我们培养理性思维，提升价值抉择能力，辨别并抵制以任何事物都有相对性为借口，混淆是非界限甚至以非为是的相对主义。

---

〔1〕 中共中央文献研究室编：《习近平关于社会主义文化建设论述摘编》，中央文献出版社 2017 年版，第 8 页。

〔2〕 中共中央国务院：《新时代公民道德建设实施纲要》，载《人民日报》2019 年 10 月 28 日，第 1 版。

　　三是做到诚信守诺，提升个体的道德修养。诚实无欺、讲求信用既是当今社会人与人交往的出发点和基本原则，也是人们立身社会的基石、追求人格完善的核心内容。批判价值虚无主义，要求我们发扬"言忠信，行笃敬""言必信，行必果""人而无信，不知其可也"的中华传统美德；要求我们加强道德自律，坚持直道而行、胸怀正义，讲信修睦、义利并举，提升正直、诚实的道德感染力，增强人与人之间信任度。

　　四是守住网络阵地，提升个体的价值自觉。当前，网络处于舆论斗争的主战场、最前沿，成为价值虚无的"放大器"。批判价值虚无主义，要求我们清醒地认识感性诉求超越客观事实的"后真相"表达，高度地警惕试图推动非理性舆论的噪音杂音；加强网络责任意识，规范网上言论行为，支持理性表达，不搬弄是非、不颠倒黑白、不信谣造谣、不违法乱纪，自觉维护天朗气清、生态良好的网络空间，净化网络舆论生态。